泰州文獻

第四輯

黃儀逋詩
尹灣小草
春雨草堂集
慎墨堂詩拾

鳳凰出版社

ISBN 978-7-5506-2254-8

圖書在版編目（CIP）數據

黄儀逋詩 / （清）黄逵撰. 春雨草堂集 / （清）宫偉鏐撰. 慎墨堂詩拾等 / （清）鄧漢儀等撰. -- 南京 : 鳳凰出版社, 2015.10
（泰州文獻）
ISBN 978-7-5506-2254-8

Ⅰ. ①黄… ②春… ③慎… Ⅱ. ①黄… ②宫… ③鄧… Ⅲ. ①古典詩歌—詩集—中國②泰州市—地方志 Ⅳ. ①I222②K295.33

中國版本圖書館CIP數據核字（2015）第279231號

責任編輯　王愛榮
裝幀設計　姜　嵩
出版發行　鳳凰出版傳媒股份有限公司
　　　　　鳳凰出版社（原江蘇古籍出版社）
　　　　　發行部電話 025－83223462
出版社地址　南京市中央路165號　郵編：210009
出版社網址　http://www.fhcbs.com
印　　刷　揚州文津閣古籍印務有限公司
　　　　　揚州市開發區鴻揚路22-2號（6幢）　郵編：225009
開　　本　889毫米×1194毫米　1/16
印　　張　39
版　　次　2015年10月第1版　2015年10月第1次印刷
標準書號　ISBN 978-7-5506-2254-8
定　　價　560.00圓
（本書凡印裝錯誤可向承印廠調換，電話：0514－87969255）

《泰州文獻》工作委員會

《泰州文獻》編纂委員會

《泰州文獻》學術指導委員會

（按姓氏筆畫为序）

江慶柏　金良年　茅家琦　華學誠　徐　雁　畢飛宇

程章燦　楊九俊　魯國堯　劉玉才　顧　農

總序

泰州古稱海陵，漢初（公元前一一七年）置縣，晋末（公元四一一年）設郡，南唐（公元九三七年）建州，始稱泰州。

泰州濱江近海，物阜民豐。漢唐以來，糧鹽並舉，商貿繁榮，爲溝通南北的重要港口城市。泰州素爲文教昌明之邦。唐初立州學，北宋建貢院，明清開學政試院，産出大批科舉優秀人才。泰州自古人文薈萃。走進泰州的，從范仲淹、富弼、陸佃，到孔尚任、吴讓之、蔣春霖，都留下深遠影響。走出泰州的，從張懷瓘、胡瑗、施耐庵、王艮，到李清、吴嘉紀、柳敬亭、黄龍士、李鱓、鄭燮、劉熙載、李詳、梅蘭芳、高二適，都在各自領域爲中國文化作出巨大貢獻。

泰州遺存的文獻也很豐富。僅據《江蘇藝文志》所載，便有二千七百餘種，涵蓋經、史、子、集的方方面面。其中，尤以明清時期爲夥，占到百分之九十九以上。這當中不排除由於種種原因，致使元以前的一些著述湮没無聞，但明清兩代，確是泰州文化的繁盛期。在這些文獻中，如《書斷》（張懷瓘）、《水滸傳》（施耐庵）、《王心齋先生遺集》（王艮）、《宗子相集》（宗臣）、《陋軒詩集》（吴嘉紀）、《板橋全集》（鄭燮）、《藝概》（劉熙載）、《李審言文集》（李詳）、《黄龍士先生棋譜》等，在中國文化史上都有重要地位和深遠影響。

與此同時，對鄉邦文獻進行整理的也代不乏人。自宋至清，周氏（周麟之等）、宫氏（宫偉鏐等）、陳氏（陳應芳等）、徐氏（徐鳴柯等）等都曾致力其事，爲泰州留下了許多寶貴的文化財富。清嘉道間，鄉人夏荃編輯《海陵文徵》二十卷、附録十二卷，《海陵詩徵》十卷。民國初年，曾任江蘇省省長的鄉人韓國鈞歷經十餘年編成《海陵叢刻》計二十三種六十六册。

二〇一一年九月召開的中共泰州市第四次代表大會，提出了建設文化名城的任務。爲此，中共泰州市委、泰州市人民政府決定編纂《泰州文獻》。這是泰州有史以來對本土文獻最大規模的整理和彙編。它對於保存、利用、研究和開發泰州的歷史文化，尋繹泰州獨特的地方文化價值，爲泰州文化建設提供歷史人文資源，意義重大。

爲了保證編纂工作的順利進行，市委、市政府專門成立了工作委員會、編纂委員會和學術指導委員會。工作委員會由市委、市政府領導和相關部門負責同志組成，負責對編纂工作的領導和協調。編纂委員會由相關專家、學者組成，具體負責《泰州文獻》的編纂出版工作。學術指導委員會由江慶柏、魯國堯、程章燦、茅家琦、華學誠、徐雁、金良年等國内知名文史專家組成，負責對編纂工作的指導和把關。

編纂工作按如下幾個步驟進行：（一）進行文獻調查，建立文獻檔案；（二）精選有代表性、有學術價值的作品影印出版，選目由編纂委員會和學術指導委員會共同審議確定；（三）編輯出版《泰州文獻總目》。

《泰州文獻》分爲四輯：

第一輯『官修舊志』，收録泰州地區現存所有官修地方志。

第二輯『地方史料文獻』，收録泰州地區歷代重要的筆記和史料。按内容又可分爲史地類：收録有關泰州歷史地理方面的著作，包括小志、專志、雜志等；政情類：收録有關泰州政治、經濟等方面的著作；文教類：收録有關文化、教育、圖書館等方面的著作。

第三輯『家族文獻』，收録泰州地區重要的家譜、家傳、家集與名人年譜。按内容又可分爲家乘傳記類：擇要收録泰州家族譜牒中的譜序、家規、家訓、箴言、族約、族記、祠田記、塋田記、雜記、著述等資料；家族總集類：以家族姓氏筆畫爲序。

第四輯『泰州文存』，收録泰州地區作者的詩文著作及其他代表性著作。按内容又可分爲學術論著類：收録泰州作者的經史雜著；文集類：收録泰州作者的詩文集；地方總集類：收録泰州作者的詩文合集。

考慮到《水滸傳》、《封神演義》（《辭海》云『一説陸西星作』）、《檮杌閑評》（學界多謂李清所作）等小説流傳甚廣，版本豐富，故不再收録。其他如堪輿、術數類著作，泰州人撰泰州地區以外的地方志、地理志類著作，一般性的彙編、摘鈔類著作，亦不予收録。

《泰州文獻》原則上收録現轄區内的作家作品。但從尊重歷史出發，泰州學派創派人物、明代思想家、哲學家王艮，平民詩人吴嘉紀等人，歷史上均屬於泰州地區，對泰州地區具有深遠的文化影響，他們的作品亦予收録。

前人給我們留下了豐厚的文化遺産，我們既要加以珍視和傳承，更要在前人的基礎上，創造出無愧於今天這個偉大時代的新篇章。這是我們更重要的使命，讓我們爲之努力。

《泰州文獻》編纂委員會

二〇一三年十月十八日

凡例

一、《泰州文獻》（以下簡稱《文獻》）分爲《官修舊志》、《地方史料文獻》、《家族文獻》和《泰州文存》四輯。

二、《文獻》收録範圍原則上爲現行政轄區内作者的著述和與泰州有關的重要著述，但考慮到歷史上曾屬於泰州地區的人物，如泰州學派的代表人物王艮、平民詩人吴嘉紀等對泰州文化深具影響，對他們的作品亦予收録。

三、所收著作成書年代限於一九四九年以前。

四、《文獻》所收著作，以學術價值、使用價值較高爲原則，適當兼顧版本價值。

五、《文獻》以影印方式出版。如有蠹損、殘缺、漫漶不清處，原則上以相同版本予以補配，以保證完整、清晰。

六、《文獻》對所收每種著作均撰寫提要，置於該著作前面，以方便讀者瞭解作者生平、主要内容、學術價值等。

七、《文獻》除保留所收著作原有頁碼外，均新編頁碼，每册頁碼自爲起訖。

八、《文獻》最後一册編有書名索引和作者索引，以方便讀者使用。

目録

黄儀逋詩

(清)黄 逵 撰

《黄儀逋詩》三卷，清黄逵撰，據上海圖書館藏清康熙刻本影印。

黄逵，字儀逋，一字石儔，號木蘭老人、玉壺山人。清山陰人，寓居泰州，工詩善書。

此書爲黄逵卒後，顧霭吉搜集其遺作，歷三年之久編纂完成，集中詩一百八十七首，詩集由桂谿項澹齋刊刻，卷首有先著序。此書詩歌題材多樣，有《金山八首》《海棠四首》等遊歷觀賞詩，也有一些送行詩、題畫詩，除此之外反映遺民生活的詩歌比較多，亦比較出色，故國滅亡之傷、家園難歸之痛，以及自身獨立高潔的志向常常出現於詩中，如：『四十年前不敢死，腹載先朝之圖史。四十年間不敢歸，腸斷先人之桑梓。家在黄州算不遥，盈盈只隔一帆水。王仲宣，哭樓前，哭送夕陽四百年。阮嗣宗，哭途窮，淚落酒杯珍珠紅。看盡繁華眼不熱，懷中惟有郢中雪。杜家又有杜陵詩，詩中又有杜鵑血。芳草歲歲長庭除，遊子今年七十餘。可憐寧飲建業水，可憐不食武昌魚。』(《南京久客堂歌贈杜茶村》)除抒發個人感情外，一些詩歌也生動記録了明末清初的社會生活，順治二年(一六四五)發生的揚州屠城事件就是一例，詩人借一烈婦之口描述城破之後的慘狀，以一家老幼七人自沉殉難的悲劇代表了千萬揚州百姓的遭遇，讀來觸目驚心：『一躍婦與兒，再躍長姑繼。三躍兩小姑，四躍無遺類。生願相從生，死願相從死。清波激其上，明月沈其底。不聞户外兵，殺人如屠豕。』(《卓烈婦傳》)

(周　忠)

黃儀逋詩序

黃逵儀逋浙之山陰人爲諸生棄之初遊山左就所親贈以十數金與一騎歸途任騎所之不知問南北道既左乃思別就一人遂遊晉至其地遽欲歸曰是間無可寓目者其人悅而留之曰吾廨旁故王府昔時園址存焉啓扉可入入則有樓五楹閉久未毀儀逋椎落扃鐍樓貯書數千卷尚未殘大喜曰吾不歸矣坐臥樓中者三年盡讀其書益肆力爲詩值任解始資之南歸且轉屬之泰州前後所主者三輩皆武人也儀逋既來泰州久之納

一小家女爲繼室且有子然貧不能圖歸時往來於郡城既負才好嫚罵人人鮮有當其意者狂酒自豪不修邊幅志意荒忽其飲不爲槩量亦不計朝夜與之遊者多嗜飲失意之士往往乘醉爲詩擊節悲歌泣視覽天地之狹而日月之促平山崔連生爲太守繼爲運使聞儀逋才招之見亦未嘗往海陽查二瞻嚮字於江都善儀逋多客其所會查死儀逋妻子亦亡益無聊去遊上海病死濡須朱莊伯教授蘇州遷葬之半塘寺後揭木以表之去今二十餘年矣長洲顧南原見其詩愛而悲之思傳其人乃從人多方訪覓已多散失凡三年之久得刻本一鈔本三前後異同甚至有通篇皆改字者可知儀逋在日雖援筆爲詩未嘗不苦心以求其工惜乎未見其止也因取諸本較之審其同異而擇從其善者又去其應酬慶輓之作得百八十七首儀逋之詩麤完可以傳矣始余同南原得儀逋詩十數首讀之謂爲錚錚才人之雄惜其困死又追恨余曩在江都時不與之面今盡讀其詩則又知儀逋不獨悲憤其身之窮而胸中別有物在非漫然之酒人詞客也明一代詩凡數變嘉隆

間徐文長産山陰能不囿於七子其詩傳至於今聲光如故未滅也當徐詩未出人間而袁中郎能識之儀逋生長文長之鄉詩有類於文長今之爲詩者皆奄奄無復生人之氣以儀逋詩當之可謂對病之藥使非南原苦搜而急采之必且日就零落世且不復知有此人矣是亦中郎之爲也而桂谿項澹齋復從而刻之憫才之意俱可感者自是儀逋傳而世之有才不偶如儀逋比者乃知身後尚有有心人若是庶亦有所恃而可用自慰矣瀘州先著

黃儀逋詩卷第一

出塞曲贈孔樵嵐送友至[illegible]

阿母呼我食格格不下咽箸落掩雙涕長跪阿母前兒有素心人明日戍遠邊蕭條豺虎窟一路無人煙不聞行旅到不聞戍客還北出遼陽城誰識路幾千苜爲膠與漆今爲箭與絃兒情將斷絕兒心實牽連子子行萬里形影誰與兼老母八旬餘交道何以全阿母拂然怒阿母粲然言汝母殊健飯若母離各天送者有還期戍者歸何年小人無大義孝養皆徒然

短别我母知長别而母癡我友紿其母但言遊京師嚴檄催戍程犢車詣前坻我騎一匹馬繚繞隨所之風吹沙雨來不辨關東西白日慘以黃搖搖照戍旗送君居其下友與我别離何以留贈君淚漬黃雲堆

對戍發浩歌殊是關南人相親過親舊遑問越與秦客非遷謫人何以衝邊塵含泪黯不言傷我生平神昔者游珠海建節逢雷陳軒車一相見促席忘主賓官罷同歸來骨肉同一身故人罪當戍故交情何伸親從關塞回夢寐亦得眞蕩子非浪遊

蕩子母八句

張良友牧馬圖

沙草何芃芃公子牧於藪蓄馬蕃且多我見兩牝牡牝者產有駒躞蹀乳其後但知母乳甘不知母羸醜愛其飲嚙雄一飲必十斗他日神駿姿已爲公子有

抽矢既以貫鷩去雙飛雕關弓置我側縱雕揚雲霄仁者不殺降勇者不殺逃公子不欲射反言公子豪放馬長城窟收馬長城坳夕陽照碑碣字畫多漢朝不見飛將軍化爲邊風號

公子奚不歸前途日已夕前途有虎狼公子手能格金張許史家公子居其一豈曰無国人持竿自控勒憂我馬玄黃愛我馬蕃息獻之周天子可以遊八極小國就昭王千金買不得

豆棚詩爲何龍若作

豆蔓過我牆豆棚比我室豆莢青復黃豆花紅且白豆下坐何郎何郎是阿黑何郎年幾何何郎年四十置酒豆棚中生辰大會客

夕陽下短垣紫色化爲暝醉呼秉燭來秋盡風已冷草堂大如巢促席坐相弁

一人起作歌四座舞傞傞一人起作舞四座歌楚楚披裘不仕周石門隱於魯何况今之人道德不如古

何郎掃豆萁與婦同笑嘻郎今年四十何不產熊羆文舉與德祖是我大小兒何以名曰鐵鐵可為刀持何以字曰龍龍堪作馬騎騎龍復佩刀阿黑眞英豪

中秋積雨初霽

客子畏明月况復秋聲哀中庭降霜露草木多變衰夜靜攬清輝使我憂心摧廹天旣陰雨十日雲

不開蕭蕭響牕外入戶生細埃階除何空明積溜沈青苔中廚停酒漿秉燭期徘徊良宵一何美惜與嬋娟乖

卓烈婦詩

乙酉圍揚州城門一月閉丁壯死城頭老弱哭街市烈婦語其夫請君從此逝不見高傑兵殺掠無巨細况茲大軍來後先皆鐵騎憶昔結髮時雙雙坐羅綺池上兩鴛鴦見之嬌不起如今在羅網反覆迷天地雄飛雌必隨雌在雄反累所有週歲兒地下為君乳城角一聲裂城內兵四至遣夫前出門驅家後園避白髮夫長姑黃口夫諸弟小姑兩齊眉掌珠抱者是共妾為八人所去惟夫壻長幼聚一堂緩急權大義妾身不可汙敵刃一何利夫壻園中池夫壻池中水池中自有天藏我蛾眉麗一躍婦與兒再躍長姑繼三躍兩小姑四躍無遺類生願相從生死願相從死清波激其上明月沈其底不聞戶外兵殺人如屠豕

送戴雪厓南旋四首

言歸將一載及去猶恨速一日何可離十年同骨肉天視人如蟻紛紛各行役吾輩處其中苦樂動

歌哭群擁向廟堂子行向巖谷蟻與蟻相牽或亦有寵辱穴居而野處裹糧可已足幾畝供桑麻幾畝供饘粥

天亦哀其志乃不憐其人勞苦我筋骨四望摧車輪不悞入富貴所歷皆賤貧賢達古如此量小多酸辛黃金散已盡飄然辭江濱著有詩數卷攜以示四鄰中夜忽嘈嘈是我泣鬼神嘲笑不受軛毋乃為麒麟不如有死腐充庖宴嘉賓

徒步一到門大言各期許夷吾知鮑叔分財多自予何用開衣襟而洞見肺腑小人多齷齪大人多

莽鹵大笑天地間汝能知有汝薄陰影不隨寸流足不履兩人非一人安能日與處相見會有期相思每自苦看月到雞鳴霜天夜十五

朔雪一千里阻君住江城朔風一千里吹君返柴荆北顧日留戀南望欲兼程金盡送者稀况彼罷公卿南山下有虎善射不博名北山下有田善耕不廢膝割肉登於俎舂黍向前楹南陽有隱者未嘗出戶庭不聞天下士有耳如鼎鐺

元日作

駕車復乘馬亦來委巷中叩戶前致辭投刺何悤悤投刺向顯者因而及困窮桑樞與甕牖豈復有豪雄而我住廡下力不能賃舂海陵好梅花看我已十冬緼袍兼阜帽新歲與舊同東風作春雨四野陰濛濛不見門外渠久塞殊將通

乞麥

旅人無寸田旅人日三食那易舉朝炊開門事有十六者錢可羅醬宜三伏赤市醬買泥漿菜根苦多澀官長餽官鹽好友遺租麥受麥幾斛多播揚以重羅捧出一盤雪奴子汗滂沱昨夜糴米歸廚中較升合胡餅良可啖况復堆盈榼移粟救荒災

剜補眼前瘡用以爲餐飯奚暇計羹湯莫再發詩興吟斷飢餓腸思君開大囷十斗送茅堂感君如鉅鹿每飯不能忘

送孔東塘

舍橇復乘車四牡渡河去夾岸兩遮留水邊名伯樹啼鳥顔色黄浴鳥顔色素飛鳴向我家俯仰還四顧人生無羽翰聚散不可訴奉使來三年朋好如親故張幔宴河橋吟詩天欲曙勞薪不可炊勞臣不可吟勞薪無甘味勞臣多苦心

下河形如釜民與魚俱遊魚遊一何樂民苦聲啾啾潴出海中道決波東南流上比洪荒世不過渠與溝上河利舟楫下河愛田疇兩者俱爲國何用起寇仇議開復議閉築室在道周使君能濟川那得展其籌

元旦以玉壺酌酒

茅屋只一椽尊亦設椒柏斟以古玉壺盈尺三代璧玩器用連城主人無儲石神物不尋常依人如有擇問汝出於璞滄桑幾變易何年受琢磨何年入沙礫物非數千年安能見金碧列國諸侯王執與汝相識曾登牛耳壇猶餘歃血迹月暈比其華

礎潤比其澤奚不居禁宮投我向陋室豈以懷抱同相對忘扼塞從茲酌香醪俱是瓊瑤液物不適我用雖貴亦奚爲玉壺煮春酒相視多驚危不畏蹈湯火竹爐如沸雷艱嘗不變色方識琳瑯奇所重在古璞所愛在陸離以余守貧乏貽汝燕石譏豈知希世物不厭居賤微韞櫝用相屈善價恐見疑重汝復愛汝舍我其安歸酌酒以昭信名山以爲期汝與古人飲曾有狂夫詩

查梅壑生日

西風吹烏桕遠岫含臙脂登高一以眺天在滄州西不信秦皇帝而始有安期安期隱者流或生商周時至道是何物得之能不飢蓬萊築場圃棗樹陰垂垂秋深誰與撲贈人求爲師梅壑有老人問能啖幾枝齒猶如瓠犀吐納向孫顚君如遇安期爲余問訊之

朱靜之處士藏髮圖

雨下不可障地裂不可縫嗟嗟下士唯保厥躬銅駝荆棘我手義士薇蕨我口普天之下莫非王有身體髮膚受之父母　樽缶之覆何如車膚髮之斷何如軀　斷髮不痛實痛余心寧有血漬而沾衣襟語婦不如汝去我髮縷縷　藏之笥簏中勿捐棄鼠勿盜芒蟲勿齧膩　其志也迂其孝也愚下堂傷足子春躊躇　與髮永訣與髮後期何以見我父與母蓋棺之時不汝遺夫以語婦母以語兒　如此三十有七年蕭蕭短髮歸黃泉不信一身頭上髮一如青絲一如雪

公孫娘

公孫娘姓字香但見雌雄兩股蟠紅妝美人便喚公孫娘那知王侯第宅内美人舞劒只尋常腰學楚美人舞霎時霜雪又風雨團花氈外轉頭看一女如花十四五主人他日獵渭陽美人刺熊如刺羊美人便喚公孫娘公孫娘姓字香

浙江潮歌

鴟夷怒氣不可泄噴作浙江一江雪不信海水西北流半空矗起大潮頭英靈眞果敢殺氣晝夜撼五湖驚走大夫船九泉猶破君王膽手拖文種出墓宮種山至今一角空海濱老人喜語怪親見銀鎧白馬波濤中烈烈森森屹相向八月秋風更悲壯吳國臣爲越國神巫鼓鼕鼕迎伍相

南京久客堂歌贈杜茶村

鍾山樹盡孝陵禿有客短髮住茅屋門前舊是御河溝不照當年宮柳緑老人破屋兩頽唐如杖一木相扶將孝陵南向客東向孝陵在中屋在旁炊煙十日九日斷宛如屏氣朝君王四十年前不敢死腹載先朝之圖史四十年間不敢歸腸斷先人之桑梓家在黄州算不遥盈盈只隔一帆水王仲宣哭樓前哭送夕陽四百年阮嗣宗哭途窮泪落酒杯珍珠紅看盡繁華眼不熱懷中惟有郢中雪杜家又有杜陵詩詩中又有杜鵑血芳草歳歳長庭除遊子今年七十餘可憐寧飲建業水可憐不食武昌魚

燕巢歌爲李秋水作

燕有巢客無家庭前空有三百年來紫荆樹春盡還開洪武花燕有匹客無家窗前空有三月望帝魂與魄碧紗啼就爲絳紗燕有雛客無家門前空有十畝五色東陵種抱蔓不留秦時瓜燕巢主人屋不食主人粟新主舊主住反覆燕巢主人梁却斷主人腸主人是客思故鄉銜土爲壘引雛爲兵入呼爾婦出與雀爭主人賣屋棟朽忽墮孤雄遠飛巢毁卵破

文三賓門招同方大洛瞻程五次桓飲陳氏園亭

十畝之園五畝樹五畝亭臺花刺柱春風不埽花上煙花飛欲沒草間路主人園内羅酒漿園人園外進壺觴乃知借園兼借竹暴富十間薜荔房文三數錢只三百便來名我醉鄉客程郎年少西向榏方大葢長首據席方大幼讀書生書治河來獻書生策汝不辨稼穡惡能事禹稷城南土祠莫寄食傾圮道旁修不得神光鬼火非不靈土神訴帝畀無力程郎程郎汝值錢筆開五色花如鮮日日持籌算萬緡何不買此好池館來遊只住頭市壓何異文三千金買妾不買屋阜家門首借數椽記與文三别去年蚊蚋共坐揚州船漏盡壺乾那得酒月落不肯照客眠那知今日大嚼亭子上江湖又得此兩賢我騎無鶴亦神仙蕭蕭萬竿竹映我杯中麯竹林之賢四在目阮籍似我欲慟哭汝欲掩涕還作歌枝枝黄鳥聲相和黄鳥啼倦客散去奴子閉戶鎖烟蘿

蔬枰爲宋射陵作

徵君底事徵不起食過他人五斗米何以報我素

餐恩鋤出先人舊荒址十畝縱横似弈枰七月菜爪似棊子方圓動静眼前看春似棊生冬似死天下紛爭一著先反覆輸贏不到此學儒不如賈學圃不如農負經復鋤菜菜熟何芃芃任爾流涎不肯賣無論市井與王公可憐九鼎萬鈞重前朝悞於賣菜傭從古圍棊主殘局自然袖手無英雄

喜晤戴稼梅於錢辱谷署中

將軍臺榭敞四壁揮扇雄談者六七一人大笑我大驚何處遠來千里客却是去年送遊燕山尖吴門才子戴孝廉一枝彩筆郭璞製曾經贈過江郎淹長安千金買一賦此地離奇却不顧蹇驢仍背上書人羞殺中山多少兔怒氣吹濤揚子黑化作墨池起煙霧新詩幾卷昨見來撫髀中夜叫奇才夜涼蚊蚋轉相逼醉伸雙足帳幔開飯後走索將軍酒風前坐洗將軍杯那知故人此相對何勞一夜不眠起徘徊問君歸渡桑乾水可有揶揄橋上鬼棄汝西施在苧蘿枉説吴宫妝黛美蟬聲刺刺鳴前除嬉笑不記離别餘堅苦留君過七夕貪看曬出腹中書

黄山盆松歌

黄山萬丈松十丈一尺猶作千萬狀苔蘚泥漿送渡江孤根忘在青天上問誰撫爾曰盤桓山中人寄陶元亮一拳之石與卷舒猶龍老子偃仰殊蓬累而行如斯夫

柬戴岳子

一日燠熱三日寒杏花開與東風看可有青銅錢三百牀頭一甕昨已乾脱毛裘裏典不得只合東家西家走乞食五斗何曾折斷腰叩門悔煞陶彭澤東家西家誰與同海濵昨遇浮丘公問君飲酒亦食肉何以人似神仙中無端詩句動盈尺開卷吹出黄初風先飲後醉略輸我得酒也能半夜坐不信天生一石才但向古今飽坎坷杏花開過辛夷開爾我日日須銜杯生憎錢唐一片月春潮不接遊人回我無消息山陰至君只家書河堘來

至後

寒山鵠立凍雲吼至後臘前數二九江頭躍出羲和來江光凌亂江聲哀撼天裂地朔風虐犯觸寒威梅獨開兀坐不出門數日竹籬枯管吹觱篥鸜鵒繞檐來索食一群兩群啄蓬蕈

方西長倚閭圖

茲圖作者誰逝已如流水所存丫髻孫今有十兒子祖父昔抱病祖母日倚閭我父行不歸堂上兩躊躇作羹者是母牽衣者是吾此時約略七八歲記得了了不糊塗負米千里滌釜難待舅病姑焦子職婦代歸來客子換麻衣抱恨終天泣血遲痛寫茲圖以誌過觀過知仁人或知吾常示吾十兒子是汝祖父艱難時春花二月覆茅屋伏雌哺雛呼祝祝案頭一卷是何書元朝才子琵琶曲一讀潸潸淚兩行深感新婦是糟糠那知遠客腸更斷齧指痛心如被創至今墓木已成拱展圖猶覺神皆動當日之孫又有孫每談往事淚還湧不枯不爛無盡期中有一段眞孝思陟岵陟屺此行役詩人不刺反美之

花朝雪

春雪壓牆壓未了雪水浸綠牆下草今朝那似看花朝閏歲年年春不早無賴花枝韋曲開翻惱飢寒杜陵老何苦飢寒志氣人一代詩將富天寶汝遊西蜀多好詩我借東吳無一枝黃金不送客歸去十年阻絕非亂離爲語門前桃李樹開花切莫怨暮遲臘月酒送正月乾客子欲出衣裳寒待我沽得一尊酒開向牆頭日日看

題李白舉杯邀月圖

月半一相見贈我明鏡臺半月一相見修出蛾眉來與君相見便相接東西南北之風吹不開箇箇頭上有明月舉杯而邀其誰哉青蓮鄉裏人慣看鄉裏月騎馬長安街大小不差別大笑明月不勢利看久只愁鬢有雪青天有月來幾時盤古如在其知之盤古未識長生訣洪荒文獻惟存疑

大雪歌

朔風動地動無恙一夜青山失青嶂村前不見兩株松婆娑二老白相向早酒往往畏沾脣今朝未飲已十巡街頭塑獅多塑狗或誇獬廌或麒麟東鄰婦人聲呀呀埽徑埽作三條叉叩門往乞筵上具攜瓶尋出枝上花昂藏一人牆外過開門迎客嗔雪大問之不自剡谿來聽之不問苕溪臥鞠躬告貸歲暮時貧兒置酒延富兒

黃儀逋詩卷第一

黃儀逋詩卷第二

金山八首

殿閣立空明嵯峨一化城江山無此麗天地忽然輕萬象光凌亂終朝景變更檻前留不住白浪捲雲行

鼇足何年斷潮來觸不周天開眞肺腑地是古咽喉大樹斬王廟斜陽太子洲疾如飛鳥過北馬遜南舟

如此相衝激乾坤恐不牢登峰江忽細傍搶月仍高古墓森危石中泠隱濁濤仰天吾欲問首帶白

雲搔

扶桑不可到樹影指雲霞隱見烏三足浮沈天一涯水兼巴蜀雪浪蹴廣陵花古寺莊嚴甚飛來鷲嶺斜

晝夜東流急滄溟不見多分開雙水驛漩出一山阿月豈隨波汎風眞動地過可憐唐宋後添盡好煙蘿

望眼迷千嶂孤蹤狎一萍水窮滄海白天盡越州青浩劫消傳帶高僧有斷銘誰將西竺法說與老龍聽

蓬瀛呼吸到贊歎妙高峰古有誰航海吾將此豢龍窗從四面現江用一丸封催白山僧驤晨鐘與暮鐘

碧浪翻無已青山躍欲前金陵那有氣鐵甕最多煙砥柱猖狂水包藏潋灔天魚龍能避客安穩上方眠

送陸丈遊天台二首

帆盡錢塘外搖船過四明青鞭橋上路紅漆海東城澗鑿千峰抱神仙一飯成鄉書吾欲寄路半越中行

海水長芙蓉霞城築萬峰欲尋溪口洞只過寺門松驛外宵聞虎山傍春挂龍莫忘來往路盡是白雲封

黃河

夏后忘遺漏千年築不成水來天上急河到日邊平沙市頹移集官船泊進城春深望南北無柳插清明

山左道上

五穀雜成飯三餐兩望煙樹陰時息馬橋斷不通船白日斜銜魏蒼山直到燕塵泥開枕簟逆旅倦

能眠

登平定州文昌臺三首

面面翠屏開城東百尺臺地偏華嶽立天盡太行來緩轡儒生馬狂煙旅店杯關前老榆樹都是漢時栽

何處趙王宮山花夕照紅邊風號代北古塞走雲中萬里音書斷三年道路窮平時恥學劍今日嘆飄蓬

俯檻小并州滹沱水一溝山從千里見人在半空遊馬窟耕無草龍庭放有牛將軍不善射李廣或封侯

由獲鹿之井陘二首

獲鹿西無地車聲天上聞鳥飛前避石騎轉下侵雲香火秦時鬼旌旗漢壁軍王公真設險攻取日紛紛

羊腸迷白草馬首染蒼煙落日只投壑奔峰上裂天懷家真有淚弔古總堪憐澗底長松下鋤雲種嶺田

與杜茶村對酌秦淮酒樓限旗亭二字

誰與吞杯酒傷時杜拾遺畫樓新可愛廢苑老能知往事彈雙淚閒愁結四思西京全盛日武帝有旌旗

可憐桃葉渡空挂柳絲青風景迷前代行吟見獨醒澆來胸次闊驅出杖頭靈爾我不相厭山如對敬亭

客蕪城喜戴仲馭從瓜渚來會

江路連旬凍來騎惠子驢寒衝年底雪約踐月前書求友真辛苦輕裝任卷舒揚州留爾我一席白雲餘

送程翼天歸里二首

誰能常作客一歲一言歸家在黃山下溪多白鷺飛梅天新雨後藕葉夏深肥南渡錢塘水船頭上翠微

山館麻葱開幾時歸復來峰巒三十六上有軒轅臺未别約書信深談藉酒杯新安東一路李白却徘徊

清明登城南文昌閣

芳草踏清明岑樓高出城今朝桃李樹都放管絃聲客久春無興文深醉有情板橋三尺水風捲落花平

聽鶯

攢眉先置酒砭耳復聽鶯喬木忻相託伶官學不成莫遭饒舌怒難了惜春情隋苑無消息新聲代舊聲

紅橋七月十五日雨中汎舟四首

雲觸船頭起秋空雨易飛霎時無酷暑一角有晴暉吾輿安能敗人遊或已歸那知荷沿上滾滾瀉珠璣

樓閣含殘雨涼風盡蕩斜一灣青旆市百日紫薇花比物羞萍梗餘尊嗜果瓜廣陵城北水十里浸煙霞

法海今宵鬼迷樓前代人月還磨寶鏡雨不滅青燐美女曾傾國蕪城各愴神蕭梁思蜜水甘露可沾脣

那能留酒量待月照尊前啖口中元寺紅橋半日船路隨荷芰返詩付鬼神憐回首望燈火笙簫吹斷煙

喜晤程姬田二首

兄弟行居幾燕山第五枝姓名從舊識文字得新知醉受雙青眼交添一白眉誰來尋委巷叩響雪

中籬

十載吳陵道梅花厭我看那知傾蓋立便問旅人寒臘月河流斷霜天野望寬愛君崇棣樹每日過憑欄

八月送程采臣還新安三首

欲看錢塘月飛過鐵甕城一千秋水路兩換客舟行袖裏同鄉信杯中送客情明朝渡江去便聽櫓搖聲

莫謂潮頭大篷牕捲畫簾月多明水驛桂易長江南風景全歸越溪灘古姓嚴軒轅欲問道還下亂峰尖

往來三四載客裏久爲鄰別酒無佳味登樓有遠人山風吹月小濤氣入秋新但得鱸魚美何勞又煮蓴

訪友人

城外衝氷雪橋南訪隱淪倦歸三晉客見過兩朝人天地容誰老江湖到我貧楊州燈月夜歌吹似梁陳

清明

風急管絃哀城東歌哭來墓誰今日拜花似故鄉

開道路非多梗乾坤竄不才門前看折柳是我到時栽

郘青門自吳門移家海陵時為錢辱谷所延二首

吳山不可載舟載白雲來三徑新騶入雙扉舊主開煙浮鄰苑樹濤響大江雷王粲攜家至荊州眞愛才

那識梁高士春聲夜透垣席因知巳暖地少路人喧檢點開書匣芟除得菜園是誰攜酒榼呵道過柴門

海棠四首

窈窕誇西府東風解好逑闌干妃子睡天下美人羞光怪飄芳樹清明占畫樓燕脂與胡粉不值一文求

有客詩偏逸開元解語時此眞西蜀種吾拾杜家遺妬煞連朝雨生成百媚姿盜名秋砌早尚博俗人知

優孟殊堪笑屏風見畫來移將玉蘭砌覆向牡丹臺富貴何心附乾坤著意培春光欲盡洩付與海棠開

樹欲高為架花能豔出群一叢新粉蝶萬朶好朝雲傾過何人國贏殘娘子軍文章眞燦爛彼莫比紅裙

訪安公

若不投天竺乾坤那得閑朝曦烘叆叇夜月比弓彎家向無中出腸從斷後刪蕭梁如可救掃地咒魂還

西郊草堂二首

畫船灤北郭荻路走西郊濠水魚知樂揚州鶴有巢雲常噴石竇日欲避山坳宮室還相向玲瓏出樹梢

信宿吾常到蒼茫景不齊應將新別業誌在舊城西地脈通巴蜀山形入會稽出城如欲問只聽亂鶯啼

送劉萬蘇至漢中覲省

江從揚子滙路到漢中懸兩度逢來往兼旬喜折旋賴君聞故舊慰我夢山川那識趨庭急搖鞭欲上天

午日二首

薛邑齊同姓豪踰楚屈平但哀湘水死不慶孟嘗

生綵蝶纏絲重於菟入艾輕街衢斜日影顛倒醉人行

蛟龍嘗竊食魂豈滯江沙鸜鵒教無舌菖蒲切有花行吟迷澤畔開宴滿天涯總爲先生醒端陽醉更加

送程階亭之漢陽二首

辛氏樓還在何年黃鶴飛詩眞服崔顥笛欲截湘妃孰與仙人遇吾嗟酒客稀洲前鸚鵡問君可弔斜暉

漢水迎人意何妨西北流常將巫峽夢飛上木蘭

舟才子情多幻秋天氣易愁桂花香十里送客出邗溝

送方恂如遊山右二首

萬仞鬱蒼蒼思君上太行半天孤驛小一路白雲狂風俗多爲賈牛羊各有莊如今西入晉富庶是平陽

繁花郵裏店僻縣嶺頭城上客相如到郵亭令尹迎封疆三戰國行旅一書生歸覺奚囊重詩添萬古情

訪王振一於松隱菴

雙扉山麓隱清磬出溪聞密竹天無日疎松棟有雲僧房半里借村酒兩人醺秋老看楓樹臙脂碧嶂勻

送南虞上人往吳興住道場山

伏虎唐朝寺群峰拱道場松花三月落臨濟一枝香示衆先師鉢還山古渡航又添方丈上萬縷白毫光

宜陵道中二首

百里行將半煙村傍水孤輕衫黃草布短架白花

瓠一線分街市多年作道塗出門與閉户總是客江湖

歸路憶前年宜陵夜泊船懶眞連歲積貧問幾人憐曉日烘艙背輕風急纜前十三橋下水九里斷還連

送孔東塘三首

去當三月暮來已半年餘享客眞忘分登樓是借居帆飛芳草急絮趁落花徐不盡澄清志看花攬轡初

九載陶唐水東淹百萬家淤泥精衛沫怨草杜鵑花禹貢還堪考南風不用嗟魚龍避漢使茅屋拜

官衙東注還歸海奔如萬壑雷水驅魚族去潮接貢船來文字留碑讀圖經草疏回思君頻北望混沌颯時開

集程姬田杏園寓齋

古寺誰遺址隋朝又晉朝千年銀杏樹何處玉人簫偶語閑多諕離城僻似遙頓忘天六月修竹一僧寮

揚州舟中

暖板船何逸開窗夏復凉宜陵三里市小滿各村秧春漲陂塘白年饑面目黃傾盆前夜雨河水入江狂

喜晤程次郊四首

我愛戴安道為君每誦詩見初從昨日交已定多時雪盡南來鴈梅開北向枝異鄉同作客相對慰棲遲

客邸春栽竹狂夫夜據牀醉還呼太白譚不敵諸王阮籍貪為尉馬卿羞拜郎何如且歸去驛路共錢塘

汝愛江山勝余羞道路難孟春晴不暖殘雪暝多寒奏技偏懷瑟為儒未裂冠高吟聞抱膝時作臥龍看

客子著書久城陰欲結蘿醉鄉愁不到故國夢偏多仙館陪臣朔蠻夫拜尉陀陸沈滄海上君意問如何

贈次郊二首

雪中來子敬不是阿兄猷狂喜同看月相思又上樓飽慚彭澤食禿笑富春裘知己誰堪語今銷一半愁

折梅渾欲寄客已渡江來驛路何年別揚州五度開凍雲遮浦樹微雪旅窗苔不為天寒冷頻頻喚酒杯

同張公子兩集方齋咏籠中畫眉鳥二首

日日君求友嚶鳴畜畫眉宛如歌換韻頻向客催詩纖月窺嬌面春風出朶頤憑欄同側耳酒泛熟梅時

莫漬湘籠淚知音今日多無端調百舌有致畫雙蛾聽似遊山谷喧常透薜蘿欲從新雨浴其奈曉妝何

寄程孚夏二首

不圖三載官未寄一篇詩豈我忘懷憶翻因恨別離割豚呼曼倩應制用佺期擊筑壚頭月狂夫夢飲時

位卑偏國士署冷豈閑曹官頗勞筋力文能見羽毛交遊夔一足辜負蟹雙螯謝汝分清俸時來醉老饕

天寧寺三首

車馬喧如市城門接梵天茂林三百畝古樹一千年籟發蛟龍鬬陰移日月偏天寧多少寺最是廣陵傳

祇樹何年植鎡基東渡開鶯花浮世界金帛買輪迴謝傳碑難考蕪城賦莫哀揚州跨下鶴七寶日銜來

邸舍僧寮靜雲霄梵閣重鷩濤常在樹旅爨不隨鐘漢後天多佛岡前地有龍爐煙青未了飛作隔江峰

送費厚菴之武昌兼柬通山張明府三首

復聽郢中歌因君唱和多雌雄風有別日月水常磨鄉夢飛巫峽離騷反汨羅江城折楊柳無奈落梅何

道我相懷憶連爲獨舉觴鯨吞雲夢白鶴跨漢臯黄別路愁山隔交情問水長團圝明月上何處楚城方

張君新出宰縣屬武昌城箸欲嘗魚美書先附鵲輕懷人非浪迹訪古是餘情遥想同攜手斜陽川樹晴

訪浮村上人二首

龕小諸天合衣涼白露殘紅黄階砌葉青翠果蔬盤客到開窗坐書成背手看出城纔里許村渚野雲漫

切莫攢眉去還教笑口開但逢黄菊放也有白衣來龍掩空潭鉢鯨吞渡海杯支公前日到喚汝故人陪

月

階除白不了先又上疎櫺漸小中宵月無多四面星樓臺秋水照蟋蟀旅人聽鄰火穿籬急柴扉破自扃

泰州泰山

山以州名相傳岳武穆爲防禦時築以覘敵上有武穆祠山高五丈餘下有小西湖寬數十畝

封敵一泥丸年深成翠巒挾堪趠北海高似戴南
冠金碧忠臣廟雞豚野老盤小西湖上水照不見
臨安

贈梁存齋

瓜步二遺民龍鍾過八旬字依蒼頡古齋與蕨薇
親多話前朝事曾看舊苑春白頭如稚子啼笑不
由人

菊二首

寄奴草有姓爾乃遯東籬霜露何妨早馨香莫笑
遲開宜移別墅植必去繁枝恰遇重陽近朝朝照

酒卮
力辭五斗米籬下有黃金不用長饞劚偏宜短鬢
簪落英還適口賤種自多心何物堪相對無絃一
古琴

送周嵩山迎婦歸大梁二首

星渚槎初返河洲鳥正飛佳人顏是玉公子錦爲
衣莫道登科小真稱得意歸大梁開憲府花萼繞
親闈
羨子好襟期殊難賦比之剖來真楚玉吟出果唐
詩甥館園亭列行廚酒饌馳巨源屏內婦窺見客

狂癡

舟次瓜渚晤張見陽司馬二首

瓜步洲前月黃堂鏡有輝臨風一以照左右兩漁
磯彩鷁迎飛蓋驚濤盪翠微大夫爲政暇詩似謝
玄暉
懷刺多磨滅龍門今早投詔將徵治行吾乃見諸
侯車笠殊忘分江湖不浪遊解維一回首城上白
雲樓

送綸紫北旋二首

公子遊江左歸添兩事新花開擬古筆眉畫好逑

人烏巷來乘騎黃河泊問津臨岐留不住千里奉
雙親
歸客年方冠長安詣上書簪花將滿帽擲果定盈
車京洛離家久親闈解綬初南山喬木下先掃白
雲廬

過友人飲

王孫儻一醉報豈只千金況出醇醪美能澆肝膈
深樓高雲滿寺牕外竹成林無恙松間月蕭梁照
至今

端陽

亭午難貪飲蒲觴熱懶持人多醉欲舞吾趁醒題
詩故國憑蝴蝶餘新及㢒㢊莫言無下箸佳節採
園葵

送方元叔歸鳳陽二首

禾黍鳳陽城龍飛一帝京規模還壯麗風景已凄
清俗樸堪流寓人賢有令名送君邗水上西望白
雲平

朝夕盤餐共忘形一月餘醉嘲吾嗜飲工愛爾能
詩野水紅橋北銀河白帝初昨宵因話别遊興覺
蕭踈

再送元叔二首

奇字茫然久還來問老夫去常懸一榻迂欲洗雙
梧濠水無龍氣襄陽有鳳雛歸帆載明月仍是客
江湖

俱有歐陽蹟平山與醉翁亭環千里外堂在大江
中學必師先哲人眞得古風何須重惜别舟楫往
來通

劉太占訪余海陵抱病邸舍不能及門余往
視之

常倒中郎屣今來坐忽癡煩天窺晝寢就地問良
醫酒至惟斟客枰殘不數棋畏聞聲颯颯半敗菊
花籬

飢眞啖肉糜進亦一匙餘苦辣嗔頑僕肥甘仗蠹
魚羸非前若此病比昨何如司馬逢消渴偏能賦
子虛

術亞長生訣神農草木留倦難支手足患却在嗌
喉要地攻心急奇兵忌器投乾坤有鬱氣盡是古
今愁

過安定書院訪崔青峙二首

六月揚州暑清凉有一隅行臺鹽使者神主宋名
儒園草帷前長江城賦裏蕪殊忘貴公子吾是賣
漿徒

莫具盤餐名唯將信宿期見皆疑舊識喜欲贈新
詩抱膝窺龍臥趨庭學鯉隨先賢談道地添一讀
書碑

皖江昝抱雪同甥姪客揚州招余集飲

伯叔兼甥舅群遊興亦奇會盟非玉帛享客有歌
詩邸舍瓊華地殘春芍藥枝騷壇牛耳在割取盡
餘卮

送汝寧淑英查夫人

壻向乘龍得簫同跨鳳吹百篇新有集六歲早能
詩金築樓臺貯珠隨謦欬遺古來奇女子曾作右
軍師

黄儀逋詩卷第二

黄儀逋詩卷第三

上巳同安東袁友鹿登泰州泰山岳武穆祠
四首

岳王祠廟俯湖濱地是吴陵客旅人燕子欲增當
日壘秦頭能壓幾時春潮來爪步奔如浙草長柴
墟積有燐柴墟武穆大敗金人處離城三十里佳節釆蘭渾不記思
鄉弔古兩傷神

芳草汀州可有蘭禁煙時節望臨安海邊北闕曾
嫌小城裏西湖那得寬菜圃花飛蝴蝶撲蘚碑血
漬杜鵑看英靈泪為狂生落據檻高談宋事難

誰知殘壘勢巑岏却喜平疇一嶂懸山長陡從南
渡日池淡會彷永和年總教禊祓終含垢竟偃干
戈共戴天曾試將軍莫沈醉君王湖上日開筵

上巳蕭條吾泛酒孤軍辛苦汝量沙數竿遺恨湘
妃竹三日興時薺菜花夢裏湖山真浩蕩春殘天
地更繁華故鄉祠廟他鄉見東渡錢塘是客家

廣陵懷古蹟九首

董子祠

柳巷祠堂傍水寒繁華城裏祀儒冠帷前窺草春
無賴火後論文漢可觀吾道體從迂濶重浮雲身

與卷舒難長沙恥作諸侯傅始信天人勝治安

孔北海墓

暗移炎祚一周文明眼如君當殺君高士有他前代巻孔林少此漢臣墳樽中賓客收遺骨界上江山葬斷雲巢破可容完卵否滿城燕雀泣紛紛

何水部東閣

官閣梅經水部題新城裁到舊城西若吟詩句香還在欲折花枝影盡迷此地來遊思跨鶴何人畏冷乞爲妻無端蜀客遙相憶頭白垂垂入浣溪

昭明太子文選樓

想像樓頭萬軸新蕭梁創業本詞臣漫題花鳥終何用振起詩歌亦此人黄口小兒初解事白頭老子晚蒙塵惠風不放天清朗刪去蘭亭一段春

蕪城

還有蕪城故址無江流已斷白雲枯分茅此地難封濞讓國延陵未化吴强幹弱枝爭振落同心戮力自相屠荒烟蔓草逢詞客爲汝狂歌弔兔狐

迷樓

環珮空中落管絃恐無地載罪彌天但留顏色憑誰用縱好頭顱只自憐狹小後庭陳制度依稀東海漢神仙望夷胡亥迷樓廣最喜秦隋位再傳

玉鈎斜

賸得香泥覆綺羅秋花秋草染成窩放殘螢火樓頭月咽斷蛩聲殿脚歌青塚無存那可辨雄狐欲刺不勝多雷塘弑逆魂何在霹靂轟天汝奈何

蕃釐觀

天上瓊花那可移隋唐前後見仙姿圖經有貢何曾及草木爲妖亦未知春到階除空雀躍客登臺榭實狐疑翠華玉輦如來訪惱煞闌干芍藥枝

平山堂

晴嵐飛去復飛還眺盡江南坐此間井底荒唐巴蜀水檻前濟楚潤州山地無題品非名勝人有文章不等閒歌吹竹西游冶散夕陽來照醉翁顏

再送雪崕歸里

江南江北潮無賴君去君來却自由蕩子今年兩見婦故鄉幾載一登樓菊花時節山中酒楓樹溪橋畫裏舟如此風光留不得又將尋我過揚州

春日有懷費燕峰

帆槳去城三十里煙蘿抱屋野田邨長安歸後知碁局短褐從前出劒門刪述頻年何日定江湖遺

老幾人存西川花鳥東吳見陌上枝頭杜宇魂

遊祁尚書寓山有感

寓山祁尚書彪佳所築也公盡節時年未四十余於二十一二歲時往遊因留詩四首值公夫人商以埽墓時來哭公遺像余以戚誼當請見夫人見詩甚加贊美繼以涕泣迄今將三十載矣

載酒名園花氣晴緣堤細草踏還生卷舒簾幙浮雲亂蕩漾樓臺春水平三徑不邀珠履入雙橋無復畫船行忠魂何處招歸切范蠡城邊杜宇聲

碧沿朱樓交映明崇山峻嶺出檐楹參天修竹皆高節照水孤松似濯纓擔荷一身眞有力澄平三百諱談兵更無宣室徵書及腸斷長驅失二京

寂寞東風過習家荒涼客坐鏁烟霞水明似鏡春猶碧樹老成圍晚自花不盡離憂沈楚澤無端慟哭謫長沙一時殉國還遺恨月落江城起暮笳

劒佩追隨跡已陳不留歌舞一分春風吹戶牖藤爲鑰花落林塘鳥喚人薇蕨那堪汙義士漁樵豈肯老遺民黑頭年少東山客收拾綱維百代新

瘦馬

瘦馬稜稜自驛迎塞庭官字尚分明曾經百戰追風入誰遣雙輪曳尾行懷舊凄涼餘老淚感時躑躅吐長鳴少陵詩句空相惜拾橡應同戀豆情

西湖宴集

青山四壁囀流鶯碧水中央坐友生花裏有隄猶帶姓湖邊無寺不知名地憐往昔君臣散天到東南圖畫成解道臨安久駐蹕至今燈火夜歸城

杜鵑花

望帝猶登歃血壇君思蜀否醉顏歡故宮國色憐西府異地花王讓牡丹魂豈燕支山下過春從蝴

蝶夢中殘枝頭亦有花如鳥啼到三更帶月看

晨起上蔡補齋乞米

窮途阮籍苦年荒晨起常無昨日糧總不折腰寧乞食幾因枵腹廢臨觴晏嬰豈枉爲知己王粲何愁在異鄉此去中廚頻滌釜故人倉即旅人倉

送黃玉汝還新安

漫向天涯記歲華楊州幾度見梅花歸帆莫畏氷盈路短驢微添雪到家徑不荒蕪兄弟闘人逢聚散友朋嗟溪頭醉洗風塵面照取銀釭酒量加

送程亞韓北上

長安又欲駕征軺留別思題廿四橋須趁未凋雙鬢影休矜難折十年腰酒人雅量增無減馬價空群長不消好瑟好竽都莫管但吹絶調廣陵簫

送春

枝頭錦繡落盈堆作惡東風亂剪裁春果欲歸何井邑花如不謝或蓬萊掌中浮蟻常貪聚隙裏飛駒苦勸回折柳贈君衣上絮雪深臘破好重來

賦得早來猶及看梅花送查書雲入秦

早來猶及看梅花西指秦關道路賒去日馬宜添苜蓿歸期人盡約蒹葭莫教東閣閒閒笛若放南

枝定到家總向終南多捷徑還留逸興在煙霞

邗上諸君折柬相邀愆期未赴

紅橋寒食試春衣十里香風透翠微彩鷁幾重圍市泊紙鳶一半出城飛眼中好景前年別書後行期昨日違藉爾群賢觴咏在題詩爲我記芳菲

邗溝水面畫欄干半泛輕舸半據鞍金谷那知隨地有玉人多喜上樓看來尋酒伴何曾遠去典春衣莫畏寒明日會須乘興到花枝休放鳥啼殘

送張曉巖返金陵

東風容易送歸槎遠樹邨中開楝花酒藉他人爲地主客皆蕩子在天涯顛時濡髮頭還白春後登樓樹盡遮西望夕陽三百里遥遥可是秣陵霞

送友還吴下

蘇州舴艋剪江斜復整歸裝先到家吴市煙紅飛爆竹惠泉水白煮梅花客因度歲兼程急事遇新年興倍加添得一頭江北雪脱巾醉向老妻誇

立夏集補山樓

不知青帝去迢遥還倚層樓百尺高贈別花枝留芍藥送春酒甕剩葡萄嘉賓盡爲開觴次飛絮偏能集騷毛樹緑燈紅明月白更衣移席又揮豪

避暑法海寺孔東塘攜酒過訪

寺外南風莫掩扉使君來訪芰荷衣熟梅天氣龍常掛久客揚州鶴不肥羅綺香憑紈扇送管簫聲趁畫船歸迷樓流出燕支水猶有清陰樹十圍

與程紫宸對弈消暑

閉門莫教爛柯窺爾我堪誇兩弈師貪向北窗風有致常爲東道主奚辭相持巧遇無懷氏落子忙於墮淚碑消盡閒愁與午夢夕陽樹底好銜卮

與教寺送戴鷺山歸里

欲就山程棄水程層氷臈月去蕪城梅花忍別哀

吟客飯顆誰憐太瘦生寺外屠牛嘲逆旅江頭剖鯉訂臨行送君寂寞千行淚何處重聽擲地聲

登揚州城樓

半空丹檻客高凭雲裏青天接幾層對岸潮來吳越客隔江樹盡帝王陵人驚衰帶樽中醉詔罷舟車海内徵校獵夜深無醉尉故將軍可日來登

泗亭懷古

三尺戎衣怒草萊秦家老嫗哭何哀蛇神不信衰無力龍劍還疑淬有苔天厭暴强功半古運終禮樂帝雄才大風吹送歌聲去指點郵亭夜醉回

别張諧石返海陵時主梅壑水亭

駡坐今逢兩灌夫相逢爾我迭相呼詩能泣鬼貧由此齒長如兄弟視吾百里暫離還惜别一椽久借亦憂蕪西風蕭瑟東關路送客偏教客醉扶

主人賁宇牢籠鵝笑倒揚州鶴瘦多住有居停君老友裁成近體我高歌相投水乳偏難醉若論文章自不磨何用河亭留戀甚兩旬此地又同過

丙子重陽

淮河前月猖狂決海國孤城陷溺存千里但憑鴻作澤百年幾見水爲坤强將黄菊中流覓說到蒼生太息論不廢重陽登眺與羅浮柁底觸舟渾

與戴霞客别駕話舊

吾鄉來往水爲塗柔櫓輕舟走鏡湖異地喜逢呵道至旅人莫畏斷蓬孤清新作賦真難得彼此離家久不殊欲話蘭亭與蘭渚公餘可有醉工夫

送張仲昭之東臺

吳陵城外見滄桑北渡無潮自渺茫萬柳煙堤迷井邑一湖野水出洪荒地非邊海羞爲客家説山陰各斷腸今夜送君深雪裏可憐去住總他鄉

送程禹三歸里兼簡翼天

朝辭夕送故人稀對酌梅花客又歸相伴關山蝴蝶夢連催書信薜蘿扉詩成正月先題扇服到三年欲换衣一樹紫荆開更茂引他華表鶴來飛

九月集飲蔡虎談宅

連朝煖不似秋殘黄菊猶堪半月看坐莫推辭皆好友談多迂澗是儒冠筵前罰用籌三爵稻後肥添蟹一盤有客兩年纔得會夜深握手又憑欄（謂寄園補齋）

寄馬餘若

桃花水漲躍江魚三月曾無百里書何處求爲楊

得意新交却愛馬相如帷前草見王孫長橋上簫聞帝子餘相約狂夫同出郭藍輿盡槳日無虛

聞文純又來白下晤其弟賓門因懷舍弟在北久無消息

君家千里漢陽船去住秦淮會隔年春到我尋南至鴈雪中書斷朔方天關山花萼開難賞兄弟蓬根最可憐泪落他鄉今夕話他鄉客見更潸然

一錢

一錢不救客囊空三載依人道路窮未改醉眠松樹下非關貪飲竹林中寬身湖海無同調範我馳驅眞賤工只是吹簫常乞食更誰知爾滯江東

佛手柑

漢庭仙掌不須誇佛手眞能掬露華珠串欲拈霜後果天香似折月中花煙籠霧卷非雙袖橘綠橙黃是一家辛苦東來翻貝葉又教屈指數恒沙

送吳位槐重遊京師

載得揚州月二分離亭酒帶木樨醺黃金薊北曾騰貴捷徑終南可熟聞鳥跡悟爲倉頡字龍門瀉作史遷文舊遊傾動公卿甚那識新裁更出群

元宵集程翼天柳園

新年仍名舊賓朋劇飲何勞揖讓升帶雪剪來正月韭閉門點出上元燈昇平時節城偏禁簫鼓闌干夜不凭憑我酒人沉醉後頹嵇哭阮嘯孫登

送王任伯

菊花能醉去官人五斗腰肢折復伸脫帽風前吹短鬢驅車霜上碾雙輪東籬秋老眞堪賞清俸年深不療貧回首茱萸灣裏樹送來名伯月如銀

喜程聚公至

帆落吳陵竟似歸海東舊有釣鰲磯一官未試常爲客五月相逢嬾著衣壁壘梁間新燕築鼓簫江上畫龍飛石榴館舍端陽節消息鰣魚二尺肥

寄次郊二首

問誰春草寄池塘日據君家大謝牀寥落交中思肺腑平安書後及疎狂還鄉憶戀帆檣岸愛客聞開薜荔牆那識暌違經一載野人記製芰荷裳

卜築新成丘壑幽黃山夏日送清秋詩篇羨汝飛氷雪書札催人走馬牛客久羞彈長劒鋏月圓空憶大刀頭陸家伯仲平原在每動鄉思共唱酬

登京口張將軍署樓

面面窗開積翠明憑欄看盡潤州城枕江樓閣誰

曾晝抱寺峰巒勢欲行揚子潮來無戍鼓練湖月
上有吹笙摩笄山畔朦朧石想像孫劉坐論兵

寄戴景韓三首

梅花迎客返山溪舟觸磯頭水凍澌新歲賀因兼
勞問多年遊已倦東西迸來碧笋肥穿石鮮絶青
螺性惡泥愛汝隆中春二月紫荆墩上玉壺攜
江北江南冷不殊君回桑梓我窮途隔年未了還
詩債促膝相親失酒徒三十六峰黃帝輦一千餘
里大夫湖何時買却扁舟到捫石攀藤杖共扶
雪夜王猷欲扣門剡溪苗裔長荆墩城池舊邑寬

於郡氏族新安各在村未到我能粗領略耽吟孰
與細評論相思臭味如相接宣德窰栽蕙一盆

和李湯孫美人午浴

白玉盈盈白晝沈雕盤水淺坐來深還嫌未脫雙
銜鳳難洗相思一寸心巫峽無人雲自濕河洲有
鳥性非淫那知合德深宮裏身似靈犀辟水簪

次郊復至海陵相訪不值

雪深歸去雪深來又詠揚州何遜梅惜别渾如昨
日事看花忘是隔年開青氊表裏磨將盡白雁音
書嬾失裁凍雨濕雲行不得連朝未弄故人杯

午日即事寄友

河決青蒲不受侵采來堪解客愁深吴陵大水尋
常見午日新詩嘆息吟眞有蛟龍竊人食可憐蕭
艾亂牆陰開樽想像榴花下閑向薰風獨散襟

送二劉北歸就試

閶闔奉母住江濱北望燕山日慘神歸去故鄉翻
是客埽除荒隴正逢春茂才囊有文章重喬木家
因清白貧年少弟兄非入洛道傍笑指兩吴人

俞錦泉宅看燈限韻

神龍銜燭照煙嵐此地山如海上三有曲皆疑蜃

窟製無奇不向蜃樓探賓朋席換東方白池沼氷
融春水藍鳳閣舍人誇手筆新詩元夜寫沈酣

金陵懷古

四塞走江聲東南天府成百川吴會水半面石頭
城勢若蟠龍虎濤堪當甲兵高臺巢鳳久孤嶼泛
鶩輕飲馬奔秦晉燒狼名楚荆一隅貪竊據六代
畏兼并屢見稱皇帝誰能致太平臨春紛舞蝶正
月亂啼鶯似黛憐眉細如花照眼驚長星勸不醉
天子跣能行忘以殷爲鑒空悲姓屢更那知承一
統依舊失經營米粟關中積人民洛邑盈總然隨

瓦解尚可出師迎朝擁劉盆子軍無漢孔明強梁諸節度屏息舊公卿爪步忘沈鐵昆池未鑿鯨將羞屠狗客侯保爛羊名羽檄馳何急君臣笑欲傾歌還聞玉樹盤已墜金莖赤日相摩盪神州自廓清寢陵拋俎豆雲霧散簪纓歷歷山川在離離禾黍生祇餘白頭叟指點說西京

西湖懷古

南宋朝廷小湖光不自由若將西子比又帶沼吳羞鏡發雙峰黛粧開十里樓嶺雲梳寶髻城月蕩簾鉤烽火驚來避笙歌奏不休蒙塵兩涕泪忘返一夷猶帝顧園林笑神居宗廟愁鵷班青雀舫魚服赤龍舟媚敵誅熊虎交鄰拜冕旒甘分南北界忘却父兄讐茲土非京國他鄉作汴州鬬惟聞蟋蟀弱不振箕裘一自行宮閉空餘碧水浮遊人春聚蟻禁樹曉鳴鳩紺殿留三竺忠臣剩一坏橋空烏鵲起山少鳳皇遊桃柳栽爲岸芙蓉種滿溝年年寒食雨飛作六陵秋

浮山

禹廟浮山上堯封巨浸中飛來前殿月猶帶落潮風

題畫二首

爾我樹邊坐回頭指水濱扁舟客若到相對成三人

雙插山如剪白雲剪不開我從劒閣上見此兩峰來

送程禹三歸白岳二首

菊花盈把蟹盈盤稻熟江南露未寒山色染藍林染赤那能同過富春看

還家每趁鴈鳴秋烟水湖中不浪遊獨有送人羈客眼西風吹出許多愁

虞美人

君王魂魄憶虞兮請渡江東看幾枝可有細腰宮女在飛來一箇蜜蜂兒

苦瓜

瓜蔓模樣荔枝苞蔓挂泥牆百尺高一肚鮮紅好腑臟土人呼作癩葡萄

題畫

衣紅衣綠兩騎驢酒榼奔馳一擔夫後者問前前問後板橋可用下驢無

寄廬山旦公

廬山欲見遠公難社裏蓮花開未殘若剪峰頭長瀑布寄來我作白雲看

酬勿齋

揚子江邊雪浪浮梅花甕裏泊扁舟王家阿敬能乘興又勝難兄一子猷

詩餘附

客中初夏調行香子

誰送東皇血染啼妝是杜鵑開斷人腸殘脂剩粉羣婢爭芳有白荼蘼黃芍藥紫丁香　客整歸裝不比春忙向綠陰深處銜觴鶯兒似勸慢典衣裳

怕一時温一時熱一時凉

漂泊江城如梗如萍有竹林幾箇狂生歸期爾我一樣無憑且煅嵇康糟阮籍墓劉伶　柳岸雷行麥隴秋成弔殘枝未了倉庚可憐故國又悞春耕正渴螻蛄肥蛺蝶乳蜻蜓

意園圖調醉蓬萊

問空中樓閣何處飛來吾行吾意極巧窮工却絲毫不費浪說東山西兼南北亦任君攜妓好友爲誰一爲烏有一爲亡是　板重乾坤水磨泥築惹大神通搬移游戲天下奇觀會人間多麗踏破菜園珊珊至也倚闌干十二梓澤丘墟蘭亭已矣茲圖常翠

和張良御感錢達人抄寄逸篇調沁園春

身後浮名何據何憑堪嘲緲茫願科頭松下好隨摩詰匿形牀底莫嗅襄陽天亦妬人人皆妬我焉用名山著意藏君如僕每酒闌興發吐有光芒兩般遺臭流芳或幾匹麤麻或七襄但駿非燕市空留白骨客非諸暨枉却紅妝萬斛珠璣隨吾撒去珍襲人多不礙狂再三讀喜波瀾獨老如泛仙航

黄儀逋詩卷第三

尹灣小草

（清）黄達撰

《尹灣小草》不分卷，清黄逵撰，据國家圖書館藏清稿本影印。

黄逵有《黄儀逋詩》，已著録。

此書共載詩歌二百餘首，大部分爲題畫詩，如《題畫大幅水墨牡丹蘭花留别北倉趙纘功先生時丙午九月也》等，其次爲詠花詩，以荷、梨花、梅、菊、水仙等爲題，小部分爲往來應和詩，如《雨後戲簡子憨上人》《次韻趙自牧見惠之作》等，以及其他題材詩歌如《寒窗戲作》《熱河雙塔峰》等。黄逵是清初活躍于江浙一帶的遺民詩人，《遺民詩》收其詩五首。《江南通志》一百七十二卷稱其詩風格：『其詩凌厲悲壯，有其鄉徐渭風』。孔尚任爲其作《黄生傳》，稱其詩『短於律而長於古，意熟筆生，比於手柔弓燥，世人皆不能知也』。本書很多詩歌讀來頗見意趣，如『一枝出水月團團，仙子凌波玉艷寒。對鏡晚妝新浴罷，相扶翠盖早宜看』（《荷》）。

（周　忠）

尹灣小草

木蘭老人黃逵石儔氏著

題畫大幅水墨牡丹蘭花留別北倉趙纘功先生時丙午九月也

平生作畫遣秋意，落筆心手不自知，偶然得意恣塗抹，興好若有神扶持，此圖放縱之佳，置畫成掩卷不敢窺，先生一見亟稱賞，粗毫濃墨也大奇，急屬題筆書款識，知我南來憂心癡，欲懸此畫共晨夕，晦明風雨長相思，感君厚意寄于画三載情誼難相離我借此圖三祝君百年伉儷稱齊眉堂上阿娘逾百歲膝下联抱麒麟兒信知善願天必從三教聖人皆我師他年過訪展此画花光富貴無已時森森蘭蕙繞階秀對花酌我春風卮

賦得大雞昂然來

鄰雞雄偉日頻來每聽啼聲亦壯哉闊步堦前誰比並激昂花下獨徘徊崢嶸欲鬭知無敵睥睨諸雛苦不材相對令人

豪氣勝。何時還復脫塵埃。

賦得鄰雞還過短墻來

每聽鄰雞籬戶開。短墻飛度亦悠哉。呼群漸熟群相應。戀主雞忘去復來。花下引雛多自得。窓前覓食少驚猜。閑觀物表滋吟興。莫笑狂夫心尚孩。

題畫鬪雞

英雄壯哉

可笑相逢便力爭。一時兩陣勢縱橫。豈懷忿怨終難雪。若遇豪（強）動不平。爪嘴毀傷心愈忍。羽毛血染命俱輕。鬭頭勝敗成何事。好勸英雄怒莫生。

再題畫雞

柳花深巷頻來往。鬭罷泥中毛羽鬆。却怪昂藏驚午夢。一聲〻遍。出雲中。

雨後戲簡子慈上人

天公阻我清遊興。風雨何能放小舟。咫尺梵宮煙雨蔽。蕭〻蘆萼〻不禁秋。

痴心仰望晚天開。結伴衝泥叩法臺。却怪吾師行脚健。隨身法雨早拖來。

荷

一枝出水月團〻。仙子凌波玉艷寒。對鏡晚粧新浴罷。相扶翠盖尹宜看。

奉荅孫朗庭眼鏡之作即次原韻

遲得玻璃月樣明頗投知已恰逢君夜吟朗映一層雪曉讀
晴披數疊雲登眺遠山增勝槩臨摹古碣張吾軍他時試策
爭先怪放膽揮毫到日曛

○

僧舍咏榴花

去年我來榴始花淺紅嫩碧相爭妍漸看爛熳簇錦綺火
雲日炙光濃鮮瞬息秋來葉黃老未幾枯禿枝頹然今年我
來春復夏又值花光盈目前一年一度花開好培植何憂歲

屢遷仍出〇老不厭勿精神强弱各心〇无齒豁髮髭顏色槁馬得如花再少年。相期當此看花日。絲毫愁慮須棄捐。酒杯詩卷不離手。莫惜床頭沽酒錢。

次韻趙白牧見惠之作

詩老書道聖。相形拜下風。篇章獨高古。八法悉該通。得手工夫異。叅求格律同。曠懷應笑我。羇旅若投籠。

〇奉和杜少文見示原韻

卜築名園好隨宜蒔衆芳四時皆可賞何日不聞香獨坐吟懷遠朋來酒盞忙司勲才自勝素氣湧朝陽

奉謝孫朗庭詩篋之惠即次原韻

豈因寂莫損才名健翮雛鸒萬里程把酒高談增慷慨春風吟思慰離情

世路久嫈翻手事情真到底是貧交爱君詩筆天葩秀無限生机簇一苞

再用前韻奉答二絶

廿載長安舊得名，風雲遲早有前程。相逢仰止高懷更，松竹風姿鶴性情。

人間踈懶無如我，咫尺經年隔舊交。摹寫君詩終未得，暖風吹綻牡丹苞。

奉和孫朗庭送春原韻

無端淑景被風翻，鳥雀潛栖絶不喧。歸計不如春去易，擲愁柳邊又三春。

明朝懶出步村郊，怕見飛花逐浪拋。無策可留春久住，墨池滋養牡丹苞。

奉答王蓺齋詩箋之惠即次原韵

九年常憶双魚斷，此日天涯夜話頻。落落襟期寧作我，區區活計未全貧。吟懷高遠多爭勝，楷法精微絕點塵。笑我默成痴鈍久，敢將狂語鬬清新。

戲咏蓮子荷

萬物生生無盡時蓮房子實長孫枝一盂含蓄烟波淺數葉鋪排錢樣奇鬪去壺中香世界別傳小譜若耶詩合歡枕上曾看徧茂叔當年恐未知

題汪敗錸兄約耕小照

君家性僻耽林泉居塵不結紅塵緣春蘭秋菊吾素友唐文漢篆怡情田富貴利達非所計衡泌自足相周旋懷昔小

年初識君翩翩玉樹臨風前。王謝衣冠衆所羡。冰斯翰墨人爭傳。壯歲扶書走京國。名字傾倒公卿間。爭看燕雀沖霄漢。未識驊騮抹錦韉。歸來高卧東城下。靜觀世事如雲烟。人生苦被利名傳。何如種豆南山巔。耦耕有伴未寂寞。避世願同沮溺賢。繪圖寄意以示我。觀圖我意則未然。歷山莘野古賢聖。躬秉耒耜手足胼。身在泥塗心在道。精一萬古開羲乾。異端漸起儒術壞。西竺後至扶其顛。剪除根莠播嘉種。靈

苗每長高泰天傳燈迦葉乃亞伯耔耘有法妙入玄我欲從
之嗟畀四寸田且喜猶當年自開自闢自疆理還藉友生
力共宣約耕耒蹤与君似約耕意与君殊馬識字農夫且讓
君我將博飯逃于禪

寒窓戲作

寒風吹不盡寒氣逼人情寒土有逸興寒窓兼硯精寒
山饒古色寒水息溪声寒舍誰為伴寒夜別有情

梨花

宵來無月也堪看。曉起溶溶雪作團。引得春風生筆底。巫雲莫恨易吹殘。

紫薇秋柳白頭

叟余毛毯羽衣整。曉起相呼碧柳中。庭院不知秋寂寞。一枝照映滿堂紅。

題畫松壽蒼崖上人四十

獨坐山水間，春風暢人意。手摹徂徠松，墨汁滋深翠。直幹拔雲霄，虬枝絶婬媚。洵是果棟材，乃与萬木異。金花并玉蕊，盤結千年瑞。仙家採服之，長生得其秘。此圖寄吾真，筆端恣游戲。是名無量壽，百歲屈伸臂。

題松鶴小景壽恒隨上人四十

蒼松百尺強，仙禽毛羽豊（潔）。靈境忽現前，至道堪怡悅。領取此圖意，世慮悉屏絶。逍遥過百年，便是長生訣。

題畫松壽林鶴田先生

品藝從來洵有天。芳名金石實堪傳。孤山和靖高風遠。趙郡陽冰筆力堅。世好久緣蹤懶廢。先容近賴友朋賢。竊居無物堪持贈。寫幅青松祝大年。

奉謝鶴田先生鎸峯小印之惠

三倉篆（人留）法說。細膩安排若箇知。老去心思融妙理。興來鈎畫出新奇。丹砂蹤密光芒顯。片石方圓象點垂。越古超今誰浔又摩挲令我倍情痴。

己酉中元敬一堂賞蘭紀事

秋蘭獻瑞亦非常。名著中林費較量。九辯數榮并並蒂。一枝双绝发奇香。騷人風度超群品。國士才華冠衆芳。為報主人佳氣勝。来年好作探花郎。

天竹

别有風情亦耐寒。珊瑚碧玉簇成團。最宜墻角梅根畔。幽艷還凴雪裡看。

題畫菊册

年来收拾閑風月。靜養身心最合宜。堪愛此花偏耐久。凬霜歷盡不低垂。

重陽看到小春時。寤寐相依花幾枝。消受冷香閑弄墨。南山佳氣入新詩。

菊影四首

糢糊一片隔東籬素壁紛披霜下枝艸有色香含造化乃無脂
粉寄相思灯前不作簪花夢月徑空懷把酒巵千載惝明歸隱
去分身百億俟奚疑

世事從來莫問真黄花变現一番新傲霜標格依然在晚節
風情暗入神可悟芳身如過客眼前難昧本来人秋容活潑
全無滯不着空中半點塵

堪笑年年夢未醒逃名何事不逃形每因夜氣光偏顯旋受凉飈點

不停雯女腕胎心印隱飛仙樹化骨與靈好培根本孫枝叢合

瓦來手蒔滿庭

一望秋空眼界明重重花暈幻相生迷離迴異三春景蕩漾爭

開九日情物外芬芳五美著靜中寄託一身輕晚香自是天機

勝萬木飄零獨向榮

江園老梅歌

江南無地無梅花我曾遍訪花無遺鄧尉山尤號花海茫茫萬

須堆琉璃連山狹水匯村塢山家習慣或用編成籬我誠樂之
意未愜○未見百年古榦崚嶒奇○梅花世称歲寒松柏友○奈何
枝條婀娜僅与桃李相追隨○揭來桂村鍾靈異○一樹高出排雲
霓○蒼根擁腫墨山重○樛枝夭矯盤龍嬉○方圓蔭覆一畝地○
宴排數席綽有餘○風吹暗香满天地○遊蜂引類遠樹不絶
吟咀之○可憐古意獨瀟洒○閱世不問今何時○非惟在邑罕曾覯○
過江千里皆無之○我植斯樹卯終始○殆有天意非人為○江氏之

祖曰聖如。少小特達志不覊。中年洗習慕禪學。編参知識遭鉗鎚。大梦忽破悟西旨。歸来隱跡埋于斯。搆成蘭若此梅下。借香供養天人師。法雨潤梅〻益昌。梅實道樹為公貽。令公子孫並秀苗。恪承先志無改移。榱桷隨時重整理。休戚永与梅相期。公既瓜綿子又孫。梅亦根蕃枝復枝。譬如曠野之有大樹王。根盤得水分枝葉。花果無時衰。始知此梅不与世間梅並比。回視茶山萬樹真孩提。梅乎梅乎莫歎

老去仍江上有孫將徒起拈華与尔相因依

庚戌重陽和汪旼錬同登拂水原韻

三年不到牛窩境。老衲清緣自足歡。放脚登山來絕頂。方知世界許多寬。

層崖絕壁挺靈根。片石凴空峙頂門。可惜大痴遺墨泯。化工真本獨留存。

湖山高下接蒼茫。俯視平疇萬頃黄。得句箇中參妙理。大千沙界一禪床。

人生到處積閑愁。此日登臨萬慮休。難遇重陽好風日。不辭踏遍西山秋。自破山而上以至拂水

乘興來朝到鴿峯。穿松撥草自扶筇。吁嗟圓澤來多事。追懷三生夢裡鐘。

良朋咄咄笑皆癡。行盡崎嶇力不支。更約明年當此日。仍來松下和君詩。

觀谿堂和尚畫册

豈素三峯出此翁。天生大雅顯宗風。冷泉小景神來筆。古木蕭疎自不同。

聞有見月和尚畫大士像亦並誌之

久懐華山有見祖。毫端圓滿現慈容。貫休再世真無忝。墨寶天教鎮萬松。

松子菊

佳種難培養。芳情迥不同。柔枝碧玉瘦。粉面紫雲烘。一
原流光遠。氷霜始出叢。長懷赤松子。黄石並玄風。

十月海棠

紅粧遥隔在蓬萊。澀縮風情帶笑來。萬木霜催揺落
後。一枝偷向小春開。

石榴

不覺秋深葉漸黄。枝頭珍果爍霞光。精神養到無餘要。

迸出丹砂珠一層。

夏菊次韻

誰識凌霜質。翻從三伏開。秋英雷雨閙。寒艷暑風催。冷熱都能耐。行藏合化材。北牕添逸興。還望白衣來。

滿目綠陰合。金英踈落開。先期作重九。不待朔風催。豈異陶家種。休嫌老圃材。蓮花同結願。火宅出頭來。

看去風情淺。終難一氣開。獨凝香汗立。愁絶暮蟬催。秋思騷人度。葵誠志士林。且耽同朔飲。落帽待將來。

不避炎蒸苦。先秋破倒開。桐陰遮不盡。榴火漫勞催。燦燦

黃金質。瑩瑩白壁林。（夏菊止有黄白二種餘未之見）斜頭。欲勁節。一任雪霜來。

題畫松石牡丹蘭竹大幅

有象繁昌盛。無聲詩思奢。常偕歲寒友。還賞洛陽花。石挺

岡陵秀。蘭爭玉樹嘉。人間饒樂事。五瑞集君家。

大厦先生以扇乞画辛書四絶應之

蒼松翠竹有佳趣，白石青泉亦好看。莫謂此間風景小，此中歲月不凋殘。

橐駝樂事人知少，元亮幽情更可誇。閱菊廣求名貴種，衡寒一棹去尋花。

屋頭盆植丹鬚榴，灼灼玲瓏映日開。十載辛勤成一樹，張騫神託此花臺。

學佛忘機似我痴，是非塵俗懶相知。小樓風月人間老，日日看花無厭時。

画梅册與漢生

看花日〻費精神。人与梅花合一身。動筆輒嫌開不盡。自餘閑興過新春。

題牡丹壽元美叔

此圖百歲不凋殘。墨染春風露未乾。若並岡陵花富貴。人生只此㝡宜看。

題画石與仁濟師

畫石各有派○奇峯峭而怪○千尋勢挺然○一拳亦不隘○玲瓏固可喜○餄餅乃称快○生公聚為徒○米顛還下拜○

題畫墨菊与仁師々善画蘭

一朵幽蘭相識君○慧心道品果超羣○隨時提得生花筆○大地山河揔是春○

相看直是不羈人○坐對忘言率性真○画裡三生參徹未○灯前又

見菊花新○

題畫墨牡丹

收拾繁華景○旋生幽澹心○點川分寸濃○春色此中深○

雙頭牡丹

遮莫芳情勝○花王兩萼攢○春風同結願○好夢締幽蘭○今年草蘭先開並頭

三穌翠幄棲双鳳○香苞挺二雛○人間誇瑞應○傳示百花看○

嘗領春如錦○仙葩燦兩端○並頭從不易○國色覺尤難○壁合識堪

貫珠聯自耐看今年數兩莭鶴咏倍交歡

絶句

亦知洛種原無數未見同心有本栽祝向花神描樣在明年依約一般開

熱河双塔峯

双峯如石塔立馬仰頭看山迴白雲合風高秋日寒一身輕似鳥眼界自空寬塞北緣初到寧疑夢寐觀

題扇頭花果

模糊看去一叢叢。香艷由來各不同。莫謂秋光多冷淡。無窮詩景在秋風。

百齡圖 上有桂花白頭

寫去天香争獻壽。殷勤青鳥索題詩。花香月白年年事。百歲秋光似此時。

夾竹桃

一種花枝擅西施為桃為柳総非真日長午睡醒來俺翠袖紅
粧自可人
翠篠風姿人面花北宮偏喜一枝斜㮣生雅集皆仙侶添箇
漁郎合一家

閱天童爾妄救畧說戲和二偈即題画墨菊上

三玄三要實難分二老紛爭若箇親一棒劈開成底事秋風
潑眼菊花新

吐氣言要不須加。一落言詮便不親。觸處偶諧方是道。墨花脱體自生新。

題桃實

昨夜夢揖西王母。賜我蟠桃不敢食。今朝欲覓遂茫然。却向筆端尋取得。

題松崖小景贈人箋背有金丹七級頌

金丹七級法歸空。孤鶴閑雲意味同。隨事即今脩有古。清涼世界在胸中。

松樹八奇

獨向空山裡。松精潤羽毛。莫言鳩性拙。潛拙信情高。

題扇菊

幽淡本性成。立身能耐久。相傳甘谷水。飲之得長壽。此花出天然。栽培自我手。歲歲不凋枯。秋光四時有。

題扇八百圖

画本是游藝。空中生妙慧。此景我所愛。點染多佳麗。鸜鴿相飛鳴。古柏清蔭蔽。若作仙源看。実止八百歲。

題扇老梅

臘盡春回在此時。敲冰炙硯欲題詩。誰言樹老芳情減。着手花開雪滿枝。

題梅山茶

潑眼春光陌上深。絲絲凍柳漸拖金。寒花一簇幽情遠。識得天機是此谷。

題顧雪坡雪竹次秋影殿撰韻

白雪深籠碧玉枝。枝枝歷盡歲寒時。虎頭癡絕青年事。背懷人我亦癡。

題畫扇留別思駿

三年燈火共晨夕。此際離懷好愴人。莫忘寒窗勤苦讀。龍門他日早榮身。

陸家兄弟人爭羡。自有黄花幽澹情。不負臨行諄囑語。雞林並坐著芳名。

題竹林菴壁間畫竹

竹林古仙境。歲久竹已無。上人不忘古。蒔竹迴墻隅。三載未暢茂。相見每嗟吁。因倩竹癡老。丈室寫為圖。琅玕列四座。枝葉互相扶。清陰環壁間。四時不凋枯。竹癡真老怪。手健興不孤。從今竹林地。今古石無殊。吾知上人意。曠達了無拘。接引遊觀者。

息心庵滴圖○

初夏題画牡丹

○長日坐消春色去○小窗還剩柳陰斜○也知富貴非吾事未減心情画裡花○

題画扇頭佛手菊花

君房我画○〻叅我禪○空中真境○榮枯不還○筆着紙面○花果芳鮮色香背觸○妙義無邊○請君勘辨○自得真詮○

題三友圖

莫道花枝骨相寒，春風骨領入毫端。人間何處求三益，百鍊身心畫裏看。

癸丑七夕時值久旱不雨秋暑益甚友人索寫水墨牡丹戲為題此

烈日渾如火，堦前草木焦。我心春自在，點染洛花嬌。身世艱難甚，披圖富貴饒。願施濃墨汁，致雨散晴霄。用陳可復事

再題扇頭亦墨牡丹

自占群芳首名。標洛譜中。放嬌初着雨。笑舞乍迎風。豪客神俱暢。才人思不窮。我家營墨圃。幽淡別成叢。

題陳石民墨蘭添坡石幾筆

画筆自玲瓏。前賢貴苦功。枝枝含曉露。葉葉帶清風。王者名堪貴。靈仙道在躬。佛心憑抹法。今古思無窮。

香浮閣下盆菊初開一本三花碧葉扶疎別有佳趣因憶

連年在何市館中廣植百盆坐卧嘯咏其間轉瞬又而冬矣對花寫照并書絶句志之時癸丑十月朔日

一枝冷艷儘堪誇免憶陶籬爛熳花好似相逢舊賓友不辭吟到月光斜

甲寅二月題芝蘭圖送陳東園

握手即言別離愁乱我心梅花猶帶雪楊柳半拖金悵望春江遠躊躇昔苦分芝蘭徵忘早画裏友情深

題畫戲書二绝

愁人筆底愛生花○朶朶嬌姿各可誇○世上愁人誰似我○閒中消受巨繁華○

世間那有不愁人○可怪愁多易損身○不若愁來閒自省○坐如夢總非真○

題画梅

筆底春風信手拈○華光雅趣此中傳○莫嫌小幅凡情俗○繞屋千

枝在目前。

彷彿前身是墨仙。瓊姿鐵骨鬭倩妍。山中早晚春風起。醞釀清香撒碧天。

矮桃

矮矮題作壽星名。淺土盆栽亦可人。不用漁舟尋訪却。案頭收得武陵春。

題蒼崖上人扇頭小照

者箇阿師渾似蒼四身外，氣宇中不定真空無相如虛圓通幻攝便画。管窺化工。松風水月。嘯傲其中。無俗子氣。有高士風。一尠余潦倒。遠逐芳踪。自强未已。志在双峯。唯師高寄。白石青松。卷軸梵唄。妙會心胸。還期脱屣。提唱玄宗。興雲致雨。為僧中龍。

代題魚君遺像

卓哉魚君。貌古而豊。敦行孝義。道在厥躬。廬史之後。恪守家風。布衣蔬食。高隱城東。積累一世。垂裕無窮。

令嗣継起。實惟象賢。克承其家。至佳且些。音容遐邈。頎聽在前。明崇是念。義方不遠。後先濟美。此圖可傳。

咏墨

借得松煤加。旋融瓊液深。清香似蘭蕙。墨質比精金。家畫史倉秘。能傳孔孟心。書生端有賴。磨多定界流。

題画扇

花果芳鮮正及時。秋風凉露淡相思。可知此景宜人愛。香艷應教

早入詩

甲寅九月奉和敀諫兄五十自壽原韻

渥交心事不相違。每接清談叩板扉。苦讀詩書酬素志。倦馳車馬惜前非。（敀兄久客長安近年方歸）堂前萱草隨年茂。堦下蘭芽積澤肥。雲集千祥增鶴算。世間清福似君稀。

初度悠悠不計年。高人行履總超然。廣徵詩考邀緇素。醉盡霞觴誦聖賢。風月一庭閒自得。圖書滿架手親編。臨池乞米尋常事。經歲惟須潤筆錢。

題銘堂墨梅次韻

画筆傳留歲月長。兩以心地自清涼。人間熱鬧何时盡。我愛疎花雪裡看。

一枝斜挂影疏長。般若光含夜月涼。稽首道師弘願在。醒人惟覺墨花香。

咏金蓮二絶

蓮華手態六奇哉。應是金仙手自栽。傳說寫詩終未得其花
快覩九至來。
並頭相向晴生香。朶朶嬌黃葉葉長。仙質對拳神始肖。爭傳
粉本篋中藏。

和栗菴和尚寄懷原韻二首

廿載神交久。相逢豈偶然。烏藤施教洒。古硯潑雲烟。師以提唱爲事，隨身愛携古硯。企仰
甚祖席撐持徧。勛名並昔賢。雖忘金骨地。甁鉢度晴川。柳詩云莫老本師金骨地，師近守塔

吳山故云

同庚緇素異○心蹤兩悠然○細話清門事○虞峯起暮烟○慧根慙余淺○道至師賢○且遂眼前興○風清月滿川○

題画菊再用前韵

百卉爭開後○籬花始欝然○蕭疎迎曉露○挺拔拂蒼烟○獨立思求友○千林正渴賢○秀心堅守定○輝映此山川○

再題画歲寒圖寄粟人

我看世間薇嬌豔力戊處。閑樹只一时榮華雖久悲。惟我墨池中乃有長生萼。根盤空劫前。天成骨不務。真機運無盡。心香透膠廓。縱歷百千年。神氣如昨。信知般若花。無開亦無落。

甲寅臘月題画牡丹二絕贈郎且成昆玉即次西澗韻

人人爭說郎家紅。快覩新花出綺叢。艷色高超群卉上。香心馥郁一庭中。芳情正与人相稱。好鳳才華筆有鋒。待得年頭看奪錦。一杯莫忘酌山翁。

題画花藍

仙葩團簇費評量。月底風前時有香。應是綠窗供把玩。筠藍盛得好秋光。

筆端游戲本非真。鮮潔花枝不着塵。疑是仙翁採去。一筐挑擲付閒人。

誰將花朵摘盈筐。承露秋英淺淡妝。着個小鬟朝賣去。一肩挑出好風光。

閬道仙家欲鬪奇。藍崖採得帶雲霜。人間無此閒風致。畫裡奈看亦廋箇。

次韻任畋兄單葉紅梅

瓊姿品類識非一。五瓣施朱却未看。應襯曉雲丹頰媚。淺粧脂粉冶容寒。稀疏㬈縮春風僞。冷艷空明雪影乾。同占瑤臺幽致別。夜來醉舞月光殘。

8

魚振南索題鏡中小像

明月清光鑒老年頭顱積雪骨凝然本來面目不在是非破疑團此自悼拂拭（羨君融）静觀鈍磨勞我贅言詮不如形影相忘却好信真空性理天

次来韻復題二首

圓融無礙鏡中身道氣迎人嗤嗤真格守遺編恒自富相承清宦久忘貧（先世廬吏名垂史册）怡情巖谷攜鳩杖適興清波拂釣綸收拾範園留色相肯同濁世混沌淪

安分無懸聖世民。喃歌時逐景〃新。匪酒。花。有。為。局。灰。庙。佛。詩書。

仍舊。陳。獨行不隨時俗改。老懷惟向覚王就。團〃訪理誰參。廓

廣包含大地春。

戲題扇頭鍾進士

終南一舉子。功名心獨執。未得進士第。怨氣無以雪。遂與鬼為讎。

爭咲除妖孽。世理或有之。夢語相傳說。圖形無乃怪。人見亦吐舌。賴

有詩書氣。敢作鬼中傑。吳人性懼鬼。恭敬多迫切。事〃亦有靈。威

福不磨滅。

雪裏紅次韻

小庭石畔竹籬東。纍纍藤梢掩映紅。待得風花環積候。勝于群卉媚春風。

歲寒凝結挂墻東。識得佳名雪裡紅。百卉盡看搖落後。赤珠玉屑罩屏風。

連朝雪壓画堂東。露土丹砂小點紅。誰識柔條偏耐冷。光同火齊他

霜風

青枝牽蔓小屏東，雲護珠光點點紅。好憑金丹生氣盛，換回前臘勝春風。

丁巳三月寫蘭送普仁蒼公

時值蘭開日，無錢買來種。要要閑花香，靜觀生妙用。信筆寫幾枝，花葉殊放縱。不藉土栽培，惟從墨假壅。九畹在眼前，國香名珍重。世外有同心，丈室幽香共。時蒼公丈室盆蘭甚多了知不生空，花究何從？拈來說法竟

將此為法供（華嚴經諸供養中法供養最）

中秋日訪清珠上人（所居金剛菴在烏木山下）

烏木名山著。禪房竹樹深。相逢多道氣，閒坐愛清陰。紹繼曹山法。留傳祖佛心。若真論此事，百鍊見精金。

鼓山象先和尚來晤臨別書贈

鼓山多勝地。繼席得支公。苦行精識見。禪心萬境空。不須參五位。一指自圓融。為法能無倦。因所觸處通。

北山寺魯翁和尚書來以畫答之

聞説遠公名，匆匆未送迎。法門由碩果，詩句比冰清。看徹浮生理，窮通絕不驚。師精通易數，瀟洒自得。書來要儂畫，老興有幽情。

再用前韻答謝言別

無慙老宿名，閉户懶逢迎。得興揮毫易，焚香入定清。神交難言合，離別客心驚。對面千山裡，情修共此情。

三用前韻別興化署

人世從容名，書畫絕送迎，鳥語喧自韶，竹色冷尤清（古帝陵多叢竹），聚散真如夢，存亡孰不驚，坡園歸去穩，銳志信參情。

到省城西禪寺四用前韻寄懷魯為和尚

西禪素有名，山色早相迎，古路人稀到，寒潭水獨清，高人睽隔遠，離思夢魂驚，繾綣吟懷勝，逾于坡旧情。

題畫水墨牡丹留別國歡寺哲然老和尚

道誼真真誠，誰得及趙州，古佛再來也，墨花圖贈留，情遠歲歲春

光照蘭若。東翁之世師每七歲來留中率衆礼儀臨行送儀儀決不肯受

題画水墨牡丹

國色偏清雅。枝枝翰墨香。懶粧桃李面。舊襯水雲光。不作浮華想。唯滋逸興長。曉看神更健。烟霭蓄春陽。

又

最憐江南穀雨候。名花雖好易吹殘。何如水墨描神變。幽淡風情耐久看。

又

研就黟川漆。閒吟洛譜詩。淡粧神韻在。不用搽胭脂。

又

傾倒金壺汁。花光一色新。不須脂粉染。自足洛陽春。

墨菊

漸覺西風冷。秋光未有涯。陶籬無訪處。信手寫黃花。

瓶中牡丹

花王移向室中春。朵朵玲瓏玉艶寒。保護軍持清液滿。不教風雨夜吹殘。

又

平安多富貴。形素無所俗。不着脂粉染。墨筆神已足。洛譜忽出

液。烟開射朝旭。粘粘素靨間。朵朵顔如玉。

又

花王清供小窓看。朵朵烟凝瑞靄擲。好借宝瓶甘露力。春光滿卷不

凋殘○

題寄雲和尚雪竹小景

與可畫竹唯取影○風前月下恒相窺○東坡畫竹不寫節○月虛空庭稱奇絕○二老風流難再得○吾曹齷俗誰爲師○此圖積雪照銀蟾○大地空明浩無比○靜疑龍吟瑤島中○愛看鳳舞瓊霄時○莫謂今人不如古○陶海相識此竹癡○上人一字竹癡

○○寄雲和尚居畫石十八幅并題

上人愛石如寶玉。案列清供雅不俗。（師丈室中以粤東蠟石作供可愛）祥餘觀以碧琅玕。枝枝煙靄含朝旭。為衆勞心吃米帖。日日揮洒每盈束。（師歲暮以打鉢事急自應画竹）揣摩欲助風枝勢。索我画石補不足。平生亦具米顛癖。尺寸玲瓏皆所欲。（坡公有百金歸買小玲瓏之句）名山到處縱遊賞。奇峯怪石藏心曲。今朝寫出呈師鑒。點頭應愛靈山屋。

又題画石

卓立虛空無礙處。擎天手眼露全機。可知紙墨元無着。脱許玲瓏

題首時

戊午春正次韻答謝西禅寺寄雲和尚因借寓寺中每見常住緣泊不时绝糧因書此以慰之用堅吾守之志不作世間離别語也

同志參求性裏天支以雅度寬扁詞詞潛心學海探淵底向上宗風跨嶺顛愧我浪遊參叩晚鐵鞋踏破碧雲邊潑天門戶須堅守就待雲興自有緣

再話再話清宵新月偏不容這屋裡高覽淋漓翰墨說爭傳零

慶祥灯暗自掃○鍊○慣○熱○忌○來○飲○看○囊○時○披○蹟○苦○錢○因緣遲速由天定○自古興衰數復連○

元日寫桃花八哥小景戲題

鳥語聲〻好○桃花點〻紅○江南氷雪候○無此早春風○

戲題夏菊荳草

不避炎蒸苦○靈苗並發生○世間憂患盡○冷暖總心平○

次友人咏菊韻題画菊扇

融和春色豈能干，冷蘂踈枝自耐看。消盡世間塵俗態，高人皆相道人冠。

年來漬酒味多醲，浅酌常懷滿腹春。吟向秋窓揮醉墨，画看花已熟初巾。

次韻題金東阿小照

消盡胸中人我山，是非不到碧溪灣。主人公在草堂坐，生死兩忘心自閑。

既得超生簡便方。工夫到手莫輕忘。閻浮縱好非吾土。平地金沙是故鄉。余十四歲神遊淨土，至今西方勝景常在目前，盡生平所歷山川俱不相同也

題吾住師小照

江鄉出夏日偏長。隨侍金容熱好香。一句提持清徹底。外無清淨即西方。

觸目真機意味長。快風活水接荷香。慈心普被功非小。導引蓮

宗遍十方。

北澗月老人募鐵鑄像，功人專修淨業，以垂不朽。師爲法如識心，然植之哲
此宗法門一灯傳續，可慰心矣。去因見示，率次原韻題之

題思齋法師花開見佛道影　共廿六韻　戊午九月作

我年二十許，師年八十六。性具詩書癖，姓名著甲族。薙髮走慈恩，負

來西山麓，堵壘俱空之。借我書夜讀，相遇蔣蓮叟。詞嚴氣容

肅。披緇非易事，求道宜嚴合。玉友先生唯勸師專修淨業，屏棄世俗佛事應酬。師頗發醒

悟。堅修慧與福，相依鶴老人。持名避馳逐，三年往本植。才思如飛瀑。

鶴曜和尚以法爲目，師既爲出音多年。詩成輒寄我，道誼倍親睦。過此行腳

卅六載光陰速。苦行備諸艱。經論融于胸。篤志進步多。道業日純熟。承師遥閲記。記莂心已蓄。師無主席志。告辭不一宿。身老人臨終書偈囑付堅辭不諾

法運興衰中。寸香營小屋。師復至杭城皈依者衆倡寸香齋客至接談以寸香為限不致妨淨業也

廣結十萬緣。如田播百谷。高風峭壁立。端身只守拙。年未及半百。神遽歸西竺。嗚呼濁世人。浪死如轉轂。卓立如師者。拔萃咸心服。今日見師真。道韻清可掬。果滿覲顏至。花開氣芬馥。業劫不可磨。本性誰克復。涅槃法歸空。文字存舊録。師有著述詩文尚未付梓

相識師非多。知師唯我獨。

題黄蓮花

香接金仙界，光含水月間。六郎初證道，裝束避紅顔。

題思駿墨菊冊

歷盡繁霜後，秋英發脉長。人生能鑒此，耐苦力方强。獨立誰為伴，踈籬晴有香。陶家風月在，逸韻沁詩腸。

題画松

常与青山添勝槩，更宜高士朗吟風。歲寒歷尽不知老，夢裡還傳十八首。

題蒙苞索画古柏春萱圖

古柏凝霜翠。朱萱带露鲜。百年神自健。照耀北堂前。

江親家索画墨松猿屏并題

徂徠山裡根盤固。冰雪堆中葉倍青。我任天机生筆底。摩霄清影照高屏。

題扇面松柏雪景

苦樂皆外境，固我見君子。松柏有本性，歲寒只如此。

題百事如意圖送錦濤內弟

果荳暢茂盤根固，榴實蓮房色並鮮。載綠日長垂裕遠，人生無事兩悠然。

欲求百事咸如意，安分知常便合宜。試看歲寒堅守者，春風先着入家高枝。

題文殊蘭

筆端飄洒燦心花，雪瓣檀心蘭韻賒。何必描來真粉本，清涼山頂一枝斜。

奉和汪敢諫兄除夕元旦原韻

倦客歸來餘十年，年年慣説不如前。韶光虛擲愁中過，活計偏投債裏眠。感嘆廣興由定數，浮沉苦樂付前緣。筆耕無補療飢策，務劝兒曹早力田。

朝來雪霽徧鋪銀，萬象更新正值辰。俗累且抛鑽舊業，筆尖餘閒已

含眷堪嗟骨肉忘恩義。頼有知交托比隣。一木難支識計拙。百年

甘守作勞人。

○己未二月魯翁遠寄長箋有前出餞行不及之作五用前韻答

謝寄懷

大道本無名。塵緣豈合迎。海。潮。音。自。遠。雲。鶴。影。俱。清。蘆葦孤吟處。

空山風雨驚。書來歷歲月。難忘隔年情。

題藕生畫端午圖

簡略安排用意新。天中佳景絶纖塵。詩人卸趁由來別。岸峙雲根熟有神。

題画墨牡丹

不貴栽培涵墨濡。春風寧獨貯豪家。潘粧避卻繁華態。依舊人稱富貴花。

題画石榴桂花送稼生北行

濡毫值暮春。友誼老尤真。頂慶高門慶。双崇花葉新。

題画松鶴扇与宝时侄

主身但徠松。端品九皋鶴。松可作梁棟。鶴不隨燕雀。山水全其情。介然

吾來傳。物理有如此。画意堪寄託。男兒具志氣。富貴宜足樂。簞瓢与萬

鍾。所傳皆棟柏。年少能見此。志趣便不錯。歲寒須堅守。毛羽無損落。古

人垂訓切。斯言非造作。信筆书此竟。秋先射書閣。

題雷叔兄指頭画墨梅扇

點染瓊枝点一奇。尽驚手著雪霜枝。天就心證指夜白花志肅画

長夜時，便直別開香世界。座中爭詠艷寒詩，畫師自有妙生筆。閒盡紅蕊入夢思。

題畫蘭送倫脩

幽蘭清貴品，泉石甚相宜。自有高人致，寧求世俗知。論交偏耐久，入夢更堪思。寒暑常如此，年年發好枝。

題畫水墨牡丹送松南

潑洒金壺汁，重開富貴春。艷多烟色的，吟味自添神。

題蒼崖師白鹿圖小照

千年白鹿同爲侶。一箇閒人似散仙。看去平生素相識。洞山衣鉢尚留傳。

與鶴同游大地春。可知蕉鹿夢非真。目空法界無羈束。即此輪他世外人。

題畫松菊小景寄懷宸勝方丈

多年不踏清涼境。夢裏來遊即是真。松菊料應無改色。四時常伴主

禪合

題素凡和尚小照二絶句

画師何必點師真，性裏光明定裡身。看徹本來無色相，眼前不是本來人。

跏趺秋葉團團碧，披搭袈裟縷縷金。卻是眼前真面目，不教埋没祖師心。

題画梅寄雲瓢大師

水凍雲凝臘冬時。我來喚醒晴看梅。枝枝蓓蕾生机勝。寄与禪房主索詩。

靈山歷劫盤根固。彼岸花香世莫知。便袖群芳齊出世。普佔法雨復何疑。

残臘題画水墨牡丹二絶

一片寒雲蔽草萊。暖施筆底早含胎。人生富貴書中有。誰讓花王星程開。

枝枝生意向青陽滿紙雲烟有異香不覺殘年風雪冷自餘
淑氣貯玄緣

題畫高柳双燕答江文翁

畫素不在多落筆聊形似高柳陣清陰風前裊不止双來恰飛
來喃喃助我喜遠景澹烟微沸氣西片紙老眼久模糊寛忽不
在此是畫非畫間請君參一指

雙燕篇

雙燕復双燕，双燕令人羨。綠楊芳草徑，啄盡桃花片。何處好依巢。杏梁任栖息，瞬息夏將雛，啾啾兩情意。看爾功成易，羨爾經營善。秋社歸去來，春社再相見。双燕復双燕，活計隨時轉。烏衣各著久，子孫長卷編。

庚申夏初紫燕与胡燕相繼來巢，前後凡可愛，喜書二十二韻記之。

吾家有屋東城隅，祖孫父子世所居。憶昔竹馬兒嬉日，恒見双燕巢吾屋自從父沒祖姓變。燕遂絶跡如避。余年將三十，皇都。負米不暇顧里閭。三年一歸省吾母。果間破壘仍空虛。到今花甲已一周。頭顱如雪志未舒。老屋難保力已盡。旁人猶道還如初。去年紫燕先來巢。今歲胡燕翔庭除。一宅四壘環吾後。乳雛兩次三十餘。喃喃如訴平生事。何今情厚昔情踈。氣机運轉侍有道。寒暑更遞理一如。我只守我之靈府。此中安逸向華胥。收期後昆承我志。相傳書種業綿綿。試看燕與人何異門

户子孫勞辛視出間商量非不美歌舞嫌歡欣卯壚何如敝廬

冷澹久風情鬧處相安欲屋後青葱靠遠山門前活水還通處

霜鬢雪虐遭時過花飛柳媚幸相於作詩詰爾申盟誓老巢

青住烏舍識群雛分户正有地年來年去莫躊躇我與一榻東

屋下晝長把夢遽遽從今移向西軒去燕泥恐污案間書

賦得双燕復來巢

惆悵十年隔至看入室來氣机應已轉天運喜舊認得巢痕

花銜泥不用備新筍長春易翦集簷樓臺

紅梨花次韻

無情梨花月底粧忽驚紅粉醉春陽冶容品入多妃籍玉貌神
傳詩客腸埋沒空山幽恨遠携來祥室夢魂香不須濃抹臙脂
透縱有風情似海棠

賦得說郛荷花三十里

人間何處烟波濶自有西湖賽若耶浩浩綺叢香拂面層層綠勝鏡

浮花環周城郭碧雲合萬漾溪流紅粉餘自古遊觀宜此水天無盡燦明霞

題畫松菊小景與三弟

歲月徐看老籬花始吐香春風時易過寒況味偏長富貴非我熟事浮雲日夕忙同懷幸俱健晚節莫輕忘

題画松樹白頭鳥水仙竹石壽靜淵鍊師五十

青山饒古色幽鳥多好音仙村何處求筆底可追尋拱辰白廿

東照懷對山林。道觀居在茲。還丹歲月深。

題画墨牡丹恭對壽麟(洲)師錬師五十

人生趨慕者，田貴与神仙。沉溺世網中。妄想奚能全。我願方外士。修真立志堅。憂患不經心。逍遥契真詮。試看此画圖。瓊葩冒寒煙。丹凝墨汁中。氣与神俱妍。春風貯一室。色香聊爲緣。清淨而富貴。瑶臺別有天。至寶在吾身。其光燭大千。智者乃易悟。百年如目前。

○題畫祖檐牡丹水仙送健之表兄

平生慕道久○一味信前緣○苦樂總不計○修己志獨堅○曾踏繁華地○只守我之天○到今歲月遠○猶未離塵寰○君家長子栽自誇腹笥便○豪傑只未已○潮海遊十年○弟兄共白首○息心歸林泉○入春索余畫○摘景情懷趣○如易取象吉○五福壽為先○老大更讀書○種種原相偶○英華耀前迹○青雲在後覓○只此足自勝○富貴而神仙○

水仙次韻

照出洛川讖，春生石華先。瓊葩含佩袖，瑤草證真仙。玉貌神多態，檀心氣自偏。山礬梅共論，品入鵲鴒篇。

又

獨占微波發紫叢。春來催氣自融融。不須映雪爭寒艷，自有幽香拂曉風。月底素娥環珮冷，湘江神女夢魂通。一繼殊玉應難干，不只清深墨暈工。

題西萱草爲友人壽

人生如花開，便覺好。日長庭院，爍爍萱草，嘯詠其間，氣達晴昊。心既忘憂，身亦忘老。拈毫灑墨，舒我懷抱。君其登此，蓬山瑤島。

詠菊五絶句

數朵寒英色倍妍，客懷相對興悠然。風霜漸覺侵籬外，收貯秋光在硯邊。

旋添活水潤芳妍，斗玉金英自燦然。盡日幽香助吟興，不妨折

秋懷雜興

避却餘霜態越妍，振塵脫盡更超然。且留半月看花興，不隔柴桑秋水邊。

西風寒蕉鬪清妍，晚節堅持獨挺然。靜得無愁甘霜力，丕知庶木已無邊。

迥異三春桃李妍，高懷逸韻出天然。篝灯吟味霜英咏，疏影縱橫几席邊。

題碭山菊

植物本同性。風土各習熟。雜花意亦然。形狀類非一族。無藉合爲哉。不。用。扶。以。竹。枝葉稀而肥。老幹堅強。獨紅黃襍一庭。暢觀碭山菊。

題画竹

寫竹以氣吞。方得撇辭勢。功深三十年。乃可名一藝。仲昭不我欺。此後無人繼。余非能画者。書此聊自勵。

詠老少年三絕。可和曹廣文韻

朱顏無搖落入晚秋，知老去偏能勝少年。草木豈條修，不言
芭亦浮匯娉婷。

倫異三春桃杏紅。猩猩卓立媚秋空。霜侵愈覺童顏好。領
袖寒英笑晚風。

光明一片海棠霞。照耀疏籬濃淡花。獨守還丹真氣勝。
往來蜂蝶似排衙。

郭力草亭題松雪圖

長松樓亦表雲氣自吞吐。松下有幽人。坐看無塵土。一榻琴

自遠。一仰山遠覷。賓主兩忘言。不識塵勞苦。我有無絃琴。

不彈亦不揉。絕不求亦青。逸韻與肺腑。風來松濤翻。雲去

山客說。兄畫得我心。亦試將畫題補。廊簷無祇柳天地如環堵。

歲朝題畫長松牡丹大幅送鄭勁草

國色蒼髯一並栽李葛來賞亦宜哉。獨凝寒翠春風

裡上之扇翻從老之沉開。

○題画杏花送允恢北上

爰風吹入葉滿来○上苑花枝結地栽○一幅錦雲看不足○曲江春色為君開○

振菴表弟指研易理文思超卓兹車北上特来安陽聚首春朝值五十初度且聞有得孫之喜于其行也寫杏花幽蘭送之并題二絕

半百年多勝少年○翩翩裘馬着鞭先○春風一路吟情遠○

不覺看花到日邊

易理淵深達性天，文章精義卌年傳。科名拾芥何須問，早卜就列第一仙。

題畫梅竹與蘭送呂鴻儒

深懷故園本色早，寒臨野墅墨花梅。不須踏雪尋香去，三友風情並入詩。

題[illegible]梅竹送曹友

一抹烟拖晚氣清暗香搖動觸幽情敷冰奚硯催七言

筆春風画裏生○

丹圃先生席画歲寒圖時值長至

雪裡花開顏自清山中三友契幽情○閑閱春靜天然○陽復

先看筆底生○

又題三友圖送友

傲雪寒梅骨格清○愛盟松竹並芳名○人間三友求難得○画裏

參尋六ゝ情

題画竹送樸祥人

妙意无生却有生。說祥不用口開舌。清風拂着自沖霄。須向脚跟參一節。

題画蓮花

九品業嚴功重何。托根淨域綵黃金。下加色相塗脂粉。有相須知。無相心。

永城王匯福祖母母親嬸母一門三節奉　旨建坊

高行一門勝。芳名三節傳。冰霜神共冷。鐵石志同堅。儀範垂汨日黃楊銘凡役賢。女宗真不愧。潛佳戴堯天。

題画双竹扶杖壽揀挂暉

渭川竹平安。洛圖兼富貴。絶無塵俗韻。而有神仙氣。玄霜靈苗生。尺素韶光拂。膠枝一洗空。丹青饒灌溉。圖寫為君壽。歲月正無況。

題張、張彤後小照二十韻

画师傳君神。我詩傳君德。德〃業有可傳。人生於奇物。粹然見豐順。英雄餘本色。詩書植其根。孝義勉其加。承先既竭誠。猶歎虧子職。菜根味久長。儒樸無偽飾。鄰居十五載。義重色不惑。一子直掌徐。先侍痛隱惻。頭角今巍然。天衢將奮翼。君真安分者。名利能忘柳。兼精先天學。長年生淵默。無怍而有恥有為心世界時懷濟物心。積功（秘）莫測。堪稱地行仙。壽命保無極。我來芒碭境〃……月栖息絶世不逢石（言亦性命精微之理世無人）見君如舊識（言所接人間方八〻〻曲共懷同）虔度夜君慧〻矣已過君生窮而式岡陵質久長松柏性堅直

最辭老不材長言保君側

題任磻溪画赤蘭圖二十四韻

閩南秋蘭天下無深岩絶壑盈山隅葉長花落根盤固竹樹棘枝氣並羅叢叢香徑不能入艱難鑿取類辛勞燒山往往遭殃及碧玉亦亂半焦枯移來平地埋沃土屈曲其性磨積儒三年花

葉肥而短。一錢一盆堪爲娛。土人具述前番法。何異作賤等葦蘆。
年年分散四方去。離鄉便與群花殊。素心出貴真罕遇。虎狼深窟
山崎嶇。樵夫嗜利拚命投。往年或得一兩株。花葉低垂果異常。神
韵幽清更高孤。恍恍仙子下九天。瓊姿不合塵埃膚。精神辟穀
氣氣完好。狀貌不不雪心相孚。此外何物堪比擬。世間花草誰與併。培
君花師亦善術。愁消萬萬簇微微衰無。我昔在閩曾力救。人皆咲
倒呼爲迂。官衙有者或購之。廿金一盆不我須。磻溪老人肯心

癖入園丙久分已論，事爲蘭寫照傳。揮筆若有神相扶，乃墨花光濃暑榮。一掬清氣離塵所，見花空懷昔時遊覽，今俗腸非扱到，化塵堆裏豈能知？此圖何日貢皇都，始知古受識非多識。此花出處於何呼，唯點我豈素心人？珠光眩目書其圖。

題汪周載磻溪獨釣小照

溪海襟期莫等觀，詩書積習墨花香。磻溪寄跡有餘趣，消受人間歲月長。

我亦江湖看釣徒，直鉤無餌肯輪孤。為懷舟子家風遠，不計功

程信佛如

又代題二首

獨坐山水間，一竿手上把。名利不經心，高懷任蕭灑。生涯　丕世

如如 乃免垂綸者，行藏會有時。巨鼇掣林野。

奉和呂瓚溪見示原韻

人生貴適意，蔬水亦有味。道在日用間，淡泊陶然身腴々　書

允信是長生事。先生集道者，踏遍名山寺。坦衷涵卓識，健步千
撐鐵脊。萍水得相逢，慷慨見胸次。身行半天下，品誼不驕肆。
喜颯鶴髮翁，而有童顏意。科名早著聲，曾宰秦中地。政平
民自知，心直骨不媚。三年治有成，謗若青山翠。急急告歸來，掃
盡胸襟識。賢嗣爭競起，才幹亦頗異。四十正強仕，清望咸敬畏。
聚首碭山城，契誼無猜忌。杯酒便為歡，新詩手頻寄。仙爾莫
遠我，眼前得同志。身在塵囂中，心脫世俗累。談笑竟日久，風雅淡

十

佳致。何妨自出奇。歸時以詩記。

張誠復兄屬題汪蟠溪墨蘭

揮灑春光墨汁濃。枝枝葉葉筆生風。張顛書法蟠溪畫，定作
爭開蘭蕙叢。

要蘭我之在山野。盆內移栽亦悴勞。不若畫圖看最好。國香
消受在揮毫。

風雲月露寄相思。作佩還期於一枝。願與善人同臭。止君

臭味合相宜。下有竹石相間

秋來唯擬從歸棹。傾蓋情深踪跡遥，留得畫圖詩句在。百年

風月燦重面。

小溪天水染朱衣生怕紅埃透日光急
髻鬟々蒼玉珮曉雲煙裡渡河歸
未容裁葩分外工綠枝數點綴雛蜂嬌黃
染就新妝樣未暖猶宜愛日烘

春雨草堂集

（清）宫偉鏐 撰

《春雨草堂集》三十四卷《春雨草堂别集》三十卷，清宫偉鏐撰，據南京圖書館藏鈔本影印。

宫偉鏐（一六一一—一六八〇），字紫陽，號紫玄，一作紫懸，别號桃都漫士。清泰州人。繼蘭子。明崇禎十六年（一六四三）進士。官翰林院檢討。入清兩薦舉未就。築春雨草堂，閉門著書。

《春雨草堂集》卷一至卷十六詩詞歌賦，卷十七、十八書解、經解，卷十九至二十八序、論、尺牘、雜著、志銘等，卷二十九至卷三十四州志（《微尚録存》）。其中《微尚録存》卷首言此書已入《海陵叢刻》，故未分録，只卷三十（《微尚録存》卷二）録全文，其他五卷存目。卷首有康熙三十六年（一六九七）趙士麟序，作爲文集總序，其後爲各卷小序，作序者有李清、余懷、閻爾梅、林古度等名流。《春雨草堂别集》三十卷，卷一至卷六《庭聞州世説》，卷七《續庭聞州世説》，卷八《先進風格》，卷九至卷十八《南宫舊德録》，卷十九至卷二十六《春雨草堂題詠》，卷二十七至卷三十《留别贈行詩》。其中卷一至卷八只録總目。此書卷一至卷十八爲宫偉鏐著作。卷十九至卷三十爲其所輯的同人往來作品，其中《春雨草堂題詠》爲諸人於春雨草堂遊覽宴會之作，《留别贈行詩》爲順治九年（一六五二）宫偉鏐在北京與朋友先後唱和之作。兩書由宫偉鏐之子宫夢仁所編，始於康熙四十年（一七〇一），宫偉鏐生前曾手訂著作二十餘種，顔曰《雲澹堂曉業》，宫偉鏐去世後，宫夢仁編輯其父詩文著作時改名《春雨草堂集》。詩文集之外又增加《庭聞州世説》《南宫舊德録》《春雨草堂題詠》等作爲别集。

（周　忠）

春雨草堂集

海陵宮氏藏書

序

余童遊膠庠即讀紫陽公癸未會墨訝曰時藝也哉古文也及仕得與長公定山交出公集相示受之卒業則不能無慨歎焉夫世之歷經史歷秦漢歷魏晋初盛唐者之何爲也又慨夫公之學之才之未大用僅以詩文著造物固若是之奇也夫道在天地間紛綸溟滓一編不可盡也一人不能究也故經而外史有代文瀾西京詩標大曆謂其

渾樸溫厚猶存淳龐之遺絶遠修靡之習衒華佩實言簡意該無取雕琢自是程後炳焉盛矣是故易布卦以經緯相錯文也而典旨貴得中以正焉書序事以都俞造諸文也而精意首重欽與明焉詩紀述以比興發義文也而世稱則其要理焉春秋明五伯以褒貶屬辭文也尊五其大旨也禮樂陳器數以問答樂章文也而義蘊則莊敬和平也前者開之後者推之衍者闡

之略者廣之人各一體不相沿襲共一理不能創也蓋昔之聖人觀物察則而立辭若道有彝而弗彰物有存而未名世有變而政殊時有更而事異以古律今百物異宜於以明道教議政治稽品式辨風俗商損益則有神明變化者存焉紀述不詭於經之謂也況詩與文乎夫棟宇之制大匠不能更然宗廟明堂各一其規律呂之節太史不能變然雲門肆夏各一其闡六經

々道才哲不能踰然宣情道蘊各一其模彼善履者如登傀儡之場俛優々戲翦綵為衣繫線俾動雖三尺童子知其非人也何者神采不具喉吻無響骨節不靈也匠人操規挾矩以裁天下々方圓執墨引繩以導群工之樸斲圓也若使公輸造木鳶而飛武侯制流馬而載豈僅比擬揆度於尺寸間者能々乎吾知其必不規而圓不矩而方也襲其外而中罕有者是賈販而

鬻從也依乎物而他雖適者是童步而倚壁也文與詩猶布也五色之變燦々殊焉而其質則皆素也紫陽公自少即奮志於千秋之業凡有篇章其取材駕格命意鑄辭必求至當々則加以句洗字鍊竆妍極工如射者張侯挾矢期於破的至於頓挫倒插之法又皆古人不傳之秘寓精苦思得之意匠慘澹經營中淺者未之聞也生平率右正嫉邪揚激刺慝時決胸臆以暢

其不乎曲爲引譬以發其奇思間有嘻笑怒詈要皆維風諫而扶持善類之隱衷也斯不襲經而自典不經不襲史而自典不史不規之於騷選班馬而自然奇偉不旋之於劉曹李杜而自然合轍由源及流百川分焉用本達末萬卉爛焉博者尋枝覓葉而察乎本根之所生也循河遡派而識乎淵渟之所滙也獨惜公抱匡濟之才負豪傑之略卒不得陟乎仪之立須明堂之

用寶玉生前智士眩務自古歎之夫鵬之上摶也乃至九萬里高遠矣是鵬之能也然非借扶搖力則淺屈伏海隙耳即不能極高遠至九萬里也奈之何筮仕之初司柄者僅畀以王講與凡鳥等珠璣至於淵翡翠巢於林斯二物者去人世邈矣乃二工必欲得之固謂其珍異絕非庸庸者倫也賢者委於下位而不用即珠璣翡翠而若之矣旋遭亂履險蹈危僅以文章風雅

忠孝節義自善之後人
國
初推薦者三尋起又以親老終
養歸築大意園徜徉久之昔人
連時或書空而咄遵澤而吟豈
不以中有所鬱抑而思以自暢
所懷哉公達觀列之大人造化
託之小兒時榮與榮時瘁與瘁
所謂知天所謂順命也乃不於
其身於其子孫定山以名元魁
天下歷翰苑烏府衡文孔孟之
鄉晉秩銀臺節制閩海由斯以
往福養未有艾也乃年復不及

待君子傷之定山為論撰其美
而明善之後世復裒其文其詩
暨別集共六十餘卷初名雲滄
堂曉業前名春雨草堂集予識
慙半豹窮窺一斑聊弁數言用
紀歲月云
康熙三十有六年天中前一日
似湖趙士麟玉峰拜譔

震滄堂曉業全集原序

昭陽李　清映碧

予伯維凝先生與紫陽翁鷟隣先生夙訂夛期交猶記予弱冠時謁長者前禮甚恭謂事伯如父事伯友如父友分固耳然先生顧揖予甚歡又讀予博士家言則益歡作小友呼且調予伯曰是咄咄逼人行與若齊年矣予竊謂假翮弱翎導之翔舞或綆引深情耳不意與伯氏竟聯舉於鄉予才愧江陵先生識符東橋知我哉已予理明旋舍載晤先生時紫陽正少雋名噪邇遍予手其文盥誦起曰敬行且售然鑿非雷令安辨寶氣於連牛𨚫以鷟翁知予為予知紫陽耳未幾果售予偉也紫陽如券耳無何紫陽聯第弁冕本房時予環名自南徐榻頻陳遵轄幾擲出其舟車踐歷感觸韻言劍履趨蹌咏歎佳事幾令昭明小兒不愛朱墨上官嬈媛不敢低昂伎至此乎至其千古寸胷八荒斗室同人麕集玄屑塵飛將兩地之寤歌益三都之聲價若領袖金馬則支壑起衰當昌黎不售耳名在其副幾得而復失之惜已夫鳳洲于鱗皆以逸才稱雞林名噪奚必鳳池為珍紫陽以用違所長必欲引古人量而後入之意當事者屈於時論以王講相畀且曰是特三年淹行需次木天矣假請南旋夷然不屑乱後與予把袂金陵箧中文章益富珠璣人云宿逋價猶矻矻筆墨不作虞芮間田難哉矧倚冰躍冶之輩蝟出一時謂宜熱中擢以不次紫陽玄亭寂守剝喙停絕不以俗屐破戶外之苔而獨與二三知已日結觚翰緣期許若彼固守若此故望紫陽者以為若百尺卧又若千仞翔而不知寧靜澹泊中正他年沈幾遂略所自出也抒華揆藻其餘技耳以文字外索紫陽當躍然曰知我哉雖然以視鷟翁之知予何如也方今江河之感何啻滄桑而猶説傾蓋於初期話盍簪於曩夕彈指幾何亦滄桑耶情隨事遷感慨係之予是以咏蘭亭之句而悠然也願以質之紫翁者并質之鷟翁

秣陵陳丹衷涉江

余年友宮子紫陽出其所為文與詩成帙者宮子曰生無宅嗜慕有嗜慕益猶不暇已余為之序曰使今古文章詩賦之業曾不足比於荒弈耽飲殉命聲色也斯不必為之矣吾今自眎無可置身藉有可置身已既為此矣為此者又欲天下後世知吾為此甚明也此何事也且命賀教祝如使優伶方傴而前塗面出聲手足俱媚猶以不極情盡致也訶責隨之矣嗟乎覽目知篇望題卜旨不展卷而覆瓿與為名山藏又何難辯焉若宮子之詩與文其託情風什為何如者今夫作者之致亦既云倫非為人也蛟龍驤首而流雲以是謂性情爾善乎論貧女者歲不易衣天姿潔清脩嚴恒若簪珠璣衣紈縠寥然不易為塵垢雜至詹何以獨繭為綸芒鍼為鉤荊棘為竿而引盈車之魚豈有

後取諸外然後貫三光洞九幽者哉此而龍睇虎嘯曄然春榮劉若清風太乙九墜與夫斷劍埋泉悲哀纏結如聽胡笳塞上令人腸斷所謂古固有此極憤斯又以感存也昌黎云乞君飛霞珮與我[高]頡頏余荒懶散越無復著述高意將日從宮子遊抑今世有劉季緒其人併遑尋其詆訶掎摭乎吾與宮子安敢謂人之高珮瓊琚好愛必有定耶

枚臯揮灑千言袁虎倚馬露布古人驚歎神速惟其才敏故爾然子雲沈思長卿嘔心亦各臻極豈容優劣哉吾友宮子紫陽開淵措毫神用迅速麗藻奇詞絡繹奔會覺沈思嘔心者反瞠乎其若後真枚臯袁虎之流也十年古鏡一夕瀟湘古有分流涉江亦必以余為知言宣城唐允甲祖命跋

平陵宋之繩其武

古人有云文不容偽必作者之神可領讀者之意而司之苟出之不真則心手相用之處已索然消阻乃欲人之領之而司之則何以哉故古人於詩文必寫其身之所經意之所會苟非其質而妄為塗抹套襲是猶御兒越女未變吳儂終為識者嗤耳今使三尺童子磨牙削吻以習古人之優笑則未有不望影而輾然者乃徒竊其殘膏剩馥從事於翰墨間便登壇行令恬不知怪何哉紫陽真人也故其為詩文亦真且挾不世之資以沈心嗜古漁畋於河汾芭鈐之秘冥搜博記即吉光片羽皆羅而致之胸中抽黃擷白如運風舉詞徵實輻輳響應如列眉數指而又能降心抑志退遊於群玉之府以考其指歸故其出之筆端譬猶挹水於河取火於燧靡不有焉讀之如虬嘯鯨擲往往挾風雨而上真可左援飛猱右格猛虎而及其為韻語也則復恬夷靜適如師曠之琴伯玉之車即黃初大曆諸子不難與之摩壘而問鼎者夫江河擘脈分於百川四瀆雖善沒者誰能測師之津涘哉昔丁敬禮有言文之佳惡吾自得之後世誰相知定吾文者乎定其文非相知不可予非能知詩文能知紫陽予之知紫陽知其真也予方將冢筆焚硯掉臂而踏白雲乃復為紫陽盡此蛇足正使後有知予言者即真知紫陽之人之詩之文者矣

西周張　恂穉恭

夫志士奮勳名之會文人擅述作之能麟閣繪其休嘉雞壇溢其明備雖立功立言殊號而此物此志同歸矣不幸值難為功之時與幸而負有可言之具以詞行遠厥業匪細故梁生製五噫之歌楚辭首三閭之賦級而上之春秋名卿大夫競尚偉代必先賦詩以見志文周演卦爻經歷數聖不離文言以名篇斯不亦立說之蔚宗稽古之宏制乎自制科之盛相率趨時博雅之人慨焉滋缺嗟乎天不喪文辭尚體要若夫管城振龍鸞之采墨池翻江海之奇已負深華人驚絕豔疇其有之是唯我

年友宮子紫陽賓崛起而領袖矣宮子丰神譫宕氣度沈雄賈誼年少已重洛陽玄成一經遂誇漢代雖東南之多才實淮海之一俊高譚長嘯掀髯而逸群授簡揮毫放長舌而編貝說詩解頤掄魁飲酒戴花射賦亡何遭國家之多難歎海田之遞更窜相山中麋鹿豨松風之夢逃名海岸猿鶴追芒履之縱不禁問字剎紫但知著書卜世此震澹堂曉業所繇傳也覆而讀之良可數矣極體物之能事為古詩之流亞於是有小賦偶成之書嗣雅頌之徽音追樂府之遺聲於是有古意偶成之什閔世蒼茫猶存朋友於是有采山外紀之編舉目林谷聊託悲歡於是有渡江詞之緒念明良喜起之盛臣哉鄰哉鄰哉臣哉式載歌而載賡於是有仿應制之體感內外憂患之深不自我先不自我後孰勞心而勞力於是有解連珠之句當其歲在己卯中乎副車貢於天子學於成均於是有前入都之詩先當戊寅志在四方爰命舟子爰止夏陽於是有之東詩之草若夫翁治河而河已治矣身歸冬官功存邦土宮子於是為冬曹述事抑班班纚纚炳炳烺烺者矣及戰勝南宮名傳南國出門同人其言同心家郵燦其情愫尺一煥其雲霞宮子於是乎有泥金帖左思賦三都必乞靈於玄晏劉勰號雕龍先負笈於休文宮子於是乎有白露漚薄海景從聲教不遺於里閈四方多故丈章茂著乎鄉邦宮子於是乎有庭柯集誠意不必以子名而都離以子命篇宮子有嘐嘐子新建不必以學名而致知以學經世宮子有閒情錄語乾坤遼落風雨飄搖北平既已改觀南簡復無真信誰復為春正夏五之紀知我罪我之書者乎宮子於是奚囊日記之不足而方舟志之所以至再而作也江河日下內外風微既情衰於妻孥亦誼衰於聲利誰復敦承歡悅志之誠乘車戴笠之約者乎宮子於是交友論抄之相繼而孝經箋之所以原本而論也監前代之興衰驗當今之得失龍門扶風同條共貫宮子之閒情逸史可傳積厚流長貽厥孫謀濟美於父子追懿行於高曾宮子又於是乎傳隱行於是乎傳孝子噫至矣是無論鎔先秦兩漢之文總歸爐冶調開元天寶之什譜我宮商即其不俟編年而治忽列眉一本家修而不忘庭獻雖憂玉鑾音抑冠才之鴻筆也向使宮子遭世昇平讀書觀閣抒其心藻蔚為國華彰王言於誓誥煥帝則於文章極臣子之殊猷宣昭代之盛美伊訓說命寧多讓焉顧使忠孝至性徒為文人乎此予所以讀宮子之詩文而悲宮子之心也雖然宮子能言如此其鴻功駿發可立而待矣

秣陵余　懷澹心

夫六藝所由興即三才之總會日月星辰麗暉輪於乾象山川草木煥光化於坤輿而杼軸之心遂標至極是以伫區元覽情曈曨而彌解肆目高營物昭晰以互進莫不義綜經緯道協精

徽然文章沈博必歸醽雅之儒辭賦縱横要屬離奇之士理滚學子（旨）則韵窾非長體富史才則經師弗受歷觀曩昔玆事難兼兼之者其惟我宫子紫陽乎猗歟宫子生秉上哲名擅人宗孝友内毓禮樂外滋處華貴而如無掇巍科其若寄頤志墳典積有歲年下帷覃思穿牀嗜古上自攝提之紀下迄皇輿之敗其間名山國門金匱石室魯宫汲冢七略四部悉制清衷遞為神用目覽萬言陋十行之俱下暗識三篋邈過此之未知是用濬心凝慮沿波討源雄飛青簡鷹揚丹筆而虎變獸擾枚皐遜其敏捷雲蒸霞蔚班固讓其幽通以才若彼以學若此入聖人之室似聞鐘磬登作者之壇獨搴旗鼓豈非撿鏡所歸事同資敬者哉其所著震澹堂曉業各種或藴登高之義瀏湸而英華或流古樂之聲煒爍而悽愴或擒生嘯之辭芳香而郁烈或搆渡江之緒悱惻而緜纏或續賡歌之響煌懿而駢櫂或繹幽憂之音慨憤而凉壯或弔燕臺之古隱約而多思或觀夏陽之風迴翔而可咏或述冬青之事温潤而彪炳斯選義之鴻裁考辭之藝苑也若夫奏賦上林文高國典泥金成帖悉抒忠孝之懷白露為漚灑落珠璣之字盼庭柯以怡顔愛稱元晏志嘐嘐而自適亦效鶡冠拔賊最先困述奚囊之記避乱獨苦閒修舟志之書况乃矩步程朱發揮曾閔太息而譚伐木捧手而討名山特著家乘用章州憲固張蔡之未逺也豈任沈之已遐乎大抵才匪一流體無單製既鼓吹於六經復羽儀乎天下豈止太元標异桓譚嘆為絶倫鷦鷯寄辭阮籍稱其王佐已哉獨是以宫子之才之學上不能黼黻皇猷展燕許之大手次不能趨進天禄殫遷向之斐然而棲遲畎畝述作自娱追南皮之曩游望西山之爽氣雖云履素抑可悲夫

河濱李　楷叔則

余嘗謂文章有真僞無消長凡標英織彩之文原鮮真意止闘時葩苦雕繢之難工坐待桂滚蘲老歎胭脂之易謝横分夕秀朝華江管無靈鮑才有盡與年俱進安得不與年俱衰若夫本乎性情而為言感遇根之倫理與象會之神明學則真學力不漱衆藝以為芳才則真才力不傾群言以為液識則真識力不矜谿刻以為奇意匠心燈炳然千載此豈年力所能消長者哉宫紫陽先生天壤間有至性人也亦有深情人也性於忠孝獨至情於忠孝偏深崇尚風義藴隆德音鳳躍韶鳴障流振俗自髫年勺舞時而已然繇是楗户下帷烹葵畫粥席天人之奥抉今古之藏鏡微繹隱迹堅取極吹霜噴露寒暑筆端學可淩轢三墳才可笙簧五典識可炊煮六經而純孝孤忠耿耿方才（寸）歲月遷而不改海桑換而彌殷當刀光滿眼顛沛流離之際抱影寒爐手一編自歌自詠若不知有理乱者所著曉業各種總是一種愛國憂天望雲陟屺鼓瑟蒸蘭之真意纏緜宛戀於胸中

自然落唾成花香風觸物種種使人感動流連而不能已已晚之義於時為朝而午而晚皆朝氣之絪緼於日為旦而中而皆旦氣之映徹於歲為春而夏而秋而冬皆春氣之塗漶譬之新桐初引濯柳方抽綠蕉纔剝後來千條萬葉已盡爛熳於其内乃紫陽則惴惴乎若谷也淵淵乎若氷也萬物出乎震故修省靡寧五味始乎澹故太羹可久紫陽至之性深情不可於震澹中想見乎噫嘻長夜漫漫何時復旦得曉業快讀之聞晨鐘而夢覺挹朝爽而露以霽色一開重陰頓豁曙光甫闢瑞靄聿新紫陌雞鳴催漏聲於五夜紅雲鵠立望閶闔於九天

之東詩草原序

古沛閻爾梅古古

吴陵宫紫陽氏博古註經為一時同人冠冕余數見之諸名家刻本中疑其魁梧奇偉有燕楚間風氣戊寅秋余至夏陽驚隣先生召余飲紫陽在焉淵然退然中無所不窺外若一無所窺太史公謂子房壯貌如婦人好女甚矣其不可測也然猶以為紫陽長於詮理咏嘆吟佚學者往往難兼庚辰夏紫陽自長安投余以書云舊所著述各屬同志者為序之東詩草序專以屬子余急取所為草讀之義撮其要篇生乎情雖幽奇自賞可匹玄暉長吉而規格澹雅正不失曹應諸君子風流昔伯牙至海上濤驚林嘯嘆謂移情余乃不圖今日復聞正始之音也且夫詩莫盛於唐以前宋元以下無譏焉明以制義取士詩其偶及之耳家謡户誦法無常師然深淺之故論者不甚相遠北地可謂登峰七子美聲調而乏沈雄堅老之力譬之新富貴兒宫室裘馬嫣然悦目無所謂夏鼎秦碑朱絃疏越也㓨其下焉者乎吾黨日以此道為天下鼓吹大江南北皆有班馬同時之感然則紫陽匪直以博古註經冠冕一時也

前入都詩原序

同里高爾儼中孚

每讀李長吉詩長入新智讀者輒欲自出意力與古人上下讀戴陽詩亦復爾戴陽益我矣余不佞尊大人鶩鄰先生引為忘年友而紫陽復不鄙遺盖十餘年來相知於文章德義之間紫陽南國名流才譽飈起乃其為人彬然篤古無復才士佻脱之習余固知其人深遠矣紫陽著作甚最行將自見於天下偶讀其入都詩聊為質言以當贈遠紫陽歸矣雁遠當復計偕北上將舉其邦之山川靈傑名公大人奇遊勝會之迹一一繪之於詩來相舉似余不佞受益且無窮期也

采山外紀原序

宣城唐允甲祖命

虎必深山龍必大澤達人君子必智周於身家之外而識行乎時事之先從來閉户著書薎朱綸而不顧移家避乱望丹鳳而如鶩緦之必不可行者荆棘之中必不可入者闒鬼之户有失於前必無倖於後也甲申三月鹿走於原王謝劉勺咸擊江檝當事諸君子老臣諳練所不乏也子弟布列盖亦有馬金朝輦冠夕加見須因鬼門豈云龍盤根錯節未聞有别利器之思卧薪處堂往往皆不終日之計宫子紫陽之來也幾於身試重淵矣解酲以酒不醉無歸又啜其醨達士豈敢隱會稽客遼東入林麓慮古人不我欺也歌北門賦招隱咏歸來往事誠可鑒也避玉堂而弗居撫殘篇而不釋穿林穴而無畏履變事而不驚此采山外紀所由作也僕以此時從裂麻强項之餘謀閉户掃軌之事以方宫子殆有同然今來遊海陵讀其所著書采菱調急江南歌清楚人心悲越客腸斷撫時懷事故緒横襟豈曰不焚不濡亦曰有岸有泮爾

古意偶成原序

八閩林古度茂之

詩之有古是古人之有詩也在古之人無所謂古是今之人稱之曰古也今人不能無詩而欲為古人之詩則摹古人之意也詩之有意亦惟古人有之今人之意不能如古人故不得不摹古人之意以為詩然近人多不為之吴陵宫紫陽先生有意於古故擬古詩曰古意偶成豈真偶成哉觀其意之所在偶合於古而周（用）古題為詩以寫其意不肯作時語以自淺薄李崆峒曾為此意今再見紫陽紫陽之為人亦自居於古而不肯為今人故讀書為文世其學而繼太翁高第早完其為士人之事宜致身匡國展布生平遭時末造乃退居家林立志千秋去今反古事事皆然不獨遊心詩丈别處一天地别有一歲月消摇於春雨草堂中確乎其不可拔人與詩俱不落今益可知矣他日賡歌大庭取其古意之詩被之絃管以奏雍熙都俞吁咈皆是物也豈偶成而已

樂府偶成原序

淮楚嵇宗孟淑子

或曰鳳皇似我或曰鐘鼓饗我言人人殊惡在能為兒子而不嗄也姑餘之國有神鳥九陽棲於腹負旦者翕羽輪躡滄冥覽德輝下之思為聖人廣鈞天之奏而地上於天群星求食神烏自佛其首爰歸而謀棿駕之區曰海陽婉盆子為孔子弟子游於海陽蓋適郊而思見其美好以為瑞也似我者曰嶽嶽我不曰嶽嶽饗我者曰斷斷我不曰斷斷吾聞靈鳥和鳴媲於金石金石乳於黄鐘黄鐘之杓曰宫宫者三夏之所隱賑八風之所姁存五酉之所纚屬天下文章莫大乎是婉盆子裴回澤奥目若望羊慼慼乎靈鳥之罔覯也一旦授震澹堂而竟業焉爽然曰噫此噦噦者謂（非）美好為國瑞者乎大聲昭華延喜小聲桔梗茉苢泳婉之聲考瑟吹竽悄聲淵止穀聲海飛噭誂聲細嗅休聲危行邁之聲柔苦伺晨之聲倭遲於是嶽嶽斷斷者雉伏而私相謂曰戒語寒號國有靈唱毋作聲

小賦偶成原序

黄岡杜祝進蜕斯

巽哉古大夫登高作賦之材東方生弱歲二十二萬言之富有兩京三都之主客皆於點筆落枚間灑灑迎之而曾莫能定其古今也其紫陽之小賦乎賦於比興一例於依永一體廣樂賡歌以来未懸賦則春秋盟會每舉一詩曰為之賦某詩賦固在聲應生變成方之際所謂有金石而無金石也故賅曰古詩之流也離騷叶而不自名賦後之定賦者苑馬荀卿之禮知雲蠶曷賦子瞻之前後赤壁曷叶紫陽之自命小賦倘亦小舉其聲猶之賦某詩乎五色雲低徊臚唱墨花自顧客卿邨居迴謝梁齊間之郊居放紙蔦目雲漢矣永言比興小莫能破紫陽以為然不然以視東方生諧誕漢主前又不能不為金石慨今古云

渡江詞原序

秣陵余懷澹心

昔者昭華啟秀文明緯真卿雲江水白帝黄娥并體昌容俱臻盛瑞洎乎滴降遂製風騷奏黍苗之哀音發菊蘭之微唱以及放臣羇客寡婦征人或行歌潭瀨或抱怨荒邨或抆淚閨幃或摧膽邊戍情之所靡辭亦湝湝而流焉是以蕪城廢丘淒其作賦灞岸零雨反覆斂詩也若乃明堂杞忽宗國奄墟而新亭蘊淚驅舟筆於柔毫長江乘風擊波濤於茂楫則遐衷瘁志又可得而稱云以余觀古史紀載彤管所述睹銅駝而荊棘如生見江水而百端交集短言軼諷悉挺辭林爰自三百篇亡而後有騷賦騷賦難入樂府而後有古樂府古樂府不近俗而後有唐絕句為樂府絕句少宛轉而後有詞詞之興會宋最稱工耆卿子野既擅纖新東坡稼軒復操雄辯春水玉笙曉風殘月古今所麗矚也宮子紫陽材標雋上氣攄鴻景振纓華側弘敏多奇擷翰鷹揚稚擅博物屬以龍蛇方縣鯨鯢未翦言自海陵獻書魏闕木天之館眾所樂推青瑣之班遲其舄履而守恬抱素蔑嗜榮名稚什古唫動成卷軸愁心江上永懷鶺鴒之思桂樹山中實寓幽憂之旨矣夫以壯歲登朝高才用世何難布蹤蕭葛追顯叔虎而皇路閉塞奸讒盈庭則惟有掩户著書圖壽金石余與紫陽同茲嘅喟豈復人言愁我始愁哉世之君子誦渡江

之詞知要渺之志非徒爭風韻於斜陽比聲情於燕子云爾

寒廬讀述

舊京王　潢元倬

吳陵宮紫陽先生擁書萬卷不樂仕進茲編廬居時所述喪禮其一班耳噫事親若宮子者可謂孝矣夫禮天之經也地之義也民之行也自周衰禮廢漢興高堂生得儀禮天十七篇後魯恭王壞孔子宅壁中得五十六篇然去於戰國燬於秦火穿鑿附會於漢儒者固不少矣晦翁考定諸經獨以三禮體大未能叙正至元臨川吳文正公始取朱子之論以儀禮為經禮記為傳惜其年晚未成每多訛舛不其難乎今紫陽取喪大記服義喪義祭法祭儀諸篇條分縷析以至哀慟哭踊之節疎數煩簡之犁（文）然備矣雖然苟非其人道不虛行此徒非託諸空言將以見諸行事之諸謂也紫陽摛辭掞藻言語妙天下謂是月露風雲翩翩才俊耳頃見其宅憂以來茹蔬截飲哀慕悴毀之容見於顔面抑何至性之蒸蒸爾也夫孝始於事親中於事君終於立身若宮子者可謂孝矣且夫世教變衰江河日下類必有移風易俗之人力挽頹波歆崇古處庶幾天理民彝不至澌滅殆盡然則士大夫不幸而不得志於時也亦幸而不失志於野也倘所稱亡於禮者之禮其在斯乎其在斯乎

嘐嘐子前九論原序

中吳姚 佺仙期

有譙曉業主人者曰不肖碌碌反抱闕為曉業主人曰人各有能有不能築室巘阿以奉嚴親我所能也銜我不能也退而述九論

人有欲天必從之惟爾自作不典臬厥載隕墜厥命自鞠自若（苦）迓續乃命於天天曷不命歷年哲命嗚呼敬之哉作命論

人知中之通而不知中之宮上美為黄下美為裳人居其中為意守中不陂斯誠意之功孔光張禹隤其風安樂老子為三公人乎人乎亦倮之蟲作中誠

陰陽三合何本何化豈有長身而横九里栗考虔子而船以不胝厥后畨寶被船焚以旗之作身訓

胡為賦授有此奇偏作志説

極樂一刼於袈裟幢為一日夜袈裟一刼於音聲輪亦一日一夜詎有金剛堅固而愛纏業海乃説頌曰死辱斥時痛生辱長年羞作生論

柳子厚天説折韓退之文信美矣葢有激而云非所以盡天人之意（際）劉禹錫作天論以極其辯枝葉甚美而根不植海陵宮紫陽又演天説

赤舌燒城吐水於瓶測曰君子解祟也作責言

縉雲得姓之子姬昌魯衛之臣連華霄漢憑暉日月乃知孝實天經忠為令德作原仕

非英非樂非香非馥即（既）中暑而增甫雖霜雹而無雕作竹喻

例言

學力與年俱進則詩文亦宜紀年先君子曩所手訂二十餘種顏曰震澹堂曉業盋欲别為曉午晚三函故篋中小影有曉午二圖用此意也嘉遯而後身隱焉文即晚影亦卒未就他可知已如仍原名似義不相符今總為春雨草堂集計三十四卷詩文之外以庭聞州世說先進風格合南宮舊德錄及春雨草堂題咏留行贈别二詩計三十四卷為别集變而通之亦猶行先君子之志也

先君子早嗜翰墨自十四五時即工文及登仕籍旋遘鼎遷杜門謝賓客以著述自樂益浸灌於六經諸子莊騷史漢之書成一家言雖每變各殊要歸於闡明理道切中事情而止分别觀之畢身所得在是矣

集中詩亦不專名一家大抵天真揮灑絶去雕飾不作灞橋撚髭飯顆戴笠之狀至偶觸於中而發抒於外則又淋漓感喟有小雅憂時憫俗之深思少陵每飯不忘之遺意焉余小子學殖譾陋何敢蠡測誠恐閲者獵其英華而失其源委故略述庭聞以質之博雅君子

先君子泉石自娱落落不諧於俗胷中磊磈鬱勃與夫人情可喜可愕之態一一發為文章故有時伸紙直書不避尤怨宵小輩以為有為而發而不知其為人心世道計至深且遠也由前而言雖藻豔紛屬而不病於靡由後而言雖嬉笑相尋而一歸於厚讀者詳之

卑不敢頌尊遇(愚)不能窺智況先君子所著詩文當代鉅公哲匠自有定評何庸忝贅特事隔兩時情殷一往擊筑之音間作彈棋之局不平變徵哀商固亦所有故或偶軼數行略芟幾字要其微言自在真色猶存非專憑臆見有所增減没先人之苦心期斯世之悦目也

甲申先君子闕間而南倉卒間詩文不及收拾甫抵門里旋遷瀨上兵燹之後往往散佚人間壬辰北舟胠篋之警亡失又半追暮年述作多不存稿間有存者手澤猶新然以麤經繕寫之故頗致魯魚帝虎之疑今所裒集止已刻二十餘種未刻中有可句讀者亦俱依類編入餘則緘縢藏之不無望於後之綴殘補缺云

唐宋人名集多有年譜弁(之)卷首先君子釋褐家居歷四十年之如一日中間跋涉平陵留連京國雖無紀(可)之續而可癸未以後有奚囊日記方舟志闕係頗大不僅一人一家之書已也又晚年追遡疇昔有自叙年譜草本塗竄頗多難以意會欲改訂則既恐失實更作又未免亂真寧姑祕藏以俟吾子若孫也可制義行世者最夥試童子時則有鼎社一二三刻舉茂材後則有宮子百篇五經讀(試)總藝至賸畫堂雨稿及辨真自訂諸稿試

則午未臨場貶技逢時之作稚非先君子本志而與曩刻皆傳頌四方又林下集宦稿若干首乃家塾課子文楷模具在以已梓行玆集不敢溷入誠以古文時藝流派相懸北轍南車徑途各異也

庭聞州世說多述王父中憲公大王父明經公所言而連類及之者先進風格則鄉先達凌公海樓王公鞠如暨同郡諸公之事居多蓋泰俗舊稱樸茂後稍變而儇薄鮮克由禮於同輩輙因事相傾至戊申己酉間則剝極將復之時也二書初出時流託其刻覆不一二年莫不憮然自失始群奉之為挽回世道之書矣今編集中庶令後學知老成典型之重焉

南宮舊德錄為家乘紀實之書蓋有感於王父中憲公謂警年侍高王父理學公曾王父明經公即命纂述家譜乃以槩葉單傳宗法未立書雖成而未能告備時輙憾焉先君子輯為是編一則發潛德之光一則識昌後之驗亦竟前人未竟之志云爾

春雨草堂題咏園成後諸名流遊覽讌會之作留行贈別二詩則壬辰北行輦下諸公先後唱和者也先君子少則執耳文壇壯則遯迹江浙四方同志聞聲而来者往往以鴻漸之德相推故投贈詩文最多今二書亦不無闕佚先刻者衹十五之六增以笥中存稿又得十之一二用示不忘車笠故人之誼云

先君子庚申三月見背服闋之後歷官齊楚案牘糾紛未遑編輯又家刻原稿各自為書書不一名名不一例綴屬頗難及還銀臺八弟鴻歷適至都退食之暇相與蒐輯編訂五姪必端十一姪懋諒共司讐校詩文雜著以類相從世德舊聞咸在無闕分為兩集六十餘卷刻而傳之雖先君子欲傳之志不盡於斯而音徽未沫庶幾表章萬一云爾

康熙辛巳天中日長男夢仁敬識於高堰湖畔

春雨草堂集總目

春雨艸堂全集篇目

春雨艸堂集卷一目次

春雨草堂集卷一

海陵宫偉鏐紫陽著　　男夢仁定山重訂

四言古詩

勵志詩

二儀肇立，萬有斯形。人物咸植，人爲物靈。六經標準，載筆煌煌。芫枯分集，邪正以彰。至聖轍環，澤及萬世。僉壬高位，自罹伊戾。出悦紛華，賢人不免。中材克治，約失者鮮。無曰懷安，業精於勤。寸陰是寶，惜陰以分。相彼前哲，德位兼崇。名高日月，道亚黄中。

在邊在廷，一身胥賴。補衮楓宸，立功疆外。先憂後樂，獨樂以名。布縱韓魏，醉白方成。合志伊何，當世有道。經師人師，歆予夙好。無迩聲色，無耴遊盤。無狃機利，有愧榮觀。壽當益慕，美哉德隅。命由我立，爲世楷模。砥志久大，務遠亿近。昭夏法傳，惟吾自奮。

述祖德詩

肅肅我祖，系本南宫。克修懿戒，令聞以崇。肇姓太原，迄於瀛海。志惲暉唐，總兹日采。河東舊氏，分治維揚。爰兹署守，錫我彝章。

赫赫中葉麓川是興寧遠實維茅土用蒸
高秉勝德洎於曾祖博學弘詞當世儀槼
時際蹇屯未殫厥用王父廷對天府作頌
大夫徇齊幼而夙成資學竝茂卓爍崢嶸
公車載廾志存匡濟抱膝親闈浮雲一第
劔氣珠光錮惟百鍊大對彤庭至尊嘉羨
烽臺重城勤宣日闢奉使行河天顏有懌
煌煌儀物凜凜潔操軍國是資勞苦功高
丕績懋著天語弘敷紀庸錫賚寵命攸俱
維予小子器慮迂疎賴兹庭詔式覯厥初
功崇惟志勖以分陰庶幾無忝克造弘深

戊寅秋讀書夏陽署中屬文繁苦偶患失血適章年伯于

野過訪文字之懽真成莫逆歌四言以誌感

昔年此日雞棲南浦屈指九秋愧云小補韜光山中跽誦賢書
于野一出使我不如我心憂傷曷云其極閒說鵜鶘柳濯其色
天門日射誰與共之一門之內聿爾相知余來夏邨喜溢於如
闡于野來倒屣出顧一見之歡歡若平生相期大業松筠以盟
問余何為容顏枯槁良玉未投終成腐草促膝慰我至再至三
此身長在何所不堪人文如子天下瞻仰數載之內神相來往
維珠有光維璧有威神物終合天鑒其扉珍重千萬毋兹齷齪
身之汚川心懷啟琢悲則真悲歌則真歌褰裳岐路別如之何
友道至今似遇黃驪致身雲上知誰為泥多君意氣超然炎冷
竚立移時天懷耿耿

太學石鼓詩十章

我愛石鼓弦其轎蜀肅慎來賓荊蠻有項
我愛石鼓邀邀賁旂何憂乎芸茗星罶貽羞
我愛石鼓鑒勒駍駍誰司夫攻皮攻金而不為傳舍之玩百廢
俱舉于邃有煥
我愛石鼓六轡沃若馬剛轡柔毋啄毋攫
霝雨盈死魃一目廷尉失平
我愛石鼓柞棫其拔顧毋忘先王之遺八荒爾闢
悉率檴檴建建不寧用嘉賴爾臣
兕鍪鋭鋭珮璲師師猗歟吉甫受祉賦詩文武一之
既靜兮既砥矢允不驚
旭旭杲杲斷夕懲惕敢告吴人無爰止於是績而大之綸而攸
頔（音狄 好也）

胡家邨（邨產促織鈴鳴善鬥 游俠兒捕而賭勝）

爾軀微矣爾力縣矣秉心有競紛難禦矣觀化者謂爾無謂謂
無謂者時復為爾之為蝸角盤盤胥於蠻觸氏者何多矣

狄梁公祠（在昌平沙河北祠自唐草間殘碑斷碣猶唐也梁公曾為昌平令有福於子民於虎為文檄神致虎階下殺之）

子死於虎猶可言、死於武不可言也天之祐矣武其隕之神豈
春茲老饕而不弭耳階下俛伏其辜

春雨艸堂集卷二目次

五言古詩

春雨艸堂集卷二

海陵宫偉鏐紫陽著　　　男夢仁定山重訂

五言古詩

侍家大人登上慎閣在夏陽部署中原名望樓大人捐俸重葺

胡為一憑眺頓生懷古情東南苦輸輓西北苦徵兵海運終難復開洳歲有程鑿山尋禹道累土象堯明腹堅虞澤涸水滿瀾又傾登樓送遠矚檣帆片片横余父來何暮難棲夢不成兼旬宿河干屢月走沙砰陂防祖周禮滛瀨得其平甘樹應所祈遂喜遠風清試輓中流楫躋攀百尺楹迅駛排空至沉玉𡘋無驚雉雊麥苗秀蠶眠桑葉晴鄰硈聲斷續凉颸木末生朝暾来自東慶雲發其英紫綠生千態湖光疇息更我今悵雌伏迷陽傷我行願偕陶公翩飛上九霄鳴一鳴聾衆耳再鳴答宸賡回首白雲邊余父正宵征書思告明主勞矣家冬卿

讀文徵寄懷楊子常顧麟士

大雅何年合藪鏞閒細音鴻儒集群彥古理恣幽尋雄文先篤行清賞獲我心阜高薄蟻蛭江長小牛涔康成不可作六義罕良箴王風委荊棘頻年曲說侵啟筐一諷咏芳軌良可欽陟山觀山色朝霞滿衣襟

東陳卧子年伯周勒卣彭燕又徐闇公諸子

文章千古事道大何能容書卷盛雲間振衣欲往從濡豪風浪

生蛟紋駭重重蟻蠓不敢視夜光驚燭龍滄霞山之南翩何姍
姍逢連袂遊帝京方軌希高蹤

閻甬卿聞余至夏陽惠詩以文社相屬賦答甬卿兼及陳
百史萬年少蔣赤臣時百史彭城

如何喜壯遊所須在卬友寡黨悵離群濫合終凶否彭城有逸
才隅坳栖恩久扣門投素書玉龍函外吼高文擅國華腸熱非
關酒康成過徐州賢豪半握手大業喜相期吾子稱淵藪世風
日以升此事良不苟

冬曹述事十章（歲丁丑家大人對策高第首除水部遴築烽臺石安廣寧蓋多壁緝奉使河上寢食不寧以數十年來極難治之泇河疏導不遺餘力雖當亢旱漕運賴以通行獨秉性落落恥事聲稱一二勤行得之氓旅者最悉口碑日積彙為一書篇卷浩繁刪而成句）

文正秀才時志不在芻粟致身須禁闥與聞幾事足利鈍杳無
憑蹉跎二十載徵書下空谷此度良不臤卓哉冠群賢大對聳
當宁曰予此佳士不日清華補

烽臺築甫就重城鬱嵯峩鼙鼓如弗勝信宿玉輦過獨宿烽臺
旁夜坐聞鐵馬零羨還少府工堅費良寡右安達廣寧艱鉅衆
所卸不惜鬢毛斑拮据風露下

拮据重城役帑緡屢裁節辭金非矯廉簠簋固宜潔所以六科
廊勞勩輙相仍吏胥去其籍源清流亦澂只遜有鋪墊黄絹妙
色絲汰之恐不力寧來巧者嗤

使命來夏陽咫尺天顏霽寵渥大官筵遠勝茹麤糲所轄沛滕
嶧二百一十里瓴建洩無餘淤墊流復止酷哉苦旱行焦枯十
閱月廢櫛宿河上五旬心血竭

心血竭河干漕運行無滯如是者三年年年無少憩三河劉昌
莊甘溝槽碾子地名十幾處萬丈猶不止大堤十二道小堤二
百餘一一皆親築縻費節於初

孤村宿水濱四民中錯處京邊百萬師咽喉寄草墅地方多警
告短垣未可防築城集群議怡怡學處堂羽檄馳清源哨諜耽
耽覷草竊得乘機衆心欲逃去

戎服夜來行倡議逃無赦保甲繫爾民多方彌隙罅畫沙前致
辭官家綢繆預官家且不行吾屬何忍去嗟哉蠢蠢民彼何具
之有聽說志成城下馬擲鞭走

貪吏營子孫所志在錢穀何年石與沙瑣屑難更迫一辭復再
辭移石致中河沙終不奉詔簿正循舊科縮之固不可贏之急
須抑正額五千餘為民即為國

衣服何縏縏不無膏與脂一紙裁三百舉國駭為奇酒黍既自
攜蔬核平市價昔僅餘村店今焉群稅駕鄰邦恐所求曉諭令
知止繭胥勿復來四民獲寧宇

周官設路鼓所以平衆爭而今何所事制罪入伍兵惟金作贖
刑纖悉有司取我如心止水鏤錢非我與捐助三百餘官廚等

家食黽勉近三年入門猶課織

送友人讀書焦岩

焦岩石子大於今改其容巨靈截天半時有神鬼從問山胡能
爾作鎮貴重重金聲來樹巔匣中鳴卧龍什襲藏其文毋使蛟
螭逢山靈几案來風雨幻奇縱

謝安豐妓

偶為海上遊邂逅過河梁分明良家子參差賓道旁晤歌嚙齒
溢吐語氷雪涼舉體（徒）姍姍刀薄不勝觴何年重來此徒遲憐荳
蔻香詩成中（以）誓相約在重陽重陽來為遠不堪重理妝豈荷以
深深愛席不煖君牀主人感且念曲徑闢深房只此意已足外
此非所望携來紅氍毹纖手好襲藏話別離造次此意終不忘
珍重感年人勿使零露瀼丈夫重然諾况不愧姬姜

鄭潛菴黄如干兩中丞先後備兵揚州紀事

帝心甚仁愛烈風舞沙礫而時有異人治亂足相敵 絶學紹古
先康濟同飢溺剔蠹蠹不生釐奸奸不行强胥戢其翼下吏廉
其情田畲利有執狡横不可詰濯哉城頭軍先登志為帥汋謀
伏其辜欲步且踟躕內亂繁有族用誣懸楬櫫横流賴大賢斯
世重楷模

安豐孝子有鈦肝療母者季大來師述之甚詳援筆為賦

予師家安豐負笈從之遊此地無多土繁華盈我眸貧者哀其
裾富者被貂裘親用揖我入吳歌間越謳予懷不可極乃上心
齋樓瞻拜生敬恭為學當學叟咄哉風會醨向特睹其流近閒
孝子事使我神志適有兒年未壯鉡（鈦）肝母得瘳初聞鳴悒聲既
見血沾裯世人自為身甘旨且不周况茲身內物剖亦如贅肬
此身親之身親安身始休憶師苦嘗藥倉卒不自籌謾述鄞人
對未知彼所憂（師曾割肉療母有為述韓昌黎鄞人對者答云道理如是但彼時無以自處故耳） 至性發之過先
後豈相謀靜夜一捫心為此怦怦否

亭旁有鶺鴒來巢

小物亦有性鳴喙何自如平林眾可得深柯為其廬鴻雁來天
末何日即蒢篨鶺鴒處海心驚波翻危旟翱弋空岑暫而忘階
之除機智毋横施試繹蒙莊書

書至

淒淒復淒淒夢繞湘江織岸幘披我裘霜華寒仄仄天風吹露
函雲中墜雙翼閉函未及發旨言我窺得如此心相知何勞紙
上墨

感諷篇都門賀同社登第

兔絲附松柏娟娟繁綠英顯約應難料肺腑託友生昔作新豐
客今看錦洛行今人惜寒暄古道重生平猜共不可虧羇旅賦
小明

懷內

濯濯園中桑春深正抽綠攀枝捋其葉嬀嬀不堪柬吳蠶生及

齊有女顏如玉采采不盈襜顧影傷局曲

何事最關情柳絲青以嬀馬首行欲前一前一縈繞懸弧丈夫

心泣坐亦窈窕云胡喜壯征僕僕陵春曉

自君之出矣五章代答

自君之出矣夜月守空牀休從月下行隻影生夜涼

自君之出矣愁聞燕語嬌有鳥常比翼獨處又今朝

自君之出矣攜筐學采桑忽聽車輪聲歸來理新妝

自君之出矣嘹嚦中宵鴈盼到鴈歸時不見征夫面

自君之出矣夢裡常相隨醒時仍獨處悔不覺來遲

劉司户祠 在昌平西南五里贇追贈諫議大夫謚忠節矣祠仍司户稱以存憒也

元和失其柄委任誠不良堅璫專廢立百執凜趨蹡春秋謹正

始臣子奉無將咄咄昌平策討亂知履霜馮宿舌為縮棄擲共

粃糠異哉郤與休汗顏自揣量忠義在人心激之乃愈彰豈似

當塗子高冠任璲長國事日以非竄身在遐方全誨已伏誅良

箴矢莫忘時清無忌諱國亂有表章表章亦何補播越但嗟傷

出郭

策馬來京洛春樹正芳菲我今出郭去衣袂帶秋暉寒暑倏忽

變歸路是耶非每憶去時秋舊侶恰依稀今晨清露零明年清

夢隨四時更逝去風塵罷兩眉風塵何足惜最愛此朝曦故國

休戀戀時事殊可為

四子詩

己丑秋余抱膝家園梁子公狄姜子如須林子殿颺陳子階

六過余春雨草堂讌言之餘有足樂者因念變亂以來一時

同志落落晨星若使今日果乏才即何以處夫聞聲而命駕

者哉酒酣耳熱人各製詩四章其叙述生平引稱爵里尚矣

而意存箴瑟勗哉之旨無由自表見若復相期大業則積有

微忱亦義取方來不苟安凡近云爾

梁兵部公狄

燕邸松間客葭園八寶居風土豈虛親握手徒欷歔昔我京國

遊之子獻賦初釋褐登閼庭遠邇竝歎譽危疆必子堪茂績必

子書攬轡矢澂清立馬殲厥渠國祐寢以衰時艱何由紓効忠

鞠旅日立功陽武餘安流無巨鱗覆卵睹拮据慎爾勿優游雄

心為子攄

姜吏部如須

山左多天士佩服道與義卓哉名流冠葩藻窮玉笥使館肅以

清駪駪征華轡鄉國挺至人披荊見素志氷鑑世所歸流品悉

所器匹馬辭二東渾脱紛陵肆竄身於草萊流寓澹若寄豈無

戚里思我躬誓物貳精衛滄海填爰居鐘鼓致定命須遠猷咫

尺非其類

林黄門殿颺

昔在永嘉末渡江悉名士所號百六掾推置賴君子青瑣連紫闥華盛不可擬嘉彥直其盧馨聞夙能砥赵念惟君國誓不仕薄靡忠讜一何勤崇闕西京似予時一江陽門卒阻吳市九死志靡回艱危難為理知已海內存異地欽同軌川舟始共濟喻此音中指

陳大令階六

維揚與淮海俊人相接連孔李世追從念子撫良編慷慨推予獨葳蕤樂子妍以子華實均天庭宜比肩裁詩花作幕文馬錦成鸘鸞鳳樂其儀高岡囿所騫濁世何多故淮陰空少年感往念不釋懷來情難捐修名貴早立夙尚毋中遷共勉將相姿努力希世賢

為園

鬖齡喜豎立性不愛丘山匡生綜群書騁懷霄漢間十五京洛遊二十朱輪殷自待頗不薄心希濟時艱吐握既勞謙壇坫日往還雄名冠九州戈鼎色斑斑中年丁末造茲意豈能刪才難空悵望道遠隔躋攀弓鉺藏難固松筠意轉閒輞川詎足倫栗里竟何關梁父吟嘗和圯橋遇未慳懷山疏灌树對竹理潺湲翠棟來青鳳朱桁集白鷴晨妝全雨氣春沐半烟鬟立馬雲俱色方舟月一灣窗几真如拭瓜藟故緜蠻驅染情猶麗指揮巾自綸達人渺凡俗存斯起懦頑

出卜

晨起整巾裾握粟欲何之童年風物醖老幼咸嬉嬉釋褐登闕廷寵光起嘆咨游歷總華韋四十載為規亦有名德儔簪纓勵素絲清修砥後賢榮名世共推日月忽以遷江山寢以移虀牖僅未照木榻亦傾欹顯約何懸殊倚伏何根基世無嚴君平此事誰當知

友人小像屬題

希夷應徵至宰相問養生顧謂山中事而何關治乎道人宰相器書卷涵太清卻圖松石姿白雲私自盟玄釋各異部儒者常雜用欲離之丘像不覺道緣重被服君獨完黄芽和露種梅尉隱吳市高風君與共

蔬抨

魯連蹈東海義憤矢不移邵平隱東門種瓜瓜色奇内史三公器灌園詎獨宜菊松三徑列樗荼後院滋夜雨翦春韭天寒拔露葵斷壺當八月采芑及新畬折柳以樊圃狂夫應自疑咄哉賭墅客獨立天之涯東山今茂草誰與共彈棊黑白子所分勝敗子所知子房未留且茹商山芝

畬缶吟有畬為季大來師賦

人生貴適志何乃多憂虞伉儷世所欣上堂覲翁姑下堂諧娣

如琳琅見坐隅家範不少衰美哉世型模余師號特達卓犖冠
群儒年少推英分晨昏筆石俱十齡如一日丹霄勖吾徒介立
恥通方直世所無以此高世資鋭意絶躊躕一朝同贊書煌方
煌金臺趨懷威何孔摯佩服手為憮山岡多獎猶海水横天吳
余滯京華道師歸握瑾瑜變亂日以至古義誰為扶游行念彼
都驛騮翔天衢頻年共幽獨境遇何其殊更聞畲缶吟悽切感
貞夫憶昔問業時華梮誕天姝上堂事華髮下堂撫鷄雛家食
賴以繁拮据殫謨謨太母令終日毀形難與圖余母苦亂離號
旻無所孚更聞畲缶吟相對減歡娛際　兵戈後文禽集枯株
懶從冠劍遊何煩肉眼覷願得合歡人一意甘腰癯丁香勤扣
扣半臂至區區嬌烏還數叢密約不可逾何當賦遠行念此心
煩忓奇文驚鬼斧珍饌仙廚明月光以映青雲直以濡未能羞
返離魂何以慰饑軀太德均不官相期愛此軀音容如可復相
送古芨勇飲酒近婦人佇立且須臾

從友人索觀佳硯率成

與君索佳硯況復賦新詩石交風味古卷幅更堪怡箋句縈懷
袖留行託侍兒黄州春色早挾雨過江湄望遠情先壙中丘與
每移茶聲蟹眼後花影小酣時匹練吳門重明湖越燕思山梅
開未落陽春詎可辭敢步緣林岫狂吟付阿誰圯橋梁甫約小
艇若耶期菰蘆深雨夜嘯咏總相宜卻因顛石拜真成幼婦詞
終須好鸜鵒濡筆騰蛟螭

杜于皇過草堂賦諸體詩因索茶具

蘇子寓黄州杜老住花溪何以茶村客春江風雨攜茶村悟茶
理到處有新題一盞破煩囂二盞足端倪三盞風生後飄然思
不迷草堂無個事好友悦黄鸝索詩苦不休篇卷與身齊茶村
知我癖望遠筆先馳挈伴過我遊茶鐺蠟屐隨山梅正及苍松
濤響前墀便欲攜鐺去詩飄瓢藉羃為安得薾如甕滿載茗柯
枝寄語樵青子焙茶來賦詩

明卿贈石賦謝

元章知無為袍笏拜奇石歎息千載下誰人同此癖筦鑰守金
珠紈綺修堆積椶房寵歌妓前庭走謏客世有澹蕩人俑園追
往迹閒雲選竹樹佳石供玄席我欲攫之歸恐俗士須責一朝
移雲根飛來春雨宅贈者自耽奇拜者等弘壁雖愧精衛銜後
凋櫂苓珀

陳言夏同年過訪感賦

憶昔同賢書名賢何奕奕君言尚英妙過我城西宅莒荃樂同
心草堂共昕夕別來十九年星霜變黑白相見鬢髮異聞風慨
往昔君書擁百城我酒載千斛離騷不足讀痛飲話黄石日月
殊未邁相期踐華劇努千金軀高名懸竹帛

有懷陳太僕皇士

甲申正三月風沙變朝昏君為長安遊顧我長安門車馬塞行
路僕從何繁諠意氣正虹蜺握手盡華軒清卿世所羡君情託
帝閽堅立肎後人豈料事更翻潔身希仲連載筆聲還吞一別
承明廬畜德在家園商歌答金石結友半丘樊窮愁書乃工多
君與細論我欲攜牛腰丹黃聊與存浮雲蒼狗幻威鳳青旻騫
立功會有時潛確道彌尊

見瞿有仲同年字説戲柬言夏

孔徒薄桓文云何美一匡霸圖寢以陋卓哉諸夏防典午迄唐
宋徽管動嗟傷當時有此人天威豈不揚俗子胡紕繆望楚議
素王冠德慕如仁此老更倔强試問元狩間陵武計孰長周情
兼孔思異代何茫茫更欲追元公仲父安可忘何處飯牛人扣
角歌清商

述懷詩

松柏挺高標冰雪秉素性茅靡意所薄嚴冷昔所敬末俗侈華
豪奔趨詘守正黃金唾手得意氣傾人命一朝喪所憑失身墮
危阱鴆毒安可懷束修竇寧靜
紛華不可悅貞士澹所營為學期有用無徒守虛名快悒鄉井
間車馬輝天京卓哉濟世才當世稱迓衡
庸碌誰氏子甘與齷齪儔一朝致高位覆餗實堪羞為學視所
充後樂必先憂豈若尸素者温飽為身謀

比龍批逆鱗許張冒矢石英名千古在流傳何赫奕主臣幸同
量窮壤慶安宅委佩何雍容書思銘簡册高議百寮師中外資
謨畫人倫得所歸晚更延三益

初與諸同人相晤都下慨然有作

朝趨鵷鷺班夕飲文士酒入告總訏謨世賢賴弘誘百年託京
邑何用苦奔走中道嗟亂離所在常掣肘隨時拙俯仰著書付
齎臼亦有同心人可能貽佩玖舉足多荆榛開口滋仇咎大哉
天宇空胡為戀窗牖攬轡思澂清紅顏良足守獨木任所之行
行陟岡阜雖失京洛歡遊覽堪握手壹鬱誰為語過從時一叩
山人自白衣黃閣今某某老友二三足餘子呼我叟憶昔前入
都予年最英茂蹉跎十數歲白髮来玄首相見還相歎風情耐
爾受留行且暫居我意終多否世有王康琚亦見交情原碧山
不負予予寧返華啟還歌贈別篇盈觴代折柳

秋邸望家鄉不至夜不成寐柬陳百同年

憶昔盛年時結交居上流君文尚體要名貴世罕儔余亦崇前
哲聲悅意所羞百老謂余逢年文過華故云始同而末異華藻徇俗眸神簡
未宜非均為上苑遊聯翩上苑初握手訢綢繆期許各有在中
道嗟不猶所用乖所量長懷國恤憂祲氛犯皎日風雨濺征裘
釃酒臨河干擊楫尋矢仇鵂鶹妒九苞南北兩紛揉君為鼎鼐
客予恣田埜謀詎是忘情輩將如不繫舟一身来故國茲夏忽

三秋天空雁影高夜長砧杵愁眇絮覆寒灰百慮相纏繆欲歸歸未得欲往往誰投憶昔縈遂時鈿合明星稠廝走奔絕塵天衢策絷騮貴客輦轂趨遠人歲時賙甲申百老踏跟過吳陵值亂民爲祟余資之行笑曰他時若作宰相詎止一飯之報耶一自滄桑變資用常不週雀羅真在戶鷹決不離韝自銜非所爲屈就非所求黃閣君早入末路寧悠悠

自江口載石來草堂

世有介立人遑問泉與石桑濤谷岍更媧皇世代隔哲士貴滚藏素懷聊以適種竹樂清芬疏泉去穢積茲情鮮可共時流但辟易嘗聞石點頭堅確等疇昔遂下米顛拜方袍恣岍嶺歲寒良友盟牽輓阻郊陌今春春雨深草堂夜遲客誓將五色綫補綴花溪色誰云轉移易卷舒但如席松風日夜俱絲荅照丹魄

陸天藻屬賦哀詞

壯士侶蓬蒿娉婷意不樂結髮事姑嫜椎髻從操作大唱東門行莫負糟糠約英歲戕天閼花氣熏簾幙我黻子還佩孿生守閨閣車馬何駢填官齋不寂寞云胡忽捐棄香魂何所託二分明月地舉酒悲離索榮貴日以長所嗟人異昨

癸卯禊日集諸同人讌春雨草堂先成各體六首之一用

逸少韻

芳辰欣勝事篤言涉河濱歲序日以暄華縈自敷陳良朋及時至情感憑眺均仰視天氣佳流觴樂所親

次日詩成帙又賦三章

元公營洛邑周道詠如砥神皋鬱以葱士民獲嘉祉美哉上巳辰遊憩百川水羽觴隨波流讌飲從茲始晉武何所見臨流問端委肇女鄉俗沿稱說良足鄙束晳援逸詩遂及金人祀嗟彼祖龍代成周安用擬奉匊來水心黔首易愚耳摯虞固小生束晳亦夸侈

吾黨推狂簡曾晳固其儔何論富與強禮樂等贅肬樂哉沂上人暮春欲何求春日試春衣童冠恣春遊濯纓既已適隨風發清謳赵視二三子勞攘何時休

我愛王右軍意不在泉麓上書止北伐深源何碌碌結禊飲岩阿流觴及隈澳山水有清音非關絲與竹爾時謝安石高卧耽林屋相與恣冥搜詩篇盈卷幅位置詎不貴從俗羨金谷冶城砭虛廢良箴足三復劉許擅盛名戀位同微碌相期古巢契慕好真奇服黃庭換白鵞蘭亭封鐵櫝風情與藝事曠代移心目晉運陽九屯之子坦其腹黃口誚閒情管絃輟登錄桃花若有源伊人早聚族中懷誰可共朗清喻幽獨

喜同劉瀛柱同年放船草堂索書晦翁二詩

更欲府佳翰乞書晦翁詩賞心有同然勖勉良在茲遂爲草堂吟炎蒸御涼飔故人渺天末餘子日以離安得同心人磵閒樂棲遲君來自舊京意氣何英甤佩服道與義還穗舊幼婦詞君若

趨朝端當代仰芳儀翔步辭金闕放浪天之涯我亦澹蕩人對之愜心期放船佳樹蔭瞻拜心齋祠義蘊結綢繆薰風臨丹漪會須昕夕遊大笑薄山茨

春雨草堂集卷三目次

春雨草堂集卷三

海陵宫偉鏐紫陽著　　男夢仁定山重訂

七言古詩

日觀峰觀日

東方晗玉精抱曜黄金鏡虞淵濯其魄萬象當空淨寒風木末
生令人肌骨為之清須臾紫炁来霄碧非雲非烟山頂白上邪
日中之市下方更漏何遲遲羲和一鞭玻瓈聲海心擁出珊瑚
枝群島如綫群峰如軹佇立曾幾時若木花開陽烏刷翅光茫
萬道不可逼視為語觀日須及期蒼蒼凉凉徒相失引領方中
欲何為

答李映碧給諫

四明司李紅香客綾餅天街聲籍籍擷言纍纍如綴珠珠有心
兮心似碧由來吏治本文章文心切玉冰稜方豺狼卻道狐狸
避署窗清曉理新簧自愧離奇適用少夢裏褰裳乞君巧願君
袖有補天石分我雲烟潤鱗爪

楚中許年伯欽哉南行時七夕後一日也不日尚多艷事次

韻送之

紫鳳銜梭聲軋軋銀浦流泉響夜發璇宫翠蓋曳明霞霞光雲
煜來天闕寄問天禄在漢渚彼其之子可晤語天孫驂虬來曲
江雲鶤風響驚機杼蛟紋貝篆絲羅古煌煌筆彩輝壇宇金陵
秀氣鬱如髻迢遞山青忘暑雨飲君酒和君歌歌復飲舞婆娑
斑斕雙袖朱顔酡長安雲擁旌旗多雞栖數問夜如何

東吴玉山上城

沙場白日走青燐東山自古吹戰塵猶憶賊氣横魯厰單騎下
来不敢信傾蓋論交人諤諤尺幅之子何逡巡青犢赤眉猶旁
午與子相期濠之瀕蝥弧射處天狼避拔劍前驅濟世屯

年伯劉晋卿趙景之兩太史見過詩以送之

南陽兩截蓋青史提舉羅倫那得似於今抗疏丕前徽咄咄科
名不負矣救時宰相古所須我輩自處當如此川何以流岳何
以峙日星麗天何以亘古而相視止此忠孝兩言在國為名臣
在家為孝子直達之而天下平逆達用之而七尺嶔崎可以愧後
來之無止每慨古道日遠兮朝為不淑曰聊且爾爾暮為不臧
曰吾不得已嗟乎乾坤不毁此身畢竟何所似武夷自古奇山
水行去嵓嶢漸自喜太史名高日月邊常有英風照倫紀

言詩一首贈年伯許欽哉

把臂欽哉秋水隈新来題詠點蒼苔紫壚醽遠追古風東城厚
氣未全灰似此往哲猶落落毛鄭詩人安在哉憶昔詩亡屈騷
出七澤三湘聲崒嵂林高日莫波盡揚支嶠駕辨徒勞攘愚公
走筆小儒驚笑惣旗亭妙妓醒黄鶴楼高尚可攀鳳凰臺畔足
嶒嶸氣蒸雲夢鱷魚泣迢迢千里詩思入六朝金粉幾銷沉生

面重開見新什好驅筆陣賦長楊貽我縹緗資采輯

冠警呈史道鄭中丞

經生聚米作山谷燕京為首九邊背山東山西為之眉河北河
南兩臂滙吳楚閩廣蟠其腹咽喉一綫淮揚獨轉餉由江而入
淮揚亢要地中區隩竹西競說稚能文船頭簫鼓晚來曛闢草
夆花偕伴侶筵篿何處問靈氣豈無雞群自命舉者止落拓不
堪把柬修厥躬矜士容立意雖多適用寡帝城佳氣鬱豪雄緯
武經文資鉅公竭蹶行間忠且瘁上馬殺賊來英風冠氛所在
恣焚掠强有力者不敢攖太平有簿启氏安城上軍容滋赫焯
除兇斬諜心膽寒露布草就整雕鞍橫槊賦詩辭嬖績志存匡
濟薄榮觀顧予擁策字為煮請纓擊楫時磊磊維桑底定賴明
公得整来秋小壁壘

讀李映碧亇蘿誌

西子浣沙眉獨顰扁舟心事向誰論刻畫無鹽應不少捧心今
始為君溫譬如絕艷倚雲開年年獨立天之涯憶君如在銀河
抄不數金羈薄倖才只今雲隱山陰路鄭旦顧為文種婦夫差
不智越少恩千古風流竟誰負

艷思

絕代佳人結芳帨斜搴翠被車聲轝春明到處胭脂綴大邦風
氣一時麗尹始自古名家裔後来飄泊倚蘿荔日暮天寒久延

睇燈檠竹徑溪溪閉昨夕詔下雲如羅錦疊霞明委素波種花
只種連理柯鵲橋何處隔銀河君不見樓頭漏永人聲悄月似
東方曾皎皎椒黃蕙碧香漚小影扶拂桑溪院曉

送別徐海樹州牧

君不見齊魯自古多尊宿奔驪泗上秋沙蹴大文經天武緯之
岐陽獵碣班班讀我侯弱冠擒彩毫星宿倒移天海高奮臂群
雄奪其幟修榕孑孑鳴金鼙掄珂下里凋殘起皇荂噓噢絳棃
齒縱觀美蹟非一端太史占天整筆珥只今葛君真名士書比儔
身隨口誌珠光出現燈光寒偏似春蠶喜桑字快哉木天清要
諫銓儔應詔京華百尺樓予將問字長安鞭紮騮

壽季繩武八十寓安豐作

君不見東淘絕學紹周鄒泗代生至人輯其緒吾翁八十龐兩
眉白間時見黑髭鬚憶昔儒林重經義文章德業常相悖吾翁
弱冠歌采蘩鏦鏦鏗鏗金鐵間晚來一洗丹黃氣天高籟靜道
容睟柬修厥躬名教師離奇得我楷模之爾子文壇開壁壘孫
枝秀茁真梗梓間操舟揖觀海上曈曈曉日來扶桑勸君且酌
杯中酒生侍安車下未央

送徐介石中翰遊京師

猗嗟先資而拜獻固各存乎其人哉潤色皇猷在所急賴承明
之多茂才吾子羅浮俠丈夫灝氣亭俯儔侶一旦挾策遊京亭

師短裋行吟何足語衣冠盛麗甲都門贈言吾子書袺襘彤庭
委珮籍嘉謨斗大黄金懸羽葢英雄野處世咸忽登諸高軒冢（衆）
始駭君不見三秀堂成歸故里把杯依依語勞苦清歌妙舞為
君起

贈季歷所

范公堤築吳陵東海氣層層複道虹况有長松聲謖謖金華鋪
滿桂枝叢憶昔星聚賢人里懸弧射雉恥雷同堂上詩書康且
樂春秋六十顔猶童祭酒騷壇執其耳瀾翻幸借杯中紅莫謂
龐眉無善狀迤邐東望有喬松

紫騮馬 庚辰家大人買馬待予北征賦此

紫騮馬房宿英迸而飛龍晝鳴公孫大娘學仙去匣中留下三
尺水腰下横懸星正芒蹙鐙長驅來帝里不似他家貴遊郎揚
鞭大堤踏柔桑

草橋 京師右安門外南十里地多泉宜花居人以賣花為業花擔每晨鱗集其養花法窖藏火蘊每能先時十月中牡丹已進御矣

轆轤晝轉漂琴聲花神夜洗卿雲英奇葩發盡乾坤忌誰信人
巧鬼工爭明媚春光不待舒寒階一夕燦仙莖此花不比墻頭
蔓送與天家仙掌擎不信試看瓊圃積朝參花擔草橋盈為語
貴郎休惜買花錢花入天家獨自榮

文丞相祠 祠在順天府儒學即柴市也

黒雲泱泱中區蔽乾坤正氣誰為寄海波騰沸縱天心讀書匡
坐懷忠義雜施刀鋸何足恨最恨僉壬居高位至元壬午正窮
冬風沙慘凛雲蒙蒙柬燭宫中星晝見贈公光禄廬陵公設壇
初奠旋風作木主捲去雷轟惡生前封爵誰敢更字羅疾走驅
車簿

毛公授詩處

祖龍一炬諸經殘斗牛光暗坑灰寒漢崇儒術購經出三分鼎
足齊魯韓申公授詁韋王繼轅固崛出匡壁蟠嬰傳萬言語頗
殊咄咄毛公天外鑾河間獻王儒術篤曼卿敬仲篝燈讀馬融
鄭衆賈逵興發自康成翻古牘當年左國枕荒丘孟子儀禮散
悠悠鴟鴞獨與金縢合北山蒸民亞聖留柳有清人與頑人黄
鳥皇矣滋窈冥先生釋義宗左氏昊天成命燦繁星他若由庚
諸逸冊翩翩上質十三經我常為此移形素耕趑荆榛尋孔路
十年寢處尚茫然僅僅分明興比賦何處嫏嬛遇往賢手披口
吟去宿露（露）

亞夫細柳營

雲中甘泉傳曉柝飛狐句住黄雲惡棘門灞上儼呷呷北地細
柳相犄角勞軍馳入天子恩下車送迎將軍約何事營門小都
尉彀弓彀甲前驅却持節詔將壁門開按轡徐行竟諾諾介胄
不拜群臣驚改容式車是非昨今日方知將令尊當年但見群

兒詎吳楚煽亂衰盎入滎陽六陣多奇略大戢取箸何足嫌怏
怏懷疑故芟落誅鼂廢薄殺臨江刻深素號天懷薄文景刑措
有同稱代邱音徽不可作

董子下帷處

漢家法度承秦敝紛綸王霸相和劑户挾申韓一筒書縱橫意
計蘇張裔賢良極諫曾三詔建元新政尤難儷廣川董子來闕
廷三策三對聳帝聽嶽嶽隆稱儒者述（術）龐古予稱寡任形天人
應變不可誣不信試看鷃與螟我今來此下帷處荊榛遍地久
延佇攤書苦吟園不闚自古鴻儒寄草墅公孫布被取平津春
秋皮裏何足倫丞相封侯貴云極罔料驕蓄古訓伸邇來士子
多澆薄數行綴字天衣綽化盈三户色揚揚書傳百襆珠絲落
願得蹇帷曠莽地選時更化宏天略

蘆溝夜月

禹州九道浩茲茲金光迴薄化無方兔宮桂影竄水域聊冥經
緯洪覆長嶽修贅兮山阜珍黃龍究究色紛紜天池朝涌梨花
浪晚泊桑乾歊碧雲循河此去長安近聞雞夜起驅車奮轆轤
腰下曙光寒狻猊驌視如相問

于忠甫公祠 明臣廟食於京公一人而已

君不見沿邊烽火晚來急蕭森劍戟城陴立縱橫遊騎獵前村
搖手悄坐毋相及朔方鼙鼓震神京狼山北狩鉦亂鳴郕王監
國國疑熄瓜擊毛王衆怒平神機選練軍威壯黠（黯）哉喜寧恣跳
宕鐵馬千群擁上皇設伏用間知情狀上皇土木營甫移轟地
砲聲驚月氏郭登威名懾中外遣使還轅前執綏吁嗟乎石亨
奪門貪天功不殺何名理亦訌袍帶之外無長物群罔頸縮識
公忠又不見明臣廟食曾幾人生為明聖沒明神威孤未靖天
狼毒仗鉞誰為公後身

長安道上

男兒不到封侯莫向長安道上行長安道上輪蹄踏去太（減）分明
煌煌第宅坐公卿煢煢白日守儒生我來話故及門楹三喚門
吏三不迎君不見高旃大纛車如水翠蓋搖搖華屋裏

城西金山口北八里黑龍潭又北二里一丘一碑碑曰天
下大師之墓或曰建文歸葬此也徐仲昭景物略云當
為真

阪田一望黍油油尺許小潭龍夜愁漫說緇流藏蛻骨又云故
主枕荒丘龐眉埜老攜筐至欲詢還疑且復休瞿曇枯坐忘名
字馬鬣魚燈今尚留

城南二十里為南海子西北隅歲清明日蟻億萬疊而成
丘傳自遼伐金全軍覆沒游魂無歸故化為沙蟲感於
節序

流沙極目玄雲落排雲結陣塵氛惡闃闃金鼓晚來殷甲士千

群陷深壑闘山寥闊忘古路一縷游䰟逐風鶴迨今節序幾更
移得氣聚附如悲昨吁嗟乎有覥者人倏忽尋崖而為蟻感時
者蟻能蹶然糲俱而為人乎

愍忠寺 景物略曰唐太宗征高麗還至營州詔戰亡士卒集骸葬柳城自為文祭之抵幽州復作佛事以資冥福

我愛唐太宗年少推英分讀書曉大義矢口多餘蘊當年高麗
阻風聲六龍伏鉞檛金鉦何事營州須尺詔戰亡將士最關情
柳城纍纍枯骸集愍忠臺寺幽州立游䰟渺渺尚蒙恩十八羽
林齊感泣

天雄道中

君不見滈化旱蝗慘無極自焚譴答重冥格天慶轔轔玉輦聲
緣衣年少秋風客當年奏事喜越次引衣復生狂期擇契丹銕
騎突澶州行間一夕邊書曾五擲金陵成都築舍紛氣斬王陳
綏帝祐登彼城南蹕為駐過河扼吭紆龍策摇摇御蓋北樓邊
萬歲聲諠荒鳥驛稱臣獻地葵藿心求盟自彼天朝赫軍中謡
博若無事胡為矜功目送青蠅迹中書重望出天雄霍光不學
良朋惜契丹有便國無人雖云謹司鎖鑰需攸馘吁嗟乎益子
州良箴不自移門生上策徒然畫未能懷政竟如何滿朝獨有
子明知子鬚如戟相州道州復雷州文靖斥謂不為宦錦囊貯
斂奚足驚最歎苦筐調嘯新抽碧

戴聖叙山人從南中來出詩冊相示不日偕梁公狄出都

賦短章以當贈遠

長安馬首狎征塵龐眉書客炊勞薪問囊斂來何事一生高君
寄托秋旻世無顏髑遊非古論交嚴合棄如土王侯貴客天帝
尊曳裾華屋潛窺户我來到此頻掩關笠車雜遝破苔斑最喜
聖叙澹以永不以絲麻忘㪚菅鬱金美酒數千斛滿載圖書雲
錦簇緗擁君山猗頓貧數聲朗咏松風謖

錢塘施母節而苦者也余友何軿亦述之甚詳詩以誌之

君不見竹籬草店寒高集盈盈一女房中泣手拈鍼縷膝間兒
寒衣夜剪吳刀澀晨雞亂叫客子去貿布供饘色嗚咽兩髦何
事苦相離禦冬衣絮道旁遺皸瘃不惜貧斯病之死靡他志不
移十年爨下不再炊幾載飛蓬只自知力董成童事薪水囊時
先業蒸蒸起篝燈飯黍不憚勞義方古訓型而子只今堂構得
重新延師西塾課諸孫高曾規萬允無替更喜循賴陔弟鼻

番斂

冽風號嘯冰稜寒蛟皮瘦澀團金錢六月霜飛著羅幕曾入南
山殲黑豜只今海宇非無事安能鬱鬱久居此衛青老去子卿
歸白虹紫電憑誰試

觱篥

馬鳴風蕭蕭黄金塞上驕將軍夜坐擁金貂觱篥一聲塵四起

寳劍玉靶寒齒茵流沙此去震威名前軍一月凡三徙

讀素園申先生盡節紀略有述

陣雲壓城相崩摧鼓沉礮隱泼漏遲天女殘妝散春院祲氛犯日紅參差先生捧節出京邑聞警赴闕單騎入抽筆作書聲動天此來不死後何及王公廠畔井泉清素綆銀牀相對明懷沙別母氣悲壯古來忠孝原相成挽衣嗚咽何為者廝養碧血猶知灑衰鬢生就意從容何人伏謁遺宫下

北海孫先生為言拔賊始末賴一女子夫古飛仙劍術以女子流傳人世不少槩見以若所聞其情事委曲始乎俠烈終於誼分太史公叙外戚世家曰豈非命也哉若兹者庶可與言命矣既慕其為人惜莫知其所往乃感而為之詩

祲星挾日宫門開珠簾廣陌飛黄埃猙獰立馬前對值相逢械繫何誼彪黄門宿望紳縷重恥道荒朝取侍從群兇廹脅幾時休院裏嬌娘啼笑共蠟光紅繞夜星空花牀莫擣秦宫守狡童挾彈平明入韋衣挽帶較匆匆金鋪屈膝誰家女雌雄雙飛績翎羽那堪朝士赭衣單雞栖似說重門苦繡房推食腰肢寬良人暼（暼）見易為歡刑辱不加名自泰漁陽鞞鼓摧心肝風銷雨散倥偬去傳與嬌娃留且住卻憶汙泥一片心好惡相從不相誤

喜甘雨應祈即席頌蔡中丞

長淮之水桐柏來舟車輻輳飛黄埃闤闠百萬雲烟合嗷嗷仰給天衢開中宵軫念維民瘼何來旱魃恣焚虐甘霖靳澤麥為枯四顧蕭騷慘不樂立壇齋禱非虛文齋宫駐驆思殷殷只今搒示求方術遂有勞山異人來淮濆夜宿龍興明且信一時雷霆章合如有神遂邇霑濡一犁足起看二麥何妨縟一路歌呼四座歡可知穀比豐年玉

賦得春水滿四澤 課題

魏公捧天天欲平三岐秀麥三春生稻花決溜垂垂實中和節近青囊聲數載農郊苦旱暵商羊罷舞付焦爛何時甘雨頌隨車桔槔抱甕天機半春來無處不花開楝風未到梅風催烟抹曉山青欲滴浪翻平隴翠還來城隅溝洫小船入杏雨桃門壓紅濕荷鋤何處信天翁灌園自製新蓑笠

賦得長安馬首看花時

春明三月花光好花飛綺陌知春早春旗簇仗與花齊珠簾畫捲長安道寳馬驕嘶蹀躞遲苍容人面相參差看入花街花欲笑花身偏稱賞花時東塗西抹誰家子溫飽花群安足擬還將乞相笑花神玉勒絲鞭踏紅紫

寄題毛氏書樓

絳雲付刼灰巋然毛宅樓樓高可數楹中與古人遊籤帙既以殊軸帶何綢繆疊窗復充棟金題玉躞東西頭中郎不作石經

裂楊雄槧閣身先投鬆器誰尋庫露真兗園一 冊輕同儔若翁
擁書萬卷過百城典與陰陶恣蒐求錦贉打厭錦紋鮮牛腰箇
汗真汗牛君今游思竹素紹西堂縱橫七略丘山倖莫道傳經
心事違遮莫嫏嬛委宛肆力裒較書不較石渠書願作雲山千
日留予家有酒勝中山與君對飲忘春秋口 吟手自披搴舟彼
中流五車 瀏覽意未厭惠我經笥史乘消離憂

孫悔庵格魚詩

寒冰凜冽寒風吹仁母哀殘垂纏帷豈為臨淵足深羨澤堅鑿
溉釜釣絲孝子誠感纖以泣馮夷天神對嗚咽一 杯封薦水仙
王突黔鯉躍何殊色舊史但傳王太保爨下河千較枯槁官鮓
封還陶母賢神物池中盈月臘雷雨無聲返顧頻桃花浪暖千
年春世有張華能博物題詩竹下舊漁巾

讀趙孝子傳有述

銅鞮山下漳河水簪紳累葉矜天士棹楔崇臺誰氏 居耋儒咸
稱孝子里憶昔冠氛所在恣猖武鄉闌入無常强男兒方欲
為國請長纓忍看生我死沙場持刀直入悲風起項下記識銅
牌是單身殺賊心 膽豪孝子死為真不死但恨親死子猶生孰
殺親仇必親子親仇已得親不死死賊方知應有此藉手報親
還報君只今蘋藻垂薌祀羨君靈爽永不磨變化 神明照青史

送趙乾符守同州兼柬平符同年

吾榜爭傳趙五經陳情不仕惜娉娉金友吏治尤卓犖一門賢
達輝天庭鳴騶海國承親志才藻翩翩盈腹笥有時賦奏如洪
鐘都人傳說聲造次一官八載拙推遷階下植桃年復年暫借
長才署江縣劇繁裁割驚龍泉守經如矢甘幅吏一奇在抱胡
憔悴馮翊 遥連太液波五馬竭来足高致方今出處難復難一
處一出如風瀾願君從此一日九遷攝高位我偕伯子安卧林
麓資遊盤

揚州早雁

烟花三月揚州好語燕啼鶯春去老竹西歌吹雜鳴笳數聲嘹
嚦斜陽道漢南湘北聞不聞影落邗江胡太早銜寒破曉最關
情戍婦征人總暗驚況是二分明地搗衣催送翦刀聲舞鸞栖
鳳何人者手揮五絃綺窗下愁對嗷嗷待哺群遍作陽光垂四野

伯申至自吳詩以述懷兼柬易州

壯年情事託京國麥秀行吟 人漸識板門小巷近王郎王郎大
官耐官職為言留守輿櫬來蒼梧閭里喜譚樂道世所無虞山
故老歎還泣到此方知道不孤昨年陳子來吳陵酒後耳熱歌
烏烏問君近況道君意渴欲與君痛飲千鍾 倒百壺今夕何夕
君且來貽我家刻數卷如編珠長公粵紀氣悲壯經歷險遠神
愈旺更讀冀缺田間倡和詞舉目河山情轉愴竭来蕭寺誰與
居北平路子播遷餘我聞路子虛中祿命稱奇絕違時高卧甘

茅廬海内豪雄屈指盡老成凋謝求英俊與爾繙書醉望湖山
雲笑將面目端詳認

禊集春雨草堂雪龕州牧又成長歌再和

每怪古人好飲酒歲月銷磨十八九一從解帶憩山阿劉伶數
子真吾友花朝轉盻三月三桃花水映朱顔酣便欲采花臨水
濱美人香艸關宜男折柬招呼及佳日山童貫酒過山脊或坐
松間戳落英或行竹下登奇石樓臺榭閣聊参互携茵踏地非
一處蝶迷暖日蜂鬧衙燕掠晴波鶯喚樹花送鼓催席半張櫂
歌柔膩惱人腸櫂郎刺船隨所之群賢少長恣清狂中流擊楫
還起舞名花過眼成今古花開花謝正花辰燈火前村月半吐

聽公則聾蟲之軼倫絶群（也即聽馬）而聾僮乎哉且其啞啞默

置類有道者為詩御贈

君不學槧人章句思紛揉貴耳尚口聲啾啾又不學鳴鼉吹笳
於戰鬭疆邊嚄唶窮昏晝設纊（何）闟抱蜀心低頭首肯恰沉吟何
三緘不用師三復笑彼逢場歌共哭暮角晨更百徧過六經糟
粕何須多滛哇中聲且默置洪鐘叩擊奈君何人誰無耳聽不
得欲買名山深自匿人誰無口説不通悲憤我欲呼天公羡君
形語進君酒相知不用頻揮手古往今來如君更幾人人盡如
君吾樂友

吴門晤趙元康索書戊戌壽家大人八十詩而是年為𤆍

琢年伯七十

憶昔髫年夏鎮遊省親官閣覲前修爾時文物真全盛孔李追
隨百尺樓海波清淺揚州路江北江南隔雲樹共羡西清作賦
才童子何知亦齒遇（昌兒同官西清）作别承明又幾年吴楚懷人好夢
縣一峰海涌還家麗晨星落落情誰寄七十初當授杖時佇看
萊綵著金緋我心依戀何能違更寫磻谿祝少微

奉懷巖學戴先生

髫年負笈趨官閣琅玕四壁輝花蕚獻賦長楊京國遊追隨世
講顔如昨燕鴻来去不知年襆被金臺意可憐相逢令子情逾
密酒盞詩筒别夢牵轉眼壎篪並高第手板腰紳稱世濟元方
歇歷舊詞臣次公旌節臨吾地板輿八座大司農南遊朝士瞻
人宗米船書畫饒風韻篔簹掉臂欺文同我有子猷高興在剡
曲扁舟思訪戴佇看風雪滿衣裘長嘯共君發清籟

戊申湯月和顔維遠見懷之作

有客有客秀而野論交道合不纖假盛年作賦聲摩空亂後心
情託尊罍屈指名流已半非何人奏對離宫下白眼看他賴此
君頌説先民望来者曲江言燕鬢未衰呼朋細和曲江詩詩成
篋笥無人問閒敲詩竹付紅兒世事茲茲那可道説與天公天
亦疑與子泥醉小山畔烟雲過眼看推移

愚公一篋藏三十年還之如新詩以紀之

昔年年少秋風容慧業名門何藉藉賢書曉上國門懸麥光紙貴聲騰擲伏櫪齒遇瞠予後長鳴抱槧咨昏畫流覽濡染不停批至今妙句難釋手爾時鄉里小兒解追趨望風伺顏調不孤一朝覆翻天霮黮高流晦迹形踪殊似爾摩空亦易與所嗟轉盻眥塵土何處蟲沙瑣屑人公然後倨前賢侮吾徒抱膝非椎魯遺榮卻聘有所取尚且恂謙進後生恥效庸流車上舞君自龍蛇無處鼠試將史冊從頭數不信但看艸堂翁偏寫新詩慰愁苦

己酉修禊春雨艸堂與者許年伯漱石劉鐘洛孫天士儲耀遠蕭閣有徐望侯丁漢公王凡馬吳式五共吳姫十人兒輩六人孫四人人各有詩余率成此篇記姓名年月時事

癸卯修禊春雨堂田侯劉相迎將甲辰修禊還相續田方去侯國劉翹裝癸卯詩卷牛腰重甲辰寥落猶堪誦一自驅狼使牧羊駏邛相倚成驕縱紅男丁女愁歎積正士杜門感蕭槭大寒陽春相乘除碩果於今方甲拆招集當年舊酒徒劉公特達孫儲俱燕許雄文吾父執蕭郎彩筆動三吳南州高義同資敬丁王夙契延陵並共看湖上女盈盈曲度哀詞翻小令（是日謳者譜令招所製春雨艸堂新曲）我輩止知文字飲飲罷詩成字千錦願君年年歲歲修禊來吾堂茂林盤礴清流枕

癸丑七夕接李其礎世兄書甫數日其拔世兄攜公郎用贊過訪見王望如使君詩箋和此為別並寄望如

函丈當年親咫尺弄潢戈沸車南指自從拂袖到家山翹首海天踈杖履哲人梁木不勝悲欣聞軾轍過彭蠡叔子寄書京國來季子訪舊成遊紀把臂縱飲月華初笑我荒唐夢語頻燕市亦有金門不耐遊亦有金鑾不隨侍卻喜使君好德厚且真抒寫相思代名紙

春雨草堂集卷四目次

五言律詩

春雨艸堂集卷四

海陵宫偉鏐紫陽著　男夢仁定山重訂

五言律詩

入都和壁間舒魯直李舒章詠塵

非霧亦非烟，離迷阻遠天。馬蹄行處起，腰帶縫中穿。白日 何曾見，清流屢欲濺。韓生應未識，肉眼勿周旋。

懷錢彥林年伯

白露長空接，搜奇到鶴湖。雄文高八代，邁節竚中區。軒冕晴雲意，風林曉夢俱。詔書懷陸贄，幽興未宜迂。朱子貧而學，何如畫錦堂。簪纓輝累葉，文采盛青緗。顧況無終遯，妻機有獨昂。世家風範遠，月影照流黃。處士虛聲竊，知音良獨難。盛名高斗極，大義滿人寰。致遠隆中事，交奇圯上顏。何年一樽酒，平野靜風湍。

讀李二何師與劉念臺先生質疑十則

哲人高世出，列宿羅心胸。大義無終隱，微言豈獨封。水窮雲自起，山靜月初溶。讀罷晨雞唱，清聲聞夜鐘。諏生矜博物，至理眼前疑。岐失西東路，胷迷白黑絲。談心須世用，濟變賴朋知。期道推先覺，景行良在茲。

同年沈臨秋述母夫人苦節肅然起敬

何處女貞樹，人傳宋氏姝。窺書懷鳳侶，搦管習鴉雛。花鏡恣塵

積洞簫嫌引孤片函足青史大義允能扶
矯矯何黄鵠恩勤思獨長歲寒摧艸木風雨變琳琅札札機聲
促簫、簞影涼義方良可作孟母詢難量

送宗開先同年使瀛海

子相文章富詩壇累葉留著書獻天闕拓筆見林丘殊域方占
鳳吾徒賴執牛遄歸應有意青鎖幾人儔

憶李其任二公子何師

玉皇香案吏謫落鳳凰山名重高陽里人來函谷關世情變海
曙古道動秋顔卻恨騎鯨去仙郎夢不還
海濱鄒魯地庭訓昔曾過客與招鸞鳳斑襴宿蚪蟉軒高無浪
迹桂下有玄案相慕誰相識慇懃託浩歌

甲申初入白門

眷念長安道驅車謁舊京朝廷資艸創軍旅湧紛爭鬪恐怡堂
易官寧傳舍輕冶城遊止處匡坐待夷賡
南北江淮限長城託鉅公金甌和鼎實石鼓待車攻泥馬灘頭
楫霜鴻塞外風獨持辛苦意搔首問蒼穹
牛李爭魁柄汪黄負國誅豈真皮相外獨有玷磨餘文網清流
密官階瑣娅殊淵叢資冠敵身歷見潢汙
王謝中江楫邊隅將吏才違鄉全鳳德用世說龍媒赤伏千年
讖黄金百尺臺素書還可讀抱膝樂銜杯

喜陳涉江宋其武兩同年過訪春雨草堂

選逕平陵日過從白下來栽花逢貴客作賦憶高臺筆墨青山
計蓬萊畫閣開悲歌還早歲征雁莫相催
窓柳眉妝淺懷人到草堂中才偏涉乱此水可流觴城角驚新
調花衣戀舊裳暫將詩畫理驅染最端詳

王螺山同年攜兩公郎武徵大名過訪

松柏歲寒色相逢喜未凋署齋訓獨鶴雲路薦雙雕鄭重排空
翼離奇拔俗標德心今夜聚挾藻似承蜩
世用心還劇生兒有仲謀雄才堪獨往時貴豈宜儔暫合兩家
契因為十日留篝燈聽夜課聊以散殷憂

雨泊黄華驛肩輿過旭閣道遇階六無何子震亦至

長淮風雨夜之子意如何鴈帛頻年宿漁歌屬晚多愁心看皓
首壯志付青莎悵望桃園路方袍策杖過

喜從梁仲木座中晤羅吉甫劉橐之問公狄近況

勝友晨星散重來復幾人為予離索甚知子歎嗟頻縱飲支來
夜高歌憶去津唾壺堪共擊傭回莫言貧

同周農夫飲張穉恭同年出陳涉江串船圖見示

懷人千里月客夢廣陵偏攜手自今日驚心憶去年川原迷畫
格醉醒付詩箋我愛垂綸者荷衣守釣船
名山不可即以目涉其巔遠水籠殘照芳汀宿曉烟小紅時點

綴縟緑自芊緜莫負樽前語相期范蠡船

過孫新銘年伯喜晤孫坦夫姚心繩

金明方惜别銀渺漢愁予賓主德星聚河山霸業餘莫言千綆淚
尚憶數行書遲汝秋江上尊鱸問謫居

包稺修同年見過話舊

兩年如一日醉醒夢中過舊雨連牀密閒居體物多君歌猶白
雪吾意在青蘿拓隱誰當賦秋光奈若何

東稺恭

怪爾西京彥歡從南國盟川原遊子意雞黍古人情望眼虛紅
葉關心溯緣萍不堪霜鴈近秋水故盈盈

感事

領袖推英絶君名世所欽此生何足戀不死詎無心稱頌詞偏
陋閒關情最深寧當一網盡念子涕沾襟

題半船圖

江楓紅似酒君子澹於蓮選夢懷三徑為官拙九遷片雲高鳥
過孤樹舊柯眠何處長年者招予洞口船

握手含香署相看驄馬遊畫由情性得詩以亂離留有意尋幽
壑無心問御溝數椽烟樹外高卧足丹丘

過水月庵次韻

小橋流水次物外紀幽清避俗離塵世探奇近化城送懷惟月
夜對語恰鐘聲貝葉繙經盡吾徒可供明

桃園竟何適是處有孤清去鎮曾豺窟歸僧託鳳城舉頭金粟
相側耳木魚聲高士無恒趣閒茗蘸雨明

山光貽遠翠禽語餉淒清彼岸常宜樹予心原在城簾穿新月
色風引暮蛩聲為愛橋西路平鋪水鏡明

何處堪佳憩相傳此地清阜觀滄海日隈倚鳳凰城壓市胡多
態楸枰無數聲愚公應有谷靈景晚能明

同紀伯紫飲吳園次梅屋遲月即席限韻

千山萬山碧明月何處尋書卷歲寒意琴樽客子心早霜恣落
葉深語上清砧愛爾梅居静安吟思不禁

擒藻天庭士相看梅子青酒鑪如欲笑詩理便堪聽入生娟娟
月當檐點點星悲歌成晚歲淚雨不禁零

江鴈一聲落秋風到綺疏緊惟予更甚摻執子之袪蠟燭燒殘
夜高文戀舊居十年書劒意今夕定何如

杜退思自號蜕斯出吳駿公前輩詩見示依韻屬和

鄉思絮暮蟲高寄託松風好事題歸鴈新篇署懶翁池塘春艸
綠谷口足音空吳楚才名合夷吾屬此公

清引美秋蟲離城屬遠風草亭名士氣楓樹老人翁紫閣情猶
密青山眼不空始知千載上少伯即陶公

張介子招同梁仲木公狄杜于皇蒼略何寤明李小有社

集聞鴈分韻得遊字

叢桂小山靜高空塞鴈遊有懷成歲晚無計付書郵此鳥于飛
苦誰家獨處愁數聲天外落客夢到江舟
離群悵不極江月一聲秋吾子篝燈話孤鴻旅夜遊序時禽鳥
得詩賦雅人留為有良朋在心期差可酬
張子吟梁日雄心圯上儔好朋如意得征鴈幾時休破月聞哀
叫連雲叙舊遊關山何處是詩思落滄州

題趙友沂孝廉船和紀伯紫韻

誰說孟娵盡同官訝隴廉詩懷爾不惡酒政况能嚴如好友心
如結新人織用縑濟時應有賴丹未湏潛

丹下疑落壑字

獨許才名盛金羈割錦韉彩雲多出岫之子樂謀篇花鳥陰晴
態文章小大絃更憐湘艸碧把臂又今年

阻兵八寶借宿李氏園亭

曉纜依沙立空亭拂霧開曲池今雨過高樹午風回戲藻遊魚
躍穿花小燕偎月明湖水白疑是夜珠來
長堤湖水闊客入艸堂幽檻外俛迂樹窗前范蠡舟晴鳩啼雨
濕海燕掠沙秋落日安平道渾忘汗漫遊

黼臣索題竹溪艸堂

野艇千竿蔭筠心一檻開新篁侵几硯綠水到樽罍有徑堪存
菊當春或訊梅琅玕誰與飼羡爾拂雲才
竹林詎足匹卜築在谿頭露井銀牀冷風櫓竹枓幽兼疑菱荇
影或訝鳳凰遊愛爾陵雲彥花潭倚釣鉤

王山史嘯月樓山史秦人

無衣誰與賦同澤念王郎海內風塵隔樓頭明月光關門蹲虎
豹簫管咽鸞凰梁父予能和悲歌向夜央
四方多難日長嘯易為秋明月時方黯相思何處樓雄心資劒
佩壯志託驊騮肥遯非君意蘇門莫浪儔

春夜集階六寓樓同萬道人分韻得青支

樓望情何極南山靄翠屏開樽風雨夜握手短長亭世事憑歌
泣生涯付醉醒小窗梅蕊綻燈火半春星
小徑梅花放春心晚自支相看香草暮悵望美人遲閣夜挑燈
話山朝抱膝居渡頭來往近甚勿怨參池

響山詩為杓司賦

何處響山屋相期卧隱過大都車馬少應為竹松多淅瀝疑遙
瑟噌吰答浩歌五更鼉漏永起舞一婆娑
軸邁君暫適空谷叶竽笙昧旦方殊色雞鳴非惡聲清音資短
杖好夢寄孤槃何日披襟坐春風掃葉落

題蕭尺木畫春江送客圖

小艇君何適將為蹈海行草橋新月上山店曉燈明悵望榜人
意蕭騷良友盟片帆春水足詩思落江城

晚沙群放舸小立動餘情海内風塵滿江間春水生雄心聊筐
斂妙句付書槳回首漁陽路長歌氣未平

李太虛前輩見示吳駿公太史八首有和

風雨三山路春潮萬里天尚餘浮海客同上泛湖船去國哀王
粲寧家失計然湧勞捛大隱垂釣自年年
紅香騎馬客青海狎鷗翁冠履矜天步文章屬鉅公雅歌聞庾
亮極論羡王通回首長安月蕭騷驛路中
避地稱嘉客蟠天頌大文行藏看橘叟心事付桐君海氣晴朝
日江聲咽暮雲即今來灞上驚識故將軍
彭蠡聞歸鴈登臨重自哀塞塵初蔽日江勢欲轟雷鐵騎何當
至扁舟試一來獨憐春草碧攜手望吹臺
關山千里月知己數行書永夜看台斗平明問謫居金微方換
馬石鼓誤攻車翹首南陽道乾坤一草廬
欲將書劍客萬里感譚兵塞外聞殊鬬花間有雋聲畫船隨水
法 供藍輿傍山行烟雨迷樓望春風半洛城
供奉才無敵中原未有人南歸詩滿竹北望涕沾巾得士時稱
富無家莫怨貧行行多好句歲晚足盤辛
白鹿藏書洞仙人自有家卻疑泉似布應棗如瓜黍熟夢還未
詩成世共誇雲亭何所誒問字待侯芭憶

唐祖命屬題萬道人畫冊

長江風雨夜驛路養花天香草琴樽案美人書畫船我懷應孔
丞君意或同然何日來官閣高歌話昔年
猶憐壯士意四海一寧家白社尚存菊青門幸有瓜酒因知己
熟詩與雅人誇賴上多真蹟春江夢筆花

湧興

昔日摩絲客今成白髮翁致詞憑鳳鳥采佩任公詩狙愚無端
引漁航有路通卻看樽酒約千里暮雲中
荊棘滿周道邊陲苦用兵酒籌聞鴈陣詩律答蛩聲西閣君子
密春潮我獨行莫將書劍意空負洛陽城

百史留宿松亭

長松高百尺西閣愜幽居拜石或稱丈臨流非羨魚論文炊脫
粟對客出奇書位置青冥上風波迹事疎
華屋風塵外亭高淡世諠擁書時下榻見士一開門石氣全關
性冰心卻共言百老好飲冰勸予予弗堪也端居何所念綺里色常存
仍將調鼎意早歲勵松筠謖謖因風下泠泠一水濱小山招隱
足高閣夢雲真飛節陵霜漢絲蘿善所親

王敬哉同年過訪不值貽詩和答

長安裘馬窟蕭瑟類巖居異地懸明月同人足祕書高軒游止
處歸騎晏閒餘黃閣君當直時還共摘蔬

又和敬哉見惠韻

十載離京洛題詩但艸堂名花初上綠皓月正流黄舊雨良朋
約晩春何處觴碩人高致在邁軸待迴翔
紫閣擁書日開樽憶艸堂采山波自白懷友歲初黄春雨更何
事晩晴堪一觴鴻冥不可弋魏闕任翺翔
敬哉見示秋懷二十首屬和
木末商飈至寒池漾碧苔似從霞表立疑向月中来閱歷全闕
性馳驅始見才一生花侶足何處晩風摧
貴客方干祿羇人祇自憐浮沈嗟獨木慷慨付繁絃露重芙蓉
氣風清橘柚烟京華勞稅駕閣夢曲江邊
三山風雨過月影江一帆孤魏闕情深否瀛洲夢斷無浮槎清
興杳兀生世情殊騁望時逾邁秋聲徧荻蘆
吾生應有為中道歎蒼茫落日愁偏迥晨風怨未忘橘中就亦
好花底引杯長卻羡天孫意殷勤寄繡裳
野岸殘陽下紅香曉夢中長眠銷夏日痛飲餞秋風草閣巢歸
鳥清霄送暮鴻蕭騷何所似小立悟參同
長歌誰與共縱飲亦徒(吾)白雁来青塞紅鸞去碧梧逢人疑是夢
避世未全迂千古堪懷處登臨祇自吁吾
憶昔承明日秋光上苑時多君趋禁闥錯夢江籬到去國乖前
度来遊失後期相思誰可訴欹枕客烟移
握手春明夜秋風屬晩多侍臣猶帶劍逋客自衣荷蟋蟀喧黄
葉芙蓉蕩白波鄉關雲樹共隔浦老漁簑
深源何必出咄咄但書空廢苑經殘照蕭齋怨谷風有時看倒
影無自泣遺弓卻笑貌貅侶開疆論首功
春花何宛宛秋實又垂垂燕宿情難定鴻蜚弋未遲錦堂朝采
過畫舫(晩)汀移漫擬山中路匡居惜羽儀
調鼎何年業蹉跎未可憑青冥朝自勖白髮意還懵寂寞峒山
稚蕭條梵寺燈起看丹嶂外暮靄下枯藤
篤意中原事當年祇自誣三秋千日足一卷寸心孤遠涉資彈
斂晨趋候挈壺不堪春信促容夢落西湖
桂樹生方茂楓林葉未稀輕陰迷畫棟細雨點朝衣粉黛空妝
鏡絲綸屬釣磯蓬萊何處是西夕望晴暉
邇室人常遠愁来思實繁采花偏隔浦涉水自多痕斂合終難
隱書(成)只自翻衡門聊抱膝不復問寒暄成
開口取將相此外更何求岱嶽連雲碧瀟湘入望秋羇人空復
恨少婦自多愁別手河陽路妝成悔上楼
青雲依旭日白屋綴疏籬獻賦承恩日懷君入夢時安車馳道
肅大藥駐顔衰底事含香侶停杯勸竹枝
雙魚乖夙願黄雀暮秋寒擊楫何人似臨流强自寛聲名揮手
易難(歎)息折腰難好友松筠勵投詩秀可飡
白雁存交道黄花愧俗情美人宜畫閣濁酒寄狂生世亂心常

痒才難氣未平五湖風浪靜一舸謝浮名
隔窗雲霧裡偶坐最情深埜鳥依檐宿寒蟬抱葉吟悲歌前日
事去住此時心回首紅香遠西風澹客襟
跋涉情難定烟波爾（逺）未踈荷鉏逢野叟學釣問江漁夜案餘篇
卷春畦足菓蔬乘槎慚去就珍重昔年書

報國寺訪吳岱觀和諸子韻

高流鮮溷迹勝地愜幽棲黃石此當拜丹崕從可梯書傳榆塞
北人夢畫橋西卻怪緇塵客垂鞭信馬蹄
女蘿善自託桃李靜無言對客一懸榻攤書時閉門朔塵吹白
晝山月澹黃昏嘯傲風林下論交見弟昆
多才聞季重十載憶同遊慷慨存詩案殷勤畫釣舟寒松新月
上霜葉半吟秋攜手蒹葭彥高歌百尺樓
南越相思舊逢時恥效顰俱為行遠客同是夢人歸洛下情何
限壚頭酒不嗔夕陽迷古道松石自嶙峋

瀛海僧寮和卲晃仲早秋之作時壬辰七夕後一日也

大火流無極熹光懷苦心撫吟非在昔歷感自成今動挾風雲
氣清貽山水音塞鴻時一叫秋夢半平林
長風吹遠翮宿暑遂能新千里家山月三秋旅客身岸頭紅葉
碎江外白波瀕牛女何年度乘槎問遠津
夜漏亦何靜騷然水竹居懷人愁悵望執手一踟躕栗里誰家
釀蕭齋昔日書流螢窗外立漢影未為踈
簫聲誰與寄絺綌易為單落葉牆檐靜飛蟲歲月寬清歌澹往
事樽酒憶前歡良友時當過風林露未寒

為閻再彭題耆西草堂

榛苓何處是彼美咏方西花徑延余入草堂為爾題夕陽臨古
道爽氣愜幽棲勝友高吟足新詩擬竹雞（谿）
尹姞衣冠古懷歸或以西白雲隨鳥迹紅葉度花谿鄠杜彼都
社菊松何處畦相逢淮海客清嘯和天倪

禊日約漢公集諸同人春雨草堂與者雪龕明府公姪光
西公郎抱南同郡僅三仙裳枚臣吳趋無倪真州仲超
寓光孝玉田和尚暨兒輩至者八人余及兒輩既分韻
賦詩即席又成三首

元巳流觴日春情不自慵花光都借色草藉正添茸聽鳥全疑
籟為魚莫問蹤前郊何處客學語半吳儂
元巳流觴日山陰客幾逢輕紈籠薄袖寒具代朝饔酒暖還迷
蝶吟成正及蜂東山今日讌屐齒尚從容
幽尋無近遠散步趁高舂薄絮沾初服游絲覓舊縫蕩船憑小
史抱甕見山傭何處桃花好詩情半酒濃

禊日讌集劉雲麓使君選和二詩次韻

良牧欣佳會風期該許同坐臨谿水碧行過野橋紅結伴情逾

窗遥聞和益工曉看濛雨外花重裏湖東
細雨宜園沐双鳩報小晴客逢佳樹合杯泛埜航輕稚尚存丘
壑風情賴燕鶯草堂增好句明月更山城

甲辰上巳修禊春雨草堂劉雲麓楊恂庵田樹百余及昌
兜共五人劉首倡五七言各一率和

嘉客名園至開樽及上除乍成春服後輕散野航初白水存交
道青松只舊廬詩篇花底艷岸柳為君舒
春暮已三日輕寒今始除廉纖雨過後澹蕩月生初好客宜花
圃幽人戀敝廬稚吟陶謝似濡筆卷還舒

春雨艸堂集卷五目次

七言律詩

春雨艸堂集卷五
海陵宮偉鏐紫陽著　　男夢仁定山重訂
七言律詩
聞捷跨馬詣鴻臚寺
幾年細雨夜深時聽罷蛩吟有所思聖代求賢卿旦意名臣翼
運歲寒姿承明差可酬吾素奏賦將何答主 知獨有較書天祿
客勤思補浴立丹墀
早朝
秋風催曉入明光賦奏平臺喜未央三殿鑪烟飄䨴䨳九霄鈞
樂聽鏗鏘由来白壁終須售誰道青雲不可望為語同行好自
待繩樞今始覲君王
大對曉行
天街燈火爛晨星策馬長安攬轡經豈有高文榮聖世故勞清
問下彤庭宇南杼柚應難酮塞北旌旗苦未寧湯道江花頻入
夢好將儒伐勒燕銘
訓本房李二何師
十載篝燈夜未央欣逢顧盼入明光聲華籍甚旃檀氣碩麗騈
如優鉢香賴有奇蒐酬不聿敢忘特達負非常瀛洲位置遥相
似次第雖㗱问玉堂
賦得日月光華旦復旦　倪鴻寶先生部試
紫極祥烟繞六龍曾聞掞藻自天從雲成五色暉輪麗照普層
霄慶needs封府事登三歌晉繼苞符明兩繫離重小臣保泰勤思
補紉纓昌期喜再逢
孟冬頒曆
聖主當陽慶及時螭頭嘗莢早生姿羲和舊識吹葭意𦆅偉誰
千累黍期閶闔九天開景運車書萬國拜皇儀日 新帝德重暉
比旦旦卿雲歲若斯
瀛洲秋色
駸駸羽騎蕊珠宮帝里樓臺紫霜霧通名比蓬壺多景色地連天
闕闢鴻濛郷鑣喜遂丹霄志結珮應思白露叢最是鶴鳴清欲
徹玲瓏花影上簾櫳
赴瓊林宴
何處笙簫入畫圖𪌭班玉筍自天都宮花徧插枝枝秀御宴新
排色色殊豈有文章輝聖世也叨恩澤及吾徒銜杯莫訝歸来
暮遠勝山堂菽水無
訓總裁兩座師
黃扉大啟立岩廊綵絢宮袍色未央馬首昔年瞻慶𠷎龍門今
日貢縑緗才踈敢望非常待道合因知有異量自古名賢堪濟
世願加珍重護琮璜
長至雪　范質公先生部試

緹室吹葭午運長欣逢瑞雪點朝陽瓊飛六出蓂初葉素擁千尋緯正芒北極重雲高帝座南郊曙色發天光冰壺濯魄臣心在葵亦應持白玉堂

亭亭蓂莢早生枝瑞雪霏微滿絳墀色借玉珂傳曉仗光添銀海晃朝儀九天慶霄開新序萬樹琪瑤吐麗姿人在西堂時未晚歲寒期許素心知

賦得聖主得賢臣

風雲感會自多奇名世應符五百期天祚聖明開景運嶽生申甫贊良時鸞皇響叶青梧閣奎壁光摇白玉墀潟道王褒能作頌舉朝誰不羨師師

郁子衡同門見示雪獅子詩屬和

西清曙曉茁瓊芳何處銀猊立曉閶柳絮夜添鹽氣色梨花春點石麟裝稜稜玉節寒威布翦霜花汗血昂全力固知能搏翦象可無弧矢射天狼

寄海鹽令張亦五同門

山名金粟篆書空瀰浦風華蟹井通花騎晴熏騶從富琴心夜發莞絃工試看棠陰青谿外珍染雞香紫禁中我欲扁舟溪水上夷光時共理漁筒

白下吟將入瀨江別諸友

昔年王謝鬱金堂復道春深繞鳳皇嵐氣平分新黛積谿光迴合舊波涼雌蜺窈窕青山外仙鼠縱橫紫閣旁井幹流螢飛熠燿滄江愁緒意難忘

共道長安此舊京相逢傾蓋不勝情塵區賴爾為桃葯金奏應誰合鳳笙妝苑武人雙樹臬青樓庶女獨彈鳴箏東山絲竹登臨意蠟屐追從早自盟

華屋何時可曳裾龐眉客書客賦閒居擁衾終夜鳴螻蟈抱冪頻年走蠹魚天女機絲織夕紡帝臣箕尾立新畬雞籠草樹今猶綠野鶴橫霄儘自如

江城細柳立熊羆潟著紗籠喜下帷黃帝索珠勞象罔紅姬泣玉悵駡皮何當苜蓿歌天馬自分鸞鵠伴澤麋安得地圯橋書再授臨流對語到期頤

甲申白門送黃石齋先生謫禹陵

才華世古難傳直節嶙峋不可柔書富五車包遠略身經百出折重清流丹誠炳燿懸天闕玉簡蒼茫下沃洲潟道塗山多禹迹好將名字覆金甌

束髮攻詩性所歡獨昌古學早登壇起居密邇紅霄近奏對從容青海寒天路幾人心似鐵嶽遊曾見樹為檀只今夢卜需名世未許嚴津訪釣灘

喜李映碧都垣遷棘寺

弱冠登朝十五年古來不朽獨君全鏡湖烟雨群山外西省鑪

香列宿邊慶仲遺案酬孤憤（謂靖難建言諸大案）更立高門啟世賢藉甚聲名人共羡綬花搖曳興翩翩

依韻答竹西孝廉（竹西姓李）

風華江左舊長干縞帶垂垂結古歡何處驍雄堪作將幾時全盛好為官羡君槖筆才名重虧我攤書性格寬事業隆中勤想像相逢樽酒醉相看

遊仙詩溧水逕吳相國不至

何事岩居苦輟耕蓬飄萬里悵于征書牀畫疊縹緗亂匈匣夜分金鐵鳴山魈不疑紅日出野魚獨喜白波平相逢知己如相問一徑松陰長杜衡

人才三古迴難齊世事浮沈日未西丹穴夜鐘驚鬼哭黃崖曉杖有兒啼仙鬟箕帚雲烟亂石怯橋梁海水迷暄潤何年賡復旦莫教風露負金閨

十畝長松半水湄數行茅屋繞東籬樵童拜樹為先輩牧父牽羊似小兒雛雉華翎雲坱軋仙鷺皓羽雪參差挽回滄海何年事領略青山莫待遲

送子衡出使

節使南巡出帝鄉三春花柳送春航御湖浪暖祥雲見天柱風高化日長鳥道盤空馳驛騎王程如砥肅行裝武夷山水多佳勝到日奚奴製錦囊（有韻之言子衡弗屑郎舍相望近有高吟故云）

長干偶成

玉階環珮響玲瓏桑海浮沉歎轉蓬秦客夜交新縞帶楚囚朝泣舊書籠儒生何地投華雉戍婦應誰繫落鴻寄語蘆中垂釣者欲排高浪付長風

避地遠託有懷親舊

誰家樓榭倚芳菲高柳扶疏影落暉綺户僅餘螢瘤在華門今見黛螺歸燕巢双幕交晴属密釀群花兩腂肥金谷故人書斷絕幾回清淚點朝衣

撫舊

疋馬關山夢未灰不堪風雨歲華催雷雞出火來書屋虹蝮傾金到酒罍驥早幾人餘駿骨鸞坡奚爾較龍媒為言瑤島長空接秋水瀰瀰重自猜

題隱居石壁

烟水微茫起櫂歌洞門斜日掩青蘿豆娘遠嫁吳綃薄苧婦新歸蠻錦多鹿苑舊書迷紫夢雞窠草藉卧黃蟠青霜不染神仙鬢閑里何來響玉珂

相逢故老共班荊一笑東籬采落英避亂蕭居時語怪躭空趺坐忽談兵蜂王簡出花房靜鷺妾群飛水氣盈總歲蠨蛸牽悄寂干戈不到即蓬瀛

聽雞

扶桑日出滿東隅慷慨關門憶棄繻白鹿青蕉成古夢黃狙綠
橡結新愉不堪披裁章句况復帬釵較粉朱永夜雞聲何處雨
發相看星斗上鋃鋘

避亂村中即事

兵戈曽不到荒畦碧笠追從學荷犂得雨蛟龍寧可物無言桃
李莫成蹊草衣木食情宜固邇陌遐阡意總迷夢裏草膏何處
是茅簷低處有雞栖

後遊仙詩

為訪長房此地過松筠多處起沉痾荷朝雲冉冉團華蓋曉日曈
曈擲錦梭桑老已經來海市桃娘何事阻江沱繁花雨屽殊紅
句笑指東墻理薜蘿

初從孟河渡江行至村屋

緜緜遠道阻雙魚萬里烽烟眼未舒入夢幾曽懷故國經行忽
湯失離居纔從灞岸收江檝便向溪橋訪澤魚艱險乍蒐心自
悴不應多難賦歸與

遠引還涉

馳驅戎馬興猶豪鄉井何人解佩刀一代絲綸閒澤國百年史編
乘屬林臯荷衣未製心常戀釣艇潛形移首欲搔桑海渺茫萍
梗聚莫因風雨咒蕭騷

王念尼同年過訪村屋

綾餅天街縞紵交一春風雨濺征袍雄心已自紆長策冷眼猶
能眷落巢懷舊半遮呼竹葉得時千里命蒲梢河梁咫尺情還
劇意氣相期莫浪拋

王敬哉同年寧家北上

長千握手意紛紜蒲柳潛行又及春一去翠華存想像竭來彤
管半沉淪寧家萬里關心舊作客經年旅夢真青海紅香天遠
近霜楓何處雁南賓

即事

移家數載任飄蓬影落江鄉賦蓼蟲豈有傳烽高塞北卻看飛
檄過牆東關山策馬聲情壯指畫方舟意氣雄離索幾時今一
出中流還擬破長風

邗關晤百史適周元亮兵備亦至

石城艸艸憶吾曹閩海行吟跋涉勞暫假天卿歸水鏡更飛仙
舄溯秋濤淚逢知己班荊下書付郵亭落雁高遮莫故人情誼
重等閒拖纜怯漁舠

寧家

家園咫尺夢魂中邇室斐魚鳥道通一自檄書來草澤翩同羽
翰出簾櫳重開土室心猶壯亦任扁舟計未終歸去暫尋三徑
約將無人擬鹿皮翁

諸將三首

鼓角江心靜不囂旌頭雲擁舊嫖姚鐃歌萬里黄塵合殺氣雙
甄句畫騎絶塞迷沙紆鐵騎上陵（林）陪獵插金貂十年決陣無消
息快覩龍旂掣九霄
臨軒策遣近如何仗合笳聲答浩歌紫塞他年歸駿馬青郊今
日怨明駝軍中捆載多應勝帳下屠蘇醉欲酡仗鉞安危公等
重蒼崕片石未須磨
冠遺君父十年餘分寸曾無功績書舊地千城堪牧馬敷天芳
土答驅車彤弓未報歌鐘鐘歇白羽空傳射虎虛邊吏朔方勞想
像陰符讀罷但軒渠

播遷以來文社荒落漢公諸子好事筆墨如初

當年牛耳盛登壇神武春明早挂冠勝日良朋尋舊約花時篇
卷足榮觀交情歷久知應重文墨爭傳喜未殘還憶昔天休戰
伐後先簪筆共人看

次韻

雨餘花事苦相糾屈指春光半未休人在西樓多氣色詩成玉
案識殷憂清華咫尺推鳴鳳湖海飄零任拙鳩幾載離群空涕
淚卻逢明月照梁輈

追和冐辟疆宫思鄉之作

庾信懷歸作賦頻況逢鄉國阻孤軍天涯芳草牽遙夢沙際征
鴻失故群半載離思新雨過數番假寐旅懷紛廣陵何處桃源
路分付烟霞鎖白雲

舟行見新柳宗兵武同年過訪海陵有作陳涉江同年為予
繪新柳圖次韻四首

絲絲弄影别離天無奈新晴西裏船豈少烟雲生樹樹相看景
物隔年年攀枝有恨何能憶飛絮無情枉自憐留取灞橋春色
在不勞急管拉哀絃
客愁曾不到春天為有輕陰上畫船句傳柔條思往日王恭新
月記當年荒堤冉冉渾無緒小苑鬖鬖倍可憐更遂斷腸芳草
地鸝聲誰譜入冰絃
花枝欲動艷陽天弱柳依依蹛客船陌上行人如昨日閨中望
眼又經年平明浥露誰當惜隔岸臨風秖自憐一别長楊驚歲
晚暫留烟月付繁絃
柳眼舒遲二月天春心閒逐去來船似緣烟景添新緒遂覺韶
光勝去年綺陌紅塵還自笑離宫弱影為誰憐傷心莫怪風帆
急目送飛鴻何處絃

題孫新銘年伯想園

邗流古渡夕陽斜亂後心情落葉遮亭樹無端花底立水雲何
意望中賒閒看埜鳥過新樹忽憶漁人說去槎林磬數聲天外
迴盛年清夢託京華
想外園林路渺然緆畦芳樹總青芊扁舟似諳漁人理小苑何

来錦瑟絃豈有笙歌諠不止祇緣桃李静無言篝燈筆墨消閒
夜猶道相逢是去年
涉江過訪春雨艸堂即為作圖其武暨周子元服高子蔚
生各有詩予得五首
苍氣愁愁貼舊柯緑湖春漲雨初過但將竹樹謝塵事更著罇
罍醮碧波是否客遠来皆野渡無人何處不烟蓑亭蘿誤向山陰路
柳浪平鋪擁髻螺
鶯京塵暗三千里春雨湖陂自昔年狎鷺忽衝遊艇過野塘一
任好苍眠每逢修禊情逾放卻尋源地轉偏悵望蘇堤隔明月
為移新影上詩箋
一篙春水夢中過大抵湖光雨後多應有樓臺憑埜屽未勞車
馬踏烟莎秉槎汎汎路無極著屐悠悠顔半酡聞説孤山最名
勝花間小立意如何
最愛南屏緑樹深五湖清影潛苍陰近看湖水隔衣帶亦有苍
光上筆簪脉脉（晚）春闌昨夢瀟瀟疎雨定何心竹樓埜艇如相習
放鶴聊為梁父吟是亦香山池上篇柴桑一逕可能編早春
烟景六橋麗新雨好花何處鮮立壁豈緣人共戀芳草常恐俗
相牽溶溶底事須依傍又道波流似去年
别唐祖命四年矣顧予春雨艸堂潸然感賦
把臂長干秋水多又看桑海夢中過可知薄宦招時忌遂有新
詩發浩歌回首風齡千古恨放懷今夜百年痾艸堂岑寂無聊
賴野艇何来帶薜蘿
茂齡詞賦掩千秌更集同人賦壯遊視艸綸扉時宰怒釆蘋江
屽老冈留匪關筆墨能新緒未必簪珪可破愁屈指前期猶昨
日石城烟月許誰儔
送遠林和尚歸山
夙年五嶽攖殘夢怪爾棲遲獨向平長樂曉鐘雲未散故園秋
柳意難明何嫌冷衲歸蕭寺卻勝金貂滿洛城熱客風塵一回
首隔林新月聽魚聲
沈林公以偶見感述詩見示有和
殘臘新篇白雪餘怪来修竹任吾廬高文興冊憐同調邁節風
林擬卜居謾説歸山欣有託應知偶世味全疎華簪何處勞相
問賴爾名流總自如
和林公元韻又惠一詩湧成
紫禁春光伏枕餘蕭然竹樹武侯廬為憐京國多羈思故以詩
篇屬謫居香艸祇應江岸緑世情端為野航疎鄰砧何處催霜
信抗志層霄愧不如
青楓白鴈晚塘餘憶别承明第幾廬几上僅存高士傳橋邊半
築埜人居遲回緑筆聲情壯顛倒清樽禮法疎馬首長安何處
是茂林風雨臥相如

蕭蕭落木萬山餘五柳江楓一草廬猿鶴數聲驚昨夢漁樵何
路卜新居東京才子催詩急南國狂生入社疎為問鳳皇池上
客泥鞲鹿轡定焉如

范太蒙璽卿寓書因索春雨艸堂詩

十年詞賦滿江州祭酒騷壇雅望收君實暫歸娛獨樂希文猶
自志先憂霜縑錦字稱三絶雪案牙籤聚九丘愧我西湖歌老
卒艸堂春雨為詩留草堂以西湖為名因憶宋人有西湖老卒歌故云

蔣同庵應徵中還母夫人仲春八十歌咏成帙附以俚言

念年才藻重江邦賦就陵雲志未遑白首煢煢紆日馭丹心炯
炯照霞觴人言有母芝三秀誰不懷君水一方我亦里居甘繞
膝蹉跎猶自滯輕裝

題官閣讀書圖

聞君玄覽霞光裏千卷圖經列錦堂風雅不緣輿隷減簿書依
舊典墳裝凝香嘯閣心期迥作賦登樓意用長卻怪塵容嘲俗
吏自攜冰雪署流黃

慣持篇冊引行帷一著紗籠事事非況以才名能戾俗何當嘯
咏若忘機鄉函下啟霞標麗雪案頻驚竹素肥畫漏傳呼頻輟
筆鄰侯仙骨擁朝衣

下帷閑卷忆明霞製錦公餘曉望賒且喜圖書翻石壁何來牒
訴到官衙傳披據案塵初拭輟誦登堂日未斜騎省幾人能好
事為移烏帽坐窗紗

題就園

何來歷歷鏡中行芳艸芊連錦纜迎似為流光添樹色多應遠
響落溪聲烟波到處晴陰變花鳥相看遠近情最是鄂君能好
事閑樞何地不蓬瀛

清江柳色襯斜暉曲檻花陰出翠微樓榭有無霞綺合笙歌縹
緲錦堂歸人逢曠代真誰似路入仙源是又非堪笑考槃空野
岍流雲寂寂鎖山扉

丁亥初冬何寤明持劉伯宗手書見示

十年不見劉州牧尺素關情倍黯然滿目兵戈風景異獨行江
表序時遷山朝月夕人如在酒醆茶鐺夢亦牽知己那堪淪落
盡相期歲晏話歸田

雙柑一首為寤明賦

十年清夢到雙柑悅木黄鸝古佛龕三秀入簾詩思麗六時閒
卷酒杯耽艸堂寂寂誠何事新柳纖纖似未諳昊昭貽予新柳圖同人多有題咏
與子訂期風雨夜不堪心緒老江潭

龔芝麓招飲水閣

舊京芳樹自何年客夢平蕪歲序遷遂有好懷憑蕙葉時移清
影付花箋千秋抗疏嚴檮杌一夜吹簫泣杜鵑遮莫彩雲容易
散遅君同上若耶船

秋夜劉愚公僅三招同丁漢公張詞臣陸玄升放舟湖亭即度得四支

盈盈秋水接江籬漁火寒烟入暮陂花舫移来天上客艸堂蹋去画中詩才人木屑欣相並侍史金釵各有思放櫂秋園值秋社幾回黃絹下機絲

烁風嫋嫋漾綸絲杜若洲邊釣艇遲燈火漸依芳樹合嘯歌惟有水雲知蒲菰影亂淡相倚薜茘堂成好自支何處六橋吹夜月早春簫鼓渺予思

次孝升重九之作

為言金菊對芙蓉把酒登臺又幾重城上荒烟寒古堞寺中風雨動鳴鐘寥寥尺素憑新鴈切切題詩唱暮蛩叢桂數株天外合白雲紅樹可相從

嵇子震過訪春雨草堂為予作春雨艸堂賦奉答

鸞坡珥筆舊知名握手郵亭惜別輕一卧艸堂淹歲月新来畫舫過蘼蘅有懷事業終安託將隱文章故不平聞說漁樵天地闊可能共我話蓬瀛

留别旭闇

吴興仙令美如何畫省含香旦晚過群詩才華堪黼黻獨留姓字屬烟波佳人雜佩投何暮公子流連喜未多興爾醉看江上樹浮雲撥盡擁青螺

重晤劉公允有作

冬官白雪憶仙郎幕府才名屬李方黃雀脫籠田野逸（事在丙戌夏五）丹雛試翮御書光袖中奇字来天闕物外懷人到草堂芳芷湘江春雨夜題詩莫詠楚雲長

程端伯宮詹畫冊見示

吴楚江天客夢偏人宗風雅自當年總緣癖性耽高寄遂有閒雲疊素箋芳樹漸依溪澗入好峰多為艸堂連鏡湖墅築何時就惠我烟林小閣前

念年師表重吾徒楚水吴天夢亦俱醫筆盛時于象魏畫圖好處見江湖洞門深閉岍桃静車馬若来庭艸汙賴尓名山多慧業閒移烟景過林逋

柬程穆倩

年来青夢託黃石君在黃山復念予此事滄桑已再改之人風雅竟爲如貂蟬慣附時流再竹樹偏宜卷画居尺素秋光君莫惜好攜烟景到吾廬

仙期姚開士中秋日初度詩

一别經年嬾自真白堤回首動傷神月中桂影堪時落天外鴻冥誰與覩黃葉對人如有意綠蘋過眼竟何因康山讀史千秋事浪卷桃花晚共春

杜退思自號蜕斯既和駿公太史韻又索賦一首

我愛鴟夷變姓名五湖萬里總關情懷君補過人爭艷踏海遺
榮氣未平彩筆昔時連鎖闥侍臣今日學躬耕丹霜謾染青楓
色望裏瀟湘分外明

依韻為吳園次賦

多才李重靜芳年繡管雲聯紫闥前聲采匣中騰寶劍驕嘶門
外立連錢天成柠柚人爭羨客有狂吟爾復憐名士遊梁劉早
歲相期脉望話神仙

回首芳春憶往年可無佳句晚香前更文成美錦誠關福賦就陵
雲不受錢天姥擲梭誰與共砌蛩啼壁孰為憐相逢舊侶能多
事珥筆從君問謫仙

鬧春有恨自年年邂逅吳儂子夜前溟苑得書和鳥語野塘栽
藕貼荷錢偶題錦字皆堪賞謾典鷫裘恥乞憐老我一生能好
事詠言裁定勝談仙

銀河耿耿望終年龍女機梭漢渚前投石謾嗔天子器修文莫
逮水衡錢高篇爾我誰同調邁節星霜不受憐寂寂梅林歌伐
木眼空萬古學胎仙

波流底事又經年輦路迴通悄夢前篇卷能消千古恨金貂曾
值幾何錢玉堂花管時當貴繡閣芳心晚自憐東井五星應有
聚吳蒙原是大羅仙

寒爐隱几送今年早鴈啼霜旅榻前驃騎未嫺唐著作大官徒
索漢緡錢臨文欲涕成予癖對酒當歌為爾憐聞道鄉嬛多秘
笈百城坐擁亦人仙

己丑新秋同姜如須林殿颺陳階六梁公狄攜長次兩兒
集草堂予五人各譔四子詩又倡為讌集諸什令兩兒
和之

雄才海內幾能群屈指星霜半夕曛徑滿蓬蒿疎禮法名成屠
釣足功勳樽罍何用雲殘夜卷軸猶當出曉雲謾道吾徒多好
事相期爽勝話從軍

夢繞殘陽紫閣分青楓白鴈豈能群浮名滿眼兵戈在好月當
頭感慨紛萬里雲霄良宰器百年雞黍野人芹多君不負丹山
夢河水濺濺我共聞

漫誇稚子競能文甲子題詩迥未分勝地追從偏句拾橫流標
置薄云纁泣羅此日民何穀方駕他年閣有芸肯負花前樽酒
約秋光亭院悵離群

廣陵懷古十二首

蕪城南枕九龍岡湖水平臨古岸傍珠氣燭天誰與映斂光繞
指豈終藏園林冷落迷朝秀花柳參差悵夕陽燈火前朝風雨
夜閒吟招隱送鳴榔

北望廿泉地脉雄七星聯落蕊珠宮舊攜烟雨三江借新捲湖
山九曲通鞍馬當來花舫亂笙歌遙阻西樓空暮鴉金粟南泠

遠獨有丹楓傍晚紅
郃伯甘棠起謝安尚書僕射動千官但聞槊埭資星鍤何自登
山接露盤急雨江干春水瀑漲天桃門外晚風殘更憐瞎壁行遊
處濁酒新臺不忍看
揚子江邊競渡摧孫蓮遠引一登臺中流有楫誰當擊官道無
人花自開北固三山堪北向南朝五馬或南來傷心最是風帆
急濁浪滔天首重回
梅花廨宇渺然清愛爾何郎舊有情幽艷莫教塵土雜素香偏
共美人盟客來姑射開晴仗夢入羅浮散晚荆東閣三春詩思
好獨攜古雪坐蘼蘅
菡萏相傳郃伯紅歐公插座碧為筒筒一堂軒豁峯嵐迴百朵迷
茫粉露空攜客半醺高士履載姬前席古人風竹西雅奏何年
歇悵望平山驛路中
花宮仙梵靜無塵瓊蕊蕃釐古觀聞香氣滿城風雨合彩霞接
座斗牛分昔年冷落緣何事再覩繁華會有群極目蕪城歌舞
歇空臺寂寞鎖殘曛
秦餘許種郃平瓜五色東陵史共誇詎謂故侯甘落拓卻教風
物老烟霞天公謾道無青白世路誰知有狹斜人事渺然誰汝
獨菰蘆今已當仙槎
雲移芍藥古稱奇手捧丹霄願未遲豈為紫袍宜宰相獨開金
帶向良時簪花勝侶占台象讌賞何年引夢思春到竹西看爛
熳重尋舊譜莫沈疑
謾道揚州有蜀岡崑崙地軸盛隋唐捫蘿棧閣通江縣望帝春
心付埜棠鳥道未從邊馬牧蠶叢寧為塞鴻忙浣花亭子花堪
憶小立旗亭最渺茫
西北名山得勝標韓公士馬舊騰驍鼓鼙萬里聲悲壯旌旆三
河影動搖殺氣憑陵邊塞月鐃歌唱徹浙江潮翠微亭畔湖光
淡驢背梅岡不用招
順昌旗幟大儀同旱角林邊將略雄可是撼山資野戰卻將堅
壁佐膚功荒劫古樹殘陽外舊陣元戎列騎中虎旅六軍新駐
蹕宵教浮馬下江東

鍾山

龍蟠帝里石頭城鍾阜祥雲紫翠擎牛首晴開天仗肅雞鳴曉
障古祠平千秋弓劍藏神烈奕代蒸嘗荷聖明為語烟霞暉艸
木莫教風雨長榛荆

臺城

建康宮闕古臺城魚鳥華林輦路迎士女采蘭修禊日君王植
柳景陽情風流張緒原多態貿販潘妃最有名卻怪簡文濠濮
想六朝烟霧數殘枰

玄武湖

玄武湖邊碧樹交淥波春漲守舟鮫還誰賀監叨君賜賴爾徐
生一解嘲豈少華繁華供御幄獨留圖籍貯山坳漢朝遠略推蕭
相五土風歌列九苞

烏衣巷

鴛衣巷口最名家王謝風流世共誇兩姓華簪三婦艷同朝牙
笏滿牀加充腴子弟嫺高履山水心情散晚衙江左夷吾棋墅
侶青溪匝秀繞朱霞

江總宅

繚繞溪流名士居何緣江總最名區朱橋綠酒吾應賞白舫紅
帘君自娛桃楫宛然官渡裏苔岑收入畫樓無數番江上迷離
甚清夢年年轉轆轤

同年高欽亮別六年矣扁舟吳陵樽命妓即席限韻

秋水蒹葭迴不羣相逢樽酒細論文人從禁苑偕題葉夢繞殘
陽欲化雲簫鼓中流青鳥合嘯歌千載白蘋分燕吳舊侶汾河
略閒擁紅妝卻共君
金臺公子百花羣未許華簪老惠文船到鳳城歌白苧名聯騎
省傍紅雲開樽風雨來江上入座芙蓉向夜分此去菊花秋正
好登臨何處不思君

浪迹長干王元倬春日載酒陳階六寓園招同湯君謀萬
年少唐耕塢梅杓司汪我生暨冠姬凡十人即席限韻
得四首

子夜層樓悄夢寒一春心事向人難才非救世官多誤客有閒
愁句未安腰帶半同青鳥瘦淚珠時共美人彈相逢擊筑吹簫
士握手離亭子細看
佳辰卿舍食猶寒戴禁晴光入夢難柳色半從官道減梅花端
為旅魂安漏聲子夜清歌促二十五絃明月彈多少長安名利
者雞鳴風雨不堪看
高樓上與白雲齊起舞中筵問竹谿聞道長安須直北卻思彼
美咏方西亂來鄉信憑紅葉醉後狂吟滿赫蹏十載此心良友
共月明攜手向河堤
林木參差兩氣齊銀灣春水澍漲前谿平湖作賦丹墀下薄暮銜
杯畫閣西路入烏龍新發夢車驅白兔亂交蹏苧蘿村巷扁舟
約一徑追尋繞大堤

元倬見示南陔諸詩率成仍用一先

萬方多難軀猶在鶴髮縈心動黯然薮水自尋高士契鼎鐘空
負義熙年持情出處應難恕載筆尊榮亦可憐宜有鑪鄉堪祿
養絕裾危坐海東邊
壯齡清夢承明直國爾忘家許著鞭徵士久疎仁者粟老親寧
愛大官錢啄餘鸚粒慙悉香稻製就文（亂）憶昔賢膏飫足供晨夕
奉為誰先廢蓼莪編

全身有侯吾何賴孝鯉慈悲焉意惘然風木半乘遊子意隰苓長
賦美人篇浮沈下里傷心甚眷念高堂服事偏猿鶴自如鵬自
泣幾回懷祿待芳荃

次覆雨中載酒同祖命年少階六長公素臣支蒼開士冠
姬凡十人用前韻

舊京風雨送春寒驛道方歌行路難宮柳盡供戎馬牧塞鴻麤
報老夘安謝公遊屐還堪著貢禹儒冠莫浪彈別久會稀樽酒
綠蛾眉幾得醉中看

風流王謝迥難齊偕隱柴門罨畫谿香氣撲缸芳徑外竹聲吹
夢小樓西一春花市紆龍馭浹日 紅村任馬蹏爾我心期誰與
訴卻看明月轉沙堤

呈牛鶴沙師

陶公雅志在丹丘經濟隆中事未休無路請纓羞入洛有人投
袂取封侯紅香冉冉殘春夢芳草萋萋上瀨舟十載龍門歌共
泣為誰書劍老征裘

晤汪我生同門

逢人亂後輒驚疑況是中流石不移卻共龍門才自健相看驄
馭意還悲追隨縷絡懷新畧悵望鄉關異昔時一臥滄江樽酒
綠堪他車馬任堅馳

訪正宗凌蒼舒萬松庵留食麪羹有作

傷心景物但咨嗟湧欲麾戈日未斜五夜萬松聞靜籟數聲歸
鴈和鳴笳韓劉事業餘衰草屈宋文章怨落花蕭寺菜羹山氣
古西方有美路何賒

題姑山草堂

舊山烽火半荊墟握手平原問謫居中夏齊龍才總健上林歸
鴈事猶虛湘靈好鼓江心瑟逸客閒攜世外書為語彭郎風雨
惡波濤接地近焉如

長安馬首狎征塵知己天涯賦潔身可有餘春留勝地卻教斯
世署遺民花谿歷亂逢樵客石磴斜通理釣緡松桂未凋猿鶴
靜百年吾是舊綸巾

勳業行藏付嘆嗟淮南叢桂鬢還斜昔年聲氣憐雙管何處烽
烟起暮笳極目離愁縈帝子傷心濺淚倚名花相思卻共山靈
笑雞犬桃源且未賒

梁屋蕭森落月涼街泥燕子戀芳堂兵戈幾載連於越封禪何
年到樂浪南士山中文藻富東華門外轅紅香遊仙帶水音書
斷別恨千端寄野塘

金陵晤元度年伯感賦

石門何意老林丘霜雪餘年願未酬夢入雞香懷舊侶看來羊
胃拜通侯綠沉臺館雙蓬鬢青艸池邊一繫舟絲竹東山行樂
地莫教風雨濺衣裘

李香巖招同齋話

玉燭金甌憶昔年相逢戎馬淚珠濺日邊鴻鵠翔千里澤國魚龍鬭百川司馬鷫鸘裘歷亂謝公鸜鵒舞蹁躚朱門湧引神仙侶側耳鳴雞悄自憐

晤石家雲使君感賦

烽火當年暗夕暉春光忽忽到柴扉選山高士時方卧惜羽靈禽晴自飛違世縱同林雉伏忘情詎合海鷗機舅卿豪邁人爭羨悵望承明理釣磯

年少止宿友蒼大士精舍過訪卻贈

友公相見憶蒼涼說有譚空共一堂下筆古詩雲落落對窗舊雨夜浪浪檐前擊缽禪心靜陌上吹簫俠骨香握手定交春草綠卻教斜日怨橫塘

諸將張二盤楊靖侯丘仲麟許建侯尚惕恒

萋萋碧草鬬晴暉夢裏懷人白板扉幾載名花空悵望三年大鳥待鳴飛蹉跎觴詠開清讌矍鑠征鞍快決機萬種閒愁誰共訴卻逢春月照漁磯

贈李氏昆季萊駁來紫梁父魯叟

回首晴光憶往年卻逢離亂淚濺濺園中萬竹兼叢桂望裏名山接百川大令才華推老健諸君風雅總蹁躚烏衣里巷淮南並樽酒花間說蛭憐

楊長公見示諸刻

五陵山色委荆墟漁父千秋問卜居草野隆中情並苦棘門灞上事徒虛時平有客皆千寵君去何人更獻書攜手南郊春草綠不教封禪悔相如

陳士震湖海半廬屬題

湖海元龍氣未灰蘆碕對宇立蒿萊紫桑爲篆延予入風雨雞鳴念予才野户半虛閒颶浪扁舟此去有珠胎吟梁抱膝今安在不是龐公莫浪開

李小有赤松遊

薜荔牆東接女蘿洞花深穩聽高歌書傳黃石羞封禪藥駐紅顏遠罽羅盤曲絲苓延野徑嘈吰濤浪上春波偓佺晚更尋梅福辟穀餐芝幾度過

長干別諸同人 二首

闌閣攤書迥自疑可知薑桂性難移娉婷漫道徐娘在搖落方憐宋玉悲數載陸沈虛利涉幾番風雨妒花時春來喜得連牀靜

雁影離群夢已馳半窗風雨濕烟蘿簫鼓中流聽踏歌寄語無人將尺素相思有淚濺香蘿遠山自古橫眉黛春水猶來怨綠波寂寂虛舟聞伐木方袍何惜數回過

石埭訪劍公時正初度

吳楚懷人可十春況當春日正逢人甲週僧臘階前樹杯度邪

江夢裏身豈少方州煩寧執卻因禪院訂比鄰六時齋鉢尋常過滿座天花一幅巾

月夜敲詩為蕭五雲使君題冊

畫堂清讌古揚州夜月邗江底事幽好句轉從官舍得佳期端為雅吟留摛詞黃絹二更菊展翰紅雲五鳳樓尺素憑陵衣露濕更番新什上瑩篌

曲江新月曙流黃太守風流起盛唐幾點漏殺燒燭短一春花事選詞忙星移筆陣雲俱色露凈琴張夜未央還憶燕臺舊同詞為賡留別付詩狂

蔡中丞出所藏古玩見示

龍團屢試羨中泠彝鼎長攜集草亭神物出塵還結緣高城過雨況空青閒軒霡霂時當入時祈雨有應觸手琳琅總未經為憶畫船簫鼓麗良辰競渡繞前汀

春雨艸堂集卷六目次

七言律詩

春雨艸堂集卷六

海陵宫偉鏐紫陽著　　男夢仁定山重訂

七言律詩

出門

螣音騰神蛇　騫音千飛皃

杜老花谿水一門，衰生上室共朝昏，兵戈半息愁逾劇，羽翮雖羈思欲騫，可有螣蛇催變豹，虛言腐鼠嚇雛鵷，論交吾黨新還舊，閱盡滄桑笑拙存。

即事

朱門尺五未央前，別思停雲赴朔邊，書館紅妝閒晤語，花閒彤管樂謀篇，春山入鏡眉双畫，夜雨挑燈影共憐，好對佳人賦香草，重尋漢渚說張騫。

催妝詩為友人納姬賦

内旨初傳出洞房，仙姬雲擁對年芳，才從閬苑三春麗，節近酴醿百和香，珍重周南人自玉，殷勤子夜意難忘，卻將花燭熒熒燄，照向空階夢裏長。

甲申三月同張繩海少司馬寓龔君伯霖周旋甚力癸已北征道經淮上見有參戎龔君不知即伯霖也別後容顔亦不復識亦不自意詩以志喜工拙固無足云

甲申行邁滯沾襟，賴有龔梅保護深，司馬已隨桑海去，祕書頻斷鴈魚音，淮堤高浪班荆日，燕市商歌識面心，應笑晚春離索後，浮沉早見二毛侵。

三過夏陽東常御泠水部

夏鎮重遊去復過，春明公子意如何，卻因行蓋追從密，為憶書齋嘯咏多，白髮縈心寬束帶，青雲唾手羨鳴珂，關河凍合天南路，稔歲緘函託雅歌。

當年綵鷁庭趨日，指數流光歲序侵，十載舊吟頻入夢，一冬芳訊半懷人，蹉跎子舍從吾好，悵望華軒見客心，誰為藏名供浪迹，側身回首笑抽簪。

濟寧晤楊淳然總河

司空錫命尚書府，靈祕圖經方丈丘，蒼水籙傳科斗迹，碧珪光動鳳凰樓，沙堤瓠子元公築，海岸桃花太史遊，為語支祁休鼓浪，投巫應已報龍湫。

舟次東昌堂邑令劉恒西攜尊夜話寄訊郭繩繩

太丘高誼掩菁葱（謂東昌陳司季），匹馬西郊訪令公，南菊再逢舟楫異，北書傳寄鴈魚同，故鄉故舊天涯外，孤客孤逢驛路中，人面桃花春水隔，暫緘芳信付東風。

入燕即事

謾用長安作五湖，烟波一舸莩蘺俱，哺糟豈遂同漁父，獨醒何須笑酒徒，香草佳人如意足，良時公子運籌無，金華舊侶常鄰近，欲語還停事總殊。

梁玉立同年見過招同祝山公陸集生兩同年讌集更出
詩集相示
玉立玉堂人自玉玉光照映兩芳菲春時馬踏紅香徑穟歲書
來白版扉詩卷等身騷雅並酒樽當户老朋依更從筵筍催新
什雁字青楓送我歸
曹子顧視予寓齋出諸卷相示一一有和賦答
十載曹劉夢寐俱吳山越水隔雙魚名成漢史敲華麗客到蕭
齋氣色殊詩卷連吟才總健心期共許道非孤更從二子貽佳
句天路瀛洲好著書
李文孫猝至留飲因晤沈時沛張君甗王宜生李壬午楚
闈鄉同年也
仙曹下馬氣如虹稱子獻窓午夢中麤糲百年供楚客笑談三
接見吳蒙卧龍用世情殊澹冰鑑評心論亦通或謂予南陽自負文老云固是德操一流
羊酪蓴羹隨所好步兵秋興在江東
成青壇王敬哉兩同年招飲
學士花磚麗日輝欣看衣綵上金緋高車詰旦傳呼入余與卸金青老鄰
夾袋平明奏記歸對客尚投青玉案論文猶憶白雲扉到門款
愛思無限握手離亭未忍揮
贈青老令似徑嵐太史
闊道中書有鳳毛天雄世史羨宮袍我来逢户此相值君到花

穟音從容
磚日已高載酒黃昏新雨夜寄詩紅樹暮雲曹蹉跎自愧繁華
鬢湯欲南歸借伯勞
張中柱同年見過
秩宗曉直羨青春暂面緋衣八座新蓮炬夜舒輝弱冠花磚日
上照書紳吟成白雪才人和路入黃扉西閣親穟歲容臺多好
句長閒筵筍寄松筠
答吳見未同年
春草池塘蹈海儔燕臺握手破離憂金門另角君應入玉洞桃
花我試求好句淹留緣速別留別二詩行贈佳期要約是狂遊一從帆
影拖詩去無限相思月夜樓
錢亢子試得庶常為詩見示賦答尊人公積先生家大夫公車時至交也
十年龍劍決雄雌先後延津卻並時滄海幾人招隱士瀛洲吾
友結新知詩成青王投逾密夢到紅香遲轉述兩地離憂君記
憶未須執手悵歌驪
鄒于度同年招飲偶述
鄒衍談天碣石豪句臚首唱見吾曹梁園作賦行遊並燕市誇
官姓字高卻笑秋顔依玉樹尚煩春色醉仙桃殷勤寄我陽關
曲千里懷人畫錦袍
喜晤宋荔裳户部
世家山左老人才譽滿長安動紫宸山水浪遊情自苦聲華更

起意還親春明西省追從密夜雨篝燈感慨均應有新篇酬獨往悄寒烟櫂恐傷神

中原五子舊知名 余與姜陳梁林有五子詩宗爲善至交 代木聲聞惜別輕安雅盟心情不減亂離逢友句還成天街燈火論文夜驛路風霜念昔行蝦菜蘇湖真一往封詩寄與雪初晴

胥建太史惠什留別

昔年桃葉一枝安猶道中原局未殘書卷浪遊尋好句雲霞驛夢促歸鞍槐庭廿德燕山並柱史才華鳳閣看不惜軒車來故地九重秋桂子待君繁

重晤高念東同年

燈市閒行笑傲初十年春雨鬭雙魚趨朝君踏花磚影招隱予懷竹塢居蔡閣晚香傳錦字釣臺清興發賢書 念老辛卯典試南闈 銜杯不盡疎狂色更索驪歌好餞予

念老得詩即枉和章兼欲訪道用原韻再答

何處名巖可釣遊初筵詩堂上奏嘉魚閒情賦入青谿路書錦人宜鷟閣居海外仙期千里駕山中農課百年書更從綸席酬勳後爲寫黃庭試起予

楊猶龍招同宋玉叔丁野鶴李神仙小集楊爲己卯貢同年也

橋門結客羨清流桑海遥連罹百憂稔歲瓊林慙早直盛年金馬見雄遊青雲作賦初中際白眼論交雨雪儔惜別承明勞門訊新篇索寄下揚州

韓聖秋偕吳岱觀寓報國寺社事甚盛舟發留別

中原幾載賦無衣猶道相逢未遽非形勝三秦堪獨霸湖迴一往欲何依詩篇黃閣知名舊歲月青山感興違此去承明君便直好緘芳信到漁磯

俞天木成進士湯東

文章與泒卻同岑此道由來爾我深欲共卿雲歌復旦欣看冰雪蕩重陰君趨魏闕須留玉我買名山拙點金 癸未公車有約以得官日貴至不官者即以此當催檄也 十載狂奴仍故態相期黃閣待知心

重晤高岱輿太宰宰載岩斝司農亦至

帝京仙府舊知名佇卜沙堤向曉行八座紅香輝玉署三台紫氣對金莖秩官別紀尚書貴流品群歸太宰平清要十年今近幸寄詩王惠見離情

孫北海留飲芥舟招同朱鶴庵潘素庵路若即席有賦

天卿聲望五雲高酌醴烹魚解佩刀念昔聞金才弱冠悲今蒼鬢上綈袍 北老云先時君爲少年人予盛年人也今君爲盛年人予鬢欲皤矣每念此言不減王處仲歌老驥伏櫪時也 猶煩蔄藋吟佳句遂擬吹噓答衮褒此去夕陽懷古道芥舟滿清夢滿蓬蒿

高勵昌座上晤王照千孝廉

昔年兩入金臺路書館高齋總晤君一別藏頭廿白屋重來拂
面覿青雲垂名藝苑才方盛結客京華誼始敦堪羨尚書家世
舊好栽詩句慰離群

李吉津同年見示重九園林之作雖未窺園讀其詩想見
園中之勝興遊是園者之有以自樂也率和二章

名園咫尺禁城隈徧插疎籬傍嘯臺可有流雲天外合卻看山
色望中來欣逢好友加餐至喜見村童貰酒回明月漸圓還命
駕黃花從此更須開

野岍寒汀水樹隈十年離索重登臺人同歷下聲名滿客自淮南
襆被來對酒每愁萸菊老栽詩初寄薜蘿回西山落照遊應
遍足馬看雲鎖霧開

吉津念東招飲同年吳贊皇楊從庵張嗣留咸集吉老即
席有賦依韻率成

相逢郎閣晚香殘杯酒前期洽古歡詩卷浪傳霞彩麗釣竿高
拂劍光寒雲霄有客皆投轄淮海何人欲掛冠十載西山勞想
像黃花仔細眼中看

別手金臺千夢殘田家濁酒易為歡鄉關九日黃花麗驛路
三秋白鴈寒對客湯投青玉案登高宜整惠文冠殷勤寄語柴桑
侶望裏浮雲好共看

垂楊月岸曉風殘載酒中宵別可歡十里花光催好夢九秋桂
子傍新寒陵霜欲製乾荷葉向夜誰分舊襪冠作賦平明心事
晚暮雲江樹耐君看

花底芳樽喜未殘狂歌對酒憶前歡家園夢入芙蓉老客舍情
依橘柚寒兩地交遊慙勝侶十年戎馬誤朝冠當筵卻共茱萸
笑回首離亭不忍看

一聲河滿淚珠殘唱徹驪駒數曩歡永夜漏移碪杵動晚江葉
落鳥烏寒隆中自古堪高臥李下何人再整冠卻憶西清歌舞
地蒲菰風雨付誰看

携手河梁玉漏殘三時風雨共悲歡空庭月落簾櫳靜小院霜
高枕簟寒閬木樓牀堪下榻方山隱几一懸冠年光迅速如飛
電笑倚青萍曉自看

春明知己歎凋殘握手驪歌覺損歡霜露九秋江荻晚兵戈十
載井梧寒乘軒客自誇魚袋跋馬人還貴鷃冠夢到園林鶯歲
老南雲何處笑相看

邸舍追從蠟炬殘天涯何處足交歡客逢知己黃花早節近重
陽白露寒朔鴈入秋思振翮暮雲當戶失彈冠西山十里霜林
滿襆被遊人肯浪看

鷓鴣啼徹曉風殘子夜歌成贈昔歡卻怪金徽朝換暑何來土
鼓晚風寒懷人湯意尊前侶念昔輕拋柱下冠歸去隱囊無別
事茂陵詩賦曲江看

畫樓春鎖晚妝殘馬首長安負鳳歡直閣經年疑宿霧曲阿何處不留寒伶人敢自誇章服柱史無勞聳法冠十載艸堂思命駕莫邪星斗掌中看

服日安能救老殘願從黃石結新歡誰知海峤移星曙不盡山峰染月寒好女宜歌金絡索高人應製竹皮冠何時把臂揚州路笑指瓊花望裏看

閒雲出岫雨心殘繡引鴛鴦教合歡卻怪夕陽移故道相看沙漠織嚴寒名流不用矜高屐正則何須賦岌冠橘柚自黃楓自赤春鴻秋鴈弋羅看

畫角聲催曉露殘夢回宮錦憶承歡雲霞冉冉春明麗風雨蕭蕭易水寒爵服謾膺新象氣象都人徒咏舊衣冠閒簾署有西山色抵拂吳鈎晚自看

當年書卷任拋殘萊服初宜膝下歡秋水樓臺還舊雨春陰簾幕著輕寒披星待漏憐章甫步斗吹笙羨女冠一陣紅香天路迴等閒明月牖中看

郭外

郭外移居自有臺欣看爽氣向西來天迴甲帳諸陵出月擁牙旗萬堞開斥堠晚連烽火急鼓鼙朝發陣雲哀玉魚金椀空遺恨極目神傷一舉杯

經行

戚里朱門傍曉開賦詩垂釣侍鄒枚霜華易老青楓恨秋氣能令白鴈哀燕子來歸空故國瓊花寂寞怨荒臺梁園勝事誰曾記鈿笛銀箏付草萊

陳素庵年伯招丑榜傳夢楨魏招華郝君萬劉元公姜青門吳紫庭蘇次公李卦嵐衛文石黃四維吳春子許漱石湯晴巖諸年伯予以年家子與讌即席賦謝是日高柱河羅欽瞻衛台孫范箕生四年伯未至

千里浮槎倚釣竿相依世講不知寒白衣初識黃扉貴兩世還同猶子看亂後無家思作吏尊前有酒罄交歡蹉跎自覺懷歸急別墅行遊愧謝安

過從襱襶忽輕寒馬首風埃行路難拙宦生涯親舍在茂齡兄弟祕書看狂遊湯欲存篇卷起舞頻思振羽翰十載浮沉初入洛百年愁病待時寬

燕地秋感十四首

萬里寒雲鎖翠微岧嶤曉上是耶非客燈孤照鴈還宿鄉月高懸人未歸對酒頻看新桂樹題詩乞取舊荷衣江南冀北音書斷又說三川已被圍

薊門秋早客心期淒況是長安震鼓鼙越燕北來山雨過（塞）鴻南去海雲低書傳京國紅香路夢入扁舟罨畫谿芳艸懷人愁歲暮鄰雞初上五更啼

金華屈指首初囘供奉仙班事未灰御苑微吟紅藥放天街夜
直紫薇開片雲海外秋還至明月山中晚更來誰為含愁歌白
雪靈均郢上有餘哀
愁把芳心付彩箋白雲秋澹菊花天金莖不斷仙人掌玉几猶
傳帝子篇曉露吟蟲硏(砧杵)外夕陽歸鳥戍樓邊滄桑十載予長往
誰和朱相大小絃
萬里懷人落日愁新從九點望齊州魚龍寂寞天低樹烏鵲群
飛月倚樓白帝雲深心欲暮黃陵花謝事還秋虛名豈是文章
誤十載關山雪滿裘
題詩碣石問冥鴻此日登樓賦轉工白首誰憐青海暮浮雲不
辨夕陽紅故園歲事滄江上京國烽烟驛路中易水舊稱游俠
窟悲歌何計付秋風
淮南秋老桂花枝好與仙人種紫芝湛露無端成想像瀛雲何
地慰離思青萍意氣相看處白髮蕭疎欲別時匹馬西郊衝薊
雪春山日日醉江蘺
泥淖何堪躑躅行清流誰與濯塵纓歸鴻夕度雲俱色落葉樹
高風作聲西角悲涼鄉夢切鳴孤壯烈客心驚攤書脉望遲明
月解舞商容列子笙
亂後何人見繡裳蒼苔從掩綠沈槍關門紫氣來牛背京國緋
衣舊鴈行夜雨客窗頻翦燭春風西省並含香看雲日日懷江
縣自笑疎迂老更狂
片帆天入晚風乾十月關河凍後看亂日鼓鼙聞大漠花時歌
舞憶長安西山雪淨鴻書暮北海雲生馬角寒晏歲刀環如問
訊好奪清夢到漁竿
鄉思一葉洞庭飛行省何來傍紫薇春至柳梅渾欲放夜兼風
雨未全非茂陵病逐樵人去楚客吟殘漁父磯歸後冥鴻無所
慕草堂烟景正霏微
遠道懷人晏歲同愁看寒井落梧桐帛書鴈足終難定鄉信魚
舠近易通碣石題詩雲氣上洞庭張樂月明中雞聲不斷空青
色吳下應誰勝阿蒙
飛絮隨風舞繡茵相逢下馬問迷津苑邊詞客遲紅葉江上海
漁歌起白蘋漢節尚沈裨海路仙舟欲往廣陵春熹微曙色晨光
外千里何由寄一顰
西山晴色鬱崔嵬何事流觴曲水隈邊鴈數聲(鄉)夢切井梧一寸
葉旅情哀美人青玉誰為案駿馬黃金別有臺對酒掀髯渾不
語詩成聊共潑寒醅
送楊從庵同年司李衡陽
十年林屋閱賢冠書劍晨征託羽翰三月荔支新上葉九秋鴻
鴈偶離灘湘山湘水人疑在巫水巫雲夢不難抵目衡陽繊錦
字艸堂吟徧立闌干

岳朋海同年病起招飲小閣有述
東粵文章有鉅公同官得士慶欣逢上書言事敷情壯胛公上二書不報
蹈海求君事業空當日棄才資敵國今時話故見吳蒙文
節送別猶煩念尺素因依寄遠風
陳美公不見者十年餘矣今年試得翰林先是同予己卯
貢京師也
壯遊燕市擅入豪射策欣逢解孟勞昔日花磚成往事今時蓮
炬見吾曹金臺對酒三更菊玉洞攤書萬樹桃黃閣宣麻公等
重史緘佳句慰綈袍
喜胡韜穎同年以候補入都
開府雄邊撼玉珂鐃吹萬里代鳴鼉運籌要地應全勝方駕元
功不啻過青海月明鞞鼓急黃榆風動塞笳多何時劍倚東南
地小隊閒行到薜蘿
留別陸集生同年兼及張子美張孝鄮暨集生渭陽觀察
蹉跎十載二毛侵卻憶當年思不禁秋色丹楓移櫂日白雲叢
桂著書心九江波動寒濤急三楚峰連夕漲深稍喜狂吟隨晚
興宵教風雨誤朝簪
洪瑞玉同年成進士午榜鄮洪兩公年最少
憶昔賢書姓字俱少年才藻動三吳文如宮子霞堪並貌似鄮
郎玉不殊總謂流年今老健還拋醉眼認模糊鄮謂洪年兄也昔為少麈章
臺支馬紅香徑擲果車旁仔細呼
容程三月鄉夢六時悵望金門舊侶不知許散後復何所
似及其道宇棲遲軒車来止若昨日事也杯酒殷勤握手
話故又或聞聲企切一見為歡欲各為一詩會行速不能
徧及又湯成四首留別略誌因依
叢桂淮南憶故柯傷春但可付狂歌天開翠壁盤恒嶽日抱黃
龍撼大河旅舍關心車馬逼流年屈指甲兵過滄桑歲事歸来
日數對名花喚奈何
一遊霜氣白皚皚蘆葉笳聲亦壯哉丹闕雲深懷直閣赤城霞
起接天台三冬烽火征人夢九曲波濤旅雁哀晏歲擁爐心事
晚灌園江上問踈梅
萬壑松濤日夜吹才人容易老江湄匣中星斗頻移處檻外烟
霞欲接時歲晚艸玄揚子宅春明花發習家池秋風漸覺蓴絲
滑庾信何心也自悲
春明何事早迴車萬里懷人歲欲除越國冰霜煩髀肶舊京烽
火足踟躕丹楓葉落愁行客黃菊花開憶敝廬匹馬關山衝薊
雪一樽風雨對雙魚
燕地雜詠四十首
愁聽城烏子夜詞若耶春徑問前期暫令石洞流花片還向金
鋪憶御題十載烽烟書遠近一天雷雨劍雄雌歸心夜逐飛帆

急九曲寒灘萬種思
襆被重來路未岐心從亂後轉多離書傳榆塞初歸日劒起延
津欲合時洛浦明珠誰與贈薊門春艸幾堪貽乘槎夢入羅浮
近石磴烟霞好自支
鴈度晴江健羽翰相逢金紫盡前歡花時被酒停車晚月裏催
詩立馬寒並轡臨風懷魏闕雙橈帶雪下長安雞鳴回首塵埃
遠立馬永夜相思舞鏡鸞
驛使梅花何處來等閒歲事付離杯故人秋向江鄉卧憲府春
當海國開花羌笛暫時吹玉樹仙槎往日訪蓬萊金莖中夜頻移
望夢斷熏微色自哀
但欲揮戈解百憂長安聊當五湖遊樹翻烏鵲歌明月地近邊
關接素秋湯有双魚臨楚澤相看匹練挂吳鈎杜衡湘芷繚天
末錦纜牙檣羨客舟
兵戈十載去金閶夢入家園晚杖藜蕩漾扁舟湖水足參差山
閣岱雲低攘梧高枕人如舊倚石狂吟日未西子夜相思清磬
後一群嬌女畫還啼
燕吳狂客舊名齊京路洛交遊酒自攜香艸湯吟青玉案新莊應
號浣花谿畫橋宛轉扁舟入平楚蒼茫小閣低入望晴沙才一
抹何來書札半金閨
跋涉求君氣不回愁邊花藥為誰開鏡鉦萬里黃雲合簫鼓千

江晚照催明月在天難命棹異雲窺户足書臺題詩劒閣鄉關
暮搔首離尊重自哀
神武當年早挂冠淳于何意夢槐安浮雲立馬鄉思劇落照歸
鴻旅興殘山晚夜闌花氣足江清月上艸堂寒一犁春雨還依
舊潯湯士於今肯湯官
幾回清夢到梅岡驢背行遊靜晚塘逸客罷車辭魏闕群公匹
馬向河梁天連楚澤吟芳樹路轉淮陰駕短航寂寞輭塵懷
故國自從桑海歎蒼茫
故人歸去抱殘書高枕羅浮老卜居歲事半因詩句損世情應
共鬢毛踈潮生爪步春移艇路轉花潭晚結廬卻憶桃源何處
是等閒尋偏武陵漁
竹樹蕭然擬卜居石門清興賦歸與春深紅幕懷江縣烁到黃
花憶故廬十畝溪光雲散後一庭寒色月來初人間竟有蓬瀛
路不待丹梯始荷鉏
為問卿雲著作才揭來何事片帆催九春燕市明珠暗千里淮
流匹練開夜月笳吹三弄笛秋空劒倚一登臺不須再發長安
夢百畝香荃手自栽
何人招隱問康琚興在青牛薄板輿十載浮沉燕市駕九秋搖
落鹿門居船回濟北青楓後客至淮南紫橘初為數明年花放
日小園沽酒荷春鉏

露下天街十月寒相期邃谷傍修篁風塵京國紅顏暗歲序松
蘿白晝寬人日正逢人爛熳客心初報客平安蹉跎夢入西堂
讌香草盈裾思未闌
十年修阻暗長繫濟世何年到迷衡海國夕連聞牧馬山城曉
入亂啼鶯人來燕市吟黃鵠烋老吳江怨白蘋自是淮南未歸
客一生耕釣最關情
當年間道此南征中夜聞雞到舊京路近白門飛馭入人從朱
桁避驄行黃金裘馬青雲色皓首漁樵落日情猶憶補鍋羅桶
客一時星散感飄萍
帝京回首一霑襟側耳鳴雞空好音天上客星多號隱人間舊
雨未成今緘書欲動青山色載筆猶煩白雪心起舞何時鞭更
著愁看歲事半晴陰
說劍從軍解佩刀馳驅相許愧吾曹浮天萬頃江濤闊礙日千
峰石壁高白首籌邊班定遠黃金絡馬霍嫖姚吹簫擊筑渾
前事只有雄文壓命騷
雞壇牛耳表人豪遊子臨風感二毛躍馬雄心悲草木卧龍秋
思滿蓬蒿階前玉樹春常茂檻外金莖夜自高夢裏風雲勞想
像暫移清興付魚舠
鳳羽驪珠不易尋試將身事付垂綸功成介子歸來日書著虞
卿去後心花閣晚吟明月上草堂高枕白雲深秦關鳥道無消

息向夜刀鐶問藁砧
幾年避世到牆東悵望鄉雲日正中萬里烽烟低晚燧千家砧
杵動秋風花時對酒人難定亂後題詩句轉工腸斷天南歌子
夜尺書遙阻怨飄蓬
薜荔蕭條帶綠蘿新來對酒發狂歌名山禽向何時徧小徑羊
求得日過秋水九江帆影闊暮雲三楚樹痕多卧遊他日應還
笑不斷烟嵐擁黛螺
魏闕扁舟亦壯遊美人香草問靈修丹雛出殼幾能並黃鵠摩
天不可留佳會漫歌金鑾落別筵宜贈戴貂裘要津先據皆名
貴壇坫當年憶執牛
城外華堂貴客多歲時回首一高歌六朝詩賦矜新麗列國風
雲失舊柯錦席情深偏我至長安花發奈春何無端更唱伊涼
曲撲面飛塵走橐駝
不盡征鴻向夜聲前除落葉客心驚楚江漁父陰晴態越國鴟
夷去住情紅樹驛亭羇婦夢紫微華省吏人行高車駟馬竟何
事小院彈棋局未平
潞河風日樹萋萋襆被重過立馬嘶使節遠沈燕地北客星遙
指楚天西谿邊玉洞時當入望裏金莖曉不迷歸去晚香逢歲
晏五更搔首聽鳴雞
烽烟直北幾時還紫氣何勞更度關不盡天風吹上谷蒭來嶽

色滿燕山雲君環珮空青山外河北旌旗碧落間一入塵區芳信
斷相期世外訪仙鬟
漫欲從軍早建牙盛年朱紱映丹霞旌旗畫擁雲同色組練春
生劍自花仙今昔時稱美錦客心今夜卧寒槎漁陽曉渡多鼙
鼓望裏書車書正一家
吾黨何人更絕裾茂年三十學懸車地過淮海風烟際濤上邗
江月色初官似馬曹宜命駕心同龍卧夜攤書故園花樹茁茁
發玉鏡臺前晚荷鉏
綈袍何似舊貂裘風雨從來感舊遊吳市浮沉烟月夜薊門蕭
索朔雲秋戴簫吹落仙人語玉杵聲殘帝子愁珍重尺書魚雁
裏好緘詩句上揚州
憶昔長安策戴騮新來愁典鷫鸘裘夢回風雨歸舟夜腸斷雲
山出塞秋漢月邊笳時更值秦松帝驛昔曾留錦衣駿馬猶如
故欲往還須與婦謀
少婦凝妝騂翠鬟封侯消息望燕山玉樓人去腸空斷銅柱銘
成鬢已班欲寄愁心與白日湯栽佳句對紅顏千尋一碧羅浮
路醉已扁舟月半環
好尋老友著詩勳寄語寒盟抱節君帳下爭傳都尉句營中初
列子侯軍白魚人入水時堪釣蒼隼陵秋豈易群何處更逢燕市
筑不眠宵夜望朝曛

濯髮何年到洧盤金鉤芳餌託華竿越燕山斷吟猿苦吳楚江
分落木寒十載鄉心縈故國六時花信夢長安何人更責元龍
禮大德由来總不官
極目離愁見鷓臣醉偎紅[袖]戲双甄家園夢入芙蓉老帝里頻敲
鸛楊柳新提鼻自歸名下士絕裾猶是昔年人雕弧甲夜天何
晚暫與柴桑小結鄰
黃閣論文也庶幾歲寒松院立斜暉鄒枚落拓聲情弱屈宋沉
淪格調卑沽酒雨隨長笛去看花晴荷短鑱歸名山遊徧書當
出白雪吟成和漸稀
抱膝離愁未肯刪一春心事幾能閒湯疑蘇子屯青海誰信班
生老玉關南浦浮雲迷鳥道西郊秋色滿燕山側身回首人猶
昨卻憶承明霄漢間
中原伏枕望斜暉霧擁千官渾欲迷入侍清羌新屬國從征鐵
馬舊安西黃花鎮口鴻初斷玄菟城頭烏夜啼手執長鑱吟澤
畔一聲清嘯海雲低
燕頷封侯事未遲江梅頻寄去年枝新篇漸出陶潛賦舊淚猶
封羊祜碑賴有黃花催好句誰從白雪寄思相思好將前日車
書盛說與長安輕俠兒

依韻留別查二南張幼安及客遊諸子

碧山何計拂衣回為有伊人可溯洄白雁背霜遵曲渚丹楓吹

葉點離杯薊門春艸時當合海國秋雲幾度催驛使不來天欲
暮那堪歲事付寒隈

足音空谷久無聞彝鼎何時可勒勳雞塞夜飛千嶺雪龍沙暮
捲萬山雲相期震澤窺玄要欲向華陽蹋紫氛明月在天秋菊
靜擁衾終夜悵離群

題名猶自憶黃麻簇仗天香擁碧紗畫角自吹邊塞月征鴻不
斷海門霞佳人雜佩來空谷遊子青春怨落花一去紅塵歸故
國夕陽高柳正藏鴉

長安秋早陣雲高交甫何由到漢皋鴈帛未歸新屬國鸘裘真
愧舊詞曹比肩華族稱鳩氏兩世通家見鳳毛此去五湖烟雨
足布著應得餉初文交

舟次潞河張中柱同年惠詩寄謝

維舟猶見數行書博物張華世不如祇謂雲霄成想像何來筆
墨慰離居賦成漸覺黃初近情至偏緣白屋疎紫閣茂年君便
入春卿得代語非虛（中老謂素有拂衣之志）

兩舟泊河西務南十里地

纜度淺沙天欲暝忽來高岸色還開濛濛細雨聊烟景歷歷疎
燈數舉杯詩卷奚囊勞問訊行人舟子急（爭）諠豗擁衾絮語愁難
寐隔浦寒雞又半催

宿靜海南五十里

此去瀛海五十里土人號曰唐官屯夜過三鼓舟臨岸犬吠數
聲風打村側聽既疑纜忽斷驚棲還慮盜頻煩蕭笳滿耳終遺
恨先輩元和今幾存

臨清遇袁綏南觀察招飲聯舟前行

樓船簫鼓望中看片葉浮槎下急湍暴客清流曾稅駕長年白
浪怯迴瀾相依畫舫驂鸞迅卻共星郵跨鶴安淮海黃河真咫
尺尚勞春色勸加飡

關河紫氣羨人豪河朔當年解佩刀萬壑波瀲贍使節千檣鱗
集溯洪濤歌傳白雪方舟密夢入清江擊汰勞勳業鄴侯君便
足等閒旌旆上魚舠

舟過東昌答別駕靜海郭繩司李孟津陳湛明

郭泰陳蕃兩謫居南宮十載學懸車總緣懷土情偏熱卻並齊
年望欲舒水署分金還寄札刑曹遣驛足攤書狂遊似我真無
謂舍已芸人計頗疎

濟寧魯男奇水部見過不見者十年餘矣

昔年釆石相逢地十載南池把臂新展季佚遺還玩世魯南男
清切足懷人斷金白雪梅花驛禮玉青春錦子津分律隱囊歸
去客尺書先寄舊漁巾

壬辰小至舟過夏陽狄秋水水部見過以家大夫舊遊地
予又曾讀書署中留止浹（邑）日行覽故地賦此留別

夏鎮重過憶舊遊覲親官舍㑹洪流篇章曾此羨新麗才譽如君最上頭御詰井榦存姓字還資樸被破窮愁池塘春艸閒行徧爛熳草堂引碧油

省親官閣綺筵初千里行囊萬卷書浪説金閨還獻賦重来玉署問幽居鱗鴻十載承明舊車馬三過訪昔蹤約共登樓真好事匆匆惜别話猶虛

渡河有感

沈玉當年自有真轉輸群力羨洪津翠嫣折溜盧魚紉幼蒽嶺翻風白馬新九曲遥来天外落二集渠高共水中循樓船簫鼓汾陰暮悵望迴瀾幾度春

萬里洪流亦壯哉新從宿海望三台潛行入地何年出分派為渠此復迴鱗屋偶從騷上得龍圖莫向亂中開申屠一去無消息倒捲銀河氣未灰

清河淺阻舟鱗次不得渡由大河至浦上換船

小春舟發潞河天尊酒嘉平浦上船櫂入清江餘宿溜車行塵市足風烟鄉音漸喜長年近塵土新從好夢消香艸懷人心未暮欲將歲事付朱絃

春雨艸堂集卷七目次

春雨草堂集卷七

海陵宫偉鏐紫陽著　男夢仁定山重訂

七言律詩

鳳池筆穎（曲江課題）

曾將彩筆賦南宫，影入橋（門）氣飲虹（紅）。日舉頭光自近，白雲回首望還通。峥嵘欲架珊瑚格，崒嵂疑穿碧玉筒。可是班生投擲後，重來在津奏膚功。

鳳城佳氣絳霄叢，月兔湘雲菡萏通。插漢丹梯高突兀，濡波鏤管碧玲瓏。翠微水面文章焕，彤珥金莖點畫工。自是公權好筆法，臨軒揆藻正天中。

花朝雨霽（曲江課題）

花氣平分二月天，朝来錦字上霞箋。雨餘階草還抽色，霽後園林更著妍。海國八騶千里駕，陵原片石萬人傳（為北山瘞骨碑）。社中星聚暉棠蔭，集木遥看五鳳聯。

花期選勝艷陽天，朝氣平臨天鑑（浣穎）前。雨外圖書盈雪案，霽時詩卷被朱絃。海烽漸息戈船浪，陵草新鋪綺陌烟。社事雞壇推獨盛，集成爭頌筆如椽。

壽温如陳年伯言夏太公也

婁東佳勝蔚村田，教授躬耕代祝延。献賦名高江夏日，稱觴人自義熙年。騷壇祭酒推耆舊，藝苑譚經總後賢。眼底滄桑看已徧，斑衣獨許孝廉船。

周櫟園少司農重来吳陵，集同人讌春雨草堂，與者田雪龕、劉雲麓、兩使君、張天任、丁漢公、張詞臣、劉膚公、黄仙裳、黄濟叔、陸右臣（宗）定、九余及昌兒，即席次膚公韻

閒理松筠閉竹關，欣逢屐齒破苔斑。重来筆墨情難謝，欲去罇罍意未删。西帙縱横迷閣幔，清言蘊藉醉心顔。更憐遊從多同調，莫遣征帆指故山。

送劍公大師還家山

當年應社追從日，妙譽英齡鬢未絲。幾載滄桑今舊雨，數聲鈴磬律宗師。論才我愧皤玄首，服道君真飲玉飴。信史人天心史後，輭塵夢薄眼如箕。

禊日讌集先成各體六首之二

佳招令集總才名，坐引湖山選徑迎。林薄鮮葩晴外著，池塘春草夜来生。畫圖天設聊亭榭，賓從雲聯及弟兄。自是巢由逢稷契，永和回望倍闗情。

流觴列坐古今情，令節林花夾岸明。野艇客從天外至，暮春時似鏡中行。徽音山水含絲竹，選日融和愜朗清。何事登臨謝安石，背人捉鼻總成名。

又和雪龕禊日詩

春来底事引人多，十錦林塘對笠簑。野水乍添波幾許，晴光欲

綻意如何陶情勝地宜圖畫縱日韶光一放歌燈火從教新歷亂漫移艇子傍烟蘿

白髮青春不用悲伊人何在水之湄百年晴晦渾如夢廿載行藏但有詩閣榭曉連元稹宅蒲菰晚接葛洪陂樂遊舊侶憑誰問妙妓高僧總自如

癸卯抱痾卧牀為二詩

餅綾蒲柳路多岐年少成名怨夕熹共羡高天暉世業獨持苦節見心期半生經濟旰衡日萬事牽留射策時不改廬山真面目啟看手足亦何疑

釋褐丁年占一經五湖梁甫學船耕等閒詩酒非吾志寓目園林只澹營親養已終心更恝君恩未報意難明歸全此去無何事皎月當空百慮輕

因雙林凌子驚寄鐘明府

五馬當年賜晏来東山絲竹許時開書傳南國星霜異客到西泠襆被田青草夢餘曽有句雙林人至更無猜湖光兩地添生面皓月重應照屋梅

甲辰禊集和劉雲麓

碧池芳草正菁芊筱齒閒遊疊錦箋車從野亭還蔟霧山堂驛路不馳烟流觴索賦宜佳日打鼓催舟憶往年曲岸方塘隨所適將無人擬酒中仙

春意窗前草正芊山斜遲客疊詩箋名花入眼香疑霧好句臨池玉吐烟世事儘教成舊夢風情還許似芳年同舟况是神仙客愧何論文共謫仙

贈李峻公孝廉

帝京風物繫予思白也才名我更推散步曽閒修竹逕醉吟偏及好花時紅幂瀲灩秋波屬白社因依夜月知此去東華真咫尺猶椷尺素到江籬

舊德淵源起慕思有懷明發祇增悲忻逢華兗千秋業睠切緇衣百世師伊洛尋源追正學鄒枚揆藻羡弘詞晴窗展翫還三復貴比琅球固所宜

乙巳仲春八日六兒鴻逵成婚佳其有志喜賦

四女及笄俱出閣六郎次第小登科子平雅尚酬應半德曜良緣慰已多未解繁華趨俗駕不教篇冊擁香螺書齋依戀吾深羡博議名成鰲玉珂

雲麓劉明府北上余抱痾不獲至河干口占志嚮往之意

人物曲周推獨步公孫出牧此稱良開河纚纚笙歌發作賦淵淵金石揚舊雨祓除今雨續吳山馳念北山長嗟余未上河梁去傾耳驪歌過兩坊

甲午追隨吳葵庵年伯入都頃邗江重逢屈指十三年矣感賦

五兩輕舟驛道遲（余時與舟同行故遲其至）追從世講愜前期才名舊著綸扉望啟事新煩白簡推山水情深偏我輩風烟夢斷欲誰知只今故老飄零甚（同行諸公）邗水重逢晚更奇

閉戶經年晚著書偶然塵事賦離居相貫酒論心日卻話方舟應詒初麟鳳德門花爛發（世兄時二齡）苧蘿芳佩月徐舒（姬人每荷太母深眷）別來滄海何多故風雨曾無到蔦廬

邗上晤張蔦民即事

張子吟梁把上儔一生心事託豪遊江東物望君稱最塞北風烟我亦愁白畫只將詩思送良宵真共美人留（蔦民不婚不宜）相逢卻話平原舊義俠風生百尺樓

木　李草樓為余書太白詩至是又索書西崑

草樓々在畫樓西一逕迤西我又棲彤管昔年均結緣黃堂今日覩懸黎俗緣猥鄙憑人羨妙筆縱橫許共攜太白狂吟書未厭西崑索札愛家雞

郤子峻寓光孝潛柱邀共草堂納涼豪飲劇談即席志別

子峻巍科冠兩闈看花騎馬遍皇畿自應蓮炬先時產暫借雲司著德暉白社每逢狂客過（坐）清樽不與故人違舊交分散真堪羨拭目名流快著緋

喜藍次公來吳陵以未及多藏太翁畫每用歉然

歌吹揚州全盛時武林筆墨（藻）繫予思但緣閉戶窮經日孤負名山入夢期不逐紅香京洛客還來罨畫曲　江湄會須四壁開生面勝比西湖也更宜

沈靖之藏有先人詩箑喜能見付敬依原韻賦謝情至率成有慚大今多矣

獲聞先蹟重奚囊亟欲期君進一觴詩思盛唐何忝杜字兼寶晉定宗王都人解引清風袖獨子真同明月璫良夜奉持如近覩相看奎壁映寒芒

張菊人舟次吳陵用集中韻惠句次答

筆池風藻大江南海國何期展素函詞賦價高雙玉案亂離人在百花潭詩（成）染翰生新霽容至開尊看晚嵐自是成藏名懷轉劇敢云識面比優曇

陳伯讓投詩賦答

廿戴（載）滄桑總倦遊牆東遯迹傲時流漫將竹樹栽荒逕遂以圖書疊小樓世事拋殘殊獨樂閒情澹穆賴忘憂高賢有咏如親覩不數春風杜若洲

阮晉林丙午秋舉一子年逾六十矣索詩志喜

鳳齡高會樹滋堂廿載蹉跎兩鬢霜五嶽我遊今且半一麟君舉後方將丁年蠟屐經時健子夜熊丸引興長深柳晚香彤管並家駒玉立好傳觴

吳門晤張總戎

司空博物稚人傳契合 延津卜自然繡虎雕龍慭我拙輕裘緩帶愛君賢樾閒獨樹情原定天上三星夜每懸握手吳趨成莫逆野航雲共曉風聾

己酉修禊又得近體

春風吹綠徧湖洲湖面（内）山光湖面樓避世未忘舟楫興開尊端為拔除留客逢花樹班荊坐杯似鳧鷖逐水流宿雨報晴好時今莫聾俗慮負狂遊

一冬風雨賦羈愁上巳春心不自由嘉客總緣文字合新詩索共草堂謀塵區事業烟霞貴序交遊猿鶴悠堪笑浴沂真好歲事是日走石橋落水 還移小櫂泛中洲

晚影四幀一釋褐二買菜傭甲申三月 三官閣讀書乙酉五月四禪悅歲庚寅遊金陵畫也各繫以贊纍纍數千言頃為午影今我猶昔我也意義無多但為一詩代之四贊易看而可悅如倒追賦書之後幅

少年才藻動京都避地江南茇舍迂卻憶賢冠誇釋褐獨肩菜擔效傭奴兵歌（戈）渙漫朝饔賤酒婦浮沈袒袖俱猶道奉還（規）寧故國山行虎豹未全圖

午影四幀歲己酉遊金陵畫也年力逾壯德業不逮青春白晝不能去諸懷更期晚影無訾罨畫耳 一抱甕圖春也亦圖耕與鹿豕遊 漢陰丈人 灌園圖 荷鋤大婦前行小婦隨 美人香草 玉樹 帶經鋤〻較書天祿 二釣魚圖夏也亦畜漁 用子美老妻稚子句 溉之釜鬵 釣璜 三騎牛圖秋也亦畜讀宜花 種竹 授書 老聃關喜 四伐檀畜冬也亦畜棋 稼 獵 伐木聲鳴 扶輪 桑弧蓬矢 卷幅有餘 又畜修禊畜文會也 右軍 安石 東坡 妙妓 高僧 坡公湖上鳴鑼集客 歐公金帶圍 又圖背師畜壯猶也念遂隊少年曾幾時不覺老大圖此以當運甓猶是投局江中惜分陰意不欲遂效牧豬奴事也

舊題晚影流傳甚午影花間次第栽河上伐檀成底事漢陰抱甕不須猜綠沉差許消清晝紅袖休教委碧苔何日元戎還背陣據鞍慷慨見雄材

八股初復兒輩大集同人重整文會因自為八股業示之

童年結習共吾曹茂歲成名筆墨勞一自篇章推烈炬漸看城闕刺荼酒弓箕世業師承細甲第儒林譽望高大雅振興稍有賴莫教凡響溷鳴臯

大兒夢仁自辛卯入闈歷場屋者七今始舉於鄉撫今追昔感賦二詩並今大兒同諸弟和成錄而志之

辛卯觀光學步初髫年及壯負賢書雄文我愛耽丘壑世業兒

方近石渠末俗紛華真可憎後生驕吝必須鋤名家古道從来
貴菽水三公儘自如
自從芳歲賦離居入眼時流異厥初教子有情期式穀逢年何
意囿牽裾科名且半酬書願鼎貴寧闌炫里閭大器高風良可
問佩將德業比瑤琚
二詩寄觀總之欲從厚從素從正太以先哲為必可師耳
天下大矣讀書抱心期者誰曰不然其姿意自為幾人士
貴克自立勖哉
辛卯八月寓報恩寺階前玉樹著花後昌兒與恩選貢京
師隨試中翰己酉八月平江舊寓庭榴復著一花意四
六七兒南闈之讖而大兒乃以北闈登賢書花固以罕
見為榮耶若效俗輩翦綵為之速化自易但必欲存真
令生色照燿令人窶耳作此寄大兒
唾手科名兄及弟曾聞玉樹接三台小同已入彤龍署諸仲還
推駿馬才薇省舊煩瓊蘂報榴花今鎚桂樽開不須翦采論工
拙佳植還應繞砌栽
長次兩兒辛卯入闈余適先後為白下之遊是秋大卧病
嗣後但遇決科病復如之今（秋余）年近六旬頹然不勝病者
亦稍稍以慎病為念僅免於病吾衰之歎不其然乎書
寄大兒此念不可不知

念子江干自有情何緣卧病太愁生但無懲懣三秋望豈有牽
留萬里行闈逭長安誇捷騎幾田札素擾心旌一門出處分今
舊莫遺流迂點宿（風）盟
即事 中憲期余成名列重慶宇時祖母八十外猶及見予聯捷
呦鹿當年衆共誇新看獵喜屬名家沈埋千古傷心事舒放方
筵滿院花已有蠻文張世學曾微帛素繫天涯遙知紙筆推青
案三逐猶存日未斜
大兒闈墨寄將述場前攻苦之情以及場中衡文褒賞論
次之槩為二詩答之
世業相傳此事深總緣和寡重知音穴藏虎子吾親探淵有驪
珠爾自尋夢裏雲霞賡好句花時歌吹報文心高曾規萬能庭
紹較勝家書抵萬金
聲榮騰茂自能為慧業親嘗貴獨知洛誦名都驚國寶工張錦
瑟侑笙詩裒華鼎盛群多可筆藻葩流夢始怡桑汜留還灰萬
念卻緣毫素恰深期
初見大兒元墨有當於心因念家塾共兒輩論文何嘗諄
復得此稍可默寘秋闈心許此吟既寄大兒兼示諸子
早從弱歲研田耘握槧年來力較勤宵稚笙簧誇上國春官筆
札冠全軍詎誇喫著能驚俗稍喜才華迥出群家塾自今懸正
鵠何煩老子更論文

書事八首

捕影含沙匕射弓蚩尤毒霧敢迷蒙十年懷寶風塵暗九曲明
珠斗極通鵬奮遠天誰復礙兔爰幽窟尚交攻殷勤寄語操觚
容莫道居高聽未聰
文章叙事大蘇優怒罵還同嬉笑留話向悲歌寧害物說来驚
愕總閒愁蠅聲有託嗤靈唱鳳德何乖吝吉衷詩巻只今名貴
甚孰先熟後定誰尤
怪事流傳駴見聞我生詎必羨離群揭来蛇蝎三光晴聽去豺
狼百慮紛微顯闡幽資直筆人情物態薄秋雲諸公但道予饒
舌清濁相看涇渭分
名貴閒居分愈尊眼空流俗傲三村書香五代詩囊富甲第聯
標祖訓敦鼠穴那堪同類鬭蟲應似匪人繁沙浮雲過眼冰輪
静直道斯氏有定論
詩家敦厚古来推我又詩壇匕興師亦恐亦群香草慕不淫不
亂美人思能文自合尊篇巻好德還應重羽儀竽瑟只今時共
改同心端不憾之而
畢竟名賢臭味同廿年謡詠祇徒工霞標織女明光殿錦敚仙
葩紫翠叢夏井蟲蛙宜小見蛟龍雲雨定誰雄科名遴向真才
裏賴有文章適不窮
白晝何當魑魅行郤言投匭正相成多年阻抑豺狼肆一但蜚
鳴孺婦驚聱耳豈曾嫌早貴吠聲何必怪群爭掀髯總付軒渠
笑為戲為真請共評
信有人間行路難那堪親密底相殘百年只道供崖岸二子何
期付逝湍枕上氿闌存譜次懷中尺素漫雕鞍莫言桑氾塵區
事德業丹青歲序寬

和菊人壬子上巳前一日集春雨草堂

湖上橋成也字西湖南湖北幾橋迷簾前花暈春還映磵外鶯
篁晴自啼流水有情同祓禊名山何路更攀躋多君笑我猶多
事畫出莘耕雨一犂
荒園藉草足婆娑城內風光湖內多勝友高吟名總健佳人薄
醉意如何畫圖省識星霜異詩句還同笑語和来往與君成二
老莫辭三逕月三過

疊前韻各二章竝索許年伯潄石懸圃望候念共桐仙凡
馬屬和更令夢昌諸兒輩暨倫孫兄弟輩和之

一逕烟霞竹樹西武陵春色武陵迷晴花爛熳閒尋竝好鳥閒
關傍客啼更向谿橋耽放浪還憑石磴對攀躋休誇曲水前賢
勝雲雨家山且自犂
苧蘿村巷可曾西風月湖舟望不迷碧樹自逢春雨色黃鸝多
傍草堂啼洞門莫遣漁人問驛路教憑俗士躋賴有同聲二三
子尋遊愛我自推犂

尚憶金門逦馺娑九春花鳥若為多太平誰共談遺事少壯幾
時奈老何翠被鄂君憐子皙白頭先輩是元和相期更瀉葡萄
綠爛醉湖亭百徧過
蝎來初服影婆娑十畝方塘涉趣多麟閣便圖成底事鳳儀輕
責待誰何遥知禊帖同金谷又道融文續永和舉目神州還此
地竹兜泥醉約還過
　清明前一日菊人得余詩又惠二章再和
勳名不到漢征西一舸從教烟水迷戲蝶娟娟閑慢過嬌鶯恰
恰到園啼生綃物色三毛似罨畫樓臺百尺躋欲命巾車看麥
秀招攜好友共丈犂
忙與看花勝馺娑誰人道我患才多少年結客追英上垂老當
歌喚奈何幾曲流觴同蘂玉數聲長嘯拂雲和定須勝友來昕
夕尺素横陳剝啄過
　壬子初夏白孟新見過瀕行賦送兼寄仲調
金陵二白娃名香一代清流黨籍荒馬巷舊時多涕淚鳳臺今
日感縑緗季方詩句星霜異伯子才華卷幅長尚憶往遊賡禊
帖更械佳什寄林塘
　夢兜約同譜過草堂漫倡竝令兒輩和之
舊設草堂遲上客新開浦嶼進湖松舩筠晚節繁柯葉山水清
音發筦絃已有文章酬獨樂欲將花事記流年群賢少長真閒
集閒理絲綸拂素箋
　謝集草堂子威有作夢兜更約諸同譜徧和
詎關勝地樂遊翺賴有名賢肯吮毫彩筆衆干花樹好碧幢雲
擁石亭高鳴榔過雨來横浦度曲臨風到小橋自是詩腸難禁
遏等閒舒嘯擬東皋
　莊澹庵畫扇見貽兼索題册
漁陽撾急畫船催想像僊郎竝櫂開鏡裏山川縈卷幅意中筠
桂入樓臺閉門廿載懷簪筆便面千峰出雋才還向巴人問題
字一尊風雨待君來
　喜其礎舟抵邗關相期枉顧並煩其拔觀（勸）駕
閒隔吾師三十年頻看好月可時圓前身學士餘雙柏命世文
章有再傳卻抱遺書揮閣案還瞻紫氣貢林泉鑾江放舸休匆
遽勝折梅花點素箋
　甲寅暮春二日集春雨草堂兼訂禊日之約
撲蝶春陰喜乍晴雨餘修禊約還成缸篘酒面寒仍碧園列花
光分外明客過山橋穿野渡柳依簾幕喚流鶯東岡棋墅群賢
在妙妓扶吾著屐迎
山兜新製堪時出籬徑斜穿渡石橋花發衆香調酒氣柳舒青
眼殢人嬌隱囊紗帽偎紅檻茗椀爐烟醉碧霄勝日良朋真好
事長堤踏遍坐吹簫

十畝方塘跨兩橋橋邊紅杏恰相招籃輿玩世山椒曲畫舫懷
人水面驕列坐流觴忘魏晉停橈得逕問漁樵右軍金谷徒優
劣應有豪情慰寂寥

禊前一日微雨

修竹茂林宜此地芳時尊酒為晴開野航杯似泉高送翠幰人
如天上來雲倚杏花偏有艷雨移香草定相催祓除檐霤浮觴
近春水還教潤百荄

雨霽

雨奇晴好羨西湖載酒年年興不孤一自春寒迷獨漉欣看朝
日上流蘇尋芳藉草宜蝴蝶喚婦將雛任鶺鴒剛是詩成天又
霽惠風掩冉動花鬚

客至大雷雨淋漓縱飲衝泥而散

喜聞鐘鼓報新晴遂有良朋蠟屐輕電擁奔雷失匕箸風翻驟
雨響蔥珩驚心〔時〕變疑難定感事詩成酒共擎我友時半來半不
至衝泥肯負杜陵行

禊日宿雨初晴少長咸至

三冬壹鬱待今舒昨歲春陰阻祓除山徑午晴諠鳥雀石林佳
氣到琴書流年似水耽脩禊勝友如雲一簡疏長此遊觀敷列
坐但無塵俗溷幽居
穀雨春寒奈索居不教溱洧負雙魚沈浮綵筆宜詩句潋灩名
花雜珮琚曲水縈迴思倚棹翠微遮莫羨騎驢眼前風物堪流
憩況有新篇解起予

禊成訂十二日更踐半隱紅帚之約

園門畫扃許時開直待群公詩句來四座罇罍平卷幅九春花
柳映樓臺調鶯作管蜂諠坐藉草為茵絮舞杯若有紅帚解文
字蠻箋錦瑟並相偎

賦壽許漱石年伯七十並寄半隱諸公暨昌兒輩和之

名文卓節羨雄風賦奏京華世講通太令才情推瀨上夕郎聲
望照江東三湘七澤鄉音外楚雨巫雲驛夢中重九展觴多好
句更織芳訊寄方瞳
漫織芳訊寄方瞳三楚精神少小同莫怨兵戈迷孔道不教詩
卷付飄蓬功成鬢宪年俱壯說向風雲氣自雄黃髮幾人還好
事月輪剛到畫樓東

和鹿牀歲除留別二詩

相逢好友難為別況是山梅欲發時幾載音書勞雁足三餘詞
賦動花枝揭來佳句情何限一往扁舟事可疑欲定行藏且莫
定把杯呼酒共題詩
年光荏苒歲交除榾柮煨殘雪散初竹葉有情堪筆命梅花何
意欲傳書飄零迹事輕流俗潋灩詩篇起歎譽相約卜居還此
地暫攜烟水傍樵漁

劉淑向至吳陵因憶嶧巘使君

避地城東薜荔牆回東欲掃姓名香元公令子扁舟近制府軍書驛路長人是再來多悵望客從新見試端詳烏衣不改風雲色屈指時流笑語狂

吳擅陵社集總名場卒掾何因到此堂共道猴冠多狀能爭誇鳳羽擅文章徵詩署閣三更月載酒歌船兩逕霜宵不新題送新朧劉生雨雪正春陽

丙辰重九前一日玄圃五十初度

陸氏昭陽代有人多君抱節勵松筠論交廷尉心期重橐筆山堂氣誼真廿載才名虛歲月三秋詞賦動風雲湘纍祠畔紫桑路欣見黃花晚更新

春雨草堂集卷八目次

春雨草堂集卷八

海陵宮偉鏐紫陽著　男夢仁定山重訂

五言排律

德政殿聽儒臣講寶訓及西銘有述 五言排律十六句癸未館試

駿德光天位，鴻章華聖朝。典謨卿旦合，經濟鼎彝昭。講幄資金籙，縑囊啟玉寮。文明宣黼黻，闡繹答英韶。開國雲雷済，承家風雨遥。艱難歌舊緒，樂利譜新謡。中處乾坤繫，高懸象緯標。帝聰齋古哲，睿藻發璇霄。

和史赤豹同年扁舟海陵詩以述懷之作

燕市悲歌客，平陵一嘆愁。選山窮洞壑，結友戒沉浮。為憶金華侶，相深漆室憂。天心方黯黮，世事轉戈矛。萍梗情何限，鳥猿良獨求。秋笳凄晚樹，高燧照方州。稚意終無孤，情詎易休。勒銘懷偉略，委佩藉嘉謀。神物應須合，高篇愧莫酬。舉杯雙闕迥，揮淚五湖秋。寇鄧名猶在，蕭曹志可儔。湖洄傷遠道，風音若為遒。

侍家大人同孫新銘年伯入淮舟次安平知前途兵過僧堅淦邀至李氏園亭宿焉梅公聖任兩前輩偕黼臣含仲澹子磊崿健行韞仲五絃子野修穆子卓子毅先後攜尊過晤韞仲清歌劉玉為洞簫和之

仙侶方舟約，趨庭世講隨。驛亭春樹遥，客子曉衣遲。金鼓中流發，干櫓兩岸維。充庭虛振鷺，上國阻雄羆。投轄豈云素，鳴榛未可期。才名開府健，勝地比兵知。深柳情如晦，清谿夏有颸。蒹葭彌遠照，野雀噪前池。捲湖光入，開軒漢影移。片帆催解纜，歸路惜臨岐。好友攜樽至，高賢並駕馳。論交深北道，命讌集南皮。棋墅消長晝，洞簫引夢思。清喉方度曲，謔始忘疲。夜色冥冥合，星光耿耿垂。沙明蟾吐燄，露下鳥依枝。燈火荒村亂，簰航晚渡疑。他時念往昔，應憶水中湄。

賦得槐夏午風清 課題

簾敞南薰入，槐陰午院開。景炎方炫日，雨急未奔雷。弄影新篁並，含風細蔼栽。樹宜清禁植，香拂瑣闈來。密葉勻青杏，長條暈碧苔。蜂房諠洞閤，蟬語傍高臺。茗椀朱弦曲，棋枰白墮杯。方知仙路近，應切夏農哀。調燮紓時策，詩篇集賦才。何當弘樾蔭，大庇自三台。

禊日讌集先成各體六首之一

麗日屬芳年，榮滋物態妍。惠風臨上岸，佳氣蔭前川。被綠纖條潤，舒紅密樹連。京華張翠幙，貴客敞高筵。士女彼都舊，園林浹日鮮。選儔修洛誦，方軌憩河傳。杏葉全依巷，菖花正貼船。樂張新奏闋，杯藉曲池旋。拌澤才寧讓，烏衣興欲騫。開尊延勝彥，接席疊巴箋。詩句雲俱色，觴流坐屢遷。群賢資雅懿，少長樂謀篇。俯仰推陳迹，風期邁世緣。奇莊何所羨，逸許亦良偏。痾與塵襟盪，憂同俗慮蠲。還將意冠意，沂浴東芳荃。

七言排律

禊日讌集先成各體六首之一

條風應序破輕寒依舊湖山接杏壇清淺淥波緣錦陌芊緜茂樹蔭芳瀾貪看怪石增奇思坐對鳴琴愜素歡褰馬樂遊名士氣鉢餅雅集老僧盤美人延佇虛華薄稚子追從過急湍藉草茸茵羅綺席交枝鶯管接鷗彈新翦花撲匀缸面好句雲流灩筆端何用蘭亭羨金谷此情儘共畫圖看

春雨草堂集卷九目次

春雨草堂集卷九

海陵宮偉鏐紫陽著　　男夢仁定山重訂

五言截句

甲申渡江四首

何處青山色驅車過大儀片帆江上宿起舞待朝曦

江上山還舊江頭楫自催為有名山約中流一舉杯

五兩一江來渡江即江左當世有東吾隔江初放舸

南北共一江江亦限南北對此正茲茲倚櫂情何極

夏林珠樹

長橋海外橫上有三珠樹化作老虬飛明霞雜寶璐

吳見來李長公史孟輿彭葵若周性持諸同年雨中招飲惟史旭初莊居彭于氏入浙未與

昔年桃葉渡杯酒託新歡風雨重相見銜杯仔細看

飲宋共武同年欣其堂盪舟池上

達人常絶俗丘壑自胸中為語扁舟客憑欄小徑通

夜宿吳氏山亭聽泉

林磬沉更漏竹床清夢賒覺來環珮響澗水咽朝霞

漱石枕其流此義不可曉泉聲枕畔生入夢知多少

山行

窈窕谿流濺嵒嶤石徑長山從人足轉谿以石為梁

捫蘿尋古道絶磴阻躋攀為愛前谿曲山僧對坐閒

何氏山亭

白雲來往處高閣有無中屧杖雲烟合天然几榻中

過史開先同年兼及南湘金吾

燕市悲歌客重來訪舊遊商山何處是明月隱簾鉤

内人制絳綃鏡囊索題口占二絶

君心似明月皎潔不染塵襯以霞光艶冰輪託五雲

絳紗籠曉月光彩亦何鮮桂影交枝處嫦娥整翠鈿

曹真卿見示蝶扇屬題

素影罘罳小沉香悄夢通等閒花信到連袂鬬春風

白蝶何能化蒼黄莫浪疑廬山劉燕子姊妹究相隨

從清江浦换船有作

河淮從此合一浦隔其中咫尺淮揚路馮河本易通

浦口苦沙淤千檣集其下對浦望淮流奔濤疾於馬

浦口千檣集浦心兩岸開大河衝浦下到浦是淮隈

此淮共此河浩浩自疇昔銀灣多濁流蹇裳惜縫掖

河淮本能合一浦隔兩水濁浪與之波泛濫從茲始

八舊詩

舊鏡

冰鏡人皆貴神光久益奇菡萏開結綠偏不負鬚眉

舊玉

特達重圭璋歷代知所寶燕石涸其中鑒之以冥灝

舊琴

絲桐具至性紋斷性無偏不遇鍾子期猶存大小弦

舊錦

蒲桃與茱萸何如蛟龍重卻憶牽絲年無為褻所用

舊硯

硯如美女鏡々好逞環姿筆墨和勻處相看舊益奇

舊墨

如犀又如玉湛湛小兒精何嫌揗上磨觸手擅金聲

舊紙

毫柔紙貴強紙新毫亦折激心昔所稱宣德美如雪

舊石

秀漏自天成歷久名逾大媧皇世已遐風林聊坐臥

見李非猿畫冊中題句率成

予家小東山春水一湖足匹練觀秋毫懷人送遠矚

和雲麓小園探梅二絕

一徑瑣松筠山花自開落獨抱鐵石心尋梅過小（澗）閣

春色撩春心春情不自曉燕子故雙棲愛此春棲鳥

春雨草堂集卷十目次

七言截句

春雨草堂集卷十

海陵宮偉鏐紫陽著
男夢仁定山重訂

七言截句

撫今追昔謾尓成唫

吉士相期自有同，晴中顛倒戈冥鴻。比來一洗丹黄氣，省得當年詬詈叢。

當年捉筆應難料，比日追維幸有之。而今更署瀛洲籍，竊恐前人未可師。

渡口小築十之四

華屋園林事未遑，耽幽差可結茅茨。謝公墩上還松竹，不是王維畫裏詩。

桃葉桃根古渡頭，永和三月晉風流。揭來棋妓烏衣容，睹墅閒行過小樓。

江左風華此卜居，新亭涕淚近何如。還屐齒看山色，風雨風迷離夜擁書。

帝城風物總關情，卜築清谿舊有名。卻憶普天休戰伐，畫堂絃管踏歌聲。

將之瀨江有感

一官春去鳳凰池，荆棘銅駝事未悲。卻止新亭名士淚，重尋石鼓咏周詩。

東望家園計已非何堪白下轉多違驅車漫道羞懷祿蒲柳心
情悵夕暉
當年誤國竟何人花落花開又一春此去夕陽還古道長吟吾
是舊綸巾
鳳舸笙簫何處尋龍樓旌旆最愁心幾時再鼓中流楫珥筆京
華送好音

日望家郵不至

鄉邦咫尺夢魂中帶水盈盈鳥道通可是桃源尋不至卻教鴻
信阻東風

憶揚州

聞道揚州羽檄紛喧塵嘶馬突成群竹西歌管今餘幾夢裡邊
笳揚（樓）白雲
蜀岡迤邐古揚州廿四橋邊明月樓簫管一聲塵四起夜深何
處奏箜篌
幾載征書事朔方廣陵濤暖送飛觴可憐昔日繁華地鉦鼓闌
闌亂夕陽
盈盈邗水泛輕舠花氣晴熏晝錦袍烽火夜來歌舞地江流萬
里一鳴鼙

邗上晤鄭士介同年見示貞女殉節本末口占紀事

莫道群仙不愛名女經熟讀本天成嚴江孝子乘槎去繞室梅
檀悄自盟
豸繡旌忠世有名娃姑冰映挽頹傾應知水部家聲舊神嫗從
教入夢迎

石象雲使君為言白石一園半為鶴沙師攫去頃過從尚
有餘者賦索

雪車冰柱不凡才半掩蓬蒿半著苔使君魂夢瀟湘路客子攜
歸吐嘯臺
穀城山下舊精魂袍笏頻呼向小軒春雨堂前春艸綠邀同桃
李靜無言
山水心情志不移高人攫得已多時莫道愚公能徙石果然畫
水過吾師
使君雲誼足千秋石丈追隨得自由草堂不及黃堂麗乞得雲
根點拾洲

移竹詩五章酬艾卿

相期舊雨過玄亭愛爾琅玕舊有名滿院清光看不盡臟香移
送溼雲軿
乞竹還須問主人何來綠玉徧花陰靈堂賴爾能栖鳳一逕寒
松百尺心
小苑迴廊樹自花新添翠篠上檐牙天寒薄袖遊應徧更欲題
詩付碧紗

亂後違離不可居喜逢空翠溼衣裾渭川千畝侯千户一卷黄庭手自鉏烏語

鳥語花光上竹枝白雲紅樹謾題詩繁華到處皆堪羡說與松筠總不知

移竹二詩為膚公賦

曾向南園乞竹回（先時愚公惠竹最多）長鑱猶帶溼雲栽近聞方竹還移贈十畝庭陰上綠苔

渭川千畝比侯封碧玉黄金嵌綠茸移向衙門經手植朝來實氣上高舂

燕地懷古

西山雲擁翠微深天壽龍蟠萬木森羌笛一聲秋鴈合平蕪極望淚沾襟

漫說黄金自有臺郭隗終是不凡才百年養士誰當報駿骨甘令付草萊

蘆溝曉月曉猶明疋馬西風向曉行千里桑乾何處是依然流向帝京城

督亢陂前落日斜虎狼貪横未有涯舞陽圖畫匕首出荆卿秦政相紛拏

樓桑昭烈舊居存定鼎他年心事繁可是卧龍人去後九秋風雨到衙門

華陽亭畔竹聲聞殷勤密語樊將軍雖然匕首無消息沙中一擊氣猶存潞河秋色漲寒波

潞河秋色漲寒波疋馬經行憶曉珂柳色漸凋雲漸合雞栖捻意何首如

相傳閭祖左戍漁陽魚腹藏書陳勝王莫道黔頭無箇事族秦將相盡非常

永平郭内朝鮮城箕子分封舊有名麥秀自歌心自悴何須振鷺侈西京

墨胎三塚近如何允智閒行發浩歌仍將遜國飡薇意叩馬前途登諫倒戈

射虎平城羡李侯數奇空自老邊陬生來衛霍功勳貴怪得公孫願易酬

孤竹經行卑耳墟山神底事引衣袪葵丘狎主人難並小白功高定霸餘

黄金臺下漸離居易水悲歌恨有餘如今擊筑何人在風雨蕭騷老讀書

公奭當年未啟封太公曾此截魚筒鷹揚虎拜千秋事盡在蕭條望眼中

一曲誰彈舊廣陵柳邊激水抱孤亭侍中不應山公教何至援琴學老伶

滹沱河下白波渟何處王孫歸未寧歎息蕪蔞當日事夕陽西下照殘汀

高流何事隱箕山豈是平陽怨未還棄瓢岩外標枝樹千古還誰許共攀

淮陰泜水敗陳餘數載群雄盡翦除一自鈎盤兵陣合御嬿張耳定交初夷甫清談、

夷甫清談典午屯荒雞喔喔舞劉琨南雲北樹關心極長嘯登城感慨繁

順德城中掾讓樵漆身吞炭恨難消犫衣三躍甘同盡常使英雄歎寂寥

枕畔炊梁熟未曾隙駒過(處)抵三生華胥亦是塵勞境誰說莊周蝶夢輕虛

天雄直北古澶州千里浮雲入望秋一自寇公歸去後暮雲紅樹亂鳴籟

河水年年決塞愁宣房瓠子古開州積陰青海堪沉陸底事勞人苦未酬

五鹿流傳自有墟當年重耳出亡餘野人與塊等閒事得國何關拜受初

武陽城下晚香亭韓(韡)魏猶來判大名芍藥廣陵人未艾捧天畫錦願還成

雲州堡外鴛鴦泊斥堠無人清可憐自是當年飛放地不教龍馬出前川

由來秦法未須除王仲何緣變隸書化鳥高飛人不見相傳大翮下周廬

磨笄山下草菁菁趙姊當年怨未平御怪寶符窺代日常山銅斗禍機成

漫句之二

長往年年憶遠遊(閒)關尚為置書郵低沙白雁投寒渚隔浦江楓照暮秋間

洞庭始波木葉下石壁返照扁舟來滿目京華縈客思好移蠟屐點蒼苔

壬辰孟冬後一日別燕題壁

十年離索對西湖忽漫扁舟過故都莫怨風塵欺客鬢相看雲雨伴征襦

玉河衰柳是何年玉謝飄零足自憐酒婦客宵清夢後尚緘別淚到離筵

曲房阿閣畫樓居御伴蕭々逆旅餘(人)靜夜々闌清思足一聲長嘯滿床書

艸木兵戈事已灰香名白傳但詩才如何翦燭深杯夜欲共紅妝笑口開

添得黃鸝第一聲課題

種樹門前未有名美人香艸踏青行等閒何事登樓望添得黃鸝第一聲

添得黃鸝第一聲不眠坐起望金莖東風回首長安道春柳依依春艸生

題魏曾城小影

紗帽白衣聞魏野東郊竹樹更逢君歲寒何處尋知己逐有長松有石雲

題易天御小影

羅浮高士舊寬袍問柳尋花亦我曹一卷黃庭親手釋魯男風範古人操

我許陶潛但隱居人間甲子近何如先生抱蜀還松菊令子他年曉直廬

題史春寰小影

玩世藏名博古圖不教塵事點簪裾曉來更掃倪迂逕十畝桐陰一卷書

題蕭閣有小影

坐對鍾山學寫生蕭郎彩筆舊知名何人更寫蕭郎貌卻詰鍾山舊雨情

紅香染翰別離情尊酒年芳意未平廿載滄桑春艸綠黑頭回望客心驚

送張無侍之東湖

湖東深秀隱烟霞十畝芝田一逕花廊落羊裘人不識客心中夜汎仙槎

戲題陳遜齋二圖

一官遊戲弄柔翰夢裏仙芝覺後餐閱盡滄桑渾似奕英雄轉局學還丹

小戎詩句總橫陳逗碧凝朱一婦人棋隱丹心還鬬勝不教遊冶負青春

題蘇李泣別圖

丁年使節滯沙場垂老生還入帝鄉回首故人天外隔晨風何自達長楊

君情友誼兩相維攜手河梁淚落時若是世情兼薄俗河梁不上泣何為

李箕山過訪草堂

小閣春陰入畫初高流筆墨等閒俱荊關老境如錐畫筆用中鋒墨用枯畫

畫理由來本六書六書精到畫全殊從君游刃添山色寄我開山老畫圖

因仙裳行從金又鏞同年索崔硯否則不免為茂陵客也

曹子文章重雀臺漳河甓硯不凡才一泓寒碧能相贈好句都從鄴下来

燕吴咫尺數行書鄴下風流迴不如肯寄雀磚當鸜鵒秋風雨袖慰離居

題雪龕明府松下讀南華

自是長松耐歲華寒棲雲卧石楚檽看鵷雛腐鼠何難辨咫尺紅香生羽翰

司牧才名霄漢間肯教松桂憶家山東華近接南華夢始信高流不可攀

何九敘采芝圖

梅閣何郎早著名橫斜晚更采芝英歲寒老友溪山畔莫向紅香隊裏行

衣幘桃源世罕同攜筐穩步信天翁道逢四皓應須避國是閒聞計未工

送詞目令鄞江

秋風不到遠官衙頗有金峨待客槎明府不嫌頻問櫂月湖勝處我移家

赤堇城東接武陵桃花萬樹戴霞蒸揭来采藥山中客任爾溪奇我欲登

楊無聲寫照索題

郎官山下老才人出守江南近十春抛卻蒼生無限事常拈彩、筆照綸巾

觸手烟霞似有神使君風采動人倫草堂索賦渾閒事領略樽前見在因

和劉雲龕

獨有攀梅詩思長隴頭驛使寄曾將春風桃李春應艷詎似寒香壓眾芳

燕子来歸識舊廬王孫去後自蕭疎留春莫遣春帆急鴈足初栽上苑書

題錢均曆圖冊

踏石含毫别有思六書精妙古人追還將科跣山中趣白眼時人總不知

湯壽友松禪師

光孝東偏友上人龍松長護鉢羅春流光六十應全未好共西下湖老卜鄰

十年前膚公惠予方竹頃再索數竿多其不吝賦謝

此君清節舊知名愛爾方嚴不世情若使刓方才入俗松風應自笑先生

虛心直節鸞望侶況有觚稜迴不群只道離奇乖世好多君持贈也干雲

劉鶴亭行樂屬題

虛中祿命是耶非列宿肖羅道不違峙幘盱衡無個事繙書閒看白雲飛

春雨草堂集卷十一目次

歌行

春雨草堂集卷十一

海陵宮偉鏐紫陽著　　男夢仁定山重訂

歌行

古悠悠行

海風夜悲古猿晝箕峁谷更頹忘故路一葉漁舟千轉渡男兒有志若難酬篝燈夜坐吟啾啾君不見夜飲朝眠貴公子扶桑日出憨憨縶

秋胡行

瀛洲綠暖吳蠶早烟籠陌上桑芽小攜筐穩步印晴沙芳年作婦儀顏好懷金致語路旁情回首高堂各有行忍使桑娃受金去將母移情付斷萍高堂棄寘不復去篋中詎憶石榴裙鴛鴦漠漠悵離群妾不悞君羞見君

東門行

男兒生不封萬户侯牛衣交謫聲啾啾拔劍出門去三村安用鷫鸘留出妻挈（門）衣泣嗚悒燕吳萬里風帆急餔糜半給足調饑何必錦堂歌舞炊鸘粒君不見親舂老孟光五噫歌轉心徬徨

放歌十之六

（一）鼎俎詎當謫渭濱宜足師何為子輿豔稱説與商不及兩賢之所為或以開天佐命非後人所當議或以放伐之際孔聖亦難言之今人榮古陋今貴耳而賤目將視赤松黃石青田為何如韓王半部論語非不足房謀杜斷瀛洲陵烟非不奇何以暴推疆索之二子千秋大義相支持蛟龍未及春雷雨安從施鮮衣怒馬肉食徧高位安知賢豪有道之心期榮名大業各有時時乎時乎不再来白晝青春良可念才須世出世須才

（二）才須世出世須才昔日韓彭安在哉先時用壯多凶滋決裂眼見螣蛇成死灰若使時平事定方一出安用褒衣博帶衒且媒報韓雖不成虎狼不復雄踞俯咸京武侯鼎足三分元有待典午代禪徒紛更安流平進無由自表見造物亦不産此冠世之奇英留侯未老隆中少青田大言世咸笑一旦身為帝者師鬼怪神奇歸要妙主臣同量史稱奇數過時可我自知梁父吟成許誰和濟時端不合時宜

（三）濟時端不合時宜不信試看遺言是與非手握太阿除逆豎正人滿朝闢賢路高議廊（廟）多虛文知有身家焉有君區分士類如錐畫苞苴暮夜通慇勤庸流後進卻相尚葫蘆刻劃元依樣接引庸流滿位署中外嗟嘆氣凋喪噫吁嚱今時何時少者已壯老者死前事不忘後事師但願忠誠意計為君用莫患和衷我固違

（四）逆豎（監）肖像起何時得非鑒設前車與後知一番般演開生面戾家把戲使人嗤人言甲申三月宮中曾歎惜錯認忠賢當奸逆

滿朝文武解身謀孰是虞淵浴日抒忠赤自古宦官宮妾豈宜親卻怪一旦緩急虛無人假令大憝不亟除禍延甘露飛京塵當年明斷世所希乾綱獨握欽英資只道賢士大夫國楨幹誰令吏黷民愁不可支輕朝廷羞國士定傾支壞豈無人九閽萬里徒然耳

（五）

先正有明訓用賢而去奸若使賢奸之判若蒼素古帝則哲何云難自從三朝二案各分爭邪正較列如權衡前賢正性清操照氷日朝端獨立持風節亦有有體無用足孤高誓遠盜泉甘涸轍中道相傾遂相植庸流竊附元耳食鋪陳諫草世稱奇祖述成言張羽翼本無卓識定力柱乾坤反覆影射如朝昏約信要盟誓不變君憂國恤何曾論此輩謀國國始壞邪黨撳撳意轉快盡誅尸素何當恨賣君賣國事全敗昨時文網陷清流身經覆殁更堪蝨竄伏依然更蒙袂遺宮伏謁偕楚囚可知人心不同有如面喪亂親嘗才乃見松柏亭亭耐歲寒鐵骨霜田真百鍊古來正人自有真無徒衣鉢沿習常依人

（六）

終日談兵兵轉孤終日籌餉餉不敷民窮財盡但枵腹棘門桃梗解奔逐小醜横行勢若狂收集殘廢恣披猖以下仍接讀之官司轉遁還拘繫庫藏委棄供餱糧紙上兵法最無當相時觀變變難量若使隆中此時抱膝吟必待兵多餉足言徒誑在昔人情等飛霰眼見滄桑瞬息變十年慕義誰使然崎嶇歷盡中衢見軍家彼已此當知前人失計後人師乘勝疾驅如破竹烏合魚爛何能支囷糧藉眾風霆迅歌舞飽騰氣全振握奇何患國空虛管教渠脇中軍徇肉食老生無計策馬上將軍空岸幘聞言笑我談何易但言持重前功棄近觀成敗自能明提書但奏無留行甲申春上書不報

長歌贈錢湘靈

萬竹秋園逮狂客坐逢湘靈稱莫逆憶昔柔翰弱冠時百篇斗酒双辟易壬午較藝名均茂公車共上何多謬屈指滄桑指顧間名流風雅還依舊甲午驅車京洛遊楚先孫陸申公儔白雲蒼狗亦已幻三年顧我來林丘靈岩老叟最多情說有談空卷幅盈年少孫登稱獨坐高秋羨爾獲雄名狂客爾時尚塗抹佳思緜緜不可遏一見闡書京國懸筆舞墨飛意軒割一別湘靈十三年當年黑髮今華顛獨有豪情難遏抑時時矯首問青天噫吁嚱我輩出處各有時世人虎鼠龍蛇恣所為我雖避客春雨草堂何嘗不喜把臂天下同志之豪士獨願如君今舊主賓之數輩相與談噱心顏怡

父書樓歌為俞其章賦

君不見聚書八萬金樓子聚書充棟丁度祖武德經籍亡散初廣求繕寫充殿宇世南師古意何勤職掌宮人五雜組茂先已往鄴候歸桂角殘編如斷縷吾聞聚書之家後必興豈獨請俸

手校矜我能嚮及借人為不孝奈何仙芸雪楮徒金縢其章年少古人追鳥下窺書科斗奇蜷懷手澤蘚梧捲獨立縹緲高樓恣爾為趙括何嘗讀父書乃公馬上自英蘕湯云皁莢稷契何讀書開口雲霧冒痴肥嫏嬛委羽紛若霰安得大義數十琅玕垂似此青藜汙簡星河麗刊謬輯壞詢吾師干戈滿眼會須定讀書射獵宜早訂何時示我插架牙籤之數函包弃儒林羞餖飣

田侯歌送雪龕還梁園

田侯才藻如珠淵玉盤傾瀉夜光圓瀛海種花花爛發東陽立馬色激鮮卓犖兼擅誰堪亞文采風流況掩映妙才能吏漢循良父母神明同愛敬神武門前早掛冠鴟鳥無端啄孔鸞阮囊一錢歎羞澀新守班荊追古歡田侯從此釋重負詩以窮工今轉悟曲江三日正追蹤鄉風不遺征帆住古來英傑易沉淪我今擊筑長歌告世人似此妙才能吏肯不羨金臺孤負雪園春

春雨草堂集卷十二目次

新河三章
陌上桑 樂府偶成
日苦短
東海有勇婦
龜雖壽
獨漉篇
之上回
擁離
戰城南
巫山高

將進酒
芳樹
黃鵠歌
劉生
烏夜啼
石城
夜夜曲
秦女卷衣
東海
桐柏山

定情篇
枯魚過江泣
邯鄲才人嫁為廝養卒婦
結韈子
將歸篇
方諸曲
江皐曲
龍王
虎欲嚙人不避賢豪
走馬引
雉朝引
箜篌引

春雨草堂集卷十二

海陵宫偉鏐紫陽著　　男夢仁定山重訂

樂府

君子行（代東廖孟符胡石江年伯）

威鳳栖高岡神龍藏深淵惟其多所眞是以有所全白璧不浪投靄雲長覆旋即使終在璞寶氣暉星躔阿衡耕有莘千駟寧棄捐圖像求良弼築巖恐不堅致遠須寧靜蕡葹薄香荃勵志矢前修後世稱大賢

野田黃雀行

十八羽林郎腰下青萍一臂長與子相將長安道上黃雀飼黃花隨風恣蕩颺羅家苦張機屈曲載以歸為語羽林拔劍解縛得飛飛君不見野田一望多崔嵬黃雀謝我去復來

豔歌何嘗有（歐陽憲文年伯来吳感陵感而有述）

何嘗快獨無憂我欲選杞梓駕高樓迴廊蜿蜒重房涰幽采女媧氏補天五色石琢成岱華恒霍之形引四瀆之水百折浩瀚瀠帶乎屋曲而不知其由鐘鼓考前箜篌亂後粉白黛綠者幾千萬人更進為子壽疊錦茵焚椒蘭銀釭焰焰語湯湯漏靜高殘人不聞金雞何處夜鳴群日出東南隅披帷而起峙情而箕王侯長者半追隨鞭騄駬之馬展析羽之旂純鉤千鈞烏號萬石韓盧嗥嗥猛獸紛籍輕車載歸酌醴御賓擁蓋乎高堂之上揚舲乎春水之濆我因悄然而思慄然而恐遭際盛時此身良重處則著書纍纍盈萬言出則珥筆彤庭籌邊几案約身事君與聞幾事俾群小斂迹邊庭震悚胡為乎忘遠猷耽小康少年不努力鼓缶徒嗟傷予將收壯遊之轡日慎百與子偕臧

結客少年場

走馬長安門長安春正好羲和無停轅年復一年老誰家美少年擁策傷懷抱受賑應有待同澤賦宜早人傑布四方榮名以為寶長歌入燕市劍擊壺觴倒

飲馬長城窟

飲馬長城窟海水揚腥波獵騎突城陰上馬勿蹉跎

艾如張

西方明星朝正稀露壓野蔓珊瑚絲扈羽交交夜比翼風林露冷移新枝拔劍除蔓張羅網一縷天絲從空漾驚飛莫愛艸青芊陌路耽耽網中

古别離

男兒志四方牖下良足恥何當負羽行剌剌語妻子割錦裁馬鞍青絲絡馬耳跨馬臨岐去回首忽三四封侯杳難期骨肉徒彼此堂中鶴髮人誰奉菽水孺子尚黃口誰為授史經駐馬試徘徊迢迢已千里

堂堂

堂堂復堂堂空房夜未央秦娥睡起尋曉夢越女采脂垂珮香鯉魚風澀桃花塢淺檐滴瀝飛梅雨剩膏黄膩擲參差無數莎雞鳴澀羽

摩多樓子

金粟堆邊班馬牧花箭夜交魚矢箙赤兔腰懸列宿芒朔風吹衣生夜凉團圓月桂三千里月下美人懷秋思愁聽轆轤咿軋聲邊笳不向深閨墜

龍眠曲

君不見衡霍二山高插天大海迴合餘古灘千春積雪沙丘滑靈虹穩卧忘暑寒風捲長鬐拔海樹曈曈日晒千鱗紫豐隆前導列缺隨萬里相看南溟從

朱鳳

嵎夷沐日雲英鮮德鳥五色摩青天翽韶迭奏兮崑丘傳嗟乎聖人出倬天章四裔賓波不揚何年見此生榮光竹實團團桐露冷彼獨何心兮千仞翔

名都篇

十二門前東復東馬蹄蹴處生春風雕題西閣銷玲瓏盈盈一女坐當中樓頭曲宴香蘭語欣桂燒金青鹿煮王侯貴客走如雲蠻錦短袖醉初醺

子夜四時歌

誰從花下行行去鶯啼鳥夜來郎晏眠莫令春知曉

為耽新夜凉露壓儂衣溼隨郎入房去殘妝薄收拾

秋月照紗窗朦朧窗外矚誰向月中行偷看是小玉

寶鼎香霧濃重茵睡初暖怕被寒風吹褰衾向郎緩

江南思

暗黄看柳依微香金塘碧惹蘭茁芳千山雲外添濃畫越娥穩坐倩新妝娟娟閑蝶過花徑藕絲帬綬紅相領輭沙泣露溼參差朝來履迹頻移靚數行香雨青氛氳野航南陌送輕雲練帶淨如拭曲門歸去趁梅薰

房中曲

幾年蕩子賦從征幾度閒階蟋蟀鳴自憐思婦當窗織鍼縷串拈情默默階前草樹尋[常]綠鵲巢樹杪交枝屬銀河咫尺忘去常津七襄嬌擁綠娥顰天上期佳斷還續天涯夢見幾曾真玉宫明鏡清暉綴纖手篝燈乍明滅鴛鴦文錦不成行啾啾栖鳥鳴如結

猛虎行

負劍羽林郎家住陰山裏平明上山去采薇山之委何處咆哮聲山樹皆傾圮聞説貪殘獸洶洶撼修尾野豕食未厭見人常自喜嗟此一方民白日行且止

君子行

君子慎辭受而無中處時應辭必不受應受不須辭辭受稍不分將為衆所嗤即使貴無上行乞能傲之縱能免姍讓䰟夢豈不疑況兹（儒）者船怡然後進師相見無窮期豆簞不自持奪之不為武予之甚於褫饑渴應難忍廉恥不可虧古道賤善柔逆耳進爾規

秋林 臨文徵仲秋林吟思圖

有瑟其秋有謖其林涼風屆節滌我煩襟睠彼澂霄彈兹素琴

有謖其林有瑟其秋木葉漸脱懷彼百憂睠此霜枝念予德修

維蟲有諠維鶴有烏瓦缶黄鐘各稱其情緬彼寒柯聊然以清

裘馬翩翩音旨便便紛華道德以引以年以吟以思卓彼前賢

新河 時郡中有市河之役

海陵澤國紅粟古臺終鮮潤壑賴有河隈命彼輕舟以溯以回」

疏彼穢積導彼泓波魚躍于淵鷺浴其渦以溉以濯厥利孔多」

地之中矣年之豐矣結廬橋畔予之宫矣垂綸豁間予之功矣」

陌上桑 同友人送胡姬歸秋浦

秋浦花未落海陽露未晞謬以夭桃枝松筠可自為灼灼群葩中疾風來妙（妙）之隨風吹隨地黄泉良在兹卷舒不由我飄轉如遊絲遊絲猶可駐嬌容何可汙寧為爨下死不受紅顔誤飛鳥依舊巢好花戀故柯舊巢鮮鴉音故柯足婆娑寄語行露者慎勿怨江沱

日苦短 小有索題宗開先所畫扶桑石

扶桑片石高峨峨下有古松蓊鬱攢高柯龍鱗滿布何年事苔錢錯錦騰金梭吾聞扶桑十日俱九日居下枝一日居上枝皆戴烏木公傴盍絲苓孚安得煌煌三竿赤暈東南隅青牛不言偓佺笑化入生綃頌靈

東海有勇婦 求巾幗也

渤鞮裨海鼓腥波五花雲滿攢嬌娥鳴筝晏坐蠻衣窄酒酣拔稍天雨石白揄健婦何足名九雛一母勞將迎

龜雖壽 牛世兄繼孟見過以曉業寄呈鶴沙師

生年不滿百常懷千歲憂慼、欲何念斗酒天與遊流霞出毫素篇冊亂箜篌更聞子晉笙雌六雄六聲啾啾浮丘俯視八公笑揖我佩我青丘鳩君不見靈龜騰蛇猶有竟道風秀世何時休

獨漉篇 彭氏戮逆奴潘茂潘六於白門嗣百史又生擒數人於縣殺之

秋風蕭騷吹白弦劍匣夜枕中宵眠劃然起立生長嘯悲歌壯裂動星躔世人恩怨苦不明世事須知有不平霜華亂點征袍溼青萍看處使人驚

上之回 憶北地諸公

細草承朝露委佩上春風雕輦遊行處宫花綴錦紅行行數千里駕言幸回中回中歲時好諸方貢道通

擁離（欲以不解解也）

秋風捲沙白日下椎牛響士山之野坎坎伐鼓近漁陽英雄有淚征鞍灑武臣師師心在鐘彝長驅乘勝安敢言疲

戰城南（憫友人也）

戰城南風沙極目難白晝為我清露為我乾饑不得餐鐵甲披創血斑斑戰死橫屍疆場鳶烏在上螾蛾在下覩搖搖不能安願出一戰躍馬橫戈闢土封巒海內咸得君王喜歡

巫山高（李映碧廷尉客雲間僑寓子衡同門手書寄奠大母王太安人）

楚水吳山兮瀟濟澒溶刻劃崷崪兮橫嶺側峰眺碧樹之四合見朱草之茸茸臨絕壑之窅茫聽谿澗之淙淙彩鸞不可乘白鶴安可騎琴心誰與通香艸誰與遺

將進酒（懷王敬哉杜紘一吳玉立諸同年）

聖人出嘉瑞成歌魚麗賦鹿鳴貢圜丘之紺碧列蒼梧之縹清豈必觴西王母於瑤池白雲美琬液之名

芳樹（晤同門呂見齋）

相彼芳樹翠葉丹葩欣奉天氣離離孔嘉內外咸得君子樂胥和風湛露以莫不慶譽

黃鵠歌（謝賢雄也）

矯矯黃鵠雙趾遐舉致身雲上唯予及汝一解悲鳴隻翼翱翔無所羈思永結壹鬱誰與二解繡吭孔多未可與處宿彼中洲自為寒暑三解

劉生（我友也）

中材涉亂棄職躬耕卬友何人雨雪劉生千金匪重一飯非輕呼酒平原握手班荊贈君縞帶貽我青萍努力天下弘此德聲

烏夜啼（喜聞某公渴釋）

銅龍滴瀝聲參差掖庭悄立嫌漏遲棲烏啞啞啼高枝為語郎歸今有期

石城（同楊贊皇成六吉飲王鞠劭先生齋譚白門往事）

青谿歌板動黃昏榜人盪槳促金尊鵁鶄起立紅蕖溼熒熒漁火波心集畫樓夜景鳴啾啾複道春深鎖御溝朝來花刺秦淮頭筍輿兩畔彈箜篌

夜夜曲（志獨處也）

銀河耿耿雙星乾欲眠不眠燈半殘宮鴉移坐垂揚綫露溼蓮房掩嬌面香篝冷暖不知年刻燭成珠整翠鈿刀環破鏡無消息愁聽玉階蛩唧唧

秦女卷衣（各自媚也）

繡帷鴛頸春差參寶枕香濃選夢遲小鬟調笑兩相向夢裡悄來儂自知平明露重鑪烟小影菱花紅窈窕盤螭百結皆同心相送玉階宮花曉

東海（有謂予不當以翰墨為勛績者戲答）

天地四方海水相通地在其中形類不同皆近於海謂之四海
四海之外皆復有海岱輿員嶠方壺瀛洲蓬萊五山皆在海中
桂枝葉其上珊瑚周其址皎皎扶桑兩幹同根相為依倚予欲
齎糧乘槎奄至其處有城郭舍屋望室中多織婦乃就而問曰
汝日織幾何功與媧皇鍊石孰多織婦答曰功雖不多登高明
光博山莢蓂交龍蒲桃朱雀鳳凰

桐柏山 枯船泊皇華

桐柏山淮所出經大復過平脊水湯湯揚之圜

定情篇 謹蹇涉也

春風紅染小桃枝繡帶鴛鴦不自持閒階墜露香環溼嫋嫋游
絲看樹邊錦帥鍼縷儂約束飛入君家落寒玉碧簫吹引不成
聲洞房夜鎖闕山曲

枯魚過河泣 與儲中游年伯訂鄉居之約

生不辰鮒為涸水湯湯誰與酌深淺宜自知到處風波惡寧抱
藕根眠慎勿近城郭

邯鄲才人嫁為廝養卒婦

梨花院落貯嬌孃鴛幃紅惹參差香枕邊鏡裏兩相媚三十六
宮春漏長西風蕭蕭著芳樹吹落桃紅散香霧腰枝約青倩人
扶膩粉溼黃誰與傳

結識子 答知已

國中有佳士高舉尋名山所思不在近歸來常掩關此情久不
遂象射良獨難艱罾羅何足惜予意未能刪相逢少年場倉卒
慘心顏以此群壘傾高風世所攀古人最感恩感恩生可捐何
以報瓊施贈子以衷言蹕足於泥汙奮翮圖高蹇終然不自由
躬耕謝世賢

將歸篇 小有卜居吳陵歲暮暫歸相晤當在踏歌時也

君不見石頭城樵蘇雜沓焦桐鳴又不見秦郵路綵蚌合珠飲
清露圯橋傾廢老人悲隆中何處堪三顧烟花百里是吳陵謾
說吳陵朱鳳騰剩得漁舟入水國流澌臘月不成冰與子卜築
河之湄鷦鷯巢林鴟鶚槍榆安知海天有否鯤與鵬噫吁嚱把
酒鳴榔何太遽傳柑早晚期君至

方諸曲 黃維章太史以屈騷陶集見貽

水下三山雲出沒欲到未到風引舷茅君桂父今何在王妃金
母世徒傳儲宮非不貴淑賢非不麗朱顏不可駐白日誰與繫
留侯與鄴侯優劣如何眞願從少伯遊一話胸中事

江皐曲 宿真州與歐繁庵年伯話舊是日何剎序師南來

江為公諸水流入其中岷之陽源若甕口可以濫觴瑤光大貝
魚龍舞浩浩湯湯送千古西陵南岸數峰孤舟船俯視如飛鳧
噫吁嚱惜分局雖多事交甫一佩何年寄

龍王 思梵竺也昔予抱痾燕邸李二何師曾為此論近送友歸山重復理之

昔有迦頻闍羅鳥與大象獮猴友又鉢羅高參天迎之不見其首自相問言我等應誰為長象獮猴皆言先生宿舊理應供養大象背負獮猴鳥在其上與為周游我人漸積勝業屢進而加益當使雲霞竟體風霆在手吾不知誰之子蹙蹙顧盧慮甘與里俗為偶

虎欲嚙人不避賢豪 予避亂山行中夜過此主家擊竹憂憂應聲

騶虞不食生物故與麟趾同為國風之所旌豈不聞龍興雲集虎嘯風生爾虎何物胡不一效騶虞所為甘同貌而異情上帝謂世多蹻跖需爾擴清奈何貪饕成性来箕頳而狰狰吾聞聚窟之洲有物曰狻猊哮哮檻檻驚天怖地巨象以鼻卷泥而不敢與虓爭虓乎虪乎爾生也晚或亦未聞乎此聲

虓 音兒白虎又作虓
虪 音叔黑虎

走馬引 喻驚棲也

空山無人兮蕭蕭鳴側耳中夜兮胡為乎此聲使我心驚維彼澤兮蹇予裳以潛行樹孤桐兮移我情

雉朝飛 陳青雷同門見過謂予蕭索甚於曩時握手久之

雄雉于飛兮雌焉隨繡頸交交兮有粲其儀獨采薪兮無與為安得百兩兮榮我楯

箜篌引 有懷吳門諸同人

河無梁水湯湯河無船水濺濺媄螭掉尾洪波起神虬倚立長鬐鬣積潦陰陰古澗迴大防傾圮條枚死陽侯靈胥兮胡不仁

螭 雌龍也

桃花浪捲千年春

春雨艸堂集卷十三目次

春雨草堂集卷十三

海陵宫偉鏐紫陽著　男夢仁定山重訂

禽言

泥滑滑

泥滑滑滑滑上雕鞍即使前途可無慮積潦濡軌意何安何不爰息其馬待泥乾

行不得哥哥

行不得哥哥南山有鳥北張羅鵂鶹耽耽集彼崇阿欲往從之意若何行不得哥哥

姑惡

姑惡姑惡將欲前又還卻傾心事阿姑東家姑姑更惡

提壺蘆

提壺蘆沽美酒沽酒欲何為餉我山中友大酺飲至竟何年落得村醪時上口

瘦兒

瘦兒瘦兒黄虀爛嚼甘如飴待我東山銜取竹實充汝饑鳳雛不與雞求食此意鵷鶵全未識

不如歸去

不如歸去出處兩無據錦堂絲管日紛紛暮雲春樹飛狂絮紫庭千仞知何處

春雨草堂集卷十四目次

春雨草堂集卷十四

海陵宫偉鏐紫陽著　　男夢仁定山重訂

小賦

夢五色雲賦

茂齡英分繡吭華趾彤雲冉冉形我夢覺乃為之賦賦曰
鳳臺佳勝烏巷舊遊祥籠几案瑞靄墳丘忘黑甜之宵憩訝琅
霄之畫留若烟吐焰非霧含漚金枝作接玉葉頻抽艷如緣地
班文繡出天孫之軸燦如瓊枝碧跗英明上苑之眸藻如鳳彩
（跗付同柎花背也亦當草木之子房也）
鸞葩偤軒翥之物色華如龍樓虎觀眙瑰麗之詒謀予乃頌曰
月光華之什思鼕（鼓声）軒鼓舞之儔暨夫酬知吳會舟次江陽載花
一船輯字（景）千箱花焰焰其欲發字炯炯其成行見夫萬幹玲瓏
一天光霽色爛熳而彌空氣輝煌而著蒂或胃柯條之上或入
檐楹之際莫不藻采掞（舒藻也）天工經緯疑神製起樹杪而達層霄貫
重玄而及階砌既三素之相宣亦九章之並麗體被其光心長
其慧蜃樓有其幻而炳朗之望猶懸舍利有其奇而黼黻之儀
莫儷亂曰人文聚兮山出雲觸石而起膚寸而合不崇朝而雨
總一氣之氤氳判天有五行帝有五事樂有五音羹有五味媧
皇鍊石而五色由此分纂組莫能工繪事烏能群是惟羅旦氣
於胷中聚五土之秀而為君

墨花賦

青鏤霱霱瑞叶松滋驅染攸宜烟墨解語乃作賦曰

彤管含靈玄笏吐光昕夕和勻擢跗聯芳暉暉其儀馥馥其香臨池煜煜文治大昌其駢麗也若華萍之有族其繁會也若甘露之有房其馨烈也若金粟紛纍而飄天外其灼爍也若玉芝叢靄而茁砌旁始而眡之不知何祥爰命管城引致丹石之上用烏玉和製之暨風夙興而爛熳自若予始覺而異之也踰時求焉又不可迹矣嗣是春明展期藏修別業偶事隃麋毫泓相協爍爍金枝翩翩玉葉僾曇之氣元奇栴檀之味自別初蓓蕾之熒熒忽破英之蔟蔟微暈匪風而蕩搖輕光如雨而新沐其卷離奇似燈焰之挑（戚）其縈帶流曜同光（漚）之洄澓予時若獲故物賡訂新期屬不聿而問之曰疇昔之歲非烟非雲而幻吾容卿者非子也耶踰年以來朝華披夕秀啟何幸子容不少墜也睹英姿之偉麗兮懷改歲之芳叢究新葩之發於舊蒂兮慶時序之逢搖秋子於高枝兮布新藻於春工重曰江郎驛夢筆吐華兮抽思軋軋雲而震兮士所優為未止此後來者豈無得而加兮咄咄龍香根何託兮為螺為量疊雙萼兮吾將珥筆弘參贊之業錫爾以康爵兮

村居賦

芠 拔撥音 草舍也

荒村固陋維予率敦匪曰樂之未敢言疲賦曰

若乃金屋嬋娟望蓬檐而情惻玉堂頎彥對芠舍以神傷未免有情誰能遣遣此何時握手細遡淒涼爾其逃名海澨卜築水鄉結茅為屋纍土作牆繩樞蔽露甕牖窺光門懸破薦坐擁匡牀汚衣甑突礙帽檐廂一村孤寄四顧蒼茫風騷騷而吹户日慘慘其下堂雞啁啁而入室蛩絮絮其吟窗暑（暑）復兮矮屋凍復凍兮寒莊望城邑兮天際懷宮闕兮帝鄉時犬吠之頻驚廬艸竊之滲嘗倏刁斗以齊鳴懼姦宄之伏藏寧獨山妻學椎髻而未能愁縈霧縠稚子饜糠粃而莫習口慕膏粱於是相率而為村居之歌歌曰村水綠兮村酒黃村男黔兮村婦長念荊棘兮載道悲霜露兮霑裳華屋兮抵掌嗟予情兮惆惆寧抱膝兮遐征偕鹿豕兮遊賞同室者咸進而為村居之詩詩曰帝里雲霞爍漁舟烟景多徒知待漏彤龍院何如載酒水雲窩

放紙鳶賦

青春白晝閴若寡娛爰製紙鳶於懷寥廓乃為賦曰

吾聞列子御風泠然善兮排閶闔以為廬每欲齎糧學步而無從兮託小物而奮飛慮窮大或失其居兮牽勁翮以渭絲彼皤鬆老叟垂釣清瀨之下兮吾獨瞪目霄漢而不云疲星宿之海而有巨鼇兮安得不及其術而用之見夫鴻鵠一舉千里以高飛兮又似踆烏扶日而馳連九霄萬頃於一糸兮類智者之設施豈弓繳之得加兮抑遊絲連婘嫋娜而下垂爾其似鵶非鵶似鶩非鶩詎刻鵠之難成或求鸞之名妒傍流霞而俱飛共輕烟以暗度狂飈作而氣矜輕颸乘而情怖亦有施雜組之重贅

重慶堂賦

戊戌夏五瑞紀渭璜嫺雅屬圖榴觴克舉

當天下全盛之時多士嚮風攀鱗附翼者三載大比以為常士有不由科名即致身鼎鉉時論詘而弗光於是炳炳麟麟之彥咸殫精肆力壹意於文章鄉有鹿鳴廷有恩榮奮迹其間者聲同塤箎氣協圭璋又相與詳悉其家世推所從出列為重慶之目美國寶而著家祥公束髮受書志經綸宇宙之略增修父業亦率乃祖攸行著雍敦牂秋風鶚薦堂上康康悅祖武弘羨鯉庭過趨鮓封還春通金閨籍廿年鋼鍊六越疆圉赤奮若之歲而南宮高宴黃金日射盛名若霞賦奏五雲天顏孔嘉起家水部行河夏陽賢勞懋著出守兗疆主眷優渥寵命縹緗冠珠帔霞儀物煌煌爰屆午未纘述騰驤雄文鼎峙釋褐天閶伊太翁太母錦堂之方爍況王太夫人春秋八十而壽未央春與秋兮代序平與陂兮異意既父紹而子述亦祖榮而孫貴時維戊戌祝融司方高孟嘗之門戶興鎮惡之宗祊尚父興周之入夢東之再相之方剛孫諸愉愉八龍齊慧晉國三槐皐塗八桂太丘將車持杖之流朗陵行酒下食之輩方之前賢斯為專美曾玄世及教誨式似由公而上上而為祖為父積慶篤慶之方長由公而下下而為子為孫一重再重之雄峙公乃斐鑠顧盼徒倚相羊占見龍之在田樂瑞鳳之鳴岡際重暉重輪之有象以重

賡名其堂方斯堂之未能成也量城郭而為位規創垂以布策
緬室廬於郊甸樹恢弘於乘石流覽夫郛原與河隈相中適以
立安宅及其庀材命匠面勢鳩工文質合度豐儉適中經緯乎
陰陽體象乎中宮干霄雲而向日直黃道以承風在左坪右墄之
咸稱上棟下宇之攸崇堂之東為世室公父及大父藏衣冠之
處也博學弘詞言壇宇而行坊表則有文介公之儒行焉雄才
邁度具命世之資而不苟於俗不悟於物則有文達公之正性
爲堂之西塾髯公延師課孫讀書之聲達戶外者如笙如鏞舉
京邑俊異之儔鄉國通明之士莫不載不聿齎赫蹏趾錯軫接
而雲從堂之前為于公之高門度駟馬之容旋瞻敞冕之優尊
堂之後閨門肅雍率循內則蘋蘩中饋各稱其職夙興夜寐無
沈湎靡麗褻狎之色爾乃升階設席循堂而上見有老友華胄
盛名新進襲龐古之衣冠偕典型之後亂書策琴瑟之有方裼
襲橋衡之必慎容必依乎壽恭儀必本乎誠信相與馳騁仁義
之途覽觀禮讓之囿翔書圃而容與集藝林而輻輳一切市井
駔儈之徒無由混迹乎其右閒或置酒高會笑語讌言抗懷雅
懿道古稱先無優伶嘈雜好濫辟敖之見異而遷則又於堂之
陽為藏書之樓插架牙籤鄴侯正須觸手請俸寫繕丁祖有顯
斯酬樂几窗之明淨攄泓穎之素優亦五車萬卷武庫之流猗
歟郁哉基厚則難傾柢深則難朽業必居其可大德必取其久
三加彌尊於堂乎尚元首焉六禮允叶於堂乎奉箕帚焉睟
盤示兒於堂乎舉戈印賀羊酒焉又如槐黃逼近秋駕兮此先
征杏艷方稠春裝兮此翔步叨居內任清班兮此榮行敭歷多
方劇職兮此豫赴百禮之所由洽五福之所由固名教由此而立
勳伐由此而登則又於堂之隙為園為閣為亭為池樹梓材之
輪囷藝香艸之華滋加以丁固之松竇禹鈞之桂李固之柳韓稚
圭之金帶圍茂叔之蓮鄭公之書帶蘇學士之杞菊狄梁公之
桃李宋廣平之梅花蒔之以人工茂之以天時椿萱共樹芝蘭
周除竹柏參差樛木葛藟上蔭下垂棠栘舒其韡鄂桑梓籍其
維持蔦與女蘿相為敷施紛紛郁郁者鬱蔥佳氣列植而交枝
晉卿傳雅集之圖右軍著永和之作耆英之司馬足風賭墅之
謝安如昨無取乎金谷夜遊之驕奢與夫輞川華子岡之寄託
夫世之為堂者多矣或人著而地不聞或地佳而人弗稱故人
與地貴其攸宜地與人期其克定晝錦何貴賴韓魏而得名綠
野何榮因裴晉而增勝公正氣獨秉於懸弧文藻風馳於照乘
才猷一往而越流名理弘通而遠証遡璇源於祖父弓冶俎豆
之鏘鏘厚穀詒於子孫瑚璉椅桐之四應是以析薪推負荷之器
濟川賴舟楫之用經邦著楩楠之任作室兼塗雘之重前有百
世丕光大而稱良後有萬年美法傳而作頌是以扶輿鍾其美
淑風土汰其淫哇繩墨歸其裁度斗杓貢其高華麟趾鳳毛脩

風雲之氣狀累祀奕葉暉絳碧之籠紗同人起而為重慶之歌
歌曰乾元埏埴兮各於其所丘壑廟兮理有攸序惟公光前而
裕後兮此為天之所與增其式廓兮羣龍接武而纘緒遂作
頌曰於皇南宮系由周室公行仁義懿戚秩亦粵虞仕克
修諫職脣齒輔車名存左國維公之先分守維揚署泰宜民孝
卜江鄉公祖文介為世大儒特祠崇祀泰岱名符公父文達明
經高第至孝格天重朦開霽爰及我公學行無雙黃幡务繡禎
國殿邦鬱起時棟龍臥器藏孫枝蚤譽翽羽軒翔五世顯榮際
茲重慶堂成愛日後先輝映曾玄世濟彌茂增盛地靈人傑（惟）公
介並公年彌尊公德彌劭松石佇期熊罷卜鈞橋梓聯雲絲苓
引眺棠鄂覽暉李桃增照長宜子孫永禩用寶躋世興寧富貴
壽考重曰皇輿夷庚獲平福兮大拯橫流紛倚伏兮輪奐翬麗
聚國族兮恢弘世德歌采薇兮為國梁棟誕天祿兮

騷

變騷

騷者何志變也不變不足為常天運使然而雅與俱變安貴
乎有心知者哉頃以汗漫歸舟約略曩今紀行諸作由前入
都以迄於茲蓋三變云加以長干數至變故多端而今我自
昔我也有其不變者斯不能澹然於時變之適逢故為變騷
歲庚辰之孟春兮胥吾濟乎長淮經夏陽而留憩兮皇攬轡乎
金臺弔燕昭之遺蹟兮羌何貴夫郭隗惟士跅弛者之不易得
而群兮逸足起乎蒿萊刓服道慕義之不磷而不淄兮在古處
而永懷長此獨行覔（覔）兮安事乎周官之掌夢哉（惟）大人之華晠兮
冠蓋賁乎東南製安車之迴翔兮買駿馬乎吾將盤朝涉乎蘆
溝之橋兮夕吾稅乎靈宮昔大人之公車兮曾此乎棲遲謂
余世之將亂兮彼道院之可依余心愕而目眙兮胡為乎不台
振策乎承明之廬兮羌遍謁夫名德謂余才之鵲起兮咸虛左
而改色諸生太學之多清流兮接踵縞帶而荊班羨石鼓之傳
自二周兮質有文而斑斑覽八編之宏鉅兮旁搜乎劉子之景
物製前入都之篇什兮志夫後來者之加蔚心怦怦欲用其不
足兮鬱陶乎吾以病繫吾母之盛年兮長余幨幨而企歸聘
命肩輿而南旋兮日兼程以為行過夏陽而擊汰兮鼉恒涉乎
三程至家室而如夢兮欣母氏之獲寧樂晨夕以得所依兮被

服造次夫温清執菽水而榮觀兮敝屣浮名繁隆文之不可沒兮秋風乎此先行命緣鷁以將板輿兮奉高堂而遊乎南國大人先春日而拂衣兮羌得離乎巖服上春官之獻歲兮指方秋以為期駕宛舸之瀠洄兮同人銜尾而攸宜伊謀篇之孔庶兮又威寶之陸離夢卿雲之旦旦兮如名花馥郁照耀而植乎階墀程鄉師之吾知兮謂余文如日月之常鮮指瀛洲以為位次兮欲衣盍乎吾將傳余幼既志夫近君兮胥中道而易路浮雲坱軋其掩日兮使予障天而不顧挈榮名以相贈兮以余為為有世之心予方高馳而弗屑兮不以改夫正行忽鼙鼓震自三秦兮坱[illegible]氛其蔽之羌城闕之傾陷兮裂冠冕而去之朝士無知兮謂此興王之可致惟如此其黯淺而寡識兮傾危夫今之世衆械繫而拘幽兮僕夫謂將醉飽酒食乎唐皇轉轉相邀兮相與賊而胥亡余蹈海以為經兮守節而彌厲前輩謂予之矜異兮家從笑其英麗賣菜歸傭兮涵迹於田夫牧豎之流超然脫於虎穴兮予獲撫志而夷猶道宇止宿兮式如曩言僉訴大人之有深鑒兮早洞見於未然使事權之專屬兮世安有今之患聽其高蹈兮安得謂謀國者之非偉濫余棄軒車而徒步兮過黃河乎南征欲倒挽天河兮手排列星彼權奸之盈朝兮正人斂迹於公庭予自審如良玉之未雕兮胥與泄泄者同升棄家園而遠適兮謝氏西堂嗟古獲全今名者之罕覯兮靈運浮

況始事之非臧寧播遷至再三兮罔敢隨衆論以低昂襆被掠於綠林兮裸體還夫故鄉變姓字恐或知兮願學鴟夷散髮適迹乎江村將歸吾於班聯之上兮余殊愛夫修名十載庭幃兮古義允敦詎昊天之不弔兮慈母倏而見背欲相從於九原之下兮何道而可逮日僵仆之三至兮維出遊之寫憂方隅齷齪兮誰與儔機利營逐兮意所羞山水登臨兮愁為瘳友朋沓至兮歡思稠既浪迹於長干兮思曠覽乎薊丘辭畫舫而駕獨木兮簫鼓喑其不鳴香名自茂兮愧何庸夫將迎中宵諠遝兮伏莽持刀而環舟舉火蕩入兮行李詩卷之莫留砥矢頌夫周道兮何如是其多故憶曩者之安驅兮嗟今茲之中露先民營國事而為家計兮未見貽身家以恒安至此猶未悔過兮思臨流而發嘆繫惟秉大義而耿耿兮嘗瀕乎阽危彼温飽而忝竊兮何異乎此輩之猖披意怏悒以懷憤兮途渺瀰其宜修曾日月之遷流兮見禾黍之盈眸謂出遊之可以已疾兮念往事而幽嗄何毋頗與委貌兮短衣促刺以趨蹌跨馬揮鞭兮塵壒滿裝顧卬友之猶存兮迹異而情或同把臂論心兮卮酒過從酒酣拔劍兮彼此稍稍其見性既知大德之為不官兮製詩卷唔將游泳清文斐然兮靚冊懷人笥篋永藏兮有若良朋握手晤語而如新余獨何心而已於酬唱兮短嘯長唫之未艾署以前入燕之美名兮誌滄桑之不昧遂乘桴而浮乎潞河兮長揖謝故

人而言歸越城闕而舒眺兮吾甚愛乎餘暉亂曰文事官階嘗相避而文事稍優官階躓而初不謂然貴薫擅而有體有用曜奄甸而諸卿吾子恣駘宕而伊吾行覽獲初秩而孰者彌進孰銷歇而閒情華資正無缺而

春雨草堂集卷十五目次

解連珠

冥探
則哲
衡遇
達靈
方駕
安期

春雨草堂集卷十五

海陵宫偉鏐紫陽著　　男夢仁定山重訂

解連珠

余賦性簡樓，歷耽篇卷，篝燈苦吟，習以為常，束卷崇朝，頭岑岑不舉。一冠進賢，此義便輟。無之窮冬歲晚，觸感興思，念雕蟲之微勞，幸風雲之有託，感簪筆之罔效，撫忠愛之性成。馬首長安，忽忽不樂。家大夫貽書慰勞，千里間關。既而擁衾挾冊，勤倍諸生，伏枕抽思，屬文甚富，搖落之悲於期釋矣。卑鄙之情，不能直達，倣連珠體二十四則，用代家郵。昔潘元戎擬連珠，顔延之範連珠，陸士衡演連珠，不過即事起義，詞盡義止，無俟相為首尾，往復流連。茲則歷序情致之不同，極乎進德省愆，勉志光大，以之為次，又各斷以己意，竊附騷人。雖詞取自喻，無文采足觀，亦一時興會所屬，不可廢也。後有作者，可得其意之所存。

蓋聞喻意感人，必託於類；貴本親用，因譜乎詞。是以六籍初開，遂殺高下之位；百家咸貫，聿高弘正之資。

右託諷

蓋聞道取匡時，必乘時而始顯；功能致主，必得主而後明。是以岑巘自甘，不闕民物之大；雲霄共奮，乃慰遜稽之情。

右遠期

蓋聞負上之業非優游可幾廣遠之謀非觀望所際是以士行
自勵不辭運甓之勞具美勤行爰立警枕之制
右作勞
蓋聞志之所耽夢魂無以移情之有壹疢疾無可竝是以結情
歘闥類沈約之多愁勖志丹霄非潘安之善疾
右稱疾
蓋聞聲色之娛可以羈恒士金石之聲所以興豪傑是以敝衣
毓疏食不改貧賤之常道古稱先必親典謨之烈
右矯時
蓋聞行百里者九十非所寄志青冥者風塵非所從是以家貧
可甘進以大烹之味輕裘可煖形以結綬之恭
右竿進
蓋聞足乎我必乎於彼盡乎人始達於天是以驅染多方則光
華集於腕下琢磨息恨乃氣澤出於筆光
右隆文盼
蓋聞質美固采繪之所施文盛亦義蘊之所引是以彰施吾色
務極炫爛之觀斟酌百家以定詞令之準
右衒華
蓋聞藏於中者華實有均適見於外者異同無兩視是以玄覽
所被不專一家之名先賢資成信未極紛吾之致

右歐視
蓋聞慶譽之章俗士以之志幸榮觀之成君子以之考業是以
網羅畢致知羽翮之可施纏帛相求信潛寧之允協
右考衷
蓋聞弁冕一代非庸流所期領袖同人固志士所企是以書思
對命式懷珥筆之榮摛藻掞天冀副瞻軒之意
右取則
蓋聞以天為政事爽而無恨以人為用意起而難靜是以停止
立談以防人之不然引用僉論以輔天之未竟
右大復古
蓋聞瓟流之輩既乏奔走之能魯樸之姿亦乖華美之徑是以
鸞坡戛玉必文士之所優鳳閣遺珠抑拙者之素定
右自品
蓋聞用得其當則千鈞可加任違其素則一毫以廢所以芻牧
之吏試之簪筆則無奇台鉉之才問以錢穀而罔對
右左道
蓋聞良質在人繁簡可裁真材異運中邊皆選所以一物不知
儒者引以為疚一事不能君子引而自勉
右勉志
蓋聞亂之所終即為理之所始平之所倚即為陂之所伏所以

可慕而弗慕用閑嗜慾之軀不可為而為斯柱江河之軸

右起業

蓋聞丹雖振翼文鳥為之景從碧岱攢峰晴嵐為之四蔚所以嫉邪有性不啻過朝歌而迴車慕德無方奚止聽箫韶而忘味

右居方

蓋聞治亂未兆賴哲人而始察是非莫決待賢士而後濟是以雍容講席敷衽而修處子之容綱紀朝常上殿而有如虎之勢

右食氣

蓋聞積行雖微愜之彌博崇虛雖廣握之凡幾是以聲采振物必資名理之功意氣感人務審蓄積之理

右冥探

蓋聞名主擇臣求之隱約之間先達取士貴乎守貞之悃所以氣孚於理常滋潰敗之憂行餘於言定為光享亨之本

右則哲

蓋聞弘濟之略雖學問之素定崔巍之登亦時命之所期以是約已無九期全在我之素主一無適遂通鬼之知

右銜遏

蓋聞忠愛風成天地鑒其無私精誠素蓄鐘鼎同其不朽所以志砥交修冀三辰之順序力殷更化致九垓之殷

右達靈

蓋聞周於德者不以順逆異意篤於性者不以難易易面是以心悅稷契致君堯舜之間志切雍熙躋志勳華之甸

右方駕

蓋聞爵士之膺非以震物紀綱之屬非以專榮是以享有大官退食而明茹芝之節與聞幾事斅沐而進味道之生

右安期

春雨草堂集卷十六目次

詩餘

前調

憶舊遊

花心動

瑞龍吟

娑羅門引

紅林檎近

金人捧露盤

早梅芳

前調

拂霓裳

瓜茉莉

意難忘

滿江紅

鳳凰臺上憶吹簫

水調歌頭

夢揚州

前調

燭影搖紅

燕臺春

慶清朝慢

滿庭芳

雙雙燕

前調

念奴嬌

春雨草堂集卷十六

海陵宫偉鏐紫陽著　　男夢仁定山重訂

詩餘

憶王孫 初渡江

東南雄雋半吾曹羽獵曾看獨擁旄裘馬翩翩人自豪莫辭勞祥覽相傳有佩刀

點絳脣 卜築谿間

秋水新添一村芳事誰曾見野航萍面歷歷谿谿流亂　茅屋遭屋外蘋花倩晴沙畔無人来往一任閒鷗上

春光好

天路近綠窓明客裝輕好伴仙郎渡早汀笑歌聲　彩筆曉山籠月紅妝蘸雨新晴簇仗香車傳送處淺深情

酒泉子 沽滄酒

畫舫檀郎詩句敲殘甕凹傍青郊沽白墮偎紅妝　一尊清淺對銀缺釭還憶隔年烟櫂旅情輕舟子促曉裝忙

戀情深

彤管花分霞爛熳彩毫長伴綠衣詩句並南金聽芳音　吟鸞繡鳳莫浮沉魚鴈記春心應念帝城宮樹戀情深

浪淘沙 曉發

芳信誰傳出帝京下簾曾未遇君平一腔心事向誰傾　暫把絲綸藏遠墅試操舟楫入江城日長人在鏡中行

菩薩蠻 夜泊邗關

經年不入揚州路月明今夜渾如霧畫角不堪聞聞時愁未分　秋衾空反側幽夢誰能即何處是金山相看有翠鬟

訴衷情 京口道中

籃輿初出甕城東樹色裊晴空奚奴錦囊佳句多在道途中思　舊事賦彤弓答戎功伊周志願王謝風流韓范公忠

醜奴兒令 夜抵河口土人桑氏雞黍相留宿其家

大江東去孤村注比屋如雲雞犬相聞入夜輿人視未分　問君何事驅車至杯酒殷勤笑語紛紜下榻今宵送夕曛

巫山一段雲 游絲

柳絮章臺路梨花綺閣前向風吹送斷還連芳草輭塵天　半入宜春苑輕籠罨畫船濛雲搖曳曲邊春興為誰牽

前調 舟中水影

海市嘘朝錦冰蠶弄月弓金蓮寶炬碧紗籠兔魄晃簾櫳　浪迹歌遊子癡情笑小童陵波仙姊下珠宮玉節引菁葱

望仙門 山行

嶙峋白石倚秋高俯清流數家烟爨雜平疇半松楸　洞口誰人識相逢荷鍤夷猶一天秋色倩人留倩人留風塵苦未休

相思兒令

都道郎君行色兩意未曾平欲倩東風傳信嬌羞滿靨生 駐
馬且酌金罍更聞聽鴈柱新聲殷勤寄語蕭娘芳心好伴多情

錦堂春

陌上雞聲曉漏樓頭鳳藻春華殘年車馬新年夢枯筆學塗鴉
對酒鸞儔治艷傳書鴈句横斜關山夜度相思字皎月正天
涯

秋藥香

緑樹陰濃時候荳蔻香分欲就腰肢束素誰能偶桃頰相看似
酒 牙牀繡閣都依舊暫分手相思相見相依久花綻月圓（團）須
有

燕歸梁

似漆如膠兩意深價重楊金一番離別一沉吟情欲訴字横襟
明年春事鶯花麗懷當日 是而今好憑芳信寄知音今夜月
昔年心

南柯子 懷舊

畫舫笙歌湊籃輿簇仗馳鳴珂相接曉來時不羡苦寒沙漠馬
行遲 故國情何限新亭泣亦非此生頂踵為誰私每道卧薪
嘗膽是男兒

探春令 邗上立春

蕪城門外曉風吹道迎春青帝看赭鞭摇曳香塵裡管驚起句
芒睡 錦衣輕燰嬌娥醉騁東郊如隊漸土牛送過谿橋路問
今歲傷春未

青門引 寒食舟行

乍冷還乍暖春水碌波方涣曉來濛雨溼香塵揚舲野渡宿霧
晨烟亂 年年車馬和簫管拚醉旗亭畔那堪畫舫牽愁隔窓
新柳青初瀞

望江南

多少路驛吏水程中應似昔年遊御苑。月明千里望高春芳信
寄東風 多少事僕馬舊時同相見相思空記憶奚囊錦字枉
殘紅早歲上青驄

河傳 寄茸花

龍女霞擧鸞翔鳳翥暮雲朝雨少陵池上何處虬驂鶴馭獻珠
來屋宇。蛟宫沉醉傳書客波光白娟娟烟鬟隔對方回訂佳期
翠微歲寒常自攜 稡将誤茸為龍故云

南鄉子 除夕偕六淑子移尊過淮署

彤管伴狂遊日暮天寒共倚樓好友追從殊未厭夷猶杯酒殷
勤且勸酬 何計付星郵擊揖投鞭此上流爛熳華堂春又到
銷憂笑引紅妝看紫騮

玉樓春 至日舟駐邗上

二分明月揚州路二十四橋佳麗句布灰緹室茹芸初繡綫五

紋添弱縷。錦衣公子青驄侶庾嶺春回梅正吐書雲亞歲一登臺烟櫂寒江天欲曙

醉落魄 爆竹

恁般包裹金縢約束重重個甫能燃得吳仙火一點星星斧劈洪荒破　雷動中天時較可多由蘊蓄聲聞播春城金鼓諠來賀轟地飛騰驚起群龍卧

一斛珠

鬱蔥香霧瑞紅多處烟生樹望層巒溯瞻天步繫馬松梢攬轡情無數　自古名山爭欲賦朝霞爛熳江天曙試看丹嶂曉雲封玉簡金泥應有神靈護

踏莎行 歸邸晤所知

畫閣重重飛甍片片春秦淮競渡人爭羨欲將心事問行人斜陽隔斷紅塵面　畫刻傳呼中宵待讌院門深閉無人見一番情緒到云亭相如詞賦成封禪

前調 淮署謝諸友人

夢入承明車驅驛路數番滕六無人渡謾移僕馬向華堂壁油深引緋紅炬　開府前旄使君叱馭過從冠蓋來行署等閒高諠薄天雲早春花發心延佇

臨江仙

憶昔承明遊御苑泥金半是知名龍樓曉出共班荆此身君國予肝膽定誰傾。星散各天知幾許江湖到處戈兵青綹花酒莫逢迎陶家松菊在無改歲寒盟

玉堂春 元日

錦堂華琯元日融和乍暖爆竹聲聲晝漏初長繡繞花鈿點綴宜春色閣案金猊百和香　寶馬雕鞍行處笙歌殊未央玉署流霞欲獻椒花頌心許梅英報早芳

漁家傲 為李侗庵兵備賦

十載家園春雨櫂小堂曠遠吟芳草丹詔一封傳示早歌魚藻林泉未許幽人老　共濟標流時輩少登陴夜話清尊倒攬轡星裝仙鷁杳緘書好置郵遠遞縈懷抱

鳳御銜杯

疊錦流蘇春生早口脂面澤容光耀待柏酒搖紅辛盤轉綠祥烟罩珠簾控人調笑　客衾温郵亭報歲朝晴轉縈懷抱縱鳳盞瓊波獸鑪香裊明妝俏卻剛被鄉思繞

青玉案 送鍾使君黄初歸吳興

一麾出守邗江路又目送霓旌度絲綫初添時未暮半輪明月兩期廿兩試綰雙甄駐　彤雲冉冉紅香曙御宴親承賦朱鷺此後佳期誰與溯一春芳信九重天語早是彤龍署

滯人嬌 游絲

烟裊晴空漸見練光飄轉雲影合輭塵香徧珠簾繡幌過鳴鳩

乳燕紅雨亂望裏花梨迷戀　綺陌旗亭輕羅巧扇取次惹小
桃人面追歡遠近況隨風舒卷天路引吹向廣寒宮院

天仙子 舟中水影

日暖風和洲渚靜櫂歌驚起沙禽暝數聲款乃一峰青紅蓼逕
清波映月色珠光雙弄影　貝闕璇宮犀正炳琉璃屏裏黄金
鏡一泓揺曳感容光窺自正情難定纖手寶釧歌采荇

連理枝 重晤青壇中柱丙同年

帝里年光好花柳含烟早綠野風流東山懷抱宮袍雲繞更曲
江遊讌别離中叙閒情多少　十二層城曉公子名原噪詩卷
相貽春冰一握選詞高妙正玉皇香案故人来喜相逢未老

憶帝京 阻凍陸行

雪車冰柱關仝畫青翰鄂舟行罷尊酒話當年詩卷娱長夜五
馬喜来遊水遞供瀟灑　幾日裏堅冰無那屈指見年榜高挂
暫假輕裝更携紅袖好把驛路雕鞍跨計日到淮千獻歲還相
近

訴衷情近 過靜海宗人尊酒夜話

京城路近家客天涯初至柳絲綠染平蕪花氣晴熏南浦遥望
夕陽圯堞烟景頹垣何處元公府　離情譜兵歲頻仍最苦晚
燈熒列應憶行遊處還誰主音書目斷雙魚燕子飛殘紅縷何
計邀春住

别銀燈 元夜清浦舟中

猶記皇都佳麗徧紫陌笙歌雲沸玉鏡團圞銀燈照燿翻念廣
陵仙佩一春嘉會約略是貴遊高第　浦口扁舟長繫問火樹
虹橋成未寶馬心馳香車目送應憶九衢風味蘭衡名位屈指
待傳柑芳歲

娑羅門引 喜靈巖和尚来海陵

十年風雨艸堂烟柳送君歸别来依舊漁磯夢入法雲香裏遮
莫負前期更從頭説起屈指增悲　鳳兮鳳兮問豪傑只君知
何處岐陽石鼓岣嶁禹碑經春不見欣相見似月廣輪時一席
話海國朝暉

紅林檎近 南池散步過唐水部載歌即夕飲署中

白也樓偏迥南池水一方古刹遥供矚堞影繞林塘曩時風催
（第四行補後面）
蓬轉儘教捲幔推窗帝城底事趨裝小立意徬徨　水部名原
輭相逢仙吏踏春陽

金人捧露盤 呈劉中堂憲石

憶芳年承明路綠雲中羨千年 林玉樹青葱齊州才子霞箋繡
管擅豪雄黑轓紫綬流連處酒盞詩筒　别神京花柳暗風雅
事付飄蓬剩寒梅疎影斜横黄扉西閣須知歸表屬人宗春光
滿眼天街近寄語吳儂

（補入第四行）
噪花侶句還香摛詞染朝翰風流黍竊河梁喜野棠初蕊柳梢正

早梅芳 淮陰舘舍

星物稠風光好靜院人初到一簾花月四壁烟雲寄殘照和勻香粉溼點注猩紅小赴東廳讌笑天白方知曉　夢方回寒正悄戶外人傳道忙移綦履謾整鸘裘喚嬌鳥班荊初話故念昔時縈抱進芳閑畫堂妝未了

前調

冰雪清聰明好畫閣人來到油車慢擁錦帳高懸夕燈照孔雀屏尾重睡鴨香頭小向高唐宴會密意情難曉　漏初停睡未了獻歲臨長道征鞍結束繡綫慵拈託騣裹修途供遠覽鄉景牽離抱趁東風鳳樓花事早

拂霓裳 宿遷陸年伯翀霄招飲賦謝兼柬焦令君

別桃源短繫心事謾俄延為正月十八日風雨過邑侯新剌上漁船軒車還擁篳金鼓待開筵最纏緜為班荊猶問夜行早年　相逢舊德奏清角諷佳篇銀燈爍更呼紅袖佐金蓮吳歌初按部楚舞更迴旋渡輕漣到京華頻寄鴈行箋

瓜茉莉 寄小瓜

幾處春深海棠和春睡鞦韆架玉人嬌殢錦堂日暖甚的是成蹊逐隊愛奇樹赭實秋圓眼前更添明媚　紅蕤夭好一叢叢枝相綴楊栁外蒨妝才醲花茵作褥恰垂垂當階砌噴香蘇摘向掌中被裏注佳醪溪謝你

意難忘 謝秋水狄水部

歲晚情忙為停舟繫馬訪舊尋芳天寒帆影重路渺客心涼桃臉澹栁腰長狼籍減容光恰水署移書分俸仔細商量　軒車漸近蓬窗試披裘握手訴與衷腸牽留知有意解贈最難忘燃蠟炬到華堂欲別更端詳待此來重賡小調縱引霞觴

滿江紅 憶甲申過濟同年陳我愚部仲褒尊酒旅店又荷我恂年伯解推茲來拈詞誌謝

杜甫南池亂離後南歸方急策蹇度草橋村店悶消尋息官裏行囊羞澀盡齊年尊酒相依密這幾時猶自感飄萍情於邑　濟水畔遲行客燕市裏懷陳迹悵驪歌唱徹豪遊辟易亂後故人華髮在愁來司馬青衫溼幸周旋世講過郵亭資飛鷁

鳳凰臺上憶吹簫

抗步良時放言清署安知世法躋攀笑煩文工麗大業何關我法我行何慮慮少可多怪人寰遲留處增多少感慨付秋顏　褊襴才名早擅應是玉堂中綵筆仙班奪我瀛洲地屈指當還共說道後今去龍樓染翰墨潺湲人爭羨須知玉堂綵筆如山

水調歌頭 至芋窩吳年伯葵庵泊舟魚集遣使逆之

水遞開通否倚櫂問來人不知畫船前去何計達河汾我欲乘槎泛月又恐銀濤雪浪暴客共黃昏起舞看帆影競渡轉逡巡　向沙岸停曉纜駐花邨玉堂人到攜手散步望朝暾且把檣竿高挂試對蓬窗吟弄遣興倒清尊睡起聞芳信計日是通津

夢揚州

五雲儔正天門日射重樓殿閣薰風百和香裊螭頭傳呼處上
林花氣平分玉樹琳球芳塵散輕寒褪褓蒲偏惹紅愁
還是金臺舊遊向報國雙松走馬長楸酒盞詩箋春雨何事遲
留六街閒串歸來後喜貴人醽醁初稠頻入夢草堂人靜遠在
揚州

滿庭芳 同吳年伯葵庵方舟清源傳掌霝兵憲范寧宇總戎張約庵霍龍淮龔秀公田濩野諸分部招飲濩野演家樂夜分始散

闒鎖春烟船行春漲渡頭風捲春雲玉堂麟閣畫省孟瑤琨數
載故園離索濛雨外花柳鮮新軒車過去年人面惜別快同岑
芳樽檀板動清歌天半舞袖霞氛況才雄班馬世紀名存掌霝
出全史見示 山水心情畫裡生綃上驅染須匀頻延佇繞梁聲散別
手夜初分

前調 癸卯七夕和杜琅槐韻

烟抹微雲露開新月秋光夜入花鬚河銀咫尺底事阻芳娛幾
處笙歌嘹嚦京華路半屬軒朱園林悄碧筒酬倡倚醉小橋扶
須臾三星爛支機引望樹繞栖烏問軒車何佈在空老夷中夜
鵲橋頻視笑郭令何似狂夫還呼酒虛檐步立瓜果薦庭隅
瓜果何須粉香何倏天孫恰似長吁終年寂寞此夜更清癯多
少離情欲訴穿鍼會喜近吳趨頻延佇人間巧合拭目是雲區
休辜趁悄夜晚妝添翠倚鏡施朱問瓊樓消息肯付糢糊贏得
一年一度綢繆顧那道全無從君笑衾裯抱送囑付與花奴

燭影搖紅

渡口雪消綠波春引青谿漱數行茅屋傍朱門野竹當窗覆幔
捲一簾清晝擁縹緗沉吟依舊友天下士讀古人書小窗何陋
振古人豪補天浴日 如生就每常青紫未為榮與山河同壽
多只是情無謬也須從隆中識透禹恂志略李郭威名出山時
候

燕臺春

紫禁和風彤樓曉日輭紅隊裏香埃綺陌春過九衢烟柳成堆
朱門十二都開看玉鞭嬌馬繡茵華輦巍峩八座焜煌三台
瑇筵東閣翰墨西堂流觴曲洛作賦高臺去年人面桃花事塵
霾驛使晨星停雲碧樹伐木丹厓道幽芳不負鹽梅用植向天街

慶清朝慢

玉樹干霄金莖浥露冶游依舊長安好風送將丹詔悄夢猶寒
畫舫承明近笑黃頭三老怯廻瀾山水外酒詩句袖引紅顏
清源渡津門道催促處咿軋的艣聲煩且喜艤舟鳳駕鏡倚
西山休怪野棠憔悴疎松耐久暫能攀還囑付香泥海燕寄縷
花闌

雙雙燕

蕪城夜月正烟水蒼茫客衾乍冷紅顔解語試入朱門相竝為問華堂藻井又悄語情思難定比肩齊步階墀攜手雙看妙影　想見周南清潤恰鳳管虬燈擅名輕俊緑窓深迴儘耐雨霏雲暝此夜鴛鴦睡穩又聽得帝城春信從教郡邸綢繆打疊香車早凭

前調

閒庭寂靜度月暈花梢衣棠雲冷珠簾乍捲依舊房櫳相並轉念玉階金井纏綣處夜凉人定持杯況醉東風對生猶憐好影　最愛琴書清潤況楚水巫山共推狂俊銀缸對語睡鴨香爐正暝且喜鴛裯夢穩更聽得門闌傳信臨妝細寫春山詰旦仙輿好凭

念奴嬌

揚州路近恰嚴寒道是一陽佳節客夢清淒念畫錦早堂玉人嬌怯綺陌移舟平原駐馬此地難為別象牀情事儘教鸚鵡閒說　閨道金馬豪遊娉婷初嫁與碧天新月華燭清樽看不盡角枕錦衾千疊且喜連宵博山烟篆恣意無周折曉來臨鏡理花鈿整雲鬟

前調

蕭娘樓畔恰匆匆過了菊花時節帆影拖霜逢小至畫舫水嬉微怯繡閣春心芳洲密約執手何曾別玉樓人至此情誰與傳說　漫道華邸朱簾彩毫長擅繡引金波月舊夢燕山看不盡新夢濤聲千疊喜得今宵錦屏暫見展（故）雙眉折悄聲低問多情付與玄髮

憶舊遊

記聯翩鳳闕奏對龍墀緩步燮坡廣樂臨天半漸鳴梢電掣侍從聞珂瑞烟香滿樓閣環衣日華多奈西角翻雲暗塵迷路陡起風波　迢迢去京洛嘆細柳新蒲暗織機梭華西要多同輩恰容光消瘦羞見張羅金門尚想遊戲其奈泣銅駝暫闢草尋花詩朋酒侶共婆娑

花心動 南池木瓜初藥茸花紅英可愛屬陳郃諸同人覓附糧艘南達

春雨堂成香草亭花花雅人妝帖姹紫嫣紅深黄淺白都付洞天狂客綠楊臺榭金衣轉池塘靜碧筒輕折西橋外猶餘翠儘堪圍列　爭愛白樓高堞更踏徧南池古歡清絕夾岸瓜華屋角葺枝佳種況供褰涉河堤驛使梅花遠天涯去夢懷縈纈趁殘臘客船半擔明月

瑞龍吟 贈楊猶龍同年

橋門路猶記獻賦長楊結交芳杜飄零酒盞晨星少年意氣銷磨到處　承明署應憶夙日閒愁舊遊佳趣狂奴亢自重來譏言契闊歡迎話故　芳歲家園流憩青春漸負高軒頻過尚有去時桃花人面輕覷霞箋彩筆幽感生餘慕欣相見停雲入夢

臨風韋緒逸客扁舟去摛詞更有追行句秋露霑金縷歸櫂急
馳情天孫機杼九春舫閣玉堂鵷鷺

春雨草堂集卷十七目次

春雨草堂集卷十七

海陵宮偉鏐紫陽著　男夢仁定山重訂

書解閒情錄語

在親民在止於至善

在親民即曰在止於至善刻意求新而不知止非其至矣奇巧盛農事傷纂組女紅害藝事皆然況經世之善物乎

安而后能慮

安而后能慮凡人皆然遇患在千慮不能不以震虩而撓者智千慮不能不因驚疑而亂惟告子一生學問強制夫不安以為安至謂不得於心勿求於氣是氣壹動志不安甚矣蔽陷離窮生於其心害於其政而不自知擿埴索塗冥行而已故學記曰發慮憲求善良以訓致於化民成俗學其可已乎

學而時習之章

千古治亂興亡之關定於君子小人四字武侯出師表親賢臣遠小人是已今人有意為君子未始非國家之福但君子自有真原夫始事非有為而為亦以學問為衡量而已時習而說靜氣一往而滾朋之來也自然之應非朋黨朋比以求附於君子於人知何與必推而極之人不知不慍方是真君子最患始事方踈戚戚乎欲成大名以顯當世多結朋友岸然以君子自為不但失君子之義并所謂朋友而可疑

知和而和

知和而和自是難行須以禮節之和之與時偕行正以不知出之知之則覺之矣自覺之時鬼神不知家人妻子不知此時急須以禮節之稍遲而和早已不可行不可行而種種厭煩之意從此而生且有乖戾之事隨其後可不戒哉

未盡善也

未盡善也明明示不足之意顧不言聖人德之聖人之功而以樂為言此聖人立言所以蘊藉而不可及也治之精微者莫如樂論功則無前即論德亦不能遽有所升降於其際惟夫聲音之道起於黃鍾而累黍以差之葭灰以候之此中至精至微而至不可借要非聖人心通造化知聲知音而知樂者亦不能為之升降於其際也是以君子不可不知樂

匿怨而友其人

匿怨而友其人友也其人而又有怨絕之可也而匿之而友之友不足責而我之心事何等不光大有不可告人者矣以為不擇可恥也以為不測可恥也

泰伯

泰伯其可謂至德也已矣若云泰伯讓國因而不有天下以此稱德之至也季札不曾讓國乎何不以至德歸之且後日之有天下即使泰伯豫料之亦不能豫必之也子若曰聖人得之全乎至德者有幸有不幸爲若泰伯其可謂至德也已矣蓋幸之也聖人時至事起類有所不獲已假令泰伯無當日之讓泰伯其能免乎一傳再傳而化國為天下則當日以國讓實以天下讓此不待辯而明者也民無得而稱爲雖然無皇后烝哉之頌亦不受夷齊扣馬之諫今而後吾知免矣春泰伯不害為至德也泰伯之幸也況泰伯非尋常人也使其為尋常無為之人何

云讓即讓矣何云天下讓泰伯入句吳立為吳泰伯是讓國而又得國卓然一代之人豪也以若而人令其志寧王之志行寧王之事未知鹿死誰手其讓也謂之天下讓固宜乃渾然不見一東向讓三西向讓再之迹故民無得而稱然自此可無遺議矣此子所以為泰伯幸也然則會朝之役豈非聖人之不幸乎

舜有臣五人章

舜紹堯之後所稱無為者也有臣五人而天下受治焉其未有也舜未嘗有網羅之心其既有也舜未嘗有矜詡之意何自然也至武則嘖嘖乎有詞矣曰予有歸功於自也非予不能有又似乎必欲為予有故臣而系之亂說者謂亂之名武王不諱此無庸也正使撥亂為功非復相安無事之人矣問其數十人也從龍之庀豈一手一足所能勝任而愉快哉觀記事之文而差殊自見此亦游夏之徒所不能贊一詞者矣孔子微顯闡幽盛稱才難為周褒也微言服事為周恤也而不言微德言才所以恤之者至矣今論人著作而嘉其藝事之工則不足者自寓耳

要其才(自)難及也五人舜有舜非創也(有)有鰥受終文祖唐虞交相際而僅一見焉自此而夏則五人中之一也王運所由開有臣下莫及者矣自此而商阿衡之外不數數見蓋寥寥數百年以至於斯乃為盛爾然十人之中婦人與焉尚缺其一也豈不難哉豈不難哉嘆才之難正以見周才之盛而專舉人才為言則不足者應有在也雖然周之德豈如後世所稱真有遺議於其間哉當文之時三分天下有其二矣使文而有利天下之心大命之集奚俟乎武使武而有利天下之(心)奚俟與九之後唐太宗之籍賓客淵不嘗以滅族戒乎以服事殷周之德其可謂至德也已矣不曰文之德而曰周之德則武之無慙德可知以言乎

周家代興之德而文武自可合見也既以深原聖人不得已之心且使後世不得引以為口實此聖人之微權也所以褒之者正在此厥後牧野陳師載木主而行號為文王若曰即文王在今日亦有所不得已也假令紂惡未盈不以易服事之志也已他時漢高之興則有何參平勃為之佐由唐迄宋有開創之君必有開創之相也蓋得孔子盛稱周才之意而用之若秦之并呑不二世而至於澌滅其祖先無積累之素忽然得之不以德取不以德守至斯極也

君子義以為質章

夫行有五焉仁義禮智信配金木水火土能嚴能慈能愛能畏缺一不可者也仁者見之謂之仁智者見之謂之智兼舉為言者不一而足外是則義禮信尚矣聖人曰匪孫不可從古聖賢持世見之既真持之既固要其中自有從容不迫之意油然出之所由異於豪傑以此故曰禮之用和為貴即所謂孫也禮得之而用始全出即於行乎見也若曰其行也如是出之焉爾特患知和而和便不可行故五常不以孫為典要

君子貞而不諒

易象元亨利貞配仁義禮智信貞近於信而以屬智知正之所在而固守之也諒則所見有未全故君子不然也

戒得懷土

論語及其老也戒之在得所謂得非止財求嗜慾也即如人生百年而少者常輕生耄者常貪生輕之固非貪亦未是亦得也又曰懷土猶曰得其性之所近耳大抵偃蹇齷齪不能遊方之外如求田問舍溺於帷闥之見牽於鄉曲之論也

大德不踰閑節

大德在人如設之閑然必不可踰也非若小德或出或入猶在所略也即小德之出入猶可則大德之切於人也較著矣或者謂西河氏拘攣之後流為放蕩故為此言然其言不易矣今人循循十室之中以德義自號於人一當大疑大難遂失其故步及其失也而循循若故猶欲以其跬步之細矜尚於人而人亦每崇而奉之噫亦末矣

小人之中庸也

小人反中庸又曰小人之中庸也若輩離經畔道而皆借中庸以為名天地間有小人之自以為中庸小人之所以反中庸也

不違農時節

孟子救時經濟明晨定賦立學盡之矣所以對齊梁詩君皆以此設想晨奇在不違農時一節所謂空中樓閣也從經制未立之時約略指陳便有成效誰謂儒術迂而寡當哉當時言富言强分土分民之國家敗壞極矣有王者作不敢以刻削殆盡諉之前人必欲盡返所為事事與之經始覺從前工夫一無所用視衰晚之世直同混濛未闢以女媧五石補之具此開天手雖寄生之國可漸致平康故曰大國五年小國七年真似屈指其時歲月可計日而定此與善人教民七年為邦百年諸書同一理會胷中眼中確有所見故又曰王道無近功

五畝之宅節 對齊宣王問

孔子曰足食足兵民信之矣戰國富强雖聖人所不道而千古用兵之法始終不出兵食二義兵食所以為民富强止以為國則義利之分人心所由異也顧未有食不足而能足兵者亦未有用兵以厲民而不為之所者孟氏首篇於梁惠之移民粟齊宣之慕桓文皆先之以樹畜明農繼之以庠序養老若成竹在胸不累黍失者曙於富强之原也

不動心

夫子之不動心與告子之不動心何以異告子不得於言勿求於心以勿求得不動也而孟孟曰我知言知之故不得而動之也告子不得於心勿求於氣以勿求得不動也而孟子曰我善養吾浩然之氣非徒養之又善養之故不得而動之也

然則有同與節

從古人中獨取伯夷伊尹一任一讓千古奇匹君民治亂伯夷伊尹已自不同仕止久速各得其宜遐哉夐乎不可及矣曰然則有同與此問最奇百里彈丸皆能以朝諸侯而有天下窾縻之士所望而退也行一不義殺一不辜而得天下皆不為無也論虎狼秦及操莽一輩不敢攀其項背三代而下開闢之主代不乏人而王霸雜用漢以後莫不皆然以莫若所云非聖人而能不若是乎剖晰至此所謂銖黍無謬者矣他日論舜禹益而及伊尹周公若使孟子生當其時度德量力得失之數間不容髮先聖後聖其揆一也孔明王佐才而功業止於三分觀其對昭烈云修政觀變意念深矣世無英君哲相遂使劉寄奴諸人皆得稱制或十年或數十年雖權術相高無其量百世之思原夫船拯橫流英絕領袖亦時勢使然無足怪者

滕文公問為國章

孟子救時經濟歸於明農定賦立學梁惠齊宣皆先之以樹畜終之以庠序及滕文問為國先以恒産發端繼歸於行周之徹法終以立學明倫足之較之山高地力諸篇為不侔矣厥後商鞅開阡陌又復盜其説而誤用之

非其義也節

非其義也即非其道也合於義者即合於道不合於義者即不合於道道自堯舜一中而來遞相傳受其精微切要處不過以義為衡也不然道豈槃燭之類哉尋常富貴知不足以動其心矣意者自任天下之重無時不欲道濟乎天下祿之以天下弗顧也繫馬千駟弗視也治天下者道也道先自失非所以身任天下之重也人能碎千金之璧而不覺失聲於破甑能搏猛虎而不覺變色於蜂蠆取大者必棄其小矯偽之情使然也若夫名之所在雖在中人大者可棄及其小者反未必不取何則情有所不及持也自私自利者不足論矣闊達之士不擇而取時不擇而與其輕與也宜其輕取也一介小小者以義衡道斷斷如也夫然後可以一介視天下一介視天下者無天下之心而天下始受治焉非其分小與大正其合小與大而一歸之道也合而分之義也

春雨草堂集卷十八目次

春雨艸堂集卷十八

海陵宮偉鏐紫陽著　　男夢仁定山重訂

經解寒廬讀述

原禮

祭統賢者俯就以盡其哀不肖企及不足傷性所謂本人情以出治也禿者不髽傴者不袒跛者不踊老病不止酒肉皆以權制也聖人有憂焉惟恐世之賢人君子汲汲乎有不勝喪之患非以便己也故又曰比終茲三節者仁者可以觀其愛焉智者可以觀其理焉彊者可以觀其志焉禮以治之義以正之孝子弟弟貞婦皆可得而察焉信夫孟獻子曰禮身之幹也故聖人作為禮以教人使人以有禮知自别於禽獸

儀禮本論

禮記一書雜出於漢儒然非漢儒所能作乃其所傳記者也緇衣公孫尼子作月令呂不韋作王制文帝時博士刺經作先儒謂格言良法雜出於四十九篇之中然後世欲復古禮者必自儀禮始韓子有言嘗苦儀禮難讀又其行於今者蓋寡沿襲不同復之無由考於今誠無所用之然文王周公之法制麤在是真氏以為考之未詳蓋以禮書如儀禮尚完備於他書朱子謂儀禮禮之根本而記禮乃其枝葉也然儀禮止有士大夫禮而無有所謂天子禮者必合周禮禮記二禮與他書有及於禮者而後成全禮焉

喪大記頌

禮有流俗所不經意而孝子之志不可不加慎者曰男子不死於婦人之手婦人不死於男子之手

再期昉

喪服小記曰再期之喪三年也期之喪二年也余按白虎通三年之喪何二十五月聖人因天地萬物有終始而為之制以期斷之故加隆以為孝子之恩（思）恩愛至深加之則倍故再期二十五月也其義實本喪小記

禫引

禫祭名禫者澹澹然平安之意大祥後間一月而禫故云中月或曰祥月之中者非也又喪服小記為父母妻長子禫言當禫之喪有此四者然妻為夫亦禫慈母之喪無父在亦禫記者略耳又曰宗子母在為妻禫蓋古父在則適子為妻不杖不杖則

不禫父歿母存則杖且禫然則非宗子而母在者不禫矣但祥禫之制施於三年之喪則其月同施於期之喪則其月異余按雜記曰十一月而練十三月而祥十五月而禫此期之喪也父在為母有所屈三年所以為極而至於二十五月者其禮不可過以三年之愛而斷於期者其情猶可伸今制母喪同父則禫亦如之妻期也以期為斷杖則禫亦以期為斷也惟長子三年妻為夫三年慈母同母三年則均之三年之禫耳故檀弓曰祥而縞是月禫徙月樂禫月而樂聽於人也在徙月而樂作於己也

君母喪制同父議

喪服四制其恩重者其服重故為父斬衰三年以恩制者也門內之治恩掩義門外之治義斷恩資於事父以事君而敬同貴貴尊尊義大者也故為君亦斬衰三年以義制者也資於事父以事母愛同以一制者也故父在為母齊衰期者見無二尊也昏議云天子修男教父道也后修女順母道也故曰天子之與后猶父之與母也故為天王服斬衰服父之義也為后服齊衰服母之義也父也君也母也援率土之戴於生我之恩於並重之中寓一尊之義禮經所載畧同一軌自漢文制喪以日易月終漢之世莫能復焉後此行之者僅晉耆孝武魏孝文周高祖宋孝宗上之人所云議道自己者止此也何以處夫踈遬者乎夫是普天之誼闕有間焉不知昔之盛王以此為養諸侯而兵不用之具何可也已也後王命冢宰降德於衆兆民不聞岐母於父而二之也唐之人主未有為三年服者三百年間議者亦未有及之蓋世無達禮之士而人不知事君之義德宗時昭德皇后崩中外服除皇太子諸王將行三年詔太常議太子服太常博士河內暢當與博士張薦栁晃李吉甫議穆質上疏曰父在為母期者禮也國朝服三年由是言之躋母服於父之三年由來舊矣故曰禮非從天降也非從地出也人情而已矣王道以人情為端冢禮取裁約本儀禮特列齊衰三年明初頒令凡喪服等差多因前代之舊後更定服制著為孝慈録以圖列律例之首而品官喪制子為父母均之斬衰其前代齊衰三年今無此服加服義服亦遂等而上之一王之制遵行不替無他達之天下也

爵杖

杖者爵也無爵而杖者何擔主也非主而杖者何輔病也爵者有德其病必重故杖為爵者設也童子不杖不能病也婦人不杖亦不能病也百官備百物具不言而事行者扶而起謂王侯也許其病深雖有扶病之杖亦不能起又須人扶乃起也言而后事行者杖而起謂大夫士也不許極病杖而起不用扶也身自執事而後行者面垢而已謂庶人卑無人可使不可許病故有杖而不用但使面有塵垢之容而已子於父母貴賤情同而病不得一故有應杖不杖不應杖而杖扶而起杖而起與夫面垢者之異也且禮經所載有杖授杖有輯杖有去杖今槩施之褻已甚矣記曰古者貴賤皆杖叔孫武叔朝見輪人以其杖關轂而輠輪者於是有爵而後杖

苴杖削杖補

苴杖削杖禮各有合不改其初苴杖竹也削杖桐也苴杖圜而象天削杖方而象地又以桐為同之義言哀戚同於父又苴者黯也惡貌也猶堊而黝之也必用竹竹者明其體圜性貞四時不改子為父禮中痛極自然圜足有終身之痛也削者殺也桐隨時凋落謂母喪外雖稍殺服從時除而終身之心當與父同也

記哭

帷殯非古也自敬姜之哭穆伯始也穆伯死敬姜晝哭文伯死晝夜哭帷殯記禮之變而（也變）正矣檀弓曰簀尚曾不如杞梁之妻知禮也若敬姜可謂善哭者矣國昭子之母死賓為賓焉主為主焉視帷殯之意而加戾矣禮好其辨也

記不哭

非從柩與反哭無哭於恒奔喪過國至竟哭盡哀而止哭辟市朝望其國竟哭喪大記曰婦人迎客送客不下堂下堂不哭男子出寢門外見人不哭又遠葬者比反哭者皆冠及郊而後免反哭之數者今人多不察

括髮序

三日大斂古也今人不用布絞大斂不能待之三日也時為之也不布絞並不含遂無小斂之說矣不小斂是以袒括髮之制亦廢不行叔孫武叔之母死尸出戶袒且投其冠括髮子游曰知禮嗤之也其序小斂後尸未出堂主人為將奉尸故袒而括髮耳失禮之序猶或非之廢焉可乎又按禮斬衰括髮以麻為母括髮以麻免而以布人父喪括髮以麻而為母亦括髮以麻禮所同也免而以布專言為母也人父喪小斂後拜賓竟子即堂下之位猶括髮而踊母則此時不復括髮而著布免以踊故曰免而以布也士喪禮母之喪即位而免奔喪為母所以異於

父者壹括髮其餘免以終事如奔父之禮今制故均之斬衰則括髮之制亦無所於殊而欲并其序而廢之世豈無好禮之儒後而之又何辭焉

免

冠者古之所重也故不以袒袒必去冠去冠猶嫌於不冠故免也免而袒袒而踊其先後之序矣故童子不免初未冠無嫌於不冠也不杖幼不能病也不緦幼不能知踈遠之義也當室則緦則免而杖矣以其為喪主而當成人之禮也

括髮袒免髽

按儀禮主人括髮袒衆主人免於房婦人髽於室鄭註始死將斬衰者雞斯將齊衰者素冠括髮者去笄纚而紒也免者齊衰將袒以免代冠也然則雞斯者括髮袒素冠者免故曰衆主人也又按鄭註婦人將斬衰者去笄而纚而紒將齊衰者骨笄而纚今言髽者亦去笄纚而紒也髽露紒斬衰括髮衆主人免之時婦人斬衰者用麻髽齊衰者用布髽故曰婦人髽於室髽亦有二也為母則括髮而又免故曰為母括髮以麻免而以布

帶

喪大記主人袒說髦括髮以麻婦人髽帶麻於房中帶麻麻帶也謂婦人要服也男子冠而婦人笄男子免而婦人髽又曰帶麻婦人重在帶也故檀弓曰婦人不葛帶

襲絰先後

士喪禮主人拜賓大夫特拜士旅之氾拜也即位踊襲絰於序東復位乃奠按喪大記主人即位襲帶絰踊蓋先拜賓時袒今拜畢乃掩襲其衣而加要帶首絰乃踊也士喪禮先踊乃襲絰喪大記謂諸侯禮故先襲絰乃踊也士喪禮母之喪即位而免乃奠母喪降於父拜賓竟而即位以免代括髮之麻免而襲絰至大斂乃成踊也乃奠者謂小斂奠

重束帛衣冠像緣起

古者鑿木為重以主其神故殷主綴重焉周主重徹焉今式亦有之然士民之家未嘗識也故用束帛依神謂之魂帛亦古禮之遺也司馬温公因謂世俗皆畫影置於魂帛之後男子生平有為之者用之猶無所謂至於婦人深居閨門出則乘輜軿擁蔽其面既死豈可使畫工直入深室揭掩面之帛執筆諦觀畫其容貌此殊為非禮世俗或用冠帽衣履裝飾如人狀此尤鄙俚不可從也楊氏復曰禮大夫無主者束帛依神司馬公用魂帛蓋取束帛依神之意然高氏曰古人遺衣裳必置於靈座既而藏廟中恐當後從此說以遺衣裳置靈座而加魂帛其上可也

予按古者設其裳衣後寢以藏衣冠盡謂鄙俚不可從過也高氏之說是也畫影誠非古然為人子者其心欲日見其親之音容之笑貌而無所於從尤欲令後之人之似之續之後而見之也故為之像之以庶幾猶或見之謂無所謂而不必存此人子之心之所難言也明張文忠與徐文貞論宣聖塑像曰有一毫之不似者吾豈事之乎答曰有一毫之似吾豈廢之乎予謂宣聖塑像非古也人子之心之欲見其親則設之未為盡非但必欲置之魂帛之前以為禮之所在則亦不然耳

立相

周禮肆師凡卿大夫之喪相其禮蓋成周之世卿大夫之家有喪事尚設官以相檀弓曰杜橋之母之喪宮中無相以為沽也謂不立相導也家語孔子在衛司徒敬子之卒蘧伯玉曰衛鄙俗不習喪禮煩吾子相焉孔子相之

奠祭辨

葬之日日中而虞骨肉歸復於土魂氣則無不之也無不之也孝子為其傍徨三祭以安之遇柔日再虞遇剛日三虞三虞後遇剛日卒哭（卒哭）曰成事是日也以吉祭易喪祭吉祭謂卒哭也蓋未葬時奠而不祭但酌酒陳饌再拜虞始用祭禮也祭禮之辨謂何灌也古者灌以降神以茅縮酒求神於陰陽有無之間故酒必灌於地若夫奠安置也奠而酹有古人飲食必祭鬼神自不能祭故代之祭也三祭於茅束之上既獻則徹之非若降神盡傾於地也祭時初獻亞獻終獻皆謂之奠未葬無降神初亞終之禮但酌酒陳饌再拜也

對未葬不祭問

問未葬何以奠而不祭按檀弓虞而立尸有几筵蓋未葬時事以生者之禮葬則親形已藏故虞祭而立尸以象神也小歛之奠子游曰於東方曾子曰於四方歛斯席矣小歛之奠在西方魯禮之末失也按儀禮小歛之奠設於東方奠又無席大歛奠而有席彌神之也然大歛之時有席而無几虞則脱几以席相配此奠而不祭之義也然則殯宮之稱几筵者亦誤也

不作佛事書後

家禮不作佛事述司馬溫公之言纂詳此不易之論也然亦觀夫親者之意向之若何耳佛教自漢明帝時流入中國中國間信從者固多而婦人尤甚士夫晚年閒居無所事事亦以此爲清淨之資因而皈依之誠歷久彌篤遂尊之奉之惟恐其或褻之也以親所尊之奉之惟恐或褻而勉爲從俗亦人子之心之大不得已也必欲違親志以成己之是亦人子之心之所難言也但俗習相沿以此爲居喪致孝之大端則義不存乎此然又人子之心之不能以有已也

難紀七

嘗見習俗之間相沿以七紀日四十九日而終七又文其説曰七虞吾不得其故也及閱會典亦間有禁屠宰四十九日之説意古者三月而葬速反而虞其虞也三今人葬輒踰時故三而七之以是爲槩耶余按家禮於俗節則存之以是比於俗節之例何不可者而相誤以是時説衰遂出與外事此大不然也余因按古人朝夕奠之外有朔奠朔奠殷奠也望亦如之士則月望不盛奠惟朔奠而已楊氏復曰長子主喪以奉饋奠朔奠則父爲主謂殷奠也義與虞卒哭同今人置朔奠不行而以七紀日則盍以朔奠易之也余又按殷既練而祔周卒哭而祔孔子善殷殷禮既亡其本末不可考今三虞卒哭皆用周禮次第則此不得獨從殷固矣要之男子除首絰婦人除要帶則禮經所載原在既練之後也記曰既葬各以其服除謂卒哭後親重而當變麻服者變之其當除者即自除之此其証也將軍文子之喪既除喪而越人來弔主人深衣練冠祭前之冠也祥祭則縞冠此又其証也溫公書儀男子既練去首絰負版辟領家禮因之若謂禮有闕文不言衰何時而除則何得不以此爲斷耶守禮之家得所考焉

釋拜稽首

檀弓拜而後稽顙頹乎其順也稽顙而後拜頎乎其至也三年之喪吾從其至者此言喪拜之次序也又云拜拜賓也稽顙者以頭觸地哀痛之至也拜以禮賓稽顙以自致之說也人嘗疑之似乎以拜為拜賓以稽顙為自致是喪拜中有此二時也朱子曰拜而後稽顙者先以兩手伏地如常然後引手向前扣地稽顙而後拜者開兩手而先以首扣地卻交手如常也言言之悉矣而議禮之家猶未能舉其義則必合雜記而觀之三年之喪以其喪拜非三年之喪以吉拜拜問拜賜拜賓皆拜也喪拜稽顙而後拜也吉拜拜而後稽顙也則所云拜賓自致均之喪拜之異文非二時矣又鄭氏以拜而後稽顙為殷之喪拜稽顙而後拜為周之喪拜豈非以制分二代其為喪拜則一乎疏云殷之喪拜自斬衰至緦麻皆拜而後稽顙以其質故也周制則杖期以上皆先稽顙而後拜不杖期以下乃作殷之喪拜故孔子曰三年之喪吾從其至者

肅拜手拜

少儀婦人吉事雖有君賜肅拜為尸坐則不手拜肅拜為喪主則不手拜按肅拜如今婦人拜也手拜則手至地而頭在手上如今男子拜也婦人肅拜為正為喪主則稽顙故不手拜若有喪而不為主則手拜矣或曰為喪主不手拜則亦肅拜也余按喪大記夫人吊於大夫士主人迎於門外見馬首先入門右夫人入升堂即位主婦降自西階稽顙於下夫人退主婦送於門內拜稽顙主人送於大門之外不拜不拜者喪無二主主婦已拜主人不當拜也安得謂不手拜為肅拜乎

周天元詔內外命婦皆執笏其拜宗廟及天臺皆俯伏如男子按謂之如則前此不如此可知記其失也故婦人以肅拜為正問何謂肅拜朱子曰兩膝齊跪手至地頭不下也故曰手拜曰亦然樂府伸腰再拜跪蓋謂是也先儒謂不知婦人膝不跪地而變為今之拜始於何時程泰之以為始於武后非也予按古人坐亦是跪丘氏既知古人席地而坐矣今不席地坐則肅拜者膝不跪地此易明耳何儀節諸說之紛紛與

廬堊室名

父母之喪居倚廬齊衰之喪居堊室雜記疏衰皆居堊室不廬廬嚴者也君為廬宮之大夫士襢之倚廬倚木為廬也故既虞卒哭而柱楣有所倚有所柱也堊室齊衰者所居而父母之喪於小祥後居之故曰斬衰之葛與衰之麻同

制箴 三則

孔子曰緇衰繐裳非古也孟敬子曰我則食食故曰君子所重乎道者三管公明鬼躁鬼幽之論曾晳子先發之家禮大祥後飲酒食肉而復寢丘氏儀節移於禫之下按禮中月而禫禫而飲酒食醴酒始飲酒者先飲醴酒始食肉者先食乾肉又大祥居復寢禫而牀由此觀之以丘氏儀儀節為正今人以素食為義不知制非祭而齋之之謂也古者三日不食食粥不食菜果故朱子家禮云不能粥者羹之可也期而小祥食菜果又期而大祥有醯醬中月而禫禫而飲醴酒所謂飲酒者先飲醴酒乃在禫之日也食肉亦然故其為制較持素而加嚴而以祭亦非此弗稱夫心齋者也

首絰要絰環絰弁絰

喪小記絰殺五分而去一杖大如絰絰實也其云殺五分而去一者首絰五分減一分則要絰之大遞減之則齊衰之絰大如斬衰之帶也大功小功緦如之故曰絰帶之差自此出焉蓋麻在首在要皆曰絰分言之則曰首絰曰要帶也又要絰兩頭各存散麻三尺未結待成服日方結之婦人要絰亦然齊衰不散垂也

雜記小斂環絰公大夫士一也疏曰環絰一股而纏也親始死孝子去冠至小斂不可無飾士素委貌大夫以上素弁而貴賤悉得加以環絰故曰公大夫士一也喪服變除云小斂之後大夫以上素弁士則素委貌皆加環絰蓋小斂服也又喪大記云君將大斂子弁絰即位於序端註弁絰素弁上加環絰未成服故也成服則著喪服冠也丘氏謂按此及諸家之說則首絰之下必有巾帽以承之三代委貌爵弁之制今世不存宜用白布如世俗制孝巾小帽之類似得禮之義也

葛絰

檀弓弁絰葛而葬與神交之道也謂居喪時冠服皆純凶至葬而吾親託體地中則當以禮敬之心接於山川之神也於是以絹素為弁如爵弁之制以葛為環絰在首以送葬不敢以純凶之服交神者示敬也

繆絰嘆

子柳之母死子碩請具子柳曰何以哉子碩曰請粥庶弟之母子柳曰如之何其粥人之母以葬其母也不可既葬子碩欲以賻布之餘具祭器子柳曰不可吾聞之君子不家於喪請班諸兄弟之貧者夫粥庶母以治葬則乏於財可知矣而不家於喪視夫司徒旅歸二布者義則同而尤有進焉誰謂子柳而不知禮乎又按檀弓叔仲皮死子柳之妻衣衰而繆絰叔仲衍以告請繐衰而環絰衍曰吾姑姊妹死亦如斯未之禁也繆絞也謂兩股相交五服之絰皆然環絰弔服一股而纏也故曰禮之近人情者非其至也故君子不可苟從乎時以違本論

惡笄義疏

喪小記齊衰惡笄以終喪婦人居齊衰之喪以榛木為笄以卷髮謂之惡笄以終喪者謂中間更無變易至服竟則一并除之也又曰箭笄終三年女子在室為父也因按南宮縚之妻之姑之喪孔子誨之髽曰榛以為笄時婦為舅姑皆齊衰不杖期今制斬衰則當同在室為父也又士喪禮鬠笄用桑長四寸纋中鄭註云桑之為言喪也則襲時亡者所用

弔絰免箋

儀禮朋友死在他邦袒免歸則已四世而緦服之窮也五世袒免袒免本五世之服而朋友之死於他拜邦而無主者亦為之免又曰朋友麻朋友雖無親有同道之恩相為緦腮服之絰周禮曰反弔當事服弁絰其服有三雜記凡弁絰其衰侈袂弁絰之服弔服也首著素弁而加以一服絰其服有三等錫衰緦衰疑衰也錫麻之滑易者疑擬也擬於吉也余按檀弓衛司徒敬子死子夏弔焉主人未小歛絰而往子游弔焉主人既小歛子游出絰而器哭謂主人未小歛則未改服故弔者俟改服乃出而加絰也又曾子襲裘而弔子游袒裘而弔主人既小歛袒括髮子游趨而襲裘帶絰而入其事正同弔者雖著朝服而加武以絰武吉冠之卷也又掩其上服若是朋友又加帶此襲裘帶絰而入也故弔服之有弁絰此其制也

弔唁

知生者弔知死者傷知生而不知死弔而不傷知死而不知生傷而不弔故禮統云弔生曰唁弔死曰弔弔生之謂唁何非為喪之位哭泣之事但嘆嗟以言故謂之唁弔死之謂弔何素有恩禮無服屬但致傷哀故謂之弔摯虞決疑要說曰禮臣喪其父母則赴於君君弔之

弔不答拜解

曲禮凡非弔喪非見國君無不答拜者則弔喪不答拜著之詳矣嘗攷弔喪而不答主人之拜者以為助執喪事之凡役而來非行賓主之禮也及閱家禮入哭奠訖乃弔而退下云主人哭出西向稽顙再拜賓亦哭東向答拜若是戾矣家禮為文公初年所定及高氏引胡先生書儀又分別平交尊卑為半答避位跪還之說是說也予又疑之應答則答應否則否焉有兩可而為之者楊氏復曰弔禮主人拜賓賓不答拜此何義也蓋弔賓之來有哭拜或奠禮主人拜賓以謝之此賓所以不答拜也故高尚書有半答跪還之禮凡禮必有義不可苟也書儀家禮從俗有賓答拜之文亦是主人拜賓賓不敢當乃答拜今世俗弔賓来見几筵哭拜主人亦拜謂代亡者答拜非禮也既而賓弔主人又相與交拜亦非禮也不但正答拜之非溯原家禮參酌古今之本意而又正代亡者答拜之謬可謂悉矣獨其解不答拜之義當有未悉似以不答拜為倨故不得不參酌以行之未若曲禮註之溌切著明也至所云代亾者答拜發原書所未發然習俗相沿亦各不一習禮之家所可參酌禮意以得其當焉若其以奠為酹之誤則高氏楊氏辨之已詳以後来之說為正今世考古者亦稍稍悉之

三年不與弔饋奠文

檀弓有殯聞遠兄弟之喪雖緦往非兄弟雖鄰不往曾子問曰三年之喪弔乎孔子曰三年之喪練不群立不旅行君子禮以飾情三年之喪而弔哭不亦虛乎又曰相識有喪服可以與於祭乎孔子曰緦不祭又何助於人又曰廢喪服不可以與於饋奠之事乎孔子曰說衰與奠非禮也其義為喪服不可與祭喪服廢宜可與饋奠之祭也然方說衰而輒與猶非禮則三年之中不當弔人不與人饋奠明矣而今世習而不察不期乎輕已衰而重所事乎他日子張死曾子有母之喪齊衰而往哭之或曰齊衰不以弔曾子曰我弔也與哉蓋齊衰無弔人之禮而釋服而弔愈為非禮曾子曰我弔也與哉蓋視弔者為加隆也友誼加隆不容不往哭非夫行弔禮而已亦非謂止於往哭而非行弔之禮也觀此而三年之喪之不弔於人奠於人愈不知已而劉氏引曾子問以為既聞此矣又以母喪弔友必不然凡經中言曾子失禮之事不可盡信不知曾子已有言矣正使有之亦記者記其友誼之加隆而非欲後人之相襲而不之察故曰堂堂乎張也難與並為仁矣曾子之言也聖門若顓孫有過人者曾子愛之深故規之也至及其死也加於人一等矣故記曰齊衰而往哭古人敘事短長不相掩而大指自隱深於其中非夫也豈有齊衰而往弔者哉

諸服不與

非獨三年爾按雜記三年之喪雖功衰不弔自天子達士若有服而往哭之則服其服而往期之喪十一月而練十三月而詳十五月而禫練則弔既葬大功弔喪哭而退不聽事焉期之喪未葬弔於鄉人哭而退不聽事焉功衰弔待事不執事小功緦同也期之喪功執事不與於禮余按三年之喪而曰功衰者小祥後衰與大功同也期之喪功衰喪既葬受以大功之衰也三年之喪非往哭有服之親則不弔於鄉人固已期之喪既云練則弔是必待十一月也又云未葬弔於鄉人是在殯可出弔也蓋前之期喪為父在為母後之期喪喪服傳姑姊妹適人無主者姪與兄弟為之齊衰不杖期正謂是也

鬟弔小說

婦人之鬟而弔也自戰於臺鮐始也男子冠而婦人笄男子免而婦人鬟既以見臺鮐之失亦以明夫鬟之不當也弔其在今人則釋之焉爾已鬟而弔也謂猶愈於說衰而弔乎哉緦之不祭鬟之不弔其義一也此曾子所以有饋奠㕣其之問也而今且變而之於吉祭非徒祭也且吉事其於饋奠又其後焉縣子之言曰有愛而哭之有畏而哭之愛耶畏耶吾烏乎知之

免經紀異

服問凡見人無免經雖朝於君無免經免如字惟公門有稅衰傳曰君子不奪人之喪亦不可奪喪也謂雖說齊衰亦不說經先儒尤恐不察又曰此謂不杖齊衰若杖齊衰及斬衰雖入公門亦不說也季武子寢疾蟜固不說齊衰而入見且曰斯道也將亾矣士唯公門說齊衰武子曰不亦善乎君子表微噫而齊衰也而不入見則亦已耳故家禮有問縗者答曰若能不出則不服之亦好蓋有謂也

越紼解

王制喪三年不祭惟天地社稷為越紼而行事越猶躐也紼輴車索也宋英宗即位有人以此問程程謂古者君喪百事皆如禮雖廢祭祀可也今獨不然特於祭祀廢之不若無廢之為愈也張氏正之曰父在子為母喪則不敢見其父不敢以非禮見也今天子為父之喪以此見上帝是以非禮見故不如無祭夫後世人君不終三年之制禮之失也因失禮而又踰不祭之文豈非失禮之中又失禮乎且不祭非廢也周禮大宗伯有有故則攝行祭事之文則禮官攝行所以為共也宋之諸君外廷雖用易月之制而宮中實行三年之喪沿及於明參酌綦備丘氏之說予欲進而求之

魯衛並稱述

魯衛之政兄弟也衛之祔也離之魯之祔也合之善魯也布幕衛縿幕魯焉衛則然矣此不王不禘之說也然殷人牲白周人牲騂魯於周公用白羣公用騂不謂不明且備也天子柏椁諸侯松之大夫柏其同於天子者卑遠不嫌僭也故曰土無二王嗟乎以此防微大夫猶廢輴而設欑故曰公室視豐碑三家視桓楹

夏殷周

夏后氏用明器殷人用祭器周人兼用之有虞氏瓦棺夏后氏堲周殷棺椁周人牆置翣所謂禮明樂備監二代以為文也殷既封而弔周反哭而弔孔子曰吾從周殷練而祔周卒哭而祔孔子善殷則又兼古今之制而裁制之是謂素王

合葬參

季武子成寢杜氏之葬在西階之下曰合葬非古也自周公以來未之有改舜葬於蒼梧之野蓋二妃未之從也季武子曰周公蓋祔之言也豈為杜氏之請而設耶孔子曰衛人之祔也離之魯之祔也合之善夫生既同室死當同穴善其合也但葬不同時而欲竝兩棺置椁中無別物隔之其說有所不可行朱子謂古者椁合衆材大小隨人所為今全用木無許大木此固然矣又按家禮楊氏復曰用石須數片合成則同穴而各自為椁蓋有見也

葬位左右論

家禮問合葬夫妻之位陳安卿曰地道以右為尊恐當上右朱子因謂祭時以西為上葬亦當如之余按檀弓孔子與門人立拱而尚右二三子亦皆尚右孔子曰二三子之嗜學也我則有姊之喪故也豈不以吉事尚左凶事尚右陽為左陰為右乎其所謂祭時以西為上者按家禮凡祭位高祖考妣位於堂西北壁下南向考西妣東曾祖考妣以次而東司馬温公曰所以西上者神道尚右故也又按諸侯廟制太祖居北而南向昭廟二在東南穆廟二在西南西漢時高祖廟文帝顧成廟俱各為一室東漢明帝不敢自當立廟祔於光武遂以為例至唐太廟及羣臣家廟悉從今制以西為上也由此言之廟制以西為列非古也明廟制參酌古今太廟奉先殿釐然具舉雖升祧之制屢費儒臣講求亦以昭穆為次故謂地道以右為尊可也謂祭以西而列而尚右亦未之察也

余又按丘氏儀節云葬位固當如祭位但世俗沿習已久凡葬皆男左女右一家忽然如此數世之後安知子孫不誤以考為妣乎不如姑從朱子葬劉夫人之例余謂此說甚當但謂以考為妣則其說近迂惟祭位之說朱子已正其非古余亦詳其說於龕列中則推之葬位其義愈明又何待於辯論之紛紛乎

龕列

家禮祠堂列龕以西為上故丘氏儀節所圖先以家禮之說而次及浦江鄭氏圖又及五世竝立圖五世圖說謂翁姑相並不無可議又以其祀始祖為犯分余按鄭氏圖考次於祖妣次於妣自中而列其義甚善但考西妣東故丘氏謂以西為上固也至謂曾居高右又似以東為上故丘氏止見其一合考於妣足以明之最後所列四世一圖及出主祭寢之說實為盡善今列其略曰明用行唐縣知縣胡秉中言許庶人祭三代以曾祖居中而祖左禰右今擬士大夫家祭四代者亦合如時制列龕祠堂板以以限隔則無翁婦相近之嫌若夫出主以祭於寢則依家禮以右為上之制庶幾兩得余按祖左彌右則非以右為上明矣而出主祭寢又以右為上不又自相矛盾乎以西為列非古姑始自漢明帝不敢自當立廟朱子已言之意宗廟制亦復爾故仍而無改今則不然出主祭寢自西而列亦拘於朱子所言而然若由四世遞而上之所可義起者焉

嫡嫡庶

家禮庶母不可入祠堂其子當祀之私室主櫝之制則一丘氏曰若嫡母無子而庶母之子主宗祀恐亦當祔嫡母之側也曩見譜例及茲缺有間焉尋擬更定丘氏已先得之

除重易輕記

除喪者先重者易服者易輕者男重在首婦重在要凡所謂重者有除無變故雖卒哭不變輕服直至小祥而男子除首經婦人除要經此之謂除喪者先重者也易服變易其服也輕謂男子要婦人首也虞而卒哭已變葛經服宜從重故男不變首女不變要以其所重也但以麻易男要女首之葛而已故云易服者易輕者也若未虞卒哭則後喪不能變也

服葛

男子重乎首婦人重乎要葬後男子去要之麻經而服葛經婦人去首之麻經而著葛經故曰去麻服葛期而小祥男子除首經婦人除要帶也故練冠則首經除也而要經不除葛經也凡所重者有除無變

周官儀禮禮記家禮今制

古三禮相為表裏讀禮必合三禮讀之而禮之義類始全周官一書固為禮之綱領至其儀法度數則儀禮乃其本經而禮記郊特牲等篇乃其義疏耳朱子謂前此有三禮等科禮雖不行而士猶得誦習而知其說自王安石棄罷儀禮獨存禮記之科棄經任傳不過習為虛文以供應舉欲以儀禮為經而取禮記及諸經史雜書所載有及於禮者皆以附其本經之下具列註疏諸儒之說此諸論雖不見用於時而其徒黃幹楊復蓋已私輯之以為儀禮經傳通解明著令令天下遵朱子家禮而會典所載品官庶人喪制多所孜信世儒不察闇於大較往往讀家

禮而置集禮不問不知當年撰述釐定以成一王經世之書既已增損適中質文允當讀者必合周官儀禮禮記以明其指歸而又奉家禮以求合夫會典之所頒定庶乎其不悖焉

古今詞令

陳子亢之論殉葬也曰雖然則彼疾婉而多風仁人之言其利溥孟敬子曰勉而為瘠則吾能踐扈之情訴諧出之賢奸不侔俱能以其口角令千載以下猶如覿面後來詞令之家莫能居上

論檀弓

禮記一書大言而類小言而法類者似子法者似史綜覈典制又似古竹冊若其以近古之文能使一時情事宛然如畫則檀弓一樂書樂正子春曰自吾母而不得吾情吾烏乎用吾情噫情至之言莫逾於此撫茲殘卷猶令讀者涕零其文字之奇最受公肩假之論機封

春雨草堂卷十九目次

序

春雨草堂集卷十九

海陵宮偉鏐紫陽著

男夢仁定山重訂

序

吳陵約社序

夫士負有風期者往往不牽於鄉曲之見則必將越境以大行其教予以此非通論也太史公徧歷天下名山大川後舉所見以命之筆端有其氣也鄙吝之家遂高自位置謂耦俱者不足謀聲誼之大豈不陋哉上者人宗之中者交勉之下者誘進之此加勵之盛心優人之能事也社約之興不其為重於天下歟往予髫年志學及見先進之遺風吾樂之吾追從之一時比肩者鮮不以予為遠志比荏苒流光目所閱歷幾何時而年將及壯良恐才藻在人隨體貌而俱變見若英英向上者吾樂之吾傾心共事之卒之後之所成不易乎前之所見始猶疑之既而稍悟終將安之矣回想十年以來以友生為性命以文章為寢食中間流品之低昂古學之敦率拳拳鄙念豈嘗有銖黍之訛乎近播遷歸里喜長次兩兒粗好紙筆實欲以退廢餘閒重整舊壘僕僕未能及觀夫賢大夫之褒章功同聾錯彼姝子之較藝氣合鍼磁固知理數雖有盛衰都邑豈無英儁仁以愛民者必智以育才勤於進德者必厚於興行況乎聲教所訖風氣聿歸時所登興咸資棫樸隆隆者方未艾乎後有作者觀人文之丕變念始事之艱難相與踵而行之俾彈丸一隅炳蔚之觀甲於海內庶當日起教之初心與今時崇獎之至意兩可無負予拭目竢之

曲江大會序

士果勇於為善不欲苟同流俗而無所為慕悅之事以相與於晨夕性情之際蓋傷之矣嘉與當世名彥論經國大業酬對之樂不轂於懷來斯豈嘆後時者之所為哉此曲江諸子所由推頌田使君不衰也方曲江之始倡也予舟次邗上叨耳盟之末歲丙申試集吳陵大江以東南復蒸蒸未艾不以余為不肖設公讌先大夫之敝居筆壘再整一時贈縞班荆篇卷實繁欲梓其書以行不能不有待於居高者使君洛陽才子疇昔南國社事之興實與洛陽掎角使君早譽皆其親歷是以手披口吟不倦更目定甲乙不爽銖寸也余獨何心能自外哉試之日使君先期捐橐金送山銘仲畹兩臬比屆日而生徒咸集薄暮而余輩

復偕相慰勞爰是參次其所作相與論説嘆羡於其間加以詩歌雜體旁見側出援翰不得自休遂其尤異合曲江十郡邑之書而問世焉其蒐采選定賴使君之明而山銘亦與有力更不棄陋劣於余多所折衷斯愛斯傳使君之於曲江可謂至矣吾因之有感焉好武好文好老好少風尚不一而下亦隨之若其可以成體用之學積流競之俗而臻成理之化舍此道無由化行俗美亦官人者考鏡之林也使得優游歲月兼梓其詩古文以傳應更有可觀而使君以不意去則夫加麗倡率使曲江之學不孤於世不能不有望焉既以志使君之賢而益以厚終為當塗幸孰謂余忘情當世之事哉

州志徵尚録存自序 附例言

好尚之殊豈不存乎其人哉著作家稱大手筆又曰君子於此有微詞焉若徒索之行間所謂大者笨伯耳以予所聞賢士夫大衆矣而意所自得不能者去諸懷者十存一二非夫好尚所寄未易以示人人亦未易卒明其故哉噫此其故微矣故往往茂績榮名嘉言懿行人人能言之而反覆折衷乃出於當世賢士大夫忽為不意者非有畸刑（行）所尚則然也即極時勢之不齊而好色不淫國風之志也怨誹不亂小雅之遺也文見乎此而義形於彼春秋之指歸也且其蹟事亦既大可見矣雖人人能言之而反覆折衷無所於徇焉無所於忽焉亦古今法戒之林也不以為世務之公而以為一人意用之徵其徵也乃所以為公也已輯存一編置案間署之曰尚徵

新志主接古續今茲所列皆續今内屬筆者其接古間經重訂亦列出於前仍原文者不贅即弘猷卓行動人感慕寧於別部表見以云缺遺不比例矣續今俱創入或自同人屬筆非一手所定各有賞心別為書以行不敢槩入以奪所愛

前代秩官增至五十餘人列傳今舊屬筆者稱是他邑未嘗有人物尤取謹嚴於其屬筆而沾沾意得者不啻百人其間考據典故稽合異同折衷乎大義微言衆善之或遺焉不能即安也一善之或誣焉不能即安也予固不敢憚勞不敢輕意懸圃仙裳九草之功不可沒焉至於山川建置户口田糧利弊興除强圉要害率斯意以行失之者鮮矣

史略詞詁正誤序

余性苦鈍易記易忘幼喜瀏覽史學於凡人物邪正政教得失關係興亡治亂之故者樂與師友辨論攷核要不過麤舉梗槩欲如老生宿儒稱述起訖鑿鑿無誤不能也及見升庵詞話易鑒而可悅因嘆近時士夫習俗所移猶沿先年粉飾太平遺意以優伶相慕尚則何不於吾徒雅集騤子弟文成時令館僮取史略詞話一唱三嘆彈說一二則庶觀感所從生且補平昔睹記所不逮正不必按節諧聲如柳敬亭四筵獨座皆驚始稱絕技云爾矣持此與人言鮮不以為固映碧李先生讀書人也以予言有合且以升庵諸書出滇南臆記之餘間與正史繆誤宜加訂正函諸久遠先生留心史事四十年於茲諸所著述奚止充棟又不以予為謭劣較讐往復至再至三以期至當一部廿一史正不妨從此處說起耳余按史例有編年有紀傳有實錄古人皓首可期汗青難俟是書正而微言大義攷據必嚴丘索典墳采輯不漏既無承襲之弊復多陶泳之情一卷之中情態具備而無取乎抹粉施朱改頭換面之紛紛洶几案之佳勝高會之雅尚也昔人讀新語以臨川為史家巧人特取數代事實稍雋且僻者自成一家言孰如此書名言至言雜以韻言俾千古之大奸大良大利大害舉昭揭耳目之前而無所於遁哉若以廿一史為古今來一大帳簿則隸首作算以後此如算家以勾股稱奇超出尋常推步萬萬其為功升庵為功天下後世為功於易記易忘鈍性如予者豈尠小哉施耐庵傳水滸初本逐廻有楔子先講攤頭半日而後及本文自郭武定刪本行淺薄少味論者謂附注大僚原於詞家風馬不得獨罪閭賈知武定為耐庵妨害則升庵之賴有正誤不瞭然哉予樂襄厥成金匱石室之文記不勝記者以此為記事珠可馬

李廷尉映碧三餘瑣述序

自士夫不以學問文章相慕尚而世道人心不可言矣然於此不無盛衰之感焉方其與時偕行尊主庇民日與王侯將相高議廟堂之上立德立功言非虛建尚矣暨理數貿遷遺榮一往登山臨水書卷自怡論著之勳緣斯而起亦有所不得已焉映碧先生之書異是夫以弱冠登朝歷官華要平反見風雅之性啟奏多補浴之文亦既在朝滿朝在邑滿邑而家承絲綸琬琰之編世席宗伯相君之舊遺老之流傳既富縞帶之投贈益多用能羅列舊聞兼綜近事而或情懈於烟墨則緣偶感而衰或詞拙於斷章則對奇觚而讓或識疎於褒黜則以意異而乖三者交譏名言罕覯大都仕進之人不眷篇章之勝詞賦之績不關膴仕之胸自古難兼匪自今日若乃少而耽學垂髦益勤士而操翰服官彌勵晦冥風雨之交窮冬晚歲之期輟耕之甕甕日增插架之籤嘗盡讀其書者見其志焉論世知人不其然乎昔鳳洲留心史事說者以不與承明著作之庭為憾正使簪筆石渠動輒顧忌不恐不能直抒己意曲合人情先生兼史氏三長採輯典故稽合異同藏之名山傳之其人固自有在即此三餘瑣述為左為騷為龍門一卷之中諸美具焉餘也而裕正之功述也而垂作之緒視昔人瑣碎瑣綴瑣事諸書瓦缶黃鐘流形自異文章有裨人心世道者莫此為最又何分於盛衰之際哉

陸玄圃泰志論贊序

君子以文章表見非特資博鑒（覽）而已又求當夫（乎）法戒之林焉志其尤著也泰志承訛襲舛因陋就簡貽笑士林先中憲志修定未竟諸當事奉功令咨詢及予予極推玄圃誠以茲事非夫資博覽而已所云三長玄圃庶幾之四閱月而書成又四閱月而繕寫考據得不誤非特公諸天下抑於幽獨有微慎云而予最賞心乃在玄圃諸論贊昔稱序事夾議論及觀議論所關或失則冷或失則劣則知序事之全非故有縱橫數千言不得比數語而議意無所發自非好學深思心知其意烏足窺其涯際哉法莫大焉戒莫嚴焉既以始終先中憲之志又復彙為一書識（讀志記也）予流連往復不能自已之情始知此事為尊為信於天下非徒然也抑吾郡傳人不乏近惟映碧先生以好學聞其於史學尤精覈玄圃實朝夕商榷流風所及厥有淵源他不具論只如宋史濫觴有志者咸欲裁定得玄圃出其全書加之筆削洵文苑所不須又非獨一郡一邑得失所繫而已偶以志成及之見余期於玄圃欲其相長於道藝者正未有既也

誠身堂問業序

文以載道道之不存文於何附先君子早歲志道熊司空思城以陽明事業相期許中間宦轍卅沉夷險涉歷行年八十而此志彌篤日與吾師李大來公及里中同志之士剖晰疑義稽合異同辨論往覆不少衰止誠慎之也自末學紕盜雲聲竊取世資水火玄黃禍及清流而國步相繼始以標榜繼以訶詆終而詬病隨之揆厥所由持世之(以)道弘道以人豈可與道相(妨)害哉昔心齋謁陽明也三見三不屈先君子於大道匙所可語及心齋先生則曰不凡心齋安豐人後三十年安豐有吾師從先君子遊毅然以絕學為己任與言夙契若或一轍匪獨此心此理攸同亦前言往行不謀而合之大凡也今先君子荷當道秉彝祀之好祀於郡祀於鄉行列其狀於朝師興起倡率不少衰止餘姚安豐間其必有以自處矣又豈可遜謝其間哉餘姚曰良知安豐曰格物先君子以中庸天人合一為志學從心之要師合併而要以誠身有異名者必無異本本足以立文足以行然則吾徒朝夕切磋豈獨以文章名世云爾哉

春雨草堂集卷二十目次

序

春雨草堂集卷二十

海陵宮偉鏐紫陽著　男夢仁定山重訂

序

周禹卿夢墨軒文集序

今使當世無文章之士則鳳皇不必鳴郊陬而麒麟化為檮杌使文章之士而必引肥遯之義屏迹深山終其身不踐華貫之塗不當卿相之位而後為可交則吾之所歷乎與居之分者概焉而已吏安所得煒煌之士握手讌言敷衽論心以庶幾風雅之未墜哉吾友周子之人覽周子之書而乃知周子之不可及也夫其長橋高義萬古月明冠冕蟬聯雄驅南服謂宜紛華薄其情思衰焉銷其雅懿而翱翔篇章鼓歌閒作行間字裏佩玉鳴鸞用能決去幽憂奮登京洛斯固得之自然以言驅染之方則幾乎備矣而文藻之興今昔詭絜烟墨所及古近殊方周子出其介茲之才經緯萬端無所不貫賦奏陵雲之氣詩還大雅之遺樂府詞令同體風騷序事記言兼崇意義金匱石室之作離人思婦之吟山水風土之緣清廟明堂之業一卷之中有均擅焉以若所成愁悴之語既工懽娛之詞亦好松筠之盟不改雲露之氣常鮮雖欲厚自秘匿以不求聞達於當世其可得乎余維文章事業常不相茲而古来有志意之士制其勳代彪炳寰中而猶勤勤於文章之道蓋使民生國計吏治軍功諸大政皆本文章之氣以行是以其色常静不同乎俗吏若周子者處此裕如已周子出入禁闥恢弘世緒予以草野之人謬為稱說或者不偷而往年風雨之思今茲道院之聚此事終不孤則氣誼之合安可以時地限之哉

杜蒼略文集序

秦火以後以文章表見所在多有而名人才子之所取則獨盛稱司馬子長原其人確乎有長才偉略可以尊主庇民不見用於世是以忠愛積中鬱々無所效悲思憤發託之乎論述以明其意乃一得之士欲以字櫛句比為之此實難耳杜子蒼略弱冠知名聲偏函夏終童之繻不勝棄賈生之席不勝前謂宜瑟瓚詒書端鞞扶鉉雲官亮績嶽佐奮庸而里居多故干戈未定嘆興桑海地分吳楚忠愛之性一一見於文章論禮樂則典則而有體表節概則慷慨而如生序隱逸則澹遠而多思語風雅則綺麗而可羨斥奸回則清剛而足畏莫不原本道德同祖風騷高步藝林動人觀聽而文體之厚與潔亦如之以若而人著作承明訓詁多方必能弘奬風徽崇起德誼而託迹江澔著書石室蓋傷之矣然而高文典冊為世表儀安能久此鬱鬱徒以空言見行將簡紬當代廣勵名教俾當世頌其烈後禩歌其功吾且於此卜世運焉

惲道生秋聲序

夫當參伏祥正雖雉鳴鶡布德和令行慶施惠則高讌南皮闢情北閣苔染池而盡綠桃含山而併紅靡翠草而成茵雜佳花以為益固將紫闥迎鳳輦之歡彤闈望鑾車之幸既夫涼風既至玉露既降白精之君金官之臣其帝少皞其神蓐收鷹乃祭鳥豺乃祭獸露葉起團團之狀霜條睹璀璀之容莫不塞外草衰山中木落興懷鳥擊答慨蟲吟獨能隕擇無傷落英弗感乎哉此惲子道生所為有秋聲之作也夫其早歆香名即以文章自表見中年遊歷所交盡天下名卿慷慨奮發一一筆之詩謂宜著書石渠兼安攘之奇謀躋台鉉之偉略而遭世末流慎審乎人我之際聳然聽之不能已於懷所固然已然予竊怪五音異器而動物斯同六律殊方而感人互異無非秋者而孤臣澤畔之行吟戍婦深閨之太息有聞而莫解所謂者矣道生之聲抑何蕭瑟憀慄之若是則其平時慷慨奮發慎審乎人我之際為何如哉蒙莊有言楚之南有冥靈以五百歲為春五百歲為秋古之有大椿以八千歲為春八千歲為秋以予目送歸鴻不啻蟪蛄朝菌自為冬夏也為我聘目乎林間秋色幾分悲秋者即可出而仕矣

李小有吳陵明月篇序

葢聞柯半玉蟾葉叢金兔莫枝正茂桂影恒團則圓壁發清謳之音飛鏡來光彩之譽矣若其浮雲微褰華燭初滅後庭之素娥方昳天關之冰輪幾墜朓朒失序朏魄乖方麟龍之鬭未足喻也世無吳剛孰從而問之小有先生列星為精長虹為氣朱霞為表慶雲為裏殆猶瀛南金鑾之觀刻玉為烏神龍神鳳徘徊其邊不既仲宣之跪陳也而激輝素映連觀周除悉歸流鑒太初之合壁應占元命之居蠩乖喻一旁曲一旁直若張弓弦焉因之沈約多夜淨之思朱超起孤舟之歎王褒發關山之慨董思騁玉戶之詞分列玉鈎具書紈扇奚啻列宿澹芒長河韜映而已哉夫圓隨漢蚌暈逐淮灰其光在上其氣居下物之可以被物者非亢乘之謂也以氣取之而已道有握之杯水之中通乎千里之外何則光不可掩也先生足迹徧五嶽於吳陵有明月之篇繞樹三匝滿船載歸余敢曰大珠小珠落玉盤庶知已盟心不致豢喘月之誚爾

羅紫虛給諫遊草序

葢將志仔乎天下之故人倫歸其簡鏡流品出其毫素無恃乎文章之事矣而有道君子猶將拜崆峒求究委極之衆足迹徧中區以無忘立言之旨豎乎抽簪鸞臺遺榮晝省行吟江表寤言盤槃閒居不能不遊遊不能無言此光大先生遊草所為作也先生仙掖名臣正氣獨秉懷中諫草馨烈百禩一時權貴耽耽虎視莫敢誰何葢豫章之於江北聲誼所歸代多直節之士海宇嚮風有由然已距家千里逆旅石梁甘棠遺黎有足懷者爾乃扁舟邗水良友景從每於酬對多所觀感刻遊艸以行夫古遊譚之雄結駟連騎名動諸侯王能使泗上諸公視其迎距以為國之輕重可謂貴遊者乎顧遊不可太遠恐其有離群之患也遊不可太近恐其有附物之虞也先生之遊在遠近之間焉所謂居不能不遊遊不能無言者若其振藻揚徽一軌懿雅迴環吟諷如承惠風抑又韻言之層城十二也杜拾遺詩往往得之間關跋涉中由其非阡非陌孤神獨往逸氣雲舒烟墨解語藉令先生出而有為以言不朽曳褒衣於黃扉揆彩筆於紫閣何不可坐論九疇而芳艸天涯雅人聳拂其自視何等乎

王幼仁燕遊集序

余交王子幼仁不自燕遊始幼仁年少諸卿才又過之包括書林翺翔篇卷覽其風矩隱若敵國為文裒集美善耽娛淳古非夫跋跋萬墨祈寡過而已申酉之交吾鄉李給諫映碧司李四明幼仁受知焉屈指歲年葭霜幾易幼仁猶然弱冠以彼其時方勻舞耳去春雲間諸子熊巖一集為余盛稱幼仁才予讀之再四讀之吐詞如蘭唾所著皆香復愛其腕是玉琢也予連年糾纏兩豎聲氣渙散筆墨荒落己卯得而復失匿影家園戶以外未嘗過而問焉迫以餘靡之役目所經涉雖無名山勝會嵌岩飛瀑之奇而一時接羽北遊敘篤誼於平生接新歡於旦夕者蓋蒸々然徒也一入都門行塵未浣各向行麓中取篇帙相矜示列岳攢峯洪源散潤態色不一大抵稟經式誥摛藻自天玉英璚秀間出錯乖不似彥國佳言霏霏木屑而已爾乃即次甫安戶外屨滿間或徒其居停以相暱就每雞壇問義十五國之人咸在焉又似邀有天幸各負不相下之才以予窗通計之工制舉業若而人工詩古文若而人若者通達吏治若者綜覈錢穀若者曉暢軍旅詳悉律例諸凡天文曆象城堡大器之事各有專司甚之疾有為醫疑有為卜雜及書畫騎射之類各有專長一室之內一朝之間名文橫集總案至無所容晨起蓬首垢面即搦管選定手不停批口不停吟諸家之學耿備於此好事者覓傭書數人日供筆札夜然膏火撮其佳勝亦張皇四顧莫知所先而郵筒接踵絡繹通衢者又比比是不但主人以氣誼相推重即諸僮僕亦媚習如一家人每遇中途歡迎慰勞不少懈東西相距三十里其少而黠傑者以健走誇示於人非復當塗之子尺一往還遊巡萬狀也午餘剝啄索囊製者在前投新篇者在後間有王侯貴客下車咨訪約略數語酬對俱不暇工不可謂非京華之僅覯同人之樂事焉他時次第冠進賢二三兄弟落落晨星回首舊遊有不服膺感切者豈情也哉若我幼仁其尤也已幼仁熒熒吐鍔乙乙抽絲精微欲穿溟滓滓飛動可推霹靂出蒙金錮玉於絕巘之巔故一時寶重其書同於

天皇所授玄雲為簡青玉為文靡不北面宗相期大業嗟予士患無其具耳崑崙大三日而見性梗楩楠巨幹生七年而始名才大者每不輕自表見究竟脊之為蒲穗之為穀斲之削之為棟梁謂必舍茲巨麗寧彼浮纖又非通論也

李大來師褱感集序

道有至樸屬而克以行遠者歟惟人倫匪其義蘊攸歸抑才美由之起也勞瘁誦於蔚莪焦思律發陰雨生其恐樂含情女子筐篚流歌共之韻隔紙可聽閒關鳴燕喜之歡屬車如見莫不總制清衷煒煌未禊況夫道同安晏誼絕凡今者哉褱感之篇亦猶是爾憶昔頡頏春官鳴榔遄發吾師驅車遠涉逸若御風豈非輔翼絕踈遠之愆事理有相須之樂哉乃若京國駭變告以災流同枝寢痾莫可禳訴固已感均行路淒動我人襆被出春明門皇皇乎明光殿上萬言一書不樂制也而悲傷之言靡逾於風雨涕泗之灑幾滿乎歸舟非夫天性篤摯情深文明安能使惻灰之狀溢乎毫素云爾乎吾師著書盈篋不盡褱感即褱感有作壁閒几上觸感成書出以示人其什一耳而至性連綿足以風示海內動人根本之思已如此也本茲至性而相與於人倫之大莫不在家在國（滿國）三百篇所載何以過焉昔人有言愁悴之語易工歡愉之言難好蓋合則雙美離則兩傷吾師為此豈不刪落風雲遺棄月露其亦有憂患也夫

黃仙裳樵青集序

夫士固多變哉有時娟如閨秀有時端若朝紳以為變止是耳而天道人事所以接夫士者不同士亦多方以貌之卒使材智所開與時命相值長短肥纖醜姸黔皙莫不悉敵是稱善士始予聞仙裳名讀仙裳各著作以為佩服道義恂乎儒者訂交以後風美扇飈逸藻繁縟文人才子之譽罕得而儷之矣一別經年始予釋褐棄諸生浸假而黃子以其冠浸假而緇予以其衣私心自念一身備數人之事未始不拊膺長歎對影自憐比見仙裳悲歡之情往往近似忽而曬網號漁人忽而海舶稱估客忽而紗籠干氣象忽而劍戟效從軍最後則為不儒不墨之樵青憶昔締好盟壇自矜年少詩歌間作錫以嘉名涉江隆修禊之歡停雲敘姻朋之舊今茲有作曾不少渝誦子佳吟放諸寥廓亦各情志之屬也太史公留侯世家曰夫運籌筴帷幄之中決勝千里之外不如子房余以其人計魁梧奇偉至見其圖狀貌如婦人好女越絕載少伯事亦云在越為范蠡在齊為鴟夷子皮在陶為朱公由來負奇之士往往變易姓字不可典要好奇者率以為美談要其為此類非得已以觀仙裳不其然乎二者之間其有以自命矣

宋荔裳安稚堂詩序

余性賦簡栖近安鄙陋惟當山水朋友輒忭躍如年少時今春
鬱悶無聊言念故人遂命燕山之駕噫異矣游處三月且賦言
旋握手二三老友外喜共荔裳謀一見之歡其未刻稿寸許則
當日被逮繫時作也余讀而嘆曰有是哉此獨非成大名顯當
世者乎而猶不能免於患是乃有志君子所為疾首拊心廢書
長嘆不能以一日安處者也而歌呼迭奏聲出金石以視夫安
居之士偶一吟諷賢不肖之數何如哉此道空同大復而後或
踵事而增華或歛華而就樸二者交譏將何所驅染而令前無
古人後無来者以自命於天下荔裳同祖風騷廣通博物過吳
越訖幽燕家之罘之雄奇臨溟渤之騰涌身逮玉書金簡之文
目擊蜃樓海市之狀作述輝映塤篪更吹鄉土盡彥碩從遊悉
通敏宜其經神學海遇物能銘解佩論心方軌前藻此賢哲所
共見不俟予之喋喋者也而以才若此以時若彼慷慨之情幾
失咏嘆之文間作今觀其所為詩溫柔敦厚之中寓蕭索輪囷
之意氣體音節竝驅往賢反復流連興起末俗真篇章之盛際
吾徒之僅事炳炳乎不可没也因與挑燈論列懷抱如見工拙
之分固無足云

顏維遠詩序

往從梅邨坐中見顏言一編簡之則顏子維遠作也時梅邨浪
迹湖山以風雅為己事一時簪筆之士輻輳而集稱文苑之盛
維遠亟兩社之長鼎峙其間著作為益多云繼今梅邨以金華
殿人不應久藏邱壑中於時遐方共域之徒道里間隔弗獲景
從散而鶩四方之業因而海陵咫尺地遂得數見維遠之人與
所為詩夫維遠聲重南國何難遺棄筆墨稍稍樹立而窮益工
詩詩工若或益其窮嗟乎維遠殆廿之矣夫古著作家必身歷
乎險阻憂虞而思乃獲進太史公曰斯其人類有不得於中悲
歌發憤之所為作也是其著作固不以人傳叔季以来餐薇卧
石之士往往輩出性情風槩亦庶幾遇之筆墨間即安得謂非
吾道之幸我不敢知曰羣龍滿朝維遠可出而仕也

趙乾符詩序

余年友趙平符以五経捷南宫隱居不仕進同年稱同志也而乾符分守海陵藉禄養養其親陶令之腰不以薄毛生之檄甚士固不可測真有如張奉所云者及察其吏治衆或攘攘以求多於世公蕭然高寄不似錢穀簿書中来者斯已異矣至其力除採生左道一二輩雖古健吏無以加古稱卧治猶恐為憒憒者借口以公鋒用若此而與世無競豈憒憒所敢望哉比讀所為詩方知乾符之才之器之識趣期待之遠大實伯仲平符龐士元固非百里才亦世有德操其人始窺見其微耳即以詩論游仙招隱之篇旅行讌會之作以至述祖詠懷之什彬彬質有

其文者安在不與吏治相資哉一時父母師長玆邦俱號文物之彦嘉與多士講藝論文不衰公署江都厲素絲之節歸尋出其詩以示將刻而傳之夫陵雲乘風士固不可測公遠大之志略悉諸所為詩予視平符歌杕杜之二章矣

吴鶴山詩序

吴陵以制義名家者不乏人幾不知詩古文為何物也則予髫齔之年實共二三同人倡導之初而盛盛而中微獨一代即一群郡有然流及予既衰浸假昧所從来者多矣要之未有不工於文而工詩者也未有其人則非不知其人而於詩予獨工者也吴子鶴山文章士也而其人亦進而彊（彌）上始於英華中於氣誼比年以来學道之色淵如也以是為風雅莫可易也已而時人拾其韻義之末以為知吴子則淺之乎窺吴子矣夫其作賦摩空名高禁闥筆之緣不勝結冠蓋之列不啻多而吴子風氣適上獨行其志以視依聲附勢款款粥粥以求合於當塗者蓋不

倖矣故其為詩備風雅頌之林焉兼賦比興之製焉大抵不離予人與文者近是而或者謂以吴子之人吴子之文（雖）欲藏器待時不亟亟於功名之會吾知其必有合也則吾黨奉為圭璋特達揆藻天庭者舍之人誰與歸予又拭目俟之矣

何九叙溯淮吟

昔人嘗恥作文士文患其事盡於形情急於藻義牽其指韻移昔（其）意故將祈至於古之立言者則無望其速成與誘於勢利也九叙曰詩言志孟德諸什亦曰幸甚至哉詩以見志讀者亦然誦菉竹猗猗則知衛地淇澳之產誦在板（其）屋則知秦俗西戎之宅詎獨居然而辨八方抑亦情志之驗也九叙弱冠通五經六書諸子百家振筆千言謂宜以制舉業起家而是中之人罕有旦暮遇者顧意不少屈秀上之氣琅琅見於悲歌慷慨中家無斗筲鳴琴在室九叙有焉及其剬詩輯頌谷藻群言英華日新獨秀前哲可使木梗怡顏而巧笑可使偶象頻顣而滂沱煥乎若五色之相宜紛乎猶八音之繁會所謂精理為文秀氣成采百齡影徂千載心在斯足當之嗟乎世之以古自命者多矣勿以隱約而弗務勿以康樂而加思故樂行發感偉之言而憂違聞悲涼之調豈有衡量為盈歉哉亦各志能之士也余觀九叙意念深矣舒嘯之聲達於高岫梓溯淮吟以告同志咄咄九叙豈淮水咫尺所能囿也耶

姚心繩咏古詩序

昔人謂昌黎文為詩子美詩為文三百篇尚矣漢興郊廟諸體為近古而太史公不聞其為詩非夫繼春秋左氏而作微言大義已極風人美刺之林哉即謂太史公以史為詩三百篇以詩為史何不可吾覽姚子咏古諸詩知姚子之能以古自為也昔者風規整俊神采用章道貢圖書事存襟帶佩服之方斯至名言之寄遂將多固將質有其文義形於色者矣而見微思迪舉隱多違世不乏讀書言志之人間不一遇即或率中束物歌泣之懷罕極采葺之意已乖欲令貞志者蔚厥流風畸尚者如留素絢斯實難矣姚子著書充棟方欲摛藻挨天而於古人一器一物之微悉從韻語發舒所有而出世每恨今人不及古人不知隨舉一物今之製遠不及古之製而大約薄也不如其為厚也窳也不如其為良也雕也不如其為樸也讀斯集也觀舟車竹冊往往如見古先民焉而中間可笑可涕一縱一横之態油然以生詩可以興姚子之謂矣夫後之視今詎不猶今視昔今使疏觀義例畢論儕俗一閧之市不勝異意焉以船履其時目擊道存猶且謬誤若此何責乎傳襈逾遠風聞失實者乎起肆好之盟而綜名實之合舍斯人誰與歸

潘榮公詩序

著作者思慮之見端也居不幽思不至思不至筆不利豈徒曰材智出異云爾哉夫林籟結響調如笙瑟泉石激韻和若球鍠故形立則章成聲發則文生用能使氣流墨中聲動備外才高者苑其鴻裁中巧者獵其艷辭吟諷者銜其山川童蒙者拾其香艸潘子之詩潘子幽居之作也憶昔蜚鴻滿野兵燹載途二三哲人寒廬遠蹈昔人有云木沓水匝樹雜雲合目既往還心亦吐納春日遲遲秋風颯颯情往似贈興來如答伊維此時之寄託有然故其發而為詩辭入煒煌範藻不能程其艷言在萎絕寒吝未足成其凋調譚歡則字與笑竝論慼則聲共泣諧國風好色而不淫小雅怨誹而不亂潘子足以當之嗟乎潘子固以制舉業稱雄長於當世者也使之進而用其所長皇皇乎天士之盛榮也乃其詩復動人觀聽如是予所由讀之而傷其用意之懃也要所為著作固不朽盛事莫得而尚之

春雨草堂集卷二十一目次

序

春雨艸堂集卷二十一

海陵宮偉鏐紫陽著　　男夢仁定山重訂

序

郁子衡稿序

宮子之言曰積實雖微必動於物崇虛雖廣不能移心今使得一士焉参軌伊望冠德如仁釋褐中林欝為時棟風雲交感大拯横流豈非介弁之人天下士依以揚聲者哉吾愛之重之吾目中未易數數然也若其博通群籍而讓齒予一卷之師芻氣陵雲而屈迹於萬夫之下辨析矢口而似不能言文擅雕龍而成輒削藁此沈毅可屬大事之人抑或凜凜有庶幾之心比見子衡遂遜三舍子衡雲間名士讀書之氣宜揚揚見於色面而子衡不少殊此則然矣為予述先達中勸勉語謂吾輩脚跟須從此時立定若復保殘守缺竅（覎）未除謹謹之言誰從記憶予余門二十三人於日月祠成士相見禮禮成子衡袖十則示同人余不殫述述則之三疑陰疑陽萬物所畏此中無不可知此生無不可言君子小人莫辨乎此所謂先得我心者歟至勵行一章隨俗無品任性無功道在天下皆可為材在吾身皆可變目中且無古人何況餘子余自束髮為諸生慨然以世道為己任比者鏡人倫寧為硜硜毋為拳拳非夫敦鄉曲之譽棄周物之才良以進謝中庸退慙狂狷者多矣以若所云天下事以庸庸之身任之而欲使淳化斅流習爽闇昧得耀於光明者自古迄今未之前聞郁子刻所為文布之同志屬予質言弁簡端余為序夙昔鄙見所由更及郁子弘長之意雖邸舍晰夕聚首未以語郁子今筆語之乃詳於喙而郁子宮子大同小異與夫雖小異而訖於大同之故亦概見於斯如以文則余師事歷有歲年又非阿所好世不乏知者應無慮後之蟪余也

陸子六稿序

子六之人惠外秀中子六之文弸中彪外余於是為之說曰方今求濟世才斷非朴率者所能反是而求之洶洶拳拳之人吾滋感也夫天下事惟篤實者勝耳水積負舟風積負翼其所託者然故器量殊焉今使才情盡於結納精神疲於世務以猇人傑其然豈其然乎且不獨辨天下事而不足也即其處置八股業而猶斤斤焉難之何則所志在此所事在彼也子六深乎其容溫乎其恭淵乎不知其中懷之何極也而以語天下事如指上螺文絲々畢現無所隱匿此余所為心折也余自束髮以至於今竊私心自念能為世仰賴者必非世指而目之者也是以十年之前頗能以文章博有英聲每當醉醒喜怒之餘平心而計究竟所得不償所失也夫人之精神止有此數逐於外者必蕩乎內篤於內者必詘於外如氣朔然相為盈虛如潮汐然相為去來古人著書立言功可萬世猶必藏之名山以傳之其人及其迫之而動學問與世變相濟而功名出焉節義彰焉後之所成殊異乎前之所見豈前後之殊量乎始於不可見終於不可及故海內視之為輕重以觀子六得不謂之沈毅之士歟壬午秋予受知牛鶴沙師子六為牛師首拔士禮闈余受知李二何師而子六復與左臣陸子同出沈蒼嶼先生之門一時咸頌牛師知人能得士亦可見文字鍼芥之合由此言之天下事安在可以勝心居之浮氣赴之乎子六負命世之才而又深之以其學宜其發為文章炳炳麟麟為世稱述也風雲有託行將出其紘遠之略以拯民艱而紓國恤吾於其文也卜之矣

黄仙裳制義序

余讀黄子仙裳之文作而言曰甚哉聲氣之移人也士苟讀書懷獨行必有為之前者爲必有為之後者爲或虛堂悄然蓬扉晝掩遂伊鬱似有失極人世怡情之事移置我船莫解於悁悁也嘻異矣不惟是天地大矣奇士林立未嘗銜杯酒接殷情之餘懽而讀其書綜其緒論舉若人之冠笑貌而悉之舉若人之喜慍怪可而悉之甚之建立之事在他年得喪窮通之事在蒙昧如燭照而計數也何則聲氣之不可孤而循於性者之終有合耳黄子在吳陵士之能自立者余束髮能文即以友生為性命連年二豎之祟雖户外屨滿閒於游談者有之而燕趙慷慨之英吳越秀明之士某地得某人某人堪某事未嘗不瞭然心目間況姓字亮章里居咫尺者乎今世知余於仙裳稱莫逆抑知未曾握手時余胸中宛宛有一可歌可泣之黄子坡公云如見所夢如悟来世余於諸同人則然吾鄉之人不敦聲氣是以文士寥落余雖菲材執耳者十年於茲矣黄子出而英絕領袖差嘆不孤寄語吾徒厚自勉以顯當世

宗梅生制義序

夫文生於情或情至而文不至或文至而情不至均非有道所
書
貴也謂性益幽誰為發之謂志益專誰為協之發之予貴之也協之予言也我竹冊誰為疏之我有丹鉛誰為煥之疏之予慮也煥之予智也以我人之慮竊古人之書以古人之言益我人之智是謂情深文明遂能以其說俎豆筦絃於天下宗子梅生足以當之夫其世室東文名門振藻家藏篇卷户擁舟車襜褕之贈答盈千絲匏之吁喝間作固已極錦心艷麗資花管之芳香暨複閣封塵高甍犯露涕淚為筆墨嗚咽為歌咏茹絕膏粱軀存骨幹雖使素韡發博欒之嘆扱衽申糜粥之投未足喻其
繇
悁悁也而歷兼易險事分隆替諳極慕怨族異遐邇笙簧之音不較雲霞之氣自發詎曰抑彼憤思弘此懿絜哉原夫引義高妙立體明秀言事理則指而可想考經制則信而有徵用能振灼灼之華而垂離離之實固將有以爲耳爾邇厥前修方城先生而下代有令名以逮吾閒先今梅生其從子也芙蓉一草固已古今兼茂俯視吟流乃其人為粥粥若無所營言及忠孝諸大端暨古來有數人物未始不痛惜流連動人於德業之大吾觀屬詞之家衆矣或德有優而業不著或業有餘而德不進或長於詞賦而詘於制舉業豈非情文各從其近哉以情若彼以文若此命世若期斯之難也將欲崇起貴美之彥以敦流俗之弊舍宗子誰歸

易田授制義序

夫士之不可及者風期而已矣當其一室操絃推輿不踰咫尺近之以為是苟可為而遂止也暨乎致身皇路揚暉輪之休光奮龍螭之茂烈不知託心毫素時早卜其傾為此也吾黨易子田授世習詩書幼通經術自其尊人整身稚懿謭鄙之情未嘗過而問之夫是故田授有讀書之樂而寡室家之慮良朋聚義侍兕較書同體風騷廣通篆籀益亦有天事焉舞勺之年入都博士弟子員維時吳陵百里聲氣渙散文事落寞余出而振起之同類應從不下數十人易子有意乎吾黨之可風也古道之可復也去其舊而新是謀益自是吳陵百里靡不布易子之光而加其膏矣試即冠軍要所為文必副其次初非有貶損其間即余號為獨行從無失賞之嘆則易子之自處何等耶今其制舉業具在技至此所云千人亦見萬人亦見者矣余多怪少可年來更甚獨其論制舉業每樂乎詭為廣其途而私心所屬以為鍼磁乎此道者又不數々見往年獨與漢公此諸同人所共見者未嘗有妄今及田授風雲託感太史之占而符殆庶之望其人田授也夫

重修安定講堂序

鄉國大祀有三曰從祀孔子廟庭曰鄉賢曰特祠近皆溷稱不知義有分屬無庸混而為一也如安定則崇祀孔子廟庭者也先時惟薛文清陳白沙胡敬齋王陽明諸公得與賢如心齋尚有俟論定此一祀也鄉賢崇祀鄉先哲固矣然非文學不與即中葉粉太飾太平士夫多以此尊其封公然皆封公曾列子矜者何則升堂入室以理學登進僅文藻可觀猶鰓鰓慮有遺行李映碧公嘗謂魯論及門有四科今兩廡獨崇理學欲取漢唐宋明諸臣以道德勳名節義著者倣四科以配慮其狹也而律以四科必嚴必慎蓋可知矣此一祀也至特祠義加重而途寬稍寬或文藻可觀誼行茂著及有功德於民者皆與焉然必題請而後行非謂祀之賢祠即可為特祠以祀此又一祀也俗流失世敗壞冒濫僭越比比而然不知何年溷而無別似乎鄉賢一席是人皆可因緣而升又似以賢祀於其鄉即不妨設特祠於鄉者失禮之中又失禮焉其為天下後世笑可勝道哉安定泰之如皋鄉人既從祀孔子廟庭為特祠於如皋如皋隸泰州州城内東察院故址其特祠也後焚於火又鬻於官泰山墩前舊有安定講堂則宋陳公垓李公駿承有宋崇儒理學倡明之後為郡大夫都人士講學行禮之地非專祠也因安定讀書東魯泰山得家書平安字即不復視故署講堂於此前有二杏則

於杏壇之義有取焉又以岳忠武知泰軍州立祠其巔前人用意何其篤厚而溫文也哉先年竝祀范文正王心齋公後奉文正入昭官祠奉心齋入鄉賢祠而安定巋然存獨即以為安定專祠可也變亂以後不逞之徒附公後人盤踞其中飲博為非學使張公玉甲廉其實因別求安定後人而泰無堪此者移如皐得胡生其遠茂年讀書無忝俊厥祀又其講田轉々質人張公捐俸歸田於其遠以供祀事此與陳公李公均之用意篤厚而溫文者也講堂西北隅即先曾理學公祠為萬曆時學使孫公六吉題建在當年典章至重以理學公祠為萬生平泰志傳述者彰彰已如斯矣後予大父明經公予父中憲公雖卓行弘文叨入鄉賢曾不敢入主其間何則典章所不載也而所為特祠之重又可知矣每春秋上丁次日郡大夫及廣文先生博士弟子員講學行禮其間覩遺書考其蹟事不勝古處之慕焉竇鄉國之上儀衣冠之盛節後生之模范也諸公志安定之志學安定之學際此鞠為茂草其能漠然無所動於中乎予愧不文止以稍閒習事述其初末俾後之君子勿替所自云

重修北關睡宮庵序

佛首言覺覺與夢相反而睡則與夢鄰佛之有睡也吾不知何昉或者曰佛猶人也猶人何得不睡或者曰佛非猶夫人也非猶夫人又何必不睡二者之論未知孰是然吾觀睡鄉一記疑非坡公筆其所云不然不穀伏臥而足不車不舟極意而遊其狀有合於西方化人而宣聖亦曰西方有聖人焉不治亦不亂總之人與天地同體精神不息則不生即古佛亘千萬世如生自大道觀之不過一息視彼日暮途遠倒行逆施求一刻安枕不可得則謂佛以睡教天下也亦宜雖然人與人相摩傒有鼾縮氣有銳歸事有數疏力有強弱所固然爾佛豈有是哉易所云知通乎晝夜者歟而以睡宮之何居佛果睡耶睡果必須宮觀堂室齋閣茵薦之屬耶抑屢心博濟行脚不休賴此為肩之息耶吾安知非佛之睡乃為不睡人之不睡乃為睡耶而或者欲於其覺而有所蔽於其昧而有所忽則槌墤焉而已今人以增修壯麗為佛事者多矣佛一勺一拳具足山河大地睡宮幾何地若以毘耶一默為身教而墨以為空則何所不空儒以為有則有是佛應有是睡有是宮安所得默置者乎則何必推墨附儒夢中說夢如盧生淳于棼者始為護法說法哉此地舊漕督吳公所建為東陽增勝概至今肖像無忘庚朵先大夫在時多所資助吳公重臨其地起而增修之屬余為之言以記其事

庶天下後世知緣起有自云

周櫟園南還記

櫟園周公之南還也天下人莫不舉手稱慶泰舊治也欣慰信他方余終歲杜門未或見私心慰藉亦以為一人之私也辛丑冬公来揚揚之人懽忻来見者日數十反嗟乎公何以得此於揚哉越明年来泰泰之人懽忻来見者日數十反又何以得此於泰哉憶甲午冬公内擢北上余方北歸即次甫安急呼舴艋冒雨雪前相訪至則高軒已發頗聞多士景從祖帳甚盛至今以不及為憾即謂彼一時咸有世俗之見要之得此於彼一不時猶近日人士之恒也年來風雲數變而人心不少衰何以得此於人哉吾因之有感矣公之治揚也距今十有六年維時宇下追從先中憲暨余而外則有姚公永言王公爾勛冒公嵩少成公石生輩皆世所號有道仁人也曾幾何時而老成凋謝僅存者十之一意德厚深仁亦或與時消息而自冠紳譽髦以下逮婦孺負販者流莫不謳吟慕悅若出一日也嗟乎真何以得此於人哉其於治閩也亦若是則已矣予昔嘗過公今公且敭歷中外負當代公輔重望而余草堂抱鄰十有六年面目若故其於為人賢不賢何如耶

陶康叔尹梁南序

余雖乏鄉曲之譽然嘗聞君子之行矣其上則隱簾肆之間卧巖石之下次則結綬金馬之門高議雲臺之上二者或為而不欲或欲而不能所可自效亦良有二或握符荒僻之國誇以風聲或建旄戎馬之場誇以武節由後而言雄分者之所優由前而言英分者之所怫何則慘則尠於歡勞則禍於患能達之者寡矣吾門陶子三寧之成進士也兩越雅藻之人八閩鷙茂之士望其歸佩如攀龍鱗筮仕得梁南諸子不無以天一方為三寧怏怏余曰不然按梁南諸子不無以天一禹貢梁州之域天文井鬼分野漢武開夜郎置益州郡當年徼外不毛未隸戎索者多有乃張騫之徒出蔥嶺抵鹽澤窮崑崙悉通三十六國史氏謂黷武窮兵固亦有之而負奇之流述其軼事風雲之色自壯大夫桑弧蓬矢方將博遊乎太平以觀仁太蒙以觀信丹穴以觀智空門同以觀武莫不源本山川極命草木訪國美於舊史考方載於輿圖因之豐茂世之規醇洪皂之德俾浸仁沐義昭景飲醴如是故遊足述也且君子務其大者遠者小人務其小者近者士習無凡猥之見即何得不遠大自為雖五方雜會風流涵淯而操刀必割能使遼絕異黨之邦人迹罕至之域舉踵內向而望曰天南有至仁焉德洋施普物靡不得其所全今獨曷為遺已 三寧雖勞焉可以已哉若夫雄心 挫於弱情壯圖摧於衰志譬猶邠國西而不知東有泰遠視栗北而不知南有濮鉛也蓋小大之量殊焉矣三寧之人倜儻博物觸類多能三寧之文激心凝思緜邈滂沛以是達之政事吾知仁聲惠於北服武莫不原本誼動於南鄰也於其行也不能無言

汪芇斯佐鹺政成序

維揚東南劇郡，鹺賦甲天下。自監察使者而下，有運長，有運佐，又設為司者三，各領鹽場十。而隸東臺為尤重。揚屬邑瀕海四，生民憂樂於此乎繫焉。四邑之人何幸，得汪公芇斯造福於其地哉！昔范文正公監西雞谿鹽倉，以唐大曆中黜陟使李承創立捍海堰，農事鹽課兩得其利，日久頹圮，范公條具工役費用，白發運使張綸，且請移堰稍西，疊石以固其外。綸自請兼知泰州，以總其役，至今賴之。比文正參知政事，京師仰粟江淮，而歲漕不給。文正謂許子春元可辦，以殿中丞為江淮等路發運判官，不數月，京師足食。陞副使，已而為使，賜進士出身，待制天章閣。范公自任若此，任人又若此，所謂相得益彰。則今汪公其人也。公為南溟大司馬後，世稱華望。伯氏念弘先生職居鼇禁，左右天子。余嚮往之餘，親公惠政，久且真。公真善於治鹺哉！昔之商棼然困者，今則來熙熙而往穰穰矣，曰「惟公撫昔之竈丁然貧者」，今則饘日給而纊日充矣，曰「惟公恤而且弭」。揭竿之鐵竈擒其巨魁，濬八海之支流，免其負擔，非公之智能孰克與於此？公真善於治鹺哉！鹺之外，公宜無所計，而公之才之四應者，則又見於招徠丁賑，餽戶逐逃人，絕訟獄，懲刁勸善，修堠建祠。諸設施，勤勤不少怠。稍閒，進逢掖士，延禮之，談說經義，俾以時續其業。適歲詔天下葺輿地志，十場志殘缺，漶漫，公毅然董厥成。繁者損，簡者益，提綱挈目，彬彬乎博綜其始終，是更有以見公之能文章也，精經術也。予果何以量公？與抑予更有望焉。當年瀕海州縣被水患無已時，設局為海口以資蓄洩，興之白駒、泰之丁谿，其故道也。淩中丞、陳太僕二公大聲疾呼，為生民奠奕世之利，敬止集載之甚詳。今白駒開而丁谿淤，如故申飭，再三輒復報罷。公視任其地，必知其事之便宜，與夫上令所以格而不行之故。毅然力行，以成淩、陳二公之志，則范不得專美於前。其結主知，被殊遇，又何啻許公什伯哉！今之商歌民頌自海濱達郡國，自郡國而達於宸聰，一旦晉公瑣闥，公出其文章經術，為海天下敦禮樂，興教化，頌聲不獨在一方也已。

壽趙太翁獻吾序

古來鴻碩偉抱之士，或於其身，或於其子若孫，類能躋世顯融，昌厥前人之業。榮莫盛焉，壽莫隆焉。若其經術承世，連枝並茂，篤於忠孝，而奉先德，其為榮且壽，又烏可量哉！獻吾年伯斯足述矣。夫移孝可以作忠，而求忠必於孝子之門，蓋自屢世孝聞鄉人，以孝子名其里，迄今八世不改。祖居以言裘治於斯，為盛。公早歲上庠，聲滿藝苑七八。棘闈兩中乙榜，兩河人士咸宗師。為行年八十，鄉飲酒禮推為大賓，而長公司李，足任祥刑；次公聯捷五經高第；三公佐郡為良有司；四公屬文儒林，巽等以此先德烝彼後昆，何非公鴻碩偉抱底至純全也哉！而余獨有意予忠孝之感人深也昔人嘗言之矣讀令伯陳情疏而不篤於所生者非孝子讀武侯出師表而不共於所事者非忠臣今觀令伯一書篤摯纏綿所為動人心性之際識者猶以少事荒朝一語少之夫坐譚仁義慷慨有餘身極橫流風期遂損出師尚矣今伯末節甚不足道然令人能為陳情者有幾況佐治方州比於古諸侯之列亦各知能之士也而有不言言必依忠有不行行必依孝請養者至再至三益以當事慰留士民攀臥而此心彌切依古以來號為忠臣孝子一門見之矣原夫可法可傳源遠流長莫不歸本公之令緒以茲稱壽豈徒取夫世榮者哉家慶國華於是乎不可量矣余附驥次公得悉其家世近得三公佐郡吾泰益景慕其里居教澤為世表儀敢因同人之命不揣固陋謬為質言藉手以當觴祝云

壽方書庵州牧母徐太宜人八袠序

古來期許不凡之士為當世時後世稱述往往自治群郡之日識者早卜其遠大雖素所蹙豎立使然要其庭訓克端蓋亦有母儀之助焉和膽封鮓尚矣他非如李景讓母成子之廉鄭善果母成子之寬史冊所載不一而足今人嘖嘖方公書庵治蹟以為媲美前賢則豈得忘所自哉維揚為東南大都會其屬州曰海陵雖稍稍東偏而士民繁衍幾於都會比來東南用兵創瘡未全復又二十餘年間水潦繼至動為民害故牧民守令之選尤為匪輕公登午榜京闈名重都下一時賢公卿折節願交逝其門皆端重文學之彥今蜀五年以文翁之化化俗天子軫念南服特簡公公下車郡人惓惓屬望正如大寒之後賴有陽春公篤目時艱有慨於中其處心積慮以及諸所佈置一皆正直忠厚以率其下潔已奉公往昔陋規裁汰幾盡廉不受請託每一鞫獄必閉閣三思曲得其情於強禦無所畏試拔孤寒力學者數十人皆文章之士交賢士大夫能以道誼文章為重而於私無所徇先是朝廷愛民甚曰兩稅曰緩征曰易知單曰禁額外加派諸名色曰遇災及時上卒未有實心奉行者至公一一奉行以實征無急呼稅無嚴促吏胥久則生奸亦久則難變公恪遵功令悉招鄉農故莅任未經歲而州郡稱治風俗丕變揆厥所來公浙西世家自高及曾皆清白世承為名宦王父負隱德而生

太公太公少孤遨遊京國有才幹貲裕而好賑施當急人之急行以誼聞於上舉鄉飲生公三昆仲皆為偉人太母徐太夫人相夫教子俾子若孫濟濟仕朝為諸生皆奇才異能是其積累培護非一朝一夕之故矣故觀所培護而後之發皇可從而卜焉先是王父早謝世王母章夫人以苦節撫孤歷五十餘年如一日太公廬墓盡孝太母敬謹上下雖臧獲侍婢無少異言是以公之為州使君也事有疑必請於太母而後行太母德有其才故州之食德於公歌公德而追及於太母且天之所以報太母者亦甚厚公膺朝廷深眷福未有涯仲季為名士公長君為西蜀鎮守立武功諸姪皆彬彬儒雅然（明）聯翩繼世起者又何限量當太母上壽之辰冠帔煌煌五花寵命子與氏論事親而歸本養志公仁人也養志者矣其孝於親不亦大乎（余）文無不克導揚美善而太母之德得使君之賢益彰所謂文以人重也即以是為壽

春雨艸堂集卷二十二目次

小序

右後鄉栖志題詞有目無文細查原板未刻不知何故或係當年校對偶脱抑是始列其中繼復抽去未即將原目重謄以致有目無文茲録遺集固不敢遽將目録删去又誠恐後之覽者見惟有目無文難免不全之憾因道數語附於簡末

七世孫百頤謹誌

春雨艸堂集卷二十二

海陵宮偉鏐紫陽著　　男夢仁定山重訂

小序

姜涯思金又鑣吳見末海陵偶集題詞

涵来澹於世事有不能澹者二端曰書卷之氣朋友之樂余聚族吳陵元本瀛海南北相距何啻千里而詩歌間作誼篤古驩自重地分藩移家瀨上恬愉之調變為悲涼卬友過從耽焉如結雖惟情所屬藉以自慰而俯仰盛衰擊筑缶之壯寥懷穆清之雅懿未始不廢書而嘆涕泗從之抑又同人所共也嗣是踉蹌歸里卜築水鄉泓穎遂疎二三知己亦復星散各天不可復問同里且然況所思在遠道乎乃若過我隱居啟我紫扃貽我好吟今昔之際不啻詳哉言之者為見末屈名人才子習吏事古人謂一行作吏此事便廢而文采風流隱映簡冊是為又鑣越陌度阡挈八口流寓吳會有如滕元發以扁舟破巨浪来相見出其高篇使人神悚為涯思三子燕吳雖殊懷抱若一相與登堂角藝敷衽譚心文章之事遂多慷慨之情互見故鄉故國關心入雲樹之叢居人旅人把臂洽苔岑之味或賦詩橫槊花迎斂佩之香或尊酒論文句有風雲之氣可不謂非驅染之雅緣建安之遺意也夫日月工遷體貌下衰而名不逮於景鐘功不垂於竹冊九土之人必有起而傷其意者矣矧疾首腐心隆文罕覿我人之顏唐放棄可勝道哉三子抱勝具以用天下為言不同靡不合乎情止乎禮而予也不越里閈為能合而致之此靈均所為喻意於芳艸也猶記與三子友予者南北得廿餘輩賤貴既懸存忘亦異際茲歲寒風雪余均懷之

何籍明余澹心張介子倡和集小序

夫竹西烟月江左風華既富遊覽之資遂多騷雅之事歌扇舞袖隋堤花柳之遺兔苑龍湫晉代簪纓之舊而迷樓敗址靡走鼯超鐘嶺晴雲風淒雨怒則感嘆之情作陶泳之意哀鳴戛之調孤筑缶之音出固其所也張子介子植根華苑乃能屈首事經生兵箴不用變為溢騷其永言者宜矣而怨盈桃葉感動石城扁舟載愁竹書記年澹心表藝文之志籍明殫述作之長俱隆國冊並高山志因之擊鉢有聲刻燭以度倡予和女起訖之義既明引申之能斯備夫一人之言有遜三人則兼之者難也三人之言有乖一人則合之者難也若其功力悉敵才智均擅

好事兼之備四時之氣定六律之宗納萬物於黃鐘謹履端於太蔟湅可使解贅可使振餔甂可寒暄桃梗可晤（語）大抵發憤讀欲有為於事機之會而又不欲苟同乎流俗者之所為作也今讀其書如聞擊筑之聲似聽雍門之奏優孟抵掌之容甯戚飯牛之志一卷之中三致意焉於以笙竽萬籟節奏肆夏抑亦道人反騷體也呂氏春秋成懸之國門易一字者與以千金今如此書音出金石調協宮商裁之以大義貫之以微言聲價更當何似此書出而元人寄託之篇見於風雲月露者不得專美於前而蘇長公柳學士輩殊器異情亦庶乎可免低昂之憾矣

程伯建黃葉吟小引

夫情方茂遂有懷朱實之榮事值凋零共詠黃葉之句固騷染之異理亦興會之常然伯建弘偉引其端元上淵靜申其緒名閒括地志在家山懷君萬里斯艸木關心避地五噫始萬檮生感語歲蕤而多致意宛轉以宜哀予也蹈海徒勞違時被放生還白屋息影青林睹荒落以善愁覺綺麗之少味豈待人言愁我始愁哉若其上林珠樹影列衰烟西閣瓊枝根流宿莽榆錢柳線候桂魄以銷沉穠李夭桃向楓顏而寂寞製荷衣而侶樵子拾橡栗以賦狙公亦復路失西東絲分白黑正如鸜鵒之不踰濟水蜚鴻之不到衡陽諸君纏綿未已風雨之調淒淒復往無端行邁之音靡靡佳花迎扇相忘妙舞新謳落葉隔牆均付繁絃急管遙連隕穫之指謾譜蕭瑟之詞

楊贊皇綠牡丹十詠小引

宋廣平賦梅花張荊州賦荔支皆所謂因之以曼衍者也舒元輿之於牡丹則然然姚黃魏紫玉版朱砂列譜既殊稱名亦異乃今牡丹以綠特聞斯水閒竹際葉底枝頭不足方其奇麗矣夫繪圖鼠姑號稱鹿韭不過名人製作亦與戎葵同耳贊皇畫中有詩詩中有花視李正封國色天香竟誰伯仲寄語韓弘即安得以兒女所為槩令劚去

莊羽存琴譜小引

道莫微於聲知聲不知音知音不知樂八音之中各以形治惟絲比附而成先王亦曰琴禁也禁人之欲噫抑又微矣此其道如用兵有聲者非徒聲乎求之有制者非徒制乎求之也莊生治兵才也心手間止之餘（不）存乎猛起奮末故曰音也者由人心生也又出其諸餘為岐黃之學夫肝之應角也心之應徵也肺之應商腎應羽而脾應宮也五行九候相生相剋天神羽物之故思過半焉非夫好學深思心知其義無由涉其藩則莊生非徒知聲言乎音樂之道則備矣自此道不明有司之掌童子之舞誰與進賓牟賈而問之吾將以其書槩樂律之全而因以推

極於文德武功之大復有昔之黝然頎然者乎吾旦暮遇之

寒鐘集小引

登子弱冠知名大江南北能文章識氣誼之士頃背相望翕然宗之游吳門刻其寒鐘集以行余讀而嘆乎士當嚾嚾雲霄綱紀攸屬整施大業衆望歸高内則珥筆彤庭較讎天祿吹藜子夜筆不停批外則奉使遐荒戎綱待整鐃歌盈耳匹馬遄征率其揆奮均有所濟然而事涉大體繁委再四軍旅事重衝霜而起薄寒烟月晚晚澂鐘或過而不聞或聞而不悉欲使舟車所至遂感成聲其可得哉何幸當貫生入洛之年翱翔容與於攢峰列宿閒左千右萸惠雨灑雪乘隐約之時倍永言之樂即一意勲代不忘文采不皎著於世若謂他鄉入夢故國愁心綺麗天成驅染息恨則但審音赴節比於詩家足矣顧中有至性何若是之凄以切哉日然書以志之

序程穆倩石言

物之移人情必其不易致者也然其始也兒童之見從而惑之矣吾有以喻之有賤丈夫者得吾說而習為其不易則亦未有樂得而致者也何則天下美好之物未有不實有其可欲於己而能動人歆羨之私者此自美女奇花硯墨玩物之屬莫不皆然六書出鬼入神混鑿濛破者乎此道在穆倩可使前無古人而又朱銖黍咸合於古猶龍不云乎已彫已琢還返於樸非樸也巧之至而樸形焉蓋事必求有本後以己意損益其中是為自我作古無徒古自命也如是安得不難如是而所為難豈故為不情以求詭辞於當世思緯慘澹良工心獨苦洵乎未可歲月程也今人動言文字足知字與文通如何而學楷不能工如何而學草不能就一字之中各有疎密數字之中各有區畫正猶一文之成有為開端有為究竟以至一起一訖一轉一折莫不意以先之始恢恢乎奮筆有餘地意無可用閣筆竟日不能成一字只此徑寸物顧盼縦送元有杼軸睽聊冥往來又如畫家濃淡遠近離合之際若但方而方之圓而圓之是上古金石竹

書之繁重反不如變體通俗之為難豈知道者哉其不苟也亦若是則已矣由斯以譚用何道而使意可自得一物一意而意不勝用此造物之妙也而以為意亦一物可指數而數計卒然用之亦已過矣予於此道三折肱矣未有得獨樂得穠倩所為作然卒然不易得也不因不易而與為澹忘不速欲得而怪其易則予之志也而穠倩勿以予可知其不易卒靳予以得也幸甚至哉

吳亦步印印印言

及余此事沾沾一得而我友亦此事推予甚也而亦步年彌高矣一膺仄間正七十耶流光迅速動人深念天下之奇天下共之性情之際無能强也方其行吟廿四橋結社鳳凰臺世之龐公也不浪出庚子春以訪舊過吳陵好事者必欲盡探風雅之勝出所重訂印印一書兵燹之餘魯靈光巋然獨存應有神物呵護此道文何而後偺父敗壞家風不論字義書法而論刀法其（亦步從後見漢官儀論文何損當代無名亦步從夜閱注必表）地之賢豪有道且云交遊中有深嗜此道者即罄生平學問所得以付真名言快事予更願同志之士移聲色狗馬臺榭之好昕夕切劘於茲六書星日有歌詠勤苦呼袍笏拜石者其人乎

及今相與細論無今前賢獨有千古也

童友鹿遊史印題詞

六書者古之精蘊也沿為秦漢公私諸印又原本六書而依法法類深者也然而巧拙各異豈非得之於內不可得而傳乎近世捨此不務輒言刀法憶予題友人畫云畫理由来本六書六書精到畫全殊荆關老境如錐畫筆用中鋒墨用枯鐫石之義亦然童子工六書而能鑒精畫理其於兩家之妙有不得之於內者乎於其作史印為引申之如此

顧奇咳四氣調神方弁言

今夫道亦藝也溺於道者所可藝事視之而有求詳一藝之心極名山風雨數十百年求道之力止足以了一藝尚止謂之藝也乎抑益藝也進乎道矣且凡所稱藝事者亦無甚重輕焉爾而譚藝以及醫是致人生死之間甚非可嘗試者也今之人大兵不死大難不死可以立大節成大名猶欲留其身以有用而不死而以風寒暑溼飲食居處醉醒喜怒嗜慾攻取之故坐困於醫藥寡效付之無可如何是可謂之得死所乎可謂求其生而不得我與死者之心俱無憾乎吾友顧子入道人也偶得其四氣調神方可以觀孱壯之宜焉可以知消長之故焉可以得通

復之義爲益不徒藝視藝也所謂目擊道存者矣余屏迹山中自念生平無所事事欲與兒輩各精一藝而譚畫理者爲夙成余詩歌筆墨之餘亦欲刻畫宮商寄情其舒嘯大約合於道者言如此不合於道者言如彼由道入者離之亦合不由道入者合之愈離則安得謂未聞道者之於藝或工乎顧子讀書養氣秉獨行之性素所蓄積出而有為於天下又豈徒以方術見稱於世云爾哉

薛增廬集議弁言

夫学亦為其有用者而已士自呫嗶作為文章輒布世用世用何足貴出其識畧相世所倚賴於賢人君子者而扶持安全以成不朽斯足尚焉苟非立壑獨存遼海之坐不移土室之形斯在大而在邊在廷戰守保定之奇謨以下及夫一鄉一邑山川要害生民利病莫不燭照數計出其成竹躋厥又安即不當德掩其言豈徒曰能言之科而已哉曩讀薛子增廬六道議留心當世之故非夫攀帨工世資者今讀其全書如止增兵止乞師調停藩將索餉等弦議直欲以又安百姓為己事立壑中安所置此人薛子顧（楠）遲曰鄭重不輕其一出雖曰排難解紛為世人裨益或者仲連高志猶存然當今而求有用之士必薛子也已予放浪山園近更筆墨俱棄因仲晥知薛子因薛子愈知仲晥之定交不虛寄語素傳江表有偉人若薛子者乃可出為世用豈若處士純盜虛虛聲無所損益輕朝廷羞當世之士哉

春雨草堂集卷二十三目次

論 嘐嘐子蒯凡論

春雨草堂集卷二十三

海陵宮偉鏐紫陽著　男夢仁定山重訂

論

命論

衆人可言命君相不可言命君相造命者也如曰不然回踽躝高位可歸諸命乎英俊沉下僚可付之命乎旋皇輿於夷庚可曰吾不與命抗委墉壙圖於板蕩可曰吾不與命衡乎堯取人以狀舜取人以色禹取人以言湯取人以聲文取人以度而盈者持之微者防之作者成之弱者蕉之昧者攻之險者出之否者傾之蠱者幹之故曰造命者也進而求之小德可言命大德不可言命富貴命也吾詭隨以求富貴亦曰命必出於詭隨乎竒造命也吾苟全以求竒造亦曰命必出於苟全乎而或者拘郤衣之細節無咎乎其不猶矣而或者守抱柱之孤貞無怪乎其不同矣小德可言命凡務夫小者近者無庸為抗激之行以輕棄夫昊天降生之心大德不可言命凡務夫大者遠者不得託乎中之論以菲薄夫簡在帝心之意

中誠

學者聞時中之說而一變為模稜再變為僭忒浸淫之為胡廣之中庸縱橫之勢必為儀秦之功利孫吳之兵法斯高之刑名其流雖殊受病之源則一其毒天下亦以漸而深故合過不及而均謂之無忌憚夫中而系之時正從不中處見中爾不喜不怒不哀不樂之人可謂適中乎咄嗟感樂各得其恆離合悲歡務極其致時之至中之至也知時者莫若慎獨慎獨之人非忌憚人也獨者左右所不能窺與論所不能定國史所不能載謚法所不能加此之不慎而種種薄以自待之心於是生矣此心即小人之心也既有小人之心不流於無忌憚不止蓋其先追於利害禍福之端有動乎中不得不出乎苟且從俗之說則僭忒而飾為模稜有之模稜不決勢之所趨不得不多其僭忒以應其始為自保之謀究不惜躬蹈不韙以首天下之患雖欲中止焉而不能故曰模稜與僭忒其弊同源害天下亦以漸而深用之有剛柔出之有遲速行之有難易耳此其患莫大乎好為中論以抑夫偏至之性故不得中行則思狂狷狂狷者不逐時以為中者也不逐時以為中而中至蓋皆有慎獨之功焉至鄉愿而此意蕩然矣似忠似信之人何嘗有意毒天下天下受其毒而不知至謂天變不足畏人言不足恤噫無忌憚甚矣以用而言喜怒哀樂有所乖戾而不和固謂之無忌憚知和而一於和亦謂之無忌憚而後必賊夫和絲之素矣可白可黃路之岐矣可南可北星渚之懸也而彼泛泛焉等之夏箑而冬可茵晨興而夜可寐所謂人受天地之中以生者固如是乎

身訓

周禮五兩繫邦國而家塾黨庠術序群而肄業孝友婣睦任卹幼而嫺焉人非生於空桑誰無蔦蘿縈結之情桑梓敬共之意且趨易避難人之恆也吾非厭此而逃之特未有引責望於方隅甘隔身於周道者古之至人逆料夫身之可有為也養其剛大之氣為天下倚賴或明知事不可為不惜瘁其身與天下相終始斯六事之可傷者乎而其身不朽何則聖賢之學內聖而外王所以異於異端異於刑名法術不過曰精以為身餘以及天下身之不束貽士林羞何風之下也欲款款焉附於凡民有喪匍匐救之之誼所得豈足償所失哉故愛其身以愛天下者古之極也勞其身以安天下者古之遺也至於戕躬不恤而忘其身以徇天下其害與厲天下以便其身等楊氏之學知身而不知天下者也墨氏之學知天下而不知身者也申韓之學其初不過急天下以奉吾身其終至賊天下而並賊其身佛氏之學動曰山河大地近於墨也老子之學謂治人事天莫若嗇近於楊矣正己而物正此大人內聖外王之學也爲有敝敝焉求正於物顧居己於不正者乎故曰厚其身以為天下者能始為天

下迹其硜硜有類孫子者所為及緣厥成使天下受其賜而不知言天下則一鄉一邑在其中矣至矣哉詩曰各敬爾身如臨如履憂亂之詩也而其義歸於敬身此義固無間於盛衰也盖可忽乎哉

志說 甲申

取法乎上僅得乎中取法乎中其弊斯下所居不過三家村所遊不過十室邑目未睹餘古之奇書身未歷晦冥之遷能態一當大疑大難計無復之屈指計曰某也如此某也如此我何為獨不然不知天下大矣豈少一二有志之士哉今世共尊宣聖尚矣他若春秋僑肸之賢種蠡謀國之士可伯仲視也我以目前所見自安以為苟如是是亦足矣一旦時變勢殊忽有人爲磊磊落落異乎前所聞然後疾首痛心悔愧交集曰為某所誤為某所誤有甘任其咎者乎存斯志也而事相較取其勝者而勝相較取其尤者蓋累進而加益焉即使宣聖復生曰今非夫昔也都不必隨萊不必卻道出青淄奚庸接淅東驅嶧泗翶何遲遲吾寧曰宣聖則可吾則不可孔子自成為孔子吾願學曾晳之狂原憲之狷何則末學膚受貴耳賤目意其能為今世所難而身在事中隨世俯仰蹇修損喪者比比是也積漸使然遮趨而下始念不及此而漸積之以及於此隳之乎前無能振之乎後何況三家十室所謂某某者置之天高地下之中曠々乎不可為則要哉有志者於是乎反之以為獨行己志焉爾而六合之內六合之外早有先得我心所同者吾之不為仇怨所快不為親厚所惜也素也極之人莫我知為之自我者當如是吾無怨焉

生論 甲申

以身而論言由稚而壯由壯而老百年有限以代而言来者視今今者視往元會運世有限自混濛開闢以至山崩水竭桑枯海乾百千萬刼之中生者死死者生人化為異物異物化為人若信佛氏輪迴之說則得全乎人原戞戞其難之何況聰明男子三古經維所繫心安理順能化億千異物而為人毀方為圓能化億千人而為異物故云君子化為猿鶴小人化為蟲沙洵可畏也不愧衾影不愧青史顯融昭夏冠古爍今如草木之有松柏如羽毛之有鳳麟如魚蝦之有蛟龍如大地之有嶽瀆庶不虛此生生固不愧死且不朽非但炳麟之色壽於鼎彝忠孝之心留於金石也浩然一氣常往常来為聖為神何其偉岸迫於一時之變貪生怖死委蛇其間即老牖下不謂考終今化為鬼

物亦齷齪不堪何以自立於天地間於是為之說曰生可愛也名教之可愛甚於形骸死可畏哉筆舌之可畏甚於窀穸言未既若有告予者曰長繩如組白日莫繫大藥盈把朱顏莫駐一晝一夜一陰一陽一生一死而萬物之情見焉而醉而醒而喜而怒而居而旅而語而默且人生知者之能死而不知死者之能生故古得道之士棄其吟挈斟其淑清始能與天地同其久長也余曰唯唯作生論

天說

人有善願天必從之夫至天不能為而且於人有必然之勢焉則夫敬修可願宜何等也豈無意計難量之事而吾殫智慮以為營惟深惟幾固有妻子未嘗謀父母不及告師友弗能助者矣謀私之地行墨之間醉醒喜怒之交亦不輕剖其端惟恐有鬼物焉旁伺而覺之覺而先之泄以基敗而天故卑以聽之暨其引申觸長於出王游衍之間視人世可悅慕之事皆非其意中所不樂而寡能移吾情雖其事比於天姥磨杵媧皇鍊石之囏必勇以求濟勃乎若三軍之在前不以變吾志意惟天得而奪之耳乃明旦所徘徊已委委焉奉其後說者為天心仁愛固也不知天人參半常相為用人事極則天道在其中焉此自匹夫匹婦甔石之儲以至王公大人進德修業底績莫不皆然而況忠孝節廉之事哉天以善事願人也甚於人之自願不善之數過羸淑清之氣日趨而而薄權之不能勝其回天亦幾幾乎恐或墜故曰天牖其衷有其牖之先者此天之開人也宜後天而奉天時有其從之後者此人之開天也是故先天而天不違令世不知以為一切皆天憑生安能與天爭審若是則天亦安能執冥行者而牖之哉其不相從於摘埴也幾希矣

責言

言為心聲心之精微言以聲之心所之謂志心所發謂意不昭迪以言志之為名可借意之為物可疑言固可忽哉孔子曰言顧行行顧言是也已孟子曰言不顧行行不顧言孔子曰言必信行必果是已孟子曰言不必信行不必果是何則鄉愿德之賊也薾古道彌道彌尊代愈下術愈巧意者此風入戰國浸長於春秋猶之四山在朝堯不知殛而亟亟乎殛之也噫愿之為名模棱之導師中庸之衣鉢況其囿於鄉也逮在陳發歸與之嘆嘐嘐者言幾為蚩者然之音矣尚得執訥與慎之說以損其立言之氣哉行乎不得不行止乎不得不止尚氣之謂也得若言而奉之日月光昌江河沛決山嶽其體金石其質松柏其理麟鳳其儀笙簧琴其音圭璋其度鼎彝其色而氣自百倍典謨其詞非其言足主之氣足主之也得於心則不求於氣而氣自百倍益言之根荄於

心者氣足相副行乎不得不行止乎不得不止期斯為有嘐嘐之遺烏揮毫奮袂作為文章可以應制可以訓世抵掌而言可以說可以諫可令（以）能使千衆降顔能使三軍辟易能使懷生慕義異類歸仁綈章繪句文章之下也詹詹之言破道故曰不知言無以知人人之邪正於言乎驗之則（在）彼不可得而欺亦於言乎定之則在我不可得而違故曰生於其心害於其政發於其政害於其事言聲乎心而政與事適肖乎所聲之言故吹律而靈祇之節應為不知則無以為驗在彼者得而欺如王安石之萬言書是也不知則無以為定在我者得而違皐之無甚高論儕俗而已

原仕 甲申冬月

韓文公上書求仕論鄉黨自好者美其不仕論賢者又美其能仕子美每飯不忘君至謂何忍負之而不見大用子瞻在播越而愈見忠愛之性三人皆以稷契自許使之俱得大位即未必如稷契何至與肉食為伍而以仕自諱耶由光誼至高其行事不少概見何歟种放林逋無論正使頡頏希夷與留侯武侯比能而挈效必不侔矣殷深源咄咄書空負蒼生之望不如高卧之為愈耳萊公不聽張益州之言再入中書千古惜之若使當時如萊公其人高肥遯之義隱於深山大澤之中澶州之役任王欽若輩為之有宋之事尚可言哉今人不明斯義似以仕為勢利之事於是處江湖之上以榮進為嬿列班聯之中以棄職為美視寮署為傳舍玩民社如贅疣標榜之意轉深任事之情遂廢甚至徵書甫下輒有厭煩之云初服可還必作高蹈之語幾幾乎以仕為詬厲矣衡其得失約有數家高下之分可得而言其禮義自命卷舒赴節知進知退者遐哉貿乎固已汪汪滉瀁莫窮其際矣亦有耿介出塵望古遥集紳舄之慕不敵蘿茘之情胡可強乎若夫結情紫闥禮有取於懸弧蒿目時艱義無辭於戮力亦復祖述成言相期免俗以為不如此無以取高前式不知一心營職國事為家先憂後樂者齗齗乎不敢出此也甚者攖情好爵復假容於江皐眷戀華簪固陳情於退讓自苦為勞徒亂人意矯僞之情尤不足道家大夫動不樂仕予嘗云不仕未足為難意念深矣然家大夫坐正性不合時宜亦非無說使遭時明盛樹立豈在皐夔下哉予之放廢實以初成進士時為必欲引古人量而後入之義以不負所學而事乃有大謬不然者以此不及於難正使身在事中一往豈足惜乎厥後柄在宵小事變之來不待智者而決以當代正人毅然以天下為已任尚不能反其所為自知無益遂不欲輕其一出抑亦拙者之效也而說者為過情之譽謂子高自位置卧龍雛鳳自居豈其然乎

竹喻

竹之生也中通外直而有節以間之是以亭亭而不可仆故木之堅而足用者必其磊磊多節者也南方有自生之木踰年之間高可尋丈匠石材之三尺之童負之而趣葢其忽然而生無深溪洞壑以植其根無峭壁層崖以堅其幹無雲霞日月兔絲茯苓以全其氣壯其觀猛獸未嘗咆哮乎其側百鳥未嘗悲鳴乎其巔寒暑晦明未嘗交遷舒慘乎其上驚波怒濤潛蛟毒龍未嘗洶涌乎其下山精木魅未嘗環拱擁戴乎其間暴風摧之則頹然折矣溪霖灌之則蹶然浮矣蟲豸蝕之則蠹落而中空矣摧之不折灌之不浮蝕之而不蠹置之離合之關榮瘁之介生死之繫成毀之交而不變則見節之時也使當安流平進烏知植節之不易哉坐而假寐綠衣者揖予曰子言過矣吾之磊磊然吾之所以為生也刓之刻之觚者破樸者斷則忽忽乎其不樂子徒言磊磊之可貴而不深原乎其所以生何惑乎鉴變為芋杜變為艾一敗而不可復振也且玉在石曰璞鼠腐亦曰璞凡物之攻我者皆其成我者也不然澤中之蒲可勝拾耶

春雨草堂集卷二十四目次

論　嘐嘐子後九論

春雨草堂集卷二十四

海陵宫偉鏐紫陽著　　男夢仁定山重訂

論

前評梁震

每見有稱前進士或前某官某曹其事或始於唐梁震也朱温篡唐唐進士梁震歸蜀過江陵高季興欲奏為判官震恥之去恐及禍乃曰震素不慕榮宦明公不以為愚必欲使參謀議但以白衣侍樽俎可也季興許之終身止稱前進士不受高氏辟署又攷唐廢帝清泰間梁震謂高從誨曰先王待我如布衣之交以嗣主屬我今嗣主能自立不改其業吾老矣不復事人矣遂固請退居從誨為之築室土洲震披鶴氅自號荆臺隱士嗟乎方季興時使震果欲去亦竟去矣震之苦心寧浮沈於季興不受辟署以明其非朱温之臣獨不思白衣樽俎是何言行將欲效李鄴侯之侍肅宗耶後人不原其苦心而又以為美譚吾知震有大不得於心也其曰前進士或自震刱稱而義實未安觀陶靖節義熙後但書甲子則所云前者將遂以温為革命者乎獨其刱稱稍自異於稱臣稱上者嗟乎一時惑誤如此安望其為布世之舉乎此亦氣運傾頽一時人心似俱有所蔽習而不察無足怪者

歸箴陶淵明

今人動稱淵明若以淵明比今人真在雲霄之上矣然淵明不足為也何不為韓魏公富鄭公即不然何不為謝安石王茂弘而以隱君子見此非淵明意大有所不得已於其間也夷攷淵明作歸去來詞乃在義熙元年是時劉裕都督中外諸軍事未有反狀特不欲為鄉里小兒折腰計安帝二十年義熙前後倘能畀之大位未見不可出也記曰陶淵明字元亮入宋名潛益至是而仕進之念始斷今人不從大義立論但目之為高趣之士淵明不受也則稱淵明者稱其大義立論但目之為高趣之可也已徒以為隱君子此不足為也

原孝温嶠

世謂温嶠絕裾為急功名而忘天性固也然君親並隆忠孝一致顧時勢所重謂何耳原夫晉室陸沉陸茂哀激矣晉天率土是宜枕戈待旦撫心誓肌而偷蔭家園非所望也當夫詣建康崔母止之正未知何所見後母卒阻亂不得奔喪終身以為恨此在嶠抱恨終天則可耳世儒不察動引為非所貴乎論世者何居乎及夫身試汚濁不惜與眾俱波而惜莫之省憂以若所為虧辱孰甚至於奪情踰制恬然為之而不顧者又無論也使嶠當此時無論絕裾即合家國之人羣起而勸駕肯輕其一往乎自今人於倫理處剖析未明往往是其所非而非其所是抱咫

凡之論刻求古人於凡身為不義極重至大者視為聖賢通變之常然洎夫名一敗而難全志一隳而莫振則凡天地間更有何事不可為視所謂不親不別不叙不信直當種種為之而罔諱矣而猶頑不自覺尚欲以其一二細行為流品所歸臧否人倫引繩論列指稱得失曰某也非某也是噫過矣

遷判 楊國忠

世有事理因之大壞而其言不當歸咎者如止南遷之說是也唐玄宗時首倡幸蜀之策者楊國忠人稍稍負志節誰肯國忠自為者晉宋南遷亦會其時勢之適然焉有著之為論曰是宜南遷者乎故著為論焉亦太卑之無甚高矣而爭之而執之是也所恨是時文武諸臣中竟束手無策耳無策矣而偏仍蹈襲成言成事以為標榜之資此其所以兩者俱歸於敗也觀古臨大疑大難之時或則曰敢議遷都者斬或則曰敢議退者殺無赦皆有成算確乎能以一力排之非夫蹈襲成言一時意氣自豪而已也而或者遂以為議遷者是議不當遷者非此豈可為訓哉抑嘗論之凡事忌兩可而此事有兩可之道惜乎諸臣無有言之者尤可笑者兩論交相持出乎此則入乎彼使當時在彼以為非則在此必又以為是也可慨也已

義誌 袁粲謝靈運駱賓王

袁粲初與褚淵劉秉更日入直決事號為四貴後粲謀誅道成謀既定以告褚淵淵帝室甥也淵即以告道成道成遣戴僧靜等攻粲粲父子俱死先儒謂袁景明倩民望國華受付託之重智不足以除奸權不足以處變乃九鼎既傾三才將換區區斗城之裏出萬死而不辭夫謂智不足以除奸景倩無辭也謂權不足以處變所謂權者何等乎將王儉褚淵一時華胄俱附道成者亦謂之行權可乎新莽居攝東郡太守翟義起兵討莽尹氏謂義雖不克而死然聲大義於天下使莽賊之惡益以暴著其有功於漢為何如哉粲但不能為有功於宋其心自不可沒也自此等深求下焉者不以此為責備賢者之論反相率於行權而世道人心愈敗壞而不可救則權之一字誤之也由此論之則謝靈運之被害而書曰宋謝靈運駱賓王之舉事而曰坐事遭敗乃謀作亂者皆過也故武后謂有才如此而使流落不偶宰相之過而魏元忠以李孝逸臨淮戰不利謂天下安危在此一舉識者非之意靈運盍未嘗一日忘此事而當時愛才者諱之反沒其心也與

飄命 謝朏

蕭道成以謝朏有重名欲引參佐命嘗與論魏晉故事因曰石

笣不早勸晉文死方痛哭方之馮畀非知幾也朏曰晉文世事魏室必將終身北面借使魏行唐虞故事亦當三讓彌高道成不悅以朏為侍中及道成受宋禪不肯解璽綬引枕而卧步出府門道成子賾欲殺之道成畏得罪公議曰殺之適成其名正當容之度外耳遂廢於家道成齊高帝賾武帝也武帝殂以朝事委西昌侯蕭鸞鸞奉太孫昭業立之既而殺昭業迎立新安王昭文後廢昭文為海陵王而自即位乃朏於海陵王之世復為侍中宣城王鸞謀繼大統多引朝廷名士朏心不願求出為吳興太守夫其不附道成至鸞與海陵非蕭而何海陵鸞所立也而為侍中至惡鸞謀繼為吳興太守吳興太守獨非齊官乎獨非仕於齊乎而洪容齋謂朏之志節行義凜凜如此溫公猶以為譏蓋覲引參佑佐命託不順指不應又仕蕭齊之世也後梁武受齊禪時徵朏朏逃竄年餘一旦輕舟自出詣闕梁以為司徒在世論鮮不以為而截人而此時正可出可也即逃竄可不必耳吾獨怪其不附道成而又於蕭齊之世復為侍中為吳興則此之為門徒恐亦不論何世何君得官便自為之者矣

又

人云當局易迷當局不迷也特慮過時易迷耳朏之不順道成指及不肯解璽綬引枕而卧步出府門皆當局則然過此日遷日化有不自覺其波流者矣此豪傑所為三嘆也然其為是有兩說為一則曰吾非謂有君可致也有民可澤也人高官而吾故棄之人厚祿而吾故卻之是損吾以與人也吾亦從事焉不令若輩得專榮名厚實也此一說也一則曰吾非不知此為之朝菌也此之為蟪蛄也菌之後又有菌吾與為薰蒸蛄之後又有蛄吾與為蕩漾所可有富樂之實鮮中蹶之患也此又一說也朏之為心其不能自固於二者之間與夫宋之代晉亦纂也非有二三百年英君誼辟厚德深仁則彼一時之所謂重名者固可勿深論也而猶遲迴鄭重而不輕其出亦云賢矣卒不自固甚矣志節之難也抑猶有說論人於志節之間惡夫役於其名而為之初朏所為或猶有名之見也夫

通判東方生

不曰伯夷隘柳下惠通而曰伯夷隘柳下惠不恭固知通之不可為訓也隘也不恭也皆有所不可者也必至聖人方可云無可不可外是必有須所不可故曰不屑就是矣而曰不屑去非不欲去也直不屑其自視何等哉此與不屑就者直同出而異名耳故曰皆有所不可也三代而下東方生陸沉金馬門意或如是而今人動以此為師是何東方生之多也其不流為長樂老人者幾希矣故天下惟胡廣之中庸為可恨耳使當五季道不得專美當年即不然亦是多一蘇循以方鄭綮歟後為有分寸矣

宦方 徐勉

五代由宋齊以迄梁迄陳真以天子為傳舍馮道看破遂一切以傳舍視之其蒙面喪心為天下萬世笑所不待言而其意亦以此玩世其著長樂老述生平榮遇之狀非甚愚昧寧不知愈榮遇愈足羞亦以寓玩世不恭之意此論李氏發之世不謂然吾為此論正為重志節者道見非可遊戲參之辱莫大焉者也而世終不信吾於梁得名臣矣徐勉為梁吏部尚書無門人夜集客求官勉正色曰今夕止可談風月不可及公事時人咸服其無私噫蕭衍篡齊而勉為之官與為浮湛猶可解嘲尚云如是謬誤之中又加謬矣是其志行真在馮道之下也甚矣時人之陋也以此見當世之無人也又如徐陵為陳吏部尚書謂梁末以來選授多濫乃為書示衆曰永寧之時聖朝草創白銀難得黃札易營今衣冠禮樂日富年華云云衆咸服之噫陵文章之士也以文章名於時詎非韻事其為吏部傳舍也而尚為書示衆此咸服者宜為馮道所竊笑也要而論之山濤魏人以晉太始中為吏部尚書時稱山公啟事者亦大非盛事也絶交之書所由作耳故又曰先輩徒不褒貶竹林嵇阮等在魏景元間所謂司馬昭之心路人知之者正此時也非夫清譚放廢作倘者實有浮湛之意焉後顏延之去山王而為五君咏亦此意也

戒預 陶弘景

陶泉明尚矣故書曰晉處士也嚴光陳摶遭遇盛君矣而肥遯殊不得其解或實則不至借此藏拙保全名者歟然不甚失陶弘景之山中宰相不足取也竊攷古來隱士在漢哀平間則有梅福龔勝郭欽蔣詡陳咸而薛方為貞而不諒在唐安祿山時則有權皐甄濟張誠盧巽此皆持之有故不得不隱非夫純盜虛聲而已如徒好為高蹈林逋种放之流亞也最不足述也況天監之時賦偕隱之時矣而猶干預朝政所貴乎高蹈者何等乎晉元（安）帝元興間桓玄恥無隱士求皇甫希之使居山林又使固辭然後下詔旌禮號曰高士時人謂之充隱如弘景者雖未至如皇甫希之其亦有充隱之意也與

春雨草堂集卷二十五目次

尺牘

春雨草堂集卷二十五

海陵宮偉鏐紫陽著　　男夢仁定山重訂

尺牘

聞捷上家大人

八月念七日得榜兒中式第十八名恰與本房李老師戊辰名次相合先時三場文頗滿志居二日得失關心疑慮間之抱歉一如鄉闈時榜發跨馬詣鴻臚寺回想屈首雞窗間抵不聿心細如髮息微若絲光景不可再得矣前家信云功名兩字將之不來推之不去亶其然乎夫以三十年篝燈枕藉於書卷之中今一旦束而庋之高閣兒獨何心能無戀戀顧私竊自維時文一道若極其才智或可方軌古人近以海宇紛紜急於世用點染投時未臻極境其以目前兩大物拱手讓人無足深念比後筆墨之緣一切付之無用將何物以役其心夫心無所用則莫為之養莫為養則嗜慾得而入之矣惟有振起精神盡吾心力所可盡期作第一流人物庶不負聖明不負父母生我教我之本意天下事尚可為顧所待如何耳

寄内

余為童子二年諸生十年恩選二年皆吾子夏影寒燈孤幃獨處之年也觀勉慰勞輒曰天下有道我黻子佩及富貴毋相忘

茲者才著進賢本欲以世道為己任而所用違所長難言遽明其志思欲暫假歸來偕吾子扁舟載酒翱遊山水間三年然後奮不顧家出為世用

寄大兒兼及諸季

我一生學業從憂愁勤苦中來當時做秀才人爭羨為貴家公子誰知為憂愁勤苦中人間有一二明眼知我不以貴家公自位置誰知我設心至極人世所難甘同輩所未嘗此心不可告人人安能知然吾兒不可不知當大夫奏捷南宮時我學業已垂成先是大夫為孝廉子羽之迹既高平生之名尤傲是以家業不甚豐我積文盈篋著書成帙間有滿志欲付剞劂亦同人皆毋氏多方區處至脫簪珥為質是我所處還有不堪之境今吾兒學尚未成御自小為飽暖安榮中人矣人非奇福安能一生皆履順境可畏也畏之如何但觀我履順境時飲食衣服輿馬僮僕之間何嘗一效貴介所為不但不似貴介此心何嘗一時放寬何嘗一事覺得美滿完足以恒情論鮮不以為道學腐語然不如此不能特立於天地之間人但知處平（貧）賤特立者難不知處富貴而能特立者其難萬倍也其意生於自足自足則不求進不求進則不知名教之樂而種種下流之智見之志氣由此生焉矣我做秀才時見當代絕頂人如王陽明之功業商木庵之科名王守谿之文章未嘗不以為志志矣亦未嘗敢有畏難謙讓之意於其間但不肯輕出諸口恐犯鬼神之忌是以雖家人（婦）父子之前亦再三發歛惟恐不及其實胸中不然也謬意取法乎上可得乎中而今也草草一第既不能搴旂斬將為筆墨生光又不能分中祕一席為讀書之地夫以聰明男子降心屈首於帖括小道中至辭室家絕賓客寒暑遷於上而不知風雨變其前而不顧如是者垂二十餘年而尚有難料如此何況薌薌而飽蹲蹲而暖者哉吾兒勉旃吾家取於天者已厚安敢奢望而乃父有未竟之志善體厥志方可謂之孝不然即承歡聚順都是小節我自五月初十日起行至八月初九日得文百二十有奇弁以長言歷序生平沈苦困中途不靖恐有遺失不能割愛付來俾先以弁言寄汝汝可粘置壁間同諸弟時時觀覽吾兒勉旃

庚戌聞捷寄大兒夢仁之一

家中初三日得報吾兒領袖南宮闔州大小老幼人人歡幸此我幼學至成名時時自期待者彼時風氣難於論定故但就得魁名榜後上中憲公家報云安得國家年年設科令入彀者竝進而吾離出以用其所長意中甚以（此）為戀戀今當文章反正之初吾兒一舉得之可見此道聲價有定前見鄉墨書中已

徵寓此意但未説明耳至中憲公真有未滿之志至今人能言之而亦格於時勢俱所謂不於其身必於其子若孫者耶吾兒得手後更當照廿年辛苦之時存心積慮事事可與神明質對而以所學勉勵諸子弟此又為後人計久長也只自問秀才從何得此存此樸心不散則昌大從此始耳時流有賢有不肖天之報施有遲有速全在自己心上打點衡量初得意時不早正其源頭從此勢利熏心亦自忘其所以然矣先輩居官首稱清又曰慎勤和以我而言清易為也若慎勤和三字我總與相反乃是所處時勢使然有意將性格矯揉為世間放廢無用之人不然亦不能始終不渝歷三十年如一日矣至於事事詼諧高視天地間一切事不為意又嬉笑怒罵形於筆墨每每刻畫傷元氣皆是短處亦時勢使然既要做官須要為生民造福即是為自己子若孫造福當比稍事正經事無大小培氣元氣防其傷薄乃父總是狂狷所為兒卻要執於中行此隨時處中聖賢易地皆然之道學道人至宜體念張大順自雲間来初一日要進京特留候家報今初六日辰刻發行

附記

中憲公以成均獲雋官夏陽欲為予援例予固不從不意己卯副車入貢成均予自北移南人已笑其迂又呈學使請同子衿試科舉蓋因鄉闈條例四號不以作元不意南京兆吏依然印入四號致本房牛鶴沙師抑置第二卷師出場始知書誤大懊恨已無及此一奇也會試李二何師定予首卷各房爭元爭前後而師默然總裁心訝之直至第十六七許方出予卷自位次第十八名緣係師戊辰上春官名次取宋人衣鉢相傳之義又一奇也中憲公自幼學書為諸生日擬對萬言丁丑進呈讀卷官係掌院袁公鯨竟以衙門為次置二甲第六名又一奇也不於其身於其子若孫固矣然今昔之際不無感慨係之其能以此自為亦猶箕裘克紹緝而大之附識為後人勖

寄大兒夢仁之二

兒既以文章成大名此時文心甚細文機甚活文境甚透闢夢覺之間晨昏之内必有偶觸某題雲起泉湧躍躍欲吐者宜置紙筆枕簟間有得即於黑夜書之至馬首長安目之所觸耳之所經師友之所論列日間有得出篋筆袖中書之更易矣或一句或一股或一篇依書次序有暇足成即段落亦有用最令後學增益神智計如此書三四年方足酬此文心文機文境逐月寄我處留為諸子弟增華加麗之用至囑至囑

寄楊程一兼及雨社諸子

曩以兩榜為難事難斯畏畏斯疑信莫能自主元来取之如此

可發一笑合簾子夜中心怦怦漏下三鼓披衣而起誠以年齒及壯正可竭力報効之時過此以往長才窘於促步榜於為班役擁之而東自念束髮以至於今暑雨祁寒手未釋卷相親相信或且恨且疑三日不讀書便覺頭岑岑不能舉所以蒲柳之姿每歲為風寒所犯汗後二日雖一飯未下必尋書置枕邊今一切度高閣矣夫麗(驪)駒在門把袂而歌折柳尚有戀戀之私况古今名人才子相與闡發聖賢之理道隨吾寢處三十年於茲者乎余獨何心能長與之辭哉僕生平文凡數變足下所目睹然不屑為脂粉以媚人或宕折以尋幽或離奇而寄傲或驚怖如河漢之無極或古奥為彝鼎之在陳近因天下多故私心謬意非身履其地者不能知其故而大肆推挽於是始有時文以蝕其筆端矣安得國家年年設科許入彀者竝進以試其餘能而僕錯出以應使微長雜見留為孺子觀覽之資雅人取笑之柄然後總百家之論斷以己意示天下以文章極至之境乎足下文有二家一為明澹之家一為古藻秀折之家然秀折處多古藻處少須使一篇之中古藻多於秀折必有波斯胡攫而走矣榮公汰其字句之麤豪進以細貼黃公存其碩麗之色毋闒小巧無作折腰齵齒狀鄭公因其盛大流行之氣而益充之使有光有稜陳言務去驄馬多看時文只取有餘寧長無短寧華無樸寧蹈襲時語無質任自然掌霖理會題情題竅於咽喉之地持寸鉄殺人皆目中僅見才也漢公仙裳廣生贅公伯英中環君千子隅年力尚富出其雄駿之氣介馬而馳足繫南越之(王)於闕下不知者以為有不意之獲要其氣實足以奪之也惟足下知言故併及馬杜云自笑狂夫老更狂僕老矣當一笑付之僕亦借此發一胡盧

寄徐介石中翰

憶庚辰以副車貢京師值老母患瘧踉蹌而歸比至夏陽啟篋得姊夫所為書心膽俱裂自念兩榜是分內事遲遲何妨而堂上之人鬢雖未霜幾有不測之事安得天假之緣得借宮袍為萊綵又念老母癸未正月六旬若壬午列賢書爾時計偕北上無能跪進一卮誰料禮闈改期得繞膝為歡者半載而又即以家安人添籌之年為奏捷之日予余之生平同志知之悉豈汲汲功名者唯此差强人意耳姊夫感人不一端方了身遠出仰賴不一事而追憶之下足令且泣且歌者獨不能(忘)庚辰之役故以大書為放言得書如覿面矣

送同年李大来業師南還

從遊二十年分而合合而分又臨岐惜別能不涕零雄文國寶字字嘔肝竟為時命所格雖鴻章無不售之時抑心所用處也

若其間關千里骨肉傷心誼篤人倫是多感惻然所念者吾輩有用之軀無居者行者皆當千萬珍重以副良時耳夫溫飽非吾志此何待言顧與稽與處無論密友雖家庭燕息之間未嘗有矜名赴義之色顧其胷中常多所不可誠以士貴有隱才行忠孝廉節之標榜誰曰不宜而必從本地講求庶幾問心問世而可不愧謂天下事竟不可為吾不信也此意嘗令一人知誠恐以笑談嬉戲為本色無當天下己任之義特漫述所私用慰總卅以來期許長河百折欵乃而南青楓白鴈實勞我心昔昔奉師説周旋敢諷師以行路哉夫獨非有心者乎至性之人相顧動色有以耳

寄王鞠劬侍御

馬過門前途逢遽使屢鐃數語喜出望外幾幾心旌飛墮左右矣新進書生一切不諳秉之連年顛倒闈屋望一第頗難有所專於此則有所忽於彼是以一冠進賢欵欵深深必欲行其意之所是正如雞皮村婦入市目迷過彼八面玲瓏譚時事驗若列眉數流品較如指掌頭岑岑如也私意天地之間無論聲華無論勢分即同是名教或有所依傍而成或有所摹畫而出其理必不可久布衣蔬食率吾道真雖與世無奇而懷来不失矯而枉之可勝冡面耶憶壬申至己卯間賴先生歸里之暇朝夕

與居雖所高僅八股業而以視一世事無足為難蓋日侍有道其氣靜氣靜故設身權藉之地若咸有得自玆以後驅車遠涉病苦間之繁劇猝捽未免望洋之嘆矣回首臯比趣園偕二三子朝夕聚處嗜欲日淺天機自生鄙吝盡消理道相長何可多得乎所恃後之所行合之前之所學不甚剌謬無否指南獨是困衡此道垂二十年履官何患乎不公何患乎不廉患公而不能自行廉而不能自存又不屑為私恩小惠奇策詭計于須臾之譽傾當道之知内度之身外度之君何道而能獨行其志乎幸進而教之

寄顧餘栻年伯

丁丑之役家大人以北籍捷南宮維時叔氏孝廉公多所左右余距丁丑不六年而顧瞻里門徒深萬里之思寒宗叔自氏不祿蝗旱頻仍兵戈間之寡孀夜啼吏胥畫呼極目傷心難以言狀困憶丁丑之前愚父子千里間關相為依倚叔氏不遺餘力左挈右提雖文章有價遭逢有數一冠進賢日者以為自南而北之驗道之云遠自非鍥薄無行捫心自問能無悱惻閣下誼篤人倫特令族姪執贄進見此纍纍者鷄純皆閣下子息畜之者也京邸接武吾鄉若志在自肥里巷小事亦可恃愛于牘而絕不一為要其敬宗收族繼絕振廢抑又行誼之大也

與稚關弋珽玉汸劉水心

邗水通津依光咫尺實切瞻馳衹以十載里居郤掃水鄉百凡疏節別業春雨草堂名過其實輒虛諸同人馳企先年有山石數船留止瓜步河窄不能運頃以春漲載歸道經關閘仰重台諭俾得通行無所阻滯俟妝掇廲成過泰時枉駕鹿門為平原十日之約幸甚幸甚

與黃坤五五帖

讀五果詩不勝止渴之慕亦簡分榛苓不詠黍離矣卷二幅求接連書此十八首存之笥中以當五供養字比借與帖子法亦如之

堂聯領到輪奐生色五果詩但書詩多於一枝之贈不敢又以敘語重煩腕運書記增重尤以跋重將艸堂主人亦因之而重也

得五果詩卷飄然作茹芝商山想卷字盈千窺其神思殊不厭覼縷再呈一卷書舒元輿桃源画記並加跋語潤色留為異時佳話

散步草堂詩真同心之言行將鐫入肺腑豈特為草堂開生面哉而草堂聲價益以此加重喜甚且即晤語先此報

承旨西湖詩不應恰有西湖春雨四字欲暫留此閒廊塡一二幅為草堂佳觀若延今須此取致未晚不識可否諸刻中不拘何類書數語序其首便即為之

答陳伯璣

承示類略一書欲為留一信史取何氏例以君相儲后諸類係之此為定格亦易下手列（論）諸書亦大概盡矣此外所見皇明泳化編頌與名山藏體例相近亦是大書若黃之昭代典則雷之大政紀筆太萎薾張之國史記聞事太脫略然或皆可參觀也要之事核而筆古畢竟吾學編為定本當時原有酷吏倖幸諸傳以怵李默之禍刪不存真可惜也足下謂於神廟以四十八（前則缺）年中豈亦有忌諱之意乎余謂熹廟以後缺則可若神廟四十八年中吉祥善事與禍至亂萌皆大備似不可不錄也許子洽有歷朝紀要神宗紀要已行世亦可采觀但中亦有一二可已者至若稗官野史莫備於紀錄彙編此陳袁湛公刻之貴鄉者此外尚有數種可他求也又戊寅己卯遊京師時鈔有奄人劉若愚獄中一書一名酌中志然時時更名於大內千門萬戶及宮魏事頗詳核於東林始末亦畧具而論不詭亦今日之夢華錄也矣即泰昌日紀一卷亦貴鄉楊君筆雖覺寥寥然一月中梗概具矣永樂大典至二萬二千八百七十餘卷萬一千九十餘冊古今一書之多未有若此者也疑其必有猥繁冗雜之過永

樂中止寫一正本後再一鈔而矣紀矜多之累至此書不傳無感也酌中志所載經籍非内府所藏止此乃内府刻版止此也叢在京僅識一李瑠正居經廠者知雕版本亦不多然如歷代名臣奏議大明集禮文獻通考大明會典諸版故亦不少耳此酌中書曾鈔作四册一套今二十餘則似太寥寥然有可録處亦幸録賜將來或得完璧未可知也足下所需書自神宗紀要一二種外不妨開單見示有者自當呈覽事竣擬還可耳遜國從亡類有金待郎焦致身録今錢御冷相國及周仲馭遜國忠紀諸書皆載矣雖不如程之灼灼然其妙用深心未可以若滅若沒疑之也自群書被盗後因以見存諸籍各作題辭存之或其本末人或作者大指皆標出一二以見寓目兹編使精神不致亾没如晁氏讀書志之類以焦氏經籍志門類分之今亦略具百餘種矣如幾部徵懷閣詩皆已贅語如文端公歸田疏草亦敬識之奏議類矣文端公如别有著作亦可見教一二此書成亦似可以存諸公精神惟茂先詩集未出為怏怏耳此蓋據所藏所讀過書為目故不得富然亦可借以表見同人也

答李廷尉映碧

興泰咫尺質疑問難賴有文獻乃以年邁不克時時請教左右慕嚮之至承諭鳳洲史料若如台教接古續今訂為一書實一盛事但見聞有限深恐挂漏萬且以疑言疑行貽誤後生必得才學具深識之人朝夕切磨使此心暢然無復遺憾方快耳郡志雖只一方亦不欲聽其紊淆魯魚之願何時而慰企甚企甚

賀李廷尉映碧七十　辛亥孟夏廿有五日

名文早譽大節晚香著書悉經子史之腴服官兼德言功之大三多榮高玉樹一德望重金莖時維首夏長嬴歲稱御觴盛事適賤辰良者三日極豎立之峥嶸先馬齒以九年指期頤而引翼此時授鉞前姜尚父一紀之齡繼序登庸超張東之十年而拜唐郭令公勳名最著久知李郭同符宋杜祁公春秋至高真成李杜忝竊奇鍾曠代慶洽同心乃雀喜之彌殷跂鳧趨而未遂屬大兒忝絲蘿之愛倚茈更親又公郎聯玉筍之班躋堂恐後蕪函遠上未既懽忭之誠薄具前驅佇佇賴容光之盼

覆張玉甲學使

承問講堂顛末安定為如皐人是時如皐未改邑為泰州如皐鄉是亦泰州人安定祠在如皐泰亦有祠在城東胡氏後人居泰者多不類鬻於官為御史行臺即今東察院地講堂創自宋州牧陳公祀鄉先賢安定公范文正公及王心齋公為三賢講堂後心齋别祀文正移祀名宦遂為安定講堂實非安定祠也

後又有不類者竄入其中既經前院驅逐今欲從如皋關取俊秀者一人存其祀於泰州此意甚盛宜即檄行為便謹具實以報

覆高念侶兵備

承問市河乃州城血脈猶人身然宜流通不宜阻滯歷来當事明知當開而聽其阻滯者傳係夫頭賄買工房作法阻撓蓋河開則城中舟楫可通糧草俱用小船裝運小民最便夫頭但欲搬運取利夫頭之利小民之不利也昨同人謂市河當開水關不當開似也而此為蛇足之論何則市河有四道中河東河西河而橫亘其中者為玉帶河今但云市河當開則三河及玉帶東一串現通略疏濬之便足不謂之開至水關因市河不通少經行者故不得以時啟閉非有所奉行而閉也惟玉帶河西畔来陽伯公欲開未開則以黃氏別業在今沒為官故謂惟此時最便不意占業者交通簧鼓其中又賄買園丁梗上令當事為所惑輒復報罷則不能不推服来公之人為不可及也今不他論論其軼事當来公之開諸河也先太岳觀察袁九滐公園跨河之串不惜數千金移而東何則侵官道湮河渠律有明文特以流傳非一日有所受之猶或可原若更肆意把持罷之中又罷矣此已事之一說也中河自北而南欲稍折而西西為陳氏園田則以廢棄官地易之究竟所易者未嘗遂損於其地陳氏園田稱便此已事之又一說也從前而言法有所不貸從後而言情有所可通二者盡之矣至於諸河宜開不宜塞且勿遠論查周近自鄭潛庵兵備徐海村州牧萬行遠學正已蒙其效形家能言之而不然者其害又與城守相關蓋泰形前高後下若旋丘而水自南至北建瓴而下恃有東西兩堤當掘注之衝城之人賴以為餙饍之用者惟此一線此可默喻不俟喋喋也

與趙名卿郡守

福星咫尺十屬均瞻澤國懔民仰恩尤迫此情固臺下所素切也茲瀆者泰民三載奇荒此固天意不敢怨最可惻者八年全漕早征原方州急公美意及聞蠲免後方州既以悖旨處分竟未有申明此項以不虛朝廷德意者今歲十室九空亦十四九廢倉鞭現在煩難即天幸成熟漕糧萬難足額因思八年全漕蠲免在先至今此項現例蠲免之內是德意已頒之自上矣只因漕船過淮入封例無中制遂至抵灣抵通而泰民不復問州司幸已具詳全仗勘語懇切為萬民請命於督撫或移咨戶部或具疏題明以八年分之有餘抵十年分之不足既足朝廷之賦又免敲朴之煩在朝廷非於正賦之中有虧損之額在小民即以已剜之肉醫眼前之瘡恩為實被之恩例非濫用之例泰

民瀕死復甦皆鴻恩再造者矣夫揚屬高寶興泰四州縣同災高寶興俱被實恩而泰反以急公貽害向隅之泣上臺當亦有慨於中又近奉部咨揚屬被災十分九分者七八九三年全賦盡蠲前詔新綸悉蒙寬恤於例更為有合

東田司農沛蒼

泰民望恩之事至多其衆著者上年鹽城海口在廟灣興化海口在白駒俱已開通而泰州海口在丁谿泰志可據至今未開聞有土豪盤踞阻撓以至上官俱為所蒙付之不問亦未考其詳近見泰志所載碑文則先年已有此患在力行何如耳若謂志書為紙上陳言豈其然哉此事求閣下加意庶水患永息奠億萬斯年之功造福生靈者多矣又最急者八年分漕米一案高寶興泰四州奉蠲在先而敝州衙蠹作奸非一朝夕將部咨撫行藏匿待征完解淮而始出之笥中以至三州縣俱蠲敝州獨違例徵解方州以此議處則此項應還民間方州既議處即不然亦應比流抵之例以甦目前民困即云漕米無流抵之例而此項情有不同目下撫雖持例未批而漕督批詳已有機括伏乞一言慫恿其成將來漕督具題部中議覆之時尚求一言加惠其為膏澤百萬均沾皆仁人造福於生靈也

春雨艸堂集卷二十六目次

雜著

春雨草堂醮文 文話楼集

春雨草堂宜忌 文話楼集

文會約 禁約三則附 庭柯集

集頌 文話楼集

陳階六像贊 文話樓集

錢山銘像贊 文話樓集

錢均歷像贊 文話樓集

斗硯銘 庭柯集

風硯銘 庭柯集

志箴勉諸子二首 庭柯集

嵇淑子東坡像說 庭柯集

修禊咨 庭柯集

天繪圖述 庭柯集

浦西里社檄 庭柯集

增修文昌祠疏 庭柯集

火化僧行修紀事 庭柯集

右修禊咨有目無文與前卷後鄉柄志題詞缺同

七世孫百頤謹誌

春雨艸堂集卷二十六

海陵宮偉鏐紫陽著　　男夢仁定山重訂

雜著

春雨草堂醮壇文

伏惟帝嘉明德錫名勝閥閱之家天眷悃誠奉馨薦神仙之府
福永綏而當報誠有感而必通地本二宜人逢四美爰居爰處
胥慶我將我享用伸某涸迹塵區布心道岸慨甲申涉亂結素
志於磐阿洎丁亥寧歸就親闈而卜築立祠依嶽文介公泰岱
之望懸孫子彌崇為園依祠中憲公流憩之情緣祖父益篤奉
雙親而游泳攜童稚以追隨綠谿草行入門而河亭南立依亭
逕入當戶而別業東開塗近逼乎蓬山步轉追乎日觀試憩之
眾之麓徐登駕石之梁堤似彎弓跨虹杠而更進波環妝鏡窺
月戶之方井綠竹美其猗猗朱欄佳其灼灼盼三山而四水之
山初接懷四照而十錦之照更奇自是則堂號讀書十爵舊石
參差閬苑之花稍偏則地名方嶼四聚平川彷彿瀛洲之勝繞
廊以北華堂接縹緲之飛樓循樓而東密室帶匯儀之傑閣閣
無所不望自室而出者為奇沓室不可窺華樓以入者為玄室而
與閣意分仍合既突兀以爭奇樓與室似隔還聯京層次而互
遞一水疑盡而一水又逢外視疑藏而內瞻彌耀一為內室一
為書室既近內必還近書一為涼居一為燠居夏時涼則冬時
燠如逢賓至門掩棃花而香草之名可佳若但經行步櫓奇樹
而煙螺之軒遂值長橋倚重軒而掩映綠堤間黃石以參差鵰
浩瀚之洪波立寬平之夏屋斯真濠濮間想如在翠微中行今
雨依然舊雨情洵是人同鐵石白雲本是青雲侶何當卧徹烟霞
自西徂東臨矚之望已收從南迴北登眺之情未已藉五狼華
構助三島佳觀就茲蜿蜒之形聊為界畫之狀堂面東而西臨
蓮沼夕霽朝暉樓面南而北望星杓陰功陽德船房兩戒岩壑
胥呈澤峙一亭登臨共適門迎巽位入前楹則曲逕可開廚列
東隅餘西榭而家僮以託洵兩美必合東園載酒至西園有六
橋可通南郭看花還北郭茂林修竹共群賢循禊事之修流水
桃花似漁人述武陵之勝歷年二十二載為詩百數十人事絕
塵凡名高區宇實由吉神之庇載增榱桷之光遂因式廓之弘
聿追構堂之燕雖孜成於我春我夏實經理於昨秋昨冬無嫌
敝懼之方未干歲支之位龍橋初渡鶴駕未臨摘谿澗行潦之
毛陳魚泳鳥歌之地以報以祈以禳消水火盜賊之虞惟明惟
信惟禋杜剝蝕崩騫之患伏願景因人以卜勝人際景而攸宜
寒燠順時塈塗長飭鬱蔥佳氣弘開奕葉之祥山水奇觀長備
四時之氣地有為主屋有為主奉主祭主爵以長安山則有神
水則有神共土神穀神而錫祚將樓標百尺九天鈞樂護高居
以堂立萬間四海人才欣共託用舒葵志聊竭燕詞

春雨草堂宜忌

城西有土鄉然美其名曰小泰山殿山有水一泓美其名曰小西湖經歷年所汙萊不治蔚煙四合間以菑畬茫不知其故址旁有隙地可資卜築予善價買得之說者遂謂此地傍湖山之勝也雖三村見大抵如此予益自負因州志八景有泰阜晴雲西湖春雨為春雨艸堂其上地以人名人以地名所不遑論而一二知己之交或過從或聞聲相思不能已於言因而春雨艸堂之名往往悅耳復念名者實之賓也實則不至而惟名是求遊者謂予世間有此喚名之士哉署為宜忌解嘲庶無深責使愢而好我知此為緣起贈以言又相與勖成之毋令山靈遺勒笑人也

園何觀乎觀乎為園者也為者何通乎為詩文藝事焉也詩文家忌匠氣勿習其師匠以意又不苟作數易草園何不然亭榭臺閣力有未飾即門巷亦約略剖分蕪穢不除曰此其艸創亦以異夫所為豁徑者

宜讀書

宜獨樂宜獨酌宜對酌宜雙杜宜五簋宜家常友四五人何則合席而坐以之為次也奉席二則湫隘無所立也

宜步遊宜結伴三四人遊花枝低亞不容飛蓋重愧其名將騶從嵤然竝譁門巷之陋

宜文士修禊僮約門立席地則觴流

宜一士人橋上清歌一士人箜篌和之其聲悠然自天而下越三人則嘈雜不分海鷗鳥不下移之堂所容亦無此人數

宜晴晝

惟此六宜因有六忌

不宜輿蓋不宜騶從入焉而圮橋循入焉而堤埂中焉而甌臾焉也

不宜優伶衣冠何設劒戟何施

不宜列席疊席橫之則陋縱之則促促與陋君子兩譏焉

不宜夜飲窪下之區竹樹蔽翳列炬而迷陰曀中亦作如是觀

不宜縱飲地高下水盈盈及前除知所適哉

不宜劣婢頑童輿臺傘伺卷石峩峩蹴之則那雖無佳葩藹藹華華無然槎枒

容曰何不為之中衢為之堂堂為之高而甍深而檐密而室樓榭咸峙加以桂楫泛彼中流簫鼓齊鳴主賓羅列詎曰不宜力則未辦負此高致貽我山貲必能澹營增厥勝際將無適而不宜也花豁之築何妨月觀星題安樂之窩不厭千門萬戶信湖山不予負也解嘲云乎哉

文會約

月九會九而三之上浣之三之文之佳下浣之三以來之所以粢棁黼米其文者至也勤而困闇則曰下浣之九以來云爾惕然曰三晨後吾會焉為之卒讀惕然曰再晨後吾會焉為之卒讀惕然曰會維日矣至日而昨者前者之所研悦而咕嗶者於斯見焉見焉而有所得於卒讀者加精又加熟口耳神明交相為治也一晨而忘焉浹晨而忘焉至日乃相率而始事文即佳倖也倖可嘗乎哉即可嘗未云得也君子必期其有得也

望其衣冠履步而如見其文焉寧樸毋華而非垢也寧抑毋揚而非讓也靜之謂也語言則無得而望焉金人其口甚憲乎古妨其筆也贊泓穎挾持署而具或老蒼頭或小黃頭一主僕之義也如水如蟻蕩矣亦譁甚焉故有不云云且躡附若是靜矣要令壇宇肅清視其庭可以搏鼠而雕龍繡虎之業方為出焉允若茲文斯成矣成乃大佳合席而坐無取緘默有一得與友共也故論焉極論焉縱橫論焉而文章品行經濟外弗之及也已耳是為文飲文益也飲又一益矣

月九會九而三之未為數也即舉比者無所妨害矣不爾分題而成合而傳焉獨非盛矣乎雖然所貴乎會者疇昔厄且持滿而至至則神為一開是以有異乎斗室之所為作也諸同人宜何從焉

集頌

士夫用五簋遲客意甚佳始自鴻寶倪先生轉轉相承比於習矣是故簿夫習也則以元燮綴折簡而增損其文以為真率之會

魏晉七子尚矣先輩初無論庾公自足沒林公又曰先輩初無臧貶竹林則七子五君亦已如金谷蘭亭可無優劣焉矣吾輩意不在酒又高於七子者一等況佐酒者是勿程以數而數亦可程

香山洛下治襲勿稽三養五觀貴師其意則以先中憲公暨王中憲諸公相與為真率既岸視方丈一輩人以方斗酒雙柑飲德為已多

月二集初二十六以為踈矣何嫌數之則以旬之二為均或月集二或月集三有未及集則總以二六日補稱焉而踈數得無於輟

有友酒二升殽蔬各一果四今殽蔬如之果之四者為二足矣殽蔬不至可而酒必至酒不至可皆有可代而友必至蓋至無代友斯尚矣烏用羅列夫區區友之時義大矣哉

而或則曰是日也吾專之是尊之專也賓主之位既形往還之文斯具落落少真氣矣勿之有專焉爾

然則是無有專焉者乎曰有之不此例矣然亦體此意以行此

五簋所從來也至諸大禮選亦但率行夫古道所有辛幼安云恨古人不見吾狂耳豈古人眞有不吾如者耶

此吾輩高會也華讌也而俗則曰道學見不知道學何嘗不韻吾輩處今日正欲群然以道學處之患見之晚耳

自昕而夕以名理文章品行經濟相商還相質焉縱橫辯論於彼乎於此乎衿之推而抱之送何加焉即不必勸為書亦足快意末俗紛華勢利所夷猶不屑也博奕之類亦效陶士行投之江心而以筆墨風雅諸藝事代之何則吾輩詎飽食終日無所用心者哉為之頌曰

荊棘既除芳樹斯植蓬生於麻不扶自直優伶何須鶯弦削色車笠故人雖忝名德理道切磨品行標極學問文章庇人匡國下至藝事亦近筆墨詎獨自怡貽世嘉則

附原箋

倪先生五簋享曰飲食之事有江河之憂我輩不救誰救之者天下豈有我輩客是飲食人詩云以燕樂嘉賓之心此言燕賓宜娛其意孔作盛饌列鱉十漿作之驚之是為逐客安昌女樂享戴崇識豆禮彭宣觀戴之賢愚已明約俗之恭慢矣謹參往謨條為食律八牘裁詩二簋廣易天數地數情文已極彼君子兮噬肯我適文以美名賞其真率一水一山清音下物覓心最觀能飲一石

五簋　二菓　二蔬　湯點各一餖飣十餘

酒無算

致詞曰

日　刻祇候

都騎望毋失期不再速

頓首具

附禁約二則

仲蔚蓬蒿可終歲不治如太上不相往來則亦足矣或不能詰旦傳呼曰之某地晤某人或有欲言或之地之人有人物儀數一之甚矣而之地之人必固曰請復之是面交也已殆不可復

花朝月夜杯酒尋盟縱飲豪呼為歡甚洽逾二日門者傳刺必固曰請復之何不憚煩即徇俗褰裳亦落落少真氣何復尔惟此二端人之相我亦如是

陳階六像贊

以為遺世也而目擊道存以為隨俗也而正容悟物綜琴書以逍遙整巾裾而顧步一生當著幾兩屐高譚時揮白玉麈即與時偕行不失彼都人士之風度

錢山銘像贊

畫不畫讀書但學陶淵明松逕蕭疎長菊英畫不畫生子當如孫仲謀軍中擊斂炯雙眸巾帶翩翩人自玉書卷等身君更多玉堂金馬時當入鶴鳴子和不曾過之人也其將擅風雅之宗委佩鸞坡者耶

又

是英雄是兒女調朱絃歌白紵河陽花吳儂語鸞鳳操久延佇兩相視何修阻絲相結心相許

錢鈞曆像贊

不聿閒指麥光華婉踞石沉吟風期澹遠六書精蘊此為根苑古色照人榮於章袞

斗硯銘

斗野占祥奎璧高皇積精以剛瑞應瑞瑤光文治大昌

風硯銘

帶礪玉瓚大封爾功以奠不肆泱泱大風表茲瀚海興王之雄

志箴勉諸子

四民異業異以其志士農工商莫尊惟士作士如何定志不貳或志聲色或志貨利或志博弈或志嬉戲妻孥經心衣食求備狗苟蠅營叢尤集詈百爾朋從紛彼神智繁籍詩書情實他寄一生浮慕冊為胡志日月易邁壯老忽至追悔前轍惟有墮淚用志不專致茲暴棄有志之儒厚自位置聖人可學何況才位上天生我必非無意率祖攸行絕去外嗜瑣若深淵惟恐或墜壹志不分圖難於易視易若難艱辛不避百年之內矻矻此事造無閒日容吾安肆視彼閒人耗蠹之器譬彼蜉蝣與死為類如雞抱雛目不轉視如龍守珠觸之即忌鐵可成鍼無忘勤勩

立志如此何求不遂

君子求己功崇惟志心用於內用罔有二厥用維何義先自治行無越思思不出位端居深念求詳內事先求鮮失有求必遂有志竟成以勤勩克勤克誠志壹氣次天人合發人盡天暨命立自我聖可學至

嵇淑子寫東坡遺像說

此東坡遺像也章侯所為何其似我淑子也或曰淑子似東坡也夫淑子上觀千載下觀千載與東坡似者有二早歲蜚騰聲滿藝苑其名似也振筆千言驚若河漢其才似也不似者亦二東坡遭時明盛淑子遭世亂離東坡為美官而動以見尤淑子薄美官不為天下尊師之日以至則夫他年豎立未易一二槩也東坡即可為淑子非依傍東坡者夫安仁美好太沖奇醜仲連偶而不剬相如剬而不偶以至留侯挾策布算仰若威神所圖狀貌如婦人好女依古來所稱有道賢人者皆中有其至非可意為若淑子者東坡恨不見我語云以貌取人失之子羽豈其然哉即謂東坡似淑子也固宜

天繪圖述

州誌載儲文懿公墓木靈徵事為前所未聞及讀顧公華玉靈徵記趙公叔鳴靈徵詩以為靈氣寓兩間在人為聖喆其發於天地為星雲麟鳳芝草之祥理所宜有無足怪者謂公精華不能為此豈達於天人之際者哉壬寅夏周公櫟園既旋太翁太母大事來遊吳陵吳陵舊節鎮地也為言太母靈櫬啟自攢塗祇其下皆山水圖繪為畫家皴染諸法所不及莫之為而為則舉而歸之天此與州誌儲文懿公事有合櫟園文章經濟掩映寰區篤生有自人所共知及考太翁太母誌傳所稱飭躬昌世一本篤厚自古有道仁人留為不朽皆從篤實發為章光原其初止自成其為人而視天若咫此其與翦綵為花者殊矣余以譾諲辱文字之交昔受庇安全之下又其事有合於泰誌所載故樂紀其盛與瑞蓮並傳諸無窮俾後人知所自云

浦西里社檄

聞之高唱亮節非恒耳所忻肆義芳訊非庸聽所辨是以觸非其類雖近弗應感以其方雖遠則傾僕幼守父師之訓長列聲教之林每念揮翮生風而助飛廉之功鑽燧吐火以續暘谷之景可使書卷之樂闃處不通友生之懷足以舒助乃睠茲里士渺焉莫儔故嘗慕掃軌之高風希遠遊之極致以為中有所期非世俗之所服也邇者人文蔚起炳炳麟麟蜀餘秦漢之書人多晉魏之氣當此之時猶爾專己守殘私立壇宇無論依永之懷莫暢抑亦窾際之見未除用是遍訪同人聞有同方合志者姓字里居輒銘心版凡我同志或讀全部之書或成一家之說豈真受匏瓜之性而甘離索之嘆哉但都人不悅而施之影乘馬不輟太山之陰我輩心存古處道取簡棲往往獨隆之業不輕示人出其緒餘不邪廓相蒙即於言自大未嘗竭生平之力而希旦夕之觀有志之士大抵然爾今與諸同人約一文不極一題之致者勿以來極題之致矣氣體稍不合於古人者勿以來合矣或勦襲敷演無所得於中猶以為二之也客曰子往時以文為戲而今嚴於論文如此即由吳陵而十邑由十邑而鐵省遠近之皆遍何不可而僕有說焉方今金沙雲間兩浙三楚遞相雄長未始乏人諸同人斷非吳陵所能囿也在吳陵但言吳陵則見地宜開也實學宜崇也廣蒐精取羣諸家之見而進斷焉務令傳布四方靡不愛敬惡諸永禩樂有楷模從茲聯翩破壁以去回首此事已同敝帚而竹冊散逸之後猶有人焉起而釐定之頒示天下曰此當年某某交相砥礪簡別精妙者也某以勳名顯竹帛某以氣節表人倫皆當年交相砥礪簡別精妙之所致也豈似處士純盜虛聲諛聞動衆而已哉

增修文昌祠疏

安豐距泰百里昔心齋先生以理學著聞朝野而科名則自吾師大來李公始安豐有文昌祠公為諸生時事之得靈感壬午獲雋出坊金賴黃如干並備落成者當祠未成時師嫣同人創始夢帝曰子須獨力仔肩待之敦牂協洽之歲而後果應其年安豐人至今能言之歲久傾圮羽流議葺庀屬予數言弁其疏余謂有道之世其鬼不神其不神者游氣也夫以天地之大人物之衆而謂無所有貴神焉聰明正直奉帝命以主持世道此可信且世號為聰明正直者其靈爽音徽應未沫也此而無之將居何等乎文章為士子進身之階雖有長才異能不由茲路

無能自表見名公巨卿建不世之伐亦此焉出尤大彰明較著者矣且夫科目用文章非猶身言書判三塗辟召之紛紛可以人事意為者士子束脩行誼矜慎名器無妨以文章徼命自徼命非盡以文章則所謂盡人事以聽有不可言者矣而吾尊其事於神以為事在天人之間而神又聰明正直必不令士子以他途進庶徼倖之意日消而得復專心一志於四子六經之本業四子六經之本業明而進身之後所為必大異於尋常濂潔流清裨益人心世道至大則凡盡人事之正以合天即自此祠葺治始矣諸公慎無曰安豐距泰遠也天視天聽一念之乙千里而外若或應之果有同心吾欲以此一念賀之在帝左右當有近道若阮者捐土壤細流之資而獲泰山河海之助不無於遠近同人有厚望焉

火化僧行修紀事

行修僧之火化也在康熙乙巳年十一月初一日辰時千萬人目擊予久欲為之傳顧念予治儒者業安能知師之深欲如韓文公送浮屠文暢文不如無傳顧師數往來吾家予雖不能知師之深而一二事迹有非里人所知者作紀事以傳僧俗陳姓泰之東鄉沙村人少嬰疾寄食姊夫時進家進工公輸業執事吾家有年謂師不事事稍薄之無以為活欲赴河死輒有衣白人眇一目者救止如是者三遂祝髮為僧名法名行修居數年朝普陀海艅上人煙斷絕不克行中道無可棲遇老人攜茶一壺餅餌一器引至家宿焉日明無有也餘荒地而已歸後龕坐南關外義塚中一日夜深擊龕門甚厲隔牎見南里許有大船張火鼓吹過高橋下向師大呼曰我去汝後來嗣遊揚州又年許歸移龕北關覺後寺西偏人見龕上有燈如日初出亡何示眾火化期移居覺後禪堂時州佐張泰人也以為妖大設兵守焉方寄食進家時兒輩皆熟識適大兒夢仁經過寺入問師何自苦答云春來覺得當如是至期沐浴取衣履與同行僧大拙及寺飯頭僧而自著一葛衣遍禮寺中佛敲魚頌佛號就龕屬畀者以繩繫龕以橛繫繩堅其橛即為大功德畀至寺門外東牆曰可矣時屬目者千萬人咸無動靜頃之覺龕內輕煙一縷人持楮焚其前火從龕內大發師魚聲不輟焚至兩腕魚始下兩耳

出火若孔鸞尾風火揚龕蓋終六時無絲毫氣味觸發也師年三十有六已已十一月初一日辰時生而以乙巳年火化月日時皆自定又相同異矣迹師平昔所為皆困病無聊出家後作何參悟人亦不得知但見蓬跣行市中者數年遇僧俗人畜俱禮拜藏所謂行一切不輕慢菩薩行也就龕之前一日尚語其姊陳欲一見汝女主謂予室人也以僧寺未果行又怏怏云有一語要說因煨棗馳供終不果行有銅板僧照智僧俗金姓以屠子出家師特親厚留共食臨時兩人密語莫逆於心以納衣付銅板僧念珠四十八付北斜橋僧國璽俗費姓為薛廩中表弟兄廩亦執事吾家業磚工師化後家家求所為桐板者供奉立願書百金興建庵方就室人命兒輩書簿分所建道場即其地相傳師龕坐南關時有丁姓者供養甚勤云寂後當至其家為男年

歲便於光孝出家大建寺至期丁果舉一男人以和尚呼之後亦殤師有畫像懸覺循寺壁間大兒謂體頗工妙有若生時不少異丙午丁未揚泰尚有見之者雖不可知亦論而不議云

鬣陽氏曰予聞之季師大來謂安豐場一僧平時溷俗了不異人一日向某家求棺具其家慨然應之僧素善心齋因詣心齋辭別示以火化期至期留偈老僧今年六十六不分青紅與皂白今番脫卻這凡胎依舊靈山還舊屋心齋就而拜之旬日後有見者師其流亞與

春雨艸堂集卷二十七目次

書後

條議

春雨艸堂集卷二十七

海陵宫偉鏐紫陽著　男夢仁定山重訂

書後

書鄉會臨場藝後

余自總丱入塾垂二十年衣無完紈食無兼味雖溽暑不披帷雖祁寒不停染内辭家人婦子之歡外絕時序讌遊之戲每夜坐必至五鼓雞鳴日出倉皇就枕鼻息未酣尋復驚起此父母所怪責里人所共知者也當其更稀漏斷抱策沉吟池畔蛙聲喧而復歇草根蟲語鳴而自止童子酣睡夢語荒唐夏蟲撲燈變態百出甚至秋霖驟至牕前驚瀑布千尋冬雪漸深樹杪覩攫枝百尺寒霜凜冽慘入肌膚春雨綿連漏穿枕簟誰為見之而誰為慰之家屢世單傳老母恩勤獨苦膏火晚給夜半為期常懷祖母飾首油筒為繼晷之用如是踰年老母知坐久不眠夜深必悄聽館門則藏燈席下曾私會七篇膏不能繼月下成書所以年未三十而炯炯雙眸時有閒雲往返職此故也至其析理研幾苦思力索經營慘澹觸手疑團雖有圖史我之所求彼之所略雖有師友我之所叩彼之所窮此則人所不能相喻也又其采薈典章詳求體理浮夸恐礙明眼質實又病時眸說理則思支離敷華又恐疊複求夫質而又文詳而得體逢世共忻賞問心無獨謬蓋不知經幾番利鈍受幾番笑罵歷幾觀察經幾斟酌疑而信信而又疑泣而歌歌而復泣耿耿此心可對訴者丙子榜放以九月三日為始遇文期即赴王鞠昉先生會風雨靡間改歲靡間丁丑二月念九日相傳吾鄉會榜獨儲年伯一人老母不懌予豈快於心而仍攜筆研赴文會越明日大人捷騎來予固色喜指揮未定尋以逢一說書分身就館州大夫式其門必先完二目然後歸迎如是者蓋兩載如一日老母嬰心疾予侍湯藥自夜至旦衣不解帶文會屆期先緘罰資送主者比老母霍然一會而補數會文甚補至四會副罰資詣會所先生不敢啟視也戊寅隨任夏陽喜水署幽清無搆接之擾攻苦太過愁悴繼之搦管臨文幾幾淚下數斗視赫蹏之上隱隱皆血影遂成失血之疾彼時胥中豈知為貴家公子哉逮夫病篤且危求為尋常無聞之人不得矣己卯誤中副車再生之人不復問世間榮辱事然而人情之厚薄俗態之炎涼賴此看透予所為有長安道上之詩也自北南旋老母瀕危得愈念之惻然因欲貶技投時以期速售於是有臨場諸藝不知者遂以為伎倆盡于於此實不然也病發之後不及深思草草為之耳夫其語多沿襲頃刻千篇而理道眼前銖黍皆合竊以為非未嘗學問人所能辦也夫然後始舉於鄉接羽公車舟可容膝得文百二十有奇夫然後始捷南宮自此以前學業之勤嬉文字之工拙皆予所得而自主者也自此以後官職之高下宦況之

廾況皆非予所得而自主者也可得而主者吾兜以為法不可得而主者吾兜勿以為念此予既以敝帚相貽復自道其始事如此

張春陽庚戌闈卷書後

張春陽先生年介吾父吾大父之間遊歷吾泰交吾父吾大父予幼猶記其射鴨一事為文士遊戲至今人解頤　鄉闈吾父卷為郝楚望先生亟賞以限於數不與先生正郝公所得士也猶傳語懃懃勸勉有加至吾父戊午登賢書己未先生猶上春官見出闈時後生同赴者或問題義至聚簇而先生是時年力深矣今觀庚戌卷見賞當何思先生舉業當行高文典冊距今六十年披之如新誰謂一第足以限先生哉從孫菊人成名進士以文學詩賦世其家來遊吾土與予交莫逆展玩斯卷聊識數語以才若彼以遇若此吾意應一二傳應必有奇偉淹雅之士間世一出為世增重不於其身必於其後亘古今人才遇不遇之感也壬子上巳前一日菊人過予春雨艸堂同懸圃望侯夢昌二子觀並書

中憲王公傳書後

當神廟盛時士大夫坐嘯畫諾真似無事可為者顧涇陽公開東林書院為賢士夫所宗東林之名始此魏璫亂政遂以此羅織賢士夫比魏璫除正世道更新之日乃温錢相構而士類又分非賢者無論論其賢者新進後生一行作吏置國計民生不問稍稍摭說時事遂謬附於君子之林即至眾譽歸高奉為中流砥柱叩其胸中空空如也一生知勇經營盡用於陞遷之巧捷推其心服官者如是為稱職耳於國事乎何預若引春秋責備之義可勝責哉賢者如是非賢可知如是者十六年世道壞而國步隨之先生此疏正於其始與同聲附和者異矣以故平居講業又不喜學士侈言東林至於見幾明決出處得其正非獨遠患亦素所自立使然也正使貪昧而出隨厥生平未必無躐躋之道而先生不為直至督糧江右始終辭然無所憾又豈但勇退之士而已哉

書伯璣藏劉徵君卷後

閱是卷有三益論詩諄復可維詩教惡濫一也篤於同人其於吳會豫章名賢勤勤寄問不輟二也明於國史三也原詩尚矣今人優為之欲令人物因詩教而重則伯宗諸論有焉世事推移同人晨星諸所稱道皆一時賢士亦當世得失之林也臚列國史諸書較若列眉後有作者此為不易真令懷古情深內稱兩老則是庵相國冢君奉常公伯璣其東林也菊人遊吳楚歷豫章惓惓今昔人物携是卷相示約以裝潢歸之令一時人物半藉是卷以存鬚眉謦咳一一如畫呼之或出意念深矣予締交伯宗庚辰京邸晤言若昨日事伯璣在揚值予遯迹不一晤

有詩刻未竣菊人何不裒集刪汰以成一家之書亦猶戒老友伯宗之志也至史義闕如近又兢兢當世之禁所謂白首可期汗青難俟觀於伯宗所述益嗒然自遯矣壬子上巳前一日菊人集予春雨草堂同懸圖望侯夢昌二子觀世書

坦然先生自製墓誌銘書後

天下有傳書無傳人匪書之傳人傳之也然人傳而書與俱傳今觀坦然先生所自為誌銘二篇未嘗高舉其人以為不可及而其人可謂至矣乃吾更尋繹其書不倦以為天下至文莫大乎是何則書之傳人傳之也吾欲以其書列於經子史之間使後世讀其書如見其人見其人愈欲重其書也

觀宅吉祥相書後

鑑於銅者見衣冠鑑於古者見得失而坦然先生即以宅為鑑匪鑑宅也鑑夫宅躬宅心者也心主夫身道學家以為有主人翁之義庶姜庶士咸稟命焉奉此周旋吉祥之氣自一家及一鄉自鄉及國天下充周布濩此與人為善之樂也天下自此多仁壽矣

黄俞邰咏宋遺民詩書後

嘗讀薮園記前人詩云焚書祇是要人愚人未愚時國已墟惟有一人愚不得又從黄石讀兵書嗟乎自喪亂弘多士大夫嚅嚅動色相規舉古來忠誼之士憤不顧身以行此心之是者付之斷簡殘篇不復記憶者多矣俞邰洋灑千言行將蒱散太平而感時切事形於筆墨抑何忠孝之色蒸蒸乎動人心術之微哉若遇圯上老人定當心折

書箬公吳陵公案後

昔李贊皇云士無義氣雖入空門亦不足貴師一棒一問猶有接引之思焉比云是我打錯轉身入靜室推出門外一任梅花自主張更痛更毒有由然也此段公案理應昭揭不得不借門外漢發出遂將種種盡諦留為異時佳話海陵之遊不虛矣詩有之深情厚意知應少而見秋風不寄書若師所謂目擊道存者矣

題櫟園畫九則

無可上人

櫟園見余堂前舊石檻題其堂曰鐵石無公此畫樹且道是鐵是樹

張友鴻

髮年交友鴻不見者三十年展玩筆墨一何精詣至此令我情深一往

章侯梅

章侯寫此僅一枝已有目擊道存正容物悟之妙惜未及收藏見此不勝隴寄之慕

石殘上人桃花源

石公筆墨高妙如此若有劉子驥對此便欣然欲往

葉榮木

榮木畫村舍桔槔石公曰想見羲皇上人不過如此余謂使抱甕者見之尚以為機事

龔半千

半千約為余作卷幅多許未果要其畫固佳

程端伯

士氣畫自當以青谿為導師

吳梅邨

秀潤處全不可及非至精者不能與之析理

張友鴻

蒼巖壁立平阜迴合卻欲取為米顛袖中物

附親朋記書後三則

吾非斯人之徒與而誰與憤疾中復此言眼如箕大匪遑高視詎亦往往而摯焉此聖賢用心所由異於市之人難以户說則先吾罔墜知不知見地有限聽之悠悠而已

善相扶過相規久矣予不及見也吾無望焉爾故常樂稱其善諱言其過何至善則忌之而已善或衷惡則揚之而已惡尤鷙原交於今自有貴乎今之交稱引古人無庸也中多未白而曰切偲巧詆焉爾竟無與茲事規則相扶相樂決無忌之之謂也則相規相諒決無揚之之謂也無失其為親彌進求夫上焉而無失者誰哉交深則望之亦深交之逾厚責亦逾厚責望之曰余良士哉雖然勿以舜自謂寧以謂跖而人盡舜耶天下皆跖者之人必交厚跖者弋之操耶況其舜之徒耶而不遠以復亂後僅事也余樂焉樂夫天道人事或大抵可挽回也

水災六議

為洪水浸没州城饑民謀生無策急陳救荒首務通行以安地方事一請速委公廉以鎮地方本州人情洶洶有同鼎沸水鄉狂逞嘯聚時聞小舟萑苻漸薄城邑保釐彈壓全賴署官須得風力正印朝夕受事以安人心一請酌定時價以便貿易凡有穀之家照常出糶牙人不得從中射利抬價尅價致起爭端務使交易公平各從民便仍即給示發州穀價勅照府城早晚隨時長落如有故昂強買等情立行法究一請發賑糧以濟孤寒上年本州報災荷蒙督院發糧一千三百六十石分賑泰州現貯官倉未經發賑凶年得此可活多人合無檄行該州著令經承羅應舉先將此項發出交付委官賑恤四民之無告者備造清冊繳報再具詳請慨發公帑以備秋冬煮賑并檄本州印官勸諭紳士商民量力損捐輸共襄義舉但能實心周恤勿吝給扁旌揚一請給明示以通販賣本州積歲無收全賴豐稔地方客船往來可資糴糶無奈東西兩路截船強買不容入城商賈視為畏途州民幾處絕地務給嚴示張挂各鎮市口凡遇糧麥等船聽憑赴州發賣如有地棍攔阻許稟該管衙門立行重處一請速開海口以洩水患竊照河堤東台白駒丁谿草堰五場各有海口及今不開餔底瀦水何由宣洩不但棲身無地將來佈種何期通勅興泰印官親臨開導旦夕成工雖恐人力浩繁費

救災首務一請示息訟以杜擾害州民連遭水患謀食謀居救死不暇詎有此年多事借訟為營以致地方擾攘合無俯恤災荒嚴示息訟以儆刁頑以上六款仰候台裁

公議顛末

州事有便民或不便於民議興議廢州大夫以名刺集諸士夫公議或明倫堂或城隍廟亦相習為固然近則士夫多不與而與者率借此為夸耀閭里之資不知初年無是也有之自順治壬辰後始州本無事不煩者無故擾之大約加所不當加派所不當派先搆積蠹經承謀上司一通行到州州人皇皇惟恐去之無計則公議之請因之起矣士夫曰老父母此事將奈何無以應州大夫曰老大人此事將奈何無以應因而遍問里遞此事將奈何里遞無以應時已過午且相率散歸午飯衆以為此事尚未有定論也旬日之後加派者出矣甚且申報上官以已經公議為名而公議時與與不與者俱茫然無從得知卒之實皆一人因之為利州大夫徒為役又虛受其名惟有太息故二十年來百姓之害皆公議害之所謂困民莫此為甚近諸士夫稍知其故稍不出而奸里奸胥尚欲為其所為　而後進者流盲然應之士夫中樸固者間亦漫然而與不知為諸奸竊笑者久者

因循議略

患莫大乎取前人之法更張之知懲此患而其弊沿為因循故治大國若烹小鮮曹參治齊師蓋公皆習知更張為患不知此善守前人之法與為相安非若後世積蠹叢生不憚改前人之法為民患雖救焚拯溺從事猶恐不及而上下相蒙轉似有慮於改弦易轍之生事是則養癰自貽患而已其弊在行之不力尤在知之未真誠知之真則所謂當興當廢者非舉前人之法更張之乃後人更張於前待實心為民者復之也當其更張必以為不得不然今已知其非而猶憚於從事則民害何時而甦乎他不具論即如五米五銀奉立木榜懸示及諸奸串通運軍跳梁當時不以責任付經承力行軍民不相見之初議而嘵嘵請裁於上官上官意取相安又明知鐵案之不可移也但云好為之好為之當事回經承諸奸公然額外加派而無忌或者曰此當事亦為諸奸所賣也若有之當事居其名諸奸受其實豈策之善是不然人之欲善誰不如我目擊洶洶跳梁之不已憂之慮之以為之所不知已墮其術中舉前人大聲疾呼得請於上者一切付之因循則屬民何所底止諸凡得請於上而行之不力者類如是焉豈非豈弟君子所當奉為明鑒哉

五米五銀議略

前人立法必不留後人可加之端其謂法有未盡不得不加皆因上行私之爲也使因上行私而一加遂已焉吾復何責其意謂不有此一加則前人立法如泰山不可撓而吾私何自而入故有一加而再加三加始可因緣而起諸奸所利者勢必再加三加猶未厭而必以一加爲有間甚矣前人立法之不可輕變也五米五銀各省直或有或無或少或多或在額内或在額外在泰言泰則童而習之無此名色也蓋上之人爲運軍計至周篤有屯田有運費立法甚厚一切名色已包舉於屯田運費中必不貽運軍不足之患自五米五銀之名立行之一二年浸假至十米十銀又一二年浸假至二十米二十銀矣至是始歸咎十米十銀二十米二十銀之厲而不知方五米五銀時識者早知有此患矣今欲一切報罷非不甚善無已姑就目前所奏刊立木榜懸示者五米五銀外分毫不許增益奉上法甦民困以稍稍厭服諸奸之心是亦不可以已乎而動則曰運軍跳梁噫未有五米五銀不過如是跳梁也既有五米五銀而跳梁不稍殺則何故其弊不在運軍實經承奸里串同使然也此其要著在實使軍民不相見不相見則彼雖跳梁不見不聞無窮矣久且無所用其跳梁矣此五米五銀初時所議也行之數年弊復生弊動曰跳梁則使軍民得相見者誰乎故曰經承奸里串同使然也誠知運軍跳梁經承教之則以責任付經承而懸重法議其後運軍跳梁息矣否則猶之瓜儀閘夫竟一加再加分毫於閘夫無益也

瓜儀閘夫議略

一瓜儀閘夫載在全書瓜洲閘夫五十二名儀真閘夫八十名每名每年給工食銀七兩二錢出自本州條鞭款内額徵銀九百五十兩四錢解交河庫給散應役其來舊矣實於順治壬辰閘夫頭朋比作奸勒里民自募以至額外私加一倍及至十八年閘夫頭復串係奸里又增一倍每名每年工食加至二十兩至歲加銀一千六百八十九兩六錢而閘夫闒闒如故則當問當日所謂朋比串同者何人即經承奸里之所爲也據稱此項費用極多閘夫所得無幾情弊昭然矣但此皆九年後所加一人爲之護持因而專利奸里經承且受其籠絡無甚實惠波及閘

夫明矣今其人馬往而閘夫猶然鬨鬧則經承與奸里謬欲以此肥已囊以至閘夫控告差提纍纍無虛日仍借里民自募為名勒以不得不加之勢不知元是奸里朋比串同自控自名自提自身特借閘夫為門面又云經承現蒙收禁誰為收之又誰為禁之即經承朋比串同自收而自禁蓋此輩所欲有甚於此也嗟乎經承作奸上司所知而奸里作弊則上司所不知也今護持者已物故則是天之報施甚速此輩應喜色相告今而後莫予毒也已乃不自悔禍欲相繼專此不義之利可不謂愚謬之極哉目今民困甚百凡望居高者痛除前弊而瓜儀閘夫其一端也五米五銀諸款須可類推焉

易知單議略

易知單在泰為難知單矣何則泰州有官民田地之名無官民田地之實自黎公均攤土分輕重田五等田金銀銅鐵鉛各有陞科實係人丁民竈米麥豆桑起編丁地起存本折漕鳳錢糧俱刊全書之内所以當年易知單必開列應納細數每米一石該漕米若干該兵鳳徐淮米若干該銀若干每麥一石該銀若干每豆一石該銀若干每丁該銀若干其於諸款項又必顯明彰著為畫然之論務令小人得以週知比年以来但開人丁米麥豆桑總數每畝起科而細數不開因而奸里蠹胥積書觭重觭輕無從究詰而易知單久已為難知單矣康熙己酉庚戌間州牧方公博采輿情開列應納細數設為浮票此患稍息但宜申飭人給一單即給一票單有未悉票無隱情此泰州易知單從来利弊之大端也乃今於十一年春所見大有異焉何異爾則以有流抵之故有流抵則奸輩欲盡數吞肥分毫不與小民沾惠之故七八九十四年節奉蠲災不等其已征未征已解未解奉文清算流抵約略總數硃簿與納簿存票不對納簿存票不對則硃簿不可為憑知硃簿從来不可憑必依納簿存票而民始得沾實惠而奸里蠹胥積書者流動曰數自上司派發夫上司安得而知今必當事者着落七八九十四年催頭將各納戶納簿存票彙齊清算而流抵數目始真流抵數目真而易知單始可無誤此一弊也雜辦銀藩司扣數合將已征在庫未解之銀作數流抵而此銀久為奸蠹侵用輒稱原款民欠追補嗟乎雜辦真有民欠乎民欠可追以補雜辦乎此又一弊也七年溢銀若干流抵八年八年溢銀流抵九年九年溢銀流抵十年至十年溢銀既因硃簿不對納簿存票虧數又扣雜辦若干兩虧而又虧為數無幾不及十分一二今又突稱無款可抵相應給還災民何處給還何人給還此又一弊也且所謂民欠者係除蠲免外完未及額之銀今將奉蠲之先溢完之數抵足未完合將未完追抵溢數流抵下年非別項所可支銷此易明也民欠之不可支銷此一說也且不特此也七八九十四年溢銀即

十一年正項錢糧也七年兵米久已征完輒敢詳稱動支八年溢銀買解號船修造例於報數時正額開銷輒敢詳稱動支溢銀應解弊中之弊不一而足始知前稱無款可抵相應給還災民乃是如此給如此還如此而後為有款可抵也目下兵米號船二事已奉上駁其詳與駁一切不與里民得知計如此不與里民得知之事一年中又不知幾何也溢銀之不可動用此又一說也此皆專指十一年所見言也昨見高寶各州縣將易知單貼之通衢獨泰州從來深藏閟固人莫得而窺非慮窺見則民受其利誠以有此諸弊憲種種根究大不便於作奸犯科之輩也去前所列硃漕雜辦給還災民之三大弊正目前偶爾敗露兵米號船二事弊中之弊又知民欠之不可支銷溢銀之不可動用而因二事以例其餘為畫然之論以防其後庶十一年分邀恩於上者涓滴皆恩矣其十一年後庶其有瘳乎至泰州全書有官民田地之名無官民田地之實最易朦朧作奸與各州縣不同若欲更張誠恐滋弊必於易知單內開列細數則前任方公浮票之設亦其大端其於諸款項又必顯明彰著為畫然之論民始周知在上焉者亦賴而力行之可

春雨草堂集卷二十八目次

右卷末冐母劉孺人墓誌銘有目無文不知原板未刻抑不知後來失存附記於此以俟他考

七世孫百頤謹識
九世孫中謹錄

春雨草堂集卷二十八

海陵宫偉鏐紫陽著　　男夢仁定山重訂

祭文

葬前四日奉奠母潘安人告文

痛哉自吾母而不得吾情吾焉乎用吾情古人所以抱恨於終天也而當夫歲月如馳歷風雨之晦冥嘆庭幃之閴寂悵拊育之難再際節序之遷流尤令此心若割痛哉吾母之音容之笑貌依依若昨日事也今已為踰年之逝耶礼三日而斂三月而葬斂用布絞斷以三日望復生也今布絞之制不行以兒計之自古迄今人間世豈遂無復生之事即依古来見聞蓋寡焉知不自今日而有況母子天性由子懷母之篤知母念子之殷所可冥明相召不疾自速故卜葬不敢廹以三月者兒之為心洫乎實有所俟也共自去歲九月以迄於今無時不作此意外之望乃踰年而莫我慰耶母日所行事可著為一書母生平嘉言懿行略悉於前所為告文亦既鄉曲載之孀戚鏤之老幼小大歌思痛悼之昨復約略叙述刊為行實廹以時日惟誌銘未能即成留此良書以待賢哲顧念踰年以来世事如故家常如故大夫暨兒行藏如故昔者攀號仆地絕而徐甦即婦亦擗踊墮胎亦遠而稍復所痛恨者寢門以内子舍以還求所為母氏之音容之笑貌竟無所於即耳豈不悲哉諸孫英英漸露頭角惟

是長次兩兒在髫齔之年負能文之目鄉田細人播有流言惑當事之聽近不得不一出耳吾家家聲自屢世積累以來延至大夫始通籍金閨克造光大今為母氏卜宅兆禮應剏立佳城而海陵平衍求所為形家最勝者無有若其土厚水深自祖母合窆時所恃水土無犯以吾母孝於吾祖吾祖妣曾祖曾祖妣素著相聚若生母之志也禮天子柏椁諸侯以松大夫以柏大夫遠於天子無所於嫌故家禮論棺制油杉為上香柏次之而柏以蜀為道地今蜀道之難〻於上青天有若江右所出復能亂真故鄉邦咸以楠為重相傳楠入地千年不化理或有之今棺杉為兒諸生迄今十年心力所辦自謂布有椁楠若無所得適京口楊文襄公之裔除其舊第質之堅麗罕出其右時有謂法不當用椁形家之言儒者當斷以理孔孟所載略同一軌天子之棺四周豈嘗以近土為可尚又如魯合衛離孔子取魯而不取衛大夫於吾祖贈公初為此制雖念年如故苟非巧過習者之門所向不能無所於殊即儒者不以徵占為說而義取均齊無可為貳今茲相度實愜予心他若石蓋取自白狼磚墻黃土取自黃金壩流沙取自延令和築石灰以斷蒸溼旁鋪炭屑以禦繁樹根二皆躬親揀擇以是損益古法自謂此心無憾其如抱恨終天有生莫贖疾首樹膺卒無能相從地下哉嗟乎黃耆泉白耆日今兒何以為心即使兒名垂竹帛位列台鉉亦終其身為無母之兒將欲出入風議矜示於人曰吾母倚廬倚門而望也豈可得哉嗟乎又何言哉今以十二月十一日卯時安葬預初六日哭奠於吾母之靈奉父命為文以告饌用素具治命為然母而有知是馮是依

奉中憲府君安厝告文

痛哉兒今為吾父營葬事耶葬所不忍言乃謀葬而未即葬不即葬而不得不為安葬計兒又安忍言也禮三月而葬當年王太安人停柩在堂値變亂之後不敢不速為之所嗣吾母潘安人停柩尚逾年昨歲不幸丁吾父大故殯宮乃在吾父游處之北園上下陟降吾父笑語舉動有若昨日私意古人孝養一日不博三公人子居廬多一日亦所當戀惜之一日也欲即苫凷之餘日多夕依栖靈几左右籍究三禮異同以其餘工課兒子舉業旁涉經世之書所可補孝養不逮維吾父永訣數日之前亦謂窀穸事宜稍遲以兒意之吾父至（大至）剛之氣在死猶生即意

吾父亦謂死不盡死後或有驗今迫於時會不得不倉卒從事也痛孰有甚於此者初京口告警憶吾父嘗語州志所載曾王父守柩一事亦欲效曾王父侍吾父柩不去嗣城中舉殯者紛紛夫孝原庸德其有以奇節見者亦因乎時會不得不然今尚可為何敢以親嘗試兒不即葬而不得不為安葬計謀葬而不即葬者用此志也時俗權厝俱在羅山外非兒所安欲就潘安人纍土之前為之若堂若坊相去不能間已成磚槨界合之處恐為水所滲因奉吾父柩安厝王父王母昭穴左前暫依月餘書儀有奉柩朝祖之文今行其意或有當俟卜吉後舉奠成禮乞志銘與潘安人窆合焉禮葬後設主吾父荷闔郡士類之好既分俎豆於府州二庠各為立主學宮說者謂柩睞墓方設主憲神何所憑先奉主祖塋享堂兒廬墓側日夕依焉俟成葬龕列如書儀略仿三禮三虞而後入祠或用古而不泥古不以為沽也塋中樹木自八月來佳氣鬱葱享堂今歲重葺塋前華表而柱謂龍氣所撼憶丁丑前一年而柱被撼吾父親往豎焉兒今立酷暑中三日一切安樁定磉峭架起繩皆兒躬親不敢委之匠石亦非匠石所及也豎成愜於心而偏體漿泡流注臼膚層起若赫蹏狀總以吾父篤於先人塋域不敢有忽至槨楠最不易得近尤亂真兒悉心力得之堅香罕竝此又先事預圖為吾父歸葬億萬斯年久大鞏固之用者而今意漸及之耶兒無能光大前人之業今藉手以將大事一一皆吾父已成之緒踵事增之迫以倉卒五內崩裂設饌席跪告吾父以不得已之由痛哉夫復何言

庶妣張太孺人告文

嗚呼庶妣張太孺人竟逝耶吾父逝今六年矣思吾父不見見吾父左右起居者而如見吾父焉吾母逝今十五年矣思吾母不見見夙昔追隨吾母而侍於吾父者而如見吾母焉嗚呼張太孺人竟逝耶憶先後侍吾父者去留不一自服官遭亂後存歿共四人四人中最先且久惟孺人其淑慎溫恭善於吾父且善於吾母以善於一家之人者惟孺人鄧徐兩孺人之卒之年其於服制儀物稱謂多有未備蓋吾父吾母在惟吾父命之乃張孺人卒求昔日之音容顧盼使不孝輩得咨而後行之不可即矣先王緣人情制禮而禮即本乎情以為端但儀節今制所

陳以有子為別人之有子若或命數限之奈何以命數所差跌數其制或者魚貫星嘒不一其人比而親之於何止極今蕭氏孺人外存更幾人又或者父在母在猶有所避乃吾父母吾母已先孺人見背則又何所疑議因為其殺焉者哉玆不孝服期月於庶母不敢謂於禮盡合而撫今念往悽愴萬端恒恐志有未盡即為蔑禮之尤鄉俗紀七已届六週躳陳泰奠孺人鑒玆

祭三男開宗文

嗚呼兒開宗竟逝耶夫人之生兒未有不欲其生長成立者也則謀所養之教之即所以養之也二者相須不獨生長裕而成立在其中反是至莫保其命失所教因失所養也可為寒心者哉斯二者實厥父是任乃厥父所賴以夾持調護者人不可一日無師不可一日無友母氏尤纖細親切而不可蒙而其要必習而安焉不見異而遷惟其人又惟其地也今而所處之地已隔涉不相聞賴有母氏可周知其動靜吾不知果能周知焉否也日諄々焉欲其求嚴師而倣之日諄諄焉欲其求勝友而資之視早作晚息夜思如晦朔弦望之不可一刻停視三六九文期如鄉會三年比士之不可一會輟視晏安鴆毒之必不可懷日集賢人君子於其庭過相規善相勉討論克治將順其美而匡救其惡吾不知果能朝斯夕斯見善如不及孳々集益焉否也數者不知何慼乎羅此大凶內外錯愕莫明所以得此之故哉由此言之為而父者實未嘗悉心於所為教也是所以養其身者不可得而問也可為寒心嗚呼又何言哉

祭五男雲宗文

旃蒙單閼乙卯三冬届節月之五日五男雲亾奄月十有三日循俗擧奠汝父汝母命汝孤子懋恂奉汝婦張氏率汝女節女端女闡於汝兄汝弟汝姪哭汝其位而父為文以酹曰嗟乎子之生親生之至親不能保其生所貴乎親者何居乎原夫大聖大賢尚欲拯斯人於塗炭於凡漢不相屬之人起白骨而肉之而竟不能得之子則親負疚孰甚無他姑息之意多而易子之倫訛也夫師道立而善人出於凡學問文章科名德業光前而裕後者賴甄陶不一而先於自保其生呱々之子各識其視曉々之學各習其師則物恒所嚮視此矣而今人動曰性實為之嗟乎

三男開宗之故也其岳翁即而哭之慨然曰未有賦性若此之甚者今五男之故也其甥氏即而哭之慨然曰未有賦性若此之甚者所謂天命之性固如是乎抑荀子所謂性者孟子於告子一篇反覆辨難以斷其必無以為訓天下後世則凡天下好言性者可以止矣孟子不云乎然後知生於憂患而死於安樂汝憂患中人也且從來大有為之人誰非從憂患中來吾猶恐天試汝以憂患而汝不克承故放人疏外之欲汝知所憂知所患以庶幾乎生之徒則其生也勃焉風動雷奮而莫可夭閼者乃所以善承乎天之所厚也而吾雖放之疏外之未嘗不退而省其私則似乎仍自處於安樂之一流也世有安樂自為而克建大有為之烈者哉故汝未嘗不孝而非吾所謂孝也汝未嘗不學而非吾所謂學也汝未嘗不從善下人而非吾所謂從善下人也利而泰之為書也曰國以尋仇重得若仇殺之以其骨為鋭下內額間額戴三骨國之君公至於朝士庶人皆器之重之吾儒春秋之義何以加焉汝不以安樂自為則何不效而泰所云即有不韙有可正告於天下後世即不然止過如今日之事亦正所謂得亡以斃者而汝曾一以為意乎夫坐而言者父兄之責也起而行者子弟之事也吾即置弗言得無有所謂其言焉影似彷彿於心耳之間乎聽於無聲之謂何童汪踦執干戈以衛社稷春秋嘉之汝起而行吾知有慨於中者義不已私必將左弓弭右櫜鞬輔翼汝以戮力於其間如是則生之徒也計不此出而悠〻忽〻以銷磨夫白晝青春則向所謂性非夫強弗友之性乃變友之不及情不及事不及乎道者耳則汝自遠乎生之徒也且昔之言性者吾聞之矣士生而讀書明道立朝廷之上興利除害用賢去奸毅然力行其心之所是有道者尚欲以學問之氣行之持滿盈之戒知止足之分猶恐大剉則折特一人一往莫禦之氣不得乎調御之方以重為士君子所惜乃於繩樞甕牖三家之村十室之邑張大言闘私智如蠻觸戰於蝸角之上曰吾之性非夫恒人可擬也適自形其陋焉耳剉明者固如是乎故曰然後知可見道理自在眼前而知之者少矣知之則壽身壽親壽國壽天下不知則先不能自有其身則凡好言性者可以止矣汝既齎志以歿必有志汝所當志為汝所未及為者以慰汝地下則汝雖亡猶存汝陰相之

葬前五日祭五男文

怨毒之於人甚矣哉以今時論人世無不可忘之怨況怨已報矣已報之足乎甚分矣而猶不忘或者譏其固而有說焉人之生兒未有不望其成立克共子職者而所謂成立共職者殊塗吾但欲其為韓稚圭范希文為歐蘇諸名臣而必不欲其為荊軻聶政豫讓之屬此自聖賢以至中人莫不皆然初兒之殁也吾為文以祭謂汝生當以春秋大復仇之義自為胡不效童汪踦執干戈以衛社稷時仇者皆已死此亦可以洩吾怨矣而吾切責於汝者欲汝自為之始可謂之共為子職也憶汝病革時汝母遣二婢詬詈於某氏中庭汝重幃中已悉謂吾頃從某處來彼方煩某子夫說情之何某子夫果及門又云吾去月餘即擒治之月餘後某果有繼子之死不一年繼子之弟又死矣尚可謂汝不供子職哉而吾介介不能忘者欲汝留其身為之不欲其以身殉也楚有眉間尺者干將鏌邪之子初鏌邪鑄劍二自藏其雄者而以雌者獻王劍於匣中嘗悲鳴王覺收鏌邪殺之眉間尺生掘所藏劍逃山中道遇一客曰我能為子報仇聞王購子頭千金將子頭與劍來見楚王王大喜客曰此勇士頭也當於湯鑊煑之三日三夜不焦頭踔出湯中瞋目大怒王自臨視客於後以劍擬王王頭墮湯中二頭相嚙客恐尺不勝又自擬己頭墮之頭鬬嚙於鑊者三七日後俱縻爛不可識別嗟乎賢愚一立有如是哉汝於諸仇者何以異此夫死或重於泰山或輕於鴻毛若輩死不足惜而汝以茂年稍負才具者殉耶此眉間尺所為荊軻聶政豫讓之流也何物么麽遂以煩吾子從今以思汝死無他特因吾放之踈外之欲效眉間尺所為而今已一一獲如所願可謂克共子職矣又何切責之與有

祭元配袁安人文

嗚呼天地間容有不意之事孰有出人意外如吾安人之忽然而逝者乎原夫作婦良箴曰孝與敬安人敬於夫子人知之孝於翁姑人能稱道之乃竟以孝自隕天之報施孝婦宜何如哉憶安人于歸乃在戊辰之年是時吾顧阨於童子試居恒悒悒幾不知有家室之歡又動以古昔迂濶繁重之禮數相繩至為近日作婦者所不任受又折節讀書夜坐書齋輒吾伊達旦遲問其婦而吾安人一切安之老母篤愛兒因篤愛媳日之夕矣今安人執酒由房遣數婢速吾歸甚至自立書館門催促再四而吾吾伊若故則漏三下已三鼓矣老母始返內庭就寢亦紿令

安人寢益既欲兒歸又恐兒歸而婦不坐俟則總責大馬率以為常已入膠庠是時吾文業稍優則勤課又倍於昔如是垂十餘年嗚呼此十餘年所皆吾安人孑影寒檠虛幃獨處之年也勸勉慰勞則曰我撒手佩及富貴無相忘比癸未成名齒尚未壯計夙願可酬榜下作泥金帖子欲優游山水三年然後出為世用乃日復一日不知幾三年蹉跎以至於今而吾優游山水自若以恒情論北門交謫其能免乎而吾安人知大義不惟無怨又加勖焉蓋必欲成吾志且欲吾用其所未逞也吾歷三十年如一日實吾安人相與有成此豈近日作婦者所可幾其萬一哉歲壬辰吾已舉子六人長夢仁次昌宗閎宗家宗雲宗龍宗俱安人出長次入都吾挾之行亦以十載離居睠懷京國扁舟遠適藉舒鬱陶先大夫扈邸居索莫命焦張二姬從而安人聞之且極口贊成無幾微不慊之色比歸日安人則邀返第宅潔書館以處二姬即吾諸生時讀書處也張姬舉二子鴻營世洪焦姬舉三子鴻曆弘鉽世垚嗟呼乎若非主君知大義克以禮自處此咻咻者得含哺就塾以有今日哉信乎微主君之德不至此顧性姑息已如陳元方兄弟於諸子不無恣柔愛之道先是六人中若三若五若二遂喪其三然皆有子就學安人雖之不言而幽憂憤懣之情其疾首拊膺為石右不及窺者不知幾轆轤於腸臆間矣氣血之虧未必不緣此焉致傷哉初大兒之任中州也遣官役迎養吾不克赴則趣安人行入署一年亦屢嬰疾欲言歸大兒大媳戲問吾母如何欲歸得無於吾父有深憶耶母云結髮相從如何不深憶兒笑媳亦笑安人亦笑歸述吾前諸季皆闔堂共譁樂也其綢繆眷念有如此是時子姓既煩勢不能同室而居吾與安人異處者已二十年先十年前安人卧病勢幾危自誓病愈索居以俟天年不復問人世享受僅乙卯冬安人住六郎新宅時吾留旬日耳每歲時伏臘家庭宴會安人必早臨猶不忘小年敬慎意吾每謂吾兩人年近古稀宜共居以娛晚歲安人顧謂宜少俟嗚呼俟河之清人壽幾何豈知舂糧過隙之間遂有此聚散悲歡之異哉安人今年乙七十吾亦六十有八矣老母篤愛安人真人世所未見而安人孝於若翁若姑邇太翁姑以及其先亦非近人所能吾年六十外時於父母大父母生辰週忌歲序蒸嘗已不克躬親安人一切力行九月念八陽月屆辰吾胃亂安人則率兒孫輩省先中憲先安人墓於西郊薄晚歸來仍至吾大寧新第謂墳域安吉佳樹鬱蔥又以焦姬抱恙尋就牀褥閽深坐款序拊摩眷戀若有惓惓不釋於懷者已共吾坐中堂看兒孫飲酒啖殽果而歸未逾時即云頭暈一老嫗抱坐中夜意竟不甦嗚呼人知作婦當盡孝乃竟有以孝隕命如吾安人者哉六郎新宅與祖宅後門相接吾必奉歸祖宅中堂即當年所以奉王太安人潘安人者

益不欲於吾安人有異視也傷哉安人之孝可謂至矣其敬於夫子率其敬其以為速下之惠可謂深且厚矣劉義慶惠或為慧今人動稱賢惠宜亦兼惠為言安人警敏過人德有其才遇事必先幾洞悉聞言聽受不待詞之畢而已見之行夫是故事上接下以及周身皆非里巷淺見尠論所及旌之孝惠詎曰不宜夫豹養其內而虎食其外毅養其外而病攻其內所謂自古皆有死原夫依孝之誠益甚重乎所生乃之生而致死之則安得不於造化小兒有疑義焉已復自維年俱及耄禮帷遠出舉莫扳號戒則不堪而謂安人堪之乎而吾乃幸其可以自代也抑吾誤安人實甚於天乎何尤或蒼蒼者欲以此激勸天下為孝婦者乎方安人從中州歸諸子稱觴安人冠戴翹衣翟褕必邀吾中堂再拜以謝義方之訓吾亦拜答如儀越二日吾公讌外家三世公族二十餘人安人意沾沾自得也九月初新居成設酒讌為吾稱賀吾飲次誦子美江邨進艇二詩皆老妻稚子為句安人謂行當書示以存吾意是日安人又為諸幼兒道吾新婚時攻苦讀書及禮數煩重數事其意亦欲諸兒諸婦及其母知所學也傷哉音容宛然心情宛然今竟何適耶安人有子成名吾亦無恨所恨士辰以後燕婉綢繆之日少睽違間阻之日多解之者以迹雖睽違而兩情契合閨閣中若良友焉其眷戀殷殷殆十倍於人間伉儷也且今之為伉儷者不皆以安人多壽多男祝乎則亦可以無恨而吾不謂然也淚與筆俱不知所云

祭楊太翁瀛洲文

天下惟自重所生者為能重夫人之所生吾程一之謂也始予與程一為髫齔交皆具慶也比鄰之誼重以婚姻以言通家莫此為盛比予母夫人之變日暈仆者凡三四計程一皇皇勸勉慰勞無所不至申之話言進之糜粥視禮為彌篤云今年春予懷人遠涉程一方以兩尊人具慶稱觴獻祝予謂天倫樂事世所僅見及予歸里門程一有太公之變以彼其年合之其德醇厚而康樂所謂壽考令終古人所深願而不易得也夫復何憾而予所望望者則程一至性過人必將有不知其過情者予浪遊及遠無由襄事左右俾合情止禮則已疎矣然以彼其年合

之其德當世樂之歿愈著焉加之程一道日以高名日以進不患乎淹沒而不彰則程一可以稍稍自慰也太君春秋進盛程一偕其兄若弟若兒若姪啜菽飲水盡其歡雖以語於五鼎三公無以復加而予奉家大人園居之暇相與講德論業道古及今念昔而悲及時而樂悲樂之趣理有相通未易一二為徇世資者道也今以遠歸之日辦香束帛清酌庶羞致奠於太公之靈而因述予與程一相愛以德之故太公有靈式聞此言

祭州牧於潛方公書庵文

嗚呼三古之世如公廉能循卓者起牧伯而陟三公後世賢者不壽々者不賢豈天既厚其德不欲胥斯世普被其豐功究之行無微而不彰善無積而不崇於其身於其子若孫如操券而卜食報於玄穹公之来也當他塗剝削之後元氣凋喪民命綴若飄蓬公加意撫綏承數世滑句吏遺訓戒慎必恭胥吏黨鼓以陋規惑亂乎清衷公一切報罷凜明旨若鞠躬先是朝廷愛民曰緩征曰兩稅曰易知單曰禁額外加派曰遇災及時上聞無令斯民陷水火欲中敝而莫從然未有奉行以實者至公始實心行實政下令不格於群訌征無急呼稅無嚴促易知單適

行天下泰民從未見今始懸象魏而民不苦相蒙正賦外無絲毫增立民樂趨事而事亦易終往歲災傷遲延不報文移往復守候逾時而正羨已輸納於官中仕羨餘固公私視為應得之物其正賦所入又那移借支上下其手仍此遺习當其衝幸蒙蠲恤止可引流抵之例小民孰能向吏胥求索流抵而那移借支者又種種向民間取償則賦外加賦徒致嘆於鞠凶公應時而上二千石覆畝而後詳々而得請息委勘之弊一切顧慮無所庸其最著者吏胥久則生奸亦久則難變詔旨切責依然易名以從令不過上下朦朧公毅然拒卻恪遵功令招鄉農承納關節不得通至於試技孤寒得力學之士數十人所交遊一時

名公卿抵掌而譚皆正直忠厚之論不及於私人亦不至挾私以相寵余廿載林間忘情世務卻掃希踪公猶軫念敝帚之在臆娓娓琅琅謂夙昔冀親炙乎大風公至逾年夢兒忝領袖南宮公謂此道必本分得之者為貴慕悅賞歎謂詩書不相負何幸而盛事得以親逢至當事以籍貫相苛則謂此青蠅小類詎能有玷於文雅公之卒也宦橐蕭然至無以為殮欲廢吊奠諸大禮不行幸阻於士論之僉同至河工漕折公以追呼至迫出已囊以應散在民間者十未征一二突恐黠者中飽遺僵代以困窮余謂泰尚有人何至有留無心且後來者亦何忍而相於光憶昔黎公均田恩賜最洪不幸卒於官家及白叟與黃童雖

昊天之不弔至今黎公美政興靈異肸蠁昭著於吾泰者猶馨
烈於管形公生而為哲沒而為神天道福善禍淫若影響之相
赴豈悉乎其賾嚮今太夫人春秋八十冠披煌煌猶天之
報施善人以慰我公而公郎閈閬而蜀公孫英〻秀上壎篪伯
仲不一其人泰人方將引領拭目望亶錫於群龍抒賀言以申
奠愧詞令〻之末工

四姓公祭王鞠劬公入鄉賢文

維昔全盛鼎貴四家劉王宮余振藻揚葩蔚起後賢作禎邦國
賸懷名德祀典咸飭立身矢正服官秉忠氣類攸嚴正士從風
俎豆煌〻黌宮奕〻藻芹申薦聿求昭假先靈不昧纘序恩望
廸我後生世美貽芳

哀詞

總鎮仰山董公哀詞

翊運維功戡亂以武一代肇興誕錫良輔尚闢姫疆淮開漢土
偉績鴻猷輝耀千古甲乙定鼎於爍王師仗鉞揮旄東蕩西施
翳惟我翁厥功克咸膠東固始伯仲之間天錫我翁仁信知勇
大敵小敵不懸不悚勢悉五慎兵明四機戈舂僑觝胔肉狻猊
用嘉乃勳寄以龜黽小醜憑陵窺我輿圖我翁躍馬奪其蝥弧
梅關臺嶺豫鎮之雄餘孽游魂蠢動其中奮臂一呼決圍數重
僉曰嘉哉維公偉伐一日三遷閫開閩粵公駕艟艨出入溟渤
極彼窮島覆其巢窟鎮閩數年海不揚波軍政肅清囊矢韜戈
擊石超距投壺雅歌勳載旂常誓銘帶礪鐵券金符爰及苗裔
功高不伐從赤松遊上告幕府臣願封留翳維海陵維翁桑梓
我翁衣錦來歸斯里築室耕田永娛孫子吾泰不辰連遭浩瀚
洪波九載炊煙朝斷我翁憫斯急捐白粲活我泰人七十餘萬
有此大德皇天報施膺錫難老耄耋期頤遼東鶴至天上樓成
一夕風雨我翁上升市者罷市舂者罷杵婦女兒童涕零如雨
予與我翁共茲晨夕末流便辟閱交惟擇我公正直篤厚為心
申以盟誓重以婚姻西園看花南樓吹笛手學傳觴洛花與匹
傷哉我翁人琴俱亡予也何情能不悲傷有殽斯旅有酒盈觴
觴以安我翁鸞回馭回翔

一品太夫人董母哀詞

維天篤生維帝綏福於惟太母立隆邦國懿宮天妹閫苑名姝
瑤光星繞寶婺夢符曹姑漢史淋文典式以媲母儀賢莫與匹
卓哉太翁毓瑞而生仗劍于邁出入帝京太母溫恭敬襄夫子
內御琴瑟外韔弓矢山川鍾秀昴緯効靈得電之光感月之精
誕我都督皇奮厥武纂佩金(符)羽飲石虎北奠齊魯南清閩越
鐘鼎旂常載茲偉伐車導八騶鬯賜一卣卣伊誰之承厥維文母
城號夫人軍稱娘子古之閫德安能媲此天子下詔詔我元戎
揆厥所生乃大爾宗於惟太翁推封榮祿爰及太母絲綸弘賁
一品崇階幾人登陟太翁太母實宜斯列都督鴻猷在邊在廷
帝嘉丕績壽土是膺曰惟吾泰元元本本鐵券金書百世以永
來止吾泰誼洽恩融四載奇荒恤此困窮匄粲朱提動費鉅萬
士民攸賴郊畝無患都督之功太母是庸都督之澤太母是殖
昊天眷德厥壽維寶冠帔煌煌錫以難老中年茹素垂老彌堅
皈依正覺悟合金仙德長嫺威儀表六宮百歲期頤壽乃益恭
迎以紫鸞御以青鳥旆旆雲旗珊珊翠葆睇彼歼山有酒維酏
雲車挹奕奕舉我清卮

一品夫人董母哀詞

胙國宜家承先壽後自非聖善孰稱嘉耦於惟夫人允矣令德
出自高門嬪於鉅室承慈以遜逮賤惟恩尊章稱孝臧獲歸仁
卓哉夫子膂力方將雲蒸豹變媲古侯王略地出奇登壇建節
萬眾無聲百戰皆捷仁言不殺武貴止戈樽俎衝折枕席師過
身歷行間勳高帝側屢賜四征寵承三錫是皆夫人獨為內助
有險必臨靡艱不赴有如梁國手執桴鼓策我軍士如熊如虎
又如冼氏身擁錦繖制彼敵人威消勢殺幕府報最廊廟疏封
勳階既極夫婦偕榮知柔知剛知進知退焉盡初還龍潛安悔
居安辟壤望冠長淮瑤環既琢朱芾方來綽楔入雲崇臺障日
綠篆丹書赫赫奕奕倬彼戟門矗於道周千騎似水萬乞如流
樂善好施惟日不足惠及孤孩恩周煢獨遂使窮鄉化為樂土
食玉有常揮金莫數展如夫人實維家媛事上允恭臨卑遠恕
展如夫人亦維國華居泰能約視邇如遐豈期促算忽焉長逝
胡不百年為之一涕公子國器公孫琳琅晬餘弋印繼序思皇
生榮死哀於今為盛令德考終自古難并封傳石窌像挂甘泉
自可一笑而入九原誼叨桑梓情同骨肉君侯之門丹朱其轂
曰予東正邪娭是宜違眾攸好締交最奇諸子寸長不啻口出
一何篤厚忮讒非恤識鑒淵通當世所少悉聞夫人德容世表
中外欽序匯今斯今尊酒豆殽以展我心

春雨草堂集卷二十九目次

按二十九至三十四各卷已入海陵叢刻故未分錄 徵尚錄存
十七世孫湛清謹注

春雨艸堂集卷三十目次

春雨草堂集卷三十

海陵宫偉鏐紫陽著　男夢仁定山重訂

州志考辨論次　徵尚錄存

宋史泰州秦州論辨

宋史泰州秦州傳疑者數處許公元其一也韓公琦傳内趙元昊一則云知秦州其韓公知秦州於尹公洙傳内見之而宋志並富公弼判秦俱不載此不可解也然富公判泰史傳亦未之及梁公適傳云徙泰州知泰州不云通判泰州尹公洙亦不云通判泰州此或遺漏二公以宋志為斷可矣高公防史傳云初下秦州即命防權知州事兼判海陵監事乃事泰州訛為秦州

建隆二年出知秦州秦興夏人雜處則確乎是秦州非泰州矣王公贄知泰州張茂直通判泰州俱不誤惟王公博文知秦州復知秦州前云為走馬承受賈昌朝所毀明年昌朝以贓敗後云沿邊軍民之逃者則其復知秦州確乎非泰州矣新舊志目附秩官之後而不書年亦存疑例也

周末宋初州司敘次

嘉元志稱皇甫暉漢刺史按江南野史保大中泰州刺史皇甫暉及沿淮諸盜皆來降泰州未嘗屬漢益道郡也方訥保大十三年刺史周師至不能禦棄城走因失泰州見南唐世家高防史稱顯德二年從征淮南初下秦州宜從泰 即命防權知州事兼判海陵監事建隆二年出知泰州維揚志府志稱入宋知泰州軍宜從泰 是史於前誤泰為秦志於後又誤秦為泰矣荆罕儒顯德五年團練使有傳率汀周世宗末年代罕儒為團練使宋太祖受命除王仁贍代率汀為團練使嘉元志稱乾德五年降泰州為軍事州仍以仁贍知泰州軍事潘美建隆二年客省使除團練使按宋史王仁贍傳云太祖素知其名請於世宗以隸帳下宋初授武德使出知秦州宜從泰 改左飛龍使建隆二年遷右領軍衛將軍充樞密承旨則史又誤泰為秦潘美傳云先是太祖遇美數厚及受禪命美先往見執政諭旨中外李重進叛太祖親征命石守信為招討使美為行營都監以副之揚州平留為巡檢以任鎮撫功授秦州宜從泰 團練使時湖南叛將汪端既平人心未寧乃授美潭州防禦使泰志稱建隆二年客省使除團練使即此也乾德八年議征江南九月遣美與劉遇等率兵先赴江陵十月命美為昇州道行營都監與曹彬偕往金陵平以功拜宣徽北院使按宋征江南在乾德八年則美除泰州團

練使為征李重進時無疑史繫揚州平於李重進叛太祖親征之後則泰州團練其為泰州必矣志又稱乾德五年降泰州為軍事州仍以仁贍知泰州軍事則史謂美以功授團練使授潭州防禦使或授泰州尋授潭州但有此授未嘗代仁贍為團練也

狀元王公俊乂考

舊志狀元坊大寧橋河西王右司所居右司宣和元年第一人州為建坊久矣寶慶三年太守陳垓重建弘治五年判官方岳移建八字橋南正德間學正陳琦重手書之其序儒學左文雅右儒林皆宋舊名並發不存洪武三年知州張遇林即文雅故址改文德正德十四年學正陳琦扁為狀元街因王俊乂而名則狀元街即文德坊所建以學宮從此入欲其景行王公寓勸勉之意而狀元坊則自王公所居移建八字橋南者也然有疑焉王公宋徽宗宣和元年己亥上舍釋褐狀元疑前此戊戌狀元王昂後此辛丑狀元何渙而己亥居其間及考宋史選舉志宋科目有進士有諸科有武舉恒選之外又有制科有童子舉而進士得人為盛自後徽宗設辟廱於國郊以待士之升貢者臨幸加恩博士弟子有差然州郡猶以科舉取士不專學校崇寧三年遂詔天下取士悉自學校升貢其州郡發解及試禮部法並罷自此歲試上舍悉差知舉如禮部試五年詔大比歲更參用科舉取士一次其亟以此意使遠士即聞之時州縣悉行三舍法得免試入學者多當官子弟而在學積歲月累試乃得應於其貧且老者甚病之故詔及此而未遽廢科舉也大觀四年五月星變侍御史毛注言養士既有額而科舉又罷則不隸學學籍者遂致失職天之視聽以民士其民之秀者今失職如此疑

天亦譴怒願以解額之歸州貢者一二分不絕科舉亦應天之一也遂詔更行科舉一次宣和三年詔罷天下三舍法開封府及諸路竝以科舉取士惟大學仍存三舍以甄序課試遇科舉仍自發解按宣和元年正崇寧大觀之後王公以己亥上舍釋褐狀元其詔更行科舉一次或即戊戌王昂而宣和三年罷三舍法竝以科舉取士即辛丑何渙也。

宋志王公惟熙子覿姪觀孫咸義俊又曾孫岐元孫正綱俱載泰州按南唐李昪昇元元年陞東都海陵縣為泰州割鹽城（故屬楚）興化（故海陵地吳屬揚州）置泰興（故海陵濟川鎮）如皋（故海陵如皋鎮）縣屬焉徽宗宣和四年割泰興縣屬揚州高宗建炎二年割興化縣屬承州（今高郵）紹興五年以興化縣為昭陽鎮附海陵十九年改昭陽鎮為興化縣乾道二年屬高郵軍自是所統惟海陵如皋二縣元因之入明仍為泰州隸揚州府革海陵縣統如皋縣今諸王公在宋仍宋志敘泰州入明始以如皋轉繫焉

仲公并載泰志論次

仲并府志維揚志江都人而新舊州志敘州人物按宋志敘人有云胡安定以師道許發運以吏治皆文正范公所薦興化故所隸邑也二仲同掌絲綸於承平時鳳池之名至今其孫并又以文學顯近世文正范公之澤被是邦弘矣按興化志鳳皇疑塚在縣治北長安鄉三十五里宋仲氏兩舍人世掌絲綸故以鳳皇名其河又名其橋仲氏死於亂軍宋太祖以銀裝首葬之為作疑塚十餘

又按興化志五代偽吳楊行密武毅二年分海陵為興化屬揚州興化之名始此南唐李昪以興化隸泰州宋紹興初改興化為昭陽鎮附海陵并紹興壬子進士則載仲公於泰州宜矣

維揚志仲并字彌性幼好學強記每一展誦終身不忘其母嘗屏所觀書几上惟餘曆本天明默記吉凶纖悉不誤初授平江教授仕終朝議大夫淮東安撫司參議官

嘗讀舊志至孝子顧昕傳而有疑焉泰州志曰泰州人泰興志又曰泰興人考宋史則云泰州泰興人故歐陽公志許公元曰知泰州如皋縣以此而推則胡公瑗王公覿諸公其為泰州如皋人可知矣仲公之載泰州亦泰州興化人云爾

許公元載名賢論次

宋志叙人亟推許公元而太僕志入僑寓癸亥志入秩官按宋志鈔本元官江淮等路發運判官就陞副使已而為使非泰專官與張公綸為制置發運副使兼知州轉西上閤門使移知泰州岳公飛為通泰鎮撫使兼知泰州有别又云元在職十有三年已而乞守郡乃以知揚州越州又徙泰州而嘉靖元年志遂謂知泰州列入宦蹟癸亥因之及考宋史則云歷知揚越泰州泰與秦不無字之訛而宋志所謂徙泰州原不云知泰州也按歐公為公墓誌云元補郊祀齋郎徙居海陵知泰州如皋縣以殿中丞為判官已而為副為使其乞守郡自揚徙越又徙泰州至州未視事以嘉祐二年卒於家太僕志因徙居海陵入之僑載觀宋志與查周俱為泰望族故有一學許查周之議則其為泰舊矣

僑寓論次

舊志孔公璪附牧政曾公孝序傳後按孔公官江都未嘗官泰也亟入僑寓庶後人知所從来富公弼並嘗官泰同曾公孝序入牧政又僑寓中王公安石劉公亮事在如皋見如皋志仍入如皋

八景論次

十景舊列桑君丹竈羅浮春曉陳公琦刪此二景十而八之舊列叢桂天香後改泰堂明月自丘公容時已然太僕職方二志題下未經注明無從考據得陳公琦嘉靖元年初志始為暢然泰堂之為今泰堂此又一證但琦又益貢院奎光增八而九今仍八詠猶缺其一丘容既有十詠即存八題二詩亦當附見舊志乃略失而不察亦古今文獻之感也

丹井論次

十仙不載皇甫真人列仙傳亦未見而萬壽宮丹井爲真人藏丹處舊志五十韻詩有皇甫真人藥即今相傳一塊氣者是也王侍御相說自幼讀書萬壽宮宦成歸顏其處曰侍御讀書處爲亭井上井必承露後撤去數甓而井廿冽如前

雲路孔新堤舊名鳳皇頸論次

雲路孔祈非堤也衢也衢變爲橋劉王二公是以有鳳頸不可斷之論今塞橋爲堤而堤以名明乎提者不可不塞而塞者永不可復開也故樹之坊坊之者衢之也坊可變衢不可變詳見劉大參公玉帶河註

宋志十仙堂像海陵十仙考

陳悟真

陳趓皮名豆豆

宋 唐先生名廿獅

徐神翁守信

宋 樂真人子長

晉宋 王仙翁 治

齊梁 周處士 恪

風尚書

戚端公

梁 王鹿女

宋志各爲小傳又系以詩而舊志載仙釋遺陳悟真戚端公風尚書三人今依宋志次序列名部中詳見湧翁陳垓詩傳

論

錢糧附論

泰郡自黎公均田分列金銀銅鐵使貧困之民免徵無田之賦奸豪之民難隱無賦之田其間沃瘠滄桑之變固與河渠海口相表裏非夫法之有未善也而有未盡者泰以折畝為例者也他郡邑折畝者比比是而吾泰先年易知一單必備列每石徵銀細數庶小民得以週知自細數不開奸欺百出方卅收是以有浮票之設今以全書為定所有里民封納簡明則例附載於書庶一見週知無所遁於單之內矣至金銀銅鐵各有都圖地界今去其籍閒有存者必須再為刊布尤必以某鄉係某都某圖注於均田録之後則高下較然此更為與均田録相發明也而其間有最不可解者譬如某鄉某則每畝正糧幾合幷幾合外又派帶缪糧幾合幾勺此劉大參論税糧推本陳太僕諸論而有缪糧代輸積累之說也又如鳳糧之說陳太僕痛切言之實因嘉靖三十年間江南省屬凶荒將應納鳳陽糧米五萬四千石派本府各屬承辦以待豐年歸復本州派米一萬九千八百九十六石九斗三升逐年賠解累死殿遞陳遵黄九龍等七十餘命萬歷二十一年巡按高公具題減免一半尚遺九千九百四十八石逐年徵解鳳陽戶部分司按此原屬權宜一時今遂久而不還豈當年凶荒地界至今尚未復耶此所亟宜歸復者也又如正兑改兑之說揚屬十州縣原額糧米共計二十一萬八千九百有零每年額設起運正兑米六萬石改兑米三萬七千石如泰卅秋糧五萬六千三百石以數計之當一府總糧四分之一以兑運言之該派正兑一萬五千之多自嘉靖三十年後驟加泰州正兑米二萬九千六十一石不知何故再三通算始知為興化盡行改兑昔泰州盡坐正兑興化起運三萬有奇俱係改兑泰州起運四萬以上俱係正兑計每年二八輕齎泰州比興化多派至三千八百餘兩此陳太僕所以大聲疾呼既具申各當事又於敬止集中詳切言之也今雖往事前人苦心不可不存留心民瘼者執成憲而問之其何說之辭至於水脚為起解而設存留者無之例應分别而泰自海口不開頻年被水患蒙蠲蒙賑不一而足蠲賑於被災之後又必疏濬於未災之先治於後者止以為民治於先者乃以為國此非創舉也舊志凌陳二公碑文蹟事班班可考前人任怨任勞力排浮議為卅民奠奕世安全坐令阻塞盡毀成功卅民被切骨之害而莫之省憂奕世究與國兩妨顧當事力行何如耳此又所謂沃瘠滄桑與河渠海口相表裏者也

舊志載陳太僕錢糧八論原自敬止集録入今附存其目使後之君子得以覽焉

一漕河建置　一地方形勢

一廣陵田賦　一田賦分數
一勘災異同　一正改漕兑
一農政專官　一本州利病
又敬止集載本州利病四則
一興化新堤　一荒廢虛糧
一民竈徵輸　一包區累民

河渠附論二則

泰城内市河三支一中市河一東市河一西市河即李公駿所開西河此三河風氣所關居民挹注之資亦南北運行之便也先年開通至崇禎丙寅丁卯而湮没幾不可問皆緣南北二關脚夫倡言水關不可開開或多盜以至歲久淤塞若是則城門亦將重閉而後無事乎蓋河開則人物裝載小艇輕移河塞則凡水草貨物盤運脚夫得以索重價此輩之利居民之不利也來兵備陽伯在事廉知其實今在必行數十年對合之地頓還舊觀恩莫大焉此河既開南北二水關當依舊例以時早夜起閉庶開者不致復塞而諸美備焉

三河以流而横亘其中者為玉帶河在察院興州治形家以為玉帶横腰在道治興學宫形家以為水纏玄武而迤西居民亦若是當年開市河元知玉帶河當開而開止東一半彼時為黄公究懷書室所妨然非黄公意也劉大參舊志謂城内市河南北逕直無縈洄之意惟舊蹟所謂玉帶河者東自太和橋入八字橋從經武橋當是經武橋北伏龍橋南迤而一帶而出今八字橋東止於淤塞而八字橋西古河舊蹟地形卑窪者皆是實為泰之人文風氣攸關宋查周之盛多此焉出匪獨形家言也故首志云

名宦鄉賢特祠論

盛太僕維揚志云名宦鄉賢之祀附在學宫近提學御史楊公宜學政録有曰今後呈舉名宦鄉賢者必其立功立德足以濟世範俗有徵可信然後以次再訪轉呈詳定其舊列二祠間有不當祀而祀者許公論改正始可稱正祀矣予讀而嘆曰斯言其有憂患乎既詳慎於其先復釐正於其後若是乎不憚煩而典禮始可無玷也治至今日更有不可言者名宦一祀大都子若孫任茲土者不則子若孫致位通顯即不任茲土而親戚門生故吏總之於先人治蹟汙漫滅没無得而知焉屬儒生者流附會一二為美譚而已其有真正廉能卓異為地方立德立功

繫人思慕子若孫或不振或稍稍歷官遠莫致焉則亦聽之如熊兵備向州牧其大較也此名宦之失實者然也鄉賢一祀歷代相傳非文學不與即中葉士夫多以此尊其封公然皆封公曾列子衿者何則升堂入室以理學登進僅文藻可觀猶緦緦慮有遺行無已仍以文學為之限其或當日在事諸公阨於時勢少所執持苟且權宜其事繼自今事久論定賢者得以議其後此鄉賢一祀尤不可不亟為申飭者也又如特祠途似寬而而制加隘或文藻可觀誼行茂著及有功德於民者然必題請而後行非謂祀之鄉賢即可為特祠以祀此又一祀也不知何年涵而無別似乎鄉賢一席是人皆可因緣而升似以賢祀於其鄉則不妨設特祠於鄉者失礼之中又失禮焉且不特此也特祠祀一人耳儲公王公是也非如家廟可連類而升而今甚有夫婦竝列者或曰此即家廟也若是則不當以特祠閧祀於家足矣豈家之中不能分尺寸之地以及其先人令置匱之於外乎若既祀於家又令置匱之於外且所謂内言不出謂何牧守廣文有知有不知以為此故事相沿貿貿焉趨蹡拜跪於其下而不知其誤其為天下後世笑可勝道哉此皆在所釐正者也因讀盛大僕維揚志竝及之有風化之責者庶知所折衷焉

鄉飲酒禮論

維揚志鄉飲酒義曰天地嚴凝之氣始於西南而盛於西北此天地之尊嚴氣也此天地之義氣也天地溫厚之氣始於東北而盛於東南此天地之盛德氣也此天地之仁氣也故坐賓於西北而坐介西南以輔賓賓者接人以義者也故坐於西北主人者接人以仁以德厚者也故坐於東南而坐僎東北以輔主人也明集禮曰設賓席於堂北兩楹之間少西南面主席於阼階上西面介席於西階上東面僎席於賓東南面夫鄉飲酒義以西南西北東北東南之氣分仁義不可以分尊卑也集禮以賓主介僎之席雖有西北東北西南東南之分而坐則賓僎南面主西面介東面也其意各有所取也近郡縣多坐賓西北隅主東南隅介西南隅僎東北隅是為隅坐也恐無所據知禮者當以古禮今制考而正之也予嘗見羅山志云鄉飲之名始於成周漢唐以來亦間行之詔天下府州縣每歲再行永為定制安以序長幼論賢良別奸頑異罪人又云斯禮古先哲王之制安良於宇内亙古至今興者鄉里安鄰里和長幼永無窮之樂甚世儆俗之意深矣吾邑舊典極其慎重賓介之選寧虛席以待有德而莫敢忘舉以干公議與是飲者官師敬禮彥士終日侍立可以尊恆之夫胃以齒序哉按此志為邑令李公賡明所輯或其來已舊深以尊恂之夫冒以齒序為非至謂寧虛席以待

有德誠慎之重之而又有不盡然者自俗流失世敗壞士夫樂簡脱以為高視此為迂闊板重之事以至大典久虛有負光邦寧考之義因而有門凴之廣文廣文憑之齋長賢者猶於士類中擇八中報全不至聽之亦不過奉行故事不肖者擇殽實之家臚列酬答儀數此輩知有財耳何暇治禮義多方講求以得免為幸求免不得重賄而後得免焉甲方賄免以次及乙鄉里比之訪竽每用為笑因而春秋二季申報者為虛文重賄者為實得而世風愈不可言矣

春雨草堂集卷三十一目次

列傳 微尚錄存

秩官

春雨草堂集卷三十二目次

列傳 徵尚録存

右同知王公思旻列傳有目無文查是原板未刻想係當年遺脫兹仍其舊目未刪去附記於此以俟補録

七世孫百頤謹誌

春雨草堂集卷三十三目次

列傳徵尚録存

春雨草堂集卷三十四目次

列傳徵尚録存

篤行

劉公昆

文學

周公山甫

林公曜

孝子

董公永

義俠

馬士權

賢孝

徐母張氏

徐母盧氏

僑寓

孔公璪

藝事

李時行

夏厚盧世美唐志契志尹日昌

柳逢春

春雨草堂别集總目

卷一

庭聞州世説

卷二

庭聞州世説

卷三

庭聞州世説

卷四

庭聞州世説

卷五

庭聞州世説

卷六

庭聞州世説

卷七

續庭聞州世説

卷八

先進風格

卷九

南宫舊德録

卷十

南宮舊德録
卷十一
南宮舊德録
卷十二
南宮舊德録
卷十三
南宮舊德録
卷十四
南宮舊德録
卷十五
南宮舊德録
卷十六
南宮舊德録
卷十七
南宮舊德録
卷十八
南宮舊德録
卷十九
春雨草堂題詠
卷二十

春雨草堂題詠
卷二十一
春雨草堂題詠
卷二十二
春雨草堂題詠
卷二十三
春雨草堂題詠
卷二十四
春雨草堂題詠
卷二十五
春雨草堂題詠
卷二十六
春雨草堂題詠
卷二十七
留行贈别詩
卷二十八
留行贈别詩
卷二十九
留行贈别詩
卷三十

春雨草堂別集卷九目次

春雨草堂別集卷九

八世孫偉鎔敬輯　九世孫夢仁敬重訂

南宮舊德録

志傳

別駕公志傳泰州名賢志原本

宮志達字　其先河間人元末避兵揚之泰州世居焉明初以孝廉舉判真定府事息罷民按污吏政蹟赫然誌銘可考又曰判揚州府事署泰州遂家焉

義官公志傳泰州尚義志原本

宮貴字大陞別號質庵正德戊辰歲歉入粟千五石百授散秩時學之講堂頹敝鬻貲新之丙子郡大饑餓殍枕藉於道公搆坎地瘞之幾千人其重禮教廣恩惠大率類此事詳御史何宏誌中

理學公志傳府志舊載名賢依府志舊州志訂

宮永建字克昌泰經濟推凌公海樓學問推宮公恒山二公同時相器重性孝友當父喪家貧從舅氏貸木後建償其半而弟之半未償舅亦聽之歷五十年病革命子景隆亟取篋中書若夜代償曰吾詒吾父安寧計所負屬誰耶父柩在堂會倭寇入犯民盡竄子身居守曰柩存與存柩燬與燬耳時比閭焚劫家獨免僉異為孝感子景隆入泮門人顧四教持緡錢五為餽既復稔需乏狀更倍之及補納顧坊矣家人不復記請辭曰若不受當掘置遂左强留而去其踐然諾又多類是弱冠廩於庠屢試屢甲適以弟不謹含沙嫁禍客有齒歲薦者孫從傍曰鄉大父不蒙鹹今首進賢矣郎叱止退語而忘而叔祖在坐耶蓋猶恐弟蹴踖也後七旬以勤讀失明踰十年雙瞳忽炯炯如漆異哉宮氏自智達公舉孝廉官別駕署泰州遂家於泰代有令名其以理學文章顯實自建始生平嘉言懿行不一端茲特其梗槩海樓凌公素稱宮恒山可謂介士後念陽留公私謚文介先生蓋公與凌公劉公俱以品行為重當世云卒後八年督學御史孫公之益廉其行聞於朝建特祠崇祀泰山之陽公子景隆甲寅廷元篤孝不干仕進闡明理學得之庭訓為多孫大壯以戊午舉於鄉丁丑繹大父言更名繼蘭成進士壬午癸未曾孫偉鎔聯捷魁南宮督學御史朱公　飭修祀典以玄孫宮鴻

序奉祀特祠督學御史蘇公銓李公嵩陽撤祀鄉賢以玄孫宮
承宗奉祀賢祠俱載學冊憲綱督學僉事張公龍（能）鱗捐俸重葺
瞻拜題額曰儒行君子

明經公志傳

府志舊載理學依府志舊州志訂

宮景隆字美中自安豐倡教後里士多以理學重隆高才博學
於學有深契而性豪邁芥視一切僅以明經老事兩親竭力甘
旨不以貧為解父七旬病瞽百治罔效晝夜泣禱如是者十年
倏爾復明目光如電人稱其純孝格天姱修恬守然諾不侵毅
有然擔荷一世之意著述詩文若干卷藏於家萬曆甲寅歲薦
不忍離親入官迨親歿風木抱悲終其身惟隱遁而已癸亥冬
不豫夢中自輓有是處溪（清）山可藏骨到来綠水總堪杯之句遂
卒有司廉其學行請於學使崇祀鄉賢祠以曾孫宮鴻澤奉祀
崇禎丁丑癸未子繼蘭孫偉鏐先後成進士繼蘭初官工部都
水清吏司主事署員外郎事贈如其官詰語（詞）云貴雖不滿其德
没而有祀於鄉

中憲公志傳

府志載名臣依府志訂

宮繼蘭字貞吉河間府靜海縣籍登崇禎丁丑榜進士二甲六
名性至孝常言綱常倫理外無復人品經濟自髫齔時舉動一
準先民為諸生厚自勵於學無所不究以奔競干進為恥自萬
曆戊午登賢書干牘未嘗至事（當）門設大根終年閉拒父母公祖
過訪刺從門隙中入通籍至晚年如故首除工部都水主事時
烽臺重城衆皆退避大司空劉公遵憲知公才望以二臺相屬
七月四日受任劉委乃在未任之先即刻出德勝門啟土告神
舉酒酹地中貴却立拜席後重城刻期三晝夜駕臨閱視公馳
驅督率節減原估銀兩署理六科廓潔已奉公亦若是旋視河

夏陽首議築城處堂弗恤後卒如公議歷差三年欽賞紀釲録凡四次資推固原道參議政府借才出守兖州府藩封重地二十七州縣錢糧四十餘萬侵欠莫稽公以城守為先首嚴保甲每立一法親貴莫敢撓錢糧立徵收約法諸簿清出舊欠二百六十三萬有奇自為疏上之垂死之民獲更生焉魯藩愛敬逾恒數欲借署兖東開府東郊始終為保全地計以母老請養歸歸若有先見其勇退明決尤人所難自是嘯咏家園起廣東羅定兵備不赴垂二十年如一日壽八十卒於家子偉鏐會魁檢討屢薦起用亦以移養歸長孫夢仁貫祖籍中直隸己酉經魁庚戌會元丑癸殿試二甲五名翰林院庶吉次昌宗辛卯選貢任内閣中書舍人諸孫亦皆有聲兩祀府州鄉賢祀山東名宦癸丑後志雖成自後人其間宦蹟人物考古驗今鑒非存是諸大事賴公文獻夙成云

春雨草堂別集卷十目次

春雨草堂别集卷十

曾孫宮偉鏐紫陽輯　玄孫宮（濩）仁定山重訂

南宮舊德録

崇祀

理學公崇祀特祠録

泰州鄉官宮繼蘭宮偉鏐　呈為專祠允定奉祀久虛懇恩特
賜修明以崇儒用（功）以弘教化事榮莫榮於祀事重莫重於專祠
先大父故廩膳生員鄉謚文介先生宮永建為鄉賢明經
勅封工部都水司員外郎文達公宮景隆之父月窺二酉胃富
五車緒腸錦心技擅雕龍之譽出經入史文符夢鳳之占五入
鄉闈再登副榜一趨一步景禁先民寤言寤歌情深古處孝親
則居喪侍立倭寇薄城下而死守不移友弟則遇變能安誣累
多不堪而没齒無怨憂樂關天下之大取與嚴一介之操家徒
四壁志不詘于歌商有餽五緡償必期于掘墜值科目積湮之
後正理學興起之餘遠接洙泗之傳近剖濂洛之緒凡屬從遊
之士率皆通彥之班有其躬行兼以誨論訓詞深厚體禮周詳
經濟文章既同條而共貫致知格物亦相與于有成衆望攸歸
輿情共協載在郡志燦若星陳在蓋棺論定之年有專祠奉祀
典人湮代遠禮廢年存千秋廡序鞠為茂草之宮奕世蒸嘗半
多荒略之歎恭遇　老公祖大人台臺　當期（潮）瑞鳳振代人龍
七曜羅錦心璀璨文章奎壁麗五行鍾秀氣崚嶒官蹟斗山高
有美駿圖行先麟閣實微顯闡幽之會賴衮衣章甫之宗伏乞
特賜專祠几筵欣其有託修明祀事蘋藻惠以無私永頒奉祀
之恩世守先祠之舊今繼蘭有嫡孫儒童宮鴻序為偉鏐次男
乃先文介玄孫年方舞勺粗通禮教之遺志切歌雍克嫺衿佩
之事有懷名德　寵畀衣巾故事攸宜　新恩共被榮分櫰（壊）桷
馨香勿絶于春秋名在黌宮踰濟用光乎俎豆先人幸甚世道
幸甚

右　　　　　呈

欽差提督學政巡按蘇松等府監察御史朱

崇禎十七年十二月　　日蒙批仰州從實察報

直隷揚州府泰州為專祠允定奉祀久虛懇恩特賜修明以崇
儒功以弘教化事抄蒙

欽差提督學政巡按蘇松等府監察御史朱　批據泰州鄉官
宮繼蘭宮偉鏐呈前事呈稱榮莫榮于祀事重莫重于專祠等
情蒙批仰州從實察報蒙此隨該本州知州周鼎祚遵依察勘
得故廩膳生員宮永建先奉　督學御史孫批允建祠春秋丁
後一日有司致祭近因兵亂祠圮祀缺今蒙憲臺批察理應行
令本官修葺厚祠其祀典照舊舉行所有儒童宮鴻序果係永
建嫡元孫身家並無礙情弊相應請給衣巾以完二祀今蒙仰

察擬合回報為此州司今將前申同原蒙批呈理合具申伏乞
照驗批示遵行須至申者
右　　申
欽差提督學政巡按蘇松等府監察御史朱
崇禎十七年十二月　　日蒙批
仰州照專祠事例修明春秋二祀其宮鴻序准奉祀入冊繳

陳設圖

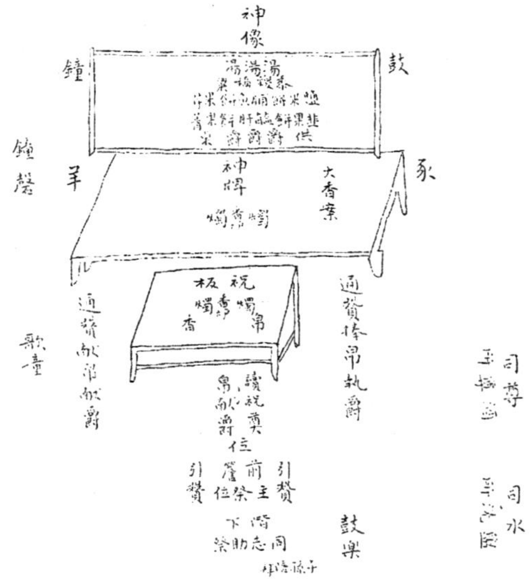

祀典凡例

祭期

以春秋上丁次日為期先一日守祠者灑掃堂廡洗滌俎豆鋪戶辦豬羊禮房辦祭品候委官省牲治具

祭器

籩豆十九個銅爵盞三個酒海一樽大房二面帛匣一個祝板一座供桌一張條桌二張桌圍一條鼓一面鐘一口

祭品　附品則

豬一羊一脯醢四豆祭果四豆祭餅四豆祭菜四豆黍稷稻粱四豆羹三獻

豬一隻重七十斤　該銀一兩二錢
羊一隻重三十五斤　該銀六錢八分
帛一段長四尺　該銀三分
大紅燭二對重二斤　該銀三分
小白燭十六枝　該銀一分五釐
手檀香三兩　該銀二分五釐
末香一升　該銀伍釐
兜柏香一觔　該銀五釐
清酒一尊　該清銀一分
菁芹韭各半觔　該銀五釐

筍菹半觔　　該銀三分

棗十兩　　該銀五釐

栗子十兩　　該銀二分

雞一隻　　該銀一分

肉脯十兩　　該銀一分

槁魚十兩　　該銀一分

魚醢十兩　　該銀一分

白鹽十兩　　該銀三分

柴薪四束　　該銀六分

炭十觔　　該銀五分

帨巾一條　　該銀二分

以上每祭共該銀二兩二錢六分伍釐

儀註

祭日五鼓或正堂或各廳或學博主祭守祠者肅迎大門外引贊引至本祠前堂更彩服起鼓三通畢引贊引至正堂階下通贊唱祭神瘞毛血引唱就位引至階前前簷通唱鞠躬拜興拜興拜興拜興平身通唱奠帛行初獻禮引唱詣盥洗所盥洗授巾詣酒尊所司尊者舉冪酌酒詣神位前跪奠帛進爵俯伏興平身通引俱唱讀祝讀畢復位通唱行亞獻禮引唱詣酒尊所如初禮終獻如亞禮畢通唱辭神徹饌四拜畢通唱奠帛者捧帛讀祝者捧帛各詣瘞望所引唱詣望所焚楮畢引唱復位對通唱禮畢

祭文

維

某年歲次　二八月　朔越丁祭二日直隸揚州

府泰州知　　等奉

欽差督學御史孫之盖

題請

欽差督學御史朱　申飭虔備牲醴香帛庶饈照告於

先儒文介先生恒山宫公之靈曰維靈道承

前聖學啓後賢含真履坦知命達

天孝友嫻睦直亮寬康偕衆和忠律己方嚴燕居幽獨龍惕雷

闔一念千古體受歸全鄉評志載可法可傳專祠崇祀歷

代仰瞻神監有赫歆格無斁尚

饗

頒胙

一送本州正堂豬首前臂重十八觔羊首前臂重八觔一送代祭官豬一肘羊一肘一送省牲官豬胙一本州先達本祠親族與祭者各致私胙一餘留與祭者享胙永為定規焉

理學公特祠奉祀録

直隸揚州府泰州為特祠从定奉祀尚虛懇恩申飭修明以崇
儒功以風世教事抄蒙欽差提督學政巡按蘇松等府監察御
史朱　批據本州鄉官宮繼蘭宮偉鏐呈前事呈稱榮莫榮於
崇祀重莫重於專祠先大父本州儒學廩膳生鄉謚文介先生
宮永建為鄉賢明經勅贈工部都水清吏司署員外郎事主事
宮景隆之父目窺二酉胷富五車繡腸錦心技擅雕龍之譽出
經入史文符夢鳳之占五入鄉闈再登副榜一趨一步景榘先
民說禮敦詩深情古處孝親則居喪獨侍值倭警而挺身不移
友弟則遇變能安戴盆冤而没齒無怨學識闡三才之祕取與
嚴一介之操友餽五縉償必期於掘遂家徒四壁志不詘於歌
啇值科目積湮之時正理學興起之日統既傳子洙泗緒更剖
予程朱凡屬從遊率皆選士訓詞深厚體禮周詳經濟文章固
侗條而共貫德性學問兼別派以分流有其躬行加以誨論與
情共協衆望攸歸燦若星陳載在郡志以故專祠崇祀之典即
當蓋棺論之年代遠人湮名存實廢千秋廡（序）宇幾為茂草之場
奕世蒸嘗不僅餼羊之嘆欲邀微顯闡幽之舉端賴衮衣章甫
之宗伏乞申飭專祠凡筵欣其有託修明崇祀蘋藻賴以無愆
永頒奉祀之恩世守先祠之舊今儒（童）宮鴻序為偉鏐次子繼蘭
嫡孫即先文介元孫也年方舞勺不愧駿奔之儀志切歌雍允
嫺衿佩之節備衣巾之寵被庶德造之常懷故事攸宜新恩由
被榮分榱桷馨香不絕於春秋名在膠黌蹡濟用光乎俎豆先
儒幸甚世道幸甚等情蒙批仰州從實察報蒙此隨該本州知
州周鼎祚遵依察勘得故廩膳生員宮永建先奉督學御史孫
批允題請照例建祠春秋丁後一日有司致祭近因兵亂歲荒
祠圮祀缺相應行令本官修葺原祠祀典照舊舉行所有儒童
宮鴻序果係永建嫡（元）孫身家並無違礙情弊相應請給衣巾以
光二祀今蒙憲臺批察擬合回報為此州司今將前由理合開
列書冊併同原蒙批呈具詳申請伏乞照詳施行

崇禎十七年十二月　　日

欽差提督學政巡按直隸蘇（松）等府監察御史朱　批
仰州照依專祠事例修明春秋二祀其宮鴻序准奉祀入冊繳

理學公崇祀鄉賢錄

江南揚州府泰州為公舉先賢特祈崇祀以光舊典以重新恩事據本州儒學申據本州(學)廩增附生員宋懋功等呈前事呈稱竊維事久而論㮣定典隆而請更殷特祠理學大儒宮公永建者流風餘韻風載(戴)口碑徵獻考文素盟心版高才迥別大用堪酬細行必矜微瑕莫摘恬然自守從來未聞詬詈之聲方正是持生平未隨徑竇之節嚴一介以不苟謹片諾以無侵父歿稱貸於人凡為弟所應償悉捐已貲以完逋負寇至瞻依其父究為神所陰佑獨全靈柩以免燬焚手繕充棟之籤祇伊吾以適趣口授過庭之訓撫弟子以承歡無困被銷骨之讒偏鄉閭而盡稱寬抑所延實同胞之禍停饑廩而終解怨尤奈勤讀以及稀齡輒損精以致瞽目嗣乃入旬既歷稱壽考於人群忽而雙眼復明邀重光於天眷此誠隱行所格確為往喆所難匪第山斗文章並韓歐而仰止抑且淵源道術溯濂洛以承宗誌乘可稽流傳不泯初蒙孫大宗師專祠題請歷有歲年近荷蘇大宗師崇祀修明更加褒寵恭遇李大宗師熙朝柱礎照代權衡有善即彰共幸收羅之廣逢幽悉闡尤欽按覈之精伏乞轉申學憲俯祭輿情果其無玷宮牆徵顯推評於月旦俾得分輝俎豆後先列享於春秋已往誰不感銜將來益加勸奮鄉國幸甚士民幸甚等情具呈到學據此隨該卑學覆查前情確實無異相應取具官吏師生結狀在官擬合申送轉詳等情具結備申到州據此今該本州知州趙汲看得泰州特祠理學大儒宮永建者名重雞壇學追鹿洞一趨一步矩矱先民全受全歸楷模來喆即今孫枝之衍彌愈見祖德之重光愛戴不(弗)替於鄉邦典禮宜登於學校合無俯從呈請伏候僉允遵行卑州未敢擅便擬申詳為此今將前由開具書冊并具本州官吏結狀同取到儒學官吏師生結狀在官理合具申伏乞照詳施行

順治九年八月十七日

欽差提督江南學政監察御史李　批

故儒宮永建孝友禔躬文章垂世微言遠紹闡鵝湖鹿洞之宗後裔重光極桂籍蘭(鑄)宮之盛特祠久崇於梓里令德宜列乎黌橋仰州官吏照例擇吉製主送入該學鄉賢祠仍具遵依報查繳

理學公鄉賢奉祀録

江南揚州府泰州為懇恩給賜衣頂以便奉祀事據本州儒學申據選貢宮昌宗生員宮弘宗呈前事呈稱宗等曾祖宮永建荷蒙學院批准崇祀鄉賢宗等原係特祠奉祀生員今昌宗叨與選貢弘宗又入北庠趨蹌乏人供奉靡恪所有胞弟宮承宗係偉鍔第三子繼蘭孫嫡永建元孫麤知章句凜守規繩伏乞弘開錫類之恩俯准承祀之役庶前修有後大典增光深為恩便等情具呈到學據此今該卑學覆看前情確實無異事干伏候定奪事理相應取具官吏師生結狀用印在官請祈轉達卑學未敢擅便擬合申請轉詳等因具結備申到州據此今該本州知州趙汲看得鄉賢宮永建元孫宮承宗姿性英異行誼雅飭似應照例請給衣頂奉祀以裨風教但恩典出自憲臺卑州未敢擅便擬合申請為此州司今將前由開具書冊理合具申伏乞照詳施行

順治九年九月二十七日

欽差提督江學政監察御史李　批

宮承宗准給衣頂奉祀繳

春雨草堂别集卷十一目次

春雨草堂别集卷十一

孫偉鏐敬輯　　曾孫夢仁敬重訂

南宫舊德録

崇祀

明經公崇祀鄉賢録

整飭揚州海防兵備兼管河道糧餉浙江等處承宣布政使司右參政兼提刑按察使司僉事周　呈為理學允堪傳統孝行曾見格天據實表揚懇恩崇祀以光鄉賢以風世教事抄蒙欽差提督學政巡按直隸蘇松等處監察御史孫批據直隸揚州府學人朱文鼎佘士芳汪季舒冒起宗朱名世李長敷李長華等呈前事呈稱故貢生宫景隆識達天人品超儔伍道宗的派遠追江右良知學絶駢枝近溯淮南格物唐虞洙泗之脈絡曙若列眉關閩濂洛之意言洞如指掌歌聲出金石等名利不啻銖塵大夢咏歸全視死生真同旦暮解紛排難化俗惟願摩争掩骼埋胔垂手何嘗圖報雅度汪汪千頃師德之唾自乾樸誠耿耿一生季布之金無負哀母身病痿食不下咽衣不解帶累月弗忘其初痛父目喪明夜不祈神晝不求醫十年頓復其舊食貧既無於虧甘旨矢念遂有致於感通天人允孚舉世共神其昭假遠邇交頌在己特視為尋常顧學雖富於鑽堅而志未酬乎展錯當椿萱在望塵視貲冠追風木銜悲心傷鼎養念生前位望僅阨明經顧没後仰後實敦好德緣此上干台鑑俯採輿情倘蒙分黌宫片席之榮庶得慰緇衣弃世之願世風嘉賴潛德有光等情蒙批揚州道查報又批據直隸揚州府泰州儒學廩增附生員徐文炳王永盛宋懋功等呈前事呈稱故貢士宫景隆識邁人群品高流俗自鄉塾時稱説嘉言懿蹟必切景行從載籍内晤對往哲先賢時勤矜式慕良知之講學契格物之傳心私淑攸歸家修更篤非止羅甘薦旨備温清菽水之儀亦且竭力服勞極視聽形聲之表此雖孝養之盛節未盡冥漠之感通若夫父病兩目喪明捫籥扣盤宿露霧難消於銀海子心一誠允格呼天籲帝披雲竟等於金鎞不圖廢疾之十年忽睹重光於一旦事方盛母之螬炙而尤異功比葉君之菊囊而更多遠邇蔚著頌聲士庶喧騰舉口當親年之耄耋孺慕弗衰幸子舍之常依丁年不仕據迹若慕山林之逸徵心實銜風木之悲生前月旦無虧身後鄉評難泯宜廁宫墻片席今分俎豆餘光即其子宫大壯肇迹賢書蜚聲藝苑侍親恙而卧不解衣者累月執親喪而食不入口者數朝哭踊則嘔血盈升哀號輒卧苫絶息此雖性生純孝非屬偶然抑亦教有義方益徵畫善伏乞曲從衆願俯採公評錫以華衮之榮用慰緇衣之好入鄉賢以光祀典彰潛德而勵世風等情又蒙批揚州道查報隨該前任海防道郭僉事備行到府查勘本府備行到州備行到

學隨該泰州儒學署學正舉人張　遵依行據通學廩增附
生員徐文炳等各結到學看得故貢士宮景隆明經脫穎而輕
五斗有若揮麈居鄉砥節而首百行無如致孝高堂視膳不減
舐織問寢之勤清夜祝釐逼等蹬兔躍魚之格質行可挽澆俗
理學真紹先儒生前之懿嫩多端身後之仰行倍切等情具結
備申到州據此又經覆行本州鄉官劉時雍等舉人佘士芳等
貢士吳士文等結勘得本州故貢士宮景隆行端坊表學稟淵
源格物近溯淮南後進由其表率良知遠追江右絕學賴以扶
特孝可格天回親眸於重瞽仁能及物掩遺骼於既枯生前月
旦無虧死後宮牆宜秩相應崇祀以表鄉賢等情具結到州又
經覆行二十一坊鄉約弁該圖里老宋名儒呂鳳彩等結勘得
故貢士宮景隆抱德煬和宅心醇粹學宗孔孟振木鐸於斯文
孝感天人開親眸於既瞽秉心實維無競婁師德何多讓焉化
俗惟願靡爭陳仲弓伊其匹也生前鄉評不泯死後祀典宜先
相應崇祀鄉賢用敦世教等情亦結到州覆查相同隨該泰州
知州周　看得故貢士宮景隆品高一世道足千秋載詠載
歌定情乎存順歿寧之大立言立德析理於知來藏往之交純
孝格天哀籲真回親瞽貞操越俗砥修無媿鄉評前哲賴以紹
休後學欽為楷式如隆者所當特賜褒揚用崇祀典彰前徽於
既往鼓奐好於來兹者也等因備申到府隨蒙揚州府知府楊
勘得故貢士宮景隆經明行修德潛品粹學宗格物先哲
賴以紹衣孝可格天末俗由之砥柱至其埋胔而澤及枯骨處
錞而量可同人又皆純粹之餘徽樸誠之一節幽光宜闡大典
不惭倘祀鄉賢足維風教者也等因具申到道隨蒙前任海防
道郭僉事勘得故貢士宮景隆行維壇宇性守宮庭俗學支離
迷宗而倣（彼）獨仰止最上輓季慳吝成習而彼獨慕義無窮十年
告天如常雙眸開朗三釜悲親莫逮絕意浮榮士榮（林）久著芳聲
鄉評允符佳譽今當蓋棺論定之日益見乘範人宗之原即其
子孝廉宮大壯侍疾居喪哀毀骨立雖至性之有異亦孝德之
相承可知也既經查明結申前來相應轉詳合候批示等因呈
詳到院又蒙憲批故明經宮景隆孝根至孝學得真傳輿論同
稱鄉賢無愧但事關重典該道再一覆核速詳蒙此該本道覆
勘得明經宮景隆孝行天植克追曾閔之芳踪理學淵深直接
朱程之正脈至籲祝以開親目一念足通百靈且埋胔而澤郊
枯守心可格上帝迄今人沒而論益著身往而名愈高有此德
馨何愧祀典相應轉請詳示行府轉行泰州儒學將故貢士宮
景隆立主入祀鄉賢為此今將前由理合開列書冊具詳申請
伏乞照詳施行
天啓五年六月　日
欽差提督學政巡按直隸蘇松等處監察御史孫　批

故明經宮景隆器處廉深風規朗劭學探原委直接濂洛之傳
誼篤孝恭遠追曾閔之躅言壇宇而行坊表外嶽峙而內淵渟
羽可為儀名堪不朽宜躋黌序之以表幽光該道行府轉行該州
置主送入賢祠崇祀繳
按院劉　批
故貢士宮景隆孝通鬼神學窺性命念庭闈而忘鼎鐘紹先哲
而牖後學道脈藉以不墜世風賴其永扶准如議行繳
撫院呂　批
故貢士宮景隆孝思追五十年之慕學脈接十六字之傳世教
攸賴祀典允宜仰候學院詳繳

明經公鄉賢奉祀錄

直隸揚州府泰州為懇恩比例轉請俯給奉祀衣巾以世洪庥
以光大典事據本州選貢生宮偉鏐呈前事呈稱鏐祖鄉賢明經
文達公宮景隆壇勤硯苦矩步繩趨篤守先型嚴閑後訓謬塵
輿論叨舉鄉賢蒙前任學院孫大宗師於天啓五年六月批准
崇祀列之學宮春秋既邀時享考之祭典俎豆尤賴駿奔而大
父入主之年正偉鏐在庠之日是以執事有恪式禮莫衍嗣於
崇禎十二年鏐以鄉試副車新恩改貢北廱課業先祠乏人察
本州鄉賢如林春儲瓘徐蕃等家其嫡派俱給衣巾一名奉祀
今有鏐祖嫡曾孫宮鴻澤筆墨麤通儀容不失歌詩誦雅方當
弱冠之年踐豆陳籩可副澤宮之選益典莫隆於祀事光無逾
於佩衿仰乞新恩俯查舊例准申院憲請賜批詳澤及先人慶
流苗裔等情具呈到州據此察得本州鄉賢宮景隆於天啓五
年間蒙學院孫批准入祀鄉賢今據貢生宮偉鏐呈請宮鴻澤
奉祀衣巾隨經覆行該圖里鄰呂可成等結得儒童宮鴻澤係
貢生宮偉鏐之子鄉賢宮景隆嫡曾孫見年一十五歲自幼習
習讀經書並無違礙假冒等情具結到州據此覆察無異今該
本州知州陳素看得鄉賢之有衣巾奉祀所以光俎豆也泰之
側席賢祠者其子孫俱獲沾榮典以襄祀事今察鄉賢宮景隆
入祀有年而此典久缺因其嫡孫宮偉鏐先日在庠承奉有人

故未申請今偉鏐以選貢出學矣有嫡曾孫宮鴻澤青年美質
錫之衣巾堪以承祀據呈覆覈無礙相應請給但恩典出自憲
臺卑州未敢擅便擬合申詳等因於本年三月具申由詳前院
行速未蒙批示今據前情擬合再行申請為此州司今將前由
開具書冊理合具申伏乞照詳施行
崇禎十四年十月二十二日
欽差巡按直隸淮揚等處監軍兼提督學政監察御史加俸一
級張批
宮鴻澤既係鄉賢嫡派准給衣巾奉祀繳

春雨草堂別集卷十二目次
南宮舊德録
崇祀

春雨草堂別集卷十二

男偉鏐敬輯　　孫夢仁敬重訂

南宮舊德録

崇祀

中憲公崇祀山東名宦録

山東兗州府為奕世嘔吟見人心於去後片言華袞標治行於
生前懇恩詳請列祠（祀）名宦以襃往哲以勵來茲事據本府儒學
中據本府鄉官孫光祀等舉人欒謪吉等廩增附生員高震奇
尹相湯吳鳳翔等耆老許光先等公呈前事詞稱崇獎廉能固
歷代非常之典歌恩膏澤實民間彝好之公必論定而禮始尊
亦實彰而名斯稱明整飭廣東羅定兵備道提刑按察使司副
使前工部都水清吏司署員外郎事主事提督夏鎮等處河道
陞任兗州府知府宮繼蘭者江右名流淮南夫子初以對策巍
科應入蘭臺芸省洎而養親篤志旋改虞部鳩胄閱三宿而築
烽臺則變空萬里甫期年而巡夏鎮則波請九河乃緣龍門底
績之功特拜熊軾專城之秩心盟止水夜猶凜乎四知辱僅鞭
蒲霜不飛於六月其剔叢弊也則二十七屬吏俱驚草雉之威
其清宿逋也則四十餘金（萬）總上泉流之貢振黌宮而烝棫樸户
滿弦歌窮淵藪而息萑苻郊無桴鼓豪右憚其強項朝端仰厥
剛風治理既優詒謀復善一經課子玉板殿占雲六押榮孫金
門待詔卻南粵之徵書而不赴托東山之遯蹤以無營何殊彭
澤歸田惟尋觴詠雅似樂天罷郡止領烟霞解推徧及於貧交
賙卹每加於寒畯當日龍湖講席闡理學之真源平時鹿洞經
壇邑知能之奥旨宜其徽言紹往印一月於千川大耋歸全備
九疇於五福在枌榆故里兩添芹藻之光豈襦袴舊氓獨後烝
嘗之報國典籍邦楨而始重鄉評以宦蹟而益彰伏乞俯協群
情轉詳學憲廉其政蹟足樹典型位在宮墻無慚將享等情具
呈到學該本府儒學教授單父琴看得前兗州府知府宮繼蘭
者重經邦聲存治郡緇衣之好感宜蒂於當年卵翼之恩留思
恩勤於曠代簪弁之觀型伊切蔀蔀之戴德僉同允當崇祀宦
以祠招勸典擬合申情轉詳等因申詳到府該本府知府加一
級彭繩祖勘得前兗州府知府宮繼蘭者人品流聲公論久而
益定湛膏渥潤流風遠而如新雖名杜之名不衰而庠序之典
未舉非所以旌良吏而激頹風也茲據紳衿耆老之請自非君
子之澤不斬安得誰嗣之歌猶闇倘列宦祠實光學政擬合詳
請（請）為此今將前由理合開列書冊具詳申請伏乞照詳施行

康熙六年三月十五日

提督山東通省學政提刑按察使司僉事王　批
故宦宮繼蘭文章名世功業匡時水衡著冰蘗之操東魯頌龔
黃之燉維屏維翰建樹最優良知良能宗風大振輿論既協崇

祀允宜仰府置主送入名宦祠繳

中憲公崇祀泰州鄉賢錄

江南揚州府為考德首重儒臣論品惟先理學道詔（誠）夫聖統典宜列於賢祠懇加崇祀用勸世風事據泰州呈詳前事詳稱准
准本州儒學牒程據通學廩增附生員夏光夔陳洺朱霞等連名呈前事呈稱泰州故宦前丁丑榜進士工部都水清吏司署員外郎事主事提督夏鎮河道升任山東兖州府知府整飭廣東羅定兵備道提刑按察使司副使宮繼蘭者江左名流淮南夫子珪璋品質瀛州分氏族之榮鐘鼎家聲海甸著衣冠之盛髫年尚志弱冠蜚名半水爭羨無雙成均每推獨步周情孔思學富編蒲陸海潘江文成吐鳳鄉會闈牘至理翼夫朱程遠邇人文取法尊為山斗原進呈而署金馬因落字而掌水衡拜命造烽臺烟清萬里疏河來夏鎮帆掛千流績既懋夫萬（禹）圭任更晉夫熊軾名撫秉心而資化理親藩推轂而竹嘉猷叱已烈著維屏功高治郡矣而義方之課夙謹於趨庭貽翼之謀益隆其世學高堂文定教嚴六行之明侍膝玄成家守一經之訓子成進士影入八磚孫列薇郎花生六押一鳳既標郄桂八龍更茂孫枝是以集兒孫而啓後情殷效班斕而娛親志樂卻嶺嶠之命長揖歸廬甘泉石之栖三休自遠天人理數之學隱而益精四部七略之書搜而愈富凡茲薦紳長者莫不北面儒林以彼譽髦斯士悉皆東山化雨遠則同堂於孔孟近亦接席於王胡

總之本官以定性為宗以持己為要以孝弟為實以樂學為門
以聖域賢關為安居以守先傳後為重任以故棄職而躬毛養
陳情而遂烏私父逝母忘(亡)斷葷茹素文章則歐蘇韓柳並駕大
家經綸則社稷民人具資弘畧平生著述多存心養性之篇到
處詩歌盡閑邪存誠之作理學與教學相長師道與臣道並尊
是真一代學問之宗抑亦百世人倫之鑑伏乞師臺俯從輿請
弘倡儒風(表)名賢而著潛光扶正學以崇祀典等情到學據此該
本學看得故官宮繼蘭品高韓范才蔚曹劉居鄉則皎月寒潭
清其節介歷仕則青霜紫電著其經猷孝友稱茅容考叔之高
理學續鹿洞鵝湖之脈此當允秩祀典以為俎豆光者也取有
師生不扶甘結粘連用印擬合牒呈本州請祈轉詳批示施行
等因牒呈到州准此該本州知州田作澤看得故官宮繼蘭器
宇千尋壁立才學萬斛珠明褆躬貞廣平之操教子致玄成之
居官則功高齊魯聞道則理著朱程此洵品邁儒臣而教隆後
學者也允宜崇祀以表名賢今准該學牒呈前來似應俯從轉
請取有該學官吏師生不扶結狀在官原係請入鄉賢事理卑
州未敢擅便擬合申詳為此州司今將前由開具書冊并具印
結粘同該學結狀理合具申等情到府據此該本府署印江防
同知徐騰鯨覆看得泰州故官宮繼蘭理學正宗經綸巨擘既
修身以善世復樹子而亢家德著一時品高百代允宜崇祀用
闡遺徽既經州學結勘前來為此今備前由開具書冊粘同結
狀理合具申伏乞照詳施行
順治十六年正月二十一日
欽差提督江(南)蘇松等處學政提刑按察使司僉事張批
據詳故官宮公品崇一柱才爍七襄既蜚譽於是邦更流聲乎
歷仕欲彰緇好宜秩瞽宗如詳行州置主入祀賢祠繳

中憲公崇祀揚州府鄉賢錄

江南揚州府為名儒道高鄉國闔郡情切仰行州序旣叨俎豆
之榮府庠宜列春秋之典懇乞俯鑒輿情申請崇祀事據泰州
申據府州兩學生員夏光彝張麇周獻王堯王樹吳家駒王爾
強徐蘭孫童乾吉等呈前事詞稱泰州故官(前丁丑)宮繼蘭榜進士廣
東羅定兵備道提刑按察使司副使宮繼蘭者籍雖係於吳陵
德久欽夫南國彝等身居州邑名半郡庠式父兄資砥礪之功
式子弟受儀型之益恒思頌美表章無由追念哲人徽芳未沫
竊惟本宜髫年入泮名已噪於雞壇弱冠摛辭品即高於藝苑
誦鄉會之闈牘理法上擬王唐讀詩賦之簡編推風直同李杜
原進呈而入蘭臺芸局志歸養而膺水部鳩司烽臺造則萬里
燹空夏鎮治則九河浪穩乃嘉北北條萬派之績更晉東方千
騎之榮親王推轂以迎名撫傾心以待二十七屬之若吏若役
盡誦神君四十萬餘之在官在民爭先上供功高治郡教美貽
謀一經課子早占雲色傳臚六押榮孫先看賦成待詔御東粵
而赴甘南枝以自怡天人象緯之書名山大川之什琅環委宛
之秘金匱石室之藏無義不窺有書咸讀以孝弟為要以樂學
為門以聖域賢為關安居以承先啓後為重任東山繫望人民
社稷籍綢繆多士講經孔孟朱程皆襟帶有道之容可即無懷
之士同遊符蒙張大宗師採之輿論祀以州庠查得江都故官
王觀濤泰州故官儲文懿理學王心齋類多下邑之名儒得列
鄉賢於本府本官品行經濟理學文章方之前人僉稱不愧稽
諸事實(例)又復相符懇乞本州扶正學以倡儒風表賢聲而光祀
典俯從轉請崇祀府庠合詞具呈等情據此今該本州知州田
作澤勘得宮官籍雖泰郡品冠廣陵理學久紹夫前賢德造素
資乎後進丹誠報國則燕魯著其謀猷至孝傳家則王孟同其
感格允宜借光府州兩學賢祠以為俎豆生色者先蒙憲批州
學崇祀今准兩學生員公呈請祀府庠事同一體又有江都王
觀濤泰州儲文懿王心齋事例相符相應府從詳請緣係請入
鄉賢事理卑州未敢擅便擬合申請(詳)等因據此該署府事江防
同知徐騰鯨勘得宮官盛世弘儒海濱卓品瑩徹月明珠浦清
高雲映瓊峰學紹濂洛關閩之傳政媲龔黃卓魯之治道承往
哲教掖來茲允宜借光府州兩學鄉賢祠以為俎豆生色者先蒙
憲批州學崇祀今准兩學生員公呈請祀府庠事同一體又有
江都王觀濤泰州儲文懿王心齋事例相符相(應)俯從詳請緣係
請入鄉賢事理卑府(未)敢擅便為此今備前由開具書冊理合具
申伏乞照詳施行
順治十六年二月初七日
欽差提督江南蘇松等處學政提刑按察使司僉事張　批
宮官崇祀已批前詳仰照行可也此繳

中憲公府州鄉賢奉祀録

江南揚州府泰州為比例懇恩請給奉祀事據内弘文院中書舍人宫昌宗呈前事呈稱先大父丁丑榜進士廣東羅定兵備道副使宫繼蘭歷蒙本府本州博采輿情申詳學憲批准鄉賢崇祀兩學竊查崇祀舊例選擇鄉賢子弟純謹讀書者給與衣項俾其奉祀以供駿奔之職今有胞弟宫鴻營宫鴻林髫年嗜學係先大父嫡孫堪任此典懇乞本州眷念前徽請給衣項奉祀府州兩學賢祠以光大典等情具呈到州據此今該本州知州田作澤勘得崇祀鄉賢事關大典例擇子弟嫡派青年讀書者給與衣項以供事祀今宫宦州府兩祠理合請乞奉祀鴻營鴻林髫齡志學的係宫宦嫡孫相應請給衣項以光大典緣係請給奉祀衣項事理卑州未敢擅便擬合申詳為比州司今將前由開具書冊理合具申伏乞照詳施行

順治十六年二月初六日

欽差提督江南學政蘇松等處學政提刑按察使司僉事張　批

已批府詳矣仰候祠成專事駿奔繳

春雨草堂别集卷十三目次

春雨草堂別集卷十三

六世孫偉鏐敬輯　　七世孫夢仁敬重訂

南公舊德録

誌銘

義官公偕配夏孺人墓誌銘

嘉靖甲申泰(春)之義官宮公將窆其子庠生成衰絰謁予以墓文
請予惟温公有言碑表所以序學行履歷勳業誌明銘所以述
名係爵里生卒雖其義稱美不稱惡然前人有言無其美而稱
者謂之誣有其美而弗稱者謂之蔽誣與蔽君子弗由也可不
愼哉迺得儲生湞狀鑿々可據遂序而銘之公諱貴字大陞別
號質庵其先河南人元末避兵揚之泰州世居焉大父諱智達
國初以孝廉舉判眞定府事又曰河間人通判揚州署泰州篆
遂家焉息罷民按污吏政績赫然父諱允秀抱隱德鄉稱善人
母錢氏治家有法貽後有道故公生有異質修然清臞年十六
遽失所怙竭力事母凡滫瀡湯藥之奉必躬必豐既長配廣陵
夏處士之女孝以養姑勤以理家家日以大生子材夯卒公年
踰五十夏孺人觀(勸)公納東皐薛以爲之副生子男三長即成次
戒次盛孺人撫之猶己出而薛之恭謹彌篤葢被孺人之德而
化者公以正德戊辰輸粟得散官日(以)舉子業課諸子成年十三
游郡庠補弟子員時庠之講堂頹弊公捐貲新之丙子歲大饑
餓莩枕籍於道公購地坎瘞之幾千人其重禮教廣恩惠大率
類此舉二端以槩其餘也公生正統丁卯七月二日卒於正德
辛巳九月二十一日享年七十有五孺人生正統丁卯十一月
十日卒於嘉靖甲申三月八日(壬午正月二四日享年七十有六其子成舉以嘉慶)癸酉奉公配偕葬城西十里鋪
之新塋可謂善始令終矣成聘義民杭文昇之孫戒聘陳鹹聘
孫皆郡之甲族他日子孫之昌門閭之大稹占者予樂爲銘銘
曰

磅礴理氣流坤乾有生有死誰使然如公篤行布前賢黌館一
新人共傳掩骼埋胔恩同天陰德陽報瓜瓞緜傳經有子世澤
延篙攲竹杖何翩翩同室同穴健順全幽扃永閟燃石蓮神物
護持億萬年

嘉靖三年三月初八日泰州儒學學正順德何宏譔泰州儒學
訓導錢塘劉敬宗書泰州儒學訓導郃陽賀鑑篆

春雨草堂別集卷十四目次

春雨草堂別集卷十四

孫偉鏐敬輯　曾孫夢仁敬重訂

南宮舊德録

行述

贈工部明經公偕配封王太安人行述

嗚呼痛哉人之生親生之也精有自聚神有自凝氣本一氣形無二形曾呼吸之靡間胡怙恃之鮮終昊天罔極雪涕無從嗚呼痛哉不孝之見棄於吾府君也二十四禩於茲矣此二十四禩間豈無升沈枯菀豈無月夕花朝而慘焉若割抑有不能不破涕為懽者以吾母王太安人在也今太安人又見背矣銜恤靡至鮮民之生生不如死嗚呼痛哉憶吾府君之念昔也謂宫氏系出太原播遷瀛海其初名智達者舉孝廉判府事署篆來泰因民醇遂家焉郡志猶存宗譜失次不孝何敢妄認遠祖按智達生永允秀允秀生四子曰富曰貴曰榮曰華富榮華避亂遠徙蔑可跡蹤貴字大陞毅然以亢宗為己任課耕課讀積有餘資悉均分諸兄弟諸兄弟不能守其他敦宗睦族恤難扶傾施麥施棺葺新黌序種種義舉載墓石者不一而足貴生盛盛多隱德為鄉祭酒盛生永建即大父特祠理學大儒恒山府君澹靜無欲剛果不阿髫年廩於庠錚錚有聲鄉侍御有嫉忌者營占葬地不得遂羅織他事誣蠛莫解夷然不屑較義命自安終

其身恬如也鄉大宗丞海樓凌公儒念其素行號於衆曰恒山
真介士僉謂凌公知人故卒之日門弟子謚文介先生云行詳
州乘永建生景隆字美中號玉崑即不孝父贈工部明經公也
先是大父夢謁關帝祠帝指案前伏虎命子之大父抱歸叱醒
而吾府君生矣襁褓時外貌魯樸五歲始能言中常了了有弈
於側者能徧識將相等字約略指點即布置如式已而復局歷
試一一取擕無錯當時以為異迨出就外傅課制舉義復不甚
慧敏一夕夢濯手城濠有蛇而角者遠来就攀鱗游泳汗浹如
雨雨自是十行俱下胸無滯義筆無停機弱冠補弟子員試輒
冠軍時鄉會兩榜泰脱落幾三十年吾府君生值其艱五蹶棘
闈幾得復失竟用甲寅歲薦廷對雖擢前茅非其志也白雲在
天怡然菽水終其身不為五斗折腰唫壇酒社適隱自陶糧無
宿舂衣無正袵必豎脊向人而竭力甘旨不以貧為解母周孺
人病瘓食不下咽衣不解帶求以身代父文介公以精修力學
至老彌篤攻苦踰度七十喪明每飲食與俗見或匕箸靡措輒
唏嘘泣下夜必焚香露禱乞八十復明瞳子炯炯如漆人以為
至孝格天云府君襟期曠遠性量沉洪脩然塵外不受俗緣黙
輕財好施視阿堵不啻贅物濟人之急拯人之危排難解紛不
遺餘力而毫無德色有犯之者絶不與較曰吾寧能使清平世
界挪其中且陷報復於無已也春仲必遊歷郊垧埋胔掩骼有

羽士来自龍虎山持真人符籙投贈府君笑曰生不慕進賢死
博一冥官乎吾存順殁寧全而生全而歸足矣夙知壽限六十
九歲不孝戊午舉於鄉府君潸然曰恨而祖而祖母不及見也
吾享受尚可數年壬戌計偕山兆夭長夢中不孝泣不欲往同
輩沮之草草畢事歸拜膝下府君弱不勝衣醫就平安孟冬十
日為府君誕辰舉酒稱祝是年閏十月不孝謂踰月可載舉七
十觴以破六十九年之讖府君方暢飲自適忽笑謂不孝曰夜
夢自輓是處青山可藏骨到来緣水總堪杯果爾光景亦不惡
隨覺足疾微痛偃卧數日嗚呼從此竟長逝矣維時郡國士夫
莫不人人悼惜鄉謚文達先生督學孫公之益謂其器處廉深
風規朗劭學探源委直接濂洛之傳誼篤孝恭遠追曾閔之躅
言壇宇而行坊表外嶽峙而内淵渟羽可為儀名堪不朽檄行
府州崇祀鄉賢祠郡志亦稱其姱修恬守然諾不侵卓然有擔
荷一世之志博極群書精通理學奥闡宗有圖止有銘吾好有歌
竝詩文若干卷藏於家是時太安人在堂惟恐不孝之滅性也
哀毁一過撫慰隨之今太安人何在嗚呼痛哉太安人王姓為
北村翁仲女北村翁起家衛幕族甲吴陵其歸吾府君時吾家
中落饔飧不汫繼必躬必親太安人忘其出自素封朝夕拮据凡
所以相夫子奉兩親者惟力是視天性至孝雖出室為婦有懷
二人終始不替益其抱德煬和宅心醇粹禔躬淑慎馭衆寬洪

至怙澹寡營謙恭自牧人未嘗輕見其喜怒生止不孝一人乳哺五載靡傭可貸語稱父母有三年之愛獨不孝倍之嗚呼痛哉猶憶不孝十齡時頭病不能舉太安人一手襁於背一手調治飲食上烹下爨疽發於腰不自覺其痛楚年十四童子試不利謀構數椽為下帷地太安人手自索綯一切甃埴塗墍偕不孝共難艱苦不孝依戀太安人者六十餘年何刻不顧念何念不篤摯事寧可枚舉而茲猶獨耿耿心目不容置者痛蓋深也丁丑不之役不孝因府君見背絶意清華丙子行保舉令當事以名聞不孝堅辭不獲太安人呼至榻前謂盍因此勉赴公車即日促裝幸無辱命捷至太安人悲喜交集悲前人懸望殷殷而弗克見也三餔莫逮愛日如年告改南部不得奉差夏陽告終養不得已而告病求褫斥又不得尋例迎養纔一相依土寇發難躬送南還是夜夢有來謁者𠤎相見則吾府君也笑謂不孝曰余與汝同官時正給由紀録幸值覃恩敕贈承德郎工部都水清吏司署員外郎事主事吾母敕封太安人出守兗府太安人泣送至門不忍别不孝曰當以三月為期三月不得歸身君身矣及期返舍太安人喜動顏色壬午謬兒捷至太安人曰汝未了事後有人矣癸未榜發報自鄉莊太安人暢然曰而父識之幼時每對吾言是兒能世其家者今果然無何流寇騷動闔瀋粵梟相繼命下疏告不允太安人勉隨渡江而緣林狂逞寸縑隻筋悉飽盜囊太安人幸得無恙息影村墟自喜長侍膝下偶爾患瘡繼以痰火猶時來時止忽毒聚於臂遂堅卧不起嗚呼痛哉無父何怙無母何恃昔不堪誦讀今竟身當之耶府君生於明嘉靖乙卯十月初十日寅時卒於明天啓癸亥十月二十五日寅時享年六十九歲母太安人生於明嘉靖戊午十二月十五日巳時卒於皇清順治丙戌五月二十五日卯時享年八十九歲今以十月初六日扶母太安人柩啓府君柩合窆城西祖塋左昭第一穴嗚呼德配好逑情諧偕老同室同穴幽魂永保嗚呼痛哉天崩地裂曷月曷日魂魄喪傾我躬不閔質言告哀稽顙泣血所望仁人君子憐而志之徽重鼎吕以無滅没

春雨草堂別集卷十五目次

春雨草堂別集卷十五

男偉鏐敬輯　孫夢仁敬重訂

南宮舊德錄

行述

中憲公行述

嗚呼痛哉士苟讀書懷獨為君子之行毋不以聖賢為師乃有近在家庭撫育保抱四十有八年而竟茲然罔覺者其蒙昧可勝道哉嗚呼痛哉非惟不可為子茲不可為人尚何所扶持以自命於士君子之林哉惟王父王母生平一產而生吾父有倚雲兆吾父生而岐嶷負英異之器曾王父博洽多聞儒林軌範諸尊宿過從見吾父輒稱羨有加曾王父曰毋易視之此吾家千里駒也年十七州府拔二名學使拔一名入州庠自是試輒冠軍時明經張月鹿公令浙歸張幼同曾王父入學吾父復與其長公同張治公讌邀齒過十二人屆日命僮子伺誦亭聯為誰是夜張夢大中丞淩海樓公誦亭子聯句而吾父適符其夢以為有異吾父十餘齡時得疾頭岑岑不能舉夢淩公與墨一艇覺少差次日淩過曾王父及所夢則愕然曰吾不願令孫效吾也歸尋一墨授吾父以毀其識蓋淩官御史臺時以直言被廷杖幼夢耿某與墨耿亦因直言被廷杖者為諸生十餘年名日噪於四子六經書不為口耳之學每得一章用蒲團跪榻後但

誦本文必首尾徹悟然後由傳註旁及諸書是以理皆一貫無所留滯史學淹通上究天文下窮地理中明治國安民之大莫不成竹在胸燭照數紀鑿鑿可見諸施行又兼通二氏謂未嘗不有合於聖賢總之性地開明見聞該洽末學膚受不能測所至也生平受知不一大司空熊公思城備兵吾揚尤為理學之契朝夕切磨誦以地方事宜輒不應熊曰吾國士視兄兄衆人遇吾耶秀才以天下為己任當年陽明謨謀計略及一切章奏撥書之數類強半出自門生願他日無忘斯語戊午前一年際曾王母曾王父之變時吾家塋田為鄉御史顧横奪至是欲卜一地而泰無其人遂自攻堪輿學元旦夢得雋尋又夢送賓興不與時家無斗筲多方拮据援例入成均受知大司成周公如盤試輒第一同舍有新安富家子冀得前例周秦執持無可通願壽百金代所作不從楚孝廉王公存初謂邸舍蕭然亦可膏大助何自苦為吾父曰某昂藏一丈夫年及壯莫酬所學不得已罄家世所有轉之親友而來非天之愛子天之孽子也福命有限得此天遂以為足償所苦生平大事去矣某不敢為為天所棄王服膺曰以君弘文兼以至行大物可景響卜我駐舟石頭城待赴公車之會至今楚中傳其語果以是年獲雋受知吳起華太老師己未計偕熊公典楚試復命相過鳳泗驛中酒酣及前語熊曰事至今日不可為矣此到長安亦宜自韜晦切不可譚兵後一一如所料而吾父亦以王父王母在堂烏私致篤弗克殫究所用於當時始終成孝一念開之也壬戌天長道中夢不吉草草完場事歸癸亥果有王父之變喪葬一如古禮制於墓門樹石坊纍照山濬筆池始終移居城中即先建祠屋三楹吾父生平無浪費以無取故特先人祠墓重費不惜乙丑以父艱不赴蓋自是風木慟心又王母春秋高竟薄浮名為身外物矣丙子奉保舉令諸當事以名聞不得已勉上春官受知王念生太老師廷對進呈卷中故刊落數字賜二甲六名進士出身首除工部都水清吏司主事尋署員外郎事七月初四日到任初二日己劄委督造第一第二兩烽臺第一臺建置土城闕上基址虛懸始事更難人多畏避以吾父素有聲預留此以待吾父謂君父宵旰臣子何敢偷安即刻出德勝門會同監督內監孫進禮啓土告神舉酒酹地我等奉朝命來視國事若家事倘有上欺朝廷下侵舖商夫匠者天地鬼神鑒察孫變色卻立拜席後者再所有諸公費一切革除盡部發銀兩舊例給散時低昂其間者有之吾父令原役舁至一錦衣家舖商面領面給自識自封時已先有廠役數人伺其動定比見一鬨而散督造三四五六臺者歷四五六七八月不能就緒此兩臺事倍功難先告成節減估定銀五百三十六兩有奇八月十八日駕臨閱城突劄管理右安門至廣寧門一路牌牆砲廟舖舍柵欄刻期三晝夜

色色更新節減領過銀二十四兩有奇處理六科廓監收歲幣只遜裁一切鋪墊及供應等費於是有夏陽之命夏陽故泇河地前人人力開通四百餘萬漕糧恃此一線勅書有云夏鎮控南北咽喉制三十六州之命脈矧在軍興旁午之際予重可知已履任天時亢旱已十閱月不雨彭口郗山諸處淤墊砂積從前玩誤匪朝夕伊總河周在調公方欲白簡入告巡河至扑一簿吾父不可力止之請以三月為期若重運至不獲行不必推咎前人諉責下吏徑白簡及職議論慷慨周為動容退語人曰官部司公輔器也卒竭厥多方重運安行無恙鎮南北孔道攸關五方雜處土城環匝墉高可升倡建城議力請當事因循不報後果有土寇之變部署員役多人急汰則聚而之他榜示有過即革有缺不補一時肅清石鈔舊隸中河以遠故改歸夏鎮中中河每欲歸復而夏鎮固不予吾父素性澹泊詳請辭還卒以河道漕運為重弗許漕卒素横暴不可制每取道夏陽以吾父廉威素著銜尾而行毫不敢停宿踰越貢船過亦如是一時河上諸公凡周公一舉一動莫不群相伺探諸公舉動周亦復知之獨吾父一切不問職掌所係欲行即行無所瞻顧嘗謂吾人有用精神當為職掌專用或分而為箕斂或分而為周旋為夤緣為彌縫究之無益於私而於公有損夏陽多豪猾老人劉標尤良民側目重按之榜其門曰嚙民老人劉標之門同時多置一榜若有所俟乃有畏罪投繯者地方賴以安滕沛胥快二人先後侵用河銀擬徒吾父竣差後適土寇變作過一人翼之行問其名則沛胥擬徒者也何又一人至則滕快也引至村落篝火燎衣巡警達旦問何故不以怨相仇則曰某實有罪使君知有法而已法之所在使君安能為某徇然微窺判斷色不懌且贓贖免追保全多矣是以實無所怨及赴兗府時兩人且以功次給劄各率隊迎護在調公奇其事謂吾父固無私此兩人固亦義士也歷差三年欽賞紀錄凡四次己卯覃恩勅受承德郎工部都水清吏司署員外郎事主事母勅封安人王父勅贈承德郎工部都水清吏司署員外郎事主事王母勅封太安人時應改授盲推吾父絕口不言比見請養呈揭諸當路始悟曰士固不可測也資推固原道參議政府以二東多故而兗尤甚思得良牧彈壓借才出守兗府二十七州縣四十餘萬錢糧侵欠莫稽羽翦午則責成於苦饑苦亂苦兵之百姓吾父以保釐四事城守為先五馬登陴宗室士夫父老子弟從者如雲問架何以分則劉鶴洲兵法也諭樊令三日甃城如舊至於和民戢盜稽防備禦首嚴保甲而儲蓄團練寓乎其中精詳畫一徒法奉行者不能悉錢糧置徵收約法諸簿各頒式樣州縣方徵而日報已具那移透支之弊毫不可行而總以易知單臚列瞭然將起科則例與小民共見共知給以串單稽其完欠所以前俱呼

白不應至此赴解驛絡清出舊欠二百六十三萬有奇自為疏上之垂死之民賴以更生地方官最以王府為苦魯藩素稱賢世子乾山尤尊禮士夫好道崇文於地方極留意此，以相得益彰時東撫被逮欲借署兗東謂開府可指日俟為始終保全東國計吾父詳移請養至再至三適值高掌科漕務糾參遂獲南枝之願壬午不孝登賢書侍吾父吾母游白下遇畫舫前來則新兗府眷口渡江至也滕縣黃公如千時任維揚兵備不數月得家鄉拊髀扼腕為道兗府城破新郡伯竟以身殉群服如神先見不可及癸未不孝成進士同鄉繩海張公若魯許公輩移書淮撫路公皓月直指王公雷臣謂今日欲為國家得真人才非吾父不可以若人之才之學之經濟使攝尺寸之柄豈不大有造於生民宗社而時已甲申尋有三月十九日之變又太安人春秋高不欲出益希心泉石之事矣猶憶公車時吾父謂曰吾兒此行當成名然官不可為有舊識齋華門外一道院可以暫駐後再入城閽者尟不以為迂甲申脫賊出都不降不辱不及於難則果從齋華門出依道院數日而行而繩海張公亦賴此得無虞不孝自淮買舟歸與吾父吾母相見驚喜交至是時賊勢去留未卜長淮一帶即為邊鎮稍引水鄉挈家為瀨上行吾父還羅定兵備不赴兵戈滿眼舉家被掠流離寸絲隻筯不存而八口幸無恙寧家以後風波間作鄉曲纖細無可介者丙戌五月王母王太安人壽終年八十有九歲吾父號擗哀怛斷葷茹素歷終制至今越三年己丑九月遭吾母潘安人變不孝三年泫泣血淚俱枯服除後家居鬱鬱為汗漫之遊吾父手制藥裹益其慈愛率中自幼而提攜長而教誨壯而一出一入無一念不精詳無一念不護惜無一事不往返商榷座落客登堂則父先而兒後軒車入市則父率而兒從公讌期會則父倡而兒和昔則視以為常而今不可復得也嗚呼痛哉先是吾母變後兒觸目心傷欲以北園儆人旦夕相依膝下時吾父年力未衰生平好泉石花木不數時又移居北園每一省侍似有安焉之意意謂山水優游布踪黃綺旁涉內典頤養天和乙未冬寒背水面山閱春稍覺衰颯不孝動色焦思吾父則新構祠廟增堂室數楹加以稔歲煦燠氣體漸充兩年以來私喜百歲可期豈謂方稱八十之觴驟值騎箕之兆哉嗚呼痛哉自七月來兒患霍亂臥牀半月有餘時時心動肉驚忽於十六日吾父得下痢症然尚修合下痢之藥施及路人以無足患延黃石倉醫治斂謂高年不宜通利而吾父欲依證治準繩飲大黃酒稍下之兩俱不效兒婦諸孫孫婦曾孫環集則適家常甚悉又數日曰我視死如歸無所顧戀我生平謂在家當為孝子在國當為良臣為能臣為忠臣雖遭世亂離差幸無失年過八旬人所少有三世單傳汝丁年成進士不官已舉八子我兒孫滿前有何未完事昨於十六日問我身有敗氣而汝等曰不聞我自十六日已死矣因汝等來復振起精神略悉家常不期遂為血肉之軀所累不能即去奈何又曰我死亦不盡死但畢竟須閉藏數時尚有絕筆數語留與後人不孝謂病中關涉亦不自意初二日旦明櫛盥索紙筆琅琅百餘言大約發明聖賢歸全與夫三教異同之旨甫落筆書有大千沙界字沈吟移時輒改去造次中精詳如此初五日夜所遺無宿物諭不可再以來飲進足微冷用棉覆下體初七日寅刻令去所覆被卯刻欲起坐導引呼吸往來數以手舉向額止何氣從口中出兒輩亟以手掩口清水冷冷鼻端垂注而胎息漸微惟頭顱熱甚移時不散則氣聚而升之驗是為初七日巳刻也嗚呼痛哉因念吾父生平學聖賢之學厚自砥礪素大業自負中道遭亂莫竟其用不孝歷少及壯膝前嬉戲都不自覺今始擗踴攀號五內崩裂恨儀容緒論之不可復追也堂上有聖賢而不知所師至捨之去始相循於弁經繩纓苴麻菅屨之末所謂紹聞者安在衣德者安在無論德閫即其拊摩煦濡之恩毫末莫酬拊膺自問天地間安用此靦顏視息之人哉吾父方正篤誠剛毅之中不乏和厚每謂綱常外無復人品經濟語見請養呈揭服官絲毫無假借不徇情面不受餽遺亦不餽遺人以奔競干進為恥以故事關君國眾或諉謝吾父不避遠辭難性不雷同苟合當途不無深忌卒無隙可

入欲中以禍患不能為人謀而必忠馭下嚴而不苛家居課農治生凡本分所可為不以親俗諱決不效市井機利之徒剝及鄉人侵牟一切是以清德在人而資用不窘又謂人家崛崛起之人或自星分或自嶽降原不擇地擇人所以不必問其祖功宗德特自我貴顯而無功德以貽後甚或妄為虧損是以子孫多折磨天道非一概而論此古人所未發生平未嘗以私干當事取與然諾不苟蓋自其為孝廉時門設大扳公祖父母過訪剌從門隙中投入迄初服以至晚年始終如一節不孝自涉亂後視世事無足輕為意重除課兒讀書屬文外每脫略簡棄或多所齕忽過庭輒以為戒謂修之我者應如是安問其他吾父理學文章經濟品行為海內士大夫亟推莫能窮其涯際即如東志不回可為宇宙間完人而醉醒喜怒之餘從無表表自意見之惟是識略過人則常歷數以為神見大抵欲兒輩少年之人潔已奉公全身遠害意取規勖是以閱世紛紜同時馳驅諸公重足而行不能免於禍吾父伉直素著介立甚反屢出險難無所及即其室懲全真期壽令終同郡諸親朋或少十歲或少二十歲或好譚丹藥或多服參朮皆先後辭世獨吾父殿其後亦憂身有道所謂命自我立者矣昔熊司空倡學謂吾父清正似薛文清純篤似胡居仁超詣似羅近谿而體用兼備得之王陽明蓋具用世之志而能出世負高世之識而能持世抱濟世之略

而能遺世至其出有入無鬼神格台之事則又方駕黃石埒迹
青田靈修浩蕩莫知其自誠知言矣吾父體貌魁梧俊偉白皙
而目細秀如鳳眼狀手爪纖長垂紳正笏坐高軒大纛之上望
若神明即其竝難騃策杖垂十有五年不乏巧作老娉道劉司空
當年者舉業精熟辛未下第南歸留滯靜海宗人家高中孚公
年方少聞吾父發明書旨理學時務一二則謂賡虞叔曰安得
結友數輩以臯比相從也兼工詩古文詞嘗即席就數千言若
宿搆書法宗二王不株株求似不屑為唐宋人工琴嗜弈弈輒
忘疲常笑謂兒自幼少學此一藝六壬奇門太乙兵占象數堪
輿醫卜諸書皆手自繕寫訂正然不自秘惜遺逸甚多平生少可
惟御史王公鞠劬諸生時同舟渡江彼此大業相期王及同人
壽算榮枯預以墓銘相屬厚自結約為婚姻遊其門者皆方正
文學之士如李公州來為童子時執經吾父即命兒受書同壬
午榜賢書延揚程一兄慇勤與不孝共塾諸孫得所師承後亦
以丁酉獲雋晚年里中倡講學會每有疑義析衷必為之洞解
嘗以中庸末章為志學從心大要絶筆尚以無聲無臭為言則
生平所學於內聖外王者比大可見矣卒之日面目如生自己
至酉戌天氣正炎舉體潔清無氣味觸發方信死不盡死之言
或有所見嗚呼痛哉任精氣貫通千秋萬世何當易家常聚首
之斤時不孝何辜於天有今日之事哉先數日有以謚義問者
吾父笑謂曰先生先生何先生之多也此無庸但題中憲大人
明進士數字足矣移時復曰吾幾悞旌亦何必設俱勿用蓋自
里居後督府按如洪如姜如陳薦舉凡三四反不赴亦不復道
則其結志深棲為何如哉者嗚呼痛哉不孝三四歲時識之無字
夜常以手畫吾父胸口道點畫至所畫太多吾父不覺失笑細
詢則為字也光景宛然今世能再得哉稍長習比耦業時眸以
為怪吾父獨以為可造成名以耒謬以世業相承所為孝者有
在菽水三牲何當遠大而遭時伏枊坐令吾父家居寂寂有若
兒與無若兒者不少殊嗚呼痛哉古稱為子為人安用此一無
所效者哉人之云亡邦國殄瘁塗人工女方將輟舂寢機況於
所生又何能已惟是肌理慘摧神䰟燴亂義取博綜補年譜小
傳所不逮零雜荒謬不知所云嗚呼痛哉

春雨草堂別集卷十六目次

過之相反者耶嗟乎又何言哉若其仁孝夙成敬恭允協義方醇備惠澤覃敷動容之節準之古先典禮之行徵之故實家道藉其昌熾親族由之睦收媺飫乎臧獲庶羞經營乎田疇樹畜嘉言媺行垂燕後昆衍慶名祥克光先緒固女史彤管書不勝書所可彙諸篇養補古閨範不逮者也嗚呼痛哉母安人竟逝耶吾宮氏系本太原播遷瀛海自智達公明初舉孝廉判府事署篆來泰世有令德傳五世至曾王父文學文介公諱永建字克昌別號恒山特祠理學鄉賢曾王母周孺人六世至王父廷元文達公諱景隆字美中別號玉崑敕贈承德郎工部都水清吏司署員外郎事主事崇祀鄉賢王母王氏敕封太安人實生大夫大夫名繼蘭字貞吉別號鷟邨由明萬曆戊午科舉人崇禎丁丑科進士歷官廣東羅定兵備道提刑按察使司副使兼參議前山東兖州府知府工部都水清吏司署員外郎事主事母潘氏敕封安人其元配也潘望族外曾王父孟泉公生外王父蓮谿公家世益封外王母陸氏生子三人應科應選應舉三女適朱仲適謝吾母其季也大夫方十齡出就蒙師離句讀群兒中外曾王父識鑒不凡一見定為國器以吾母許字焉王母陸即世繼娶於林生子二人應芳應名後來者不無歧視舅大母姜氏有令名吾母依以全歲丙申大夫試學使得第一越二載吾母年十五歲歸大夫大夫其在幼清高門自出冲齡失恃鮮所訓承宜室宜家有待焉耳而孝敬之性豈伊準檠甫雍之體無俟章紘辭紛華而就澹漠泊如也蓋自結褵正始之年即取古名媛世婦留心則傚欲以女教示厥方來者矣大夫攻苦下帷靡逾冬夏母獨處經時當漏永霜高悄寒薄絮猶分已衣為使女覆被大夫倡率文社又時脫簪珥具杯酒相餉甚殷勤日以我數子佩勖夫子於成縞衣綦巾椎髻操作一一甘之視里巷豪奢閨房婉孌非其志也家世儒素日給蔬具吾母必亟己膳或晚供大夫或以復諸曾王父暨曾王母時俱年八旬上曾王父博學正性為世所宗曾王母周尤舊家為宋叢桂周氏以故多識前言往行及閨門朝廷禮法之大喜吾母有志古賢

淑輒為稱引習事講論得失一一心識不忘以故凡事必呼吾
母吾母方居蓐室曾王母立戶外問訊欲得出視事又不忍明
言吾母知之未彌月即出曾王父苦讀失明里中咸謂王父純
孝格天十年重瞽復曙中間賴吾母孝養居多比疾甚一起一
臥非吾母弗任至浣濯污穢尤為人所難曰吾祖吾姒奈何令
他人代耶曾王父嘆羨甚忽一日見居室三楹通達無障所在
皆結綺流蘇霞光的爍五色俱備不輕語人顧謂吾母曰汝昌
後之符也王父性豪邁篤於人倫我家孝愛世傳視吾母與大
夫不少異大夫一言不合或徵色發聲吾母一一順受王母必
直吾母曰若無母無母之兒何直焉王父坐客常滿尊酒不空
悉屬吾母治具恒中饋無失常患皴坼調治幾愈輒入廚舍泞
立移時餘黍米一隙為無足患者如是三十年比始漸潰日去
血數次營衛以虛嬰疾不可治蓋其窮苦艱辛約己事上貧賤
時所曆槩如此矣丙辰丁巳曾王父曾王母相繼壽終大夫戊
午獲雋前乎此者顧以戊午雋顧諸生時為親營葬地曾王假
焉曾王父弱冠廩於庠自分不久人下比顧通顯久假不歸至
欲合窆弗許值弟不檢顧多方傾陷奪地而芸其田大夫髫齔
以為言曾王父以弟故不一齒及王父挾不可一世之資僅明
經對大廷曾六十年顧凋謝盡而大夫以後戊午登賢書里中
謂隱德食報不誣是時王父王母亦俱年六旬上吾母多方董

率食指漸繁初敝廬數椽僅蔽風雨夏夜沐髮多受風簷霤間
自吾母于歸以束壩塵舍從始僦人取其值後稍置下河田二莊
督僮僕事傭舂大夫諸生至孝廉米鹽瑣屑未嘗相及一切醴酒
饔飧豆葅籩實以至歲時餽遺盡委之吾母在曾王母王母當
家道中落時世及以來皆無所造作吾母一一創立入數不及
出數之三儉以佐勤未嘗告勞未嘗告匱大夫但安享其成大
夫生平不二色為諸生時力學制行過令節猶伊吾不輟焉吾
母多方慰勞戲謂曰是無庸待成名後釋勞未遲自孝廉至通
籍吾母先後置側室十餘人幾微無間故事孝廉居鄉或取資
當事自給大夫位置頗高設大木為棖經年閉拒當事過從刺
由門隙投入有閔師孔者素居門下持多金索一函吾母呼致
堅卻之太姑丈宋某盛德為眾推有莊氏張陷獄度非大夫不
不能出宋為介紹具間吾母曰若者來已有一鬼魆纍纍然如
人之行於牆外而躡其後矣宋拂袖贊嘆去蓋至家無斗筲母
鬻匜致葅菜酒醴以贍朝夕曰吾何自苦若是庶勿儉約故隨
事低昂耳嗟乎病篤時猶舉此兩事示鏐謂鏐既通籍宜世守
令名毋輕筆舌凡事慎所發也哉生不及月次女名庚一歲殤
三名乾男一歲殤四女名穩學名淑貞幼與鏐同受書多所傳
習適中翰徐公爾貞尋早世五男名立學名偉珏五歲時誦詩
百餘亦殤六即不孝偉鏐餘皆不及月生產凡十一嗟乎吾王

母王太安人之誕生大夫也凡一耳未嘗再有坼副菑害之事以故太安人壽得全吾母凡十一産而僅存不孝則此十一産之劬勞困瘁於不孝獨鍾中間懷抱之煩難牀第之迭遭乳哺之艱辛提攜拊恤之恩勤往復與夫先後夭札之慟悼悲傷皆能銷鑠血氣為致病之由不孝如何而後謂之承懽如何而後謂之聚順乃迄此時徒令四體隤頽五内碎裂竟無法可身代曾有毫髮為吾母裨益哉鏐年六歲出就塾家以南不數步已心識其門飯期散歸尋趨就學吾母曰逸之矣踪至塾端坐喜甚至今共孫輩言及含笑宛然十二三不率大夫屬外傅以嚴為功呫嗶迄夜分吾母未嘗事姑息見蒔花屋隙輒呼園丁遍植蔬曰地利不可棄及麤知制舉業顧今大吾母不懌為述上世積纍苦難明致此非易一以端方節儉和惠為訓惟恐跡高氣揚游言勦說來滿盈之概童婢有小過尤不喜輕事斥訶年十六兩試童子不利後折節讀書兀坐苦吟自戌卯為率吾母縮其膏則竊王母飾首油筒為繼晷用吾母每竚聽過不寐輒推總慰勞掩卷而後即安業師李大來少遊大夫門大夫延致之吾母曰是能弗納吾兒於祁待之重且尊早晚膳羞自品擇同事二十年後與鏐同舉於鄉戊辰鏐年十八娶婦袁吾母愛之母子不啻際誕彌午夜必起視生諸孫諸女孫饑飽冷熱皆吾母調劑歲時伏臘親知中弗克自振者為必資助常自歎曰

人家不善作婦筐篋所積以貽内家維日不足訖不能代為成立若者私甚吾肴若餘殖作平等觀公諸上世宗親暨窮困靡依傭工募役之作勞者以故遇細人尤有恩所至頌德或緩急時有向親知不無假貸必持子錢債觭重不怯諸所行寬厚類是大夫御下頗嚴吾母曲加矜護遇事薄懲不以聞在下者不苦苛又有所畏忌而重犯法戚黨里居搆鬬多極力銷弭有微言不欲大夫知恐知不能默焉丁丑王母年八十大夫以是年看花長安極里門一時之盛吾兒盛年祗事一如初婦時大夫旋奉使命治河夏陽吾母奉王母就養部署於凡惠澤所敷多所贊助時不孝以屬文苦繁致患失血吾母相視無所言背後輒共婦袁潛然淚下及貢成均廷對入都母於家病甚劇念兒不置曰不孝亦風土異宜邸舍感寒幾殆比歸相見如夢稱再世也庚辰大夫以覃恩敕授承德郎工部都水清吏司員外郎王父贈如其官王母封太安人具袍笏吾母隨王母後拜命於家壬午鏐登賢書猶奉吾母渡江遊歷金陵諸勝比癸未時當多事春闈以秋為期正月吾母六十得稱觴纍日五月始赴公車彷彿王太安人當年所喜幾相妨而復相及陳涉江同年有柏露太君傳壽後桂盤之子上書年之句甲申不辱徒步南歸重鎮分藩揚淮甌脫棄田宅變姓名聚族他邦所在騷動無所晦迹息影荒莊遂不乏冥行擿埴之徒為戎啟首功之事自其出

居早已見及雖云性定家國若狂吾母猶奉王母寢疾故處不
頃刻離比得生還王母疾彌甚吾母年六旬外左右以之起居
坐卧不令他人代王母亦非吾母不樂昏憒中耿耿自明藥必
吾母進始嘗乙酉榴月王母壽考令終吾母哀慟不休週忌寒
食哭聲不少輟時不孝亦謂志存溫凊絕意浮名才媿絕裾盤
邁暫適昔時事君之日何其短今時奉親之日何其長豈期四
酺靡酬三竿罔逮長繩莫繫大藥難期重慶堂前忽有驂鸞之
之事哉嗟乎嗟乎又何言哉蓋自癸未迄今七年吾母日從事
遷徙隱約中往往儉德慈人之事多尊優快意之事情少又皴坼
漸漬血氣大虛半載舟村居暑濕浸發夏月抵家見疾中血迹咸

謂老年所可無慮霍亂吐嘔似瘧非瘧猶時起時卧閒偕楊太
母何太母徐太母過草堂八月下浣大夫冒風北園尚自強起
肩輿就視豈期日復一日有今日哉方吾母吐嘔不休諸藥罔
納思先年哀體庵用加味六君子湯十餘日得不數計無復之
稍事加減脈仍伏而不起至用附子理中脈起尋伏竟不可救
嗚呼痛哉先三日漏四鼓不孝從倚堂後星大如斗西北下流
其光亘天心甚惡之顧諱而不言不謂竟符其事是日猶顧謂
不孝曰我產凡十一於汝獨存早夜祈求但願汝勿居下流撮
土掩覆吾面無甚奢望若今所為我亦暢然汝兒女滿前皆先
人厚德所貽而我每事必深念汝凡舉事宜存心我當日勤於

治家致鬻酒醴瓜豉亦因止生吾兒一子恐汝父用度不敷虧
損盛德汝父子成名我為若妻若母愧無長物汝遺以清白遺
汝因及當日親故以事相干立屏後謝却數事謂睘者大亂所
在干犯不獨吾泰自吾語汝後在內在外若親若疎可一切相
忘當日文介公不欲汝父報怨吾儕有今日皆文介公之遺毋
物而不化又曰汝婦哀事我如母我亦女視之汝富貴毋相棄且
云吾行事可著為一書令後人見惜若輩不盡悉蓋至引不孝
手附兩乳間而情景慘悽不堪重憶矣痛哉吾母事舅姑王舅
王姑以孝相夫子以敬以勤教子若孫不言而治其所垂訓先
器識而後詞章逮下以惠樛木之風詩書中不多見一言一行

務期可對天可告人聞人作事不善輒戒曰天在上又曰人可
欺天不可欺故所料福災常八九中素敦睦義存念先下至親
戚咸欽慕周太外祖南岡公無嗣曹大母過寒食遣蒼頭齎壺
榼展墓吾母恐日久浸失每歲夙戒不替先二王姑適宋外叔
懋功受業於大夫一切屬吾母維護大夫入成均王二舅公念
北多所佐助以外叔永祜託吾母延至塾中居處飲食與鏐俱
鏐病疹愈吾母為猪腎以食者三復自念曰是私吾兒也二舅
公有知謂吾欺也剖為二令分食之其篤於親誼不以存亡易
念類如是王不立家業蕩然大夫實應且憎吾母出腴田百畝
給之得不窘鄰母楊孺人郭外與居甚善母星霜屢易不改其

初次公程一幼與鏐同受書則為聯姻甥氏一入膠庠試輒冠軍兒輩得所師承至宅心醇粹處事周詳有治劇之才而德足以勝具弘人之度而識亦相兼衆寡咸調小大共賴窮視所不取達視所不為貧而能立貴而樂施有悉數不能終者所謂剕布愈形其好瞿褕若得其常者矣以至鍼縷必惜菅蒯常周敝者更新窳者待飭德餘梧棬功著凡楹觸物興懷但增悲悼抑亦手澤存焉又如彌留訣別志氣如神凡所有言皆忠孝仁義之大絕無一語及乎世私了了心口罕復縈繫詢之他說亦但曰無琅誦佛號視死如歸雖古來得道之士何以加茲存順殁寧殆庶也已嗚呼痛哉我家上世多以壽聞文介公八十四歲周孺人八十二歲惟文達公六十九歲大夫每一念及聲淚俱下王太安人八十九歲大夫猶以未躋大壽號慟不休吾母種德如此艱虞如此惜福如此厚載如此僅六十六歲以終不孝何辜於天降此鞠凶哉余通籍以來未嘗糜官家高爵厚糈謬意吾母先年瀕危得活數次為有天幸或者減在己享受為吾母延即其遲迴不出亦謂吾母富於春秋祿養有日古云移孝匪今斯今豈斯幸不可屢邀卑鄙之誠無從上達哉慰者尚謂予成進士正使為不識字兒足跡不踰戶庭交游不越州郡蔡萸序供雞黍辰進猶能稍效慇懃之祝日親屬離之歡而今也出處兩無具致吾母亦未有一日康蓋前乎此者失於童蒙

而罔覺中乎此者牽於進取而無暇後乎此者迫於亂離而靡定舉昔人所云愛日所云知年寸草三春罍恥缾罄總視為二十年後功成名遂之事始終若霧錮其心方知學問文章功名節義人謂孝思不匱不知皆能分致孝之時日之情力傷為孝者之用心當時不覺過此始根不可贖也在昔己卯之役南北相距大夫懸念甚曾發願力建準提大士庵今歲得善地吾母猶笥出念金倡率謂邀天祐至今嗚呼痛哉豈佛所呵護儉於十有二年不欲慭遺耶抑先後遭亂願力久虛耿耿此衷不見諒於佛耶卒之日白叟黃童耕男紅及行道之人莫不拊心疾首慟切悲號不孝日暈仆者數髮信宿雜種種其間婦哀懷孕七月亦擗踊墮胎使母擊驚悼不知如何今而竟委之去耶先時大真人張公為吾母受籙名曰慈惠大夫以王父王母曾王父曾王母生養死葬匪吾母不為功諡曰孝懿侍御王公以大夫及不孝故諡曰敬慈嗟呼孝也敬也慈也吾母豈惟兼之蓋克盡無遺焉而備舉其大曰懿節舉其細曰惠有非一二言該者吾母曰行事可著為一書鏐不自為誰復哀鏐志代之著者而今節淵深竅見蕪昧以摧毀慘裂之餘述有知來記睹之事墨與淚俱緒由心亂欲使兼綜實難備悉特就善行懋著昭然表見約略次第以存未沫哀緒回惑不知所云

春雨草堂別集卷十七

男偉鏐敬輯　　孫夢仁敬重訂

南宫舊德録

雜記

中憲公八十壽幛詞 宫保大宗伯王敬哉崇簡筆

伏以日永丹崖應弧辰於艾月天開緑野介壽酒於蒲觴離明叶離位之占徵祥地臘修景享修齡之慶表瑞人寰蛩鳴敢上微吟燕賀敬將大斗恭惟閣下名標紘外道契環中當珠襦繡褓之時有鳳質鸞翔之目北海分其統緒南國臧其衣冠金鑰玉珂世胄簪纓獨望龍門鳳穴名家鼎軸相連星躔來宰相之符雲物致神仙之異垂髫黃子宏名津水無雙弱冠終軍博學成雍第一蟠藏文史恍遊多寶之山排蕩古今似披群玉之府周情孔思心傳先聖之未傳宋艷班香文到古人之不到碧雲高唱筆翻金粟步蟾宫赤幟先登袖染霓裳巍斗極世欽其寶天老其才良玉善懷難掩燭天之焰明珠在握中騰貫月之光題來雁塔曲江占盡馬蹄春色金階射策進呈擢高第而喜動一人玉殿傳臚姓字滿京都而雲成五色緑袍新掛奉親志叱於茅容斕彩為歡捧檄情深於毛義會停翰苑之試特膺水部之司督造烽臺戈戟烔弭萬里治河夏鎮帆檣影轉千流成功既竽於錫圭寵擢爰頒乎虎符一麾出守固雅尚之所存千里

尊臨乃上心之攸注嶧山聳峙續王尊離意之徽猷汶水常清
踵李從善果之懿化魁積逋而澂清府藏杜奸宄而鞏固干城
弭盜所以寧民安良因而去惡神君燀赫豪强屏迹威嚴慈母
寬仁紳士歸懷豈弟賢撫指前旌以資化理親藩籍刋筆而識
姓名共推心於二千石之良佇開府予大小東之國無何南枝
有詠陟屺興思遂爾北闕暫辭樹萱在望車懸舊里身棲子舍
日融融袖拂初衣顔奉母儀心沌沌綏纓端韠之飭爱問寒燠
苛痛而怡聲饘酏芼羹之餐更調飴栗堇荁而進食緣考叔之
孝養逾篤而韋賢之穀似彌彰秀發鯉庭桓典嗣桓榮而著譽
高騫鵬翼崔湜踵崔挹以知名金匱縱觀紫袷荷囊待問石渠
分直白蟫芸簡生香乃未央因半夜而興思必安石以天下而
望起借長城於百粤樹雄臬於雙龍心與天通道隨時卷未既
畢公之業還同陳傅之高芳擷山膚清斟水豢冠苴落籜帶曳
垂籐威鳳恒愛其羽毛神龍自靳其雲雨貞明用晦履險如夷
有時白隨閒尊有時翠濤瀹椀玉姿不剸於煩城忽而林間高
閣忽花(而)外小車金骨未雕於俗壘開枰對局玉敲星點到沈烏
拈韻分題七步八乂看吐鳳素心參白業卻刀俎而晤覺皇道
氣振黄芽鑽石(髓)而修姹女祇梅綻鶴苔鮮箋鶯同白石之煮糧
類赤松之御粒蕭芸掩閣喜五桂孕自一枝雲路騰軒更八龍
才皆一石行見一門人物麟儀儀而鳳師師佇看七葉相家印

纍纍而綬若若貂蟬舄弈眞有五(四)世五公之榮雁序聯翩可擬
滿門萬石之盛幸際懸弧之慶日欣逢貢縷之長天花向閣前
開榴烘奕景銅從江上鑄槐陰清風既兼齒德爵以稱達尊更
徠精氣神而登上壽髮玄疃碧疑為山澤之臞熊顧鳥伸黙結
蓬壺之契鳩舞杖頭銜緑玉蹁躚瞿鑠潞公鶴隨履齒啄丹沙
再見耆英司馬(某)等結踪仰岱沿潤流河或叨師傅之班或濫
絲綸之職或天部躬鑑衡之任或容臺協禮樂之司或文士而
掌度支或儒臣而兼鎖鑰或名存玉署再入瀛洲或望切金莖
特還清祕或皇華冊命春生驛路之花或赤社分符潤及循行
之樹一自依光日月莫不結契絲蘿緣出處之殊觀亦遐邇之
異地左弭右鞬迹遠隔於江山北轍南轅心相望於霄漢伏願
參玄造數紀青符歛諸福於箕疇契長生於軒策子繼父以爭
耀如范文正之居輔弼而忠宣接趾黄扉孫共祖以登庸若張
師顔之在宸衡而簡翼聯鑣紫閣龍章赫赫會金龍於鵷之辰
鸞誥煌煌竝青鳥銜書之使霞綺映纚褕之日露華流鸚鵡之
觴丹青閣上麟麒常見兒孫綿事業黄白爐邊雞犬好留固震
老丰姿敢失巴音用介景福未能免俗曷既揚休

太史公六十壽序　闔鎮董仰山大用筆

吾揚宮定山公之大魁天下也正太公紫陽先生懸弧六十之辰先二年戊申袁太夫人六十定山偕武承諸昆季敬進一觴太夫人固不可再四請曰姑遲之意若有待乃以今歲竝進二觴又為定山成大名之年太夫人識鑒不凡矣我宮氏自智達公以孝廉判揚州歷世多隱德載郡志綦詳文介公文達公父子相繼為名儒鶱鄰公丁丑成名進士官郡守陟鹽司更六年癸未吾老友紫陽成名會魁甲申涉亂歸歸三十年不仕父子文章行蹟師表當時後世者不具論要皆秉天地間方正之氣篤生為一代偉人士夫中日徵逐聲色貨利之場狗苟蠅營者多不樂親其詞色三世皆單傳紫陽舉丈夫子十一人定山長武承一年竝試當途當途者輒嘖嘖武承才器不凡蓋定山於（武正）承有沈潛高明之別是以定山幾為弟所掩比武承貢京師試大令需次闈又試中輸抗疏請鄉試部覆閣擬幾不測卒特奉溫旨如所請外庭不得預武承益玩世詔差下群謂武承不當差外武承固請行果有細人幸其乘傳出多方謀所中之自武承離京師胥讒胥收之徒亦遂謂宮氏科第此大可卜矣蓋目中無定山竝無諸昆季也天欲老定山之才而人不知己酉秋闈人疑四郎友逵六郎掌雷七郎東表八郎友鹿輩騰驤上而定山乃以是年獲雋試春官名第一大魁天下收者無所用其收讒者無所庸其讒天之報施宜如何哉里中於是謀所為太公太夫人壽太公固不可太夫人言既驗則請之太夫人太夫人王父曾祖父四世登科于歸後嗣王封母潘封母兩世懿範翁擢進士高第夫成會魁子成會元祖孫父子文章冠世亦謂無違夫子意猗與有是父有是母天道人事宜有是子然以是父是母花甲一週之年不先不後而令子上苑看花巍科獨步此真古今來希有勝事傳聞嘖嘖不所能已於言也余觀古來負當時後世之望者必有貫乎天人之識與夫卓然特立不可易之操氣節足以振頹流精誠足以動神明其與時偕行姓字勒鍾鏞勳名垂竹帛在內則朝廷尊在外則强暴戢甚無樂乎獨善以為高也或時移勢異則所重有甚此者天經地義之重一身擔荷而不辭甚則放言高論屈其身與逸民伍當世鄙夫叢毀謗而不加沮勸豈獨介性所至云爾哉其廉頑立懦為功百千萬世至宏鉅也以前而言安流平進代不乏人以後而言史冊所書亦僅焉爾蓋貞行獨全求諸己而無歉能不與世俱波者斯其人殆天所獨鍾非大文章之末仕進之榮所可幾其萬一視泉石膏肓烟霞錮疾石隱者流相去又不啻萬萬也夫人藏其心雖一家之人不能以相喻而天之所鍾又為天之所厚九侯七葉藹（美）世籍於珥貂萬石三楊弘英儒於圭組呂許公一門五相之貴王文献祖孫執政之榮汲長孺十世為卿錢惟

寅四世節度韓魏公父子宰輔蘇文忠兄弟玉堂而八龍三虎五常連珠之纍纍若若者天之所厚有非意尋恒意計所測也今於宮氏亦云抑吾聞之弇州嘗記盛事矣事孰盛於此而不但此也中憲公戊午丁丑擢進士高第而王封母以戊午先一年丁巳臘月十五日六十丁丑八十北堂稱大耋而宿學冠南宮盛矣紫陽公壬午癸未成會魁而封潘母以癸未正月十八日六十適未會試先期移二月於八月紫陽得優游膝下稱觴而後行可不謂盛而奇乎今定山己酉庚戌成會元而袁封母以先一年戊申四月廿三日六十紫陽公以庚戌四月廿二日六十奇又甚焉中憲至今祖孫父子相傳不獨文章冠世亦忠孝一門是以三世科第皆登上齊壽之年奇而盛盛而益奇弇州所載何以加茲太公素寡合獨於余有深契故質言稱賀樂與武承諸昆季滿引浮白以代稱觴且以爵定山於京師雖重愧不文特知己之有素也

弇音獻淮南子地形訓正西曰弇州

春雨草堂別集卷十八目次

春雨草堂別集卷十八

孫偉鏐敬輯

曾孫夢仁敬重訂

南宫舊德録

雜紀

明經公崇祀賢祠先一日告諸先達文 中憲公筆

維崇禎十年歲次丁丑七月丁卯朔越十五日辛巳鄉後學宫繼蘭奉提督學政監察御史孫公之孟博採道府州學暨鄉紳孝廉庠彦里老人等僉舉故明經家文達先生崇祀鄉賢謹蠲七月之十六日齋主入祠先一日敢陳牲醴昭告於鄉先達宋安定胡公員外王公明副使張公侍郎徐公知縣王公侍郎儲公僉事儲公文選林公心齋王公靈臺唐公少卿陳公西郭劉給諫王公諸先生之靈曰嗚呼淮海吐納天目嵒阿特鐘懿哲間代不磨或抱姱修而潛幽壑或乘運會以投魏科道德性命振一世之狂瞽忠孝節義砥萬古之頽波慨七尺之易萎縱百年其幾何惟精神之嘗貫環宇宙而若羅繫斯文之未喪曠繼起以昂莪惆予父之生晚矢仰止以切磋幸輿論之攸協荷當路其相褒俾得分豆閒之片席偕尚友而踵前摹諏升主以翼日先載酤以薦蘋諒余衷之非矯舉庶洋洋來格於靡他尚饗

明經公崇祀賢祠告文 中憲公筆

維崇禎十年歲次丁丑七月丁卯朔越十六日壬午男繼蘭奉督學御史詳允暨撫按道府州學各文移奉吾父文達先生木主崇祀鄉賢祠謹以牲醴香帛致奠於吾父之神曰吾父生不慕圭組之豔殁寧博俎豆之榮人心不泯輿論攸同鄉紳里老各殫見聞學州覈實府道轉申督學使者矢慎矢公謂吾父風規朗劭氣慮廉深學探原委誼篤孝恭躅追曾閔脈紹濂閩言壇宇而行坊表外嶽峙而内淵渟宜責祀典用表幽貞其偕吾父而舉者靈臺唐先生太僕陳先生西郭劉先生給諫王先生先吾父而舉者宋則安定胡先生員外王先生明則副使張先生侍郎徐先生知縣王先生侍郎儲先生副使儲先生文選林先生心齋王先生此皆吾父生平所欣慕而仰止今相與後先肸蠁於宫庭繼蘭緣慳才譾無能早博朝廷一命以尊養先人今玆之舉猶是吾父懿徽不没於學士長者因徼重於當代名卿今從州大夫後奉主入祠遘祀典之肇舉儼模範於如存千秋萬世明德維馨吾父有靈是依是憑尚饗

明經公崇祀賢祠闔郡紳庶公奠文 王蜩 勧筆

維崇禎十年歲次丁丑八月丙申朔越祭日壬寅後學劉萬春
王相説陳王謨紀廷薦劉斌憲劉履吉袁爾凴儲堪吳纘姬劉
懋賢戈文明徐爾貞謹以剛鬣柔毛清酌庶饈之儀致奠於待
贈文達公玉崑宫先生之神主敢奉鄉賢先達諸公神主同享
而為之祝曰於維我翁世澤靡窮淵源静海歴官江東大於吾
泰篤生兹派維翁之考名髙嵩岱欝不得志肓不能視老而復
明維翁孝事父母令終盡禮瘁躬義方訓子乃亢厥宗有志意（竟）
成前茅大廷稽古之力重於春卿咨詢水木記（祀）典嗣續曰慈與
孝論愜鄉國於維諸公先達峥嶸千秋血食徽惠餘榮敢希神
貺同兹陟降我翁有知生平所嚮我輩至誼譜牒之契或忝絲
蘿或親氣味猶子之愛姻戚瞻載薄奠一觴庶垂盼睞尚饗

賢祠奠中憲公文 田雪龕州牧筆

維順治十七年歲次庚子二月丙戌朔越祭日丁亥提督江南
淮揚蘇松等處學政提刑按察使司僉（事）司後學張能鱗謹以羊
一豕一瓣香束帛清酤庶饈之儀致奠於鄉賢大儒丁丑進士中
憲大夫廣東羅定兵備道副使鶴翁宫老先生之神主曰洪惟
我公挺生東海體備（珪）璋望隆鼎鼐世傳家學饒以文采經濟珪
之書窮羅廣滙當其髫齔已驚宿師及遊庠序名公歎咨抗論
理派朱陸披靡觀光國學郤金致美京畿秋捷聲名蔚起才儷
淵雲性薄朱紫痛心風木眷念髙堂何期當事嘖嘖交章謂救
時急匪公莫良南宫捷（奏）報文傳都下廷對嶒嶸天子所託迺授
水部為時倚藉命築烽臺衆辭厥艱公獨受任躬歴邊山賁滅
功速畢事而還司空奏績歡動龍顔爰命夏陽疏治河道時值
旱魃河流其耗公濬有方泇波浩浩漕艘百萬通行無噪推參
陜藩帝曰兖哉地大人衆益以荒災欲拯積困厥維弘才公廼
叱馭魯邦是来公蒞魯邦肓嚴斥堠繼清風逋吏無窮竇新政
初成早思解綬爰賦南枝北堂初晝豈期公歸戎馬突驚城郭
灰燼戈戟縱横始服公見卓矣其明旋聞北變痛悼神京洎蒙
嘉命東憲東粤望繫東山志耽林樾仕優則學學靡弗通博極
三才晰夏顯融聖域賢關升堂入室小子成人執經請益彜好
有素敢後表章時乃上巳（丁）祀事孔光箕尾初升黌宫位列惟公

大儒輿情允協黍稷斯馨俎豆攸鏞千秋百世侑享攸崇尚饗

公奠中憲公誄 并序

戊戌秋八月賜丁丑揚進士出身中憲大夫廣東羅定兵備道
提刑按察使司副使鶩鄰宮公卒於正寢人之云亡邦國殄瘁
無論知與不知聞而隕涕某等以年譜姻婭具清酌庶饈之儀
為文以告嗚呼哀哉公一代宗工百年師範在國推台鉉之器
於世號文獻之徵乃至大雅淪亡典型攸斁遐邇共悼童叟銜
悲嗚呼哀哉自正學殘缺罕師資經師人師經術經世孰其一
得無當淵通而知德者尠矣公成童日一竟舉一動準於先民凡
所制作已驚其宿師為諸生厚自砥礪於學無不窺熊司空倡
學以陽明大業期許戊午秋熊典試楚闈公串遇鳳泗驛公抵
掌時事熊戒勿譚兵屬望甚盛而公亦因兩親在堂多所眷戀
暨太翁文達公壽終益慟心風木絕意浮名丁丑上春官廷對
進呈亟謀歸養策中故刊落數字拔二甲六名公弗克竟所用
於時始終成孝一念間之也除水部郎督造烽臺修理重城署
理六科廊務視河夏陽出守兗州濟所至赫然有聲時東國多故
魯藩暨諸當事欲得柄用公公移養詳謁日至三至二行拂衣
遂遭甲申之變而南枝之卧愈堅垂廿年如一日中道起羅定
兵備不赴卒家後督撫按薦舉起用三四反不赴此則世運使
然而公忠貞節概此大可見矣原夫理學文章既難皆檀勳庸
品行亦非一途公資學並茂內外兼包文質具優德業咸貫為

學為政克肩負荷之長居官居鄉懋著清修之實絶筆百餘言
貫徹三才區分二氏非明心見性者不能至於披緇去髮事異
前賢毀冕裂裳義存專屬閒諡法而謂旌俱勿用以公行事書
不勝書或者名非嘗名匪世所測抑又要渺廣大莫名其際矣
嗚呼哀哉夫賤不誄貴幼不誄長存順若彼歿寧若此虛所諡
以待方來之典僭為詞以大德美之傳不有所述後何徵焉況
年譜絲蘿誼分猶子之痛者乎其詞曰
奕葉南宮公室世卿唐宋以來代有令名聚族河東大於瀛海
欃川之功旂常是載維公之先分守維揚視篆海陵於居斯康
世德丕承逮於文介士林槼矱里名法戒爰及文達邁世之英
孝養格天重豁嗣明維公之生雲錦垂曜一索得男顯融開紹
率祖攸行起承絶學闗閩濂洛幼而進琢束脩厥躬有德其基
弘文煒煌妙譽風馳靡藩不涉靡奥不窺包羅萬象磅礴二儀
明睿昭晳堅白異同衷之聖學得其大通立本知明體適用志
躋域優遊曆時重經術經世經師人師衣冠禮樂不在其茲壯
列賢書咫尺承明情依子舍澹彼世榮賦奏南宮進呈高第天
孔嘉綵衣謁帝首除水部簡督烽臺修理重城宣力庀材奉使
憂夏陽漕運攸屬維此泇河墊淤彌蹙君父宵旰竭力畫疏終
賴勞勩克共乃事欽賞紀錄改授首資政府借才兗郡咸推五
馬載馳一麾出守保民伊賴綏理斯厚城守方畧保甲兼行團
練儲備弭亂定傾盜息民和安良去虐賦額澂清吏無橫索戶
口殷繁侵欠莫稽星罍貽嗟哀此孑黎拜疏黄堂賢王改容垂
死之民知所率從自公拂衣南枝高寄名封破陷衆歸神志甲
申之變行路所悲以公忠貞兼之識時羅定不赴志存溫凊徵
書嗣出勿渝成命公之志向海澗天空公之器量嶽峙淵渟公
之理學牛毛繭絲公之訓詞諸子六經公之文章瑞鳳祥麟公
品行璞玉渾金公之謀謨可付史筆公之節概昭若星日令子
巍科為世棟梁抱膝盱衡希宗南陽諸孫早譽星聚一堂鸞坡
始基接踵高崗五世顯榮一門重慶龍鬣佇卜期頤進臧胡彼
昊天奪我儀型老成彫謝邦國靡寧舂輟巷鄰機寢工女親黨
淚傾行道延佇某　等籍通纍葉戚均五服望若高山瞻同夏屋
請節康惠稱義若何照鄰殆庶正學克荷撰德旂旐圖功簡牘
廡序爭光穹壤式穀嗚呼哀哉尚饗

春雨草堂別集卷十九目次

春雨草堂別集卷十九

海陵宮偉鏐紫陽輯　　男夢仁定山重訂

春雨草堂題詠

圖

陳丹衷 字涉江，上元人

西湖春雨為海陵八景之一，廢址久湮，涸沮矣。紫陽宮子辰濬小築藝樹，顏曰春雨草堂。余偕宋子其武及周子元服、高子蔚生來訪，其上索予作圖，衆共賦詩，因得更徵同人為樂。余向未代人描貌，顧年譜中摯交紫老上首，乃篝燈匐草中，間訪禪耽弈，十日後始就，遂別去。人生快聚如此，何可多得。時丁亥春月。

楊允升 字贊皇，通州人

春雨草堂清流環鏡，碧樹攢烟，居然別一天地。陳侍御業為繪圖矣，主人又屬余效顰，曰所不易者蹊徑耳，他非所限也。予因得肆意點綴松亭桐榭，層見疊出，不（覺）又闢一天地，草堂之靈得毋驚鴻濛之大鑿乎。雖然，君方在營度工巧，正未有極，此圖今日見多者，安知後來不猶存見少耶。

惲本初 字通生，武進人

此春雨草堂圖也。先是紫翁為書相命成詩四章，卻寄未幾，而余竟過止宿林塘十日，盡園趣，許為園圖，圖成，而涉江輩先余有為之者，譬之寫照，翦見〔?〕出，總期於是，非必余為唐突西施

也意之所至筆不能盡復系以詩得近體八章如杜老之顛倒
於蘇亦非必主人索句耳同人相和則何敢請

額

宋　劼字如園溧陽人

春雨草堂

王時敏字煙客太倉人

舊山讀書堂

宋之繩字其武溧陽人

煙篆

惲本初見前

蠡園

杜祝進字退思黄岡人

瓢枝　千潯一碧

陳丹衷見前

紅錦堂

黄周星字九煙上元人

美人香草之居

趙　庾字長公萊陽人

烏歌魚泳

王澤弘字涓來黄岡人

詩篷

胥庭清字永公上元人

閒情室

李楷字叔則長安人

風篁日觀

周亮工號櫟園祥符人

鐵石堂

楊廷鑑字冰如武進人

煙螺　捲雨檐　浴鷺渦

萬慧壽字年少徐州人

之罘别業　在五湖梁父之間

高世泰字彙旃無錫人

香草亭　若耶谿上人家

杜　浹字子濂濱州人

倚嶽亭　西湖清曉

程正揆字端伯孝感人

槃槃墅

張文烶字湛生順天人

四嬋娟亭　優游山水敷文析理

姜　垓字如須萊陽人

鏡中青玉

李長科 字小有興化人

竹柏影

方拱乾 字坦庵桐城人

昉閣 罨畫樓 芙蓉采 留春榭

王士禎 字貽上新城人

花月處

袁于令 字令昭 人

晴好雨奇之臺

王鑨 字大愚孟津人

岱雲樓

王無忝 字夙夜孟津人

宮先生見大意之園

王民 字式之上元人

十錦亭

自記

穿花棹 丘壑猶存或曰丘壑獨存

聯

陳丹衷 見前

當世有文章酒曲星湖深雨夜
斯人識時務柘陰春畝著書心

宋之繩 見前

流水有情還繞屋
好雲無處不遮樓

龔鼎孳 字孝升合肥人

舉世此丘壑
幽有何歲年

乘興棹扁舟東流則東西流則西濮水莊前白鷺一谿春雨
避人成小築南山之南北山之北木蘭紫外冥鴻萬里天風

唐允甲 字祖命宣城人

一畝外水泛花開憑眺何殊西子
三徑內棋枰藥灶咏觴即是東山

惲本初 見前

漂蕩雲天陋中散山陽之鍛
遷流日月類愚公野谷之邨
對竹理濯溪身與白鷗齊浩蕩
看花憑秀落天從青鳥任騫騰

靜裏度煙霞向子期富貴賤貧較多郭論
冷中看歲月陶隱居晦明風雨御守天真
挾拳石之嵯峨北望雲山未免有情留遠志
學聖湖之浩衍西存星鳥能無遇物寫長懷

趙開心 字洞門湘潭人

池塘詩句春生草
腸胃文章雨浣草花

樓連滄海日地接廣陵濤點染四座烟雲筆硯圖書時帶雨
閣栽何遜梅亭種陶潛柳醞釀一天和氣椿萱桃李景長春

黄文煥 字維章永福人

是如春是小春護取春暉滋杞菊
為舊雨為今雨數將雨點問天人

杜祝進 見前

陵風玉樹藤蘿上 杜少陵
承露金莖霄漢間 薛君采

杜濬 字于皇黄崗人

荷蕢者過其門尚有桀溺長沮可稱同調
擊磬襄入於海試問伯夷吕望誰是吾師

陳震生 字青雷武進人

我瞻四方誰從爾作室

有美一人宛在水中央

田作澤 字雪龕商丘人

扁舟五湖近在十畝西湖誰解鑄金求少伯
萬方霖雨即此一家春雨猶然東来臥隆中

黄周星 見前

老樹空庭得
春颸細雨来 集李杜句

白雲本是青雲侶
今雨依然舊雨人

趙廩 見前

開尊陵倒影
解帶御長風

吳國縉 字玉林全椒人

東一廈西一軒翔魚飛鳥總總畫
曲者阿邃者塢細草閒花月月春

不拘乎山水之形雲陣耶山月光耶水
有得乎詩酒之意花酣也酒鳥笑也詩

佘懷 字澹心上元人

十雨十風十畝清陰移畫舫
一丘一壑一簾晴雪捲紅亭

嚴灘之客為星星照西湖春水碧
姑射之仙若雪雪飛南浦晚山青
彩筆畫新蛾風月湖山四海閒人來作主
玉笙吹乳燕煙雲花鳥一犂春雨便為家

胥庭清見前

豁可浣花宛似少陵得句
亭當放鶴依然處士高懷
暫須抛御蒼生看柘影桑陰扶疎十雨
相與放開青眼收湖光山色消受三春

趙士春字景之常熟人

人在蒹葭歌白苧宗子相
名聯騎省映羣賢李于鱗

方拱乾見前

公子流年對芳樹
哲人蹤跡溷漁樵集七子句

凌世韶字蒼舒徽州人

牕中列遠岫
天際識歸舟

李楷見前

橫流賴君子集選詩句

晚涖見奇山

周亮工見前

翠微中人　蒼岳有高夢　半畝惟欣春雨足
濠濮間想　閒雲無外心　百年獨愛草堂閒

楊廷鑑見前

靜處堂中有性命可究詩書可娛山水可遊適安往而不樂
曠觀塵外以物我為一身世為寄今古為幻影庶幾全吾真

紀映鐘字伯紫江寧人

文與可攜婦遊谷中燒筍晚食至得蘇長公書噴飯滿案自是
山家樂事
茅季偉奉親居田舍殺雞為早供偶留郭林宗宿草蔬對客嘆為
賢士真懷

王崇簡字敬哉宛平人

潔身躋祕閣
端坐守閨房

萬慧壽見前

明光起草推高第李于鱗
雲水關心寄短簑劉爾牧

姚佺字仙期長洲人

戶閑烟浦　野水多於岸　袍笏呼未先拜石

家藏畫舟　人家半是烟　管絃麾去聽鳴松

高世泰見前

遥看黛色知何處獨孤及

畫取華峰贈遠人韋應物

杜濬見前

攬勝應來康樂屐

爲園消得坡仙詩

風至豁松闞濁酒林中歌白石

雲来迷竹徑落花枕上看青山

張文煃見前

宫錦尚留叢桂色

新莊亦號浣花溪

無名氏題壁

好客常乘月

爲魚不問天

梁清標字玉立真定人

神仙才有數

丘壑道難忘

吴國對字玉隨全椒人

畫中詩意詩中畫

山樓外山光樓山外樓

戴本孝字務旃和州人

岳錬秋蓮仙掌立

天垂春柳酒星香

袁于令見前

晴雨西湖意

烟嵐北苑圖

春雨草堂別集卷二十目次

春雨草堂別集卷二十

海陵宮偉鏐紫陽輯　　男夢仁定山重訂

春雨草堂題詠

序

陳維崧字其年宜興人

賣音嬪同又寶起心

蓋聞嚴霜賣葉寄迹何由滄海橫流容身無所志士抱羈孤之感貞臣興轉徙之嗟然而莊名白石猶[有]故侯家近藍田非無舊將王逸少晚年肥遯誓墓尤堅謝康樂歲暮棲遲遊山更劇競說愚公之谷相傳處士之廬僕以客遊時爲浪跡偶過海陵之郭獲登春雨之堂其堂也歷落嵯峨嶒泓蕭瑟接天暉晚依稀潘岳之面城樸地閭闔髣髴晏嬰之近市蘭橑夾峙望若鴛鴦複道中迴形如蝃蝀文廊綦布綺館星羅珠簾共鶴露齊垂綉幃與鴈風同捲況復闌通南海雲水一區地號西湖烟波萬頃鵁鶄鳧鷖真同鏡裏之裝蒲稗菰蔣不異空中之市王司州流連印渚欣賞絶多謝太傅嘯傲剡溪襟情不少爰乃被以紫莖繚之紅藥王家仲寶府種芙蓉陸君慧曉門栽楊柳文禽翔於綠水翠羽拂於朱軒固已石留貞女之形寧徒果得隱夫之號時則風吹鍜竈人是嵇康月冷匡牀主稱向詡披鹿裘而泮渙載鶴髮以婆娑手中麈尾皆過江支許之譚案上牛腰悉入洛機雲之作隱囊紗帽宛矣風流屐齒巾箱翩其姿致若夫故都

玉樹感不忘心舊事金船悲難去口聽關河之鼓鼙既足嬰情見鄉國之旌旗奚堪拭涕心如餓雀墮此空倉骨似飛龍落来藥店三年石闕豈無懊惱之歌五夜彈棊大是平不之局時則憑欄悲歌登樓慷慨王敦閤内惟多缺盡之壺陶侃齋頭祇有運来之甓於是東都好事南國名流竝贈詩章咸投卷牘宋風謝雪龍虎跳於行間何粉荀香珠玉生於句裏珍踰趙璧光婉隋珠 崧 樗櫟庸材菰蘆下士當年龍戲差有姓名舊日射雕頗多儔侶訪羅含之宅幸覯斯堂銜山簡之杯乃為茲序且喜虬鸞在後悉高山流水之音深慚糠粃當前愧白雪陽春阿之曲言歸二酉兼慰雙丁

記

包壯行 字稺修 通州人

海陵有畸人別業成而額以草堂誌在田也在田則秋水蒹葭幽人所寄托而又曷額以春雨際肅霜奪霜露之秋不忘春雨犁畊之望此有逃而棲者所不欲言而第曰予海陵人海陵隸維揚不能容於他國城腹固大橋分廿四之半水亦分淮泗之細農圃野人族處若避秦而阡陌桑麻外人不得問津焉昔人以景屬之而此堂之鄉水所滙滙於西爰取春雨借署西湖今茲草堂逸西湖而存春雨念彼桃柳雨堤笙歌百鷁今日西湖寧復當年春雨而此地烟波數頃波不改綠右眺岳山之崖峩北瞻戰場之偏傀亦千古興衰之感也蟄雷一響人在碧天為絲為絮而春緒碎縷灑總灑石而春情惹物春耶雨耶如是牽縣耶無何小艇客至深入芙蓉紫壁樹聲敲殘棊子山鳥啼散茶烟青童提壺踉蹌而竹鑪之火久紅雨畦之韭初翦問客狂與何似歌落山頭數花矣若夫梅花人別渡口霧迷遠寺鐘來暮雲天涇睹茲細雨嬌春不耐愁懷瀠水乃而草堂之雨不類山陰之雪有客在琅耕雲架屋買石裏糧偶一過從投轄山間主人揖罷見四壁倡和翠滴霞堆成苔成繡有聲有光醉而讀之草舞字香迨榆莢之雨全長滄浪之櫂可放而春雨未堪留客矣芹泥融而燕子巢完荼露霏而石圃人遠主人停卮春雨如

此草堂何哉作是記者奚必廬陵太守之自命其人而肯是堂者悠然喜雨亭之别一逸情以想見堂中之人草堂云爾哉

陳震生 見前

大江之北有宮子紫陽大江之南有陳子怙思幼同學長同門老同避世陳子於惠山之麓小築半圃吾將老焉先是宮子於吳陵城中有水一區號曰小西湖卜築其上此春雨草堂所以名也嗟乎宮子有湖有堂自足千古如余圃不成圃僅半而已烏足與宮子比肩乎乃宮子數百里飛書需余一言記其事又烏敢以不文辭也乃設為問答以記云時在戊子歲清和月望

客有問於草堂先生曰吾子天骨疎朗器宇高巍方抗志千仞之上橫襟滄溟之奇局處咫守可謂迹窮株兔見小醯雞矣何朱（太）愚耶先生曰始予笄弁業委贄而為臣中於華髮行高蹈而終隱豫讓之百骸可灰徐庶之寸籌莫展且也合抱之松無庸於淨人之國如甕之繭見棄於裸體之拜（邦）吾寧坐茅而漁抱犢而耕耳客曰吾子懷仁抱義結轄不見一奇將遯淵抱勃志偶影瑟居終其身耶假令聖主扶輪良相推轂子其暮釋耒而旦握符亦大丈夫之志乎先生曰幽谷芝蘭不以無人不芳勵行喆人不以過窮改節若復飾混沌以蛾眉冠越客以文冕將無笑槐柳之齋列嗤馬首之巢由歟且視彼夸毘之子朝榮夕悴福不盈眥禍溢於世山人且以為悔況信道居正方駕遠邁者乎何至河梁分手嘆漢節之難攀牝朝遺識愧盧姨之有守哉

艮不云乎不獲其身不見其人吾甘艮之止何羨鴻之漸哉客
曰惜也體貌未衰日月尚壯將無徵歌選伎託磬俠骨投壺博
弈借耗雄心亦通人之雅致也先生曰君不見東家富財喧煩
附會西家富德冲寂蒼涼乎吾業道味自飴世芬莫覥何有於
眩視鼓聽紛華是悅哉古之君子性寓於庭草心寓於芭蕉節
寓於竹丸之弄驢之鳴盆魚之自得野馬之絪縕青山綠樹之多
態天光雲影之徘徊得之境而會之心所謂名教中自有樂地
排群昏而獨照逃多累而上趨將廉恥勵於鄉閭祁僻銷於胷
次庶追先民遺意爲客曰吾愧猶有童之心量子淺也而後乃
今古心惟以自鞭世路任其終梗高行存乎默成道力貞於獨
醒静言思之或不乏清交相砥敷衽論心可以比景可以共波
可以方物荃蓀可以連類虬鸞乎先生曰譚何容易子不見下
邽得勢坐上常盈一朝見斥户外無聲乎吾年來遯迹邁軸棄
世世違名紙生毛青松落色求其同病相憐恐懼寘懷者伊何
人非無譚詩避階乞文環堵要皆向大乞兒吾皆夏畦鄙之昔
子雲玄亭停橈問字淵明菊徑攜酒款扉識者猶嗤其多事謂
蔣詡蓬蒿袁安高臥也相彼九州大兒文舉小兒德祖亦甚寥
寥矣吾寧坐嘯草堂偃仰自如爾客曰子志量高矣遠矣獨怪
子之半菽不飽二餔不繼何將天雨粟乎地湧貝乎吾見捉衿
露肘瞿瞿然如不終日也先生曰唯唯否否吾度形而製芰荷
量腹而進松朮饑則採芝寒則曝日弄遥空之月以代燭寢幽
林之磴以當枕無魚拾畦町之蔬無芻浴晴溫之瀑無鄰餌芳
鬱之嵐無釀味太和之液是亦足矣何貧之足患客曰吾子見
遊於虛而道軌於正善處身世者矣即先生之言記先生之堂
夫亦足矣遂書其語歸之

姚佺 見前

前進士紫陽宮公既謝歸立屋於泰山之下小西湖之内爲春雨草堂譜舊也光烟騫翔参繚幽勝涼臺燠館有緑野風焉紫陽野服蕭散不出門院蓋常即飲閒館凡飯菜醯醬皆母手自辦又若筍之薏楊池之藕磅磄青色之桃就園摘食不入塵而辦（貝）何豐博也或曰紫陽緬想人外不設經濟之想故清篽潥水綺寮雕檻備極纖麗紫陽映蔚因依綴目新眺殆有終焉之意歟昔顧越世路未平無心仕進因栖隱武丘與孔奂等爲文會安見其不可也是大不然者泰岱也宗於東嶽之長也王者整泰壇理皇神則百寮山立萬乘雲縈熙熙旭旭和氣旁通蓋東臨灞滻西望舊豐此一泰山矣迨割屋連牀坎土作窟於是浮游者有五湖之志五噫者有出關之思又一泰山矣公乃因高就高因深測深若已窺煙波臨滄洲矣不則窈窕尋灣迢遥望島不釋方塘而揚州之漫已具西湖小哉自其細者觀之無大不小也自其巨者觀之亦何小不大哉彼漢武南巡常以衡山道遠從嶽灊山矣可徙衡於灊獨不可移岱於湖歟又西湖煙雨往來夢寐蘭亭真帖果皆委之暮鴉金粟乎冬青花樹移於泰陵植之此山不過十仭意擬衡霍谿不褭數丈趣侔湖海公意在斯歟意在斯歟具是觀也可以登春雨之堂戊子七月妙（杪）會日識

顔光祚 字維遠吳門人

土之負勝而久者不得人焉以葺之則其勝不顯顯矣不得人焉以居之則其勝不傳吳陵治中土阜隆然而高者曰小泰山山有岳武穆祠焉山之石有水一泓渟流深廣略似越之西湖名曰小西湖歲久崩迫摧頹雜還農賈僦其居狐免穴其處而湖之勝日以浸湮進士宫公見而惜之課奴㮇剔糞壤焚翦朽木纍石爲山引水經其中架竹爲橋由橋而往迨極蔽虧隱伏之勢稍折而東乃構屋數楹名其堂曰春雨草堂蓋取補杜甫浣谿草堂之義堂成凡向之蒙叢而高者迴然以出沮洳而卑者淵然以清名卉雜置奇石林立而吳陵之勝於斯爲最矣由是四方名士大夫咸得會於其所而公時出樽斝相對岸幘嘯咏若將終身焉昔杜甫自方禹稷乃憩息於浣谿之上與嚴武輩策蹇招尋以重勝蹟於不泯今公亦輕去簪紱泉石爲伍樂與二三子論道著書千載下聞風而起者誰不曰浣谿春雨無以異哉

何煜 字雍明 青陽人

天下湖山極盛無愈於虎林之西泠故林巒丘壑之美往往託爲然不似者不免無鹽唐突惟吳陵郭内有小西湖水遶崎嶁草樹芊眠蔚藍逶迤宛爾襄陽父子墨戲州志八景綴西湖春雨厥稱惟肖其七不足儷也宫紫陽先生就景考室遂拈春雨以顔其堂讀書於中小山招隱砌湖(浮)碧芷架引青蘿部署松桂品題泉石占斷西泠風味若夫膏雨灑塵烟景瀰漫山垂薄陰湖散清響白練翠嵐瀠峙映帶雲木葭漪咸益姿韻方春之物得雨勃然洵美且都矣然舉名者於其意不於其盡擴而引之春有非春雨有非雨也爾乃穠李敷華嬌楊垂縷菡萏迎風碧筒擎露芙蕖含煙瓊枝照水四時之氣備於一堂迨夫皎月窺波冰壺濯魄流風迴雪玉樹映人雲蒸霞蔚彌鮮益進於其前先生狂顛酣哦所得畧有既乎夫先生以金閨碩彦放於泉石之間丁世多故遺情仕進嘉(喜)與海内賢人君子尚友古人歌聲出金石西泠有神恨不入吳陵郭内而盟鷗夢鹿宜海内名(流)名艤舟衡皐不能已於言也成都有浣花谿杜少陵堂之聲施至今今先生別業堪與競妍且避世感時著書賦物靡有不似少陵者柳子云美不自美因人而彰吳陵之勝因佳非先生曷可傳耶余既儀其人愛其地故擬危言以發命名之旨云

跋

唐時 字宜之 人

圖寫雲物之鮮妍詞畫錦繡之心口雖不見草堂而草堂可想而見也草堂主人俄而忠孝油然則陳情出師在其腕下俄而曠懷高寄則繡虎畫眉俯視古人此卷又會稽之蘭亭西園之雅集也雖不見草堂主人而主人可想而見也一開卷間山川之新意賓主之義味粲然畢陳於前矣無以加矣雖然學者尊其所聞言者言其所尚可乎圖中樹石稜層花鳥嬌艷吾欲向草堂西偏幻出百億寶樓飄爲浮空湛如雲氣以補之騷人麗句盡態極妍吾欲向草堂西偏幻出自然天樂觸耳風泉演説苦空無常無我之音以補之主人命意而泣鬼神攄詞而驟風雨健杯傾峽瞬目千秋吾欲向草堂外幻出陋巷通衢華門茅舍又幻出無數村夫野老牧童樵婦相與較量晴雨問答山水之詞以補之等幻也而余之所幻一似風雅場中不入耳之歡然予故謂盛筵中珍饈飽腹一甌清茗正不可少耳此朽人芹曝之獻所以遥寄草堂者也若謂大明眼人色空相即(卯)豈作殊觀語(此)近之雖然吾聞其語矣未見其人也主人道毋群物腹達衆才何傷乎亦各言其志也已矣章爲寄聲陳長者水邊滌簡

看雲僧

賦

嵇宗孟 字淑子安東人

吳陵曉業主人選勝西城濱河築樹顏曰春雨草堂以治有西湖春雨之名且出入於丘壟樹間與武穆安定二祖（祠）左右辰夕海內名流尊宿或譜以詩或繪以狀余薄遊茲土主人名而寓目為酒酣索詠漫賦及此

若夫銅鞮百里珠府五星鶴禁龜梁雕風烟之氣狀綺寮芝栭覃川嶽之芳型長橋臥波白虹臨酒明臺輦月紺馬揖庭洎乎駝路荊榛雀飴華薄車鳴腹痛弓存碑落蘭懷根而縮香雨淋鈴而咔壑感神州之轆轤佪都房之的爍則有菟裘飲翩魚渚就閒夜人爛石聲出五畝桂父柗贄陳書大山東皋之酒樹千頭西畝之笋伯一班种放入豹林而聚徒講學子同辭鸞扃而選瀨投竿迂叟張獨樂之園平子頌歸田之賦皆是養晦鳴高履幽傺（素）樹况地枕膴原市塡文露揭步恢台築情有蕣蓉鏡天磨碎珊瑚而立影蚌娃夜泣然木難以延竚於是吳陵上客曉業主人滌蒼醫（翳）采僊英陟巉徑蒔花術爰憩草堂之躅乃顏春雨之名移雲就樹柗監（鶴）盟神皋左峙泰嶽分形麗譙右顧坤極峥嶸南池浩浩壽此魚丁北芥暟暟額手穗人富夫青陸載陽勾芒（芊）司軸柔草芊眠游絲芳郁花分女面之紅樹長佛頭之綠柳幌雲開人挽鹿車而問字漁庵鐙細僧隨龜尾以皈林爾乃豐隆起洞鳩婦謠岑鳴濤寫練醉葉含顰飫鸁苫封有妨屐齒桃花氣暖不礙角巾看閬風之蝶馬泳濠濮之高唫日者金王大流木葉微脫閶闔颸涼露華濺白桔槔引哀壑之龍菰米種豐年之玉蟬危冠而唱虛蛩鳴裳以詬宿冰壺（壺）坐照邈漢使之仙槎月御惠臨張天孫之霞縠乃有兔園才子虎觀鉅公攬華啓秀摟異發蒙蓄盛藻摛雕蟲傾思洞表宗風濯錦潘江學叙文於蝌蚪浣花陸海鑿宮樣於芙蓉抑有匠心小李矩步大癡經營慘淡刻畫透遲蠶閣浮空谿外之谿九曲魚梁隔岸樹後之樹千枝硐戶橫琴借高山以移性洞軒遲月調此（止）水過吾師倢伯引斤而授范雲駝荷鍾以致辭余翔步吳陵倘佯名藪搴蘿坐石折荷行酒好風南來夕陽西媚於是駕花生身馮鷺漚溯洄珠館仰止梵園嘆美人之調饑洵考槃之不諼扣楫而歌曰山鬱輪兮水渺茫領泰華之具體兮試西子之靚粧中有蟠龍兮不雨而藏秋禾離離兮文鴈娛霜又歌曰載步高閑兮展懷武穆狐狸疾首兮松風謖謖幽人杖節時往來兮永矢弗告亂曰春楹策策兮時鳥庚庚種石懷古兮嗷史如醒酒柗羊仲兮詩彷陰鏗激思道業兮問何典型東瞻杏社兮安定先生

春雨草堂別集卷二十一目次

春雨草堂別集卷二十一

海陵宮偉鏐紫陽輯　　男夢仁定山重訂

春雨草堂題詠

詩餘

王玉藻字螺山江都人

寫春雨草堂詠沁園春一闋

蒲蘆深處洞天旋闢客子忘歸正柳蟬噪日凉生簟枕樹鳩呼雨汗浸羅衣綫片落花亂鋪野水點化就竹檻荊扉憑攔處芰荷零亂魚藻依稀　那堪日入戈揮心如棘蹴地布危機且綠雲封内潛從魚戲碧霞影裏高逐鴻飛紅魚藻覆水翠羽分波是良朋玉屑芬菲君情重更二番伯軫鍾徽

人調鷓鴣天宗袞武承索賦并呈紫老笑

㢝廊高啓可曾經醮水衣山一抹深橋作蕭葭虹作蝃衍分野浸月如星　蜂尾銳蝶身輕栩栩翩翩各寫心堪嘆洛陽裘馬客杜鵑聽徹怯聞鶯

林諫字祖記福建人

踏莎行

勝覽海陵湖上雲樹春陰簾幙疑烟霧蒼苔蘿薜自清風高人穩結幽棲處　文酒琴書朝朝暮暮最宜深柳遮芳路芸暉醉白漫相誇何如踈響檐前注

張遺 字瑤星上元人

乳燕飛

卜居何處好要商量理亂不聞是非不到一自飛塵生碣石在
在猿驚鶴擾幾名山容人長嘯幸有微湖如練淨占湖光一曲
歌槃考吾與子翫芳草　英雄大業如飛鳥問何如學道讀書
焚香御掃記取一簾春雨後四座煙迴霧繞儘消受棕鞋桐帽
莫道知交無上客有扁舟漁父忘機老撫掌笑乾坤小

鄧漢儀 字孝威蘇州人

金帳情濃牙籌算熟那管門外春光杏花桃葉都付與漁郎為
愛城西小築因水石造作山堂垂楊下扁舟一葉寓興在滄浪
難逢惟上巳蜂蜂蝶蝶一泒花香御集西園彥媲美諸王試
看移篷盪槳無絲竹但有文章如此風流佳興過後更思量

錢化洪 字山銘吳縣人

禊飲調寄水調歌頭

層柳遮晴郭芳草襯平沙遙看一帶烟霧隱隱有人家恠来碧
櫳紅榭又是小橋流水春色上毳花好載烏衣客簫鼓鬧雲霞
頻撥棹爭喚酒與烹茶為問永和逸事風景總無差只用奚
囊團扇留取揮毫潑墨意興甚豪奢待得黄昏過燈火未迴槎

許承欽 字漱石湖廣人

己酉上巳禊飲小西湖用司馬君實韻調寄錦堂春慢

仙履穿桃金梭擲柳清流觴詠橫斜徑仄峰偏時露遠近蒸霞
簡授酒籠絲草競看字格簪花勝情綺思墨霧香雲春在誰家
滕懷園林馬射得子山賦就點注芳華今對夔龍巢許往事
堪嗟試向吳姬索笑拂舞袖休搊琵琶醉裏戲拋詩卷丘壑衣
冠錯認蘭涯

填詞

袁于令 見前

梁州新郎

裴公別墅陶翁栗里勝地因人傳世西湖春雨吳陵八景之一
太史名高鈴閣文重雞林東性如董桂萊衣歸第也樂幽棲春
雨堂顏手自題一片水羅紋細是天公久為君留意身坐在畫
圖裏

前腔

虛堂無物琴牀書几茶烟騰上簾衣碧梧蒼檜清陰點綴階墀
縱使悠然獨坐對著鷗戲魚翔宛有濠梁致沿湖沙路輭一似
小蘇隄柳下虹橋可杖藜歌與嘯無拘忌幸人間存此寬平地
娛隱計儘足

前腔 換頭

草堂前水繞山圍說不盡四時佳氣過春光駘蕩處處鶯啼漸
見芭蕉分綠菡萏舒紅蘭蕙香風遞秋來月倍皎弄清輝幾曲

雲廊映水漪木葉墜冰花綴看玉林千樹光無際稱六勝已全備

前腔

座中人都是洛社英耆澗中觴恰似蘭亭修禊更擘箋分韻咳唾珠璣一箇箇平章花月笑傲煙霞才思人人異永和風雅變久貽譏此日重將正始追春雨社詩篇麗便選方取次郵筒寄似弘正譜敘交誼

節節高

滄桑已變移世情非風波宦海真堪畏明哲輩㸔見幾急流退日高三丈猶酣睡花開一樹思沉醉得飲數杯還數杯爭知百歲不百歲

前腔

韶光電火飛枉攢眉精神半為功名費怎似園林内山水奇登臨易子猷一任竹中廽君公何用墻東避讀罷吳陵草堂編恍然似與湖光對

餘文

當年漫逞填詞伎久枯竭琉璃硯水譜就梁州付雪兒于今之舊名曰晉詞曲中循寫之以新名無人識也填詞一道因人誇郢客座滿周郎老人筆秃不敢再作辱先生過而問焉曲成請教略無藻采偶但終唱無一重韻奏時不致扭嗓戾絃耳

王玉藻 見前

甘州歌

抽簪辛早把塵全淨洗浪迹林皐金蟬鳴露聽風筝萬柳鳴條蟠頭含矢射雉膏 算不如 燕子泥香趨燕嬌茅亭建趁水嶠綠烟環護白雲巢黄雲芃碧浪搖鷓鴣聲裏喚春潮

前腔

柴荆避世囂但畫樓烟鎖野水橫橋花軒月榭數遊鱗戲荇迎橈沿堤弱柳翩翩舞細腰夾岸芙蓉映水搖山靈慰猿鶴招北山應少使君軺冠纓絕馬足勞虞絃音杳楚狂嘲

前腔

危冠正拂髦豈甘心隴畝沮溺仝翱劉雞祖楫還須是誼結綈袍高懷天外冥鴻逐浪飄 不如向 焦尾金徽共軫調方舟濟隔岸招卬須將伯慰予勞金堪斷玉不焦布颿一葉下鷗鷁

前腔

和鳴應九皐正翺翔天表羽翼非遥仙舟郭李快班荆共話漁樵般勤姓鹿孰久要 竟何以 春酒躋堂介壽瓢瓢田收唱婦子謡丈夫終豈困蓬蒿休憂雨莫慮熇天心畢竟眷吾曹

解酲歌

把香醪共相傾倒叱嘉禾渥雨如膏假饒漏盡春歸了又何術起枯苗花辰月夕池館登臨莫憚勞 會教 遊魚興聽 肯使 泣潛

鮫人懷寶價倍高休糜好爵哺其糟馮唐老鄧禹韶任他時至

不相饒

前腔

幸天遺隙地森蕭悠吾儕任意遊遨層樓曲檻非人巧何幸借

野人僑聲求氣應我友摇摇魂夢招自有群芳慰寂寥乘高屐

買小舠扁舟來往訊春濤瞻星紀望斗杓激清會見卿雲飄

尾聲

魚書斷錦浪高短箋難寫情鬱陶何日再白墮紅芳話永宵

歌

杜祝進見前

杜老詩中思舊雨雨聽不到紞紞鼓自從風捲少陵茅憶殺漿

清樂寇圃荏苒平陂百不古乃今突兀見此鏡湖湖外絃山山

中千潯一碧之春譜濠上觀魚樂未央雲迷世代煙迷浦悲歌

何處望神農平世居然歸稷禹三十年前知不知於今始覺草

堂奇桑鳩雨坐宜情性秧馬晴愜樂社祠况君樂此非今日宮

錦歸來即不出誰挾銅盤出渭城聊摩金殣承親志著述年來

幾尺强高曾規矩二陵旁同朝袍笏一牀香安全君賜豈衣裳

草閣春寒雨露長蘭亭金谷徒文章君不見屋如渤澥醉於禚聽

著雨聲怯帳下

黄文焕見前

窮冬容舍閑遥矚霜氣透窗簷起粟化女踪疎乏巨螺化翁色

變嘆黄鵠門外剝啄來者誰倉皇索詩紀綱僕遠看墨汁令人驚

卷若牛腰盈兩束傳命殿後跂勁師務掃雷同標孤躅代降不

恨才遜古但恨生遲供寄廡駕説還歸劉説中弈被占先勝難

睹今世並生拈詠遲花殘郵得藥新吐開函勉强閲琳琅地界

堂名見數行捲卷起立忽大叫海陵主人何太狂我方蹋蹐高

卑生胸縮迷離身世渺何方君乃割天移地紛顛倒飽充堂構

立垣墻四時取一謂已備五徵去四謂無妨霜雪威虐擯各退

蠕蝀氣淫叱深藏胸羅列宿舊聲價此時去取增悲咤文章久

看奎壁黯龍劍無由斗牛射誰是逝魂箕尾飛請嗤五老凌空

化孤村尊好雨畢星並助霖灌園救炎夏城中餘地能幾何宅

傍萬里自矜多北收齊魯青未了南收六橋澹不波紅塵四起

畜

玆圖静試絜高深較孰多蓬島渤海澥即門首諸岳諸湖總么麽

日邀遊屐開隻眼變换大小破例窠問君孤懷何時始問君逸

興何處止天公何以答君望媪神何以慰君意我為閣筆費沈

吟弦月斜明半夜心合眼蝶飛到圃裏森森松桂結重陰長歌

題罷還起舞癡情自對影踽踽硯田恍有湖穀生筆格遂添岳

翠靚屏除梢拙棄寒灰嘘氣作春汗成雨

冒襄字辟疆如皋人

悉力留春春可留一甕春雲萬斛秋臨春結綺笑迷樓春雨何

消百草愁愁自無媒堪獨掃誰能獨閑閑得好撥灰分芋火炙棗留羅八景凌八表齒冷休文何所少只經我眼會我心東山拳大西湖小莫將西子比西湖雨洗梅花山月孤當年若戀揚州鶴招放應難問髯蘇眉山父子擅文章平泉臺榭擬長楊美事平分造物忙獨羨君家一橐裝五柳青青三槐黄七賢圖作家賢堂西園日涉興未央自甘草草謝東王會乞龍眠添一筆容我手翻雙蝶立其傍

姜　垓 見前

春雨草堂對酒放歌

淮南湖闊秋氣高浪翻城黑風怒號新人跳梁舊人盡包瓜割席須我曹蘆芽麥餅色憔悴形體垢穢雜二毛毫髮尚期禪社稷放達宜令神志豪清河上曲孤軍入落雕射虎無消息黄雄玄兕白日啼羈客淚盡重衫溼岳王祠堂花正開飆車倏忽雲旗回我曹更灑一杯酒功成竹素十年後歲晚歸來霜滿衣吴江江上鯉魚肥遮莫親知滿天地努力且飽西山薇

冒　褒 字無譽如皋人

春雨草堂歌呈岳父大人

海陵一帶烟波裏春雨堂前何所似嵯峨歷落出層臺浩渺縈迴環曲水共言此地擅繁華綠柳紅樓接暮霞玉椀不辭聽玉漏梅花未盡放桃花生色滿園無可拉陶情頻上釣魚槎萬里烽烟雖未定十年樽酒還相訂自古遯迹苦不真吾翁久已藏三徑嬌首江天最可憐淒涼宫樹日將暝我來草堂上上有九節節我來草堂下下有百尺松徘徊四顧歌且嘯更喜兒孫羅列丈人峰

黄周星 見前

海陵八景誰第一西湖春雨名居七西湖未是浙江潮移贈此中故無匹湖伴有墩曰泰山齊魯餘青夢想間波光瀰瀰接山脚透迤澹蕩相迴環中有方洲一畝地宋侯李駿曾為記構堂其上號醒翁椒嶼桃源隨位置轉（眼）烟雲數百年岸谷桑濤幾變遷誰歟繼起重開闢弈弈宫子邁前賢宫子才華稱絕代明光奏賦驚海内科名芥拾未堪誇鳳池麟閣應吾輩風雲有待行復藏幼輿丘壑且徜徉山林花鳥足高致寧非經濟與文章衮然自作西湖主草堂可農亦可圃西湖不亞昔西湖春雨果符今春雨繞堤古樹碧參天老梅修竹不知年疊石高低作巖岫小橋時復見漁船我羨君家好部署恍似江南佳勝處綠野平泉定足論高士美人任來去與君正可恣壺觴誰知將相與侯王且過一百四十歲同醉三萬六千場

田作澤 見前

癸卯禊日宴集春雨草堂

老翁春來能飲酒醉卧爐邊十常九有時無錢盡掩門暗中摸

索尋吾友今日忽傳三月三花氣晴熏暖似酣招集西湖舊酒徒飄然髯蘇及八男我苦候乾已數日騎驢漫轉香山脊草屩葱起洞壑雲不須爛煮山中石水木亭臺交迴五道是草堂春雨處過眼磨滅幾英雄桃花歷亂閙巖樹故國曾無紙半張為歡惱亂九迴腸一人擊鼓十人飲花住悲轉興更狂人生落絮隨風舞流觴我輩今為古又移畫舫過前川山月遠向柴門吐

春雨草堂別集卷二十二目次

春雨草堂別集卷二十二

海陵宮偉鏐紫陽輯　　男夢仁定山重訂

春雨草堂題詠

五言古詩

黄文焕（見前）

題句舊遥揣，七年駒隙馳。身親值此日，曲折始探微。擬岳瞻究
阜，擬湖縈迴漪。幻哉芥子裏，原自具須彌。環團殊廊落，提橋雜
差池。半隱亦半現，互合更互離。文心與經濟，槩然咸在兹。園丁
前指點，換徑紛換姿。新構頹奚遽，訊云風妒之。驚顧諸高樹，曷
由保柯枝。想見亭亭意，力戰克自持。豈藉神扶植，竟代天柱敧。
大夫獨立懷，於此良得師。憤欲訟風伯，云何敢恣睢。微籟忽然
至，謝罪申訴詞。西莊詎飄圮，松筠空鎖為。不妨成偶損，當因改
倍奇。牽留修葺念，請報主人知。免移北山檄，坐彈東山絲。籟止
我語塞，行行周四陲。衆綠交加處，翠滴恍雨滋。常邀春容盛，未
見秋氣悲。緬思命堂旨，四序雖相宜。池荷幾千柄，惜我到來遲。
莖倒青錢茁，復若初生時。欲呼花神語，重開猝可祈。惆悵返棹
迅，難因花滯期。相贈有叢桂，芬向出園隨。
避地以来，寡所交接。偶至海陵，踽踽顧影，舊識知交，獨紫陽
一人耳。客囊無所有，藉園詩實之，非以貽紫陽，乃以自貽也。
吾挾全圖去矣，幸甚至哉。弟焕自跋。

萬壽祺（見前）

春雨草堂在海陵小泰山之西，主人隱居不仕，官壽道人，高
其義，為詩贈之。

凌凌巖下阿，青松夾門户。中有至性人，結節立衡宇。日夕憩烟
霞，出入斷（斷）儔侶。自言能羽化，偶向人間駐。被服實璐光，采蘭阿
中渚。西望登嘯臺，拂衣豁朝露。霧秋風方飄飖，何時受春雨。

霍雞豁祖庭（字友蒼 釋 人）

余賦春雨草堂詩竟，居士一日曳杖訪余於長千舍利閣下，
抵掌相談，頗稱莫逆，仍用前題擬贈古詩二首。然公之至處，
非余可測，而顧步人群，所保幽深，不欲標記者，豈止草堂哉。

碧水漾前谿，嶼旭縱高陽。百靈吐幽卉，下照春草堂。君子静為
地，川嶽潛輝光。雲霞互蒸蔚，幽心開混茫。時頌淵明詩，禮樂追
上皇。時立望孤月，酒波摇古香。傲然理鬚髮，側視青蘋霜。
松柏標玄質，竦立（肅）盤孤巒。匠伯亦不識，群庶焉能觀。澹烟起暝
壑，幽貞氣獨完。古風吹太清，静響生其端。昨聞太華子，緘書報
歲寒。日月照終古，下有蒼龍蟠。飽力進霜耕，賢者獨（猶）加餐。天心
貴貞潔，何疑才用難。

象田德弘（字獨濁 釋 人）

泰山老雲根，冉冉迓風雨。秩推五嶽尊，神變難臆睹。遥嵐帶草
堂，雨酥潤亭廡。蒼松翠欲流，修竹森如堵。閒軒坐畸人，山水抉

全譜憶昔搏天風高騫齊鵠羽一朝蹋雪泥飯牛值五羖賀老
乞鑑湖箕山羨巢父萬事貴偶然隨遇適所取翻覆瞻雨雲園
林峙霞舉

劉一梧 字旅皇南昌人

高寄邁群情雲臥迴迴愚谷湖南敞華軒不為世羈束一雨若深
山濛濛遍新綠時来送酒船醉放浣花目望海遜微禽臨池悟
魚腹今夕是何年僵園悲漼木泉石無車塵考盤盟邁軸洗愢
坐春陰輸君抱幽獨

田作澤 見前

清時盛遺賢少微明海曲顧以麾守役旁搜恣遐矚晨駕欲何
之幽人在湖澳朝採青精飯夕伴白雲宿一室暢高吟讀書鄙
干祿髫鬌諸葛廬婉孌子真谷誰知耕田者蒼生望齊屬徒深
維縶懷爾音則全玉
習池末為美辟疆詎足方冥濛春雨中卷舒蛟龍藏勝地以人
傳所居有令望游目眺林廬嘉樹鬱蒼蒼五芝產其庭白鳩巢
其旁遊從慎徒侶嵇阮非所臧予也俗吏儔披幃或登堂素冠
聳哀容秉禮度有常盛名滿京業至德冠鄉邦 時先生讀禮園居故及之

陸敏樹 字生生平湖人

竭淵無壽鯆班草徒啜泣麟鸞靡炫儀光華自熠熠鳴遊感德
庭遂避犯危岌所以彼碩人考槃幽澗入無絃撫自歌恥索侏
儒粒藝秫足飛揚觴開唫富箱筴新鶯啼北牕泉響聲潗潗愁
聽春風颸愉懷春雨霤春風颸沙塵春雨滌於邑高期愜我心
印企神遥集

余懷 見前

甲辰五月重遊海陵信宿春雨草堂賦此呈正

城西蔚蒼翠湖岸涼風發巖壑貯層雲淪漣舞明月石上苔成
縟林間樹如髮草堂媚幽人坐待群芳歇潛虬賁丘園十畝種
薇蕨褰裳涉葭湄形神忽超越
激流樹樊籬鑿石開戶牖紅藥翻空堦綠陰翳清晝嚶嚶百鳥
鳴殷勤為求友嘉邈懷古歡洛德當新就緩步林塘幽傾耳笙
簧奏凌波賦洛神晞髮逢川后取適杯斝間一醉應日富暮景
瀲華滋參差掩雲岫
主人金閨彥壯歲辭朱軒虛心翫墳典幽資養閒園抱琴俯流
水擁書閉衡門壠首穧麥秀池面荷蕖繁取歡仁智樂永絕塵
囂言郊居依沈約海濵来虞翻展詩義自古適館通彌敦何時
息輪鞅亦得歸山樊
我本遺世士浪迹東南隅長鑱鑿山雪裋褐倒天吴別君七八
載世事幾榮枯逍遥撰文論黑閒生白鬚老大興轉劇移石壘
西湖雖非賀監乞亦是長康圖雞犬繞環堵菱芡足鷗鳧夜闌
東紅燭永願從懽娛

昔我遊海陵意氣何豪宕州牧有劉君興逸雲霄上結交江海
人推激風騷將捐金贖文姬柘枝發高唱茲茲十九年風塵久
流浪寤寐草堂中雲濤列屏幃三径来求羊五岳追禽尚詩書
見精微天地容疎放寧為薄俗嗤道義原可仗

許承欽見前

己酉上巳祓禊小西湖

虎林有附庸草堂字春雨竹石清湛華臺榭臨曲水幽卉引奇
芬怪峰絕恒理烟淨池色妍林茂禽聲喜地尊緣主勝格試踏
青履賓朋俯蘭涯兒孫戲芳沚靈葩既澹心遥弦復娛耳鴨橋
吳姬来細唾箋花史欣茲景物新得并風日美緬懷永和年曠
然思薦鮪賞豫客移床麗矚觴飛羽我輩不羈人揮毫如散綺
天遊趣自深興徂情猶起日夕戀餘懽意愜忘移晷笑謝東簡
辰續魄何時已

張錫文字人

閲春雨草堂圖湧賦

邗江門白紅蓮丘封黑雪九十九洲旁有山大如嵲下有湖光
瀠西子比皎潔山水本袪塵棲人愛芳洌曲橋別激鮮苯亭閣
蒼澈生意四時緼春滋澹陰纈繚繞澹嘉樹彎迴穿山揖春塘
調蛙怒春草修茎葉春薇壓春酒春鳩共啼咽靈椿挺大年丹
桂成叢結隔峰望南斗倚城瞻北闕斑舞白鶴鐘文裁涬泥帙

雞犬飼石倉桑麻翳乳穴揚柳坐外沈君子雲輅接桃花流谷
口漁郎悵路別但有芝蘅地迴與人世絕同懷不同賞我心冲
不慨何時褰巢裳来共考槃擲嗟嗟謝公屐蒼生思轉切海山
女樹頭多少嬰兒啞

七言古詩

凌世韶 見前

岱畝足練寒姿迴捲入鷺湖珠未胎天地欲分蚪起鶩有人夜半鞭陰雷康樂苦吟不得意寸寸節節作殊勢夢回高樹溼春聲天涯脉帶真搖裔上鳴鴿鷀下瀨鶒暖培菊根種薝蔔龍鱗抱石作意蟠玉筍參天自然直

趙而忭 字友沂長沙人

何年落花君未歸花開直欲題花島文章不在筆墨中乾坤破補由人造年來殿瓦臥青燐誰家荆棘開丈衆几席踰時五嶽搖楚些安用酬嘉藻日月出没爭洞庭日月奔亭皆送抱風雨迷離誌瀟湘風雨思君偏如擣木石亦愛人聰明聰明布置木石好曾記謝氏有西堂夢中猶欲生春草復見輞川一畫圖簡點丘壑神爲藁有室豈真欲畫龍髯翁十年春雨老有谿豈必欲竿魚觀之三月春心早君備四時之氣行燕子聞名皆絕倒雨知我有入山心我知雨有呼人道遥語猿鶴莫相譏山林之人文枯槁

白夢鼎 字仲調江寧人

偶客邗關草堂咫尺扁舟過從自忘鄙俚感賦呈贈并索和章

畫不畫王維圖碧池芳草蒼雲呼賦不賦庾信賦孤蓬古月隋堤路杜陵情緒托長鑱誅茅浣谿墮烟霧野田方歌黃雀行何處乾坤一草亭有客有客聲譜宮咄咄作字書向空割雲梯月開天惜只此膚寸泰山土鴻濛元氣留其中玄鶴墮地行石案明月出海棲高梧英雄草澤尋常事著書閉閣邀神功拗堂杯覆扶桑樹鷩衣鹿冠盡韋鞋碩人無地堪寤寐逢指草堂有春雨此堂可賦亦可圖十丈藕花七尺湖老泉岳立何瞿瞿長公文章見眉鬚有時對榻話清夢有時長嘯呼吾徒蒼生滿眼既如此蘆中之人胡爲乎

姚佺 見前

洞庭笠澤菰蒲天藍冷浴暖鴛鴦烟紅舸白馬芳野回裕舒不舒春汗來棠梨燕子交眠縟一夜風衾雨帳足辭花託城三寸深謝公屐齒聲唶唶翎鬚溼黏蝶睡長菾乇宿粒蜂掩房五湖青鷁捧一蓑小橋渚漲酸腳過旗亭有酒客不斝自酌谿蔬女牆下

靈巖弘儲 字繼起通州人

誰謂泰山高不越一坏土誰謂西湖深不盈一勺水卻羨昆耶古君子妙用無多祇彈指二物移來衽席間天下高深同仰止選茆鋤土卽吾廬絕勝桃源遠卜居醉裏冥然從旦夕閒心留得伴琴書春草隨風徧原隰嵐影谿光拉摠入鶯梭織過柳絲柔燕翦裁成花練溼弟子何人愛問奇衡門獨立月如眉先生臥久不應一枕雷霆四壁知

楊　岳 字季平福建人

杜甫當年一草堂浣花谿畔水蒼茫此日吳陵結草意春雨淒淒花一牀一牀落花照春水着書自稱草木子悲我風塵無家者懷居遠望烟霞裏數行孤鶩與雲飛日夕殘霞入翠微此時窮達不可問攤書獨看燕來歸歸來燕子語喃喃霏霏春雨滿江潭為君灌園殊能任半畝揮鋤天地寬

白夢鼐 見前

不見紫陽先生數年矣艤舟邗水遙望草堂竟不克往書此寄懷

十年曾飲草堂酒明月在地杯在手十年曾作草堂詩杜陵剌眼有花枝不到草堂今十年託之夢寐同雲烟今來邗水住邗闢草堂相隔無重山聞說草堂著述富十七部頭幾刪註聞說草堂詩盈箱峨嵋天半爭高涼聞說草堂薇蕨苦綺園角里追朋伍當今滿地皆湖江南飛繞樹歌烏烏我學紫桑無里居我學郎平無地鋤我學披裘釣無徒草堂先生殆如何

顧萬祺 字其庶吳江人

名園十里花生春春烟靄靄飛香塵輕風駘蕩釀花雨前溪一夜波粼粼高人此際春江曲每向草堂酣睡足起來林壑盡霏微細柳疎篁隨意綠君不見謝公絲竹傳古今白公詩酒稱賞心等閒坐上客常滿脩然高臥東山岑東山不用徵歌舞筆墨淋漓碧花吐莫教獨擅海陵春天下蒼生望霖雨

胥庭清 見前

渡江以北不見山見山亦在培塿間豈是天公固吝惜不使客子開心顔我來海陵訪宮子拉我一登泰山巔孤峰矗矗起城闕下有激潭相映鮮宮子造意未可及一丘一壑殊天然草堂草堂署名乃春雨鉅公纍纍成大篇宛似五柳先生之栗里又似王維之輞川有時乘興每孤酌有時相將上釣船魚鳥親人花自笑中有老翁歌且絃江山風月君占盡此事自應間者全我亦江東逃世叟不拘禮數多癡顛自攜瓢笠走天下所過山川增風緣更愛君家西湖湖水綠獨立烟波不忍還

胥庭澧 字惠公上元人

君不見李白之宴桃李園春宵秉燭良有以又不見醉白堂前韓魏公賦詩飲酒樂如此高賢歸隱山欲深山深好鳥鳴好音曉起獨坐每長嘯空天不繫浮雲心吳陵先生夢大覺吳陵功名濁世非所樂閒創園林景物幽青山綠樹遮書幄謝公高臥東山麓此白蒼生歌且祝寄傲乾坤一草亭手撫孤松對寒菊松菊晚香香更宜古琴五絃巾半幅拍掌一笑天地間烟霞深處非人間

李　楩 字石鼓香山人

東海岸顔庋樂土淴淴涽濛瞇樂土巨靈怒走恒河西手擘崑崙裂玄圃可是君身帶仙骨匠心不待教天姥百城坐擁掃秦

灰鞾鞾華棣學庭槐遂在船頭杯在手椒丘蘅沚足徘徊懷人

一水紀綱僕詩篇遠上雨花臺輞川字字呼摩詰卧起對之胷

檠開縮地無方空憶歎草堂幽夢遶千迴

何　煜見前

吳陵佳地在西郭瀲湖曲曲抱烟壑中有名流好奇服書藏宛

委搆高閣堤邊桃栁隔飛塵撩人景色最宜春花間鳩婦啼香

雨落紅片片點湖萍蘋公子才雄耽吟癖米家船傍揚子宅臨

流洗硯頻草玄捲簾聽鳥樂浮白門庭蕭寂無雜賓下帷偃息

披圖籍雉堞連雲芳樹稠都供觴咏臨几席

春雨草堂别集卷二十三目次

春雨草堂題咏

五言律詩

春雨草堂別集卷二十三

海陵宮偉鏐紫陽輯

春雨草堂題咏　男夢仁定山重訂

五言律詩

李　清 字心水興化人

一鐙啓城西寒烟傍竹低枕流聊結宇種樹已成蹊殘溜鳴猶急餘花濕似啼寥寥行屐少正爾愜幽棲

心寂得衡泌況茲烟水間綠波新漲集紅隕落花閒架上琴書潤胸中意慮刪碧苔誰與破求仲日回還

能爾與僧隱耰鋤傲鹿門種瓜閒綠野課織及黃昏絕俗吾何取忘名志自敦閒閒十畝畔耕鑿試經綸

每笑謀生困今來喜學佃一犁看過雨萬卷展臨風樂志欣同仲狂言放若蒙荒烟村織霧天意共空濛

雲霧慘湖光村村野水黃柳新前日色花褪昨來香境闃心彌永居閒思自長肯將千古業容易讓班揚

闢境入清虛煙波更啟余雨連湖水白風入竹林疎画洗東皇媚居然靜者廬小桃如泣別點點著衣裾

風雨橫林皐虛堂獨咏騷悲添雲意慘壯敵雨聲號惆悵蘭叢寂縱橫水面高獨憐人事絕斯世許吾逃

三徑翳莓鮮紫扃迎水開已消猿鶴怨更絕鷺鷗猜世故花今落詩情酒滿杯天人有奇策不愧廣陵才

張文峙 字紫淀上元人

欲染桃花雪瀲湖注紫西翠微花在掌膏沐月初弄新句名泉味香林鶴夢齋湘簾役萬景止是不沾泥

輕陰滋碧草無始孰褰裳止水盟鷗館春風射鴨堂冰綃如可織蠟屐或傳觴靈烟雨郊足雙扉偶夕陽

張可度 字罽筏上元人

勝地渾元氣幽居傍翠微且觀疎雨動不復問春歸竹帛情原幻幻雲山道自肥此中誰晤對鷗鳥正依依

何必雲為棨居然雪是堂生平質秋水世代悟文章孤鶴隨春杖層山落夜航妙香清隱隱仙理亦相忘

張　遺 見前

愛此草堂靜寥然得遂初鶯啼三𥗞雪花影一牀書好我惟衡泌懷人在茹蘆何天容野鶴吾欲與同車

莫漫憐春雨猶予愛夕陽横流失江漢據榻卽衡湘濯足湖光靜休心道力強可知盤谷序獨擅大文章

方育盛 字與三桐城人

草堂開背郭入耳已能幽今日開圖譜潛心足臥遊人拖花裏杖鶴返水邊樓不異山陰道何時問戴舟

知君稱小隱屋內足青山樵牧歌能和魚龍性亦閒有時呼大

白晝日掩紫關媿我成都含囂囂城市閭

張雅度 字兮子 江都人

雨漲閒齋迴端居絕市諠編年思諫草愛日問盤餮鶴笠穿棕
徑松醪瀉瓦盆最宜乘興客倚杖叩柴門
欲往山源棹来尋輞口居石恒流水漫風磴入堦徐雀啄藤花
花魚噞月影俱白公池上咏讀罷一軒渠

黃周星 見前

集杜二首

幽事供高臥山林引興長柴扉臨水碓花嶼讀書牀霽霧搴高
牖春星帶草堂看君多道氣白日到羲皇

蕭瑟唐虞遠桃源自可尋封侯意疎闊在野興清深柳影含雲
幕泉聲帶玉琴忘機對芳草秀氣豁衣（煩）襟

王崇簡 見前

吾徒久落落来訪子雲居但得逢君語何須多讀書簾垂白日
靜鵲噪好風餘為問草堂約春宵翦雨蔬
寂寞意何向聞君説草堂雨中春水綠月上海雲黃萬卷花當
牖孤吟酒滿觴無勞賦招飲應與共翺翔

方以智 字密之 桐城人

海鷗留客處容海與人看草舍名春雨梅花問歲寒甕中猶有
帖琴上共誰彈求寫歸僧引東軒月未殘

吳國龍 字玉騧 全椒人

吾輩真經濟惟應向野求鶯聲千樹曉水趣一村秋飲恰迎花
醫倦隨倚石頭逢人休説姓五月被羊裘

劉佑 字雲麓 曲周人

草堂禊集是日適以薄冗不克追隨諸公後作此報之

上巳留（流）觴日佳遊惜未同沿谿芳草綠隔岸野花紅俗吏閒情
少幽人韻事工西園春未暮應泛小橋東
誰續蘭亭事山堂雨乍晴雲寒花意嬾風散柳烟輕闌爾移雙
屐憐余負早鶯遥知登眺處晚翠落江城

丁日乾 字漢公 泰州人

禊飲草堂和原韻

霜雪幽棲老春来中酒慵山迴谿澹澹梅落樹茸茸觴咏通潛
德風流企遠蹤良朋清興劇羯鼓唤吳儂
物理頻枯菀良辰及所逢采芹供禊飲劚笋佐山饔佳日同梁
燕芳樽引蜜蜂何當西子病膏沐不為容
進艇桃花岸殘陽出下舂鳥巢三徑豁蛛網一枝縫列炬分漁
火扶橋倩酒慵霏微何處是香霧隔谿濃

馬振飛 字杏颸 通州人

綠野堂閒日湖天小徑收烟花新翠壓巖壑舊風流雨積苔茵
滑鶯啼竹塢幽雲深春水宅佳句滿吳州

不欲居城市扁舟向草堂烟鬟湖浪闊雲藏輞川藏放鶴人如
昨編書日最長雨餘無一事高枕夢羲皇

張　恂 字樨恭 涇陽人

再遊春雨草堂

不覺尋秋久驚花又此過梅邊春水漲柳際畫橋多曲徑僧新
築雕欄發舊柯真同看竹去奈得主人何

到門成舊識風景更多新屋有千株樹心無一點塵求羊吾是
伴桃李自親人夙約重新訂難辭杖履頻

劉　佑 見前

甲辰上巳宴集西園

名園環積水小艇接堦除花放開樽日身輕解綬初短節隨容
屐修竹憶吾廬喜逐鷗鳧侶雙眉且暫舒

劉餘謨 字良弼 懷寧人

丙午仲夏過吳陵始得遊春雨草堂紫老呼棹命酌屬書晦
翁移舟二詩因用韻續和不知為效顰也

舊讀草堂咏今知賦未工湖方西子勝園與辟疆同古木千章
迴危橋九曲通往來幽徑裏人在綠陰中

到此渾無暑歸時轉覺寒涼颸生石瀨明月吐林端峭壁窺天
仄膠舟識路難晚來奇絕處真作渼陂觀

許　值 字天植 揚州人

集杜一首

地列畫圖雄波濤亂遠空廿從千日醉忍對百花叢去國哀王
粲逢人問孔融風塵三尺劍將欲倚崆峒

乩仙

余師有詩五言律一首寄贈草堂主人問師為誰稱回道人
問稱余師為誰稱即六朝管晏也又先數月有詩一首八音
冠頂限屋北鹿獨宿韻并載七言律內

西湖一水曲面面艷草開但陽人間遠相看畫裏来小舟輕似
葉綠樹碧於苔客至惟歌笑留詩待汝裁

李　梓 字香山人

樓臺雲外峙海上見三花直欲騎黃鵠相將弄紫霞禪鐘飄韻
遠寶篆趂烟斜何處鳴青籟天風捲幔紗

地僻登臨少香風引洞花蟾蜍光積雪琥珀艷流霞雲落松蹊
冷煙封石磴斜幽心渺無際倚徧夜牕紗

雲封何處寺香雨散天花樹遠晴侵霧亭虛晴斂霞看山扶月
上聽水抱城斜地靜饒詩思松風透碧紗

彈鋏石生響燒鐺水簇花圖書森几案杖履入雲霞磬歇禪僧
定河迴織女斜陶然時一醉漉酒倩烏紗

吳崇先 字鶴山 徽州人

褉日讌集西園

不讓前賢勝重修今日春清談崇晉代佳詠入唐人絲竹凝神遠鶯花引意新曠懷酬往迹童冠集芳辰

季静姎 字玄衣泰興人 閨秀

舍姪孫台尹從海陵歸言及宮姪孫壻宗裒春雨草堂之勝予久荒硯石不揣鄙拙妄拈數韻

湖上柴門迴危橋亂石欹江城圍細草画閣静朝曦月伴松花落牕虛小鳥窺年來依病榻搦管强裁詩

徐爾勉 字幼芬江都人 閨秀

名園春最勝湖水傍清幽竹外攜琴入花間載酒遊烟深陶令宅月滿仲宣樓更愛霏霏雨環山翠欲流

卜築西湖上遥聞長嘯聲草堂巢舊燕山閣語新鶯細雨宜人静微風拂水清何須求世外高卧即蓬瀛

蔣 蓉 字冰心白沙人 閨秀

地擬江南勝西湖好泛搓波閒鷗影度林静鳥聲譁草閣依新柳危欄倚舊花春烟籠細雨隱隱六橋斜

春雨草堂别集卷二十四目次

春雨草堂題咏

七言律詩

宋劼
蔣之紋
周冕
徐宗道
劉孔中
郭礎
朱耀先
趙開心
鄧漢儀
方拱乾

楊廷鑑
惲本初
姜垓
林時對
張恂
梁以樟
陳台孫
林時對
張文熲
曹爾壽

范鳳翼
紀映鍾
吳家楨
南潤通問
周士章
顧夢游
吳綺
王潢
徐時
梅磊

霍谿祖庭
丘越
林古度
周新祚
俞綬
錢其恒
以下閨秀
李靜姎
倪端

春雨草堂别集卷二十四

海陵宫偉鏐紫陽輯　男夢仁定山重訂

春雨草堂題咏

七言律詩

陳丹衷見前

南望修門強自招雨年將酒候新潮人當春雨此一水月正蘇堤今五橋勝蹟夢堪過漢宋他山盟亦賴漁樵側身回首寧安頓梁父空言大不聊

宋之繩見前

深春驅犢雨瀟々有客披裘午夢消一徑苔邊居士履十年門外大夫橋菜畦細碎縈書帶蘭畹縱横間藥苗許我布帆江上穩過從憑逐去來潮

周冕字元服徽州人

幽徑自穿山一曲孤亭猶立水中央即看花木多春雨未許湖波小月光柳外風餘書作捲城頭雲有燕初翔亦知塵市皆立壑不逐空田麋鹿忙

高岑字蔚生上元人

低空新柳帶園莊亦有湖光山色傍閒鳥位立巢呼酒渴野花生砌弄書忙春餘遲客來魚艇天外懷君到草堂夜雨無聲鄰磬歇不知殘夢落錢塘

唐允甲見前

紫陽子構春雨草堂讀書其中涉江子爲繪圖系詩余亦汗湧三章用二蕭前韻

何必西湖問斷橋此中儘可著輕船午章銀杏排青翠一帶湘簾隱絳綃鷺浴青谿雲葉渺烏啼粉堞麥花飄人間竟有桃源路不待丹丘始握椒

愁逐紅塵擁敝貂結節甘隱伴村樵山中甲子歸寒暑世路風雲問鹿蕉對酒歌殘湖上月扣舷聲送雨前潮藥欄更植芙蓉架客至攀條掛木瓢

主人已築鹿裘容室客子畫添白鶴橋燈火前村稍零亂桑麻陽院非蕭條深山閉戶只如此窮年採藥能相要我亦戴髮踏春雨堂中更興圖參寥

余懷見前

流水荒村第幾橋一亭春雨草蕭々尊開北海遲新月船過西湖帶晚潮人為窮愁多著作地因征戰罷漁樵杜衡芳芷繚天末鶴於孤山不用招

龔鼎孳見前

和陳涉江韻

北山猿鶴愛相招十里湖光送晚潮亂後著書先閉戶門前種樹老過橋浣花地尚嫌鄰旅孤竹人今飽收樵濁酒離騷幽興

足看他車馬亦無聊

和宋其武韻

空林烟景日瀟瀟，丘壑於今道未消。城外西圍城裏屋，柳邊溪水竹邊橋。白鷗徑熟安藜杖，清夜樽開怨稷苗。漁父披裘饒逸興，垂綸閒送隔江潮。

和唐祖命韻

亭子乾坤愁偏仄，買山忽得西陵橋（小西湖廢址舊名）。冷泉怪石亦人安，遠志小草紛根條。虞夏以往竟何適，鳧鷖嗒然成久要。灌園采鞠者誰子，吾且與爾遊清寥。

成友謙（字石生，海門人）

瀟瀟小築抱城隅，樓閣空濛半有無。我欲邀山先邀水，君今栽菊並栽蒲。浣花谿畔苔猶綠，放鶴亭前草不蕪。能向此中參靜理，可邀明月泛杯湖。

梁以樟（字公狄，順天人）

和涉江韻

期子蘆中孰與招，又移遠枕聽江潮。黃鸝紫椹尚啼雨，細柳亂流誰度橋。丘徑有山容小築，蒿膺何夢醉春樵。捕魚問鹿只圖西，犢鼻田歌亦爾聊。

和祖命韻

浣花已老杜陵客，野水亦添萬里橋。放鶴不歸愛毛羽，種桑欲折非柯條。西鄰餓與貧婦共，中道醉逢栗里要。春雨雨晴見山色，山前白雲何虛寥。

張惆（見前）

古處蕭森獨寤歌，春城風味定如何。我師我友交相善，他水他山只自多。柳浪橋邊齋返照，烟嵐閣外溼懸蘿。平田市寂閒難犬，午夢應無到晚珂。

陳台孫（字階六，山陽人）

步宋其武家涉江韻

十年風雨夢瀟瀟，對坐蘼蕪百慮消。築室自栽彭澤柳，畏人不過虎溪橋。雲橫古堞驚烽燧，烟冷荒田怨稷苗。臥向高樓望平楚，魚龍夜鬭起寒潮。

吳市吹簫不可招，至今愁聽浙江潮。草玄閣上依三畝，放鶴山中夢六橋。徑滿蓬蒿疎禮法，路無阡陌足漁樵。愛君作賦將僧隱，孟浪悲歌勿復聊。

宗元鼎（字梅生，江都人）

層層小舍雜香篘，曲徑彎塘柳暗通。谿雨佛堂眠夜火，板橋蘿月喚山童。有花命酒可同過，岸幘放吟能幾同。醉後欲看湖上水，杜航容易欲卻隨風。

姜埰（字如農，萊陽人）

進士家居海嶠傍，城頭自起午橋莊。嵇康痼疾悲流俗，杜甫乾

坤築草堂退臥豈為人棄無著書猶是屋連牀廣陵夜月乘潮
去白露清楓到爾鄉

楊允升 見前

圖成復題其末

松流空翠層層雨花和幽香日日春春雨洗開塵面冷草堂坐
看水雲新會心魚鳥憐親我放眼湖山笑倚賓聲色滿前詩與
畫此中故有輞川人

何煩更説辟疆工幽逕蕭然趣不窮雲夾香來花氣透石疑路
斷鶴踪通丹樓霞起孤城迴古廟山空落日紅萬頃烟花收未
盡一分聊借畫圖中

余 懷 見前

白沙翠竹古城南中有幽人著鐵函畫舫遠停雙柳岸釣竿高
拂百花潭離騷讀罷風生閣梁父吟成月滿嵐林木翳然濠濮
想結茆偏勝老瞿曇

龔鼎孳 見前

草堂詩既成三章矣復見贊皇此圖雖曰畫中有詩然不可
謂詩外無詩也因用澹心韻再作一首

菰蘆烟水畫江南亭樹參差碧可函子驥家風仍短褐劉鱗之事以紫陽日侍尊甫先生於草堂遲客也左徒身去一湘潭人歸樵徑逢深雨馬度城陰
送遠嵐猶柳曲江魂斷後故山松桂是優曇

李長科 見前

春草新鋪雨一庭庭開不設北山盟但將蓑笠分耕月更借瀟
湘隱釣星割取雲霞籠小榭激來鷗鳥入疎汀故侯自築東門
圃太息年年瓜蔓青

仙籍依然舊玉堂鴻飛不愛姓名香栽冠許製青荷葉煮字爭
投白雪囊烟澹庭花藏鶴夢陰濃壁竹映苔光偏容老子頻乘
興座客無如白也狂

宋 劼 見前

紫陽年兄遠寄此紙索題春雨草堂予久病方掩關謝事筆
硯蕪廢勉爾應命字句潦倒不堪博粲擲置之為哀叟藏拙
何如丁亥夏五望八老人具草

考槃名勝在江濆書帶盈軒草色薰春樹萬家深舊雨帝城雙
闕湧寒雲人稱藻采羅含宅我羡葳蕤江令文且自踟蹰觀嵐
月恬然清臥理編芸

蔣之紋 字赤臣 徐州人

草堂春雨暈江潮天地寬然掛一瓢黃鵠軒軒觀弋者白駒皎
皎食場苗嵐烟濕處推晨沐塢揮聲中聽晚樵身在畫圖誰夢
到鄰春禰我伯通橋

相思燈影共清寥足跡清霜下板橋三徑紫桑元亮拙一亭玄
草子雲嘲春陰磵戶還招鶴雨帶帆聲欲掛潮酌取小西湖上

月誰云濯罍不容刀

周　冕見前

戊子仲夏再過春雨草堂

桃花春水舊曾過隔歲湖光上芰荷總謂牢騷名轉大為藏書
史屋添々橋邊雨散萍十葉樹裏螢來月一窠除卻苦吟無事
外踈風清嘆意如何

徐宗道字性之江都人

題春雨草堂迴文三首

湖西小築卜居幽堞雉連雲嶽繞樓扶杖引花穿仄徑度橋飛
翠攬芳洲燕平潛野春翔鶴沼曲翻波晚狎鷗圖畫宛開天境
異珠光夜雜蜃空浮

松高仰處幾幽朶地勝叢梵衆木林龍臥久陰潭霧瀝鴉棲長
隱磵雲深籠紗有句題佳客隔塢聽琴和好音節短策回盤磴
曲封苔錦石疊危岑

思深屬遠寄蘅芳霽景閒簾一草堂絲柳拂天雲浪碧錦花浮
幔卷雲香碁探玉彈星飛局酒泛金波月引觴奇境入交神寐
寤漪漣涉往欲褰裳

劉　孔中字藥生長山人

紫薇先生春雨草堂成偕涯思又鑣玄升漢公詞臣仙棠丹
集分韻

蕪沒西湖第幾橋幽人今日放輕船空濛著柳綠成浪漣漪生
雲烟作綃蝶粉彎環擁屏幛鷺黃宛轉弄笙簫多君勝地開佳
西郭裏林泉隱可招

郭　礎字石公江都人

不習人謀花一崖隨伊天地自商量他山可借容閒步暗水能
停不繫牀豪士眼偏分黑白故人酒喜說肝腸草亭楊子前身
懶風雨看春日日忙

朱耀先字　人

春草芊芊臥暖沙依稀疑是少陵家苔前鳥篆堪沽酒露眼雲
啼為落花莫道元龍樓百尺誰歌鸚鵡鼓三撾雨邊恐有蛟螭
窟風雨便來排晚衙

趙開心見前

寒鑪擁几喜相招酒沸茶鳴欲聽潮地擬譚經楊子宅人來蹈
月廣陵橋春風披拂聯瓊樹古事沉沉付野樵天地自寬堂未
窄不愁空谷賦寥々

鄧漢儀見前

別卻承明事隱淪半谿桃葉待漁人家藏雞犬原非俗夢到禽
魚漸已親隔水燈連山下月沿堤香喚雨中尊不妨路與都城
近且戴林宗折角巾

萬事烟霞尚可為草廬新築傍湖湄六橋豈必驚霜管三徑猶

然倒酒巵竹外陰晴農課穩山中寒暑佛幢移重來屈指燕吳
遠布襪青鞵可勝思
清流何計隱巖阿且學鷦鷯寄一柯屢閱滄桑增史記不藏名
姓自烟蓑谿光宛轉船經渡樹影微茫月較多我欲輞川尋勝
事王維逸興近如何
武陵烟月已非初海國城皐可卜居西子夢深吳苑鹿王弘情
寄越江魚梅花春社孤山似草芳草池塘六代餘還印倪迂清閟
閣菰蒲一榻又焉如

方拱乾見前

不信江南見輞川傳來圖畫識天然峰分泰岱連書屋水破滄
浪入釣船閭里更能將父隱西山卻有種薇田何時藜杖親相
叩高枕吾廬得縱眠

楊廷鑑見前

菟裘春事幾經過風雅門庭凝古多一簣成山天外黛數峰臨
水鏡中螺花期忽憶西堂醉香社重分北苑歌促得尊罍看雨
脚野橋復自唱晴波
名園靜曠對青波春雨簾纖長碧莎石丈吐雲侵几溼封姨吹
曉落花多衝泥或恐人稀到喚霽惟應鳥解歌料得草堂耽寂
寞澗槃風味更誰過
堂前疊石引煙蘿仕客攜尊趁雨過共聽入簾聲自細相看迷
岫影無多一春花鳥停遊屐千載綸竿整釣蓑好放谿頭晴日
艇遙青指點數峰螺
草堂來燕欲成窠下掠新泥兩兩過微物有辭零羽倦主人贏
得醉顏酡終須柳外鸎聲巧詎少花間蝶舞娑底事雲林叢枳
棘雨中春樹的長哦
一春將半雨中過積雨偏從霽後多節屋生煙時欲合草堂得
的近如何空濛山色疑湖上霡霂天工憶岱阿載酒扁舟定相
訪兩人同醉看耕蓑
絲雨連朝潤石蘿人非二仲有誰過添將洗竹回無數省卻澆
花力較多茶社煮泉天外落池塘生草夢中哦眠雲遙憶東山
老倚杖占晴鬢未皤

又因夫山繼和尚寄春雨草堂

草堂飛錫一經過平長優曇爛鉢羅檻外春花含蕊少山中夜
雨草落泉多松門古月開晴罅蓮社新詩帶佛陀縮地儼如觀
瀑布潺潺檐溜是滄波

惲本初見前

圖成系詩八章

望裏西陵小半塘泰山差六繞回廊路從小泰山腳下入名園綠水添三
尺野竹青霄匝幾行豈為濠梁須見約已見滄海但飛光平生
幽興耽林莽不向桃源入渺茫

百頃風潭古木清千章掩苒聽流鶯城圍遠堞新煙合籬抱殘
花細路明白小岸前張猛鬣碧芹舟上翦香羹數間樓閣登臨
眼總是無端眺遠情
自可攤書與户齋鳴鳩喚雨不閑難任栽本草神農味無意乘
槎漢使迷滋蔓西池蓬未掃盤渦曲道隙成堤煙霞萬軸胸無
益看取荒城黛綠西
曾聞齊魯數峯青泰嶽中分塊壘形莫問滄桑遷岸谷且將花
竹當籓屏一拳自枕殘山路斷碉須規剩水汀看取玉津與金
谷何如草閣展玄經
捲幔丹霞碣石開滄江細雨拂雲來孤標有鶴山留雪斷信無
鴻月上梅努力晚餐移筍蕨隨時午夢點莓苔飛揚拔扈知誰
是菱熟蒲荒且覆杯
山中寂寞豈無求早晚伊人散百憂鹿砦捉襟遺世術魚房拂
袖採霞舟天邊牧馬風塵隔林外鳴蟬枕簟幽為報草堂方雨
霽五更春筍半平頭
南山秋水北山霞張琴衣露張琴靜落花雲子細留陶侃甓春田
不種邵陵瓜簡書燒燭琅玕長披户鶩詩辭茘斜江麓渺真風
磴左澹煙一縷帶晴沙
蘊藉森疏舊館清風林纖月載春佳延情北海尊前酒放筆南
山雨後耕蝶夢鹿蕉原靜業怡堂安枕亦修名雲天寒澗懷千
古長嘯愚公谷未成

前賦四章

秋光如海憶春晴春雨懷人念欲傾夢草有堂堪遯迹著書無
罪匪求名丹存酒樹三千歲綠擁筠班十五城西子靚裝今滿
目調饑不賦鬱輪醒
所謂伊人匹練爭滿懷香雪寄孤檠如君春雨西湖足愧我秋
思北海耕把盞半醒輸向秀題詩小樸陋陰鑑鏗花佳寫圖家
家麗曾似喬松闢太清
崗閣磨崖勝事迎居然人在玉山行天留混沌彼何術心向微
茫此不驚立壑渺然舟是屋芙蓉無恙雪為盟鷗夷梁甫聊堪
擇達隱何山不可鳴
文章勝事子專精義獻蘭亭各盛名只許讀書終宦術何當小
草擲虛聲若耶谿夢人如蝶祖褐廬浮客醉萍老友白頭吟並
賦並將真意寫丹青

四詩成於戊子秋冬之際賦所聞也八詩成於己丑春夏之
交賦所見也聞見俱各以情故圖畫不盡而又言之言之不
盡而又長言之期於自寫己意不擕儕引於前望陽春之和
且以教我書法列左幷似筆擊鬼作指頂大留紙餘地

姜　垓見前

和惲道生韻八首

濯龍花墅半方塘楊柳風開繞畫廊潮滿樓船初背出月高鶴
鷺喜同行沙墟落照應閒賞海浦明珠豈暗光幽興不隨塵去
減秋來移艇最蒼茫

西郭千章夏木清獨攜斗酒聽新鶯林間小閣烟長白江外奇
峰月轉明宿火重挑煨芋栗紅鹽末下豢蓴羹孤城古堞斜陽
裏目送歸鴻動客情

高樓直北興雲齊起舞中庭未斷雞待詔早同金馬隱問津不
用武陵迷葯房粉冷吹紅雨錦帶香迴繞綠堤散髮衡門拚一
醉夕陽歸鳥恨東西

放鶴亭前山更清驅車荷鍤最忘形朱甍画拱巢雙翠玉版金
書鏁九屏小堂外即泰山故云處士藥欄臨曲水官家妓舫泊寒汀十年
種樹耽高臥莫話羊腸再經

江寒五月草堂開花塢風高紫燕來期訪陶潛分野菊相思何
遜寄官梅美人拾翠投燕玉公子停橈剖楚苔早晚春光若能
待閒愁爲盡掌中杯

欲開三徑款羊求百日酣歌散杞憂高士逸犀新下榻仙曹載
客舊同舟雨中返照秋林赤漏後聽鐘古寺幽種橘呼奴非貨
殖餘錢一任委牀頭

日日晴看海嶠霞傷春濺淚倚名花陰陽開閉朝榮槿風土溫
涼苦蒂瓜鳳嘴豈嫌桐實小鹿車不礙洞門斜三年穩坐終禪
定誰道恆河似量沙

吳陵廬館俯江清花信年年江水生蘋脫葛巾謀晚醉勤銷金
甲事春耕晏嬰賜第仍圖主楊惲歸田欲穢名笑我無家還泛
泛他時自倚草堂成

林時對字殿飏寧波人

次惲道生韻八首

夢餘春草憶池塘松徑新開勝牒廊柳外鶯吹聲下小苔邊鳥
篆印成行樓甍遠欲分山色烟水偏能浴日光拾翠輞輞川多爽
氣雲迷歸岫路茫茫

漁梁水落一弘清柳拂新堤聞早鶯飛閣參差凌霧出畫欄繚
繞襯花明夢來幻想同莊蝶秋老閒心托翰羹杖屐登臨風日
好憑樓遥睇莫傷情

黃沙一片白雲齊長夜滂滂未報雞湘水製荷知路迴天台採
藥亦津迷芙蓉泣露滋香畹苜蓿驚秋滿大堤回首故園尋舊
約數行松菊夕陽西

狂歌留得眼青青月下三人影共形斫北朗吟憐蕙草牆東高
蹈隱雲屏檐來斜照生虛壁磴遠寒煙鏁釣汀一自投簪甘放
逐草玄無復舊橫經

籬外秋深菊盛開葛巾白祫賦歸來逸民自合耽遺蔽驛使何
勞寄折梅繡佾春蠶縈落絮絮芳皐夏翟翳蒼苔眼看底事渾
如許且向花缸倒酒杯

一丘一壑靜無求山水週遭爲寫憂百尺岑樓巢野鳥半輪紅
日照孤舟嶺梅枝上猿啼徹叢菊風前鶴唳幽自是隆中高卧
穩杜陵何事怨江頭

天際飛鴻伴落霞閒情愁發島門花松枝冉冉看蒼幹蔓草離
離賦摘瓜啄竹鳳雛嗟穴毀穿簾燕子受風斜浣谿亭畔君宜
醉歸路長堤月印沙

風過橫塘萬木清攤書垂釣足生平閒邀北海呼龍飲穩卧東
皋信犢耕叔夜爬搔原耐隱子平婚嫁可逃名憐予飄泊身難
定海燕春來壘未成

張忙恂 見前

懷春雨草堂久甚尚未一至乃元服已數往還讀其再過詩
益渺渺兮余懷矣因題二律并寄草堂

爲堂春雨名何噪景物聞聲實可思求友幾人同在遇感君貽
我出新詩殷勤好語湖山處悵望容尋杖屨時他日不爲生客
至總然魚鳥也相宜

清境久馳游鑒興無邊高致動遙思主人授簡曾看畫客子懷
山又誦詩天遠夢還風雨夜地幽情料水雲時相逢見說書連
屋不吝求羊固所宜

梁以樟 見前

己丑秋七月紫陽老友洋兄招飲春雨草堂因得偕姜子如須林
子殿颺陳子階六共集盍子與諸子別十年矣萍散星聚孰
爲開塞霜繁霰落猶及歲寒興言契闊感慨係之矣不因卬
友焉盍朋簪爰各賦詩以紀其盛而並歎其遇之艱也分韻
得四章

浣花秋老杜陵春猶許湖山識故人大布晚曾招桂樹閒身天
蚤放漁臣橋西小築乾坤遠研北長吟風雨神飽合高旻思永
夕西方千古憶岑榛

澂湖一曲枕楓楠誰買山錢掛碧龕野老幅巾歸潁上王孫幽
草蔕江南共留瓜杞巖中賞未許鱗魴世外探別後著書今幾
尺蒼龍長守綠雲函

麋鹿終南憶遠群涉江瑤草靜相聞天荒白日遺蓬蒿人老殘
山惜帽裳掃地偶開東海塢移家只載潁谿雲十年舊棠傷心
字卻話秋燈夜雨分

謝家棋墅舊雲林杖屐遙同康樂群尋摔取渡江千日醉難窮留
水百年心題蕉問葉誰舒卷種豆鋤荒自淺深四海寂寥應背
畔冰霜此日共苔岑

陳台孫 見前

路入青山坐曲幽蒼茫秋色動蒲茭空林振響驚飛鳥此水移
情醉石匏共着良朋高士傳時同人為四子詩猶存亂世古人交雲流
晚樹衣裳冷歸逕蕭蕭望鶴巢

林時對見前

紫桑柳徑影毿毿風雨清樽永夕探狂客行歌稱逸老雪庵攬
涕說瞿曇眼前浪迹同彈鋏醉後摩娑亂舞鋏爾我蘆碕猶乞
食登樓莫賦戰城南

張文烶見前

己丑秋日過春雨草堂紫蓊出紙命圖經營未就先為短述
請政

海上名園接岱淵清谿碧石點蒼煙橋橫楊柳秋容老廊繞芙
蓉曉色妍留客尚存元祐黨著書猶紀義熙年鄉音南北何曾
隔為羨羲皇白日眠

架壑開林衆木鮮相過為愛主人賢歸來獨臥松陰晚夢逐孤
航竹影偏萬里青天秋水上幾年良夜故山前富春一櫂留餘
興擬寫滄洲寄輞川

賈爾壽字禔生順天人

西湖十里泰山阿禊事新經晉永和選樹晴鶯流曲水避人靜
鷺立平沙時花發處開懷好午夢醒餘得句多樂裏滄江迷歲
晚茂陵近賦欲如何

范鳳翼字太蒙通州人

望景羅浮靜掩關主盟風雅許誰攀雨肥芳草王孫翫堂詠陽
春衆和艱休訝漏天無皓月隱心平地有青山似余嘉遁終
洨社若續移文可難刪

紀映鍾見前

踈磬雲中共雞犬桃花水漲指橋西風清萬古松嵩陽宅路失
深春巢父谿石戶著書忘甲子野人論道在塵梯枯峰作雨尋
常事且悶商巖自灌畦

古木生寒晝遠塵竹扉深掩石粼〻詩人靈武麻鞵苦處士紫
桑漉酒貞山色到門能不辱松風吹幘久相馴慣依應有南鄰
老黄月炊烟話水濱

吳家禎字源辰長六合人

别有幽遐天水間荷衣香汎小舠閒一汀積雨流春冷半岸餘
花濯夢還人坐烟波心自遠鷗吟蘭芷澹無關仙源識得漁來
路澇道湖西更幾灣

南潤通問字箬菴釋人

和其武居士

聞風已識致瀟〻世界虧盈靜裏消想見草堂開竹徑合宜春
雨過谿橋晴隨收蜀回芳杜閒荷雲鋤理藥苗莫謂城隅嫌窄小
崑耶一點賭全潮與觀同

和涉江居士

白社風流那籍招江聲朝夕送新潮人逢碧眼長蘆岸月上青樓楊子橋此日披裘誰睥睨百年荷擔識漁樵滄桑今古輪如幻凡坐清齋豈不聊

周士章 字吳昉上元人

西陵烟水海陵天澹蕩春光幽草芊地闢名山封禪小圜鄣小泰山故云堂開芳渚舞歌遷鶯花林外栽詩料雞犬雲中絕世喧寫就輞川風雨意主人長嘯即為仙

顧夢游 字與治上元人

漢代文章重子虛時宜只合賦閒居王孫去後空芳草燕子來歸是故廬烟織柳絲迷遠艇水流花片過前除未家畫裏鉤簾坐塵事何曾到澤漁

吳 綺 字園次揚州人

神武當年事未平瀼西又卜草堂成林花競長疑將夏桐竹垂陰不願晴有客坐中當授簡何人江上解歸耕秋來擬向康泉路皂帽同君取次行

東門蕭寂不開關勑放羲皇共往還豈欲有心來犬白社真直留無事與青山容教鶴夢松千尺種取鶯聲柳一灣如此板輿堪倒載沿階瑤草未須刪

王 潢 字元倬上元人

次其武韻

瀲湖春雨冷飄瀟細柳新蒲綠未消把釣坐觀桐瀨水吹簫遥隔廣陵橋山中橘化籬邊枳磵底松依嶺上苗可歎區區精衛鳥獨銜枯梗咽寒潮

徐 時 字　宣城人

憶午秋結社青谿別已十載茲游握手感慨以之且出一編見示屬余續貂顏曰春雨草堂讀書於中若將老焉海內同人咸有題詠予披圖而覽倚歌而和所謂聞所聞也猶未見所未見也得不霧裏看花刻畫無鹽乎不識能懸一榻待我於草堂之西否耶詩凡十首

愚公舊谷已丘墟誰更移山此卜居拄笏漫看朝氣爽譚經不使夜牕虛豁邊好種忘憂草架上還藏封禪書正喜今無楊得意那煩詞賦奏相如

數椽小築隔風塵抱膝掀髯物外身未改頭銜猶進士不持手版是遺民羊腸路窄寬魚腹犢鼻褌堪算酒緡若採杜衡芳芷去莫教風溼白綸巾

禾黍秋風起歎嗟荒烟殘露玉鉤斜芙蓉閣上唯衰草芍藥廳前但暮笳梁苑客多書柿葉武陵人愛泛桃花生平頗有乘桴興不謂羅浮路尚賒

蕭蕭春雨足荒凉避世乾坤一草堂不向人間深灎瀩唯從浦

際詠滄浪水衣自織梭絲滑茗椀時燒柏汁香未是西湖歌舞
地廣陵潮已退錢塘
蒼茫空水冷斜暉霧遂波深白皈扉子舍可堪鼪鼠竄女墻開
看鳥鳥飛濯園客去廿長隱抱甕人来早息機莫謂浮雲多出
岫諸公原不愛漁磯
朱顏未老卜林丘荷插扶犁萬事休緑野堂開裴相國赤松書
著漢留侯禪心漠漠沾泥絮世路紛紛下瀨舟却笑我貧君已
貴十年同是一羊裘
魚雁浮沉又一年傷春花下淚濺濺吾徒大半師彭澤時論無
勞詠輞川好客笋廚宜澹薄娛親萊彩尚蹁躚人生何必皆華
屋零落山丘亦可憐
捷徑終南事可疑文招猿鶴北山移四方多難君無恙十載離
家我獨悲稼穡明農循月令畢箕老圃較天時年來不羨華歆
貴門外由他亦轂馳
終年擁絮撥寒灰不信春風到草萊刻鷺畫蛇慚我拙雕龍繡
虎愛君才漫巢翡翠支無梗好孳珊瑚引鷇胎即此卧遊畜在
手何時一棹海門開
寂寂春星隱薜蘿與君慷慨百年歌衣難掩骭呼牛飯客不題
門亂雀羅竹笨夜通瓜步雨酒船潮冒石頭波烹雌翦韭知靡
吝好闢蓬蒿待我過

梅　磊字杓司宣城人

次姜如須韻

聞君新闢好林塘跨水為橋石作廊春植女桑纔幾畝門圍官
柳定千行養生辟穀留丹訣對客投詩出夜光丘壑置身真不
易此来天地正茫茫
樓俯江淮雲水清長林春暖有啼鶯花知留客垂檐發月為看
書到枕明作賦素耽司馬病逃名苦戀季鷹羹金門大隱歸来
日畦菜鋤瓜自有情
如公高隱幾人齊抱犢田間更祝雞草緑湖船春釣穩竹青書
幌夜燈迷尋僧時或參三昧醉酒歸多唱大堤方外只今司馬
在風流寧讓謝安西
吳陵山色夢中青欲往無能縮地形位置聽君譚竹塢逍遥遺
我對雲屏煙花游女朝連馬春水商船夜泊汀高枕著書應閉
户況兼諸子足傳經

霍谿祖庭　見前

瀟湘一幅隱漁樵天剩瞿曇衆可邀楊柳烟肥春易足梅花香
冷雪難消山權酒政人依竹水縱松圍月上橋風雨飯牛思甯
戚閒歌時亦慰牢騷

丘　越　字孔思順天人

一天新雨灑芸暉緣野林亭（映一）竹扉清夢無驚看蝶舞閒雲不繫

共鳶飛逍遥水面忘塵慮點染枝頭盡化機謝傅東山陶寫處
未應認作子陵磯

林古度 字茂之福建人

海陵城裏一湖光湖上君家有草堂自愛今時存古樸誰知春
雨换秋涼登臺嘯似調鯖角擊筑歌堪奏變商莫道老人徒夢
想還能遠過問行藏

又回文一律

林園適趣得身藏樂逸居家在此長霖作潤來春沛雨地囷開
構草成堂心清一事無離亂句好多題有景光臨眺盡教從近
遠溪溪徑喜求羊

周祚新 字又新貴州人

羅浮山色遠相招不用西陵問晚潮一望海天容白幘百年人
影過朱橋看雲獨對中林酒與鹿同遊上古樵此處儘聽今舊
雨衝泥車馬漫無聊

愈綬 字其章宣城人

平泉花柳盡坵墟擬寄愁心天上居海外三山無藥採囊中五
嶽按圖虛從教大地成眞隱不爲通都有副書試向人間問踪
迹較他漁父定何如

春雨春風紫陌塵十年綾餅殿中身只言上界足官府曾復羲
皇署道民脱手松筠充棟宇笑人縑樹算錢緡若將麴蘖公田
了孤負潯陽漉酒巾

檻外東風起暮嗟泰山排牖夕陽斜鈎簾睥睨家家雨捲地蘆
笙夜夜笳巷口尋常燕（飛）子津頭容易泛桃花西湖一勺黄河水
倒海傾江未較賒

驚沙撲面北風涼僵合冰澌舊草堂一夜山泉吹霢霂拍天湖
水接滄浪晚菘新韭傳生意秋菊春蘭藝古香抱甕稍令園事
足雷將餘瀝下寒塘

錢其恒 字子方順天人

小築瑶丘不記年鶯花别奏武夷天樵漁避姓交林外鐘磬傳
音到檻前古柳千章摇朗月玉城萬指疊青烟窈然巖谷無聲
音處倚杖高吟梁父篇

陸海浮沉寄一槎知時芳草入春奢蒼崖半老龍蛇蟄風雨歸
來燕子家曲徑栽雲摇綠影空山漱石倚青霞閒心剩與幽香
語花氣盈盈浸碧沙

山川不語獨含文别有烟霞渺世氛西子遥分半臂雨泰華小
試一丘雲侑詩春草娱幽夢渡月梨花飽素芬世事静看如負
梏鴻飛遠近（迹）豈同群

種藥栽蔬自一畦圍墻半入堞峰低閒疏石位穿藤格暗識槎
痕泛遠谿摩詰祇容增澹墨杜陵儘可著高題閒軒滌盡塵千
斛快御清飈逐埜棲

李靜姎 見前閨秀

山色湖帶光帶草堂遊航載酒繫垂楊惜春枝裏啼鶯倦待月樓前語燕忙架上琴書香晴集雲邊山竹翠含芳誰教風雨頻相送點點飛花出短墻

倪端 字文嘉江右人閨秀

知君不是草堂人堂構今時暫寄身欲擬蘧廬天覆地還如筝含雨當春基先綠野居名相堦舞班衣悅老親笑我閨房難涉遠行遊空羨洛川神

春雨草堂別集卷二十五目次

春雨草堂題詠

七言律詩

曹爾堪　秦祖襄　查詩繼　杜漢
楊思聖　李嗣京　丁日乾　周亮工
王崇簡　李皋　瞿嵩錫　胡玉昆
張學曾　陳瑚　王兆陛　宮昰
靈巖曉青　瞿有仲　胡從中　周寬
史可程　何明彝　和羹　劉佑
杜濬　黃文焕　劉一梧　劉逢源
張恂　鄧旭　莫磊　以下閨秀
韋克振　龔賢　顏光祚　卞元文
許植　楊彝　許承欽　蔣癸
鮑祖彪　李本澤　徐人鳳
范國祿　查繼佐　蔡啟傳
楊士元　吳國龍　張芳
史奭　張芳　宋起鳳
王士祿　乩仙　李國楨
錢陸燦　陳容永
劉佑　杜紹凱

春雨草堂别集卷二十五

海陵宫偉鏐紫陽輯　男夢仁定山重訂

春雨草堂題咏

七言律詩

曹爾堪字顧菴，嘉善人

壬辰秋日訪紫陽先生於燕都旅次，展觀春雨草堂圖，步韻三章

秋颸挾雨氣潚潚，春草池塘夢未消。畫裏柴桑披岸柳，意中濠濮數谿橋。空潭白鷺風梳羽，幽壑黄精雪蓋苗。乘興海濱期命駕，相攜同看廣陵潮。

山中石隱共誰招，龍卧江干水自潮。拖練人留青玉案，吹簫客坐赤欄橋。漆園試吏閒莊叟，夾漈藏書老鄭樵。若問西湖舊風景，六時絃管正無聊。

烟雲自收二千頃，歌吹湯傳廿四橋。春雨今年幾尺寸，秋蕪漸長繁枝條。湘妃漢女呼或出，披褐負薪猶可要。異日投簪草堂醉，眼中存者何寥寥。

楊思聖字猶龍，鉅鹿人

東掖傳經計已疎，歸來爲築浣花居。蒼山移石供支杖，春樹分陰照讀書。竹外尋僧招野艇，雨中留客摘園蔬。荷衣未製吾將老，乘何興年共結廬。

王崇簡見前

莫愁身世多難定，吾道青山故自寬。畫静鶴鳴松籟歇，宵深人夢雨聲殘。晴窻窈窕藏書帙，烟柳迷離隱釣竿。爲約何時簑笠往，扁舟應許棹春瀾。

張學曾字爾唯，會稽人

和惲道生韻

誰家春草徧池塘，醉裏高吟縹遶廊。一逕時容來二仲，五車日擬下千行。縈迴沙渚屯煙靄，結構節焚接水光。西子湖頭那勝此，碧天無際見茫茫。

綠波門樣有餘青，况值林間囀早鶯。自可雙柑成獨往，還將孤棹散空明。羊裘片石嚴光釣，蝦菜晨炊范蠡羹。謾說海陵風景好，令人忽起故園情。

幾年雲卧古人齊，高閣休聽絳幘雞。微欵加餐身益健，逢蒿遊安路常迷。置牀坦腹歆風檻，出户披衣遶月隄。背郭堂成幽意愜，移家何必瀼東西。

圖画傳來眼倍青，湖光含影見真形。秋天萸菊紛香佩，夏木松杉列翠屏。風起樵歌吹遠岸，夜深漁火照寒汀。蓬瀛即在人間世，舌本還資道德經。

江天漠漠睽朝霞，爛熳疑遮玉洞花。曲逕迷來彭澤柳，陽坡穜得邵平瓜。節瘦倚煙常瞑，雙屐閒拋日每斜。萊綵高堂欣拜一（節字上闕一字）

慶未應祿養勝雲沙
春雨春山分外青春風杜若徧洲生停雲千里因求友伐木三
章代勸耕山水卧遊宗炳画園林別墅辟疆名君家父子皆名
宿石隱那堪與性成
雲屋飄蕭鏡裏開相親惟有鷺鷗來幽添蔽日千竿竹香遮微
風幾樹梅小約歆危謝車騎空階寂歷點莓苔豈知散帙多清
暇釀得名泉數舉杯
物外經營何所求郊原別業坐銷憂嘉名可喜惟春雨小築無
多勝岸舟入饌娛親魚味美篝燈課子草堂幽鄰園有墅如堪
鑒我欲浮家到上頭

靈巖晚青 釋 字阿誰吳門人
羨君高卧傍林皐幾度春風醉濁醪逆旅乾坤情獨邈泥塗軒
冕興猶豪繁華別苑紅千樹新漲前谿綠半篙天道冥冥誰復
旦不須重賦水仙操
夢破炊香悟息機閒居端合掩柴扉烽烟南國凋禾黍雨雪西
山冷蕨薇骸骨壯心輸馬革文章餘習戀牛衣遙知猿鶴無驚
怨何事春來鴈北飛

史可程 字赤豹 溧陽人
平疇高柳賦綿蠻綠野幽棲宛在山寧必鑑湖纔足老曰歸盤
谷早宜閒尋花含笑酣春蝶傍水草忘憂洛水鷗大隱莫須金馬

宿芝堂日愛舞衣斕
十畝閒閒可息機菊荒三徑志寧違芰裳貯月魚先躍松蓋停
雲鶴未歸呼拜聲虛山骨瘦雖除意捲地毛肥知君自愛墻東
隱神門前早武拂衣
菡閣時傳春雨吟挂瓢更得鳥啼林樂將濠濮移情遠憂寄蘼
入望深何處鹿門容索飯異時谷口定聞音風前偶憶人西笑
倚竹憐君共此心
城郭依然丘壑存琅玕深護辟疆門山南落豆歌成缶牆角憐
花信到播草綠平泉猶有記書來德遠遂辭園輞川縱放圖眞
手雲贈風揚未易論

春雨草堂詩四首甲午之夏為紫陽年兄題也時紫陽應
徵燕邸託其武郵致不克偪閣今浹歲復次邗江四公友
逵過從錄寄敘定一紙比於千金視元白當年千里倡和
有如覿面時事交誼其相殊何等也

杜 濬 見前
海上春陰接草堂雞鳴風雨不相妨為漁路熟花曾笑學圃工
疎權又荒邂逅過門惟何貴平生濯足有滄浪秋槐葉落孤臣
遠莫比當年華子岡

秦祖襄 字復齋 寧波人
花源迴迴與市塵辭共信伊人水湄霜後芳廿鳩杖健竹間杯

罥 或即罥字 音絹 綰也 掛也

罨 音鴿 音奄

引鳳雛隨六朝事往青山穩孤樹星閒鳥雀知可是匣龍長嘯處南陽高卧負鬚眉

醒醉何心問溷囂一壺閒掛聽松濤歌詞虛唱閒張祐癡淚無端接謝翶賴有鶯花消積恨可堪風雨喚離騷幾回開徑慚求仲郊水徒勞結夢高

李嗣京 字少文 江寧人

乍入似披輞川畫看來絕勝浣花谿折翻水面渺千里勾引山光罥一畦好鳥弄聲洗翠罨[娢]幽人畸思祕雲棲鏡湖天與無煩乞春雨年年詁綠堤

李　皐 字香岩 鄞縣人

草色芊芊綠蔭迷幾谿煙雨野航遲花分劍氣移星漢月伴山光聚鹿麋雲靜不驚魚鳥韻酒酣時發笠蓑思俯然自寄瓊霞外漫憶王家畫裏詩

陳　瑚 字言夏 太倉人

西湖春雨澹於秋背郭堂成象外幽雛[鞊]過落花無漢䰠徑分芳鮮有羊求一門龍勝高陽里五色瓜如故國侯著得奇書寫奇字興酣搖筆鬼神愁

瞿有仲 字有仲 常熟人

披編索和草堂詩幽壑深林入我思賦裏西湖花綽約圖中來嶽石離奇一壺日月春常在四海魚龍夢未知可許南陽劉驥到桃源應更有新詞

何明彝 字九叙 揚州人

幽居卜築小巖西柳蔭橫橋碧鎖隄流水濺花開引釣徑苔侵屐短支藜投簪早羨盟鷗鷺掃徑春期友鹿麋樓外煙巒平入望悠悠野鶴伴雲棲

西城鳳隱結綺園水抱瀲湖碧浸軒隄柳織鶯啼破寂檻光[花]迷蝶夢忘諠淒淒坐雨春浮白個個留陰竹到門嵇阮尚懷廿世嫚攜琴嬾步小山村

上迴文二首

黄文煥

庚子菊秋散布[步]春雨堂時西府海棠方盛開漫成七律二首

何嘗城市乏桃源仙氣飄飄屬此園抗節僧高欽舊樹畫疆防擾繕新垣石猶未立因天璥草付休除有道存莫謂人[似]無非整理待將候到又重論

重過園次迭歌謠偏有花神慰寂寥想代主人娱遠客如經羯鼓促中宵紅光盡作蒸霞起翠葉應知染黛描搞入膽瓶供諦玩更深別現映鐙嬌[嬌]

查詩繼 字二南 海鹽人

西郭園成湖水灣無心鷗鳥亦開顏天連楚澤滋蘭畹客散淮南騰小山九月煙霜露旅服一年詩賦動江關鏡臺應有刀環

約數盡飛鴻人未還

丁日乾見前

禊飲草堂分賦

芳郊拾翠憶榛苓宰落才華有客星曲水橋通王謝第流觴人
聚會稽亭鶯啼湖上春雲暖過眼江南孤嶼青酒罷橫襟移櫂
去長篙攪碎一谿萍

瞿嵩錫字伯申常熟人

春雨草堂宴集

二十年前秉燭遊秦淮燕市醉深秋彎弓學控洮西馬點筆思
乘海北虬皆當年實事蕉炬木天移漢鼎鷓啼夜月冷吳鈎於今席
帽相逢日把醆高吟淚欲流

吾黨風流迴不羣登龍人自附青雲平章花石心偏濬詮次翁
書品亦芬珠樹影搖鈴索夢時令嗣官中翰牙籤香護紫泥紋吹簫有
容來吳會屢倒青尊醉夕曛

王兆陛字仙佩通州人

別羨春風貯畫舟煙波彷彿武陵幽燕支紛染零紅寂芳草連
蜷涇翠流已見湖光侵硯席何來岱色映危樓朱闌天際思同
倚接得新詩當臥遊

咫尺桃源靜不譁十年前到上清家迴巖處處晴還雨芳徑時
時春滿花興至攜柑聽語鳥閒來支策數飛霞嵗星金馬三山
侶漫向浮生夢蝶誇

盡日鑪香手自添一春細雨任簾纖雲光欲落都依樹花氣無
名半入簾山近淮南宜鳳隱八如谷口信鴻漸於今悟得還丹
術物必忘情意自恬

何必平泉與辟疆予懷渺渺水中央畫眉人負青霞氣鴛筆詩
流綠雪香空笑秋風教憶鱠但聞春雨勸飛觴紅蕖碧蘂浮天
處吟眺情深未可量

胡從中字天放山陽人

小築城西春事饒淮南叢桂坐相招人忘秦漢知何代夢到江
南第幾橋千尺雨雷埋祭玉六陵松柏望吹簫東山南望無多
路月黑雲空聽二潮

和羹字其實内丘人

壬寅午日海陵守劉雲麓邀遊春雨紫蒴先生春雨草堂即
事偶成

海國求聲有辟疆蘭橑蓀壁嵌琳琅兩朝遺老三磚夢千里同
官五日觴花谷玲瓏鳥語碎杏壇密邇道風香輞中景物山中
相不數裴家綠野堂

劉一梧見前

修禊前六日集春雨草堂即事

高天幾日晦春陰爲愛名園帶雨尋石澗通橋環柳密幽亭隔

岸坐花溪閒襟酒向平泉酌暢叙人如修禊臨怪底兒童存舊俗紙鳶爭放出華林

杜　淶見前

秋日遊春雨草堂

天目戴從地底闢西湖又向郭邊橫仙人已杨鰲背識先生乃出雉皐城玉格壺史幾千卷金衣畫眉三兩聲醉折甘蕉噉生客揚州使者濟南生

再遊春雨草堂

畫舫紅橋枕綠莎白蓮碧芡帶青螺籬邊十畝租魚浦簾外千弓放鶴坡彥寶有懷憑懶慢元龍高卧易蹉跎迴看曲檻雲生濕莫唱尊前觱篥歌

周亮工見前

鬖公小築在銀灣檻外時看鷗鷺還半畝惟欣春雨足百年只愛草堂閒空餘几隱稱南郭未有文移自北山一過嶺頭十六載閒君歲歲戶常關

胡玉崑字元潤江寧人

何用藏名遠泛家此間足可避紛華客來問字留春雨僧過譚禪叩若耶霞砌蒼松閒卧石垂檐碧柳細籠紗扶筇緩步環橋轉錯認西陵取道賒

不惜城中三畝地小西湖勝大西湖水邊楊柳藏歌舞苑外鶯聲喜畫圖石逕方平仍許吒酒當玄晏正宜呼長廊曲檻浮煙際亭遠湖心見有無

官　昰名撫辰字凝之黄岡人

集春雨草堂詩兩徵及衲子亦云博矣破戒為之即呈槃正

西湖亭子四時春有客風生兩兩人誰小泰山青未了所期安定古為鄰花穿蛺蝶醒初夢空轉芭蕉出舊身豈少神仙來海外欲令衲子對波旬

周　冕見前

三過春雨草堂

久失風前白鴈書草堂回首十年餘一從求友空南國三度題詩過石渠花社(榭)歲歸春社燕海陵人重午橋魚長安貴客喧車馬爭及湖山卧自如

十畝烟雲傍落湖古人心事在離騷桃花雨漲停雙屐楊柳春深夢六橋自署柴門通野客誰將書信報山樵疎狂慣識平泉路名酒時飲一瓢

劉　佑見前

癸卯夏余以蘄春令量移海陵得交紫陽先生聆其緒論大快生平簿書之暇又得遊先生所為園花石點綴出人意表真所謂別有天地非人間也湧賦四律呈正

葺石為園溪水頭衆香國裏小諸侯筆床茶灶尋幽事棊局花

尊集勝流久閱事情多白眼須知吾道有滄洲閒收冰雪囊中
句杖底西風萬壑秋
没沿谿古木幾千章曲磴盤空繞畫廊一代經綸歸澹漠百年
詩酒未蒼茫碁敲竹閣聲偏韻花落柴門水亦香扇底西風塵不
到濯纓猶自咏滄浪
循谿緩步卻巾車仲舉何緣罷掃除盡日傾尊延野客幾年鍵
户著奇書花搖寒影沈秋澗扁換佳名葺舊廬偶爾一竿閒寄
興傍人錯比富春漁
徑竹修修玉露團莎城倒影入池寒休譚戰地饒金鏃且傍青
谿置藥欄丘壑只應高蠟屐是非終不到魚竿春明走馬何年
事莫向青駒夢裏看

劉逢源 字有宜 曲周人

同雲麓小西湖訪梅晤主人留飲夜歸有作
波含夕照晚谿晴蹊路鏗然杖有聲野鶴啄苔穿石竇奚童擁
篲走山楹譚深竹外茶烟細坐久梅邊月影清偶爾忘機偕勝
侶海山原不隔蓬瀛

再題春雨草堂
偶攜短策款岩扉雨過閒階綠草肥怪石嵌空侵鳥道危橋高
下入漁磯花閒月影能留客谿畔蓮香欲護衣誰破苔光閒剝
啄幽人韻事古來稀

陸沉金闕無多日所謂伊人在水湄花映曲廊紅窈窕竹環幽
徑綠參差雨餘谿漲魚情樂風過松涼鶴步遲留客山尊常引
滿剩桐枝上月如窺
虬松石畔一函經晚對荒城列翠屏每據尊罍歌酒德時窺象
緯識文星霞光半射湖波紫草色遥連岳岱青偶爾鯉庭群産
集移牀蕉下說西銘
松杉深護子雲居寧憶蘭臺復石渠獨樂園惟三徑竹眾香國
有一牀書胷中丘壑應無恙筆底烟雲亦啓予每過花谿思舊
隱漳干吾亦愛吾廬

張栒 見前

夏日晨過春雨草堂日夕又承紫翁招同朱二玉集飲有作
江南何限園林美一日誰邀兩度看去去旋來吾不厭行行且
止此相安朝煙過眼縈山木夜月當頭照澤蘭起立湖邊還進
酒頻忘潦倒盡君歡

韋克振 字子寅 黄岡人

癸卯夏過訪春雨草堂境幽地僻忘其為暑追念昔遊蓋三
十年矣賦謝
方來苦冒長途暑一入君園別有天深柳低垂疑染袂鳴蜩高
奏似調絃影移月送詩蓬疾雲淨山連畫閣懸獨羨幽棲高竝
地晉家秋圃米家船

許　楹見前

枕郭蒼茫春水陂尋君日日聽黃鸝側斜紗帽同鷗鳥廓落羊
裘理釣絲銀鹿好文能洗研青鬟善謔亦通詩閒來得酒當拈
句石上摩題記義熙

鮑祖彪字曼珠徽州人

偶然麋鹿亦同羣已任天高絕見聞竟擿荷筒酬縞帶湯呼安
石當紅裠參差檻外千尋竹宛轉谿頭一鑑雲不是病夫常善
病閒將風月與平分

范國祿字汝受通州人

水木清華眾外幽南宮烟霧渺晴收依山未了青千曲帶郭無
聲綠自流簫鼓遠隨風雨暗樓臺高倚洞天秋十年湖上相思
地飄得羅浮此一遊

楊士元字恂庵上元人

癸卯長安偕宗袞年兄共寓案頭見春雨草堂詩憶昔過從
恍如昨日用韻賦正

廿年驚服意瀟瀟塵慮於今冰雪消歷盡滄桑終釣渭曾無寤
寐舊題橋草堂日干滋蘭蕙春雨雲深憶黍苗岳外岳祠濱水
立柴門疑對浙江潮

史夔字壽平江都人

雄文曾向芸窗讀十載侯芭始問奇漢署夜綢金石祕小山秋
老桂花枝香生銀管裁青史醉寫烏絲付雪兒豈是忘情戀丘
壑鵷雛身在鳳凰池

王士祿字西樵新城人

直從高枕狎漁樵客至無須倩鶴邀接檻幽燈梧夜碧汲磯新
漲雪初消遠山對酒時憑几斜日行吟偶過橋一曲鏡湖堪自
老芷蘭滿眼罷離騷

雨霽青山映草堂春波分綠上垂楊聽鶯選樹那愁寂藝菊開
畦太劇忙花嶼夜漁通野響木蘭晨露墜初芳若為點筆幽吟
處皆長松陰白石牆

錢陸燦字湘靈常熟人

允矣宮縞吾所思數年一別雨淒其黎梁園聽唱長干夢新劇演長干夢
秋月重緡春雨詩謂前二詩海內白頭零玉案燈前紅淚裹金卮嫦
娥問訊都愁絕折簡徵歌縱酒癡
更所數論交爾汝時尊前笙管合停吹國醫手付搏秋石甲午都門無事煮秋石藥
衰補心勞組鬢絲公正罷官閒醉酒我方羇旅漫稱詩而
今好月誰圖鈌丁倒吳剛斫桂枝時劇有吳剛月宮一齣

劉　佑見前

甲辰上巳集西園

草堂雨歇草芊芊客過分題散錦箋曲徑循溪多壘石小橋侵
柳半含烟流觴遺事還今日載酒浪遊又一年何用愁心縈燕

子林宗同泛郎登仙

鄧　旭 字元昭壽州人

甲辰夏日過春雨草堂

白玉堂前舊典型五花臧鳳起高冥人欽北海歸群望世重東山忍獨醒湖岸波光閒裏看草堂春雨坐中聽更難陳實多英彥太史應占聚德星

翩翩年少綠衣郎太史傳家姓字香八斗才華驚艷麗半湖春水獨倘徉三蘇家學知源遠諸謝風流自勝場今到海陵來覓晤喜君書架萬青緗

龔　賢 字半千金陵人

澹烟疎雨過高城城裏湖光城外明白鳥一雙飛不見細魚多少食還爭欲安草閣藏迂老先有紫荆待友生埜地給糧家釀酒儘教書卷積牀平

楊　彝 字子常常熟人

鶯花三月大江春人物風流托比鄰青史可憐餘碩果素交何幸啓窮塵會王絕學蠶叢舊毛鄭真傳蠹簡新喜得中原遺獻在摩挲老眼共披論

李本澤 字中悅陝西人

春雨草堂何處是偶從圖裏見煙雲地鄰東海山常潤水近西湖風自醺謝妓時穿花影過蘇詩相對鶴鳴聞着書定有千秋業豈是鳧鷗麋鹿群

查繼佐 字伊璜嘉興人

十年難置雨中思若木堂前秋草萎南國自佳真獨立東山不出欲誰知寒追曉影春初麗耐錄閒情晚更宜亦有西湖不堪述曾無明月照棠梨

一龕古意野雲多春去何堪夜雨過漚得此心疑是露支將兩擘砍成柯騷中屈子變如許陌上羅敷怨若何自是主人顏色好不勞借筆畫眉他

吳國龍 見前

乙巳夏初同張穉恭飲紫陽年兄春雨草堂晤諸嗣君喜而賦之

園門特為故人開共舉離思付酒杯一老不除湖海氣多兒盡是梓楠材雲山自信邀天愛樹石何妨任我才相聚草堂佳話久籃輿燈火莫頻催

又次穉恭韻

憶別佳園已數年於今重過益歡然石逢顛米皆呼丈画出迂倪邈道仙山水文章堪坐臥弟兄師友妙周旋相看雁序聯雲入妒殺翳翁署老泉

張　芳 字菊人句容人

小西湖在大淮南天錫華陽十賚函棠木一丘多桂實停雲雙

版足花潭圖書祕寶宗群玉松竹新陰合古嵐正是濛濛時雨內緇帷遺響現優曇

小築懷人避道南幾年清夢落詩函媧天鍊就五石靈雨收色(色)歸千尺潭字燦新題秦後篆風吹去席海中嵐勞余寤寐思香草簷葡拈來匕鉢曇

深柳書堂宛漢南永修(和)禊有新函素牀白袷金仙室和紅樂青山玉女潭藝苑春秋開自壽鬘華亭樹遠於嵐煙波此日相思處已似追從淨社曇

乩仙 見前

金谷名園水遶屋石橋有路通南北絲垂綠柳聽流鶯竹長青竿鶩小鹿飽酒驅寒興不孤土山眺遠意幽獨革新無限好風光木茂鳥啼人未宿

陳容永 字　海寧人

草堂遙在海陵中臺榭猶煩締造功湖水一溪環戶綠苑桃三月照尊紅雨聲曉共江潮轉山色春連曙旭通南迓棹頭君便得晝眉人傍百花叢

杜紹凱

亂後逢人賦蒯緱花時真有縕袍羞進賢冠著書堪著肯構堂成願已酬聞道西湖春更好誰知東海雨難求鞭龍試向隆中問抱膝其間幾臥遊

莫　磊 字　松江人

碧浪重開西子湖參差樓閣繞平蕪橋邊樹色渾如越竹裏濤聲半近吳紅雨畫漁(迷)父棹黛煙輕似輞川圖山中招飲多高詠珠玉無愁郢調孤

顏光祚 見前

傍舍名園策杖回主人好客動相催吟詩執手歡無限一月經旬酒復開石徑初條纔長桂堂陰落片已封苔莫嫌短鬢侵霜久壯志逢辰未肯灰

許承欽 見前

西園修禊駐花驄緒陌蘭亭隱見中蘿岫賦詩先謝萬芳林作序有王融神人捧劍思秦水觴雨(羽)隨波繼洛風真寄冥心歸路暝幽情一一似江東

徐人鳳 字子威　常州人

春城雨後芳塘滿水漲西谿好放船著屐園中看有迹懸琴壁上愛無絃平泉載酒邀佳客金谷尋花學少年太史高才誇白雪巴人欲和漫題箋

瀼西曲曲谿流遶楊柳堤邊好繫船月上草堂聽鶴唳春歸花苑奏鷗絃湖中臺榭疑無數山畔祠堂不記年此地夜遊應秉還同詞客競飛箋

蔡啟傳 字崑陽　浙江人

甲寅冬仲過海陵
宮老年伯招飲春雨草堂漫詠呈正
選勝登臨興盍稠門前花草倍清幽輕舟載月頻来往得句唫
風賞唱酬扉掩半因隨鶴息尊開多為故人留 時劉虎臣堯叟兩年翁同坐
蕭蕭木落林皋外一任閒情狎野鷗
從遊今日許追攀杖履飄然意自閒疎曠無心依北闕孤高何
必説東山雲移靜渚苔紋古日抱寒原樹影斑無限忘機消己
盡獨留春雨向人閒
載詠四律呈
老年伯正
臨風長嘯獨登樓南陌晴光縱遠眸幾處寒林驚落葉一天澄
碧滿平疇穿雲忽斷雲来路枕石還聽石上流中有幽人清夢
穩臥看斜日到林丘
半世功名付草堂怡情詩酒恣徜徉小山叢桂能招隱曲檻猗
蘭亦佩香自有高風連泰岱更無塵土到滄浪載歌載詠花陰
畔忽見梅枝度短牆
數竿修竹有人家隔水雲眠一徑斜午倦烹泉頻對客夜闌哦
月恰當花還將好句酬冰雪莫遣清心鬭麗華三復香山居士
句悠然詩思滿蒹葭
屋宇無多不礙雲翛然舒卷愛離羣依微遠樹臨摩詰縹緲飛
煙學右軍晉代風流移入畫唐人點染自成文可知春雨堂中
客襟帶蕭疎草亦芬
又續二律總成八章呈
老年伯正
晴雲冉冉度簷低門外寒流尚入溪非是避人成卜築還因雅
量合幽棲池邊浣日常調鶴花徑耕烟不礙犁莫謂山林經濟
少閒中展卷貫詮題
綠野堂開別有天澄溪如練鎖晴煙傍畦藝果還蒔藥繞屋栽
梅亦種蓮和靖襟期元不俗淵明風味在無絃焚香靜憩山窗
下好夢初回月正圓

張芳 見前

紫陽先生招西姿韻至八首涌泉爽露天授奇才不揣小巫
謬續其四詎敢附庸風雅聊以託隰桑蔓草之賦云爾
一拳如岱小湖西輞墅高臺入望迷近郭寒多無燕到百花時小
至有鶯啼琴彈流水須同調卦取兼山不待蹄應是熙朝圖鳳
出名家翊運起莘犁
貰酒聯吟水石西畫欄綺樹望都迷閒披太白宮袍戲老過伶
玄小袖啼巾掛三花宜坐隱杖輕一鳥得幽蹄時人莫笑歸田
易溪柳堂開綠野犁
不須鸜鵒舞婆娑生色屏開笑口多酒釀油囊人正可花淡玉

洞國為何書傳錦帶三春麗詩寫青箱四始和好辯側整厘懸雒
市珊瑚筆架月來過
仲堪其若樹婆娑夢蝶籧篨也自多碎地柴車身是否安心壁
觀意何(如)窺園姹鳥聲如罵近水游魚隊儘和綺語懺除還未淨
庭空香夏相過雨（雨在香字上）

清明雨後先生趣赴西園社集小冗未往仍次前韻奉柬
十笏春浮霧雨西三春寒峭夢魂迷懷人上已清明後惜別黃
鸝紫燕啼画舫圖書容我載神樓風月竝誰躋落花晚序初眠
熟兕杖門前聽叱犁
花枝解為客婆娑禊水風光飛絮多天半晴陰佳且住人間負
病恨如何臨文尚慨空觀妄顧曲寧忘古調和但得高閒相對
飲懷民宵靳夜來過

宋起鳳字紫庭滄州人
吳陵亦有泰山西湖近在城水樹清嘉先生築草堂於其
湄顏曰春雨四時之景畢具而獨以一端名者課讀也壬子
秋晤長公於春雨江叙臣好諄諄於其歸也賦詩寄正愧如
曉行玉山不免碔砆削色矣
想望伊人水一方德星常自聚芳堂書遺禁蠟金蓮舊夢繞仙
盤堂掌露涼已有鳳毛騰采藻何妨魚服溷滄浪湖西煙雨迷
離處共指藍田畫裏莊

負郭園居水樹濱幽人久愜任山心沿谿花隱猶秦曆隔壠秧
動楚吟小僻耽奇縈竹石澹忘機想答魚禽偶然樂此成棲遯
湖曲煙蓑未易尋
舊京別業久荒蕪小闢新莊到海隅癡淚謝翺悲釣石潔身倪
瓚老菰蒲輞川原為娛親築瀼水還因避地孤莫羨吳陵風物
美逋臣清節是西湖
依山陂澤足船耕偶爾疏泉架數楹花竹無心閒位置賓朋率
意絕逢迎豐年樂事惟占雨家計良田是近城教子課農真足
老客星不願釣磯明
自是江淮勝稻粱逸民端底愛家鄉日高市味魚鮮集風細田
歌鼓角忙落索春蠶縈夜箔依微林火出書牀不貪再理華胥
夢贏得頭無薊北霜
涉淮從未到吳陵學士堂成雅見稱水樹想來堪賭墅樵漁料
得結閒朋萬家煙雨真如画數仞春山不壓登我欲扁舟乘興
訪桃花又恐誤魚罾
未能五嶽縱閒身得遂歸田奉老親長謝俊廚標漢黨廿從巢
穎署遺民壺漿筍蕨風何厚僮婢農桑道不貧勝日有時聊放
棹林花還比六橋新
柴門春雨翠籠蔥漉酒高歌屬醉翁事到退閒方驗品詩隨惟
漫興不求工青燈粗糲茅容客寒夜鑪溫穎士僮自覺幽棲饒韻

迹一竿流水釣花風
聞道高蹤寄水巖從無魚鴈托郵函連昌宮闕花飛雪溢溢浦
琵琶淚溼衫題影樂稱前進士楦碑猶署舊官銜太平老友今
無幾何日邘溝駐遠帆
此畨垂老到江南風物依然興不堪燕館酒從殘擊筑新亭客
淚罷清譚名山一笏常支枕鸚語双調可破柑惟有公懷真澹
宕桃花千尺寄春潭
幾隴秧針被野田一番眠雨助農眠扶藜原上聽新水提櫂磯
頭放釣船雲氣增寒花黯淡山容經沐石連蜷年年贏得春前
勝消受林泉說懶仙
射策當年入洛時已通世好共追隨文心五色稱烹鍊聲價千
重陸離過眼風雲成異代藏名耕釣寄湖陂今來頭白逢公後
執手春江話舊知

李國桓 字台尹興化人

粤上斯已惟癸曰丑禊飲之日自昔風舞之情在茲雖地殊
代異而歲合辰同主人折柬羣賢邀輪方外擬追蘭亭之盛
集思暢觴詠之幽情奈雨淋蜀道祇歎車艱泥溼蒼谿直愁
馬滑蹉跎遂開於華屋門盡駐乎高軒 桓 忝奉葭莩獲廁羯末
投轄留賓浮觴永夕沈酣之後莫賦短歌醒成竊以來因成小什
癸丑重逢晉永和相將修禊到煙蘿祇緣風雨衝泥滑卻使松
篁隔嘯歌白髮幽人時放鶴金亭道士莫籠鵝傳杯頻翦紅羅
燭漏永華堂客已酡

卞元文 字夢穀上元人

田桑田海思瀟瀟詩酒生涯道豈消放鶴啟扉歆醉竹通泉鑿
石跨飛橋露香秋老收菰米花雨春深課藥苗朋好行吟偕澤
畔浩歌聲渺夕陽潮

蔣 葵 見前

勝境天然別樣芳雨餘煙景自非常滿湖春水迴花徑一帶春
山映草堂洗耳不堪聞世俗逃名久矣愛滄浪林泉嘯傲無窮
樂琴鶴相隨千夢長

春雨草堂別集卷二十六
海陵宮偉鏐紫陽輯　　男夢仁定山重訂
春雨草堂題咏
五言排律
陸奮飛字翀霄宿遷人
紫陽年兄構名園顏曰春雨草堂多所題咏盡海內文章鉅公讀之如彩霞萬片爛墜几席不揣固陋勉為續貂
天皇香案吏京兆畫眉郎連驥披宮錦尚羊換野妝尋幽西子畔絕勝武陵芳冠冕思胡老金戈憶鄂王明霞鋪麈尾纖月度魚梁偶爾逢春雨悠然響屧廊瀝沾紅杏艷潤惹碧桃香翼翼林端閣陰陰竹下舫捫蘿穿曲徑循磴上層岡木容花千樹波臣藻一方小巒宗泰岱隔岸制田莊雪藕嬌冰箸維揚有千葉碧桃金絲雲藕瓊花妒錦囊詩中啼布穀畫裏浴鴛鴦柏葉燃金鼎瑠蘇倒玉缸採芝逢石髓搗藥和玄霜謝傅棊為墅劉伶醉是鄉薛箋多快士吳舫駐仙娘燕壘葡萄塢蜂居芍藥房鳥嘘添硯水猿戲櫂琴牀廿四橋呼艇三千客滿堂浮槎驚斗漢騎鶴上維揚迷路人為阮歧山舊姓唐素心如帙卷問世學閨藏蘭玉凝香遠絲蘿結蔭長時有婚姻之約故及之
王兆淑字仙琬通州人閨秀
未識吳陵路遥聞勝地便園亭依水際茶竈置松邊微雨疎簾

迟明雲澹暮懸琅函渾燦逸魚鳥足蹁躚嵇阮開尊盡羲皇到
（漢印篆字）枕全草飛蝴蝶色花落鷓鴣烟碧甃清光滿青軒幽異篆漢文
芳渚聚月色草堂偏薄靄圖新畫輕風譜素弦檐前青雀舫座
上綵雲篇傍主朱禰舊娛親宮錦旋一变鐘外弈五體醉中禪
彷彿逋仙圃湖光達洞天

七言排律

吳國縉字玉林全椒人

戊戌夏季走海陵案翁居之西墅即數年前索句處所謂春
雨草堂也命續貂其末因先以稿呈

幾年此地夢君家家客暑初過望若耶匝樹靄垂春雨重繞荷
（賒音沙遠也 賒又去聲意同）香贈草堂賒聞啼罕見巢林鳥吐艷難扳掠水花修竹千竿千聲戛
碎灣橋數折徑通斜玲瓏雕瓦欄穿蝶盤崛盧山洞隱霞丹桂
馥叢寒曉帳芙蓉鏡幻泛仙槎地臨下澤偏宜柳畝曠城隅也
及瓜碧漲寒潭危礎矗陰濃千掌合牕遮半輪光散枝間月一
縷煙籠塢裏茶敞閣雷雲陪下榻重蘿卧犬候高車別開蹊壑
非塵境滿署藤蘿理獨衙曠望伊人隔秋水每從江上憶蒹葭

丁日乾見前

己酉春雨草堂修禊十四韻

百年修禊重佳期雅集西園異昔時綠樹參差添閣榭青谿宛
轉到門楣小舟橫渡石先斷曲屋斜連樓更欹畫絕風塵天皎
皎宿經烟雨柳絲絲林閒幽鳥閒關巧壁上蒼苔斑駁奇池為
雪消新水長氣移寒閏落花遲嘉賓驛驛監輿至公子翩翩玉
勒追掩映鳳毛兼驥足駢羅山蓰與江蘺冶遊另挈東山妓妙
繪頻來北苑師浹日詠觴乘月上曲房絃管任風吹高談縱飲
懽何厭劇笑狂呼興不羈數卷擢揄展不足一鉤銀玉坐相隨

劉伶箕踞仍攜鍤山簡陶然倒接䍦試問此中丘壑趣永和以
後定誰知

五言截句

鄧漢儀見前

湖水光如鏡亭臺浸碧虛呼童花下立時䕶放生魚

過橋地一區堪作梅花圃不抱鐵石心那能守春雨

阮玉鉉字晉林揚州人

鐵石堂

寒月隨牀前虛堂留鶴影清㝱忽成吟美人香佩冷

香草亭

芳荃翳亭趾寸心殊自結安得彼姝子蹇袵惠来擷

瓢枝

振衣蹈雲巖永懷遂初服睠此一枝𤓰浩然媚幽獨

詩篷

長日深閉户怡然發嘯歌誰謂鸞鳳音乃在層崖阿

季靜娛見前

遥意青山外幽人隱薜蘿門前春草合細雨冷漁簑

風摇花影亂粉蝶故飛飛知道逃名客長吟坐釣磯

七言截句

李玄豹 字李子 興化人

昔年湖上屢銜杯此日園林意懶回雨後雲山多變幻遊人謾作武陵猜

曾到城西訪雪梅花陰石徑幾徘徊畫欄曲曲藏春住綺閣重重帶雨開

亂離何處有春臺拂袖言歸闢草萊西湖卻比東山勝高卧容君日溯洄

草堂雨過長莓苔西子新妝映水隈莫向江南勤買棹海陵近有畫眉才

無名氏

題壁

共羨西園雅集時風流黃米恰相宜只今名士飄零甚春雨瀟騷强自支

無名氏

見題壁詩戲答

一春心事翠微亭風雨園門盡日扃捉筆何年才一出梅岡岡上晚山青

丁日乾 見前

小西湖竹枝詞

勝地相傳曲水間何時寂寞剩荒山輞川公子經營細綠樹紅亭照碧灣

年年春雨潤孤城亦自青山百卉生白袷紅妝閒拾翠許多芳草不知名

春晴水上可嬉遊木末黃鸝石際鷗自有名賢修禊事永和風味在揚州

崇柯披覆草堂深一片花陰鐵石心湖上傳流無艷曲美人香草白頭唫

看花載酒過西湖山石波光宛畫圖一片空濛惟鶴伴竹林深處有人無

高士幽居傍水涯草堂雨過煮新茶門迎翠色山如畫一望春風處處花

春陰無處不芳菲門外雲山碧四圍策杖倚扉舒望眼一湖烟雨釣船歸

宜雨宜晴霽色開宛然西子影徘徊遠山春水遥相映任是丹青寫不來

李靜姎 見前

石路遥分入渺茫西湖春雨鳥飛翔惟愁花落春歸去拾翠臺前秉燭光

細雨連霄溼草堂殘陰英飄墜綠陰傍題詩欲盡湖山勝風捲瑶

箋寫未詳

徐爾勉

掛冠獨喜向河濱花映樓臺結構新啼鳥不知烟景勝嬌聲百囀惜芳春

一庭春雨溼蒼苔風送花香入座来謾道西湖誰可到草堂深處有蓬萊

王璐卿 字仙嵋通州人 閨秀

寄春雨草堂

霏微煙雨貼苔錢鶴跡花深隱石泉聞説畫眉似人昔草堂今又整詩篇

竹徑刪開石徑幽水雲縹緲喚啼鳩芳洲不減湖天末滌盡塵緣萬斛愁

萬井桃花隔俗塵囊中煙景足三春閒攜斗酒敲新韻黄鳥依稀學喚人

冷翠茸茸芳草塘柳花糝徑李花香韶華九十難留住暗惜飛紅上燕梁

春雨草堂別集卷二十七目次

春雨草堂別集卷二十七

海陵宫偉鏐紫陽輯　　男夢仁定山重訂

留行贈別二詩

原倡

五言古體

王崇簡字敬哉宛平人

壬辰秋日紫陽年兄偶至都門遂將別去感而有賦竝為晉畱行

歲月移曩志風塵化素心眷言南國彥卓犖如崑岑雅懷振墳典芳義笑照臨定交獻策時喪亂迫分襟秣陵風雪夜草草各悲吟寒暑八九易潦倒媿至今重飲燕市酒回首嘆升沈坐我空堂上為我理素琴泠泠變商徵泫然感清音不敢淹高轍欲別懼商參西山秋色好與子且幽尋雲中雙黃鵠飛飛入上林

旋車將駕聊述短章以贈其別

嚴霜驚脫木飄風來朔漠歸客將脂車中心悲離索天空鴈影高古道慨落寞風義陵青霞不負蘭蕙約鼓枻入花源雲根種百藥音酒上高堂承歡東瞿齋明月照徜徉獨吟登山閣仰視高雲飛俯視緇塵落

和篇

張　端字中柱掖縣人

壬辰初冬望夜留贈宫紫陽年兄還江南二首步王敬哉年兄韻義冗病之交雜以離緒顛倒殊至為留為贈應不復別之為二也

朔風連大漠白日惜西馳人生貴知己同心如塤篪予友千里來款話十年思久別易為感況經滄桑時飲君燕市酒示我篋中詩奇情未寂寞英氣連虬髭坐隅見兩郎鴈行羨參差搖筆陵青霄競爽挺岐嶷咨嗟為太息二陸安足奇譬彼九苞禽將雛共羽儀握手勸君飲古歡今在茲如何篤言邁去去忽相辭意為尊羹美不作浮雲期慚彼汲籍義久待慰調饑仰視鴻翮翔側聽嚶鳴悲聊作縶駒者遲爾商山芝

把袂意秋初脂車冬伊始長安僕馬勞過從苦不易朔風速行客兩霰增別淚慷慨離懷多緇衣徒抱愧出處見古人心迹期相類余賦白雲詞君秉珪璋器何當慊所言耿耿勤寤寐悵念不可留歸與方尚志江皋落葉深歲月忽以異草堂應未蕪著書松復藝笑謝緇塵人貞信永無棄

查詩繼 字二南海昌人

留行

結轡臨長風灑酒將別離丈夫且信宿賤子前致辭名都鬱崔嵬瑤草映玉墀當軒理笙簧列坐況壎篪番番九苞禽百族欣來儀矯翅陵中路胡為復低垂緗帢帢五花裘與隸供前麾明璫耀朝日甲第雙蟠螭真信亮所懷榮華當及時黄菊有芬芳安孤絜春姿搰搰灌園子後世徒見嗤

贈別

白日澹茫茫荒原亦蕭蕭征車迴往路掉頭不可招憶君筆盛潔皙青髭饒鳴珂入玉堂意氣初生潮排雲叫閶闔風議動百寮秋槐落深宫歲月一以遼遠遊結綢繆折桂贈蘭茝風塵涵緇素星漢空迢遞孤猋夢炎旭翠柏爽寒飈黄鵠下清池非緣啄稻苗金丸悵彈射浩蕩矚穹霄

張安茂 字子美松江人

紫陽先生溥遊京宛遂欲南旋同人賦留行贈別二詩余拙於吟聊歌短章擬招隱之反篇效白駒之遺意贈別之作俟諸折柳

繳懷具玄覽翺翔觀去機翻然俯鼎鉉庶賢睇威儀祥麟狎仁囿鳴鳳占興岐鴻業冀馮翼譽髦得所依矯首青雲外白駒難縶維達人匪惜別洞憂在識微巖石豈恒足霄衢畏塵迷卷舒雖有時願言遲德輝

雅篇最神鼎邈思優游尚維勉再誦康琚辭大隱榮紱冕燕山餘冬暉灌木繞林衍遠巘殘雪明素靄映鳴琄錫爵豐甘醴授衣被燠逃奚為汶水思尚志河魴鮮歆彼宏世猷拯兹蒼生蹇回首謝四壯檀車徒嘽嘽

吴穎 字見末溧陽人

留行

丘壑營十載春雨静草堂端居懷舊游秋水送輕航相與話疇昔
玄鬢拂拂長連畝既無秋三徑亦就荒潞河漸堅冰蒹葭初著
霜鴻飛明月中引君思故鄉舊游同客心皆為君皇皇塵黄十丈
高不侵圖史光更就阿戎語鄴下娱文章為詠毋歸曲醉君寒夜觴

・贈別

大隱語小隱從容就君商空谷駒自白秋風鵠自黄遐心共棲遲修羽
何飛揚留君豈無意旨酒飲欲狂天涯聚散多惜別歲時長山中
峯薜荔寒月照衣裳日日送行人古寺雙松傍獨為君流連松毛覆
地蒼

胡世安字菊潭井研人

集選留贈紫陽年兄

京華游俠窟歸客遂海隅各事百年身誰謂形迹拘山梁協孔
性君子定焉如意氣深自負舉世無高符仰觀鴻鴈翔心與迴
飈俱山中有桂樹蘭蕙緣清渠悠悠蘊真趣念我平生居放神
青雲外逍遥綜琴書自是涉玄冬榜人理行艫長路漫浩浩且
復立斯須欲以贈遠人恨無隋侯珠

郭景純　謝靈運　鮑明遠　陶淵明　范蔚宗
韓
沈歐卿　袁湯源　陸士衡　傅休奕　曹顔遠
沈休文　張茂先　江文通　曹子建　王康琚
何敬祖　劉公幹　謝宣遠　古詩　李少卿
蘇子卿　盧子諒

龔鼎孳字孝升合肥人

紫翁薄遊京師一時同人喜其来而恐其遽去也為賦留行
之篇既不可留因復愴焉贈別余與宫子交深縞紵河梁繾
綣不敢自同衆人爰賦古近體八章分録呈政亦見傾倒於
紫翁至矣

留行二首

皎皎長安月素琴奏清娱上客登空堂衿佩芳蘭俱問客何方
来遠道何區區四海征車多遊子良歎嵩嘉會不可長合并忘
天隅傾我濁酒樽欲去雙躊躇輦路盛華輈入宫嗤濫竽智士
一虎變將為時所須含情向晨風願言緩長驅
玉階碧露滋流螢滿金殿奉帚立中庭延延過雙燕明珠結芳
襦攬裳中自羨婉孌實未嫁含愁發幽情韋衣一裯徘强理白
團扇豈無蹇修言懼因合歡賤金石信長保箜篳羞急薦當風
執素手飛蓬有深春

贈別二首

久客知歲寒日暮知他鄉駕言返故廬悲風相慨慷登高眺大
陸我馬方玄黄長跪告執綏斗酒當盈觴壯夫志萬里胡為急
晨裝鴻鴈已南蹈執轡愁雨霜雙闕鬱岧嶢百感迴孤腸一奏

伏櫪歌天地為低昂君子勖令名達人娛景光
荊璞棲巖阿物以知布珍時運有往復傑士寧長貧入燕弔漸
離遊趙陋劇辛深懷管樂志絲竹怡芳晨高鳥得安巢潛龍無
損鱗尺素隨雲中馳情若比鄰上言樂未央下言思故人

曹爾堪 字子顧嘉善人

留行

嘉時不可再相見慰三秋霜雪白皚皚前路阻且修願謝濯纓
水長安冠蓋游冠蓋比昔年鈿合明星稠結駟沂清江欲濟無
方舟河朔有尊酒之子幸少留金罍共斟酌藉以中綢繆臨風
寫柔翰庶幾忘我憂

贈別

白日逼濛汜脂車安所之為言秋氣深俶裝從此辭匪不念京
華北堂數歸期滄海霧氤氳蹩卷經綸姿桐梧媚晨彩鳳凰還
來儀揮手重歎息日月旦暮馳盛年勿蹉跎良會尚有時草堂
聽夜雨兩地徒相思

張縉彥 字坦公祥符人

留行

鴻鵠不卑棲白澤不踐草人生貴適性悠然遵所好燕市塵滿
腹狂夫自枯槁山寺松蕭蕭欣逢漢陰老清譜各有得金石永
相寶睠然五湖心方駕隨所造西山窈窈且深余也恣顛倒秋晚

葉仍斂日晏崖尚杲郎此可河西鉏瓜東陵道閒為靜者說曾
是終焉保若向香餌食翻令尊思浩

贈別

江南有丹橘經雪自馨香過江化為枳游子重故鄉帝京蔚物
華金絡驅驌驦百花擁短褔寶劍雜明璫天上明星高萬騎獵長楊
獨有孔巢父棹頭還自傷問君何所好五柳蔭南塘雲谿深不測菊
逕鉏未荒雖有稻粱食豈能絆鸞凰秣陵路千里湖水望茫茫

趙進美 字韞退益都人

卩夙聞荊州之名昨於高念東齋頭忽讀佳什乃知近在燕市也
中惟恐交臂失之小詩奉政知不為大雅鄙遺

與君異鄉域素寡生平歡吾友稽孟阮儔往往稱其賢客座誦
高文彷彿黃初間燕市多風塵何不留名山梁生作五噫長歌
出漢關浮雲向吳會悵望安可攀

許承欽 字欽哉漢陽人

留行

孤雲滃瀁行駘禽隨之翔飄然青冥外矰繳詎所防睠茲神仙驥逸
翮陵清光夙昔翼北辰翰音披天閶丸劍未雙止坐見昏沙黃城
郭是耶非山川鬱相望不厭十大塵爪畫和表傍徘徊恥即下
將毋中情觴夜色抱影立幽夢猶激昂素心無死氣翹首白雲鄉
鷗鷺正磬磬況復虞機張林壑有真趣足以恣徜徉非無丹穴友

憫俗慰顛唐性適道自契一舉摩穹蒼

贈別

昔我適海陵憩子烟霞室攤書既滿床晤言亦永日老鷟性情厚（謂尊公同年）攜手獨膠漆一朝聯翩飛後先搖彩筆壯心未及展陰風吹感葉經綸悶菰蘆憂深雪鬢出旦暮成古今邂逅上皇逸酒歌重蕭散期訪錦囊術子有輿屈賞雲水照緗帙高堂嵩華姿群龍紛繞膝愧我意氣盡嘗遍輕薄習所遇各崎嶇內信可自必寄聲老鷟翁學道駐衰曆誓結無形遊陽陂餌芝朮

邰煥光 號陵玉長垣人

留行

十年讀君書今年見君面邂逅長松下話此生平春英論決青冥曠懷陵玄燕憶余垂髫時君已南宮薦孤憤對閶闔維帝亦善冠蓋不識憂牢落匡時彥中道更陸沈世事空流唁采采澗中芝高臥江之畔日月擅詞賦海岳游將遍南北阻蓬飛山川亦攸緬擊筑悠遠遊握手復燕甸置酒快疇昔慷慨薄秋漢所嗟歲序馳淒淒悲霜霰古月照旅室遊懷江縣詎謂蕙蘭交揮手即分散達人貴乘時聖者亦知變丈夫重意氣功名誠足賤含情戀佳期終思偕歡宴

贈別

歡宴不可期別離已遠道悲風蕙草微江燕歸何早旅人感物候悽惻傷懷抱歔歔車馬塵春彼林中好秋雨送歸帆南山足粳稻獨吟陵絕巘坐對海門島盧牢牟納萬象奇書肆探討幽人不可見江上青峰高君行有遠志懷古心灝灝浮世少知音容輝當自保瀝酒問後期鑒之以清昊

孫宗彝 字孝則高郵人

留行贈別二詩和查二南韻

望古懷沖漠深情重別離請為拾隱歌勿唱驪駒辭薊丘多煙樹明月臨軒墀擊筑發浩歎慷慨同吹篪名賢聚鄴下西園盛羽儀翠微漸積雪紅葉桑乾垂知君耿介質未可容拾麈且觀任君釣滄海起蛟螭非願據要津丈夫須救時蒲柳餘衰顏松柏蔚寒姿安石濟蒼生小草安足嗤

玄冥寒氣冽繁霜被萑蕭遊子懷故鄉猿鶴如相招憶君謁承明簪紱韋門饒燕然志胡壯萬弩射江潮禾黍倏興歌挂冠別舊寮高隱春雨堂羅浮明月遼盛游過京洛古歡薄蘭苕雙珠綴襟帶太丘風匪遙青槐忽黃落布颿揚輕飆桐江狎遊魚漢陰采良苗卓哉遐蹈踪大鵬嬉雲霄

丁耀元 字野鶴山東人

吳陵宮先生久臥東山命駕入洛豈有遐心乎抑將以觀世也羣龍滿朝乃冥鴻思返長安公卿各為留行贈別二章予小子知謝安捉鼻不免恐鐘山之文來追逋客故為俚言以

代折柳兼請存政

君馬且莫秣，聽我留君吟西山暗紫塞北風吹日陰宮闕耀天逵禪代自古今羣公服御美炎手輕黃金素貞諒獨托懷新重所任落落澗邊松冥冥海上禽獨立足重忌高明逼神侵上林方珊纖金馬堪浮沈

留君若不住君馬躍且馳問君何為者接淅猶嫌遲魯連辭重爵范子號鴟夷賢達各有志安用分雄雌春雨草堂靜海國回幽姿蜃樓日百變或與偓佺期予家東海陬鼇背望天池滄洲如可託遥贈三花枝

鄧漢儀見前

紫翁先生来游京都一時同人賦留行者甚盛屢投不報又有贈别之詩生同里閈實共此情漫成續貂寓意奉政

留行二首

浮雲蔽四野京雒寡歡娱夫子軒車来欣然尺素俱不暇問鄉里且為道區區黄鵠遠方至無乃重崎嶇濁河方北流虎豹盈路隅丈夫既出户安用更踟躕與我遊燕市沽酒吹笙竽推懷王霸心奈何忽斯須振纓赴時會黽勉為馳驅

同時有美女選侍明光殿一朝涼飈起零落如秋燕美色不可韋芳草年時所羡連軫入昭陽膏沐亦何倩念我昔娣妹永哉賦紈扇蛾眉豈復殊下里長寒賤縞帶有夙歡璠璵宜早薦且停姬姜轍佇待賢王眷

贈别二首

秋風欻以厲肅軫歸故鄉豈不念同居中情良慨慷仰眎浮雲動俯看百草黄僕夫抗前旌賓餞不盡觴久懷稽呂志豈羡機雲裝山川良迢遞前路彌雪霜函丈少追隨饑渴迴中腸相送過易水羽聲何激昂願保百年體嘉運有輝光

時哉既已去山藪可藏珍貴人耀天衢何如甘賤貧尋常斗酒間含意足辛苦芟除蓬蒿逕雅足移昏晨嘉禾木蔚層霄游魚無匿鱗撫絃睇飛鳥皓魄来西鄰高堂怡白髮西方思美人

沈會霖字時沛湖廣人

都門重晤遂將别去詩以留行

與君隔十年相思意如結今来賦北征握手聲愴咽桑海遂横流惜彼寒泉洌夜出井中書蛩鳴悲切切獨嘯懼愴浪句讀半淹滅座冷客燈昏無言絃斷絶久之忽欷歔揖予將長别余言君聽之中懷難俱説問今世何世不獨須冰蘖長年卧白雲坐忍風帆折西竺有至人裸身試磨涅三逕良足娱且看西山雪歸轍莫淹再成短章以贈其别

君竟鉏瓜去猶是此遺人豈不愛斯世所惜在良辰歲月詩書内青山足補貧秋露結梧桐行行洗燕塵

張孫弘字幼安海昌人

留行

寥廓黄金臺佳人眇江渚芭羽振天門飛鳴求其侶翩然文鵷至丹霄世共許高閣靄朝暉華名耀鐘鼎扶摇層雲上誰曰非曠舉大雅賴以興安遽貽修阻軼塵松筠姿遲回此息處

贈別

應龍無恒迹卷鱗游澤數潛伏性所宜屈申理固有菊英存三逕蘭芳滋數畝奇服麗璠璵世榮豈足守嗤彼空倉雀啾啾棲丘阜翱翔青雲素河梁惜分手機雲入洛初沮溺非其耦

呂翁如 字正始保定人

留行

南發竹西亭北矚渾河口所志在激清紫電蛟龍吼十年會面難把臂濃於酒舌妙一何深疊疊逼林藪丈夫須雄飛雌伏愴白首何況補天工僉云霹靂手洞洞玉河流磷磷碣山阜虬枝生其側逝將大厦有憶昔衡天衢雄文羅二酉綸閣對紫薇兼之小大扣顧念此昂藏東壁應不偶抵掌馳伊吾蒼生無可負且莫同越鳥南翔飯鬼何顧縶錦驄足共濟圖不朽

贈別

鄉心逐雁來摇摇遊子意脫木風蕭蕭倏忽整歸轡天空一鶴翔行藏各有志但戀芙蓉閣非關山河異海畔醉瓊蘇堂上班衣戲珠照社湖明小鳳摩蒼翠嗜吟如嗜痂汗牛競相致浮生惜百年飈若凋蒲易豈不識升沈常恐鷹隼忌蘭蕙生中林允矣琮璜器誰謂江鷗盟終企雙鳧至雲迷廣陵濤日冷漁陽騎黯然帶秋分寒光刪嫵媚

周季琬 字文夏宜興人

壬辰夏杪紫陽先生客京華余同次於西郭之道院未幾暑退凉生秋聲碎耳先生遂將南歸因為留行贈別二詩請正焉

昔未識君顏神親已十年高文煥秀質筆底羅雲煙相見恨何晚滄海幾桑田避暑在西郭明月甫成弦松風發清聽時乃百慮捐靜對若虛舟道合可忘詮大雅誠在斯忠孝由中堅黄鵠一再舉天地呈方圓丈夫志遠遊出處豈徒然與君永朝夕願勿輕言旋

落日滿庭户天風皆枯聲寒氣日夕增惻惻客衣驚今君歸故國促節動離情君至江南時霜白蘆花明高堂介旨酒文火調銀笙公子軼欣向早歲飲香名俯仰既自適青紫何足榮出岫雲無心往來遊太清我亦江南客未得偕君行歸夢不終好孤鴈喚愁生

陳彩 字美公嶺南人

壬辰燕邸與紫陽年先生喜復相見一日過譚忽動歸來之賦且出留行贈別諸詩以示因令效顰余不工詩而紫老不惟其文惟其情遂漫成二章聊寄我情蓋不自知其文之工拙也

念我與君情相重在疇昔感君筆墨富傳我離憂積聞君致通顯未幾耽泉石黄塵自擾擾浩歌安且適今年風力强吹起幽棲迹飄然落

長安貴遊爭輝易爰見慰心期鬚眉逗芳澤一見足平生矧挾匡時
策胡然若麟鳳倏忽不可攝猿鶴豈足盟友生寧弗惜車馬何勞勞
遍舟亦孤寂西山雪意佳君歸請毋迫
問君何遽歸若言歲云暮遊子戀鄉井行行重懷顧況此去住情古人
良不誤或為良梁父吟或作東山賦草堂慣移文敢令及吾素以期
邁言邁歸待梅花吐驪歌動清曉嚴霜結前路十年饑渴心十朝又
來赴安能向烟霞爭比幽人慕相送出薊門躑躅不成步引滿前致
辭縷縷難為訴吁嗟乎西雍何當更飛露

陳容永 字 海寧人

詩云其風肆好以贈申伯此古人贈言之義也紫陽先生將歸吳陵
余為賦短章庶幾清風之誦焉

留行

清盡晝聞驪歌歸途何迢遙與君觴再行願言駐征軺肥遯非所期翹車煩
屢招丹山有靈禽迅副翩翔九霄一朝處岩穴羽儀忽翛翛拚飛來彤庭矢
音仍簫韶伊人留斯須雅懷終可要帝京夙繁華鳴珂羅紫貂
笙管雜琵琶良會難再邀人生悲別離胡為履寒飇為我縶白
駒聊以永今朝

贈別

寒風滿天地馬嘶心摧傷游子方倦飛翩然歸鄉良朋樂今夕明
將別河梁蔓草蕪荒原日落雲茫茫塵鞅既收束驅車過康莊但
聞空谷音河漢遙相望棣園鬱藍玉春雨深草堂追隨皆知
名音酒歡未央置身清青霄間俯視全埃黃祖餞東都亭把袂為
悽愴安石乃不出蒼生寧可忘

陳奮永 字携謙 海寧人

留行

斜陽色悽慘鴈羽天空落知己幸相留燕京共歡樂丈夫志四
方焉能困岩壑鵬羽終翻飛飲啄嗤燕雀黃河水濺濺曠野風
漠漠一朝挂征轡往返悵蕭索予惟縶白駒將使食場藿

贈別

自古慨別離揚鞭安所之黃塵起朔漠周道何倭遲天涯倦遊客
故園羈旅思伊人返空谷日暮風悽其樂酒惟今夕良朋若塤箎
戒途在明旦行矣薄言追湖海暫分袂停杯一致辭愧無瓊瑤贈
聊以酬相知

韓詩 字聖秋 三原人

舟泊津門再賦留行贈別二首

馬策且莫東聽余歌朔風風寒鹹策碎槽響珍珠紅紅顏為誰
好挾彈鳴雕弓上客誦詩書下客操孤桐一弦有一意音節如
飄蓬鳳饑向寒號寒號祝遠鴻我留徒爾為君飛亦忡忡白石
幾時爛黃牛幾時通海水幾時淺蓬山幾時窮惟知飲美酒朝
朝燕市中
送君桑乾上桑水鳴咽鳴一自上河梁驅石多不平不平者如

何毳柳車耳生烏逋寒帶霜虎嚙肆層城賢豪多霸旅劍戟尋友聲遠思在東海海水高且清茅茨具聖理階卮奏韶英鬚眉八九尺文采東西京怪哉農丈人浮雲視公卿此水過吾師大寵若不驚

李　爵　字但園高陽人

留行贈別俚言二章為紫陽先生賦

莽莽京洛塵端居淹歲暮何來剝啄客投我以尺素駡言思故山拂衣即長路高倡何梁詞三歎為我顧欽子淮南俊中懷璠與璐惜此清廟珍烟霞豈能錮大運方亨衢群龍正翔步胡不彩華纓緋細策高足握手永今夕白駒幸一駐勉矣崇令儀庶用慰愁慕

離驂儼晨駕之子不可留采采文無贈徵言默相酬何以展中款清涕沾衣裘明月為君佩杜衡為君羞惝恍六合間聚散如浮漚自匪連理枝乖絕當何尤勿輕斗酒會臨觴暫綢繆北風吹五兩孤棹沿寒流瑤草芳未歇歸與偓佺謀

翁嗣聖　字克凡常熟人

同岑結芳芷盈盈水之湄谷音囊贈答聞聲每相思相思無盡意倏忽安所之寶瑟貯靜理琅函照古姿魚鳥親厥類飛沉欣所毗胡為黃鵠舉不同雞鶩棲胡為鯤北溟奮鬣赤水池黃菊冷庭豔綠醑湛瑤卮擊筑商歌起遙天掛夕曦聚散古今事翻恨聚增悲去去慎田轍朔風且莫吹中宵竭素篆烟景滿前墀

宋　琬　字玉叔萊陽人

翡翠巢蘭苕瓊枝棲海鶴君子秉遐思翱翔慎所託高冠撫長劍馳馬遊京洛袒裼揖公卿絳灌為之怍太息照王臺黃金久寂寞拂衣駡言邁去去青門郭良朋別路衢客子行復御燕趙渼疇昔濁酒猶堪酌古來羨豪達曾不羞翟龠縶爾青驪駒懷哉咏場藿

右留行

贈別

驚風飄朔葉玄雁鳴中林豈無稻粱志浩然江海心借問客何游言返故山岑平生懷五嶽杖策將幽尋褰裳欲從君畏此長淮波相知在顧盼豈必投兼金何以敘綢繆三奏朱絃琴宵征易水上勿為霜露侵惆悵薊門客俛仰嗟陸沈

劉餘謨　字良獅懷寧人

留行贈別二首壬辰冬所賦也甲午紫翁復來出紙命書卒爾請政然舊槀無存已失其全矣

鳳凰翼其雛時翔千仞岡偶偕京邑遊羽毛生文章念我同年友十載厲長楊須臾變蒼素風壤殊參商班荊廣陵道擊筑燕市旁眷言憶疇昔會促別日長對酒發清嘯一醉累百觴言晏未及展胡為驅嚴霜投轄遺露并維駒縶周行雖無雜佩贈庶

子同衣裳

風發易水寒游子慘不歡還轅冒霜雪豈為悲路難驚天目多白

雲時在芙蓉端中有一美人抱膝吟考槃言歸侍色笑良友空

彈冠石煮青飿飯魚擘白玉竿淮南桂花發回首輕長安焉能

晨風翼隨君生羽翰

齊維藩字介人懷寧人

留行

相見燕臺下回首憶白門送子赴嘐邑贈予多苦言十年如昨

日海田何飛翻鬚髮予蒼白君亦非故顏朔風剛以疾霜氣凝

荒天舉頭數鴻雁低頭理刀鏍君莫理刀環於仕非所難天子

實明德綱目猶疎寬投袂數千里得非同憂患天雞鳴夜潮共

儀五色翰

贈别

余家龍山麓春深宜抱犢試上射蛟臺雪浪高於屋夙志匪温

飽漁樵亦已足田園雨無所驅我就微禄君今言旋歸余衷如

轉軸家山咫白雲高堂燎華燭海月拾平望紫芝劚天目破安

暗所歷倦還喜初復觀光况有子其才美如玉潛見各有時耕

釣猶可出出處兩不成誰似余陸陸北風惠德音遥以賦湮鬱

春雨草别集卷二十八目次

留行贈别二詩

五言古體

戚　藩以下補篇

李明睿

吴維華雅

李　楷

吴國華

顧開雍

孫　鋑

陳　僖

王士禄

季開生

劉梁嵩

四言古體

陸　舜和篇

七言古體

錢開宗和篇

五言古體近

郭忠倚以下和篇

春雨草堂别集卷二十八

海陵宫偉鏐紫陽輯　　男夢仁定山重訂

留行贈别二詩

補篇

五言古體

戚 藩 字介人江陰人

癸已春仲晤紫陽宫年兄於廣陵時直使己陳薦牘顧猶不忘商山素心屬余為補燕京留行贈别二詩因賦以誦之

燕山亦吳山西爽披襟當帝闕依然古胡為思故鄉云是焦桐餘静設發清商白雲堪持贈與子共相徉余狎浮鷗久潁脱宜滄浪伯仲伊吕閒東山豈所望輶軒塵外觀驊騮列上襄賦别盈緗帙終當駕虹梁積玄来問奇學東繫名轠始知陵雲姿戢翼萬里翔

霜辰下黄鵠游子動孤吟貺酬樂未央征車已駸駸鳴珂昔日地擊筑此時心風高悲畫閣浩歌烟波海深握手春氣秋離思復襟（滿）憶别蓉江干咳吐珍璆琳十載哺邦邦攬莚如簪岑晤言曾未幾分袂距商參聚散同滄桑無語夕陽沉帶水咫尺間涕泗猶難禁况速長安駕關山激楚音思尊不成夢蒼生擬望霖國琛獻天子金馬愜幽尋

李明睿 字太虚江西人

紫翁先生以北征留行贈別二詩見示漫爾補和

秣陵春三月與子結綢繆贈我瑶華音顧我木蘭舟斯時花事盛南國美遨遊別去幾何日子騁雙驊騮北駕到京洛接席賢豪儔新詩盈萬軸名篇互倡酬予亦歸豫章慨慷譚筌箓偶復來維揚相對兩悠悠出子錦繡段照（戒）黑貂裘兩美必相好披褐能無差在昔紆天步群賢俱林丘如子秉璠璵當為廊廟球果㦸日羽無為自淹留多士既攀轅燕樂成王猷返顧非其匹惟有狎鳧鷗

鴛鴦與鳧鷖逐逐華池水不能形神合何異隔千里前日在白門聚首方此始今日斗酒別抗言揮騄駬人生貴意氣何必在同軌倏忽天一方寤寐心尚爾越鳥東南飛胡馬鳴聲倚歲月浩漫漫思君倍憂喜翦若無人時大笑酣燕市玉堂天上人金馬門中史昔如荇梗聚今如佩蘭芷一朝風雲會依舊接綦履鳴珂遊帝都盍簪欣接趾朝憩日華東暮宿西清裏與子媚春光容顏艷桃李豈必在須臾結根如尺咫

吴惟華 字實宰順天人

華旅邗閱諸公留行贈別二詩適紫陽道兄應召赴京咏古風送之和王敬哉太史韻時己十月聊以促裝并請正

曉霜鴈聲冷飛來自沙漢江山共考槃分手意味索聊贈數杯酒沈酣不寂寞莫愁知己稀莫辜故人約我且樂長年街頭姑買藥富貴一浮漚天地一橐籥吾君徵有道處士休擔閣韶光易改遷又見梅花落

李楷 字叔則河濱人

紫翁先生遊京洛同人於其歸里作留行贈別二篇今直指疏薦余為贈行詩并留別詩焉

廣陵帶平津春草被遥區上有喬木林下有長安長（途）闗鳥和鳴好風與之俱峩峩黃金闕縹緲如蓬壺明霞爍九重仙者履其衢昔當銀榜縣琪琳紛雲隅念子日以遠遺我使我孤列星飛光耀空谷守寒蕪安得為一身相附以長驅

畢方聞曼倩鼮鼠辯竇攸懿彼漢武帝博物乃所求有才難自匿岩鶴詎終留芙蓉雖照眼烱水澹以愁何如白玉堂夙夜事靈修俯仰石倉書駿馬千金裘置酒臨大道與子春綢繆尭冕閶闔儀子行富春秋榮名足自樹慎哉當此游一水煩雙鯉予懷日悠悠

吴國華 字葵庵宜興人

癸巳冬阻凍高郵紫陽宮年兄出二詩索和呵凍書正

補留行

憶昔隨尊人桂籍分香早三十載長安滄桑忽顛倒羡君意氣豪杖策尋同好樽酒共論心譚文恣幽討投轄意良殷歸心愁如擣什襲固足珍終難木同槁價目重連城豈憂為小草

補贈別

把袂送君行歸騎何太速高堂有老親凉飈氣云肅鐘鼎豈不
榮不易水與菽長揖辭公卿還山有麋鹿稚子已候門悠哉東
籬菊萊衣舞翩躚鳴和勝絲竹秋水望伊人白駒在空谷蒼生
亦可憫旬求來版築

顧開雍 字偉南華亭人

敬哉王學士首倡二咏贈縈翁年伯南行諸公屬和已盈卷
素甲午初夏薄游京師放鄰中體用賡前修仰加正定使綴
於後

悠悠遠行邁駕言陟高岡高岡一何都椅桐麗朝陽君子好嘉
容攜手遊蘭房歡娛燕良夜旨酒紛玉觴雖無窈窕姿為君發
清商明月掩華燭皓露沾衣裳無為勞磬折隨君俱低昂豈伊
秋風至彌彎望何梁隆歡比金石怨此道路長願言永今夕承
明一翱翔

燕姬逞奇舞趙女調素琴京室盛妖冶君子無移心載驅出城
隅鳴馬何駸駸筠節貫秋霜遠游非所湛韻閒古巍巍太行路詰
曲悲車音冰雪亦孔厚不如江水深揚舲一以送天末歸征禽
長風吹百草浮雲仕古今蕭條九河外萬里守故林徘徊理清
曲離思空幽尋

孫　錄 字古喤嘉善人

上山眺雲峰下山臨清池佇立且四顧游游欲何之人生天地
間令名貴及時君子愛景光策足慎華滋長安盛冠蓋甲第羅
四垂王侯奮鴻響明德以為期努立行仁義莫採商山芝
京洛多風塵苦辛各自知聞君歸故鄉余亦將安之為君發清
商慷慨有餘思一唱雀勞利再唱作蠶絲三唱臨高喜臺四唱遠
如期唱闋聲激楚浮雲四面垂俛仰情何極樹端風何悲高節
世所難離離松柏姿

陳　僖 字藹公保定人

黃雲何黯澹鴻雁多悲嘹有客賦歸與神魂為之銷風波昔失
所天涯各迢遙高岡無鳳皇桐陰有鷦鷯慷慨懷故人涕下傷
寂寥攬轡自南來激清騰謳謠何事憶東山令我心搖搖執手
前致辭牽柳挽吳舠中原饒戰伐志士薄漁樵有劍為君將有
弓為君弨願言事疆場乘風遠射潮盛衰有各時功名苦不標
投此一短章料應許我招

冀馬依北風越鳥喜南島留君君不留別緒盈懷抱逢君何伊
遲別君伊何早十年長相思一晤就祖道詎知別君難不如思
君好蒼林多淒淒白日蔽杲杲送我遠行人茫茫馳荒草臨岐長
嘆息從茲愈潦倒讀書不識字青史共誰討天道未分明英雄
豈終老無可遣離情叙意托詩稿明年春水生三徑為君掃

王士祿 字西樵新城人

紫翁先生持敬哉太夫子韻索補壬辰秋日留行贈別二題

率爾應命兼求教削

蘭蕙雖異畦芳香同一心所以千里間異苔稱同岑遥遥華陽館竭来清佩臨相車馬間披豁開塵襟知子抱鄴時工為梁父吟瞻彼黄金臺峨峨還至今矯首發遥嘅鳥飛魚則沈拂衣歸故山重理丘中琴寧不欽遠懷所惜違好音且復留須臾醉視商與參梁月亦時滿幽夢難數尋安得如倦羽隨君還舊林

攜手登薊城凉風迴大漠物候已足悲況復感離索歸客何所言豈不懷寂寞所懼歸去遲孤彼蓴鱸約君歸臥丘園讀書兼采藥應笑簡兮人猶然弄翟籥髣髴句曲隱松風臥層閣遥奚菊花時門邊一帆落

季開生 字天中泰興人

紫陽先生客燕將歸一時名公佳士皆為賦詩留行留之不得復歌贈別時開生方請假家居悵未親承其風癸巳秋仲敬擬二篇補之綣繾之中猶有緞然難釋者兩腮得暇更補圖寄之

翩翩淮海彦結納趨燕臺倒屣起相接欣然共追陪高潭浹日夕曲燕空尊罍故園忽興思長歌歸去來聞言幾踟躕執手立徘徊君少負奇特聲名飛九垓時移避適志寄跡潛蒿萊今皇集異俊丹詔徵史才經傳白虎觀宣室夜深開無為守幽谷車馬勞塵埃

留君君不住叱馭返故鄉煙雨一園中相依有高堂丘壑藏燕許翰墨生奇光何能淹京洛驚塵滿衣裳黄前從理車轂灑酒出橫岡相顧慘不言兩意共徬徨金鳳凋木葉玉露漸為霜勉矣戒征衫迢迢道路長感此鄧隆時饑渴搜遺良聊將招隱什用代驪駒章

劉梁嵩 字玉少揚州人

補留行贈別二首

脂車越塵壤即次謁帝閽四座歡來者相與歌太康白髮不能違中夜起徊翔人生貴所願無使志慮乞願為雲與霞勿為霧與霜素暉日以逝何能换扶桑

潞河風淒其晨夕相浮沈千里在須臾秋風動塵襟流水既湯湯駟馬何駸駸夕陽薄林皋客思從滛滛遥念郢中曲歸路發清音執衣勞延佇贈子以悲吟鴻鴈何時來慰茲離別心

四言古體 和篇

陸舜 字玄升泰州人

壬辰秋杪紫翁年伯來遊京師尋命南還之轍四方同人因有留行贈別二詩諸體咸備余同里人也以行留行以別贈別雖云添足肯不效顰遂綴二詩仿三百遺意

冥冥鴻飛于彼楚雲雖則楚雲有聲則聞君子行只莫我肯羣

冥冥鴻飛于彼楚江雖則楚江有侶則雙君子行只莫我肯同

冥冥鴻飛一雄兩雌扇比寒羽白雲遲遲有雛有雛羅亦不離

比鴻嬌嬌矰設其左君子于行亦縶其馬挈之曳之于都之下

鴻飛四章章六句賦留行也

九月秒兮秋其好兮胡為乎別離天為老兮

十月之朔兮冬風其薄兮胡為乎聚散如木之落兮

城郭頽矣人民非矣心之哀矣胡不歸矣

之子之来也伊可懷也之子之復也不可俗也春雨之行也草堂之靈也

九月四章三章四句一章六句賦贈別也

和篇

七言古體

錢開宗 字亢子仁和人

崇禎十載歲丁丑公車偕上有二叟尊君奮翮排天閶吾翁掉頭返山牖顯晦雖當形迹殊高義咨嗟常在口庚辰癸未再決策兩家子弟相先後羨雁綾文未到門奕世通家稱執友宋運五更漢火微海水空飛山岳走耳熟名香經幾年依然燕薊成握手乾坤綠圖猶百六幽涿黄花政重九當時長老存者半膝下少年都白首世事翻覆詎可道惟應痛飲混屠狗

紫翁世兄来都數月即擬返櫂同人賦留行贈別詩余忝世講之誼留行不可贈別不可長歌寓意兼寄尊大人老伯粲政

五言近體

鄒宗倚 字海嶽無錫人

留行

十載音書杳相逢卻在燕羈心九辨切雄賦兩京傳把袂中山約開尊覓地偏莫須懷去國王粲未為賢

贈別

秋色來天地孤縱意未降鱸魚風冷鱠松月馬溫腮薊北斜陽樹青徐夜雨艘不知歸後鴈容易到邗江

李呈祥 字吉津霑化人

留行

把袂論交地秋風上苑時重来猶昨夢後會莫前期從倚金門隱酣歌燕市悲冥鴻心事遠顧侶尚栖遲

贈別

不負名山約寧辭行路難排雲天闕迥返櫂海門寒日護椿齡長香含桂子丹還知三徑裏菊實待加餐

王熙 字胥庭宛平人

留行

蕭蕭秋夜雨落落異鄉身昔日思投策中年學負薪長懷天下

計宵作布衣人拂拭吳鉤在需時且自珍
慷慨懷長鋏悲歌對别筵漫稱知己貴不受Z人憐蘙燭共浮
白停舟待草玄凉雲秋欲暮惆悵蕣花天

贈别

高歌白晝晚泉白傍幽居歲序如飛(歸)鳥清谿且釣魚松雲一杖
遠蘿月半牕虛他日旌干至無忘枕笥書
離情隨去鳥默默兩相看晚漲連天白高榆入暮寒尊鱸知有
夢離别勸加餐莫漫歌叢桂於今和者難

韓詩見前

留行

淮海遊無役京華道有塵機雲初入洛謂宗武承家鷹隼待扶輪側
席崇遺老危時奉雅人髯公丰度在早晚向丹宸

贈别

玉河官柳盡客思亦沾襟落照桑乾水歸程楓樹林雕胡炊紫
蕨石燕夢孤岑此去雍門路時揮綠綺琴

補篇

趙開心字洞門湘潭人

補留行

京洛緇塵滿逢君意氣同相留沽酒市共覓和詩筒霜迅鷹緣
急臺高馬骨空寧煩念鄉井努力受春風

補贈别

素律秋方暮君行踐薄霜白駒難信宿黄鵠自飛翔落木高天
遠斜陽大道長依依重攜手送客況他鄉

申涵煜字觀重仲永年人

拂劍辭東壁囊琴下北平雲依連塞雨霜(謄)入江城天祿藜光
小吳陵海氣清聖朝重耆舊好為起蒼生
白雪憐孤調青門愧和歌故人歸漸少秋色望偏多薄俗趨軒
冕閒心戀薜蘿鄭玄湖海去吾道竟如何

高珩字念東淄川人

紫陽年兄歸吳陵余亦移歸有日再賦俚言送之

顧我移歸日當君返駕時年華塵夢澹興會野雲知覺路原非
遠高堂自有師寥寥江鴈渺何以慰相思

春雨草堂別集卷二十九目次

張鴻儀
呂聲偕

春雨草堂別集卷二十九

海陵宮偉鏐紫陽輯　　男夢仁定山重訂

留行贈別二詩

和篇

七言近體

梁清標字玉立，眞定人

紫翁年兄扁舟入都門數月倦游而還臨岐惆悵重晤何時

二詩奉敎

市中擊筑音竹見君豪隔坐相看醉濁醪千里風塵餘寶鋏十年意氣有綈袍陸生入洛衣冠盛鄒衍游燕碣石高此日朝端方側席不須更憶廣陵濤

贈別

霜飛客路晚楓青把袂臨岐嘆獨醒殘月雞聲中夜起北風鴈羽暮江冥淮南漫自招叢桂太史今看奏客星著作名山公等事何時載酒草玄亭

成克鞏字青壇，大名人

壬辰重九紫老年兄偶至燕都率爾言別同人為賦留行贈別之章率和識感

留行

十年離思寄南州九日交知賦北樓松菊未荒誰白髮茱萸堪把此清秋旋車欲謝蒼生望側席寧辜聖主求且道陳遵能醉客也將丹轄井中投

贈別

獨鴈飛飛去北林霜楓瀟灑動悲音一杯共盡陽關曲百代孤懸梁父吟拚飲自堪餘傲骨承歡何處不天心却憐前路春風鴈莫似長安秋氣深

陳名夏字百史，溧陽人

江南小隱拂漁竿斗直天街十月寒好我應知居官拙對君猶作論文看環橋子弟能計講接席公卿為結歡駿馬黃金今似昔顧令郭隗重長安紫翁揆兩公子

松亭徙倚敝裘寒買騎衡塵路更難代木友聲猶恨遠倚停雲客思許同看雞栖野館啼霜露鴈度澂江健羽翰好擁藏書閒日詠聖朝徵士網羅寬

聞同人詩盈卷矣張燈賦此望年兄過松亭細論文章遂將驅車南郊抑猶遲遲耶秋水伊人日以為歲如未發尚期惠來也貧況孟甚日從諸公後手足疲勞慎初去又少醫藥目昏昏如霧願見知己得一開朗耳無橐可贈有酒欲留知應笑且憐也

高珩見前

留行

青門秋後柳蕭蕭極目飛鴻吳楚遥指隱聊吟叢桂樹思歸莫
夢廣陵潮長鑱托命愁霜雪短褐行歌玩市朝雙鵠佇看霄漢
上何云歲晏念漁樵

贈別

蘭成憔悴賦難裁回首昆明念劫灰綠酒燈前霜乍入青楓浦
上鴈初來十年把袂重燕市千里飛帆過釣臺擊筑送君殘臘
盡寒梅至日幾花開

欲詣紫陽年兄談道適賜佳章走筆步韻

好友相期賦遂初長竿歸釣孟諸魚紅香塵裏休回首黄葉村
中欲卜居蘇晋逃禪参落盞維摩抱病見多書紫清自是瓊臺
客一卷琴心應起予

龔鼎孳 見前

又留行近體二首

芙蓉海國片帆歸春雪揚江別袂揮記與宮子聚散日月也三歲飄萍逢
舊雨一行寒鴈澹秋暉麻鞵往事金光憤宮錦同時玉勒肥為
覓蒼梧深駐馬五更殘酒哭湘妃

秋盡盧龍畫角哀朔雲宮樹晚登臺六朝兵壑無名士列國文
章起霸才龍腹可容滄海卧鳳毛又見碧山開謂宗家武承也十年奏
賦長楊地忍聽驪駒陌上摧

又贈別近體二首

春雨堂開賦采薇中林瑶草憶芳菲鳳凰技在秋光老虎兕歌
成道不非白首故人牽往轍春山今日信初衣從誇碧艇菰蘆
遠浩月曾同卧石磯

寒楓落盡古溝頭黄鵠吟成此壯遊天與芳容雖泰福出宜畢
卓蟹鰲謀朝雲鏡倚雙蛾綠夜雨書銷獨鹿愁釣瀨一星因客
重雲臺風物已先秋

楊思聖 字猶龍鉅鹿人

留行

相逢不惜勸加餐珍重河橋舊會難昔去風雲成想像重來江
海已波瀾短衣對酒休辭醉長鋏依人得且彈感慨如君猶未
遇漫因秋色憶江干

贈別

慷慨愁聽扣角歌歸與客子意如何書沈南國風霜異賦到西
京涕淚多落日昏鴉迷上苑清秋疋馬渡渾河壯懷激烈天難
問痛哭斯人老薜蘿

憶吾輩對壘橋門旗鼓相當爾時期許固自有在頃以乾坤
板蕩同氣晨星追念前期亦如蔓草寒灰不復著胷臆矣因
年兄至不覺有觸益情見乎詞烏知其語之不工也草堂詩
亦漫成一首珠玉在前覺我形穢以年兄嗜痂故令弟頓忘
其醜耳兹請正之

成亮字任嵐大名人

送紫翁宫年伯南還夙企芳風未傾芝宇方秋喜晤不日臨岐余懷眇覺鳳之儀同志繡歌驪之句敬翁王年伯有留行贈别二作肅步後塵用伸末意即祈郢削以志因依

留行

招隱淮南挹大山晴雲片片點秋顏渡頭邀留情方愜江上思尊棲欲還月皎梁園蘋葉澹鷗飛鄴下薜蘿閒玉泉遠勝剡溪雪休夢茱萸水一灣

贈别

長空鴈陣送離情攜手河梁奏渭城諸陸名隨玄圃遠八荀星共潁川明楓林落日扁舟影畫角霜天古驛聲一曲鑑湖高卧穩東山還起慰蒼生

吳允謙字玉京内江人

留行

霜風慘慘路悠悠邸舍何為不少留鴈塞未酬青玉案函關猶識黑貂裘方傳駿骨千金買莫道尊羹九月秋約定平原曾有待且須同醉酒家樓

贈别

羅浮高卧十年無幞被風塵過故都昔别青門龍抱鼎重逢紫陌鳳將雛魯王殿外聯騷客秦帝松間看賈胡歸去奚囊何所有江南長柄舊葫蘆

反留行

世家江左老才人重見長安已十春白腹錢文神過晉朱門士宇賤於秦當壚肯買陶潛酒使面難遮庾亮塵試聽哀笳吹一曲關山月裏鴈南賓

愁贈别

春明握手共交歡數疋紅纓竹籜冠栗里清尊逢艷菊桐君舊曲譜猗蘭總饒跨鶴揚州勝那度悲風易水寒羨有錦袍猶什襲歸時常作舞衣看

鄧漢儀見前

留行近體二首

當年聞道此南歸盜賊如麻淚暗揮不意山河經百戰重來宮闕看斜暉銅駝舊路牛羊識鐵戟雄關虎豹肥我欲相從燕市飲琵琶何用恨明妃

擊筑休為燕市哀一時人物又雲臺誰傳謁者關東道浪擬文園司馬才珥筆禁幃金掌風乘槎天漢玉門開長楊似此猶初薦驛路徵書定早催

贈别近體二首

久向深山傲蕨薇誰堪京國對芳菲一時同籍皆華要萬里浮蹤有是非河漲秋雲公子淚江連寒雨故人衣西湖莫遣荒松

菊我擬還家共釣磯
年少相依今竟白頭君今放廢我狂游傳家江鮑真堪喜 謂宗家武承
入洛機雲好自謀濁酒暮寒愁戰鬬古刀霜落對窮愁東歸好
把長鑱習不見湘天箴策秋

毛重倬 字卓人 武進人

留行

十年龍臥向東皋此日中原解佩刀玉殿花分新綠仗金盤露
卷舊宮袍仲宣詞賦依劉仲內史才名入洛高碣石譚天雄蓟
北秋風莫憶廣陵濤

贈別

涼吹萬木灑榆枌河朔銜杯此對君揺落漢宮吟見月馮陵燕
市醉看雲秋高客帳江鴻渡風急離亭塞管紛愧我定交杵臼
日相逢說劍更論文

梁雲扶 字 香山人

憶癸未冬李其礎年兄遠惠鄧翁宮先生鴻文一編冉冉十
年常以未獲御李為恨今秋鄧翁偶過長安因得造謁甫晤
不啻平生策白駒難繫遽興空谷之歌一時學士名公莫不
解佩贈言思永今夕余立雪方新瞻雲更切謹擬留贈二章
以續諸公之後所云言質而情深固亦野人本色爾

真人行復跨青牛悵望關門氣欲浮方擬立深三尺雪俄驚歸
泛五湖舟匣懸雙劍看龍躍臺署千金待駿酬帷幄近聞虛借
箸赤松仙子未須游

願逐桃花水共流送君還入舊羅浮人来若比胡安定自笑何
如秦少游楊柳橋邊明月夜芙蓉閣上白雲秋悠哉歸去從公
樂獨有蒼生未解憂

趙 崖 字 萊陽人

留行

月照關山萬里寒何妨酌酒盡君歡宮門射策恩猶在客舍論
交興未闌別邸怨堪牽柳岸慰懷正好拜雞壇悲秋共對長安月
莫問脂車行路難

贈別

常從文字嘆心知於今樽酒正相宜高人明月同千里直北秋
風借一枝夜半鳴笳征戍急天涯歸雁羽書遲雖然去向新豐
市爽氣西山亦可思

吳國對 字玉隨 全椒人

冉次黃河見吳銓部春坪反留行愁贈別二詩屬和

偶然臘雨向時人海郭藏名已十春平子豈能忘北嶽仲連何
必去西秦交從國士方投轄事付佳兒競步塵來興歸来何所
見霜天雁影一寒賓

故國離人慘不歡如何回首問彈冠獨留髯影依金粟相寄愁

心到木蘭痛飲悲歌驟已甚放湖聽雨約初寒蕭條歲暮江南路千里河山冷眼看

彭志古 字子尚嘉定人

留行

那云避迹定江津金馬從来亦隱淪有道不辭公府辟無功仍與醉鄉親誰家楊柳還垂晉何處桃花不問秦底事先生獨歸去馬啼空負洛陽春

贈別

今日先生舍此去何如江張翰去江東人生有願須還策世事無聊足轉蓬三月烟花見楓樹十年春夢覺秋風縱然不為鱸魚鱠已羨高飛入冥鴻

鄧廷羅 字叔奇鳳陽人

壬辰冬作留行贈別二詩付武承年兄郵筒中途為暴客劫去客豈好詩者亦偶及池魚耳甲午春紫翁年伯復入都門索觀前作遂補書之並記歲月以志其始終云

日日送君君且留蕭蕭易水作維舟東山不為蒼生出北海難辭處士羞雀蕫况多哀澤鴈萬葭豈可戀浮鷗縱然種得胡麻熟那有桑麻遍九州

日日留君君欲行天津霜老鴈南征幼安蹈海終投老陶令歸家不羨名子弟未能離誦讀田園豈可廢鋤耕草堂從此添茅益結客重邀山水盟

補篇

郭礎 字石公江都人

烟花三月幾峰青濤上巾車醉醁醽明月留人南浦曲春風別路夕陽亭黃麻詔旨新增韻白社文章舊有靈滿徑杏花催客騎南瞻海嶽北瞻星

余懷 字澹心上元人

紫翁来北門數日即欲言歸次芝麓留行贈別詩韻送之

河上微霜一鴈歸十年飄泊淚同揮堂開春雨延新月門向秋潭報落暉楊柳半彫鶯漸老菊花將放蟹初肥留君苦乏中山酒紅燭清宵賦洛妃

庚信江南事可哀白雲黃葉擁高臺慚余一覺揚州夢羨爾雙攜鄴下才粗糲百年留客坐寒花數種向人開嵇康懶慢山濤醉門外驪駒莫浪催

有客同心對紫薇秋林風雨失芳菲江湖雖遠人如舊松菊猶存道未非入座頻傾桑落酒還應製芰荷衣山與君孔李通家好惜別須登燕子磯

相對衰翁早白頭朗陵真見鳳凰遊結交喜得陶元亮生子當如孫仲謀雙屐人歸滄海夢孤帆天指大江愁相期再副重陽約湖水蕭蕭蘆荻秋

張鴻儀 字起陸 人

留行

十年文苑佩型儀握手燕臺慰素期作賦有聲空驥伍彈冠無意隱鴟夷舟看遠岸黄花老霜冷行雲白雁遲驪曲不堪今再譜相思清夢遶江湄

贈別

劒合蓱分易水涯情深把酒夕陽斜應知月作窺梁影豈獨梅稱寄驛花上苑春風香杜若千江秋露冷蒹葭羨君池上聯雙璧兄拜遥看弟草麻

呂聲諧 字 人

留行

羅浮秀色一峰青鍾我人龍上帝廷四世文鋩射奎宿十年劒氣發霜硎終須顧問酬氈影莫只牢騷歎浪萍誰説故山歸去好放眉到處竹西亭

贈別

幾陣金風老荻蘆先生因感旅情殊蟹肥雖對同心菊魚瘦難尋巨口鱸覽社觀濤思放艇竹西沽酒問當爐臨岐更借漁陽柳挽住征驂醉上都

春雨草堂別集卷三十目次

薛所蘊

春雨草堂别集卷三十

海陵宫偉鏐紫陽輯　男夢仁定山重訂

留行贈别二詩

和篇

七言截句

王　鑨 字大愚孟津人

壬辰為紫陽先生賦留行贈别各二首甲辰重寄

聞君遠来愛山水纔到薊門便思家逢人只說邗江好燕山亦有木樨花

且待春明再看山九龍石雨響潺湲老僧忙殺雲閒去細摘桃餵白鷴花 注在餵上

水靜石帆海氣幽荻墻南掛厭封侯船過秦淮休載月且邀春色到揚州

君向羅浮我向西 時亦請假歸里 野花野鳥共淒淒芙蓉閣外千頃水攜酒同游第幾谿

詩餘

吳　綺 字園次江都人

補篇

補留行調寄燕臺春同友沂用張子野韻

露草銅駝霜花石馬金仙路斷難回雨響風鞭何期此地重来朱門一夜争開倩垂楊綰袖燕照臺畔荊軻樓上酒氣如雷吹燈看劍坐月論詩沽槳訪薛入市尋梅相逢幾日無端忽憶蘭煤莫負春風伶仃着屐獨自登臺問蒿萊幾個青衫客暗也低徊

補贈别調寄夢揚州同友沂用秦少游韻

酒旗收有離人同送元休白鴈天高又是宮樹驚秋長安道征塵漸冷碧雲千葉空稠難堪處斜陽裏青山砌出閒愁　莫悔從前浪遊想妙歲潘郎尚是烏頭攬袂臨風賣馬歸輿難留霜雞夢斷霜天雞濁笑幾年心負吳鉤還囑付看路在休老揚州

趙而忭 字友沂湘潭人

調譜燕臺春同園次用張子野韻為補留行

緋苑千峰國烟孤堞輸君早看花回夢裏長安何期舊雨新来求人名詔初開正天張獨鹿星高銅馬詞塲名譜首用宗雷君王鼂雁盡屬光輝北山小桂東閣官梅風塵皷丈私心且副燈煤市筑何如英雄氣色多伴金臺寄蒿萊當語猿鶴影我意淹徊

調普夢揚州同園次用秦少游韻為補贈别

德星收恰額風寒棠難休易水蕭蕭送客千里悲秋更憑眺郝齊魯燕衛祇剩荒月雲稠詩人淚天為老能經何代深愁　今古誰知倦游春草雨江南忽嵌心頭作賦子山不以浮名遲留醉

途領盡能醒法取五湖同入魚鈎三月夢吹簫選屐況到揚州

吳剛思 字修蟾武進人

留行調燕臺春次張子野韻

燕麦搖春野棠咽雨不堪蓬首重回狂顛西山停雲忽賦歸来平津東閣還開況靈椿難老玉樹甯馨江花陸錦挨日驚雷離群惜鴈促駕悲驪慢聽折柳休憶宮梅征鞍暫倚烏絲醉掃龍煤趁取芳時徵歌燕市走馬章臺任蒿萊松菊渾無恙不用低徊

贈別調夢揚州次秦少游

暮烟收羨飛飛倦鳥還休蓴鱸忽憶張掾歸興先秋隨（隋）堤畔長條拂面一鞭花襯山稠思舊恨重攜手杜鵑又喚新愁（時連宵聞杜鵑）休記長安漫遊早撇眼滄桑心折刀頭夢醒邯鄲十載駒隙難留二十四橋明月但望橫江一抹如鈎風景好莫抬醉眼重説神州

追送原倡

五言近體

楊思聖 見前

壬辰冬紫翁南還舟發潞河作三詩托武承年兄追送未及甲午春喜重来遂探舊笥書呈郢政焉

十年纔一會戀別惜杯殘落日江湖闊孤帆何處看朔風吹劒冷凍雨觸衣寒預想還来夜草堂夢作安

送爾登舟去茲遊未是貧到来燕徽暮歸及海陵春驗橐詩無恙扣舷賦有神人生感意氣出處不須論

相逢時已易相對眼猶青共看蒼梧淚常懷帝子靈冰霜催雪櫂風雨黯旗亭商料別君後閒門日日扃

追送和篇

五言近體

李霨 見前

俚言三章次猶龍年兄韻重送紫翁南旋

苦憶芳蘭佩應從別後殘如何梁月恨只在卷中看道豈弓旌重盟非猿鶴寒野雲雖不繫終弗向長安

囊裏詩如許堪稱（匡）客子貧世皆輕白璧誰解聽陽春異錦鳴鮫杼明珠餉洛神君才應視此恥共阿蒙論

歸舟聊送目不盡萬山青笑謝金張侶招邀屈宋靈相思魂黯黯獨立玉亭亭悵望衡書鳥荆扉未忍扃

魏裔介 字石生柏鄉人

猶龍年兄前有送紫老南歸之章蓋陽春絶調也今歲秋暮紫老復將南歸俚言誌送併和前什

秋盡寒山出旅人不可留劒光吹暮雨霜氣冷征裘薊北黃金貴淮南桂樹幽送君從此始濯足大江流

出處闌干古君歸意若何酒徒燕市醉撒海色廣陵多世事憐芻
狗吾生愛薜蘿草堂春雨足蒔藥養天和
一見欣如舊況兼桑梓情偶懷易水月不負北山盟車馬高多
患丘園澹可營素顏倘未老遲我聽濤聲

王崇簡 見前

次楊猶龍學士追送韻

今日送君去西風秋又殘壯懷空復老孤劍幾回看一艇繫霜
曉千門落葉寒草堂清夢遠尚否到長安
壯遊輕去就如子不憂貧驛鼓荒雞夜梅花草閣春修文拜石
丈灑酒酹詩神感世樓遺逸何能終隱淪
解纜秋光老孤帆烟外青遊能忘世態歸不愧山靈歲月書千
卷行藏月一亭鳥鳴深徑寂客至扣重扃

既和楊學士原韻又賦三詩疊追送之意亦終冀繫老之勿
遐棄耳

送君難一語別去復含悽匹馬荒原外千山落日低朔風吹短
鬢孤夢妬雞鳴何地堪終隱中原厭鼓鼙
追追天際鴈佇望但重岑荒戍斜陽角孤舟歲暮心人歸霜雪
後路入海天深春雨閑堂下花飛滿故林
長安來幾月歲晚復孤征人澹行藏靜身閒去住輕舟車深客
路風雪望江城何日重攜手青山聽鳥鳴

方亨咸 字吉偶桐城人

追送

共曉王孫意春情不耐游暖雲如畫粉言鳥好箜篌草秀秦淮
甸湖青海嶺樓江橋二十四明月待歸舟
道路輕千里風烟望廣陵如何梅閣興獨上酒樓凭出谷聞鳴
鳥移舟聽采菱故鄉多可樂不盡是親朋

吳　頴 見前

余既賦留行送別二章茲又和追送三律

路河南去舫送子及秋殘天際遠帆出月明倚劍看夢依書院
暖醉敵酒杯寒早寄重來日雙松一榻安
推子圖府書誰云官舫貧聞兒歌永夜作客醉新春霜雪臨無
恙文章貴有神應知一載後詩律細同論
慘澹江東樹春來又報青題詩多慨慷懷古見精靈閒問新城
市難忘舊驛亭終為斯世出肯聽華門扃

劉梁嵩 見前

追送三首用原韻

驅車忽爾邁相送朔雲殘此日栽歌處無人把袂看黃河高浪
白芳渚綠蘋寒去去承懽地蕭然家食安
正是商山日無嗟原憲貧愁思江上水驚見霸陵春有興鄴猶
鶴何緣問鬼神林泉雖有得功業向誰論

帝里河橋晚臨岐酒幔青遮人疑處士無意慰生靈合下應開
社當春何處亭芙蓉春雨足草閣自能扃

七言近體

梁清標見前

何事驪駒不暫留送君明月滿歸舟游從梁苑相如老詞賦江
關庾信愁燕市朔風高督亢廣陵春色落邗溝蕭然行橐惟書
卷誰識青門有故侯

倦游詞客再還吴示我懷中五嶽圖共道滄桑尊李白每憐岐路
泣楊朱夜明漁火瓜洲鎮曉度秋風甓社湖何日論文重把臂
一尊風雨壯心孤岐

薛所蘊字行屋孟津人

秋風歸去興悠悠遥指維揚古渡頭聊應弓旌酬聖世便將吟
咏付滄洲瓊花觀接陶潛柳胥浦潮通范蠡舟竊恐子虚成賦
後文園名字動君求

慎墨堂詩拾

（清）鄧漢儀 撰

《慎墨堂詩拾》十二卷《慎墨堂筆記》一卷，清鄧漢儀撰，據國家圖書館藏漢畫軒鈔本影印。

鄧漢儀（一六一七—一六八九），字孝威，一字舊山，又稱舊山農、舊山叟、舊山梅農。清泰州人。康熙十八年（一六七九）召試博學鴻儒科，因年老授内閣中書。著述甚富。海内言詩家咸宗之。

《慎墨堂詩拾》爲鄧漢儀詩集。鄧漢儀詩名聞海内，著作甚多，因書版毁於火等，詩歌遺失散佚。道光七年（一八二七）由夏荃廣泛搜集整理，編成此書。此書首列采輯群書目録，主要來自時人詩文集、《揚州府志》《泰州志》、鄧漢儀所編《詩觀》等，共輯古近體詩四百三十九首，按詩體分爲九卷。此外又有卷首、贈答詩、卷末各一卷。卷首載錢謙益、王士禎、陳維崧等序多篇。贈答詩載鄧漢儀友人龔鼎孳、潘耒、陳維崧、孫枝蔚、施閏章等人之作。卷末含逸句、詩餘、附録。逸句爲鄧漢儀詩殘篇中的片言只句，附録收鄧漢儀子勖采、邵榮、勵相之作。鄧漢儀工於詩學，爲騷雅領袖。太倉吴偉業、合肥龔鼎孳皆與之倡和，登壇執牛耳者數十年。《晚晴簃詩匯》卷四十六言其詩『近體雅近錢劉，七絶態穠意遠，勝處尤多。《息夫人廟》一首爲時傳誦』。《息夫人廟》見於此書卷九（《題息夫人廟》）：『楚宫慵掃黛眉新，只自無言對暮春。千古艱難惟一死，傷心豈獨息夫人。』借古喻今，流露出清初士人的複雜情感和矛盾心態。

《慎墨堂筆記》附於《慎墨堂詩拾》後，夏荃編輯《慎墨堂詩拾》後，又從友人處得鄧漢儀所著説話百餘則，於道光八年（一八二八）整理成書。此書所載明清之際遺聞軼事，多爲其四方交遊聞見所得，如林古度言戚繼光厚待文人才子，鄧漢儀與錢謙益交往，柳敬亭熱心助友，周亮工提携汪楫、吴嘉紀等，頗有益於增長見識。

（周　忠）

慎墨堂詩拾採輯羣書目録

同人集得詩八十二首
五古七首　七古七首　五律三十八首
七律二十二首
附詩餘二闋　鄧晶采五律四首
感舊集得詩三十二首
五律五首　七律十二首
七絕十五首
詩持一集得詩二首
七律二首
昭代詩存得詩二十一首
五古四首　七古二首　五律四首
七律五首　七絕六首
詩永得詩十一首
五古二首　七律二首　五絕一首
七絕六首
姜貞毅先生輓章刻本得詩一首
七古一首
汪舟次先生奉使贈行詩刻本得詩一首
七古一首

漑堂後集得詩一首
七古一首
桑雪薌編年詩鈔得詩四首
七絕四首
皇清詩選得詩一首
七律一首
揚州府志得詩二十八首　康熙二十四年修
樂府一首　五古一首　七古一首
五律十首　七律六首　五絕二首
七絕六首　五排一首
揚州府志得詩四首　雍正十一年修
五絕四首
揚州休園志得詩四首
五律四首
江都志得詩二首
五律二首
泰州志得詩六首
樂府一首　五律一首　七律四首
春雨草堂别集得詩十四首
五古四首　七律八首　五絕二首

慎墨堂詩拾　目録

漢畫軒

附詩餘一闋

吳陵國風得詩一百四十三首

四言九首　樂府四首　五古十首

七古十首　五律二十七首

七律三十首　五排八首　五絶十四首

七絶三十一首

琴怨詩得詩一首

七絶一首

詩榮得詩一首 余儀曾手抄原稿

古詩一首

慎墨堂詩拾　目録

詩觀初集得詩十六首

七律四首　七絶十二首

附鄧晶采五律二首

鄧劭榮五律二首

鄧勷相五律一首七律一首

詩觀二集得詩十六首

七古二首　五律四首

七絶九首

附鄧勷相五律一首　七律二首

詩觀三集得詩三十首

漢畫軒

五律十六首　七律八首

七絶六首

慎墨堂詩品得詩二首

七律二首

抄本慎墨堂筆記得詩四首

五律二首　七律一首　七絶一首

孝威先生手書詩箋得詩二首

五律一首　七律一首

鄧雲章抄稿詩十首

五律一首　七律八首　七絶一首

慎墨堂詩拾　目録

共輯古近體詩四百三十九首

四言九首　樂府六首

五古二十八首　七古二十六首

五律百十五首　七律百十七首

五排九首　五絶二十三首

七絶一百六首

漢畫軒

慎墨堂詩拾總目

慎墨堂詩拾序

鄧先生孝威以詞賦起家應康熙十八年宏博科被命入秘省以是詩名滿海内其所著過嶺慎墨堂諸集版燬於火遂罕有窺其全豹者惟所輯今人之詩曰詩觀者奉旨抽燬應禁之人行世夫以　國家斯文大備輶古鑠今猶且睿慮無遺不忍遐陬僻壤之儒一篇一詠之美同歸於澌滅士生鄉先生後居相近復不甚相遠其著述卓卓有可傳者顧轉聽其零落散軼而無可稽亦君子之所羞也昔人謂杜少陵殘膏賸馥猶足沾丐後人退庵學博有慨於斯廣蒐博采於蠹簡斷札中得先生詩若干首名曰慎墨堂詩拾從其朔也且示存先生詩什一於千百也余方從事州志論次先生之為人恨不多見其詩得斯卷快讀之乃深歎退庵用心之專且勤其有功於前哲不淺殆所謂篤學嗜古之士歟至先生詩之別裁偽體力追先正　國初諸公具論之故不復云

道光丁亥孟冬月東淘愚弟周庠譔

題燕市酒人篇

虞山錢謙益牧齋譔

甲午春遇孝威於吳門孝威出燕中行卷皆七言今體詩余賞其骨氣深穩情深而文明他日當掉鞅詩苑今年復遇之吳門見燕市酒人篇學益富氣益厚骨格益老蒼未及三年孝威之詩成矣或曰孝威詩於古人何如案頭有中州集余曰以是集擬之當在元裕之李長源之間或怫然而起曰今之論詩者非盛唐弗述也非李杜弗宗也擬孝威於元李何為是譏譏者乎余曰不然詩言志志足而情生焉情萌而氣動焉如土膏之發如候虫之鳴歡欣噍殺紆緩促數窮於時迫於境旁薄曲折而不知其然者古今之真詩也吾讀裕之長源詩皇極永明之什牛車孝孫之篇朔風蕭然寒燈無焰如聞歎噫如洒毛血斯亦騷雅之末流哀怨之極致也孝威以席帽書生負河山陵谷之感金甲御溝銅駝故里與裕之長源共欷歔涕泣於五百年内盈於志溢於情若聲氣之入於銅角無往而不生也安得而不同子之云盛唐李杜者偶人之衣冠也斷菑之文繡也我之云裕之長源者旅人之越吟也怨女之商歌也安得以子之夢夢

而易我之讖讖者乎孝威自命其詩曰燕市酒人篇嗟夫白虹貫天蒼鷹擊殿壯士哀歌而變徵美人傳聲於漏月千古驗人詞客莫不毛豎髮立骨驚心死此天地間之真詩也子亦將以音律聲病句抑而字度乎知孝威命篇之旨意今之以元季擬孝威也雖讖讖庸何傷孝威說是言也以告芝麓先生先生曰善哉能為裕之長源者望盛唐李杜猶北塗而適燕也人言長安樂出門向西笑孝威自此遠矣

被徵詩序

濟南王士正貽上譔

客問乎王子曰鄧先生被徵八詩何其多楚聲也王子曰何謂也曰鄧先生昔嘗北游蔡州南游嶺表矣遠或萬里近或一二千里皆歷歲月之久而始歸顧其為詩雕畫土風莩甲新意無幾微羈旅侘傺之色今

天子崇文治思得奇才異能之士備

顧問鄧先生袁然為舉首待詔公車長安公卿大夫莫不喜其來延致恐後且京師距淮南二千里置驛相望地非遠於嶺南蔡州也鄧先生顧悵然若有不自得者讀其詩又悽惋哀激類乎楚聲是以疑也王子曰是三百篇之志也詩有六義正變不同而皆本於忠孝之旨南陔白華孝子之所以養也武王之時鄉飲酒燕禮則用之所謂笙入立於縣中奏南陔白華華黍是也迨其後而陟岵鴇羽之詩作焉陟岵之次章曰母曰嗟予季行役夙夜無寐上慎旃哉猶來無棄鴇羽之次章曰王事靡盬不能蓺黍稷父母何食蓋古之孝子行役於外不獲養其親其詞之迫切如此今鄧先生有母年八十矣一旦舍甘旨之養遠

東京師其情之迫切與陟岵鴇羽之詩人無以異故其言如此亦猶南陔白華之遺意也昔鄧先生游蔡州嶺表年方壯毋亦未艮其意怡懌則其詩之異於今也宜也客曰善予子之說詩也夫鄧先生之詩數篇耳而正變之義具焉使在采風之世其不見刪於孔子可知也予曰然遂次其語以為之序

詩集序

陽羡陳維崧迦陵譔

台君土室漢世目之逸民劉氏綠竜梁室官為庶子遐稽曩史兩見孝威詎意同時又逢我友序閥閱則鄧仲華簪組之族門户清通譜邑里則吳夫差花月之都山川綺麗籍雖茂苑產實吳陵諸侯傳寓公之名才子擅客兒之字馬卿慕藺便號相如傅奕懷賢爰更幼起爾其才情適豔文藻英新釋寶誌識徐陵於發歲呼以麒麟陸修靜知張融於綺年遺之鷺羽東京公子許以經過西鄂王孫嘉其延攬於是臨風授簡入夜揮毫等白壁之一雙似朱霞之十文鋥銷金石能驚趙鞅之魂煜爍煙雲可致買妻之笑書之形管紿以牙籤僕也激賞高風徘徊麗緒陸原平之詩賦道路居多庾開府之生平亂離不少若夫魏主虛帳韓王故台昆陽虎鬥之城涿鹿龍爭之地才人失職幼即辭家烈士依人長而去國三秋作客徒悲峽裏之黃牛五夜思鄉難忘關前之白雁況復燕昭台畔猶有遺宮嬴政山頭非無疑冢青桐綠竹盡諸王帶礪之鄉玉雁金鳧亦列祖衣冠之地而乃墮名藩之爰子損長陵之一坏此也十七世之金甌彼也

千百王之玉體莫不竄之狐兔薦以荆榛見草中之馬耳能不悲號攀天上之龍胡可無痛哭於是觸目蒼涼緣情悽厲或臨文而永慕乍擱管以微謳絶非愉懌之音惟以悲哀為主縱使縣名聞喜豈便為歡即令草字忘憂焉能不歎嗟乎蘭因芳損膏以明煎自古文人皆嬰兹患鸝雌啁哳豈有意於謳吟怨鳥蕭騷聊自言其辛苦屬以風高銅柱因使者以乘槎月冷珠江共客星而泛棹聽蠻方之春吉食矣徼之檳榔過嶺一編乃孝威之近集也

甬上遊草序

甬上李鄴嗣杲堂譔

自建業京口以至西陵江南約數千里稍附江以北有廣陵海陵渡浙東則有會稽句甬皆所謂文章之藪山川名勝甲於天下然余謂惟南極京口東極句甬此二郡其水俱東海為江奔潮激汐其山俱崱嵬而兀起天地崢嶸每游涉至此覺吾曹面目磊砢氣始得豪前此文人綺靡之習以至士女花鳥樓台舟楫風華佳麗之狀始盡為一變吾友鄧孝威海陵奇士也其生平足迹幾遍天下家在東陽與京口相望每渡江登北固山望吳大帝宋公橫槊之地忼慨風生既歷吳中七八郡更悵然泛浙河以東抵句甬覽其山川虎蹲鳳躍直上候濤山尋謝皋羽採藥處遙見亂礁出沒白浪中日景落壽泠岸與吾輩三四人狂歌向天末擊石烏碎令試讀其鄮城懷古雜興及王忠烈釐柏亭歌弔錢忠介諸詩上可當銅雀三祖純參軍杜公下亦不失為晞髮叟蓋自二十餘年四方名士集此與吾曹相唱和燕人梁先生楚人萬先生而後惟孝威一人而已夫天既於江南數千里山川繡錯中而獨使此二地得一發其奇復於二十餘

年往來名士舟車驛舍中而獨使此三四人得一發山川之奇是則文人吐其胸中壘𡋯老氣横披雖所持三寸柔翰而其勢足與名山巨壑隐然相敵斯誠古今菁華所聚産為魁奇不可易得宜吾目中落落未嘗數見如此人也他日孝威別我當與期計日造京口孝威登鐵甕城飲其酒發吾所遺此中懐古詩余亦將登百步峰長嘯誦孝威白甬憑弔諸作同聲遥應雖遼落二千里如奏金石於一堂矣

過嶺詩序

同里陸舜元升譔

過嶺詩者鄧子孝威從龔芝麓先生游粤東而作也先是先生游吾里從游倡和履滿盖陰而鄧子爲上客領袖焉既次廣陵則鄧子俱既次白門則鄧子俱既次他諸名都大郡好山佳水則鄧子莫不與俱刻景檄辭鞭才赴韻金罍不夜蠟屐忘暄先生可無他人必不可無鄧子然則鄧子之與先生可謂道合忘年傾倒不盡者耶既先生累官京師則招鄧子於別署委蛇退食之暇即與鄧子吮毫濡墨之會也憂讒畏譏之日即與鄧子痛哭流涕之時也先生未幾而躋崇秩復未幾而累左遷一時僚友朝士門生故吏趨避聚散之緣殊有難可道者鄧子蕭然一慷慨布衣耳論交十年升沈一致大雅相成名溢海内可以遠追王孟近方陳董鄧子有不爲先生重而益以重先生者哉丙秋粤東之役先生奉使而南過鄧子於江淮之間既見之賡不忍釋手强以從游而鄧子暢然孤往襆被未遑自適也往返嶺南不下幾千餘里蠻煙瘴雨海蜃山嵐皇華所驅車船迭進先生之興不淺而鄧子之氣益豪其間山川之盤鬱雲物之

變幻鳥獸草木之奇城郭人民之異觸目者感心發聲者成韻而有是集也題曰過嶺匪獨紀時紀事紀地紀從游之盛將以見鄧子共先生萬里投轄迴出當時僚友朝士門生故吏趨避聚散之緣之外也其亦山中白雲不可持贈者耶

雜錄

鄧漢儀字孝威泰州人少工詩應博學宏辭科授中書舍人所著有詩觀全集江南通志

鄧漢儀字孝威泰州人淹洽通敏貫穿經史百家之籍尤工詩學爲騷雅領袖太倉吳偉業合肥龔鼎孳皆與爲倡和登壇執牛耳者數十年康熙己未舉博學宏詞科漢儀奉

召赴京師試授中書舍人即辭歸偃仰山林日以吟觴自適暇或扁舟至郡坐卧董子祠中執經問業者車馬塞衢巷念詩學荒蕪乃品次近代名人之詩爲詩觀凡四集業先生於康熙二十四年選詩觀三集歷五載書未成而卒先生子勸相續成之當無四集之選四字疑三字之譌別裁僞體力追雅言海内言詩之家咸宗焉揚州府志

鄧漢儀字孝威少工詩諸名家詩皆賴選輯以行應博學鴻詞科授中書舍人所著有詩觀全集泰州志

鄧漢儀字孝威泰州人常同合肥龔端毅鼎孳使粵過梅嶺有句云人馬盤空細煙嵐返照濃寫景逼真尤似秦蜀閒棧道景物梅嶺差卑未足當此谷甘餘話

鄧漢儀字孝威江南泰州人布衣授中書銜著有過嶺集鶴徵錄

鄧漢儀字孝威江南泰州人舉博學鴻詞以年老授中書舍人回籍有過嶺集 感舊集

孝威與 國初諸前哲遊洽聞廣見所選詩觀共四集雖未脫酬應然亦足備後人採擇嘗度大庾嶺有句云人馬盤空細煙嵐返照濃新城王公賞之 國朝詩別裁集

鄧漢儀字孝威泰州人博洽通敏尤工於詩與太倉吳梅村主盟風雅者數十年康熙十八年舉博學宏詞以年老授中書舍人歸寓董子祠執經就問車馬塞市其過梅嶺詩人馬盤空細煙嵐返照濃王文簡極稱之嘗論近代人之詩為詩觀若干卷中有應禁之人奉

旨抽燬行世 淮海英靈集

鄧舍人選詩觀二集四方之詩皆寄程穆倩華龍眉二人程宅在新城夾剪橋華宅在大東門弥陀寺巷 江蘇詩事

鄧漢儀字孝威號舊山博洽通敏尤工於詩與太倉吳偉業主盟風雅者數十年康熙十八年舉博學宏詞以年老授中書舍人與修揚州府志江南通志皆以其言為論定詩主清和嘗云孤桐片玉自有天律

清也朱絃疏越一唱三歎和也今之為詩者望車塵乞冷炙有市心焉其詩以俗氣應之如商女賣高不復能唱渭城也競錐刀飾竿牘有爭心焉其詩以沴氣應之猶心在捕蟬殺氣著於絃上也故詩必無流辟無噍殺滲滲乎其音溫溫乎其德庶幾詩人之清和可以語溫柔敦厚之教歟卒年七十有三著有編年詩各體文若干卷詩餘一卷又輯近代人之詩為詩觀四集中有應禁之人奉

旨抽燬行世 重修泰州志

贈荅詩

和贈鄧孝威

耒陽 姜 垓 如須

攜客延陵舊逢君鶴郡前江淮餘部曲吳楚接烽煙失路橫關輔占星暗斗躔西風聞短笛寒雨擊空舷杜甫無家別陳王白馬篇歌音起近體琴操會無絃終若塵難蔽何妨磬屢懸虛存徐稺榻誰羡李膺船廟社非人力乾坤尺自憐隋宮花覆地朔塞草連天皂帽堪長策青山亦宿緣河梁孤客恨冰雪遠書傳跡曠孫登嘯懷留祖逖鞭種瓜還故業栽竹傍康泉養婢千頭橘娛親一膾鯿桃源雖絕世漁父未徙仙

木葉蕭蕭落萍心冉冉牽獨傷烏鵲繞常對鷺鷗眠麥秀周京道秔收賃廡田報恩三尺劍托命五花韉暇日開襟少新亭置酒偏官梅何遜興（鄧有官梅諸集）書草子雲元衣帶芙蓉冷餱糧杜若寒淒涼情易老燕繖隱能專藪澤元龍邈藍車赤驥綿渡河期鄧禹奉使愧張騫一別唯青眼雙魚有素箋挂帆秋色早萬樹亂鳴蟬

孝威還邗上和園次韻

合肥 龔鼎孳 孝升

惜別朱絲欲罷彈側身天地望平安路經分手風烟改香忌當門出處難鐵甕一軍江樹暗銀簫五夜酒杯寬離亭日落休回首柳市車塵已耐看

舊雨魂銷入雉裝滹沱冰合又褰裳身孤盜賊忘羈旅俗薄公卿諱醒狂此去名山深歲月向來吾黨各風霜難堪到日茱萸水北望秋城雁一行

落花亭院久經行芳草萋萋滯遠程上客尊罍虛北海清流風俗尚東京鄉心葭菼輕鷗路兵氣關河杜宇聲同學十年頻雨散牽衣那盡故人情

迢迢林壑擬迴車心事青燈罷酒餘白首乾坤紛戰馬黃塵蹤跡類枯魚應劉里社人爭健花月春江夢不虛早晚長楊看奏賦好留蔣徑結吾廬

寄懷孝威

高空漠漠野雲涼望遠懷君當故鄉別在秋燈人似夢書來水驛菊如霜論文不謁如餐字得句長思戴酒堂為報平山哀草路也兼風雨度重陽

喜孝威自廣陵至白門

隔岸斜陽下遠峰傳帆人聽瓦官鐘愁深香草經年別秋滿新亭一雁逢謝朓江山愁獨往靈均龜策擬何從因君憶踏隋堤路仲蔚蓬蒿迥自封

寒雨蕭疏過秣陵樹猶如此暮煙凝到門客續春前

話惜夜星分醉後燈白袷報霜秋皎皎青谿閱世碧
層層轉逢莫怨虛叢桂鼓角連江卧不能

壽孝威即和其述感韻

靈均始降令何夕草具重斟醉後觴積雪方當明月
照青雲真讓客星狂名山瑶草千春碧虛館朱琴五
夜張漢殿黃金將買賦勿言才子倦遊梁
倏風漸欲轉皇州為訪飛蓬歲月流一榻喜連徐穉
卧十年猶黑仲華頭錦驄金穴紛無賴短筑高歌試
强留鄧尉花開雙屐健芳辰重約醉西洲

寄懷鄧孝威　宛平　王崇簡敬哉

京國相逢憶昔年何時歸老卧江煙惟因風雅情偏
切慮失驚人句不傳歌哭未銷今古恨行藏却斷死
生緣每思跨鶴尋君去醒酒崑崙月正圓

宛南秋日慰留鄧孝威六截句　滄洲　戴明說巖犖

怒茅積雨未能薅此夜同君續反騷纔見紫山晴月
出秋聲聊當廣陵濤
荒城何處撞煙樓祇有秋霜漸上頭且綴瓊花天上
棹為君研露畫瓜州
豈是劉琨避聽雞且尋梁父下城西中原半壁將軍

制好賣新詩換絡緹
猶有行歌敵勁秋空天雁影下衡州悲來買卜君平
宅策杖蕭蕭留鄧侯
我别長安君入吳飄零何事信吾徒南陽自古饒魚
水且寄燕脂謝酒壚
經秋雷電閉昆虫午夜敲詩嘯晚風最是孤村燒不
盡鄉心雙照月明中

贈鄧孝威　江寧　紀映鍾伯紫

荒臺渺渺友聲求文舉曾知有豫州屠狗可憐長結
客爛羊終日聽封侯如衔石闕難為語屡卸金貂不

破愁六代風流誰可續好吹鐵笛到江頭

送鄧孝威授中翰歸海陵兼示豹人　新城　王士正阮亭

當年綺里李曾友夏黃公共詠紫芝曲俱棲巖穴中
鬚眉驚漢帝羽翼緬高風一出還歸隱白雲商洛東

贈鄧孝威　吳江　潘耒次耕

中古富藝文淵海浩無際昭明曠代才删纂功不細
一斧削群材屹然樹凡例居繁有倫脊在美能劃置
獨成一家規妙取寸心恕尔後八代遥纂言亦相次
精嚴縱迻古出入並如志晚近文彌衰選事亦滋弊

高官枉凌壓盛名見牽綴汗青須有資嫌怨亦頗避
事類入市賈情同出韁貿雅道遂榛蕪識者一歎慨
鄧君文章老才力本雄邃激昂討風騷薈萃存篋笥
鐘鐸賞奇音淄澠別真味清明大冢宰刻覈老獄吏
獨柄無旁撓擺若名共位高眠文選樓樂饑以卒歲
抗手對蕭君雅道庶無愧嗚呼三十年詞客如羹沸
賴君刈蕭蒿杜蘭吐香氣候虫各鳴時變風聖不廢
輶軒或采陳燭龍照荒裔

贈别孝威鄧氏　宜興陳維崧其年

八紘疇秦龍七雄競逐鹿組練塞川坻弓弦響平陸
中朝冪戎旃蟬冕嬰殺戮刲我窮巷氓能無事莽伏
陟嶺梗熊羆遵渚怯蛇蝮皇塗稍以靖田鑣理篇牘
磬折辭舊雨浮沈愧初服飛禽恒尠儔行營祇獨宿
庶隨同門友篤言偕握粟
同門者誰氏鄧生實國華飛文擅凫藻馳翰樛枝柯
少壯京雒遊策馬相經過東城看桃李西市聽絃歌
長安十二門重閨鬱嵯峨列邸俱侯王被服紈共羅
一朝舍茲去杖策歸巖阿遭時各有命寧憂天路遐
北風惠光儀共我相婆娑
婆娑亦何為乃在廣川汜名都出妖女方塘出紅鯉

嚴飈激櫺軒豐膳撰芳旨白月升華榱流光照君子
詎惜哀箏疲疇令隆思弭雜生進樂文方綫自迤邐
人生天地間離逖從此始恩愛亮不虧何必慕連理
語君且盡觴明當戒行李

寄鄧孝威　江都汪懋麟蛟門

往昔揚州白露天池塘猶有未開蓮此時送客同高
眺無那悲秋是別筵酒伴更知何地會詩名浪得幾
人傳著書能事輸君久顧我羈栖只醉眠

客秣陵送鄧孝威之壽春　江都吳綺薗次

天末起寒雲涼飈動砧杵愛此秦淮秋後先作行旅
故人敦素盟授館得群處蕭條白板床一燈夜中語
兩見明月出行歌互爾汝何來歲暮心催君下西楚
譬比兩黃鵠乘風一軒翥徘徊顧山椒零落在毛羽
憂心從中來默默如可數壽春爭戰場今古具樓櫓
君去得所依長吟入軍府嗟哉沿江屯衣帶亦成阻
我去苦未能新寒薄絺紵離魂難奮飛翻為悔歡聚

懷鄧孝威　溧陽彭桂爰琴

北風吹雪別燕城垂柳春來倍繫情江寺月明樓尚
掩海田潮退島堪耕送窮心事寧聞道排難風塵亦

好名何似閉門長嘯傲一牀書卷付燈槃

茁上共鄧孝威話舊有贈

山陰 徐緘 伯調

一昨悲歌瀰酒傭十年湖海失相從諸侯歷抵逢迎少朋舊存亡涕淚重月下聽猿神女廟松間避雨丈人峰令朝歧路懽携手兩鬓霜華迫暮冬

雨夜懷鄧孝威

滄州 戴王縉 雲極

洪濛摧灝氣霹靂震高岑風雨千林葉江湖萬里心悲情沙雁語獨夜野猿吟侘傺荒園裏煙霞憶遠尋憔悴何時已思君苦未休亂山殘樹影野水暮雲秋

雨逐江聲黑虹明夕照收何時重把袂清夢自悠悠

避亂海陵喜晤鄧孝威

江都 許承家 師六

荒草寒雲野外身携來書劍總烽塵少年川嶽經時改良友鬚眉亂後真荊棘路旁雙逆旅貔貅隊裏一詩人隋隄簫管令銷歇擬向羅浮學隱淪

過洗鉢池訪鄧孝威有贈

如皋 許納陛 元錫

清霜短褐到江臯倚劍長歌興更豪畫角孤城收夜雨楼台隔浦動寒濤蕭條戎馬催殘臘遲暮功名感

二毛詞賦頻年惟尔擅中原誰更重青袍

喜鄧孝威至江上

江陰 徐章 石霞

蕭然襆被雉城東霜雪寒宵羈旅同兵火十年愁病劇關河兩地夢魂通棹移古渡迎殘照梅落荒園怨晚風却喜燈前雙白髮天涯聚首話無窮

鄧孝威來遊江上花朝奉訪和原韻

江陰 趙鳴鸞 雪村

詩卷長携復向東酒鑪心事許相同關山舊路孤裝冷花月春江一棹通病榻閒聽飄瓦雨荒齋靜掩落梅風杜康橋畔初生草約尔閒行興不窮

董子祠喜晤鄧孝威中翰賦贈

古歙 鄭昂 若千

寂寂荒祠裏楼高好著書能鳴昭代盛不拾六朝餘碧草鳳池遠青山鶴髮疎誰知徵辟後蹤跡尚樵漁

早春懷鄧孝威邗上

同里 沈復曾 林公

昨在邗江草堂靜坐臨風雪不開門比來客到真相憶况復梅花暗撲樽隔歲魚書傳潁曲三春柳色黯陶村何緣便作飛蓬轉薜荔園荒鎮斷魂

寄鄧孝威

同里 吳嘉紀 野人

銅鑪何代冶製古無人識歲月磨雕文渾然見異質
置身綺席上豈不勝金玉夜深吐芳氣氤氳久不歇
奈何美人遙寥寥自一室然灰逐枯槁朱火成隔絕
迷迭雖甚馨何由為君發
黄鵠大羽翼乃向蘆中翔鼎烹奉仲由顧之涕盈裳
甘肥信云美怙恃去高堂榮達事事好不如老親傍
人生得終養裋褐庸何傷髮白車輪邊展轉為餱糧
裹糧望廬返依依暮景光
運會令如何紛紜執管籥有懷不肯默緣調發哀樂
歡娛情易靡悲愁響易索孰是和平奏尚須賈人鐸

大雅久荒蕪斯人起林薄操持正始音一唱諧眾作
矯矯流浑中何用嗟淪落　時選詩觀

鄧孝威以客秋來顧余以今仲春至晤於皋藥
閣中云欲遄歸賦此以贈
同里　張幼學　詞臣

落葉聲中憶放船回頭芳草碧連天兩年未聽緱山
笛千里今看潁水篇袖裏青蛇猶闇澹屏間紅粉最
嬋娟時狎潁中名姬相逢又值歸時候匹馬孤城欲黯然

鄧孝威移家秋實園賦寄
同里　王礪品　子隅

昔我城西游愛此數椽屋一徑獨橫秋半畔惟雲宿
具足泉壑情惜少幽人躅令閣子作主庶不虛松竹
士節窮愈彰生計澹彌足何時來訪君池塘春草綠

雲陽逢鄧孝威舟泊握手移時即解纜去因有
虎卯之訂
同里　丁日乾　漢公

吹簫城外暫停舟共指顛毛悔壯游入市難逢詹尹
卜離家同抱仲宣愁才名似爾猶彈鋏客況如予自
典裘還發輕橈煙際去相逢應在白公樓

翩翩鄧子五章章八句
是時海內有兩過嶺集焉予見鄧子過嶺集

異之為之賦翩翩鄧子
同里　張琴　桐峯

翩翩鄧子厥世吳國實產海陵此維寡特四壁如何
蕭然止息飲酒賦詩忘我晷刻
自彼申冬道逢司馬維昔司馬出使粤野憂心弗寧
執手持觴曰嗟南征誰予偕者
鄧子既醉載起載言以我襆被同尓車軒旌指銅山
發自吳門晨昏共依共聽霜猿
滔滔饒江㴖㴖章水至於湞陽羊城是視旌羽蔽空
赤貌蒼兕盖四闢月於萬餘里

梅嶺則絕盧輿則曳用協司馬番禺則濟此倡彼和
其詩孔惠敢為作歌慎言交締

己亥秋深共鄧孝威先生坐家園

同里 黃陽生 屺懷

亂後來深院荒林落葉平秋風欺破屋朔雁唳寒城
酒傍陶家瀧詩同謝客清豈知鞞鼓震幽興為君生

補遺

海陵喜遇鄧孝威有贈

三原 孫枝蔚 豹人

邂逅常吳越君今卧薜蘿嶺南詩律細韋布淚痕多
海雨催愁劇秋風奈老何禪堂得鄰並晨夕數相過
白髮休相詑飄蓬未敢嗔舊交生死半共子往來頻
古寺愁燈火殘烽報海濱此時對詩伯情誼倍相親

學圃歌贈鄧孝威

江寧 紀映鍾 伯紫

我為東湖樵子學南山圃相逢大道傍雪涕問勞苦
我逢冬青樹再拜不敢斧子有東陵瓜屢潰深秋雨
生事尚饑寒吟詩生蒿堵

[illegible]至[illegible]詩[illegible]傷故舊凋落

宣城 施閏章 尚白

淮水三年水陵陽一夏晴愁深人共老書到眼初明

慎墨堂詩拾 贈答詩

漢畫軒

文酒多時別悲歡百折情浮名吾意盡高枕卧山城

題孝威詩卷三絕句

江都 汪懋麟 蛟門

夕陽樓下卸衣時簾外香飄抹麗枝直欲把君詩遍
日素琴閒却五條絲
玉溪名共浣花香千載何人更擅場慎墨堂中論絕
調羣公齊讓鄧南陽
正月風雷三月雪湘南烽火蜀西烟憂時心事無人
識只道狂歌向酒筵

贈鄧孝威

宜興 陳維岳 緯雲

隋苑鐘聲起暮鴉陳宮落盡綺窗花酒杯詩卷滄桑
後閱煞山中鄧仲華

海陵訪舍弟孝威有作

吳縣 鄧旭 元昭

聚散總非偶懷人共一天早花迷楚堞春草塞平川
詩句何時寄征帆此日懸蒼茫來海國端擬對床眠

文選樓贈鄧孝威先生

同里 陳志襄 閬思

劫後樓誰在蕭梁蹟尚存信知文字貴不為帝王尊
樹古龍鱗剝碑殘鳥跡昏秖愁風雨夜淒絕不堪論

寄贈南陽鄧孝威

宣城 梅 清 淵公

慎墨堂詩拾 贈答詩

漢畫軒

騷雅音未稀牙曠一何杳踈越聽者誰朱絃委蔓草
一唱起三歎劃見南陽老論心托古歡論文厭機巧
蚤年耽勝遊出入兩京道鶩塵值板蕩掉首甘枯槁
行吟邗江濱江水漫浩浩歌聲激長流嗚咽洒蒼昊
荒荒宮月秋寂寂壟煙曉既深弔古情復極懷舊抱
幽尋安所期履綦以爲寶促柱識其哀變徵思逾皦
以此稱和歌轉覺苦言好我懷慨遙慕夢寐阻江嶠
忽展雲中翰中心畢傾倒離居信非踈皓首共相保
抗手迴靡波及茲發潛藻

慎墨堂詩拾卷一

海陵鄧漢儀孝威著
鄉後學夏荃退庵輯錄
陳實晉守吾校訂

四言詩

贈同盟七子詩

誌班荆也沈子林公示余七子蘭言爲昭陽
李小有白門向遠他會稽金又鏡同里宮紫
元方白英陸元升因賦以荅

維蘭有馨維鳥有音嗟我同侶索處至今胡不連袂
曠焉幽尋譬諸房闥御彼瑟琴
維瑟與琴傳茲靜好志氣冥孚異地相討形跡雖踈
中心是保盈盈懷袖弗離香草
香草盈湄萊葹間之願言採擇佩以褆褆我有佳人
日夕相思靈修未化匪姜則姬
彼美姬姜山川是隔時生不辰百憂交集絃酒在堂
我心弥惻庶托嘯歌以慰顏色
嘯歌靡常於彼南岡亦有素友蓄情懷芳携十年夢
賁一月糧臨風聳節談古天皇
天皇雖遠亦云人閒詩書以外豈盡可删奇思橫溢
涕淚以潸不學仙去亦當游山

邗水三章

邗水洋洋有鳧共藻城郭風煙忽焉以老驅馬登高
念彼豐鎬
邗水湯湯伊人一方秉流鼓枻彈彼清商志士不樂
逝有文章
幸生清世方外遨遊容顏相餉匪春則秋人生得志
豈在封侯 吳陵國風

慎墨堂詩拾卷二

海陵鄧漢儀孝威著　鄉後學夏荃退庵輯錄
陳賓晉守吾校訂

樂府

中庭一樹梅為貢貞女作如皋貢黃理之女許曹文虎之子未嫁而夫卒五年夫之父母皆歿女終往曹宅守舅之喪亦死

中庭一樹梅既枯還復榮貢家有好女正於此時生
解一
生女顏如花命女名曰雪珍重繡襦中花好雪更潔
解二
既長工刺繡兼能嫻讀書夜夜背燈吟牽弟訊何如
解三
曹氏有兒郎瑤環瑜珥似兩姓結緣蘿各各稱歡喜
解四
詎知天弗佑曹家兒忽徂阿女依母傍淚黙漬羅襦
解五
既已許曹氏安能事他人竟欲往夫家守志終其身
解六
兩家堂上人堅持曰不可阿女年甚少花開那及果
解七

曹氏有異事姑亡舅復危太姑猶在堂眼瞎嬰如絲

解八

阿女謂此際曹氏慘莫加我若不親往何以謝夫家

解九

匍匐到夫家拜舅在床下哭聲各震天鄰社為之罷

解十

舅既赴黃泉女為製斬衰誰知傷心極女命亦摧頹

解十一

曹氏一家人都為地下鬼留此女貞節百世詩奇偉

解十二

自此庭中梅既帶還當枯安忍春風裏見此梅花樹

解十三　揚州府志

甘烈女詩

孤雁號空陂貞女守敝幃伉儷既以定生死無乖違

解一

孤雁未有匹貞女未有室比之於伉儷那得言膠漆

解二

媒氏既通辭父母既心許此身已屬人周易重男女

解三

嗟哉甘家女曾許冷家兒雖許冷家兒未為冷家妻

解四

何意訃音至冷家兒遽亡父母悄無言女痛摧肝腸

解五

三日絕饔飧三日毀妝飾一旦懸絲繩四壁無顏色

解六

太守遽聞之命駕造其廬雙旌為黯淡五馬為踟躕

解七

焚香拜靈櫬鄰舍咸嗟吁奈何小家女辱我使君輿

解八

使君自蒞郡秉禮而化民風草有丕應首及荊布人

解九

上書台使者冀邀

天子恩女名重青史女行光里門

解十

靡靡海陵俗浸浸桑濮風從今朱閣裏各自求雌雄

解十一　泰州志

戰城南

戰城南勢如雨兩軍相當天地寒沍東方盛旌騎壯

卒無復悲我軍死戰誓無還期金鼓一動白骨成堆

哀哉城郭氏黃金子女棄如遺棄如遺戰士取之以

報將帥曰班師凱歌既奏天子樂綏今年通邛筰明
年討月氏

將進酒

將進酒歌莫闌朱絃玉柱爲君彈嬪妃雜進陳翠盤
左右蟬冕奉乘鑾君王既醉白露團團願主萬壽萬
壽何以期古有黃帝鑄鼎山陲乃得仙去群臣爲嘻
海上有良藥黃金可致之願主清靜以祀神祇

門有萬里客行

帶殊遐也壯彼風雲不勝草中之歎

門有萬里客言從遠海來車騎盛如雲從者皆奇傀
技勇誇賁育拓地披蒿萊起家二千石聲名震八埏
天子知名姓廣殿賜樽罍賓客紛相識妓麗日夕陪
長笑中原士扣角老塵埃何似當壁子呼唱擁輿儓
昨夜接羽書蕭關烽火催將軍臨大漠分守古輪台
願騎汗血馬便酌蒲萄杯大宛不足戮振旅燕然回

子夜四時歌

夜起行月下疑花是歡顏花落歡不變笑殺春風閒
別來理團扇餘香猶可尋不恨歡情淺所恨歡情深
共歡共形影不能暫相離莫羨牛共女歲歲有佳期
彤雲四面垂嘆郎說遠別何以挽行車三冬百日雪

江南曲

夜渡採蓮塘雙雙湖雁宿何事廣陵江濕儂衣半幅
少小慣窺簾野草如儂禊不道秋魂驚棄儂不如草
幾曾識路人桃花遮半面今日桃花傍邀儂出相見
玉鞍嬌不跨回頭錯喚郎知郎在何許記得離橫塘

古別離

郎君策馬去慣值春風時恨不閉春風勿向郎君吹

少年行

聞有關東急揚鞭去遠征隴西徒自苦射虎終無成

長相思

朝來掩鏡台勿復照儂面照面空悲啼誤儂儂不見

宮怨

婕妤早承恩猶自悲團扇何似永巷人君王從未見

吳陵國風

愼墨堂詩拾卷三

海陵鄧漢儀孝威著　　鄉後學　夏荃退庵輯錄　陳寶晉守吾校訂

五言古詩

寄懷沈仲方

思君如好月縹緲不可即思君如美人魂夢想顏色
昔年數寄書猶苦蒹葭憶况今音問疎道遠嗟無極
出君篋裏書氷霜字如織豈云生兩世乃使中心惻
月缺尚復圓人南或已北胡為我與君相距如絕域
登樓欲奮飛又無淩霄翼歲月從此長一愁盡一刻

喜陸元升至

君果交情切何為苦我思憶別寒風中訂我相見期
同此一江北道路非倭遅乃致越晨夕因風想光儀
良書兼好友一日不得離而况古良書尤須印友咨
積雪擁眉素燈大爍新帷忽接雙鯉信伊人儼在斯
問予持被入刺刺語為誰志在四方友豈為麋鹿私
相見歡踰昔登台吹參差

聞冒辟疆歸雉皋著書自娛賦寄

昔尔游上京階庭紛屨舄賦奏金馬門擲地可金石
傳家多縹緗唯子讀卯索一官何足榮較書方古軌
詎意烽火驚茗溪因泛宅兵燹及山川尊鱸何處獲
返棹古隋宫與我話晨夕興亡多異感即事嗟疇昔
值余買扁舟將往游震澤一別南北天登山悵獨屐
繼聞子東歸樸巢理舊跡著作日以稠彈絲兼博奕
况復金閨人婉妙嫻書册茗香供靜怡煙雲自空碧
何必綰金章乃始誇絡繹我將披子帷盡讀其書籍

查伊璜師別去七載懷之以詩兼示曉社諸子

憶我別師日乃在西湖濱西湖多旅饑遊子無歡晨
理棹薄枉渚道塗懷若辛嗣後雙鯉魚不斷揚子津
傷感百年事啟篋閱哀呻草澤難久處下流誰與親
駒隙不暫留白髮朝來新况茲喪乱劇江海分吳秦

吾師抱經濟豈肯老風塵獨嗟雲樹渺道遠無車輪
試問縞帶交歲寒今幾人樂往哀逾甚跡疎意且真
雨別兼歲旰百憂集斯由登樓一長嘯羲馭倏已淪

月夜舟中次韻

林巒日將夕眾鳥擇所依輕舟漾微寒水際生餘暉
星稀秋已冷風遲煙乍飛村落無樵漁徐聽聲響歸
理檝問前路遊子腸亦飢數彼晏息者安知行旅悲
江湖苦不濶林藪苦不深漾舟窮日夕搜微識眾音
靈物之所藏矯焉恣獨尋孤興與天渺有酒且自斟
維彼甪里子令名時所欽渼然遺世眾明月如我心

歎梅病時予卧病衙齋

芳梅纔欲吐風雪忽妒之嚴寒累晨夕凍雀僵高枝
佳人渺獨立烟玉空爲姿一夜香氣散愁病殊難支
余時亦抱痾幽夢花林遲敢尔托高士結契頗相宜
起立梅花旁憔悴如朝飢豈有傾城笑竊許捧心時
致語何使君命酒徒傷咨

丁亥元夕劉愚公招同毘陵譚衷夫令弟僅三長君鼎九集飲于柏庵草堂即席賦送衷夫南渡

好友共良辰對酒情難歇而况千里人策杖來林樾

憶得別離時大江多戰伐樽酒未曾乾慘慘人將發
別來竟二年生計長顛蹶春水送今舟新愁話吳越
燈酒集荒林氷霜斷毛髮相期十日留共採南山蕨
胡爲子欲去顛倒情辭竭我昔屢南遊索讀延陵碣
兹久眈林皋十里悍乘筏留子念孔長送子言難卒
且緩解行舟共子立倉卒遂夢何能將衣裳落江月

劉嶧龍師招同丁漢公夜集衙齋送之北上

寒梅猶在樹明月猶在天使君共諸生並送孝廉船
官衙香氣暖酒至爲流連共此師弟好語默無閑然
念子金台去文章可學仙風雲既有勢羽翼終高騫

感師欵欵語謂我當着鞭同生且同學草處非英賢
努力愛歲華幸副嚶鳴緣語絮更漏短霜雪盈山川
去路指天中相戒避烽烟車輪不敢折吹子上幽燕

舟行次韻

貧賤未能遣行役何時休憚兹車馬疲相逐滄浪游
淡日映寒圃微煙漾清流人静篙聲喧前汀翔白鷗
夾岸繁草木何人眈林邱灌園共荷蓧洵哉石隱儔
我欲携高懷良辰愜唱酬未知巢繇輩能不洗耳不
回首悵風塵艱辛起百憂寄言卬須友舟楫何所求

吳陵國風

留行二首爲宮紫元先生賦

浮雲蔽四野京雒寡歡娛夫子軒車來欣然尺素俱
不暇問鄉里且爲道區區黄鵠遠方至無乃重崎嶇
濁河方北流虎豹盈路隅丈夫既出户安用更踟蹰
共我遊燕市沽酒吹笙竽雅懷王霸心奈何忽斯須
振纓赴時會黽勉爲馳驅

同時有美女選侍明光殿一朝涼飇起零落如秋燕
美色不可辜芳年時所羨連軫入昭陽膏沐亦何倩
念我昔娣妹永歎賦紈扇蛾眉豈復殊下里長寒賤
縞帶有風歡瑤珙宜早薦且傳姬姜轍佇待賢王眷

贈别二首為紫元先生賦

秋風欵以厲肅軫歸故鄉豈不念同居中情良慨慷
仰緬浮雲動俯看百草黄樸夫抗前旌賓餞不盡觴
久懷嵇呂志豈羡機雲裝山川良迢遞前路彌雪霜
函丈少追隨飢渴迴中腸相送過易水羽聲何激昂
願保百年體嘉運有輝光

時哉既已去山藪可藏珍貴人擢天衢何如甘賤貧
尋常斗酒間含意足苦辛芟除蓬蒿徑雅足移昏晨
嘉木蔚層霄遊魚無匿鱗撫絃睇飛鳥皓魄來西鄰
高堂怡白髮西方思美人　春雨草堂別集

丁卯秋盡李礪園先生招飲拱極台

萬水圍昭陽田廬若萍梗詎意城郭中蕩漾浮清景
日月頻出没煙霜自淵永其上有樓台俯視波千頃
游泳多鳧鷗叫噪雜蛙黽人家籬落外船船載笭箵
我欲縱登臨問渡僅舴艋拾級上虚亭倚欄窺絶境
夕陽襯微霞依然秋女靚洪波散落葉蕭條轉澄静
李君高雅士懷抱在箕潁是日携蜀勝呼朋俱鄉井
所愛萬象幽不畏西風冷荷花雖已衰蘆荻餘秋影
所嗟百年内故物不復整園林悉蕩析人物堪咽哽
祇存此高閣吴楚一引領仍汎扁舟回疎林燈乍耿

題巢民先生新搆還樸齋兼呈青若世兄

人事有盛衰草木具榮落豈意歳時還嘉樹始終託
蔚彼龍河津古樸森寥廓枝幹儼蛟螭根株跨巖壑
過客每淹留四序慰寂寞主人顧之喜亟為增台閣
穿絛備玲瓏架屋游廣漠一時翰墨家詩賦紛然作
倏爾遭滄桑烽煙滿城郭華棟悉焚燒名葩總銷鑠
何有江干樹得避刀斧虐茂樹既為薪曲房掃如籜
主人自此歸胸懷時作惡那知衰老年宅畔樹如昨
翠蔭流階庭蒼柯映簾幙鶯為天所授此樸吾夙諾

呼僮亟芟除鳩役且丹雘疊石天為高移松地頗拓
肯為囊錢空所營遽蕭索從此徙琴書微詠對林鶴
永稱懷葛民獲遂草瓢樂庶幾子姓歡兼踐高曾約
謡詠彼何人山鬼原一脚

六月二十四日范園荷花盛開巢民先生建台
置酒於園外隄上招諸子為花壽賦四十韻
紀事

吴閶喧賞蓮六月二十四云為花祝釐通國聚如戲
輕舫載芳樽野塘携繡被龍腦襲綺羅蟬聲雜鼓吹
先期拉妖童限日招名妓更多貴家女皆未如蝶翅
故故倚欄杆盈盈露全翠纖手弄珠圓玉臂敲粉墜

移時步蓮房竟日搴藕臂不知始何年創此繁華事
萬葉共千花引得人人醉東皋僻小區苦無陂蕩地
舊家引曲水種蓮亦不異芳香初發時宛似楓亭荔
細雨並初陽流姿更驕媚點綴紛房廊嗷列多窯器
專為名花供所以諸景備佳日欲往觀巢民首此議
未敢驚主人掃徑恐不易聊於園亭外選勝得幽致
隔水正當花長隄可縱意況兼柳未凋倍惜鶯初睡
登台一張幔吾輩已樹幟此際矚新花縹緲難為數
疑是洛川神繽紛波上至又若邪谿妄隔黛笑相視
問花壽幾何老復還穉穉人苦不如花對花且舉觶

隱隱諸吳兒選林逞絕技孃孃遏層雲沈沈吐半字
渾欲殫微茫安能分郎離以此坐移晷西日不知避
遣騎探主人澄懷想清閟栽花既多情看花那禁忌
吾儕效吳人水嬉夜忘寐及景不成歡應為花所棄
聞有沈真真荷蕩游幾次安得放槳來竟泊隋家寺
一笑起鴛鴦再笑摘荷芰三笑棹歌終儂當撰遊記
是日勝地名葩清歌雅韻一時並集惜無解事
紅粉點綴其間巢老欲迎女史沈倩扶渡江為
藕花生色故結句及之
吳陵 國風

庚子暮春祝巢民先生蘇夫人五十雙壽
東皋靄雲氣嘉樹實敷榮上有丹鳳集下有雙鶴鳴
煌煌冰霜姿見者歎崢嶸猶記承平日蜚聲馳上京
推轂盡碩彥接軨皆羣英姓字揚天闕賚予及金塋
時運既以殊衣褐長躬耕美哉田間婦饁餉有令名
君家多華胄吏部尤芬芳（謂尊人嵩菴先生也）抗軌膺滂閣廚
俊實我行哲嗣秉守訓皎潔踰秋霜遨遊入京雒同
侶皆圭璋清議無少讓風概頗激昂置酒會群彥瞋
金張幾膺禰衡恚誰怨嵇生狂唯子福德軀不受猛
虎戕歸共眉案婦緘默栖山岡至今倚令淑扶慈娛

高堂
夾曜暗無輝川巖足耕釣自非邁志儔孰共商吟眺
子本青雲器遭亂失華要戢身東海隅卯壑甘埋照
依疇日賓客蘇門自長嘯豈期豺狼逼信匪賢豪料
猶荷祖德應未驚鳥羽翻商歌偕婦子日夕仍荷蓧
或言伊呂事且視西山笑
昔在邗江道諸子美行遊明燈耀華屋列部紛名謳
值子甫強仕文采相綢繆奄忽更十載歲月逝不留
河山猶曩昔壯志倏已遒把袂仍和歌尔我期千秋
酌酒前為壽且為彈箜篌峩峩王侯宅今半鳴鵂鶹

赫赫貂蟬客窮漠纏百憂誰似鹿門侶高蹈依林卯

同人集

孟秋陪金長真郡伯遊平山堂議復舊址分韻得風字

繁華一以歇風雅乃攸崇當年迷樓址營創得歐公
建堂名平山厥基信巃嵸江南諸峰嶺歷歷欄檻中
周遭栽竹木烟雨晴濛濛有時召賓客揮毫酒千鍾
傍有官妓侍色映荷花紅歐公去久矣此堂傳無窮
奈何至今日頽毀六一蹤闃寂莽與華祇知張佛宮
峩峩四方像隱隱六時鐘號為小九華奔走紛嫗童
舊扁供晨爨豐碑卧草叢樵牧為傷心使節寡慛悰
金公來守郡四方適兵戎烽火值稍定命駕探芳風
重欲建斯堂上以荅醉翁酌泉當落日歷磴穿秋虫
顧瞻西嶺勝徘徊老樹雄卜築將在茲衆議維僉同
令時狐兔窟他年盛簾櫳重種我楊柳重植我芙蓉
重還我山色延客傾酒筒庶幾復舊觀千古美畫熊
金公前守涘首廢咸鳩工書院祀先賢韓碑表茂功
柴潭文城閒至今識朝宗茲番藉廣陵首事惟文忠
懷古追前烈雅足震聵聾試問三十載誰者披蒿蓬
文章兩太守此話傳江東 揚州府志

寄施愚山少參

苕水奉清懽往事猶如昨歲月忽以徂離居苦寂寞
聞君櫂扁舟曾上瓦官閣無由溯清江共買登山屩
春夏雨緜延淮揚成溟渤側聞宣歙閒蛟龍怒未歇
想君倚敬亭惆悵空江月新吟曾幾何幽禽叫林樾
澤國之秋成謀生祇耕硯苕苕帝子樓刪述不知倦
敢續蕭梁遺聊徵風雅變佇望軒車來貽予白團扇

贈文安紀仲霽兼寄馬旻徠主簿

游事久未可今日彌艱難侯門顏色尊無由結交歡
即有好事者虛名非所安臨卭客雖滿實則吞猪干
維彼來時客赫赫稱大官高軒馳廣陌朱纓影華冠
一見盛拱揖再見奉敦盤黃金共錦繡堆積如山巒
一時道路輩嘖嘖美榮觀紀子負逸才來遊邗江干
意氣若冰雪詞藻儷江潘賓朋繹絡來風味宵芝蘭
豈得無干謁半載滯江湍涼風亦已至蟋蟀鳴夜闌
空抱長卿疾終嗟范叔寒顧以清霄姿恥為長鋏彈
縱無諸侯顧長嘯生波瀾嗟哉蓬蒿子昔亦遊邯鄲
郭知遊濩苦決計辭舟鞍屏跡向空谷永以歇伐檀
竊念君渭陽褰筆生琅玕十年羈一簿磬折空蹣跚
誰念班揚侶下位心悲酸昨者閱袖拂歸去舊考槃

亦厭為奔走授徒以給餐自是塵外客肯同行路歎
已矣哉紀生歸與把釣竿 昭代詩存

送宗鶴問之秋浦學任

鬱鬱蜀岡道滁滁邗江流之子今何適肅裝駕行舟
言去齊山巔秉鐸生山頭郡縣方戮力此席仕學優
況屬古名邦風物清且幽以君才思健堪續昭明遊
暇日携樽酒更登文選樓定有新吟什遠邁鮑謝儔
獨惜維揚域蕭閣空悠悠望君君不來極目秋浦秋
江都貴池皆有文選樓 方城有哲裔文武走東西 君乃子相先生之後 年
未及強仕廷對攀雲梯謂當躡鼎鉉散地非所栖詎

意二十載困頓文場雖令始獲一官俎豆憑考稽猶
辛銓司公選授謝傍蹊以斯得嘯傲九子從登躋高
士劉吳後文采映虹霓 謂伯宗次尾後人 應與少文遊競唱
白銅鞮鏡潭魚正躍杏村鶯亂啼兹官良不惡勿念
故園畦 詩永

慎墨堂詩拾卷四

海陵鄧漢儀孝威著 鄉後學 夏荃退庵輯錄 陳寶晉守吾校訂

七言古詩

貧交行贈諸知己

昔與結交杜陵西慷慨意氣古人齊同屬天涯布衣
士有何車笠分高低今者故人策馬去翱翔京雒騰
聲譽高車駟馬稱相君范叔一寒誰與語世人論心
不論金黄金偏見故人心

和梁仲木賀貧歌贈李小有

吁嗟李子何為貧曹為五斗折腰人一官西粤幾三

載明珠朗映合浦津兩弟遨遊俱京雒高車駟馬煎
長爵豈無餘祿及其兄乃使風塵數搖落吁嗟李子
猶長貧嶺表歸來楊柳春但有好句酬山水別無旋
氣識金銀天寒十月來海角與我相見衣襟捉剪燭
同悲鴻雁鳴呼杯但恨黄河濁壁間僮僕暗吞聲牀
頭蟋蟀殊寡情昌黎送窮吟幾遍馮子長鋏盡不鳴
當此霜清孤月曉宫雨銅駝夢亦悄高才薄命走江
湖客舍依人多鵩鳥人為子悲文章數奇長安貴游
修徽逐不如君才反遇時狗馬梁肉妾紈綺一時炫
燿群爭嬉我為子賀無憂坎坷丈夫窮達命不猶要

使胸期無折挫好共尋花陶令游何妨閉雪袁安卧試看都門烽火驚囊頭慘禍及公卿可知鐘鳴即漏盡衣繡不必苦夜行又看江東盛樓榭一朝馬戰吳宮下可憐宵遁宿荆榛俱是烏衣舊王謝君今驢背一奚囊明月青山橘柚香有酒且對梅花醉有妓且唱琵琶行雖有流戎伏草莽君自凌烟搖畫槳海內闔聲巷贈詩兩袖風生挾秋爽年來我亦苦伶仃風雨空園苔草青無策可通金馬路幾人為識草元亭我自烏烏唱一曲流水繞門蛙影絲予今賀君君賀予相道家貧萬事足

春寒衙齋曉起接讀張詞臣見和二詩口占紀興

二月春風寒不已梅花在檐雪在几官衙岑寂鳥聲多晨旭漸高人未起窗下俄投一卷詩如見故人驚倒屐憐予抱病對新花訴爾秋懷落江水噫嘻張季膺蓴鱸佳興當年稱一卷一樽一長鑒或在潤州共廣陵蕭然高寄如孤僧山夜猿啼綠樹燈知尔吟苦鬓髮皤即今懶就都門徵共我吟唱隔青藤誰為司馬誰枚乘梁園著作誇英能

春夜盛寒共崔子荆劇談白門往事為之破寂

春光漸深寒漸力柳無青眼梅無色官衙更漏入黃昏爾我相對冰簾織樽酒流連夜話深談到秦淮增舊憶秦淮佳事昔年多朱顏窈窕真傾國娘娘風流一縷秋占斷江南並江北文園車騎多才人人人盡作陽城惑烏啼月落酒闌珊簫管聲中歸不得今來朱巷半凋殘烏衣子弟愁無極盧家少婦莫當壚湖邊水漲飛鸂鶒空餘山色媚清溪游人春草愁寒食感君敘論增欷歔臨邛客子恨何如昔年亦作秦淮風雨閉門工子虛採得茱萸江岸返無心更訪油壁車今宵為話平康事一枕清夢流南徐

秋日游顧宗伯瑞屏山園因寫贈白雲（園在玉峯下巖壑位置絕佳同梁谿曹武子郭迎循游此白雲係吳陵丹青名手誉滿一時）

煙冷霜高山氣肅葉落無人黃一屋我來策杖倚寒林斜橋斷水流還綠怪石纍纍懸秋空飛雲長落丹樓中丹樓窈窕合香霧幽澗鳴泉吹曉風踏破芒鞋不能去蒼蒼唯有石堪語因想山人卸塋情今在秋山何曲處丹青慣畫江南山畫在高低遠近間我賦一詩君一畫畫情詩意相牽攣一江隔絕東西路音訊誰傳隋帝墓玉峯秋影不能描半是蒼煙半是樹我將寫入長歌中寄向邗溝東復東山人如詠輞川

句乞為黙染吳江楓

春愁曲

餘寒二月春風淺門外梨花碎如剪獨坐黃昏燈半
煞更漏頻催香夢輭此際離懷倍繾綣鴛鴦錦字為
誰展空有春衣織冰繭何時相對愁腸遣

林若撫為余談周元亮先生白門舊事因及姚
江黃太冲皖城吳子遠

芍藥溪邊流水綠策杖閒過逋叟屋村醪沽得相對
傾啼鶯飛去前村木憶我別君無幾年時事滄桑宛
在目荒廬不剪仲蔚蒿虛亭空種子猷竹脫巾墮屐

生風前共予縱論良便便說到廿年游俠事酒酣慣
向白門眠白門賓客如雲麗唯有公瑾稱最賢弱冠
才藻溢揚馬賦詩洒洒如青蓮曾共勞勞亭畔醉一
時白社皆少年使君已貴徵君老南北江天障芳草
共我慷慨良久之恨不携笻廣陵道更出當年唱和
詩季重叔度名皆好念予家住邗溝東水部梅花相
照紅百里江聲雪滿鴻一時幕客應劉同恨未撥簡
吟丹楓猶歎詞客盡飄蓬越北吳南紛草虫

妾薄命

春閨畫掩調寒絛誰家女兒顏似玉剪刀夜擲裁冰

紈香霧朦朧花氣覆十二闌干悄夢寒竹枝歌聲吹
若蘭香情豔句調鸚鵡長河隻影睇青鸞青鸞一去
佳期杳錦衾角枕波痕小銀燈覥面不成歡袖倚春
花惜芳篠

郎何來

郎何來青驄馬停鞭直指妝樓下十載戍遼陽誤妾
容顏春復夏雁書空寄隴頭來幾番傾蓋疑真假今
朝乃始歸楊花歷亂飛開顏對鏡展春暉聞說關東
戰鬥稀何事慷慨看征衣男兒功成封萬戶妾身如
葉堆黃土

贈別何寤明

寤明聞聲最久丙戌冬乃僅一晤各道相思
旋以送秋浦姬人南棹惜別悤悤賦此以道
意

吳陵臘月蘆花寒披裘客子臨風酸共我倉卒成一
晤衣裳如昨夢中看卻道相思匪一夕今朝乃話霜
天碧無限深愁總未宣雙帆早見停江驛問君何事
苦悤悤君懷早逐離亭鴻為憐翠黛當壚老不惜紅
裙秣馬同紅裙家在蘆江浦飄泊煙花秋夢苦簫管
不肯逐平康桃葉但思歸舊土感君意氣古人儕催

船直指鍾雲西美人羆閑如初嫁游子裝清穩獨棲羨君高誼促君別揚州官閣梅如雪人間無數斷腸愁好待君來重整結 吳陵國風

逃亡行

昭陽積雨千村哭一村無有稻一斛高郵河堤又潰防處處逃亡餘破屋尔金去此欲何依天哭流行到處酷不見淮安城水高一丈魚龍驚民廬漂沒不可数射陽之田不復耕又不見今年新令復洲田家家買種借私錢豈知江潮復大上彭基害稼如蝗蝝側聞江南亦被水何地堪為安樂里伶仃他鄉詎善策

不如還共親戚死東家置酒吹笙簫西家博進爭得梟世間亦有歡娛客那管饑民皮肉銷 揚州府志

憶昔行贈張天石納言兼柬張大隱張玉調宋令礎丁野鶴張蝶龕諸公

憶昔燕京上元節大樹銀花交映徹酒樓百戲炫珠燈遊人踏盡銅街雪是時公卿喪亂餘苦將樂事銷居諸拉我竟入黃公市掀髯狂叫酒家胡夜闌猶過長山宅看煞紅妝低按拍騎馬歸來月墮天墜珥遺簪良可惜人生勝游難再得我返江南君薊北那意

浮雲暗京國諸公零落不可識或遷絕塞或重泉幾人尚結荊高緣貴人面目難仰視畫道高車駟馬非徒然我行躑躅邗江邊不料膠州泊畫船驚君碩果今猶健遊戲江湖真列仙却話酒壚當日事君亦酒人君不記為君慷慨歌此篇人生出處當行意 詩觀二集卷八 詩永

送酒歌柬程穆倩兼寄喬雲漸 時喬自買以酒六大甕貽程穆倩也

喬生家居氾湖濱歲釀千斛醶醲春日引賓客傾百醆翹首還念黃山人山人家住隋宮路日挈壺瓶沽

幾度贈錢那足辦醇醪醉眼聊堪驅旦暮忽驚户外剝啄聲居然六甕陳檐楹主人心喜口不語啟視香色皆殊倫主人未便開樽酌愛招南陽鎖寂寞每聽昭明樓下喧知是君家訂酒約 時予寓文選樓 有時微雨動黃昏或當明月如金盆寺鐘已響雅未歇庭雪乍飄鑪始溫魚羹蟹炙充盤餐橘橙梨栗不須論頻來饕餮興未厭主人還復勤留覧因思維揚邸第尊嬌歌豔舞驚心魂商人積貲累百萬亦布綺席招王孫狂奴懶去就高讌只餘嘯傲盈乾坤每從垢區道人飲此樂真不減平原寄言喬生洶知己有酒不送金張

共許史嵇阮平生自酒徒爛漫糟邱足狂喜相將大
叫且新眠感激豈獨黄山子 同上卷九
許竹隐曰昔劉家桑落祗貽朝貴雖有鶴觴之
名不足道也此以酒六甕入詩人腹中酒傳人
亦傳矣
汪蛟門曰惜喬子不共此飲非喬子不能有此
飲惟程鄧可以當此飲
孝威曰喬子家八寶善釀時以巨甕貽坩道人
道人具醯脯果核招予輩為厭厭之飲然則喬
子非僅為道人謀醉鄉實為我輩破愁錮忿矣

巢民集飲水繪庵共限枝字復為長歌
野人東來訪舊知躑躅蕭寺形神疲日盼城南舊酒
旗愁來獨往洗鉢池滿天黄葉西風吹高門大户空
爾為水繪庵主神仙姿夙躭歌舞兼文詞茲來不復
舞柘枝賓朋罷詠三吾詩以此咫尺月魚基無由乘
興倒接䍠問之但言心中悲一日疑開輞水湄枕煙
亭子何葳蕤銀屏十幅光琉璃上客揚雄共項斯繽
紛合生傾金卮圓方綺饌東西馳但少美人號雪兒
須臾月出星斗垂蒼蒼傑石烟迷離一聲砲落不可
追萬烏驚起環城陴更招醉客客不辭燭灺香銷歸

去遲余亦爛漫閑心脾聽客嘈嘈說所思異地為歡
更藉誰借船急渡夜何其樓頭鼓打三更時
湘中閣看雪歌呈巢民先生
昨夜天公戲玉龍虛窗瑟瑟驚天風起見雪花大如
掌祇園雜樹皆空濛鄙人寓居水繪閣便擬戴笠攀
高峰主人懷抱正不異隔谿呼取扶雙筇湘中小閣
空中倚石勢崚嶒色蒼紫板橋欹仄斷人行亭榭微
茫半烟水參差明滅洲島寒須臾斜日披林豋鷗鳬
蕩漾遊魚出細看淺渚生波瀾憶昔壯歲遊嶽麓瀟
湘之波千頃緑楚南地暖雪恒稀九疑空映湘妃竹

豈知君家懸霤奇深冬雪壓黄茅屋更掃苔徑開晴
軒快飲醇醪慎莫喧主人夙是陶謝手論詩更欲窮
河源
前題
風饕雪虐無人跡主人携壺載玉液豈無暖閣鋪氍
毹偏向空園布几席玲瓏巖洞極灣環穿出樓台盡
溪碧亂路絶磵水微明細路陰崖雪尤積一閣深藏
萬樹中樹迴石抱高低同正訝雲濤莽莽赴欵驚煙
草皆和融持杯共座層巖下一片寒光日邊瀉眼前
鷗鷺且徜徉春至魚龍爭變化對景轉復愁茫茫十

年兵火騰三湘吾子老大尚伏櫪安得朋儕無翦忌
喜是剡溪棹未轉王猷把臂恣翱翔况吾與子非異
鄉我飲羅浮君射雉一生詩酒拚清狂

寒夜飲巢氏得全堂觀凌璽徵手製花燈旋之

張宅聽白壁雙琵琶歌

生平愛聽陳隋曲鐵撥鵾絃生斷續今冬偶作雉城
遊雪漲空天哀響促曾是通州白壁雙琵琶名譽騰
江湘謁來寄宿東皋路白眼橫睨無金張吾輩三五
鄒枚客流落風塵頭半白觀燈却聚冒氏堂聽曲誰
為崔九宅側聞生在賈家橋夜然樺燭親相邀主人

遮客客還住更開綠蟻淹通宵四座持杯各有語請
君撥絃休齟齬一夜詩成好贈君明朝傳遍旗亭女
白生一笑啟檀槽鈎簾人靜無喧囂初絃欲細聲嘈
嘈一縷搖漾凝纖毫放聲忽若雷霆高盲風澀雨昏
林皋淙淙幽澗鳴波濤如聞二女思君勞哀猿杜宇
求其曹調高絃響忽欲住陡若萬馬歸臨洮聞彈先
帝十七年間事離亂風光動人涕今宵翻作兇女行
拉雜摧藏無不至雖然不作永嘉愁對君如讀開元
志湖南搜訪幾欷歔潯陽商婦長顑頷獨惜君家藝
絕倫梅村班管歌詞新至今飄泊猶江外夜闌露醉

漢畫軒

潛悲辛我亦同時失路人聞唱紅鹽淚滿巾烏啼客
散天昏黑槎枒樹塞長河濱

壬戌冬日巢民先生招同曹秋嶽諸公大集海
陵寓館即事

往年合肥好風雅每至揚州客景從華堂盛會珠履
集清歌妙舞傾千鍾合肥一逝賓朋散空見滄江千
萬峰昨者待詔金門路司馬宋蓼天尚書詹事沈繹堂宮詹稱
人龍大召鄒枚開廣讌刻燭叉手何從容亦緣
天子重文學折節曠典千秋逢迩來高卧柴扉塞舊
事寂寞填心胸侯門累累謹避客長卿誰更來臨邛

販鹽大賈盍驕倨自謂轉盼家鳴鐘以此名流鉅公
至車騎索莫莓苔封今歲小春東海郡樸巢鼓櫂採
芙蓉恰值同時片舸下乃是倦圃曹司農曹公數載
羈單烽召入史局謝衰慵却愛平山堂極好還訪莫
市秋花濃因之小泊荒城外那知勝侶多吳儂樸巢
為沽橋畔酒羅列珍錯兼重重大會良宵忍遽散歌
闌燭灺人憧憬彷彿平山招眾彥復如雅集慈仁松
乃知勝事因人作不然梁園鄴下徒遺蹤噫嘻梁園
鄴下徒遺蹤

詩觀二集卷九

漢畫軒

後演劇行為巢民先生作

我昔放浪遊東皋得全堂上紅蠟高主人喜作西園會不惜十斛傾蒲萄家有歌兒結隊出傳頭絶妙非凡曹時看滿眼騰翠袖慣聞中夜喧檀槽一縷婉轉歸寂寞萬態倏忽奔波濤洗鉢池頭客一月日在歡場快所遭無如賓客漸雲散主人門館侵蓬蒿紫雲已逝楊枝槁陳郎淺土埋櫻桃賸有秦簫雙耳塞合肥不在形骶酮從此華筵罷絲竹重陽寒食尤蕭騷或云官長喜詞祭四方群盗且萑苻或云里兒原善怒况閱歌舞群嘈嘈以此閉閣計亦得其如懷抱多轇轕玲瓏惝綽有底急總為愁人解鬱陶今秋揚州忽傳語主人呼客還游敖更掃後堂理絃索熏得善本窮纖毫吳兒十二最聰慧便解音律調笙璈按拍每使龜年服顧曲無須公瑾勞寶彝染香一炬後得此意興殊雄豪我久不到射雉路聞之即欲喚輕舠靜垂簾憹聽妙曲纖月低映寒風飈恍惚當年酒壚畔細談閒寶鐙重挑如君那復心忉忉紅妝姬能工繪事綠鬟兒能歌浪淘亟須快舞鬱輪袍大夫廟後垂柳外會買白蝦與濁醪

為巢民先生題米南宮半巖飛瀑畣歌

樸巢先生有高癖羅盡鼎彝兼載籍昨年祝融恣一燒染香閣上無留迹先生視之直等閒那向劫灰深痛惜客冬偶向白沙遊故人贈錢頗不窄先生不以壯遊囊特置南宮一卷石此石腹背皆嶙峋鬼斧神工暗雕畫細看半巖瀑布題果覺波濤生几席此物流傳歷宋元不知遭逢幾兵革今朝却被名人賞愛入骨髓安能釋或為詩賦或作畣一時閧動廣陵驛憶昔三十二芙蓉亦是米家袖中璧合肥得此名其齋尚有天家墨痕跡此石定屬開元遺不分飄流洛陽翟猶喜收藏還樸齋摩抄贊歎連晨夕更語金家女博士為君笑補查翁冊 同人集

題余羽尊望雲圖

世不如阮籍之嘔血而聞喪則飲酒世不如溫嶠之康濟而絶裾以離母彼甘棄天倫而罔顧吾亦把臂於何有余子欒欒服古衣冠雅工篆籀夙擅吟壇乃獨行而踽踽惟望雲以長歎於摩心銜痛兮世罕知雲無盡兮莫離離親之來兮雲為期 詩桑

房貞靖公祠堂雙白松歌兼寄呈令子與公同

豹人作

狂烽一夕來陝東黃巢哭據咸陽宮忙挽衣冠供偽

職酷烈如在湯火中薦紳罕守氷霜節名士爭誇翊戴功樞部房公聲嶽嶽賊欲羅致情真濃詎知公也心若鐵肯將勁草隨秋蓬垢面赤脚衣袖裂竟日奔走荆榛叢食絶淚沾皮肉盡誓將一死酬蒼穹令子裹屍夜来葬鄉人焚紙青山紅議謚議祠議碑碣三秦人物旌孤忠祠前何物堪偃盖鄠邑遠移雙白松白松秦地最難活土氣高亢鮮沖融廿年霜摧壓霧滿轉訝體勢弥蓯蘢如雪如玉如鶴鷺枝幹蚴蟉顔菁葱渾疑宓縣之所植黄帝三女遺跡同堀然青天雜雷雨或若幽澗鳴絲桐峥泓蕭瑟不可狀彷彿神鬼憑高空應是我公浩然之正氣鬱結草木凝清風武侯之柏萊公竹由来感格非虚蒙使公尋常作仕宦松亦化作柳與楓安能森然若褒鄂之羽葆良相之冠佩千載而相從長公燕邸苦相憶亟呼韋偃畫雙龍並索詩賦與叙記擬傳勝事於無窮我為作歌志景企何時游秦拜公之祠兼拜松　瀫堂後集

次易簀歌原韻

憶公直宿諫垣時左右權貴皆憚之二十四氣人俱在斥為朋黨者為誰惟公慷慨能論奏顧視斧鉞心神怡九重赫怒交赤棒血肉驚飛滿眼悲謫戍宣州

有嚴旨執殳戴道涕雙垂無何黄巾犯宮闕公也行適歌楚詞聊復戢翼吳門市一瓢一笠長相隨今年一病將奄逝遺命諄屬不須還葬東萊崎先皇有明詔大義不可辭竟須埋骨敬亭下乃見孤臣生死志弗移好向邱隴側長栽松柏枝應有哀猿杜宇頻叫嘯引得行人千載思　妻貞毅先生軌章

久雨始霽汪叔定李角招遊平山堂登真賞楼分賦

廣陵暑雨不能歇十日街衢斷行轍渾疑天河倒欲翻復訝蛟龍穿地裂雉楼崩塌粉牆傾一望瓦屋炊煙絶汪子是日招出遊紅橋已買青簾舟思與諸君蠟雙屐爭上手山百尺楼豈料霪霖連晝夜何能出郭閑吏猶却喜更期值初霽齊集同人欣鼓枻園榭經過柳自陰谿塘微轉鶯偏賦怪来時事小滄桑當年繁盛今陵替總無畫舫玉兒歌絶少酒舍青驄繫那餘浣女出晴沙但見漁翁唱天際尤驚荷葉昔田田今日荷枯花總蔫似同蕭瑟暮秋時如在淒凉天寶歲吾儕興致原極高昔因寂寞罷醇醪登山撾鼓頗不惡倚閣橫劍何其豪况是昔人吟諷地不開懷抱空顛毛試憑欄檻舒望眼隔江風景猶前朝勸君

休羡隋皇苑買鈿已銷螢大亂勸君休問弩台遺精
靈欲語斜陽時好共共弔廬陵子一杯酣醉層雲裡
流連薄暮尚嘯歌泉聲低咽松濤起且迴短棹入城
來佇待天晴再上台

集汪舟次玉持堂觀查二瞻所畫富春山幛子
作歌

我曾舟過富春山寒巖落葉清霜斑高峰攢雲入窈
窕巨石横地森潺湲其上猿狖嘯蘿薜其下虎豹紛
林巒村深路細人家出彷彿水碓喧柴關舟行其中
凡屢折急湍静浪相循環游魚錦石槃可數幽禽朱
實何斒斕恨未一登釣台岸瞻拜祠廟欽衣冠至今
夢到七星瀧松濤謖謖牀幃寒何意涼秋楊子驛汪
倫置酒招賓客頻話江山入杖藜頓開屏幛驚心魄
宿霧蒼烟恍鬱蒸層崖疊嶂手堆積果是重來黄大
癡含毫寫出桐君宅預知揮洒絶端倪頗覺渲染瘦
晨夕秋雨鳴檐庭户幽鑒兹能事觀浮白獨令淅地
騰兵戈峒蠻谿盗争奔波嚴陵一帶好山色誰傳畫
舫閑婆姿僅從畫繪採錦繡難扶杖履臨盤渦噫嘻
還欲問查子西台舊跡今誰是何不竝貌晞髮人擊
殘如意青山裏 昭代詩存

慎墨堂詩拾 卷四 三十四

漢畫軒

送汪舟次太史奉 使册封琉球

皇帝御極二十有二載削平僭偽寰宇清翡翠珠犀
貢内府白鷹獅子充 神京中山遥隔漲海外恪守
臣職遵 王世子代立有舊禮務須
丹詔誇蓬瀛陪臣再拜叩
闕下一日得
旨殊光榮四顧臣僚誰可遣無踰天禄石渠英
上尤注意宏博選謂曹爵拔起簪纓汪君賦才儷揚
馬風儀秀整兼峥嶸出使良為上國重吐言足令彝
王驚即寫 黄勑付汝去 特賜冕服躋上卿玉節
金符耀雲日銀鞍珠勒何晶瑩
上曰此行不獨為册典奬伊奕世繇忠貞自從台灣
梗貢道爾獨冒險來觀成不遣廷臣往宣諭何由外
國咸輸誠以此命汝叱馭去都門祖帳傾千觥暫覲
高堂幸雙健勉汝
王命須兼程臘月梅花映官驛便驅僕御江千行嚴
瀨舟移頻見月慢亭春好正啼鶯擇日揚舲趨溟渤
撾鼓海廟徹犧牲洪浪極天鼇背黑陰火照夜鼉眼
明行行欲觸扶桑影寂寂那聞老鶴聲有時巨魚作
風雨珊瑚慘裂無餘情賴是

慎墨堂詩拾 卷四 三十五

漢畫軒

皇威淩八極諸怪伏厓靈妃迎金支翠旗光閃處蛟
宮蜃窟疑吹笙直送檣帆入雲際颶毋不敢相喧爭
依稀略見熊邊樹彷彿如窺島外城一朝忽抵泊舟
所黃龍白馬還交鳴迎恩亭喜天使至藩臣稽首萬
人傾朗宣寶冊奉神殿漏刻門畔飄鸞旌更張
宸翰示外域銀鈎鐵畫非常精此行事事關國體始
識　中朝真太平事畢即擬問歸棹還須題詠傳芳
名盤空硬句爨未曉蝌虬蟠鬱陰畫鳴男兒富貴本
易得乘槎萬里斯縱横漢之張騫有故事肯讓
廷陸鎖璁珩佇看迴帆疾於鳥依舊水國偃長鯨掉
頭玩黃山未遠隱隱螺髻紛陰晴那用舟中閱寒暑
早咲紅荔餐香橙歸朝更上平海略會制北港出勝
兵奉使贈行詩

慎墨堂詩拾卷五

海陵鄧漢儀孝威著　鄉後學　夏荃退庵輯録　陳寶晋守吾校訂

五言律詩

送劉愚公之白門

西園纔飲罷江上去鳴榔楊子風嘗勁金陵酒正香
群公爭避地上客擬褰裳難此兵戈日衣冠集建康
清譽誰能擅惟君截上流應推王與謝莫問祖兼劉
舊夢萸灣月新聲桃葉舟可知戎馬亂愁徹古揚州
詩永

題歸雁

不作衡陽夢西歸刷羽翎稻粱終日飽關路幾曾停
塞上無書寄江千有曲聽秖今南北合何事急披星
畏暖遥飛去還從紫塞棲寒霜吹角外春雨畫樓西
矰繳何曾用聲名着處題應愁雙燕子相見落香泥

東來威遠

羨爾垂簾坐官閑夢自遙簷花隨月掃野果帶霜鋤
榻滿江東客家留越絶書只今難好鶴瓶粟久成虛

同丁慭公陸奠兩元升訪夏郁生不值

出郭尋卿語春風柳葉吹可憐阿姊嫁留得小蠻癡
紅袖應啼月青樽好索詩重過還有約笑尔未全知

劉嶧龍師示余漢公入都消息詩以誌懷

自爾驅車去官衙每見思忽傳人到鄴定有夢來隋
敬禮文爭重元暉譽匪私漸攀河上柳所喜是垂垂

沈林公得章右臣新安近書以詩寄余次韻志
喜

挾策都門去曾爲郎舍留江東多戰伐客子動離憂
已之承明過空勞入雒游黃山餘勝跡知尔樂歸休
忽接江帆信何時離故邱詩篇應滿篋鬓髮豈禁秋
雁落沙汀暮猿啼山樹流還須來海角共話一燈幽

過水月庵同遠林贈愚微次韻

携客來相訪空山一磬清橋流春水樹屋接野花城
妙悟燈無色虛聞葉有聲經年不出戶涼月自孤明

和荅遠林留別

鴻響來深樹曾同聚酒缸帆閑山店月夜挂野僧窗
鷗鷺烟中侶鱸魚雪後艘知君憐舊識不久到邗江

同曉青定九僅三集李小有寓園談詩因及吳
門諸同社

歲暮人無恙冬黨促膝深雪花飄凍酒霜雁寄高吟
諧和騷人曲長憐老婢心諸君依虎石應送月歸林

宮紫元以米山諸集見餉

厭直承明舍江湖一釣竿東山歌妓散北海酒樽寒
樹裏清商調花前風雪鞍何堪搖落句新減故人餐

送向遠他游延令

復載長千葉來經邗上霜江雲依客子漁月到漁郎
舊話才分燭新愁又束裝文通多別賦贈子去游梁

阻風江上柬成价人

兩岸蘆花白風濤永日聽舟憑三日住山爲六朝青
落葉穿鐘去飛鴻愛客停蕁鱸今已得伫尔載銀瓶

廣陵荅別張詞臣

同作揚州夢蕭聲送別船瓊花依好月銀燭著新篇

作客無彈鋏封侯好着鞭秦淮沽酒夜待我贈雙編

共丁漢公言別北去

汝向平原去高車逐鳥烟黃沙秋雨後白雪故人邊
三輔新防禦諸侯舊播遷（前東國有冠譽）胸中語故事應共
畫山川

憶黃海鶴先生

荔枝新雨熟一舫客吳中載酒孤吊絲催詩兩袖紅
長安虛馬足薄宦在難籠老眼真無奈秋深禾黍宮

梁谿侯黃雲孫不至

百里梁溪路相期兩日過青山頻客夢好月自漁蓑

帆影江橋盡帘風酒岸多知君依虎阜永夜聽清歌

吳門葉聖野來晤兼問宮紫元徐爾虛近況

良晤翻成涕愁深且放歌兵前開一笑病裏强微酡
夢榻留黃葉詩囊寄白波可憐兄與弟無恙在干戈

送宗定九之秦郵

一棹秦郵去春船擁客裘花迎平野櫂雪照遠江樓
貰酒村風暖移燈驛雨收無聊呼小玉遣擬是閨愁

亂後懷姜如須

聞君攜草屩採藥客句吳奉母蓴鱸便尋僧木葉俱
尺書投北海雅譽挹東都擬共高峰坐相將擊唾壺

畫櫂煙中出君新譜鷓鴣再逢江左亂何處故人娛
遠樹燈宵月輕舟雨載蒲應憐梅嶺夜相對白頭烏

寄岱詹村居

長抱林泉癖秋風逸敞袍尋蹤唯見葉寄訊必乘舠
魚膾難同顧琴樽自學陶避秦人恐識洞口莫栽桃

雪中送吳玉水之金閶

一夜隋橋白孤帆凍不收過江尋野酌懷客對新謳
吳語喧村市鄉書報驛樓梅花春正發莫惜寄揚州

渡江

對此茫茫甚愁懷未敢言風聲連樹起山色入江昏

戰艦銷沙渚孤雲墮烏猿何能重擊楫極首望中原

聞曉青白英客燕城懷之

同作英湾客吟懷定不孤柳垂青繫馬梅吐白當壚
應看新潮月誰憐子夜烏故人眠未得春草憶江都

吳陵國風

錢塘江行

夷險寧前莫鳴榔已便風魚龍汀草外吳越浪花中
樹近知江狹山迴引岸東飄搖終快意萬里一漁翁

山行趨大庾

莫愁前路杳月出正東峰人馬盤空細烟嵐返照濃

過崖屋徒見近郭火偏逢更喜灘聲外層層響亂松

晚抵三水

昏黑仍前發疎星破寂寥岸明知有汎船動覺生潮
海道群龍會山城百雉驕稍因兵舸接盜賊滅三苗

宿八里江

對江湖口縣此地只孤村夜色圍廬嶽風聲觸水門
地防蛟穴閂人習虎崖蹲且復高眠去天涯易斷魂

過馬當山

水逆舟難上橫江更馬當飛雲盤斷壁絕壑走危檣
隱隱蛟龍伏遲遲虎兕行臨深頻自責從古戒垂堂

漢畫軒

咸舊集

秦郵曉發

夜半鄰舟發孤航俟早雞披衣星漢濶擁被水雲低
傍曉催雙槳微陰壓遠堤荻蘆聲似雨渾攪客心迷

月夜抵崇川

乘月移孤舫初涼倏二更夜星浮水濶落樹傍村行
獨夢連江色千帆動海聲但憑前路去休問白狼營

汜水風夜

旅泊驚寒夜長湖發大風河翻應更濁雲亂轉疑空
積勢生氷雪高天急雁鴻因思葦屋裡睡穩是村翁

宿放生庵在秦興北門外

困頓來江縣幽棲得此中長橋穿竹路層水抱花宮
雪氣春猶凍魚聲夜自風虛堂啜粥罷半榻問支公

雨中泊海安鎮

不知鄉路遠但聽岸雞鳴曉色連雲動寒光入樹平
遠波千葉下微雨一蓬行似有同聲在難為慰旅情

芒稻河

曉雨霏霏濕平川渺渺流怒驚濤欲裂真訝地空浮
淮泗奔雙閘蛟龍坼數州頻年憂赦子生計羨漁舟

九日揚州文星閣登高

徑僻人稀到林深菊未荒吾儕尊九日天地老斜陽
渺渺江淮路蕭蕭吳楚鄉但宜傾濁酒無力問滄桑
高台風雨坼此日獨宜登遠色吹寒雁新霜厲角鷹
人家烟火暗兵甲歲時增寂寞黃花晚樽前滿廢興

初冬汎舟遊棲靈寺訪平山堂舊址

小春風景勝何故減登臨暖日偕諸子扁舟問遠林
溪亭黃葉盛山寺白雲深好生岡頭石烹泉細細吟
聞有歐陽跡風流天下傳少時猶過此垂老竟茫然
堂址閒金像碑銘坼冷泉何人輕改作無力負前賢

揚州府志

休園讌集四首

江山苦雨後天氣轉增爽却向幽園步爭看碧草纖
一亭圍樹正眾水到秋添鄭驛情方切深杯晚共拈
水部投閒地重來草自刪竹松頻寫韻花鳥最開顏
徑轉收群石樓高得遠山為詩追祖德暫擬閉柴關
老樹從人賣疎籬決歲荒新除蝙蝠窟重認菊松廊
深洞藏精舍空簾納暗香招邀真有異三世愛清狂
謂令祖俟庵水部尊公晦中侍御園為水部著書處中為他人所據懋嘉近修復之
淹留因月上酬和更燈挑魚氣盤林壑烏聲犯斗杓
長宜谷口聚專藉鄭園招好待霜深候還看萬葉飄

休園志

雲客自燕京過訪讀其昌平諸詠賦贈

潘郎騎瘦馬訪我澥雲東携得園林句何殊易水風
猕身藏敗筑老淚灑遺弓却值春陰日啼鵑聽不窮
昔我游燕市憯騰作酒人未尋天壽路空哭戰場春
石獸寧無恙山魈劇有鄰君能扶杖屐一一問龍鱗
往日营平地邊橋守禦勞只今軍鼓罷惟見朔鷹高
白草金元寺青山劉杜壕逍遥持濁酒端可擘霜螯
楊子曾過我（謂楊大謙六也）披襟文選楼江山情自得関塞
爾同游題誌青苔合離居畫閣愁終期凌鐵壁醉眼

睨神州　詩觀二集卷十三

杜于皇曰英偉奇秀睥睨餘子以贈雲客真爲
無愧

讀制府吳大司馬巡海詩奉題六首

海島雖歸命瘡痍未盡瘳上公煩玉節兩粤奠金甌
擊鼓搜蛇窟傳旗蕩蜃楼蠻獠齊下拜膏雨遍炎洲
首建彭湖策還登趙尉台江空鳴戰鬼海濕轉陰雷
身共蛟龍雜心驚虎豹来郤經新息廟吹笛一徘徊
沿閩俱險阨歷境總邱墟叛將黄衣後遺民白骨餘
驅車循廢壘歇馬問春畬處處蠻村女檳榔献尚書

扶胥要害地曾築虎門宮逆節揺銅柱驚魂是鐵驄
近承黄紙詔齊轉皂旗風節使新過海椎牛祭祝融
莽莽乾坤外珠崖據地偏漢庭曾不棄瘴癘苦相纏
遂犯鮫人宅何辭颶母天登楼酌椰酒極望老蛟顛
返旆桄榔路開樽荔子園齊將佳句讀不復鼓笳喧
宛轉調鸚鵡芳香接杜蘅一時真快事明月爛轅門
詩觀三集卷二

孝威云辛亥冬杪余以輕舟訪留村公於錫山
是夜即蒙招飲余以天寒解維急去而公期以
明春再至余以他羈未得踐約丁卯春公之小

阮羲山水部奉
命来海陵督河共余論交極洽因出公巡海詩
見示高渾英奇珠玉照耀即黙次而付諸梓惠
製俚言六章用志景仰

次顧天石韻柬方樸士二首

莫怪邘溝里高門氣象多金貲原溢路議論儘懸河
不分青衫客来爲白石歌幸逢叢桂侶握手訂羊何
尊君名夙盛宗輿藉輝光（修遠先生于勝國時至邘上開先超宗輩礼遇最盛）
贈縞青雲路調絲白壁堂而今留哲裔差不損鋒鋩
僅對詩翁語開元事已忘　同上卷四

贈岳州沙別駕時解任歸里

金鼓江湘定君偏落羽歸深文謀士困公道戰場稀

暫下巴陵櫂重開海上扉家園荒廢盡雪涕滿戎衣

洞庭方惡戰尺素走鄉關把讀開懷喜鬭歸繞㨿班

姓名標嶽麓風雨別君山嵗嵗魚龍舞登樓人未還

畫策親藩邸推鋒二女洲何來薏苡謗竟抱薜蘿愁

飲醴思無倦穿楊志可、寧從數騎出射雉故山頭

同上 卷八

寄贈李逸樓先生時讀其四論兼選其詩

楚國多奇士君尤屈宋班著書埋草澤舉酒對河山

期展風雲略猶棲虎兕間譙南泥水地日夕悴朱顏

高蹄雖蹭蹬奇骨肯摧傷未即騰霄漢徒然困雪霜

壯心違運數老眼判行藏可惜名山業燒殘實斷腸

仙佛吾儕事詩文異代心百年須老筆四論抵兼金

祕帳雖秦劫新書未陸沈茅齋頻把誦落葉萬重陰

作客風霜日懷人江漢秋縱能交阿季（謂子谷）未即到

亭州薜荔門何向魚龍氣乍收遥知參悟暇瓢笠任

孤遊 同上卷八

贈吳又山次仙裳韻

春風吹浪急鼓櫂一尋君舊宅魚龍渡高天雁鶩群

雪花還大舞琴響更難聞那得官梅路開樽坐夜分

同上 卷九

庚子冬日過水繪庵次其年原韻

敢忘刻曲約樽酒慰平生却訪林園勝況兼霜月清

水痕浮遠屋野氣漲空城還上高台望斜陽歷歷明

世事竟如此風塵苦未休斯人真木石我意共陽秋

放艇浮鷗喜沿郊戰馬愁且須同一醉不必問枋頭

儼成高士宅半作老僧居竹徑通禪梵花窗枕道書

龍蛇忽變幻烟水定何如苦憶年來事飛沙捲白魚（園前即放生池時魚已盡為强鄰所捕）

世情慘澹後豈敢慰黃巾豺虎原乘運戈矛有數人

安心磨老境折節護天倫酣酌林泉興風波恕此身

石勢峻嶒極穿崖地更高樓台儼碧落江海忽秋毫

地僻宜叢桂朋來且濁醪也知猿鶴意偏不慶干旄

亭閣環諸面烟波裏數層柳風何蕩漾魚氣春飛騰

避世應陶令還山問慧能不孤濠濮賞位置萬人稱

樹光因夜滿雪氣到江明何必桃花候方深薜蘿情

烟霞隨去住戎馬莫縱横次第憐吾黨兵閑白髮生

晒藥門長閉吟詩客數來居然天實意不棄建安才（時諸子結學詩之社於庵中）

歌舞佳人惜畜書未俗猜次山能不

倦煙艇許重開

仲冬三日巢民招同嵋雪石霞飲得全堂即席

限冬宵二字

客況逢摇落年華逼暮冬喜君門館闊容我嘯歌從

酒氣浮深幔燈光射遠松那知江郭路微雪度昏鐘

良朋難聚首珍重更寒宵門掩層層樹江流緩緩潮

垂簾風乍急把醆雪初飄却憶山陰道空回夜半舠

次日又雪再集得全堂限娱青二韻

野寺人稀少高原雉有無霏霏仍暮雪漠漠只平蕪

齋閣銀燈燭軍城鐵角孤且須澆綠蟻長夜極歡娱

池館風颼厲関河草樹暝雲光何慘淡雪氣亂空青

召客看彝鼎呼童煮茯苓主人情誼重尤欲喚娉婷

時嵋雪索紅裙未得也

巢民招同梅谷大師茶話即景限韻

雪盡江城日陽回海國時故人能此聚禪侶更同期

庭石幽花媚窗燈宿鳥知儘看霜月夜劃席倒深卮

鴛水名家在何曾鑒賞孤異鄉逢舊物清夜足長吁

世亂尊彝賤年移寶玦徂高儕獨無語促我賦吴趋

冬至晦前五日復雪同項嵋雪陳散木黄函石

徐石霞譚永聰集巢民先生得全堂限新傍

二韻

五值東皋雪淹留尚客身參差樓閣影寂寞歲寒人

復見江飄落從知酒事新招邀仍白首傾倒任黄塵

屢過忘賓禮相逢即醉鄉歧途蒙記憶此會契飛揚

擬唱驪駒曲難淹錦瑟傍天涯催暮景雪影更蒼茫

雪後同人小集得全堂巢民先生詩成有煮惠

燒麐之句戲和

有客山塘至携來茗味新封題曾夜雨珍重倍殘春

更解江南水偏宜刻曲人傳瓷消白晝惟共對嶙峋

時顧子惠饒廚後岕諸六在太守貽惠泉

城南昨較獵毛羽敢徜徉弧矢郊原後衣冠鼎俎傍

土風原射雉野味擅燒麐殺伐乾坤久烹鮮尚未妨

余已有七律輓其年矣穀梁至邗出尊君巢民

先生定惠寺中元追薦其年五律次韻二十

首見示索余再和余因走筆聊踐佳吟至陽

羨交情詩豈能悉

細讀東皋作重為寫數行斯人已館閣何苦葬衣裳

奇痛推詩伯窮途怨藥王清秋喧梵鼓招汝到江鄉

懺度年年事香燈特地添故人情獨厚新鬼意何嫌

那竟佳兒杳從來大婦嚴一棺猶未下秋雨正廉纖

喜雨用青若原韻

非緣步禱切奚自作陰霖遂荅仁侯意真憐比户心農夫爭東未我輩各携琴洗鉢池邊水平添幾尺深（余寓寒碧水堂俯臨池上）

令日論良牧我侯真岱嵩桑林情甚迫旱魃計終窮稻葉枯還碧蓮花濕更紅猪肝從此給能不感蒼穹

夏杪夜集見倩扶女郎寄巢民先生札因和梅村祭酒細林舊韻

聽汝説蛾眉風流也足垂歡場猶畫閣謫籍在瑶池容札令年寄輕舟半夜移果能渡揚子相識未嫌遲

掃罷遠山眉天然羅袖垂金絲松鼠院（薛木庵云倩扶嘗畜松鼠以金絡索繫之）珠勒錦鴛池擬把秦簫弄頻將楚箪移朱門虚自好青鳥不妨遲

宮尹足鬚眉（謂吳祭酒）偏憐綉帶垂微醒短簿宅細語右軍池女伏聲名起吳趨宅巷移章台楊柳路定悔嫁人遲

秋月又如眉朱簾夾道垂擘箋班竹巷池硯壞荷池那戀毬場好真憐酒社移飄零薇省客為報已衰遲

巢民先生招集同人于匿峰廬度七夕佳節余以病不能赴補作四律用紀勝游

令節共名園休為負綠樽應招諸賦客相對過黄昏

靈鵲團霄漢秋螢過水門此時佳氣接極望總銷魂

擬作雙星會翻因二豎眠彼蒼原善妒佳事總無緣伏枕笙歌外思家機杼邊吾生全用拙甘讓此宵筵

此又一林壑諸君得勝遊虚堂畜窈竹細路劃層邱月上絺衣淺星連酒氣浮頗懷南阮聚吾自卧谿頭

遥憶針楼敞應憐翠袖吹般勤共深夜婉轉問佳期似我虚瓜果因君補竹枝少陵緣底事切切駡蛛絲（少陵牛女詩云蛛絲小人態曲綴瓜果中）

九日巢民先生招同諸子于匿峰廬登高致合肥宗伯以重陽登高四字為韻

佳辰難閉户急欲躡高峰巖谷此間小秋林有萬重沙陰圍檜柏湖勢掣蛟龍隱隱孤亭起時聞四面鐘

難得此重陽陰雲豁大荒乾坤收雨氣江海盛秋光委折溪橋入參差野菊香主人新策杖歡喜倒壺觴

離家非異域九日想吳陵賴是藍田會猶餘栗里朋時風爭射雉老眼厭縧鷹且脱參軍帽青山取次登

芙蓉如好女楊柳似芳醪此地浮生足吾儕逸興高雲山憑戲馬風日得持螯忽憶金陵宴蕭條已節旄（客年九月全廬邀招集登高）

無題四首為巢民先生作

老樸當門處青槐著姓家仙人原種玉神女只澆花
囊槖何妨减文章詎有瑕賣詩兼賣畫韻事播天涯
綠鬟叢叢滿紅蕉寂寂垂殷勤燒鳳腥宛轉向蛾眉
半臂柔腸祖雙鬟薄命兒無須理團扇會續白頭詩

先生將納侍兒事旋寢

京兆工眉嫵章華擅舞腰原無邢尹別專取性情調
恰得呼三婦閒同話六朝鸚鵡簾外語漫把美人挑
薰衣兼晒藥滌硯共烹泉事事需紅粉時時典翠鈿
偶然親絹素還自門嬋娟題遍蠅頭楷夫君固可傳

同人集

寄懷黃明立先生 先生閩人爲南雍丞居金陵

厭聲秋欲冷各各見無緣遠望長干道頻思叔度賢
江深寒到夢春淺樹如煙曾有青溪約因風欲放船

過東村題沈林公壁間詩後

我友八年歿飛花野冢春何期村墅路猶見墨痕真
舊夢搖滄海殘樽哭故人鮥南無恙在應與共酸辛

慎墨堂筆記

過胡安定廢祠

老樹嶒崚極人傳舊講堂干戈一橫厲祠宇盡荒涼
蟋蟀鳴頹瓦鼪鼯竄短牆怪來仙釋地金碧盛輝煌

泰州志

浮山禹廟

淮海揚州地難忘夏禹功四圍連蜃氣片石鎮蛟宮
代改碑亭肅年深廟貌崇應修禋祀禮不共醮壇同
祠廟空山好囂塵暗帝容猶然修冕紱曾未種杉松
四壁崙蒼水虛堂吼敗鐘細看城郭外隱隱送蛟龍

江都志

文選樓初夏雨晴送黃岡杜濬

樓閣連昏雨江山得晚晴檣帆低更見花柳遠還明

正有登臨快偏多離別情幾人如杜老容易去江城

甲辰上巳宮紫元招同劉雲麓使君楊恂庵田樹百暨令子武承於小西湖修禊次劉雲甫韻

又值流觴候江湖擬祓除喜君樽酒約不負杏花初
老樹藏孤艇青山媚舊廬好尋烟水去碧草已全舒

詩蒐

廣陵送曹侍郎赴浙東軍

歸去湖山路非同花柳鄉春情銷戰伐野哭鬥凄涼
兵革身初習琴樽好不忘祗緣戎馬亂頭白減詩囊

邗閑喜晤曹庭聞

喜子扁舟至猶能訪故人暗驚年歲換陡覺鬢毛新別是江烽夜來當楚水春兵戈猶未定蕭瑟百花晨

荅施愚山新安見寄

何日天都去偏逢驛路晴秋猿啼不絕江月戰逾明近始寬兵牒君真冷宦情那能吟眺減桂樹鬱山城

李條侯過訪蕭寺賦贈

關山戈未息井里足埋名何事衝風雪猶然度甲兵散金誰老俠縱酒得狂生一片蕭梁地重聞變徵聲

昭代詩存

慎墨堂詩拾卷六

海陵鄧漢儀孝威著　　鄉後學夏荃退庵輯錄
陳實晋守吾校訂

七言律詩

桐廬舟進

古塔空亭樹影寬鱗鱗夕照落寒灘却將烏道桐君宅都作蠶叢畫裡看石勢巉巖森洞壑江聲欸乃出檀欒月明舟艤仍前進更訪鸕鷀未是難

章門逢談長益約同訪徐巨源陳士業不果

章江寒色上漁蓑客裡逢君踏葉過萬里烽烟長草檄一生魂夢客銅駝依人四海平原盡哭友空山杜宇多我欲同尋高士宅風帆明日又牂牁

游海珠寺登丹霞台眺望

晚岸潮生擊汰回驚看萬水觸墩台不知何代琳宮廢竟作單營鐵砲開健卒自吹橫海角疊瞿難拭戰場灰茫茫春浪占城遠獨自浮鷗日暮來

嶺南作

絕島誰傳颶母生五羊城角暮烟晴蠻花爭傍陳隋碣海道曾過秦漢兵百戰地埋烽火黑中宵龍抱寺燈明無心更訪屋門事月黯榕村破帽行

詩永

張登子招集喜遇胡豹生感賦

別汝真經十五年瘴南重過百花天中間生死誰書札此地悲歡盡酒筵萬里河山驚鬢葉一時兒女對烽烟英雄老去心情改淚盡高涼洗廟前

憶昔邗江集賓衣花間吟好送斜暉西湖戎馬君寧見南越樓船事已非宦拙終緣家口累客貧難向戰場歸春風嶺外聊羈跡萬事銷愁有衆褘

萬安道中病卧至章門小差時值清明

過嶺風花陌上狂冥冥細雨入孤航客中人病經寒食愁裡鶯啼入豫章垂柳軍城殘日動新烟漁浦戰雲荒不知麥飯江村路寂寞誰來弔國殤

孟冬朔日遊赤壁

彈指滄桑屢變遷黄泥赤𡾰尚依然即看洲渚蒼蒼出剩有風帆片片懸隔岸樊山晴欲雨夕陽嶓冢水連天憑誰喚起吹簫客重上蘇家載酒船

平淮西碑

雪夜功成罷鼓鼙昌黎碑版照淮西文章何意開讒妒婦女偏能竊品題易代摩崖爭日月當年奮筆埽鯨鯢只今蒼碣斜陽外頻見遊人駐馬蹄

巴河鎮登太乙閣 閣為故相國姚公崑斗所建

平津賜第久荒蕪傑閣巍然瞰楚都高處銜盧天外伏到來雲夢雨中無千家烟火猶洲渚幾葉風帆自畫圖曾是赤眉燒不到奎光深照斗牛孤

題横江館

渡頭風雨暗夫容津吏停橈會此逢歷歷雲帆銜雁鶩沈沈沙館涸魚龍運移典午人皆散日落春深樹幾重極目故鄉東海上只今江漢自朝宗

和阮亭姑蘇懷古

旌甲喧傳携李師空江一夕慟鴟夷遂教石室無句踐誰羨黄金鑄范蠡麋鹿草荒餘舊夢蛟龍春盡起哀絲漫誇越士歸如錦不記稱臣請妾時 感舊集

穀雨共芝麓龔公相別江上紫以三詩贈別奉酬一章

幾月相隨嶺嶠行真州斜日此分程別離翻盍還家苦飄泊殊深感舊情兩岸雲帆牽樹色一江春雨上潮聲秪疑今夜邗溝路猶是青樽對石城

曾庭聞自潤州枉顧草堂賦贈

偏是窮途重友生柴門握手淚縱横一時聚散兼貧病千載存亡只弟兄宅巷重尋車馬跡江湖猶戀鼓鼙聲共君試話封侯事慷慨悲風萬里情 詩持一集

贈彭海翼蕙悼其尊人禹峯方伯

曾携書劍紫山遊獨許雄文有鄧州年擬甘羅偏胆略才如曹植自風流沅湘路阻音塵絶宛葉人来戰伐秋誰使武溪歸馬革至今謝豹萬峯愁

憶同開府聚龍岡擊鉢揮毫更舉觴尔自英雄生白水予原家世出南陽征蠻十載空魂魄避地餘生老雪霜却共烏衣深夜話銅駝金谷苦茫茫

嶺外鴻飛早寄詩君来絮語淚雙垂牂牁羽檄朝朝下梁苑賔朋日日思两世交情文酒内少年結客鼓鞞時何當共挈黄鑪伴一上層楼望九嶷

邗上翩翩過錦韉朱門華屋且酣眠霸心風昔輕花月戰地何時更管絃彈指綺羅前代路回頭風雨九江船還持努劍錢塘去欲射寒潮八月天 詩觀初集卷四

荅彭爰琴即用見贈原韻

嚴風急雪打江城非子誰憐歲暮情閑塞鼓鞞家已廢乾坤榛莽硯難耕春来尚滞昭明閣世上微嫌布褐名那更歧途歎把袂一樽相對鐵燈檠 詩觀二集卷三

丙寅秋日酬禹河中翰過寓楼話舊

京師把酒正從容忽地風波冷宦蹤祭典祇因親串累詩情轉以謫官濃天都久卧千崖雪靈峽新辭萬壑松歸到揚州旋惜别觀濤時節可重逢

禹門入粤訪其令兄遺骸聞者哀之

蛾眉絶世轉難容且自尋湖理容蹤苦憶干戈兄弟愛肯辭海嶺瘴烟濃招將魂魄依叢竹題遍雲崖守亂松一卷新詩吟未罷斷猿哀雁正相逢

程湟溱卒於桂林貧無以瘞禹門捐金治其喪感賦

握别程侯憶舊容遭罹兵馬只孤蹤難為竄跡荆榛盛欲達丸書燧大濃客病只飛堂裏鵩家貧誰種墓傍松多君謀槖能深瘞高誼人間竟罕逢 詩觀三集卷五

孝威曰己未余待詔京師與程禹門中翰為荆高飲酒歡忽為族人所累遂至謫官閉門不揖客余亦悤悤南轅兩人不通音問者八載丙寅初秋禹門過海陵訪令季孚夏乃與余相遇於維揚酒與詩懷如故因念湟溱職方死於亂青立季丞死於貧感慨唏噓不置令孚夏以其閩粤遊草並新詩數章屬余論次余時舟下茱萸灣凉雨初過因拔其尤者登諸拙選而禹門約自雲間還與余輩論詩於手山堂畔正當有日也

奉寄黄州太守蘇公小眉四首時選其詩集甫
竣

從龍高閣本滁陽節鉞曾飛嶺嶠霜奕葉緑綸傳祕閣小侯谿略頎巖疆醴露梁苑鄒枚重屐滿蘇堤草樹香卻向西陵喧五馬風流文采壓黄堂

郡治高懸峰嶺頭樊山如案漢江流雪堂舊跡今難没竹閣風清到底留易代坡仙重作牧兩篇赤壁憶前遊烽烟埽盡琴樽滿幾度臨皋俯白鷗

第五風期世少雙蒼生事急意徽降萬山結客憑書劍一曲從軍下蠢憧蠻女至今編樂府使君新起賦

横江遥知定惠花重發卻寄東風到玉缸

憶昔扁舟泊楚墟正當木落雁飛初黄泥雪夜曾衡虎樊口霜天自捕魚別去寶山空霧雨傳來仙吏擁畚書可能即示齊安作不惜鈔詩唤小胥 同上卷六

盧荻浦曰情事一一詳盡而運以英偉之調沈鬱之思風流跌宕之至固足發揚盛美

宋既庭曰命意温厚落腕風騷

雨中過訪朱君以陶已發棹之興化因次原韻
奉寄

衡泥報謁見何曾靜鎖柴門去有徵残酒中人猶卻

舍片帆帶雨別吳陵應尋楚將千年墓還踏漁翁半夜燈不久我將來水國百花洲上好同登 同上卷七

庚寅春辟疆先生四十覽揆五律

廣陵城下泊春舠見尔鬚眉可自豪新築草堂天寶後群推處士少微高著書深鄙揚雄閣揖客初添仲蔚蒿何用金門頻獻策舊時庾謝足風騷

憶得先朝海晏年詞壇角立幾名賢居然旗鼓推江左誰道文章不日邊烽火薊門終照夜衣冠建業一朝天蕭疏短鬓長湖海何處諸儒博俸錢

拜官何事竟紆迴亦覺江東王氣頹將相幾人標舊

史江湖自尔擅雄才傷時王粲懷鄉國卧閣元龍竟草萊還向樸巢淹歲月中原鼙鼓為誰來

往日趋庭事遠遊山川奇迹一囊收猿啼蜀道雲奔馬雁過湘江葉抱樓烽火自深摧注慮林園頻為老親謀只今父子娛詩酒應笑陶家少倡酬

雉皋春水動斜曛薜荔為園尔不群人在樹間殊有意婦來花下卻能文擁將祕帳青藜繞嘯落寒城古木紛好自蕭條安將徑眼前名士總機雲

次巢民先生原韻贈梅谷和尚

閒向天童結草庵茶瓜鎮日聚冠簪遠瞻廬嶽來江

上吏訪曹溪到嶺南萬里烽烟留古鉢一林橘柚老瞿曇何期咫尺東皋路覿面風幡仔細參

次日高談水繪庵故人清興足抽簪那知精舍開江北恰有名僧下日南杖履曳來尋惠遠竹松圍處禮優曇自然茅屋堪聯詠未擬空堂久放參

冬日再過優鉢庵訪梅谷仍次巢民韻

寒城細路似邱墟尚有禪關映綠蔬屢過竊叨香積供相憐勸讀梵王書閒來身世孤雲在戰後乾坤萬事虛竟擬團蒲來此住漸看春笋迸林廬

和辟疆先生過海陵見贈四首

客歲青溪夜月光共君相見倒壺觴是時即席皆名士共指江山匪異鄉惜別中宵人影亂獨行野水雁聲長蕭然身世何須問只益離心滿夕陽

我竟羅浮汎釣舟聞君水墅足淹留豈虞豺虎乾坤盛不惜龍蛇歲月愁張儉存亡真未卜龐公妻子本無憂秋深海雨相逢地喜極挑燈更泪流指辟老丁酉冬事

曾上崧台聽粵潮君家憲節自雲霄星巖戰後留殘碣庾嶺春深夢九韶草屩人歸談瘴癘柴門身老護漁樵秋風痛飲霜毛颯回首蠻江萬事凋尊人嵩少先生曾任嶺西兵備余至高要尚見其題誌

扁舟扶病赴君期短燭清尊細語遲略盡黃金真意氣孤存青史是蛾眉梁鴻廡下寧忘德謝客筵前好賦詩十載剡溪虛舊約將因秋水一披帷

甲子初夏假寓水繪庵即事奉東巢民先生

十年清夢繞東皋今日乘流一放舠無地可容高枕簟有園殊不怪蓬蒿荒林借榻猶三徑舊事填胸倏二毛風物總更烟水在且從長日註離騷

當年諸子美遨遊詞賦翩翩足上流修禊佳辰曾理檝登高盛會即開樓也從殘月調歌板不少新花進酒籌今日園丁閒種菜腰鐮時過假山頭

湘中樓閣枕烟堂雪夜花時興最狂白客琵琶真可聽吳姬粉黛亦難忘豈知歲月同駒隙遂使亭台變鹿場猶是一泓寒碧水倏經繁盛倏荒涼

靜夜空天雷雨垂新添幾尺水泓泓梵燈禪唄猶存日山閣溪橋總壞時那有千年行樂地幸留一滴放生池偶能拾作維摩宅我願從君擇半枝

懸霤山房半草萊浯溪疎雨重徘徊沈沈柳色疑將雨漠漠波光自上苔勝有朱欄鄰院出絕無白舫夜燈來老蛙只管虛潭事叫噪天陰千萬迴

天然奇畫絕人間邱壑胸中不等閒半壁奇峰真寫

窕一園流水極灣環忽驚老樹龍根拔近報空城雉子班記得論詩巖洞裏雲昏雪凍不知還

紅欄碧榭盡凋零那忍重開四面亭崖石細纏藤蔓紫土牆新迸竹竿青絕無人處流鶯喚尚有先時粉蝶醒擬上最高樓閣望蛇盤鼠竄洞冥冥

黃金散盡莫深論蓬徑依田道倍尊薄俗炎涼烏不管舊家興廢石難言春風自遶雙柑路夜雨頻霑獨樹村借我半間聊結夏白鰕青筍一開樽

詠竹夫人次李子鵠原韻二首

穀幔紗窗散麗人此君屈體故相親夢回小杜猶微

汗睡煞秋娘絕點塵只恐婕妤讒不免如何房老妒偏新却看清淚班班在悔向空閨漫委身

漢家紫誥錫紅妝質谷何年竊御香竟冒虛銜稱命婦曾傳昏夜嫁蕭郎玲瓏差可陪金屋輕薄終難守玉床受盡無端雲雨誇依然悄立侍兒傍　同人集

和答王敬哉先生見懷原韻

秣馬離京二十年江山寥廓盛風烟多公吐握當今最特地音書閑道傳詩到蓬蒿生遠夢烽高吳楚斷良緣難堪更話東南事何處人間是鏡圓

慎墨堂詩品

答吳續姬孝廉

門前楊柳繫輕舠尺素披來念我勞兩地清魂縈故闕一天細雨濕征袍中原門户江淮重藩鎮軍容節制高消息朝廷遲北伐新亭置酒莫牢騷

慎墨堂筆記

留行二首為紫元先生賦

當年聞道此南歸盜賊如麻淚暗揮不意山河經百戰重來宮闕看斜暉銅駝舊路牛羊識鐵戟雄關虎豹肥我欲相從燕市飲琵琶何用恨明妃

擊筑休為燕市哀一時人物又雲台誰傳謁者關東

道浪擬文園司馬才珥筆禁幃金掌盛乘槎天漢玉門長楊似此猶初薦驛路徵書定早催

贈別二首為紫元先生賦

久向深山傲蕨薇難堪京國對芳菲一時同籍皆華要萬里浮蹤有是非河漲秋雲公子淚江連寒雨故人衣西湖莫遣荒松菊我擬還家共釣磯

年少相依竟白頭君今放廢我狂遊傳家江鮑真堪喜（謂宗袁武宗）入洛機雲好自謀濁酒暮寒愁戰鬥古刀霜落對窮愁東歸好把長鑱習不見湘天感槊秋

詩永

題春雨草堂

别卻承明事隱淪，半溪桃葉待漁人。家藏雞犬原非俗，夢到禽魚漸已親。隔水燈連山下月，沿堤香喚雨中尋。不妨路異都城近，且戴林宗折角巾。

萬事烟霞尚可爲，草廬新築傍湖湄。六橋豈必鶯簫管，三徑猶然倒酒卮。竹外陰晴農課穩，山中寒暑佛幢移。重來屈指燕吳遠，布韈青鞋可勝思。

清流何計隱巖阿，且學鷗鷁寄一柯。屢閱滄桑增史記，不藏名姓自烟蓑。溪光宛轉船經渡，樹影微茫月較多。我欲輞川尋勝事，王維逸興近何如。

武陵烟月已非初，海國城高可卜居。西子夢深吳苑鹿，王宏情寄越江魚。梅花春社孤山似，芳草池塘六代餘。還叩倪迂清閟閣，菰蒲一榻又焉如。

春雨草堂别集

登望江樓

衰草荒原恣客遊，蕭條清興更登樓。百年風雨帆檣下，萬里蛟龍日夜流。不盡旌旗迷野戍，有時烽火照鄉愁。年來生計漁樵苦，何處鴟夷一葉舟。

九日鐵佛寺同宗鶴問登高

豆葉全黃野黍肥，玉簫舊路是耶非。亂雲古寺沈邊柝，落日高台冷客衣。莫訝邱墳蒼鼠竄，頻看松栝老龍歸。好將濁酒酬佳節，此際將軍戲馬稀。

宿竹隱庵 在泰興口岸鎮

結伴衝泥積雪餘，支笻昏黑到精廬。十年江海銷金柝，滿院松篁冷木魚。卻掃繩床留旅客，更聞香積剪園蔬。好來岳廟瞻遺像，此地曾經燒戰旗。揚州府志

重建望海樓

海郡東偏闢大觀，畫檐朱栱碧雲端。正宜番舶漁檣入，不盡蠻風島雨寒。誰使沙洲紛戰鬥，遂教樓觀倏凋殘。行人驅馬城頭過，愁向豐碑數蘚瘢。舊址今尚存老樹二

此地非同歌舞場，文星竟夜燭天閶。應增樓閣符形勝，忍見荆榛老夕陽。築舍數年群議費，建標一夕萬夫忙。會看百尺岧嶢起，海賦新成壓大荒。

皂蓋朱幡江上來，蒼茫風景接蓬萊。可餘博望乘槎去，昨報戈船下瀨迴。全盛輿圖憑漲海，太平郡國有樓台。休言土非天意，畚鍤旋轟地底雷。建幢之日雷雨大至

五月秦山岳祠聞杜鵑

高原古廟夕陽西，君樹陰陰謝豹啼。呼徹孤忠江月照，哭來望帝楚天低。金繒誤國原南宋，骨肉無家更五溪。欲拜遺魂愁血盡，年年芳草自萋迷。

寄吳子遠驥沙

江北垂楊漸已綠江南芳草定葳蕤何人夜上孤山閣憶我吹簫明月詩新夢應為分燕子壯懷久已付鴆羡知君懶作朝歌吏日有書箋共魏丕

黃仙裳自浙中歸避地東墅時納新姬詩以寄之

鴛鴦湖曲載燈還別夢遙連橘柚山忽報狼烽迷海色遂令魚字斷鄉關扁舟風喜吹張翰垂柳鶯知喚小蠻莫怪近來書札少畫眉雙筆未曾閒

聞陸元廿丁漢公舟泊白隄卻寄

靜夜黃梅雨萬家聞君畫舫泊蒹葭催燈應煮三江鱠移棹猶聽兩部蛙誰載銀餅來野岸偏宜玉甾碎寒花千人石畔堪留戀莫以邗樓少婦嗟

逢楊介石詢維斗山居近事兼示拙生聖野雲子天民諸子

江上披蓑一問君遙知卜築傍秋墳千家橘柚黃兼雨萬壑梅花白斷雲今夢尚堪尋謝草故人且莫薦雄文幾年明月閶門路多少風流付水濆

和姜湄思剪燭夜話之作兼呈金又鑣

司馬青衫無限情停舟為締故人盟關河霜落燈連

樹客舍砧催月滿城弟妹他鄉供涕淚江淮薄宦和悲鳴也知公瑾無聊賴且把醇醪聽曲聲

海上晤黃雲孫即送其公車北去

久識汪汪叔度名今朝始洽故人盟中原旗鼓原三舍南國文章况百城把臂好同秋雨夢伸眉且說客年兵即今軏轄閑西去口舌如何策太平

宮紫元招同李小有向遠他沈林公夜集時小有將放舟南還

簾幙燈寒鬓有霜閒尊相對月徬徨薊門烽火愁難說江左風流聽亦狂岐路悲歌縈短策故人涕泣問

長楊更隨塞雁江南去莫擬秦淮是夜郎

燕子磯曉發有感

野店荒雞叫客船平明櫓發向江邊風添蘆葦聲猶細霜老芙蓉色未妍山水自占王者氣衣冠空識晉皇年可知天塹真難恃歌舞陳家祇自憐

舟泊燕子磯重遊宏濟寺有懷韓孟小同社壬午同予游此寺

建業城連秋雨深客帆遙指暮江潯危亭夜壓孤潮影野寺寒生萬壑音鐘磬乍鳴無遠近魚龍常嘯獨浮沈當年共屐人何處願共山樓理素琴

白門喜諸同社偕集

布颿初冷白門鴉，黃葉帘前暮雨斜。不是荆軻能擊劍，且邀阮瑀共登車。才名豈讓諸王族，風景堪憐廢帝家。試向冶城頻遠眺，中原今已息鳴笳。

執手欷歔歎路歧，且呼濁酒醉東籬。人言吾黨虚名甚，試問當年執政誰。誇馬欲尋宣武蹟，聞雞空發祖生悲。班荆喜共諸卿話，擊鼓江干月自垂。

向遠他過訪荒園，余時客長干未晤，比余返棹，遠他又復南歸，賦此志憶

有客翩然過草廬，白門烟水上衣裾。未傾石上三生

話，空滯江頭幾日書。紅葉戍樓人夢遠，青衫客鬢月明初。往來左部長干路，夜雨何時共剪蔬。

寒夕飲劉嘽龍師夢捧堂時有詩社之訂

雪後冰簷映早梅，散衙無事喜銜杯。使君清絶元何遜，名士風流孰子才。坐久衣香三日暖，談深漏板一更催。更追鄴下西園會，歌舞應聞銅雀台。

東吳玉水

曾共司州共聽雞，欃槍遥指映関西。月臨邊帳投壺笑，品沸中流雜馬嘶。江外共垂憂國涕，雪中一問沉花溪。更求仙藥蓬萊去，海市雲低祇自迷。

李小有爲談梁公狄且出薇園唱和見示

何處高賢隱釣屠，西風濁酒醉黃壚。五噫難向閶門過，九辨堪從郢地呼。搔首問天霜鬢剪，撫心彈劍雪腸枯。不唯白也稱同調，我亦哀吟學蟪蛄。

寄吳門林若撫葉聖野書感懷

五月吳江滿地兵，愴然一別赴歸程。天涯有酒何曾醉，客邸無錢且獨行。霜雪載思嵇阮約，関河已斷祖劉盟。只今書到寒峰下，阜帽青衫氣忍平。

別宫紫元四年矣今冬始一把晤詩以叙懷

鄴下曾攀公子車，月明飛盖動庭除。人游燕趙非屠

狗，客夢江湖自釣魚。方朔不堪重待詔，賈生從此獨投書。更逢賦雪梁園會，一笑風前策蹇驢。

兩京離亂却歸來，江上蕭蕭杜甫杯。聚散况兼興廢事，悲歡均屬古今才。無官同我漁樵老，有興尋君賭墅回。還喜文園新病愈，半窗風雪一株梅。

梁溪訪泊因爲十日之游叙別言歡歌以紀興耳

別時烽火達江天，獨客乘槎瀚海邊。有意夢君楊子驛，無心遇我錫山泉。月明波出烟中樹，曲罷人歸畫裡船。却望虎邱清興盡，厭厭同對夜鐘眠。

游九龍峰

蜿蜒山接洞庭西，亭墅幽凉別有溪。泉帶松聲催雨絲，樓閣塔影到窗低。霏微嵐霧天為幕，層次雲霞樹有梯。莫怪笙歌令已歇，疏鐘明月正堪携。

春日同張詞臣丁漢公陸元升翁岱詹妓郁生小集即賦送漢公元升之雲間

野館晴開芍藥風，共憐春色鷓鴣通。三年有夢杯如舊，永夕聽歌月不同。擬泛季鷹江上宅，還遲蘇小夜深蓬。何須黃耳頻持訊，我自扁舟問阿蒙（時予將過吳門）

柏庵草堂贈劉愚公

寂寂伊人獨掩閭，秋光一片漾芙蕖。石亭有主雲偎下，竹木雖多月自疏。作史應傳中壘業，避人懶報巨源書。閑河縱欲勞名士，奈爾王褒淚滿裾。

同林公白英登山蕙送其廣陵之游

踏遍紅黃葉數層，斷橋疏柳一歸僧。寺荒犬吠曾過客，林遠秋生幾處燈。城郭半低帆影入，亭台欲沒鳥烟升。雜揚縱有歐蘇跡，綠酒青山忍獨登。

九日同七起岱詹登山

休論楚客與吳儂，此日同為蘇李蹤。落帽山頭羞髮短，採花籬外看霜濃。九秋邊冷鴻隨騎，萬里天清葉

度鐘。吾輩昔誇才勒石，秪令樽酒悵芙蓉。

送宗衍庵守平凉

翩翩中秘擁旌旄，萬里輪台朔氣高。宛馬秋生新首蓿，盧龍夜酌舊蒲萄。玉關不閉羌戎笛，鈴閣長懸刺史袍。定遠威名人久識，不須河外試并刀。

赫連台畔雁南翔，五馬新來鎮朔方。自笑書生能料敵，誰云太守不擒王。燕支應壓琵琶月，沙磧全飛驃騎霜。佇看手蓄馳遠塞，隴頭鸚鵡漫思鄉。

白門荅曉青村雨見懷

桃葉灘邊客夢凉，聊沽濁酒醉僧床。一簾草接鍾山

雨，九月花如南浦霜。羨尔披蓑江外穩，憐余彈鋏馬頭忙。長干風物非如昔，佇看萸灣下短橋。

迎春日喜凱旋

簫鼓喧闐接太平，東風吹徹曉烟晴。朱簾笑倚花屏少，油壁嬉從繡陌行。一路旌旗迷海氣，千騎鐃吹雜邊聲。佇看嬌擁梅花隊，春色先歸細柳營。

歲朝金又鑣明府枉顧失迓賦寄

山人那解是新年，冒雪扶筇去探泉。之子有官能不俗，如余無酒曷成顛。雲旌一識空林鶴，霜燭遲催半夜箋。却羨參軍慵草檄，吟魂只在凍梅邊。

時東征不共行間故云

送袁雅儒都閫之廣陵晤陳百史銓部

雪江一色動牙旗夜解吟蓬訪舊知荒店酒沽春水色青山簾捲凍梅枝喜逢仲舉時名重還自衣安傲骨支遙識邗關燈雨傷心還共說披離 吳陵國風

戊申春日舟泊虎邱有懷顧云美塔影園

不見東吳顧文學寂寞來尋塔影園老樹當門今盡伐流鶯無主獨傷魂誰憐詩畫隨烽火但說田廬有淚痕何日徵輸寬比屋歸來重理薜蘿村

慎墨堂詩品

秋晚同程周量職方登天寧寺藏經樓

君家家傍五層樓此地三層亦曠遊風撼窗櫺高鳥没樹迴城堞亂山浮諸天貝葉龍威護下界金鐘鬼氣收念尔乘槎將萬里異時凝眺定揚州

秦郵雨發留別諸子

長湖細雨逐歸舲垂柳垂楊滿路青酒旆遥隨香稻散漁燈猶照夜珠醒蘇黄舊事寧搖落秦漢遺蹤漸杳冥何日花絲重攬勝飽餐蝦菜足飄零

挑河即事

漕渠畚鍤萬人愁少府金錢莽未休實爲黄河衝射

瀆致令禹貢滯揚州歲煩鼛鼓驚淮甸日有彈章徹殿頭一線蜿蜒滄海路不知何處是遺溝 揚州府志

送徐健庵編修北上

黄花白雁繞江城送子軺車達帝京路過梁園秋草合天迴冀野雪峰晴重來紫闥呼僚友誰掌絲綸是弟兄寒漏霜飛趍入直玎璫天語問蒼生

綠水送春帆

一棹輕移過碧巒桃花新浪正漫漫經春故染滄江綠過雨初添畫舫寒飛去天涯風絮亂泊來水市夜燈殘誰家簾幙多思婦錯認歸舟仔細看

都門送夏蘇州

薊門霜落雁高飛明府東行四牡騑江樹遠分神女賦楚雲晴繞大夫衣官衙吏散青峰出野浦人歸白苧稀好訪當年皮陸侶蘇台芳草正斜暉

寄王近翁

秦淮旅舍一樽同別後音書斷馬融冀北喜傳三策異江南開遍萬花紅暫辭金埒沙塵外還醉銀箏夜月中待訪春城索新句垂垂楊柳正東風

維揚客舍冬暮送黄與堅歸里

苕上相逢一曲歌別來踪跡暗漁蓑江山邂逅仍明

月湖海蒼茫是畫戈酒氣夜通梅信暖詩情日傍柳
倚多羨君著述高千古那用金門曳佩珂

送金公長真陞任江寧觀察

芙蓉幕下共瞻荆（始與公訂交陳撫軍幕下）二十年來縞紵情老
我狂生甘遁路羨君高步陟都城白雲西署猶投轄
青草南湖又聽鶯珍重吏門千載誼只今感激倍俵
羸
十年彈鋏向天涯始信平原氣誼賒再到中州無歲
月揭來佳信忽京華（聞公出守維揚）欣逢皁蓋臨邗上快與
程生醉酒家（時程穆倩喜極共飲樓上）春夜相同興不淺綺筵明

月傍琵琶
五馬初來竹馬紛那驚烽火照山雲（時有兵警）千家巢燕
陳諸戲（公以方畧禦侮頓平）一夕椎牛響萬軍鎖鑰不妨寬士
女（閩變時公士女出城暫避鋒刃也）樽罍依舊話詩文只今綠鬓紅
窗裡手爇名香送使君（公升任時士女送者甚衆）

甲辰上巳宮紫元招同劉雲麓使君楊恂庵田
樹百暨令子武承於小西湖修禊次劉雲翁
韻

憶昔湖堤芳草芊同人曾此鬥華筵一行雨散空如
夢可忍鶯啼復禁烟勝地樽罍私我輩佳時絃管續

年休因離緒為歡減且擬新詞和謫仙詩箋

暮春席允叔招飲聽花書屋即席分賦

喜有黃魚助酒筒却閒亭館坐東風陰陰柳絮穿簾
盡隱隱歌船卷幔同吾輩歡場殘雨外一春衰病萬
花中當杯那管嚴城鎖愛聽流鶯繞廢宮

寄懷廣平申鳧盟

南北離居信渺茫遥憐依圃接茅堂千秋箕尾光寧
滅一代風騷業未荒滏水烟霞淹酒客叢台歌舞黯
漁郎肯因驃騎門庭盛也自翩翩大道傍

得魏叔子還山近耗喜而有作

虔南半壁散青烽落日人歸鄉思濃休擬辭家侵戰
馬正堪閉閣講潛龍春風江店遥聞信細雨山堂獨
種松安得夜深携襆被與君同宿翠微峯

送姜奉世歸吳門（如須吏部之子）

憶與君家吏部遊燕山烽火石城秋最憐宿草人如
夢却接孤兒淚更流春盡隋橋櫻筍讌雨垂滄海木
蘭舟吳山此去堪吟眺莫為兵戈起獨愁

集席允叔寓園同黃仙裳諸子賦

澥國春陰只閉門伊人一棹下江村泊船恰聚同心
客剪韭因開夜雨尊遊事新年花始放戰場何處柳

還存揚州此去逢寒食曾向東風解斷魂 昭代詩存

送熊少宰守制歸豫章

盧溝驅馬北風高慘淡浮雲盡日號已自陳情艱李密忍將啟事瀾山濤百年馬鬣披霜草萬里猿聲繞布袍墨絰縱然誇盛事主恩乞得守蓬蒿

丙寅新秋吳子班過海陵依韻奉酬

芒鞵不惜走燕關惆悵忠魂没亂山幸得史官留直道德來戰鼓動行間尔真孝子能蒸義代有遺民不是頑頊頊莫將鉤黨說君家文謝幾能攀 時尚有言明季黨事者意惜樓山先生以自重不知所重不在此也 詩永

送友

竹塢滄留漫拳觴笛聲何處怨山陽千年風物猶江左一代威儀自奉常仫步雨晴寒雁渚楓橋漁滿夜燈航懸知道路觀公瑾清曲重聞更幾行 皇清詩選

慎墨堂詩拾卷七

海陵鄧漢儀孝威著　鄉後學夏荃退庵輯錄 陳寶晉守吾校訂

五言排律

劉愚公以秋實園假余一載移家東去賦詩以謝

名園寧易借憐我似張融一榻蒹葭外孤燈楊柳中春深頻護竹秋老愛吟楓入鏡山如髻繙書簾作籠溪塘憑婦汲畦圃識鄰通客喜看初杏僧知報早鴻暫名陶令宅終遜子猷風花鳥能無戀箪瓢恨未充移家難免俗學送古人窮

秋客廣陵訪詞臣岱詹於舊城廢寺則詞臣已去之白門因共岱詹徘徊古文選樓下弔古慨今得十二韻

不作江都夢於今又幾年城蕪留賦草戰苦斷花鞭風雨連荒驛蒹葭送客船當壚人半老種玉地無仙踏草虫依寺披帷月到氈乘秋惟有翰賭墅已無元登眺尋佳勝荒涼感燧煙跡傳梁太子文識晉諸賢頓謝爭狐鼠昏雲響杜鵑吟懷何地好苦淚別時懸嘖嘖偏安舊棲棲旅況邊蕭梁遺址在空倚夕陽天 詩永

病中蔣行乾移酒過寓聽李瑞生度曲即事

離家剛幾日客病又紛紜貧向臨邛劇詩從鄴下分
有懷對朋好無夢悵離群感尓頻過從令余相見欣
酒沽梁子岸鶯繞闔閭墳並酌春煙冷同游花氣熏
胡來湘芷佩却擬石榴裙淺月香生樹深杯綠到雲
一簫吹葉落半燭待鴉聞狂處角巾亂醒時蠟屐勤
周郎曾幾顧阮籍竟成醺念尓難勝生窺余雅善文
將離吳寺榻頻贈楚江芸即此愈消渴慇懃總付君

余將遊吳門復滯梁鴻溪上酒間丁子朔別余去賦此贈送惠訂同遊

咫尺不能去予懷重所思良辰命短屐好友載新醅
訪月溪邊坐烹泉雲外吹歌聲隨棹遠游興借筇支
自有風流理偏多絕妙辭秋衫香可即春草夢全貽
邂逅增稠疊歡娛翻別離帆催樗里曲杯盡楊花時
倏忽過閶墅依稀見酒旗湖青烟窈窕山綠樹參差
踏處應連臂携來定畫眉訪祠依短簿攀閣問西施
予數猶羈病君情任慧癡幸無抛虎石好待醉雞陂
伫聽寒鐘夜江楓一葉移

皖桐吳子遠春初過訪久客維揚賦贈

忽忽離情起黃梅雨一篙猶思高軒過正值春草漸

談笑雖云隔肝腸則已覘曩傳桃葉詠今訪柳花帘
游以才名重家因兵火阽隋宮人已盡謝墅風猶瞻
夢斷燕城月潮來揚子蕭愁懷天棄酒得句字為練
果向隆中卧寧終江表淹登樓頻引睇風矩宿高嚴

期白英子不至念之

閒簾深望子空谷祇跫音風物清堪愛詩腸瘦獨吟
臨軒虛授簡對月罷鳴琴暫喜兵戈息何堪笑語沈
酒旗風正好畫閣葉初深曾共休文歎（指沈林公）誰同刻
曲尋良懷原自古佳侶況如今世態浮雲色山盟寒
石心三秋嗟已半攬袂亟登臨

秋夜偶閱同社姓氏凋謝良多不勝人琴之感賦此志慟

名筆一時盡遙遙淚滿裳才難原昔歎人邈自今傷
挺出非無敵騫修已信芳艷思驚絕調奇句叶雕梁
游屐東南徧詩壇吳楚望畫煙爭載綠吟日未離黃
挾妓歌喉綫尋僧落葉香半生山水夢一代賦騷狂
黛色初調後琴聲不再行應劉何命薄嵇阮亦身亡
天意重催折予心彌慨慷佳文猶在袖鬼錄竟盈箱
此夕秋皆月孤墳草已霜喚聲紅臂冷索影碧簫長
聚散渾如鳥榮衰宛似楊同儕何日會太息不能忘

寄懷章素文同社

別子是何處依稀想白隄曾同花下夢空憶雪邊溪
一棹烟蓑北千峰砧杵西貂裘何自覓馬櫪未長嘶
沸淚餘燕薊文章漫宋齊草深麋鹿苑春老苧蘿谿
多病應憐卓相思每爲嵇洞簫吹月散團扇索詩題
却歎游桃葉空然識燕泥山裝歸去疾水調唱來悽
年少原推尔才高尚愛奚深情看冷絮別恨寫荒雞
詠史篇當寄登台望已迷只今官閣上頻念美人荑

吴陵國風

金長真太守興復平山堂落成讌集紀事一百韻

一代風流地千秋翰墨場由來必修復此日極飛揚
會有詞人至纔教古蹟彰蕪城稱要壤隋氏此阿房
碎瓦填荆棘遺釵墮渺茫玉鈎誰粉黛錦纜絕宫牆
萸老侵邗瀆烏啼剩蜀岡尚聞推慶歷共尔說歐陽
夙昔分符好於今惠澤長訟庭蕭冷極別墅嘯歌忙
闢地曾丹嶺開筵有畫堂盡收江表勝來集庾公床
草色穿簾碧荷花入座香臨風揮萬字對月倒千觴
宋社雖云屋廬陵自建坊兒童尊謚號守牧勵烝嘗
拜節尋烟雨支笻到雪霜亂碑爭斷續舊榜閱興亡

漢畫軒

何代無鋒鏑難摧是棟梁戎衣喧四鎮官閣壓南唐
豈意烽煙息翻成俎豆殃始憐檐宇塌漸訝藿蓬荒
廢址沙虫泣空山石馬僵基猶需土木龕肯付滄桑
可歎緇流盛群然正教戕率徒恣竊據糾黨肆披猖
寶殿森金像珠林傍鐵航村翁路頂禮吾道竟更張
賢守初臨郡先祠擬奉璋苾芻咸梵誦廟主忍凋喪
誓欲恢輪奐其如務保障檄書昏海岱甲馬赴荆襄
廨舍難安枕戈船急裹糧縱懷興復志且遂戰爭行
士女旋綏輯貔貅變吉祥猺氛新捎帖桀壘總無妨
爰議循名麓非徒訪辟疆咨諏疲杖屨涉歷徧松篁

雅俗才均用經權術互臧沖襟惟善濟制事貴能剛
已見閭黎服還矜庶姓良東西勤卜視左右猛勖勷
襟帶原潮汐衣冠儼珮璫雄侖真廣大碩德最芬芳
羽翼仍靈鷲規模豈饒羊所驚時迫促倏覩勢軒昂
繡栱蟠雲日璇題拱帝王泉聲秋細細嵐氣曉蒼蒼
次第標巍觀躊躇布曲廊繚垣低見樹遠水靜鳴榔
聯絡司徒宅淒迷蠱女鄉江城頻宛轉寺塔久埋藏
箭激知游獵簫吹憶靚妝是宜棲六一果足表天章
寒雨微郊甸邗君治酒漿招邀多上客讌飲埒清漳
出郭層層碧過橋葉葉黃取途須法海弔古競雷塘

漢畫軒

分路移螭舫沿堤走驌驦衝流還徑滑攀樹得風凉
霽景符佳會歡情愜大臣交加繁劍舄入奏繞笙簧
道廣心弥篤民和政自康猷酬臻揖讓言笑悉賡颺
正可調琴瑟兼之盛蓮崖烟霞悉奇興亭舘屬相望
披莽先兹日誅茅定各方雅能羅苑囿非僅矚帆檣
約種前朝柳全栽滿路棠依稀覘牧舍縹緲露漁莊
我愧身飄泊公為世紀綱虛衷王粲賦折節禰衡狂
青眼年華賁朱門禮數忘蕭楼深閉匿鄴下徒翱翔
喜遇崇台麗叨承楚醴光應徐甘引避枚馬益騰驤
即事傳鸚鵡遭時吐鳳凰鮑昭原足擅吳濞詎推强

班管傾三峽紅箋叠十箱使君尤卓犖搖筆每鏗鏘
吏散偏芸帙單呼只錦囊凭欄芍藥畔拂簟杜鵑旁
伫倚髯蘇句姑留憲使裝遲遲親晃散隱隱送豺狼
磨盾方戎幕飛書阻越裳拊髀要絳灌蒿目在農商
巖壑應無恙樽罍恐未遑軺車維咫尺碁局待徜徉
託乘專提挈投壺又頡頏并州怡夢寐建業仗金湯
勉尔修鍾鼓吟詩罷斧斨共言安石後譽望允輝煌
揚州府志

慎墨堂詩拾卷八

海陵鄧漢儀孝威著　鄉後學 夏荃退庵輯錄 陳寶晋守吾校訂

五言絕句

白沙詞

一夜東風吹估船發江渚高楼誰倚欄半是襄陽女
真州大賈豪離別生來恝每值開帆時家家寄書札
揚州府志

詠春雨草堂

湖水光如鏡亭台侵碧虛呼童花下立時護放生魚
過橋地一區堪作梅花圃不把鐵石心那能守春雨

春雨草堂別集

柬沈林公

酒甕定新開詩囊應不空可知短榻人獨抱相思夢
春夜苦無多良游燭須秉請看風雨村留得桃花影

秋歸

烟樹遠模糊驚疑山萬疊何處秋風高吹來盡黃葉

春雨閨情

儂夢乍成時春雨檐前急懊儂儂不眠徒使衣裳濕

花朝不赴諸同社盟集

竹林舊有社載酒訂重游猶歎吟花者高眠水部楼

辭郎河 天女共董永別處

共卿既有緣何事急歸去不道神仙流臨行無寄語

吳陵國風

寶應雙烈士祠 祠在縣城西祀漢東郡太守臧洪東郡丞陳容

東郡誠慷慨同時節烈雙寧爲張超死不爲袁紹降
瞋目數本初大義炳天日非爲篤雍邱實爲匡炎室
廣陵陳孔璋詞翰豈不美碌碌袁曹閒有愧二烈士
誰其新廟貌狐鼠走荒檻當年洒碧血寧求蘋藻禜

揚州府志

擬閨中怨詞

新裁合歡被不敢覆空床夜夜點明燈拂拭舊鴛鴦

詩永

慎墨堂詩拾卷九

海陵鄧漢儀孝威著　鄉後學夏荃退菴輯錄　陳貫晉守吾校訂

七言絕句

題息夫人廟

楚宮慵掃黛眉新只自無言對暮春千古艱難惟一
死傷心豈獨息夫人

廣烈士招遊天寧寺塔有作

千丈浮圖未敢登佛龕聊共伴香燈十年親酌曹溪
水我亦江湖破衲僧

詠懷

南漢山川戰血班尚留花塢荔支灣可憐雙女降幡
動寂寂昌華輦路閒
雲暗陰岑犀甲多風吹漲海蜑船過好看銅鼓荒祠
下萬古人傳兩伏波
戰艦黃昏覆淺灣陰雲千載疊空山銷魂最是烟波
客陪葬君王有白鷴
刺桐花發鷓鴣啼蘭葉春生翡翠低底事風流濠畔
盡女香姑葛一時迷

濠瀼歸舟偶成

青茅春瘴遶山流細雨孤帆漾客愁聽徹猿聲江更

潤祗疑天上是韶州

曲江野望

筆峰高倚郡城樓萬古任囂殺氣浮却望衡湘衣帶
接青山無數入郴州

韶陽寓感

整冠亭畔草萋萋一曲南薰落照迷腸斷九疑山似
黛鷓鴣飛入竹間啼

過江州琵琶亭

江州遷客未歸秦絃索初聞淚滿巾今日善才風調
盡蝦蟇陵下總新人

昭代詩存

江行雜詠

江州解纜客途長三日西風逼建康試問誰人鎮姑
孰青山牛渚滿斜陽
十載遊蹤冷燕磯今來旅棹復將歸却憐亭子空青
極無限鴝鵒自在飛

別趙五紘

梁園深夜促開筵酒醒明朝問玉鞭莫怪青衫易憔
悴蔡州今在亂雲邊

散花洲

橫槊高歌月滿船東南風起焰連天極知江左人才
盛無那周郎更少年

白隄雨泊

白隄春盡水連空吳榜頻吹柳絮風忽忽酒醒眠不
得五更新雨打船篷感集
中秋生雨水繪庵閩巢民先生抱痾戲作四斷
句

擬對冰蟾倒碧筩那堪伏枕落花中天公也識文園
意不放清光出桂宮
我擁單衾宿水濱君從綺閣展重茵由來境地都懸

絶雨雨風風未惱人
休憐瘦影傍維摩自染秋光抱綺羅愛拂桂枝看搗
藥深閨那是一嫦娥
久傳顧曲有周郎懶便行雲學楚王夢去廣寒人未
信明朝親與寫霓裳

徐郎曲

一曲清歌徹夜闌妝成紅袖更殷勤殢人也自烟花
亂不敢當筵喚紫雲
燈炧花寒歌板停曲房深處酒微醒堪憐生小江南
意一到文園眼自青

楊枝曲
金山楊柳盡蒼茫張緒風流枉斷腸不道過江蕭瑟
後一枝獨自挂斜陽
陽羨書生促賦詩竹西渡口欲歸時主人不用金樽
勸只有楊枝管别離 同人集

過某氏廢園
蕭蕭梧竹此城隅腸斷西風淚眼枯畫檻粉妝何處
是雕欄夜夜走群狐
柴市淒涼暮雨愁從軍小隊更邊州忽經綠野平泉
地始識君恩萬古流

枕煙亭雪集聽白三琵琶
寒日林園酒復陳琵琶急響似西秦赤眉銅馬千秋
恨譜入鵾絃最感人
北極諸陵黯落暉南朝流水照青衣都來寫入霓裳
裏彈向空園雪亂飛
白狼山下白三郎酒後偏能説戰場颯颯悲風飄瓦
礫人間何處不昆陽
天寶傳頭竟屬誰四條絃子斷腸時秃衿窄袖當壚
女今日公然識段師
詩觀初集卷二

和定園六首之一
豫山驪唱滿筵秋明日騎驢出汴州羽檄如飛軍餉
急空城髮白是君侯 同上卷四

過東昌
火牛即墨戰如雷燕將丹心死不厭何事只今聊攝
路行人惟説射書台 同上卷十一

題吳巖子青山集
江湖萍梗亂離身破硯單衫相對貧今日一燈花雨
外青山自署女遺民
六朝春草盛詩名流寓偏深廡下情教得左家嬌女
在東平今喜嫁劉生

當時閨閣爱招邀曾倚朱欄聽暮潮可奈柳花零落
盡白頭空憶段家橋
繡佛薰帷懶自開六時清磬繞香台紛紛女伴齊歌
舞休遣鈿車十道催 同上卷十二

憶同龔芝山尚書遊嶺南距今十九載矣甲寅
秋日汪蛟門舍人以梁蒼巖大司農使粵詩
屬余選次因題其上得截句四章
昔年嶺嶠暫淹留節過傳相便放舟咫尺粵西烽火
惡不堪重上五層樓

過嶺詩如真定稀忽思洍水淚霑衣憶同瘴雨蠻烽
夜歸石題詩萬里歸
驚喜平安使節回惡灘風雨故相摧縱然身傍啼猿
宿不向蠻天哭戰灰
春風油幕夜搊箏喚出柔奴劇有情一別珠江烟雨
暗鷓鴣啼煞五羊城

贈吳門王鶴洲

肯貪黃綬走風塵且向侯門穩貯身教得吳兒聲似
玉重重簾幙最宜人
天寶清歌本絕塵何戡幡綽屬前身休懷明月分湖
好搸訪而今是主人分湖謂棠星期也共鶴洲最昵 詩觀

荅彭然石道中見懷二絕

相逢今日未嫌遲但恨樽前邊別離落日黃河人去
遠夏雲無盡獨吟詩
畫舫名園正把杯忽驅羸馬向繁台干戈滿眼朋儕
盡白首如何懷抱開 同上卷七

遊紅橋湄園

共君把酒上空亭極望隋宮盡窈冥三十年來種楊
柳今朝遮得半天青
同上卷九

選梁大司馬蒼巖先生詩竟獨成四截句書於
詩尾

優詔金門散腐儒編詩仍自向江湖喜今得讀棠邱
稾如坐蕉林舊畫齋
司馬門前介冑多齊吹篳篥唱鐃歌尚書獨下青油
幕銀燭光中側弁哦
廿年鄭履望如仙那便平津遇合艱一唱夜珠齊斂
手底須牢相領高班
衰老無緣更入京佳詩把讀快平生憶曾雪夜朱門
路擊鉢聲高擁馬驚 詩觀三集卷二

漁莊園舞燈之盛里中豔傳而余未寓目因占
絕句記其事

閑門小院雨瀟瀟一縷茶烟破寂寥紅粉如花燈似
錦任他天上擁笙簫
五載歡場總罷登便逢綺席冷如冰風微月淺紅妝
病不見朱門一盞燈 同上卷十

韓聖秋職方歿後其姬歸寶應為尼和朱秋崖
韻弔之

傷心韓九京華歿歸葬閔中鄠杜田尚有故姬零落
在一龕燈火射陽天

曾同庫部任燕京竟日惟闇誦佛聲果向西風銷粉黛瞿曇黄面是傾城

半生歌舞恨飄零收拾烟花到梵經猶有檀心難盡没東風寒食草青青

愁把餘生作杜秋當年心死潞河舟尚書昨問安宜信並少人間燕子楼

久屬楊花委路塵仙郎珍重綺羅春文園病後琴心絶肯舞紅衫更向人

韓郎聲誉滿金貂偏與狂奴誓久要説向舊姬應記得慶經沈醉虎坊橋 揚州府志

和華陰壁間鄧氏韻

四馬潼關去不還邊霜塞雨黯容顔傳聞盥嚳時風盛那用文君畫遠山 慎墨堂筆記

廣陵怨 二十首之十次原韻

花事揚州已寂寥朱楼歌側雨蕭蕭可憐馬上紅裙隊盡繫琵琶過板橋 廿四橋

賭罷殘棋别有春風流安石自名臣於今楼舍空煙霧不見梅花那見人 梅花嶺

邗關火鳳舊知名夜擁香羹無限情不道燕鶯飄落盡隔江雨作斷腸聲 邗溝

風流異代恨迷楼衰草斜陽九曲秋遥憶千騎楼下過娉婷定有絳仙儔 鑑楼

隋帝陵前戰馬團黄沙風捲地圍寛頭顱斫去無人問却共陳家月影寒 雷塘

種玉仙人去碧台蕃釐古觀長莓苔黄鸝唱盡前朝恨滿路閒花總不開 瓊花觀

御河柳色今猶昔血濺隋橋鏤已碧細看馬蹄堤上多錦帆殿脚都無跡 隋堤

荒城鼓角擁寒流何處春風燕子楼咫尺隔江人夢起連朝無復玉搔頭 瓜洲

江南烟雨望中閑山滿荆榛碑滿苔縱有歐蘇遺跡在誰沽醽醁跨驢來 平山堂

芳草人家幾舍存杏花明月倍銷魂任伊馬上清明度日暮從無酒一樽 杏花村

春日讀白門友人游草率記

吟罷新詞淚滿衣春雲芳草憶江妃不堪長笛窗前過一楼梅花兩陣飛

何處青楼一曲簫江東風雨暗長橋應知日暮斜飛燕定有清歌怨六朝

乙酉聞丁漢公登賢書將從白門入燕賦此寄

贈

風流才藻世無雙新載雄文過大江更報燕姬春酒
熟待郎繫馬醉銀釭

昨夜扁舟載小壚秦淮風雨夢江都知君遠別成相
憶索取紅燈譜鷓鴣

隋苑歌殘楊柳春平原車馬晝鄰鄰須知六代烟花
易不改烏衣巷裏人

烽烟銷盡古涼州花滿金台月滿溝自是封侯年少
事垂楊莫遣到妝樓

憶李瑞生

月明一曲倚吹簫人在江南第幾橋爲道梁溪經別
後並無香夢到紅綃

逢蔣行乾問丁子朗近況

琴心挑起暮相思惟有知音是子期別後更逢人問
訊酒旗歌板月斜時

金陵與沈閭遇別

長干楓落雁紛紛一片江帆挂白雲握別不堪重見
柳瘦腰斜舞似休文

送鄒子有南還兼寄嵋雪北上

旅館燈寒鼓角吹聞君畫舫去江湄相思一夜分南

北爲問燕吳別幾時

舟中寄友人 時留連白門妓

誰云歌舞歇淮洲尚有佳人字莫愁一夜燭殘霜鬢
冷索郎不許夢揚州

畫櫂何緣有後先只因朱閣暗情牽鸂鶒不用郎親
貫妾住橫塘自有錢

送吳翌皇歸閩中

金陵游倦賦歸與黃橘丹楓憶舊居此去吳姬休買
醉卓家新寄數封書

宮詞

曈曈曉日映西宮春鳥啼花滿樹紅卻道玉妃猶未
醒至尊同在漏聲中

江南春色到垂楊碧殿笙歌繞畫梁今夜不知誰被
幸相看箇箇是紅妝

嬌倚臨春翠袖斜君王宣賜御前花銜恩未敢當階
奏底事民間選麗華

寂寂朝元長綠苔新過翠輦幾徘徊內官最識君王
意演得梨園子弟來

一曲霓裳帶月西朱簾不捲醉玻璃翻嫌武帝多輕
薄無數宮人掩袖啼

天語私聽小閣邊蒼苔踏處盡金蓮胡來玉帶垂髫者一笑春風倍可憐

新奉傳宣也學愁天顔初近故含羞黄金莫買長門賦玉笛銀箏齊上楼

雖然靈藥費金錢不是癡心去學仙碧樹朧朧秋月照謝恩多在玉窗前 吴陵國風

贈桑楚執四首

春星館裏悵離群帷有匡床伏枕宜只恐楚宫人侍立盈盈偏裊綠楊枝

不詩不畫不開樽秋色雖佳懶出門不識縷金裙帶減只今誰復念桃根

頻難策杖赴花犀髯客吟聲總不聞非是折来因五斗如何瘦損似休文

且莫支離上選楼小蠻凝睇不勝愁不如束素長相傍的有温存到白頭 桑雪鄉編年詩鈔

平山送宗鶴問之金陵廣文任

平山春草漸茸茸送客剛聞十里鐘此去金陵猶咫尺江流如帶繞青峰 鄧雲章抄稿

天濤有少君之慟僕適過堰口坐其書閣賦此慰之 天濤姬人陸羽嬉工詩早没

年來怊悵極東風暫倚高楼瀉碧筒休啟疎簾還遠望朝雲坟在落花中 琴怨詩

送陳其年赴崑山縣

十年今始晤維揚紅燭金樽此醉鄉那憶吴歌清絶處送君南去又孤航

歌筵感舊

記得官梅閣外紅聽殘豔曲五更風而今歌舞從人借隻眼憎騰畫鼓中

送董蒼水之汴梁

廣陵城外繞垂楊送尔征車入大梁一路関山無甲馬陳橋熟睡酒壚傍

湖干訪友

野廟空塘賸落暉迷離何處故人扉偶逢溪女閒相問三里橋邊自浣衣

歌筵忽得周伯衡死信

荆南三載苦鞍單魂斷巴河日暮雲那忍歡筵聞信到秦箏撥處淚紛紛

新秋楊世功自金陵來 楊乃錢宗伯吴祭酒門下客

紅豆莊前悵寂寥梅村池館亦蕭條不堪重見當時客細雨斜風過板橋 昭代詩存

漢畫軒

俞錦泉先生招集園林聽歌呈陳芳世兄

綺筵雜坐滿詞人，紅袖當場欲起唇。唱徹君家囊錦句，黄河絶調總如塵。陳芳有古錦囊詩集

絲雨纔停又晚曛，犀簾總不障羅裙。劇憐公子留人意，未敢當筵索紫雲。

甲子春遊杏花村

雨晴正值看花時，村裡曾無花一枝。日暮秀山門外望，牧童猶唱杜家詩。

石徑清泉自轆轤，當年佳釀客争沽。而今芳草斜陽裏，不見黄公舊酒壚。

老樹雙鳩絶可聽，茉花遮斷杏花亭。難堪細雨荒山路，一箇殘僧誦梵經。

小杜詩名播酒家，至今寒食鬧繁華。武昌百萬旌旗下，誰向東風護杏花。謂左師　詩永

慎墨堂詩拾逸句

海陵鄧漢儀孝威著　鄉後學陳夏荃退庵輯　陳寶晉守吾校

嶺南

雲黑一村花 詩觀初集卷七

登海蓝塔

塔勢連山動 詩觀二集卷二

過錫山

浮圖領衆煙 詩觀三集卷九

佚題

纔起鄉心月過樓 初集卷三

詠木棉花

十丈紅花閃客衣 三集卷一

游揚州花村

舊是兵戈地，層層布酒筵 初集卷一

過虞姬墓

名能高呂戚，節已邁韓陳 初集卷九

過釣台

雲台爛勳庸，遐蹤讓漁釣 二集卷二

阻風燕磯

巉石蛟口蓄，空洲草樹腥 三集卷十

輓顧臨邛

朋儕師郭秦鄉黨欽彥方 雄雉齋集

送桑雪鄉游吳門

好去吳宮路聽鶯生綠苔 雪鄉編年詩鈔

過吳江

不識吳娘何處住垂虹橋外滿人家 初集卷三

從京口渡江

無限雪花吹鐵甕始知天愛潤州山 初集卷十二

佚題

懶向蕭家舊樓閣日斜把酒看青山 二集卷六

孔東塘將返都門賦贈

蕭條襆被原臣節辛苦詩篇在使車 湖海集

慎墨堂詩餘

海陵鄧漢儀孝威著 鄉後學 夏荃退庵輯錄 陳寶晋守吾校訂

紅橋讌集同限一屋韻

年來驚看是揚州戰壘依然花竹瑣閣重簾蕉雨度却漲半溪寒綠研匣新移香匳徐展占盡今生福隋家天子枉誇清夜遊曲 最是紅粉青螺解人情緒驀地風流熱薄倖分司殘夢覺轉煞腸中車轂薔薇難憑雲霄總幻何事花間宿真無亇事直教打點金屋 同人集

和巢民先生酬菽翁見懷原韻 調寄夢揚州

莫言愁正淮南桂樹香浮君是詞人麗藻驚思難休曾携酒壽隋苑望隔江暮雨初收東皋路重陽節折教冷落羊求 仙令剛逢老秋却手弄瑤琴心想高流閬道支邛更向金陵遠遊無能便促籃輿返借丹青寫箇扁舟黃蘆裡蕭蕭瑟瑟誰唱涼州 同上

己酉上巳小西湖禊飲呈棠翁 調寄滿庭芳

金帳情濃牙籌算熟那管門外春光杏花桃葉都付與漁郎為愛城西小築因水石造作山堂垂楊下扁舟一葉寫興在滄浪 難逢惟上巳蜂蜂蝶蝶一泒花香却集西園彥比美諸王試看移蓮盪槳無絲竹

但有文章如此風流佳興過後更思量春雨草堂別集

題陳迦陵塡詞圖 調寄過秦樓

燕作輕身鶯翻巧舌庭院總無人到閒抽湘管小拂鸞箋此際心情殊好正尔彷彿周辛幾許端詳巡檐側帽忽柳邊花下煞是銷魂難爲懷抱　細看他綠鬟修蛾亭亭獨立別有烟姿玉貌故拖翠袖斜倚紅欄微露風前指尖應把烏絲麗詞吹入瓊簫聲聲低叫只如今頻喚真真收拾詞豪

題汪蛟門錦瑟詞 調寄賀新涼

才子如傾國果生來明矑雙鬢昭陽誰敵羨煞汪倫才調勝風格兼之朗爽每吟成金聲玉色曾值傳柑親入侍看鼇山鳳闕龍樓嗟勝事君先得　憶曾北郭觴行客倚池亭藕花菱葉參差如隔一別故人風雨散贏得寒虫唧唧聞酒市筑聲猶擊乞米長安原不惡苦深閨裁剪煩刀尺知遠淚梧桐碧

爲尤西堂悼亡 調寄意難忘

雪地氷天忽飛來一騎苦淚涓涓低徊如欲語哽咽更難宣說伉儷委金鈿杳杳化風烟誰歸去嬌兒足馬夜度桑乾　空誇錦瑟花磚把鴛鴦隔斷竟致黃泉病時誰藥餌死日恁流連問信息總茫然衹夢裡

周旋愁看取都門碧柳陣陣吹緜尤西堂全集

次韻答贈曹舍人京師見寄之作 賀新凉

名士盈東國更曹家賦詩橫槊英豪無敵珥筆縱隨丞相後聲價由來赫奕看落筆群公動色日轉宮槐催賞酒笑停鞭大道青樓側如此事何人得　昔年也作燕台客到於今攀龍屠狗人都間隔莫水西風黃葉下落得啾啾唧唧喜雄篇蒼鷹怒擊寄到邗溝明月下快高吟紅蠟銷三尺空遠望西山碧 珂雪詞

附寄鄧孝威

才子生南國坐江樓擁書十萬百城難敵高密元侯門第在伯適清風奕奕看威鳳嚳龍氣色函指騷坛誰執耳羨蔡邱玉帛長千側千古事名山得　慚余潦倒東濱客望龍門清塵濁水蓬蹤踈隔　八月西風吹雁羽漫學秋虫唧唧携布鼓雷庭偷擊汪李比來情更好似桃花流水深千尺空夢到邗溝碧

附錄

鄧昂米 字扶風，號次德，諸生。李成子。著我笑軒稿。

遊野寺

野寺人誰過，禪燈到眼微。蒼藤盤畫壁，老樹隱柴扉。僧去鴉頻喚，虫鳴葉盡飛。難堪秋水漲，極目祇斜暉。

詩觀初集卷十一

別姚舒恭

寂寞荒村裏，傾壺那復增。秋光連遠岸，水氣逼深燈。繫柳家家舫，沿溪處處罾。難為分手別，款款語吳陵。

同上

九日之東皋省家大人即呈皋民先生用合肥重陽登高四韻

只為省覲急，何曾眺遠峯。帆開風落帽，潮上雨鳴鐘。竹葉荒村杳，籬花隔岸穠。無才成小賦，滕閣水重重。

亦知逢令節，客舍倒壺觴。可惜猶岐路，無由話夕陽。夢隨雙槳動，心逐片雲長。寂寞秋江上，閒花强自香。

秋色滿川陵，蕭條百感增。霜風欺短褐，水驛閃孤燈。栗里人何在，龍山會未曾。匡峯多勝侶，蠟屐好同登。

即禾泊東皋，舟行意自豪。酒帘飄遠市，木葉走空壕。海氣蟠秋雁，江風颭布袍。遙知陶靖節，吟興一時高。

同人集

鄧劭榮 字若雍，號顧亭。李成子。著鄧尉山人稿。

梅雨

濕雲吞遠岸，時節近黃梅。梧柳搖深院，蛟龍上古台。水奔魚自急，烟集雨頻來。且自銷愁緒，榴花映酒杯。

詩觀初集卷十一

送舒恭之潘村

寂寞柴門路，飄然竟放船。狂風吹野屋，急浪打荒阡。愁思誰堪語，荒齋只晏眠。遙知吟句苦，獨眺水雲邊。

同上

秋感

秋風颯颯落丹楓，塞北黃沙攪亂鴻。慘淡青烽猶戰壘，蕭條白骨只秋風。猿啼哀峽千村怨，草沒荒齋萬里雄。何處清砧敲永夜，關山月照北邙空。江蘇詩徵

秋日登文選樓

蕪城烟樹接蒼茫，帝子殘碑冷夕陽。望裡山川埋鼓角，生中樓閣換興亡。畫欄雲擁書千帙，白雁天開字萬行。多少關山征戰裡，只今樽酒弔蕭梁。揚州府志

秋日遊阿育王山謁嵩巖禪師

野花盤石路，訪道及高秋。深壑龍蛟卧，危峰虎豹遊

刼餘存古殿，梵響雜溪流。望望松篁暮，禪房且滯留。詩觀初集卷十一

天童寺　鄧勱相 字方回，號冠城，李威子，著文選樓稿

萬松圍古寺蛇徑勢迴環日黑長疑雨雲陰欲變山仙禽穿澗浴翠竹繞亭閒極目窮滄海森奇任意攀 詩觀二集卷七

立秋日微雨送姚舒恭次原韻

涼秋鄭重鎖柴荊黃葉蕭蕭泊舫輕一代風流成舊夢六朝詞賦只虛名山村有路連雲合野陌無人帶雨耕憐汝遠投郊外宿客樓登望不勝情 詩觀初集卷十一

廣陵奉贈杜茶村先生

青山未買欲何依閱歷深緣事事違江海波迴耆舊盡風塵人散管絃稀笑看彈鋏傾冠蓋喜共論心只布衣浪跡一生詩滿篋百年吾道付漁磯

身經喪亂困干戈此日行吟意若何滿地軒車誰顧問一時屠狗好相過黃金路盡頭全白老驥歌殘淚目多却喜風騷猶未絕一時高調起巖阿 詩觀二集卷七

鄧勱秀 字七友，李威子

春日登太白酒樓

山銜江面出樹壓一樓荒猶覩風流跡曾傳供奉觴祠堂啼獨鳥春色散斜陽無那宫袍杳千秋憶酒狂 江蘇詩徵

補遺

登金山和壁間韻　鄧勗采

江流浩蕩上寒潮突兀奇峰影動搖南北地形分六代古今天塹限中朝龍吟鐵甕烽初散鼉吼金山氣未銷惆悵只餘鐘磬冷楚魂此日倍難招 詩永

文選樓初夏雨晴送于皇先生　鄧勱相

叩扉何客到似為喜初晴萬綠推窗見斜陽傍寺明登樓多古意把盞動離情莫忘維揚好青山滿舊城

渡江至皖

早發黃湓口遙臨皖白城涉江雙槳穩抵岸一帆輕堞雉滄波映人烟霽靄明暝流西上濶極望楚雲平

暝色

暝色帶殘霞漁舟入浦斜山高微見月水淺細縈沙逼仄樵人路稀疏野老家萬峰青不了相送一株花

吾鄉孝威鄧先生生平所為詩極多其刻有眘墨堂遺嶺諸集版燬於火遂無傳本丁亥長夏寡營有眘墨堂詩拾之輯聞韓君粹生藏手鈔鄧詩數卷韓君瞽癈謝客因就其弟慶門借鈔慶門精岐黃吐屬類儒者為余言其曾王母為鄧先生女孫其家嚮藏鄧先生譔著及 國初諸老詩文劄藁最夥大率多得之外家云後因嚴書禁倉卒一炬拉雜摧燒僅有存者自其兄瞽癈後又取前煨燼之餘凡蟲蝕鼠齧斷爛灰敗者盡焚之今殆無遺孑矣余聞之悵然重有所失有間慶門復詣余述其兄粹生之言曰嚮所藏手鈔鄧詩凡二本均為友人借去皆久假不歸矣無以則有鄧先生所著說話百餘則以報命可予余受而讀之所記多 國初遺聞軼事足資談噱間有見於硯雲甲乙編寄園寄所寄諸書者 國初著述家與鄧先生為同時各據耳目所及書之故尔脗合非務勦襲也顧其書多記四方交遊聞見之事與庭聞州世說臚列桑梓文獻有異盖紫元太史盛年肥遯戢影草堂且得於中憲庭論者居多故於桑梓獨詳鄧先生蚤歲讀書吳下晚年司選揚州中間或蔡州或嶺南或京師足迹幾遍天下其居里閈之日盖寡故

其書略於桑梓而詳於交遊時勢然也其書纔數十葉無篇目疑非完本余略加芟節其不合時宜者去之名曰慎墨堂筆記筆記之名亦非余杜撰也先生所刻慎墨堂詩品中自述鄧孝威筆記云云殆指此書而言與詩品亦慶門贈余者其書亦不全余嘗謂凡人祖父著作子孫寶之當甚於良田美宅有力者梓之無力者須手鈔數副本藏之以待後起者勿輕假人苟其人素有學識而篤信者可將副本假觀其人必能悉心尋繹一有心得必採摘鈔撮而去或可附其人所著之書以傳凡為子孫者宜知此義若其子孫弗克世守則拾遺補闕存什一於千百又鄉後學之責也近余採輯鄉先生著述若干種鈔錄成帙各自為集鄧先生著撰稱極富惜皆散逸茲記特全豹一班耳然非慶門數世藏庋以及余窮力爬羅剔抉而出其不歸諸煨盡也者幾希今幸此書得傳爰誌其顛末且謀授梓與吾鄉嗜古敦舊之士共珍之

道光戊子同里後學夏荃謹序

慎墨堂筆記

海陵鄧漢儀孝威著　邑後學夏荃退庵輯

汪汝謙西湖艷事云戊寅春間朱雲來同鄉携女劇四十餘人來湖上下榻片石居每日午後宴會客訪如雲主人不倦吳門徐清之中秘亦携歌姬四十餘人來遊湖上下榻沈莊余與馮雲將長在艷場因作撮合山手使兩家大會吳門教師亦畢集湖頭擇場卜日群聚寄園從柳堤迎隊而入其夜擬戲二十四齣皆深求情種絕世風流每家四齣一換各盡所長終場合演吳王遊姑蘇臺歌聲振林備極艷異朱家最麗者名壽姉是夜演浣紗風神秀艷聲韻繞梁其手書絕句皆深於情者楊龍友艷慕因補雲間廣文多方得之後失於亂兵余家最稱者倩生其夜演畫中人曲盡想像神情後歸陳寒山大令大兵之後不知所終

余於辛巳小春遇眉史於半塘後歸白門中阻亂離不得書問者七年矣庚寅楓林之遊於虞山幾倖得見而竟不獲面怨恨之情形於顏色因成此詩無何扁舟來訪重過橫塘其半神筆墨事事絕人而擇木未棲不無薄命之感遂書此冊贈之山梅將放余別去問道靈巖眼見落英如雨不知飄墜何處忽生惆悵不能就黃蘗老人了此綺語機緣也

下生字雲裝名鏍吳下侍兒柔條亦善解人意雲裝後歸鄭氏部應舉癸巳冬日僕同趙編修王森飲汪然明之不繫園編修云雲裝近以柔條與鄭君且出千金翕物為贈扁舟獨影已去之吳門掩關學佛不復作人世想矣然明尚未之信甲午春僕同錢宗伯牧齋訪之鄭三山家果然然終不出見賓客

虞山宗伯詩序往歲吳門歌者入燕過余言別有龜年湖湘之歎為書斷句十四首龔孝升在長安倚而和焉傳寫至齊上盧德水酒間曼聲諷詠泣下沾襟坐客皆淒然掩淚梅農云合肥詩香鷁紫絡度烟霄金管瑤笙起碧寥誰唱凉州新樂府舊人彈淚見紅桃長恨飄零入雒身相看憔悴掩羅巾後庭花落腸應斷同是陳隋失路人皆其可感可泣者也熊侍郎文舉亦有詩云金台玉峽總滄桑細雨梨花枉斷腸惆悵虞山老宗伯浪垂清淚送王郎人間幽夢幾曾醒玉茗檀痕字字靈彈動琵琶天欲老傷心寧為牡丹亭戴司農明說詩云瑤箏紫轂大房西久別寧王譜未迷莫向五雲深處唱年來太液草萋萋俱悽惋可誦

戴司農明說有題李五絃少司馬陳姬遺像詩四首屬
兗吏部士禎點定吏部僅錄其一茁茗餘香鸜鵒身
瓊簫聲落鏡中春何年留得霓裳曲痛煞開元未死
人詩真蘊藉吏部亦可謂具眼又有題徽宗鷹詩雪
後天　雙羽輕金睛斜瞬暮雲手誰知艮嶽山頭雁
風雨年年罵蔡京合肥每喜向座客誦之
廣平申涵光序張蓋字覆輿吾永之東橋人介士也
然其初以狂著少負劍擧名非所好好詩時郡人無
稱詩者閒詠哦聲則增飾傅會以為笑蓋獨好之所
為詩輕脫自喜往往不中繩尺家固窶竭貲力為服

慎墨堂筆記　漢畫軒

和馬傳寫至齊上盧德水酒閒曼聲諷詠泣下沾襟
坐客皆淒然掩淚梅農云合肥詩香鷯紫絡度烟霄
金管瑤笙起碧寥誰唱涼州新樂府舊人彈淚見紅
桃長恨飄零入雒身相看憔悴掩羅巾後庭花落腸
應斷同是陳隋失路人皆其可感可泣者也熊侍郎
文擧亦有詩云金台玉峽總滄桑細雨梨花枉斷腸惆
悵虞山老宗伯浪垂清淚送王郎人閒幽夢幾曾醒
玉茗檀痕字字靈彈動琵琶天欲老傷心寧為牡丹
亭戴司農明說詩云瑤箏紫轂大房西久別寧王譜未
迷莫向五雲深處唱年來太液草萋萋俱悽惋可誦

戴司農明說有題李五絃少司馬陳姬遺像詩四首屬
兗吏部士禎點定吏部僅錄其一茁茗餘香鸜鵒身
瓊簫聲落鏡中春何年留得霓裳曲痛煞開元未死
人詩真蘊藉吏部亦可謂具眼又有題徽宗鷹詩雪
後天　雙羽輕金睛斜瞬暮雲手誰知艮嶽山頭雁
風雨年年罵蔡京合肥每喜向座客誦之
廣平申涵光序張蓋字覆輿吾永之東橋人介士也
然其初以狂著少負劍擧名非所好好詩時郡人無
稱詩者閒詠哦聲則增飾傅會以為笑蓋獨好之所
為詩輕脫自喜往往不中繩尺家固窶竭貲力為服

慎墨堂筆記　漢畫軒

飾綦履佩玉飄長帶如貴介甚都時入狹邪流連竟
日夜城頭水次則洞簫出諸袖中嗚嗚自得善草書
所遇無不書或求之乃遂不書故舊每欲得書輒匿
楮紈不令見已自尋得之便索筆急書惟恐奪去故
遠近傳蓋狂士狂士甲申後忽自摧折以次當貢太
學不受自脫諸生籍閉門獨坐讀杜詩歲常五六過
詩亦精進得少陵神韻對客竟日不一語曰無所當
語者以母夫人饘粥不繼間授徒自給性不耐未幾
輒罷好獨行曠莽林薄間自作手語時人莫測也故
人仕宦者招置幕中敬禮之偶一語不合遂拂袖去

未幾得狂疾築土室於村外蔽扃絶人跡穴而進飲食歲時一出拜母雖妻子不見也人潛聽之時有泣聲或朗誦五經自後不復作詩申子曰跡盖所爲前後若兩人類有所感發者古獨行之流與詩在前不復論録其甲申以後諸作語不馴雅者又削去嗚呼其足見盖者幾何哉

丁未客苕山羅霞章鏡庵以從征美人燈詩見示凡九十首余同戴尚書巖犖坐茅氏之聚星堂共爲點定得詩三首萊陽宋荔裳琬瘦削腰支似沈郎若爲烽燧向沙場夫人城外木蘭戍太乙宫中韎韐妝衫

映猩紅天不夜劍横鷫鷞練雪生光更闌可怕金吾問新佩銅符出上陽杜子濂淒明璫抹額兩相宜疑是吳宫夜獵時碎錦裲襠星歷亂團花衫袖玉參差雲中旌旆游龍賦馬上琵琶火鳳詞生對烟花裁露布功成先拜小姑祠丁素涵濼不須脂粉自容輝束素腰身掛鐵衣豈是烏孫初款塞何來神女哭重圍鳳尖紅印桃花色犀帶香吹柳葉飛悄竊銅符行海上鮫宫新捧夜珠歸他如王玉映端淑比月每煩歌吹引如花偏稱錦貂妝宋荔裳又一首未到關山愁雨雪爲防火伴斂容先曹顧庵尔堪翠鈿不夜珠生暈

錦袖迴風劍有光徐咸池叔夏還擬鏡台妝畫改敎人終夜辨雄雌周子俶肇銀樹花間呈小隊碧油幢裏倚新妝馮幼將肇杞夜闌旭日紅昇海莫幟軍中氣不揚雖非全錦亦自可誦

僕幼時讀書吳門之西郭一日過林若撫適邵僧弥攜所畫梅花草堂圖相訪因共坐香月窗僕出近詩數首相質僧弥於窗下微吟細哦深加賞味贊僕此時於詩道毫未有窺也距今三十年矣丁未冬仲偶讀吳宫詹梅村所撰僧弥墓誌歎其後裔凋零一子覆舟自殞一子跛令在元墓爲僧怊悵久之同時更

有清谿道人胡梅字白叔目雙瞽賣藥爲生工於詩僕時過其家必小飲留飯而去曾造虞山錢宗伯牧齋贈以三十金一夕爲盗攫去僅存襆被尚對客朗吟云盗康猶捨蘆花被妻老原無杏子衫其興致如此然亦無嗣云

庚辰訪朱隗雲子於鹿城旅次雲子時有詩家平論之選極談詩指深爲雋上追丁酉余過吳門則雲子化去久矣其弟陵望子收拾所遺詩文手録成帙索余爲序余以悤悤去廣陵未之能應今望子亦殁不知其稿尚存否葉襄字聖野曾刻紅藥堂詩行世其

余論詩極合丙戌訪余吳趍語余云元微之連昌宮詞白樂天長恨歌皆唐人極有關係詩而鍾譚不錄所以為舛今亦棄世其遺稿尚多付之斷烟荒草不問可知也

己卯余應試白門過李如穀滋吳憲副園因留余飲出扇作詩贈行文不加點詩云挾策將為破浪遊青雲片片起清秋壯懷已試天香手逸興何妨桃葉舟應有莫愁為捧硯如逢孫楚且登樓恨余昔日先歸棹不及君今聽鹿呦前輩之待後生殷勤如此甚可感也

甲戌冬余訪尹子求仲先生於胥門舟中先生出東遊草見贈因云昔作承天府倅試諸生曾取鍾伯敬為第九歲月既多亦忘之矣比庚戌伯敬登第聲名躁長安忽一日投門生刺來謁君訝甚及入見下拜執弟子禮亟詢以故鍾曰昔為景陵諸生曾蒙錄取第九名也尹曰以君之才而置第九且重得罪何敢認師生鍾曰惺作諸生從未有考置第九者此知遇之始其曷敢忘前人厚道盛事特為存之

張詞臣幼學云余僻處海陬不知江山之間有偉人也因龔半千而知王自牧又因自牧而知韓畊良經

正昆季自知二韓而知以琴名者有李季寅謝千里知以畫篆術數名而有慷慨烈士風者有吳爍生知以詩文名而高卧山中者有楊尔成知博交而多才者有尔成之兄尔寧知不學而能詩且多奇節者有劉儀先知生隱者有張文延夏申之

林古度茂之曰往者東南倭寇之亂戚大將軍繼光擁重兵開府海上一日置酒城樓大會客酒半大將軍慷慨大言曰今者一孝廉將之燕一將軍將之秦諸先生有能為文以送之者文成當出千金及他物為先生壽坐客逡巡莫敢應先府君初文先生年甚

少適在末座援筆立成數萬言大將軍讀之且讀且喜立贈黃金二十鎰白金二百鎰貂襜十名馬二他瑇瑁犀齊明珠珊瑚悉稱是當是時城頭白月如畫一軍驩呼

侯方域朝宗云吳延仲允伯少年時就燕京廷對狎遇老中貴延請置之上坐求為作兔山五龍亭梳粧樓諸記天壇迎神諸歌既畢酬之金五百鎰願奏天子延仲辭余已卯下第歸嘗過延仲飲見有伎武氏者在側是時山東劉大將軍方擬青齊諸侯王請以金屋貯伎伎曰願得終身操隃麋侍吳仲子文筆足矣

其為人所傾慕如此

吳橋范文貞公為留京大司馬雅畜聲伎其裝旦者名秋水己丑余與同人集飲市隱園見秋水當場演劇杜子皇指示之曰此吳橋昔所珍愛者也即席因同龔芝麓奉常賦斷句數首以贈比乙未飲戴嚴犖司農京邸見有侍史在側司農曰此子姓胡名昌吳下人昔在吳橋相公家秋水裝旦胡昌裝生頗稱娩美相國騎箕後昌遂依余家焉眾欷歔久之李學士坦園時在座曰天寶舊人亟宜贈之縑帛

乙巳春日偶遊東村見壁間有曾復曾林公夢成簡庵詩一首詩云極目干戈悲歲華別來處處問雲槎黃金有價詩名薄白壁誰投客路賒飛蓋不忘京雒夜芳蘭猶怨楚江花林青月黑関河遠夢裡霜風滿碧紗時林公化去已八年矣余題其後云我友八年歿飛花野冢香何期村墅路猶見墨痕真舊夢搖滄海殘樽哭故人谿南無恙在應與共酸辛是年初夏余過商邱則簡庵於是春已歿谿南之訪竟為虛語能無泫然

延令伎張生香余曾與之共飲雖不炫才而詩句妍秀其依韻荅雪園見贈云風塵牢落且隨聲不道名

流物色態敢擬宓妃波上影虛瞻神女嶺頭雲傷心芳草愁難繫望斷王孫夢已分只恐東風無定準相思僅見酒微醺又和寒食見懷一首頗知寥落殢蕭齋況復相牽志肯乖好夢未迴依枕簟癡魂欲斷怯環釵方悲柳絮霑難脫敢擬琴心遠可偕珍重青衫休更濕恐嫌清範重優俳其和章如此類者甚多後竟杳然不知所往

辛卯余驅車河北見驛亭旅舍女郎之題壁如葉子眉宋蕙湘陳秀蘭輩不可勝數雖真贗不可知然喪亂以來紅妝艷質流落於風塵兵馬間者多矣其怨而留題或有也龔芝麓曰宜彙為一編以志閨恨而傳芳名

閩中黄明立先生為南雍丞居金陵老而好學不倦人士宗之余曾有詩寄懷云屐聲秋欲冷各各見無緣遠望長干道頻思叔度賢江深寒到夢春淺樹如煙曾有青溪約因風欲放船蓋庚辰年作也今其令嗣虞龍俞邰博覽能世其家學余曾向宛陵沈泌方鄴言欲訪之金陵尚未果

吳纘姬孝廉沈毅負大略預知登州之變即移家還海陵甲申在維揚與黄中丞家瑞馬兵憲鳴騄倡義

漢畫軒

社以扁舟邀余共事余有詩寄之云門前楊柳繫輕舠尺素披來念我勞西地清魂縈故闕一天細雨濕征袍中原門户江淮重藩鎮軍容節制高消息朝廷遲北伐新亭置酒莫牢騷竟不赴其約後纘姬亦避地吳中江南平田居不復上公車鬱鬱以死

黄岡王一窠子雲舉庚午孝廉性孤迥不輕與俗合庚辰上公車半道而返龔孝升時為蘄水令詩問之曰令韓城作會試主考我可為其門下士耶丁酉春孝升奉使嶺南還舟泊南康時子雲携家住廬山曾夜過訪酒半談及黄州寇變及樊夫人殉節事欷歔

流涕孝升厚贈之而去令復返巴河劉孟孚佑徐亦史而令君皆與相好一日飲劉大令署齋天寒索衣大令以紅氊服與之子雲直加諸濶袖學袍上人共驚吒子雲弗顧也每見徐大令無父母稱但呼曰亦史亦史云

通州邵山人潛夫是李本寧鄭彦吉兩先生座上客年八十餘余曾見之雉皋爲人謙冲和雅世傳其善罵人不知山人所詆訶者大抵屠沽販傭及縉紳而市行者也寓雉皋時偶派户役同人言之令請蠲之令不可司李王公士正適行部至縣欽山人名首匹

馬走訪且招與飲與賦詩令咋舌亟免役吏足恭於山人山人卧弗應

熊公雪堂文舉以天官郎主陝西鄉試自矜所拔名士殆盡一日其門生韓詩聖秋過謁曰公誠得士然不能收劉客生士論以爲憾公曰吾亦知其人奈何遺之亟向方伯索其落卷則爲經房一廣文抹去公未之寓目也公作一詩亟命駕詣其廬謝冬烘之罪時秦士傾動客生之門乃更光耀

癸未闈中多物色知名之士然無以賄賂通者一日場中徧覓鄭元勳卷不得意在詞林劉湛陸理房劉

介甚不肯與他房搜卷諸同考請曰今所索者乃揚州名士鄭元勳之卷其人負經濟當此中原鼎沸之時亟欲收之為世用非有所私且令搜得之亦不敢以强公與他房作門生可也劉始與之搜竟得之

丁未冬雪後至南山寺寂香庵見堂前有秋日南山寺訪李公孟詩乃河南右布政春所龔大器作也詩云古寺依南郭禪房苔蘚封寒雲棲白石靈籟動青松客思驚秋遠梵音下暝鐘故人天北至良夜喜重逢詩甚渢渢有王孟之致

孫鐘元先生名奇逢容城孝廉尚氣節盡忠心以捍

廓園諸君子之難近居夏峰容通蘇門以道學自任遠近人士咸宗之張簡臣以武夫皆掃地烹茗服僕役之勞有滄州諸生趙時泰字來吉一字果夫奉教夏峰之門牆沈篤之士也有姑毋臨没而無嗣以所蓄重貲付之果夫謝不受曰此自伊夫家物我雖親姪係外姓受之不義卒卻之甘淡薄授徒自給如初父死於兵難果夫絶意仕進終身不復應科舉此二端者貞誼皎然真夏峰之徒哉

久不見龔定山近詩丙午夏戴紳黄司李揚州招飲抱琴堂出其送行二首見示詩云隋苑風花杜牧詩錦驄蹀躞好春時潮從瓜步帆前落簫向紅橋月下吹謝氏一庭能夢草王家累葉總臨池遙知文選樓閒處無數芸籤待玉蕤文紀半稜起惠文登車春色早絪緼遺民一下丹書淚橫海全消鐵甲單何避官梅香似雪戴偶園草碧如雲停杯為唱驪駒曲花事三分已二分聳其為即席次韻之作清圓秀令猶似當年龍共研脱手彈丸時也

三十年前讀書吳門過閩中林六長銓索余為拮蒼除夕買硯詩今乃見其姓氏於東日堂集中

雲閣董宗伯元宰與陳仲醇善搆一樓以待之題曰來仲樓張納言元著與林若撫善亦構樓以待題曰望若樓一時吳中傳為佳話

項仲昭煜雖官詞林頗為名賢所薄文宫詹震孟欲以京察處之項微覺時方為南司業乃疏薦張異度孝廉異度名世偉清介有品望吳士所奉為典型者也東林諸公聞之乃躊躇未即黜退項

徐波元歎云憶己卯秋靖江令陳木叔潛入閩之選時四方多警兵聲日棘余適往訪將歸餞送城隅酒酣放舟中流迴顧雉堞慨然歎曰此地江水逶城海濤舂激形勢不易宜有健者生其間令求一墨客不可得倘有宦遊於此者或足以當之乎盖以自況也相與大笑朗誦謝康樂本是江海人解維各去

戊午秋陳古白元素病痢不能畢場事張賓王楞趣之入代為草表古白實而藏之跋其後以見友誼之重如此

乙酉　大兵至姑蘇徐宫詹汧於六月初六日繞行尹樹堂中惟曰三百年綱常一身名節既而曰綱常名節總不必言只此心難昧耳又六日自沈於虎邱新塘橋河而死翼日出尸方盛暑顔色如生有笑容子枋字昭法壬午孝廉隱鄧尉山中貧極不能謀饘

漢畫軒

弼終不入城市同時死難者更有諸生顧東湖名所受作詩死縣泮之前湖

梅花氣候南北甚懸庚辰臘月余冒雨入陽山宿箭闕僧寮山塢梅開橫斜可愛爲之徘徊不能去癸巳十月余同汪汝爲遊毘陵之青山莊則梅蕊早破誠所謂十月先開嶺上梅也十一月抵武林信宿吕正始之署齋牆角官梅凌寒欲綻丙申十一月余同龔定山之粤東抵萬安之百嘉卹則梅花爛熳已極度庾嶺桃花片片落地至羊城度歲榴桂競發風氣與中國大殊而京師臘月盆梅盡開則從大炕中鬱蒸

而出雖盛而根株不永闘鄧尉梅花至上元後往看乃爲盡致而江北梅花必遲至仲春乃放固一江之所限與

子美評同時諸子詩於孟襄陽曰清於王右丞曰秀於岑嘉州曰多新語於高常侍曰法如何於畢曜曰舊小詩於李太白曰清新俊逸古人之不妄許可也如此

子美贈嚴武詩曰新詩句句好應任老夫傳儼然以詞壇前輩自待

嘗與山東王西樵士祿論詩云今人盛誇歷下不知

漢畫軒

于鱗自中原萬里黃金白雪而外有一種雄秀高鍊之作迴非時賢可及必易詳細賞乃見力量令人不多讀書不深心詩格逐隊罵人恐終爲識者所嗤笑耳西樵歎以爲知言

周忠介公王父故廣文也有屋一區至贈公以授人忠介益貴顯屋主以公祖業持原契歸公且曰公貧倘值未辦姑遲以歲月公曰復祖二字名甚美實甚惡主欲棄而歸焉人亡之人得之也猶事勉强與勢奪威劫何異且子孫繼志述事豈在雕梁畫棟乎固謝之并書契尾以爲子孫戒令人一得志則崇大宮

室以爲壯觀於鄰屋則百計圖得之尚不及半值稍不如意則陰謀嫁禍又何况祖業之當復者也然貴人身没未幾而他人入室何似忠介留清白之節於天壤耶

文相國嘗言王雅宜先生爲郡侯胡可泉纘宗所器深相得也可泉公暇泛艇出胥門隨一小奚造雅宜所笑談久之飯脫粟而去臨行以銀五錢貯硯下古人儉率如此雅宜有一祖户歷年負租或勸直之郡公雅宜曰郡公下士可遽干以刑名乎

郡侯陳默庵洪謐爲政寬簡而持己猶介文毅方拜相

不隨俗行賀歲時候問惟果物八盒
陸貞山富女伎十人娛親親歿即日罷散楊南峰年
八十折松枝為籌記讀書功課文衡山以孫不共丁
祭怒擲粥碗而卒
申大司馬元渚燈下必朗誦古文二葉至熟記乃已
年七十無間是日體偶疲亦必背燈莊坐候至二鼓
乃息五鼓即肅衣冠而起云文定家法也
東陽張玉笥撫吳試諸生吳令閱卷擬以文相國次
子應荐為首相國怒曰子弟藉父兄勢穅秕試場莫
大之醜豈徒有損父兄亦大辱子弟也力辭卻之

慎墨堂筆記

里中有不干事周吏部忠介公默為直其事於縣其
人知之感甚念公廉無可報者因市粉餅百枚餉公
公不欲受又恐逆其意因就中取一啖客復取一自
啖曰承美意不獨身受惠借請客笑以所餘還之
歲癸亥西蜀孫公督學三吳文姚諸子試俱不利甚
或居殿時三先生官清要品節卓然為督學言士風
所當因革無不舉行而諸子考第最劣曾不以銜學
憲學憲亦忘之嗚呼相去十年風俗大謬矣
周公瑕讀書石湖山寺文休承家居停雲相去不下
二十里一日偶烹茗而佳輒思與公瑕同啜因挈壺

漢畫軒

至橫塘足疲憩亭子陶然而寐壺亦失於地彭隆池
適過此呼之覺詢其故一笑而歸昔人風流坦夷矣
止山陰之棹也
張異度孝廉厲節不干府縣與文毅文肅齊名縣令
某將入計欲得先生一言為重伺先生病瘧需溲甚
急乃儳千金貯醫所期乘間即語先生揣其意亟以
他言易之數日醫卒不得言而止
趙開雍五絃解兗州司李任已數載後以南安丞齎
捧過兗屬之單縣諸生貧者爭斂館穀數金為贈明
經劉則久亘之策蹇行數十里送之黃河口見扁舟

慎墨堂筆記

已渡河乃去猶見古風
河東君柳氏放誕風流既歸錢宗伯築絳雲樓以居
暑如李易安在趙德卿家故事乙酉五月之變力勸
宗伯死奮身自沈池水中侍兒持之不得入其奮身
池上也長洲明經沈明掄館宗伯署中親見之其勸
宗伯死則宗伯以語兵科都給事中王之晉者也甲
辰宗伯捐館族人要挾求金君自經死葬靈巖
錢牧齋宗伯每出處乘小艇艙中僅容几榻丙申冬
余宿半塘人家牧翁泊舟塘下時水霜滿眼凌晨早
遣蒼頭邀至舟中則牧翁已盥罷方據案作小楷題

漢畫軒

一山僧畫册題畢同余啜粥啜已出篋中詩帙相示則錄余燕市詩數首在上手自丹黄細加評跋且作一序文見贈余謝不敏牧翁曰子詩良佳僕非輕許人者因謂余曰昨自雲間來以詩刻投者可盈數尺許閱罷竟無一字余驚問故牧翁曰非無一字只是中間無一意思耳因登虎邱置酒清歌極歡而散

弇州於宣城舟中閱東坡煙江疊嶂卷歎其藏鋒而秀氣不可過謂九子九淅諸江山各出所有齊來爭勝余遊苕中吳園次見示坡公與胡祠部遊法華山石楊即弇山堂舊本雙鉤者字畫超逸時見嫵媚因

為賞玩弥自非若他處所勒坡書徒肥滿而乏風儁者也

資福寺為弁山幽麗處綠筠堂一碧無際翠欲侵衣秋日余來游此適值連雨因止宿山齋萬峰飛瀑吹來檐宇夢魂殊為清絕寺僧霞允工詩且好客翦蔬烹茗了無俗色壁間有前太守吳文企白雪題詩云行到寺邊寺坐看山外山講堂分戶牖野雪對溪灣暗水香廚引高雲絕頂還僧㚇亦宦味空跡問潺湲余次其韻凡得八章雨三日始霽登輿向龍華寺去一路竹樹山泉引人着勝弥令人情深邱壑也

婁東張受先過吳門集徐九一齋中慕吳四生名欲招之侑酒九一云此生負盛名非豫訂恐難必其珊珊來也受先强之九一乃遣力往屬曰吳不在舍覓一他姬以來可力往吳果他適因如主命載一姬至受先詼以為吳生相與飲酒極歡臨別謂九一曰吳生果佳名下固無虛士徐為匿笑

龔大司寇芝麓給假歸廬州道拜大司馬至維揚賓客既多讌會復盛公甚疲於應接乘隙有友拉之遊紅橋看芙蓉晚赴戴大司農巖犖之酌時座客張祖明問曰公熱鬧人何乃看秋江寂寞芙蓉公曰僕外

邊熱鬧胷中原自寂寞

龔公芝麓為總憲周公櫟園副之每晨入公署批閱爰書務有所平反至日晡乃出時方春日周謂龔曰我兩人坐此如入深山古廟餕憊殊甚何似乘肩輿出聚寶門詣高座寺啜漚藍菜薄餅為大快事耶相與撫掌大笑

徐亦史籀罷黄岡歸卜居靖江縣特過吳門步訪舊時諸同社相與話濶袖出餅金為贈

劉吏部公戩出郊攜諸姬春遊過故人王君墓其善操琴者也劉命姬人之能琴者登其墳彈一闋而後

乃去
劉公戫為孝廉時出遊囊金頗厚過白門訪亡友王
穆如家（諱亦臨己卯舉人）聞其一女未嫁劉傾囊備妝奩嫁
之杜于皇一女許字婁東葉生矣踰期未能婚龔芝
麓在京師貽三十金為合巹費竟致浮沈後龔過金
陵柳敬亭言之於龔公聲情慷慨龔大感動以屬之
薛君為完其姻薛固豪俠善奔走公卿間
柳敬亭素為寧南座上客善說書名噪一時然柳雅
自負不輕為人奏技人益傾慕之一日過友人有喪
貧不能舉柳乃徧曉金陵人當以何日開場說書至

慎墨堂筆記

期傾城奔赴柳說畢羣情歡悅贈金帛如山悉以歸
之友人助其襄事
王雪蕉云（名相業）詩忌底語禪無死句月到上方諸品
淨底語也心持半偈萬緣空死句也若日色冷青松
長廊春雨響則不可思議耳
婁給事如農（埰）詩身沒後始出其格體老秀似出其
弟如須（垓）吏部上
令詩專尚宋派自錢虞山倡之王貽上和之從而汎
濫其教者有孫豹人枝蔚汪季角懋麟曹頌嘉禾汪
苕文琬吳孟舉之振而與余商畧不苟同其說者則

有施尚白閏章李屺瞻念慈申鳧孟涵光朱錫鬯彝
尊徐原一乾學曹青藜熑李子德因篤屈翁山大均
等人
錢虞山選歷朝詩極詆李空同龔孝升曰空同詩自
宏正傳來二百餘年到老先生眼中似未可輕罵
陳溧陽居相府以題獎人物為己任龔孝升太常雖
尊揚聲氣而權位不敵且與陳方有郄三原韓聖秋
（詩）日造龔所談讌而每通候或謂翁曰公與聖秋密
豈知其磬折溧陽之門耶此時洛蜀相攻恐有不便
耳龔曰此英雄失路無可奈何之所為也我既不能

慎墨堂筆記

薦達天下士而又阻其他往耶言者慚而退其遇韓
如初聞者服其量
韓聖秋罷庫部郎卧疾死京師龔孝升少君顧橫波
亦在弥留之際呼謂龔曰聞聖秋且卒後事定未辦
君盍畜之龔辭以窘顧從枕畔出金百二十兩付龔
曰我死有君在可無慮君曷攜金往治庫部之喪耶
龔亟往果未有以斂乃出金買棺櫝且以其餘儆喪
車載之歸秦韓有妾名蛾雪曲中人髮長委地令守
節在寶應為尼
梁公狄初與豫章王于一交兩人相論詩每篇成不

即亦草率相携至荒台古寺東禺不經處始出詩共讀狂呼驚拜或至痛哭而後返每在酒座主客獻酬公狀獨據席出袖中白板扇字高聲三讀不覺四座有人其所讀必王豫章詩

錢虞山之箋杜胡孝轅之抹杜申鳧盟之駁杜方尔止顧修遠諸家之注杜均屬支蔓而尤可笑則新安張黄嶽之改杜余笑謂張曰僕自今讀古人詩文頗覺有胆（張名習孔曾為山左提學家饒治鹽鐵于維揚）

魏伯子（際瑞）嘗從大帥略地東粤有游宦者將就戮伯子力請釋之其後於江右為方面大吏伯子適鄉

試事畢不通謁知者咸歎其高伯子曰高則吾何敢夫吾有思於人吾豈能忘之哉是固知吾籍里者也不忘當求我不求我而我往其將不見德或以懈而怒乎

魏叔子（禧）客維揚寓張九度家夜大月衢巷如水思共故人談何之九度曰非山尊不可則相共步叩其門山尊見大喜命出醇醪就地下共酌曰吾藏此十年矣已更持杯謂叔子曰古人言人生如寄豈不然哉吾三人對寒月飲酒論詩世所謂樂事何有哉吾不能斷棄世名然非吾所急吾終當放情山水以詩

酒自娛樂耳

周櫟園司農好提拔士類揚州諸生汪舟次楫以詩造謁公大稱賞磨墨數升謂其座客曰我今閱新名士詩濃圈極贊且偏為游揚汪遂大噪泰州處士吳賓賢（嘉紀）居東淘鹵澤中善病工詩共汪舟次客言之於周且代贊其詩周急欲一見曰使賓賢病且死而吾終不得識面豈非生平一大缺事比相見乃極歡且選梓其詩以行二君由是知名當世

櫟下老人座上必置一簿閽客所説一技一能之士必親書其姓氏籍里於簿上凡出游客有以詩文投

者無論已刻未刻短箋大帙臨行時必彙集封好上書曰某年某地同人所賜教

櫟園周公為詩縱横塗改畫紙之全幅不一字苟下秋岳曹公為詩先寫古人詩一首於壁間務使己詩共之相敵而後已禹峰彭公全以氣勝酒酣放筆傑時間可得數十首

曹秋岳（溶）喜為排律每稱閔中李子德（因篤）為足接踵少陵余在京師叩之李曰此不過詩之一體非所貴曹昔在大同以此體屬和故謬為曹所奬賞耳詩必以古體為主令人不會做古詩只冀得半個詩人

也
曹秋岳每不喜粵東屈翁山大均之詩謂其學李青
蓮夫青蓮詩豈易到曹之評鑒偏矣然屈晚年詩實
不逮前固有公論
李太虛宗伯明睿問余曰王于一詩何如余應曰好
宗伯曰不過翦綵為花耳蓋于一詩學孟津頗傷於
氣耳
王覺斯鐸在京師隔日必過戴巖犖明說邸中索其
兩日所為詩戴辭以無有王曰士大夫鹿鹿車馬酒
食間不親文墨豈惟塵俗而已自此戴雖酬應怱冗

必預為一兩詩以待
戴巖犖自少司農左遷南陽參政余在幕中每於夕
置酒談讌夜分不輟隔垣聞諸姬笙簫箏笛婉轉擒
人歌聲徹雲際戴固不入內
徐元歎波顧與治夢游皆一時名士然徐暱於馬士
英顧暱於阮大鋮遂為士林所詬厲白仲調云夢鼎
與治有母喪大鋮躬為經理後事含殮畢始還家可
見若輩亦大有籠絡機權在
阮大鋮製燕子箋劇極工麗自教歌兒扚度聲伎冠
江南東林諸名士宴會招其曲部供事阮即勅以往

諸名士聞之且贊且罵
劉東平遣姚部將詣貴陽相國白事貴陽方出朝弛
冠解帶左右即捧畫冊進貴陽從容展閱移日姚遂
不得談
宣城唐祖命允甲南渡時為誥勅中翰每被酒輒罵
阮懷寧阮不能平言於貴陽欲中以法貴陽曰渠善
書法閣中不可少此人阮曰何不用王式之馬不得
已乃罷唐職勒歸
崇禎登極媚璫爰書乃長山相公劉鴻訓所手定宏光
時阮大鋮用事相國長君孔中為中翰畏阮之威登

門伏階下請罪阮大聲曰若父在時斷不能免於斧
鑕似汝可免
楊龍友監軍風流俊雅而能死縉雲之難錢虞山題
其畫冊極稱之合肥和韻輒多微辭蓋龔甚怨貴陽
故並不滿龍友
龔孝升以三月十三日出詔獄十九日賊陷京師因
縉紳便覽無名龔遂匿民舍惟方密之以智知其所
在時方已受刑拷逼其招供同事之人方乃密攜閔
西狰獰賊漢伏牆外而己入戶誘龔出即鋃鐺以往
見偽將軍亦被夾方謂龔曰汝有劍當刃我我今日

君臣朋友之道盡矣後余以此事對方爾止言爾止述之於密之密之曰有之吾父（孔炤）昔為湖廣巡撫龔為蘄水縣令提挈不遺餘力後吾父被繫龔為給諫略無所加意吾銜之故以是報之然龔於今日為尊官勢可洩前怨而龔不然吾是以滋愧密之時稱藥地和尚

楊宛叔既歸茅止生密與宋其武（之繩）善茅沒後宛叔入田戚畹家京城陷宛叔復為宋所得張天石（若麒）爭之龔孝升曰宛叔雖名倡而年齒頗大且與宋素昵可勿爭也宛叔後歸溧陽值里中兵亂宛叔仍濃妝

炫服為亂兵所殺（事共錢牧齋歷朝詩選中所記載徼異蓋余得之合肥所言耳）

影園黃牡丹盛開鄭超宗大集名士數十人賦詩製一金卮擬壽詩狀元乃糊名易書馳使數百里請定於錢虞山虞山甲乙回拆視之狀頭乃嶺南黎美周（遂球）也美周至吳中謁謝錢如門生見座主礼

濟南先代舊家如李于鱗邊廷實殷正甫輩子孫存者絕少殷氏諸生一二邊氏無讀書者于鱗之後止一童子李濼提學施尚白為青其衿且碑于鱗之墓為文以祭祭之先一夕夢五丈夫皆古衣冠偉然見過若言謝者而以黃紗籠其面未通姓名及造其墓

則五塚蓋自其先三世及李駒墓皆在焉則五丈夫也許殿卿謝茂榛後俱泯滅少存者于鱗侍兒蔡姬聰慧不減朝雲于鱗沒後老而貧在西郊賣餅王李木（叡春）訪之為之泣下周之

文太青（翔鳳）官南光祿署國子鴻臚京兆三篆風雅之士趨之如歸秣陵諸生傅遠度有紗帽山人文太青之句當時豔傳之

吳介茲曰金陵人即束一把菜縛一把柴亦有六朝風致

劉公戢嘗言中州有二寶何大復詩集侯朝宗文集

是也余遊兩河閒歸德汝寧兩郡守以此二種見贈余載之驢背以歸

梁大司徒大集賓客酒閒有言吳伯成（興祚）好客非真當為縣令時客至款留贈貽極厚三四過不厭此不過欲諸生延譽故勉為結納令在閩中作巡撫雖名士親舊至俱落落豈權勢不及只已得大位無須客不妨置之耳

王大司馬言當令作外官者霑潤固不敢輕言何以儀文都缺余弟過京口持余札訪江鎮道高君高不納書亦不會面真咄咄怪事

宋荔裳羅約齋先後爲浙江臬司羅將赴任問宋曰舊令尹何以教我待游客法宋曰只少接書稀會面需之既久待其辭行以薄贐投之客自裹足羅沈吟曰此法行之如何宋曰古之人有行之者羅約齋是也相與一笑羅在揚州頗慢客故宋微譏之

王藉茅（無咎）任江南藩司王于一訪之藩伯云君無須他求只捉刀代作金陵懷古詩當有厚贈藩伯命數十題于一草畢大加歎賞解囊三百金藩伯係孟津尚書子有詩名

保定呂翁如 本朝初年爲户部主事榷滸墅關時江南新定力請於大部謂商賈不通乞減其額部允其請其實商船因兵亂停泊各處至是輻輳呂入私槖計二十萬余在京詢之伊同官龔之遴龔云確有此數時龔亦榷杭之北新所得頗亞於呂以滸墅解額少則北新亦援例少解也呂後任杭嚴道患惡瘡死於官有一子殀殞貲財蕩爲灰燼矣龔僑居維揚雙目瞽亦無嗣可知作官而多財原屬無益

黄大癡畫專倣虞山有浮嵐暖翠畫尤爲冠絕後爲宋荔裳所得曾携至湖州愛山台上張以示諸客後宋入京献之朝貴

武塘沈延年好畫曾言病瘧不療得見王摩詰江天雪霽畫霍然而愈今此畫藏蔣彦亭家秘不示人

趙文敏家藏北宋板兩漢書前有畫像錢牧齋以千金購之新安大賈今售之四明謝象三太僕

管夫臨李伯時九歌精妙無匹爲相國嚴文靖公之舊物

李二哇獻賊孌童也美而奇勇戰必哭陣先出鋒不可當後爲黄大將軍生擒百方説之不從而死定南有小婢玉兒甚寵及桂林將破定南盡殺諸妃嬪美人玉兒婉轉藏匿不肯死定南終搜得殺之

崑山馮姬以不應馬帥之召遣健將縛至麾下將加刃先以酒困之立應一斗復令理妝按歌聲愈嘹喨遂得釋

江南固多收藏家趙文敏沁雪石今在牧齋宗伯舊宅中稼軒瞿公耕石軒多藏沈石田畫中有帶礪畫甚奇嚴子張駕部家有商代大雞罇

劉公戩嘗言今人百不及古人所差勝者品茶度曲圍棋耳又云明朝有兩事必傳於後崑腔曲子八股時文

閻百古（爾梅）於合肥宗伯座上賦詩有蝗蝍誤入琴工

指鷴鵡虛傳鼓吏名之句一時名流咸為閣筆會稽朱敬身言河神令已姓王生河南偃師縣鄉乃農家子初不殊常人忽一日言河事竟驗人自是叩之輒驗有指畫數百千里外某船當覆某以某德當免某何罪不救矣已而偵之果然於是入河者莫不奔走奉訊總河陽公芳興惡之托以他事召來神豫駕一舴艋衝黃濤飄去都無帆楫楊公益敬異之凡治河必遣吏造請神往往口呼某將某將人不之見但仿彿若有龍也先是偃令亦嘗怪其誕呼杖之則磬然俛首受曰吾宿過應爾神貌白髮蒼髯有妻有子今尚存

慎墨堂筆記

昔唐伯虎學畫於周東村而大過焉或問之曰彼欠我胸中數卷書耳董思伯稱李長蘅詩騷子史博通淹貫一一發之於畫故爾超超逸品觀此可知不讀書人必不善畫縱窮工極緻只匠筆耳史遷作史而不免於疎少陵作詩而不免於拙亦足本色勝

空同自序宏德集有曰余之詩非真也文人學士韻言耳出之情寡而工之詞多每欲改之以求其真然今老矣空同晚年其有悔心乎弇州既老日手淵明詩不置脤膺東坡之文知其悔之也深矣臨川湯義

漢畫軒

仍始為文務學六朝晚讀鄉先西書有志曾王之學而數年已往學之未就亦皆與空同弇州同其悔者也

慎墨堂筆記

漢畫軒